MITTELDEUTSCHER RUNDFUNK

Radiogeschichte(n)

MITTELDEUTSCHER RUNDFUNK

deutsches rundfunk archiv

TRIANGEL
Das Radio zum Lesen

mdr
MITTELDEUTSCHER RUNDFUNK

in Zusammenarbeit mit dem MITTELDEUTSCHEN RUNDFUNK,
dem Deutschen Rundfunk-Archiv Frankfurt/Main und Berlin
und der Gesellschaft der Freunde der Geschichte
des Funkwesens e.V.
Gesamtherstellung: Verlag Klaus-Jürgen Kamprad
Umschlaggestaltung: Ute Rosch
Satz: Andreas Hergt
Lektorat: Maja Anter
Druck und buchbinderische Verarbeitung: Druckerei zu Altenburg
Dieses Buch basiert auf der 24-teiligen Reihe „75 Jahre MDR – Radiogeschichte“
in der Programmzeitschrift „TRIANGEL“ von MDR KULTUR.

ISBN 3-930550-10-5

MITTELDEUTSCHER RUNDFUNK

Radio-Geschichte(n)

verfasst von
Hagen Pfau

herausgegeben von
Steffen Lieberwirth

mit Beiträgen von Ilse Dittmar, Barbara Friederici, Horst O. Halefeld, Maria Hübner, Tobias Knauf, Johannes Lieberwirth, Steffen Lieberwirth, Renate Lübke, Doris Mundus, Thomas R. Nissen, Günter Pohlenz, Renate Schumacher, Ludwig Stoffels und Matthias Thalheim

MITTELDEUTSCHER RUNDFUNK
Deutsches Rundfunk-Archiv Frankfurt/Main und Berlin
Gesellschaft der Freunde der Geschichte
des Funkwesens e.V.

Verlag Klaus-Jürgen Kamprad
Altenburg 2000

Was uns verbindet

Unser Radio in Mitteldeutschland wurde 75.

Am 1. März 1924 nahm die Mitteldeutsche Rundfunk AG - kurz, die „MIRAG" genannt - als zweite deutsche Rundfunkanstalt ihren Sendebetrieb in Leipzig auf. Die Rundfunkpioniere von damals hätten sich bestimmt nicht träumen lassen, daß noch ein Dreivierteljahrhundert später ein Rundfunksender unter dem gleichen Namen „Mitteldeutscher Rundfunk" die Menschen informieren und unterhalten würde.

Doch nicht nur Name und Sitz in Leipzig verbinden uns noch heute mit der alten MIRAG und ihren einstigen Gründern. Heute wie damals engagieren sich Rundfunkleute, um Programme für ihr Publikum in Sachsen, Sachsen-Anhalt und Thüringen zu gestalten.

Bezeichnend für die Väter des Rundfunks war ihr Enthusiasmus für das junge Medium. Sie brachen in ein neues technisches Zeitalter auf – mit einem Ideenreichtum der schier unerschöpflich zu sein schien.

Mit eben solchem Enthusiasmus gingen die ersten Mitarbeiter des neuen MDR – nun im endlich wiedervereinigten Vaterland - daran, innerhalb eines halben Jahres den Sendestart für Hörfunk und Fernsehen am 1. Januar 1992 vorzubereiten. Und wenn wir uns heute die Fotos von damals betrachten, wird uns bewußt, wie schnell die technische Entwicklung gerade in unserem Medium voraneilt. Während vor sieben Jahren noch analoge Bandmaschinen und Senderegien den Rundfunkalltag bestimmten, ist heute die Tür zur digitalen Welt weit geöffnet. Ein neues Medienzeitalter hat begonnen.

Bei all dem wollen wir aber auch an Traditionellem und Bewährtem festhalten, von dem einiges wiederum bis in die MIRAG-Zeiten zurückreicht. Denken wir beispielsweise nur an die liebevolle Pflege der Musik in unserer Region, die dem Programm seinerzeit den Namen „Musiksender" einbrachte. Oder nehmen wir die Hörspieltradition, die ebenfalls in den Anfangsjahren des Rundfunks in Leipzig begründet wurde.

„Traditionelles bewahren und Neues auf den Weg bringen" – das ist der Anspruch, mit dem wir ein großes Erbe annehmen und lebendig ins neue Jahrtausend führen wollen.

Der Mitteldeutsche Rundfunk: ein Sender mit Geschichte und Zukunft.

U. Reiter

Prof. Dr. Udo Reiter
Intendant

Kein Rundfunk ohne Technik

Gläserner Akkumulator, unschöne Leitungen quer durch das Wohnzimmer, umständliche Bedienung, die nur dem technikkundigen Hausherrn überlassen war, und das Ganze als einfachste Ausführung zu einem Preis, der dem Monatsgehalt eines durchschnittlichen Arbeiters entsprach. Hinzu kamen nicht unerhebliche Betriebskosten für die Anodenbatterie und das Aufladen des Akkumulators. Empfangsqualität (meist zuerst nur per Kopfhörer) und auch Inhalt der ersten Rundfunksendungen waren bescheiden: Das war Radio im Jahr 1924.

Geht man von dieser Beschreibung aus, kann man sich nur wundern, dass sich der Rundfunk zu einem der wichtigsten Medien entwickeln konnte. Heute unvorstellbar, nicht über 30 Rundfunkprogramme und eben so viele Fernsehkanäle zu verfügen oder im Auto überall die neuesten Verkehrsmeldungen zu empfangen. Die Entwicklung digitaler Methoden der Nachrichtenübertragung und Navigationssysteme für den PKW lassen auf dem Gebiet des Rundfunks in nächster Zeit noch einiges erwarten.

Das wäre sicher alles nicht möglich, wäre es bei den Akkumulatoren, Kopfhörern und Preisen der Anfangszeit geblieben. In nur zwei Generationen gab es eine rasante technische Entwicklung, die auch befruchtend auf andere Gebiete wirkte wie z. B. auf Radar oder Computer.

Dieses Buch stellt auch die Entwicklung der Rundfunkgeräte, welche anfangs nur von Bastlern und Enthusiasten verwendbar waren, bis zum heute allgemeinen Gebrauchsgegenstand dar. Die Erinnerung an diese ungeheure technische Entwicklung und die Leistung der Ingenieure zu bewahren, hat sich die „Gesellschaft der Freunde der Geschichte des Funkwesens e.V." (GFGF) zur Aufgabe gemacht.

Die Herausgabe des vorliegenden Buches – als Zusammenfassung der im „Triangel" veröffentlichten rundfunkgeschichtlichen Serie – geht auf die Anregung der GFGF zurück und wurde von ihr finanziell unterstützt.

Ich wünsche den Lesern viel Vergnügen bei der Reise in die Zeit des „Dampfradios".

Karlheinz Kratz
Vorsitzender der GFGF e.V.

Der Brocken im Harz – ein geschichtsträchtiger Senderstandort des Mitteldeutschen Rundfunks. Schon im Jahre 1928 führte die Firma C. LORENZ A.-G. zusammen mit Prof. ABRAHAM ESAU von der Universität Jena, dem Reichspostzentralamt und der Deutschen Versuchsanstalt für Luftfahrt Experimente mit einem amplitudenmodulierten UKW-Sender durch, um die Ausbreitungsbedingungen von Meterwellen für ein künftiges Fernsehen zu testen. Man erreichte damals mit einer 3,2-m-Welle Reichweiten bis zu 115 km.

Inhaltsverzeichnis

Die RADIO-KARTE, ein Detektor-Empfänger im Postkarten-Format für den Empfang auf Mittelwelle – hergestellt um 1926 – ist heute ein sehr seltenes Sammlerstück.

VOM KLEINSTEN FUNKEN ZUM RUNDFUNK: DER LANGE WEG BIS ZUR „DRAHTLOSEN UNTERHALTUNG UND BELEHRUNG"

Die Pioniere der Rundfunktechnik

Die technische Entwicklungsgeschichte des „Rundfunks für Alle", der die Übertragung von Sprache und Musik in die Wohnstuben vieler Zuhörer möglich gemacht hat, reicht weiter zurück als das gerade begangene 75-jährige Jubiläum des Unterhaltungsrundfunks in Deutschland vermuten lässt. Unzählige Forscher, Tüftler und Bastler haben hierzu die Vorarbeit geleistet, von den frühesten Beobachtungen über theoretische Überlegungen bis hin zu zahllosen Versuchen, vom drahtlosen Morsen bis zu den ersten „Instrumentalkonzerten" auf Langwelle Anfang der 20er Jahre..

Und als der öffentliche Rundfunk, das „Radio", in Deutschland im Oktober 1923 endlich gestartet wurde, begann eine stürmische Entwicklung, die von ihren Anfängen bis zur perfekten Konzertübertragung nach dem heutigen Stand der Technik wiederum zahlreiche Etappen durchlaufen hat. Ihnen wollen wir in dieser Chronik nachspüren – doch erinnern wir uns zunächst an die allerersten Anfänge des „Funkens".

HEINRICH HERTZ (1857-1894)

Uralt ist der Menschheitstraum, Töne und Bilder viel weiter zu übertragen als Ohr und Auge reichen. Die drahtlose Übertragung von Nachrichten mittels elektromagnetischer Wellen begann vor über einem Jahrhundert mit der „Funkentelegraphie". Dabei konnte man sich auf Vorarbeiten und grundlegende Erkenntnisse stützen, die auch damals schon Jahre oder Jahrzehnte zurücklagen.

Die Bestrebungen des Menschen nach einer in die Ferne reichenden Nachrichtenübermittlung können wir bis in die Antike zurückverfolgen. Man denke nur an die Trommelzeichen unserer Vorfahren; in Griechenland kannte man um 450 v. Chr. den Fackeltelegrafen, bei den Römern gab es 75 n. Chr. Rohrleitungen für die Sprachübermittlung. Weitverbreitet waren später Türme mit beweglichen Balken, mit denen man gezielt eilige Botschaften übermitteln konnte.

Aber erst im 18. Jahrhundert brachte die wissenschaftliche Beschäftigung mit der Elektrizität und die allmähliche Klärung ihrer Wirkungen und Eigenschaften deutliche Fortschritte. Vorschläge zu ihrer Anwendung für Nachrichtenzwecke sind z. B. bei dem Leipziger Professor J. H. WINCKLER in seinem 1744 erschienenen Werk „Gedanken von den Eigenschaften, Wirkungen und Ursachen der Electricität" zu finden. Allerdings dachte man in der damaligen Zeit ausschließlich an drahtgebundene Übertragungen, was ja zunächst mit dem Telefon auch gelang. Noch aus dem vorigen Jahrhundert sind mehrere Beispiele für die telefonische Übertragung von Musik überliefert; in Budapest gab es sogar eine Art von „Musik-Abonnement" für Telefonteilnehmer.

Noch kühnere Gedanken für künftige Musikübertragungen entwickelte im Jahre 1888 der amerikanische Schriftsteller EDWARD BELLAMY. In seinem Roman „Rückblick aus dem Jahr 2000" entwirft er die Vision einer Programmvielfalt, aus der man jederzeit per Knopfdruck auswählen kann: „‚Die berufsmäßige Musik ist', sagte Edith, ‚so leicht zu haben, wenn wir sie zu hören wünschen ...so kommen Sie mit ins Musikzimmer ...bitte sehen Sie sich das heutige Programm an und sagen Sie mir, was Sie hören möchten.' Ich wies auf ein Orgelstück ...Sie schritt dann durch das Zimmer und berührte nur eine oder zwei Schrauben, und auf einmal war das Zimmer von den Tönen eines herrlichen Orgelchores erfüllt ...‚Es gibt eine Anzahl Musikhallen in der Stadt ...durch Telefon mit allen Häusern der Stadt verbunden, deren Bewohner den geringen Beitrag zu zahlen bereit sind. Die Programme sind so zusammengestellt, daß die Stücke eine Auswahl gestatten, nicht nur zwischen verschiedenen Arten von Instrumenten, sondern auch zwischen verschiedenen Motiven, vom Ernsten zum Heiteren, so daß auch jeder Geschmack und jede Stimmung befriedigt werden kann.'"

Erstaunlich, dass BELLAMY's Schilderung „...mit der Organisation des Rundfunks von heute so eng zusammen[trifft] ...", wie man schon 1925 bewundernd feststellte.

Vorahnung des Rundfunks: Ein „Fernkonzert" (um 1890)

Versuchsanordnung von HEINRICH HERTZ in der TH Karlsruhe zum Nachweis der elektromagnetischen Wellen (Aufnahme von H. HERTZ)

GUGLIELMO MARCONI (1874 – 1934)

CARL FERDINAND BRAUN (1850-1918)

ALEXANDER POPOW (1859-1905)

Die praktische Seite der Funktechnik, also die Anwendung elektromagnetischer Wellen für den Transport informativer Signale, beginnt mit den bahnbrechenden Versuchsergebnissen von HEINRICH HERTZ. Seine Experimente – die Original-Apparate befinden sich im Deutschen Museum in München – muten uns heute zwar recht einfach an, zeugen aber bei näherer Betrachtung von dem immensen Forschergeist ihres Schöpfers. Angeregt zu seinen Untersuchungen wurde HERTZ durch eine Preisaufgabe seines Lehrers H. v. HELMHOLTZ von der Akademie der Wissenschaften in Berlin, der die Theorie von J. C. MAXWELL (1831 – 1879) experimentell bestätigt wissen wollte. MAXWELLs Hauptwerk von 1872 „Die mathematische Formulierung der Beziehungen zwischen elektrischen und magnetischen Feldern", das noch heute zu den Grundlagen der Elektrodynamik gehört, hatte H. HERTZ keine Ruhe gelassen, bis er durch zähe und mühsame Versuche an der TH Karlsruhe in den Jahren 1887 und 1888 die Existenz der elektromagnetischen Wellen nachweisen konnte: mit einem Funkeninduktor und einer dipolartigen Kugelfunkenstrecke als Sender und mit einer offenen Drahtschleife als Empfänger.
Er selbst schrieb darüber:

„Dorthin, wo wir die Kraft wahrnehmen wollen, bringen wir einen Leiter, etwa einen geraden Draht, welcher durch eine feine Funkenstrecke unterbrochen ist. Die rasch wechselnde Kraft setzt die Elektrizität des Leiters in Bewegung und läßt einen Funken in demselben auftreten ... Die Funken sind mikroskopisch kurz, kaum ein hundertstel Millimeter lang; ihre Dauer beträgt noch nicht den millionstel Teil einer Sekunde. Es erscheint unmöglich, fast widersinnig, daß sie sollten sichtbar sein, aber im völlig dunklen Zimmer für das geschonte Auge sind sie sichtbar."

Die ersten „Hertzschen Wellen" hatten eine Frequenz von etwa 50 MHz; später ging HERTZ bis über 400 MHz hinaus und erbrachte den Nachweis, dass sich elektro-magnetische Wellen wie Lichtwellen verhalten, was ja MAXWELL ebenfalls vorausgesagt hatte. Mit diesen Erkenntnissen waren gleichzeitig auch andere Erklärungsversuche für die „Fernwirkungen" der Elektrizität aus dem Felde geschlagen.

„Er hat an der neuzeitlichen Umgestaltung der Welt wesentlich mitgewirkt!" – so äußerte sich später der Nobelpreisträger MAX VON LAUE (1879 – 1960) über HEINRICH HERTZ. Dabei ist es wirklich erstaunlich, dass weder HERTZ selbst noch die von dessen Veröffentlichungen unmittelbar informierten Wissenschaftler eine Anwendung der „Funk-Wellen" zur Nachrichtenübermittlung in Betracht zogen – ihre „Fernwirkung" war noch zu gering! Leider konnte HERTZ selbst den Beginn der praktischen Umsetzung seiner Erkenntnisse in der drahtlosen Telegrafie nicht mehr miterleben.

In der Folgezeit wurden die HERTZschen Versuche von verschiedenen Forschern „nachempfunden“, um sie näher kennenzulernen und sich von ihrer Richtigkeit zu überzeugen. Ab 1894 erfolgte dann der Durchbruch zur praktischen Nutzanwendung: A. POPOW experimentierte in St. Petersburg mit seinem „Gewittermelder“, indem er mit einer Antenne Signale von weit entfernten Blitzentladungen auffing und mit einer Klingel anzeigte. Er benutzte dazu den von E. BRANLY 1876 erfundenen Kohärer, ein mit Metallspänen gefülltes Röhrchen, das beim Auftreffen von Wellen seinen Widerstand ändert. Auch der geniale Italiener GUGLIELMO MARCONI begann seine Versuche mit einer Klingel, die er drahtlos per Funk ertönen ließ. Er verstand es bald, die Erkenntnisse von HERTZ, POPOW und BRANLY mit seiner Idee einer Sendeantenne zu kombinieren, so dass er schon nach kurzer Zeit in der Lage war, Morsezeichen über mehrere Kilometer zu übertragen – die drahtlose Telegrafie begann ihren Siegeszug rund um die Welt! MARCONI ging mangels Förderung in seiner Heimat nach England und baute, geschäftstüchtig wie er war, seine Erfindungen immer weiter aus; 1901 gelang es ihm erstmals, mit großem technischem Aufwand an Sendern und Antennen, den Atlantik drahtlos zu überbrücken. Er erhielt 1909, zusammen mit K. FERDINAND BRAUN, den Nobelpreis für Physik. BRAUN ist zwar durch die von ihm entwickelte Bildröhre bekannt geworden, hat aber auch für die Einführung des schon 1874 von ihm entdeckten Kristall-Detektors in die Funktechnik gesorgt und den Sender mit gekoppelten Schwingungskreisen (1898) erfunden, der MARCONIs Schaltung überlegen war.

In Deutschland leiteten A. SLABY (1849–1913) und GRAF VON ARCO (1869–1940) die Entwicklung des Funkwesens ein. Ihr mit der A.E.G. aufgebautes Funksystem und das von K. F. BRAUN mit SIEMENS & HALSKE geschaffene System schlossen sich 1903 zur „Gesellschaft für drahtlose Telegraphie m.b.H., System Telefunken“, zusammen, um dem Konkurrenzdruck von MARCONI entgegenzutreten. Die Hauptanwendungen der drahtlosen Technik lagen zunächst beim Schiffsfunk. Erinnert sei an den SOS-Ruf, der die Rettungsaktion beim Untergang der Titanic (1912) ermöglichte.

Ein gewisses Kopfzerbrechen bereitete den Physikern damals das Medium, in dem sich Funk- und Lichtwellen ausbreiten. Man glaubte, dass es einen „Äther“ geben müsse, ein geheimnisvolles Fluidum, das den Raum ausfüllt und das als Transportmittel für alle elektromagnetischen Wellen dient. Der Begriff „Musik aus dem Äther“ hielt sich deshalb auch längere Zeit als populäre Umschreibung des „Wunders“, als das man das Radio zu Beginn seiner Entwicklung betrachtete. Er kann noch heute als geflügeltes Wort für den Rundfunkempfang „aus der Luft“ gelten. Die Äther-Hypothese hielt sich bis in die 20er Jahre, obwohl A. EINSTEIN (1879–1955) in seiner Relativitätstheorie 1916 diesen „Äther“ bereits geleugnet hatte.

Eine typische Rundfunkempfänger-Kombination aus den 20er Jahren: Pultförmiges Empfangsteil mit außenliegenden Röhren und Spulen, separater Trichterlautsprecher; vorgesehen für den Betrieb mit Batterien (nicht mit im Bild)

Technische Einzelheiten
Empfangsteil:
Modell EA 337 A, Herst.: Fa. Dr. GEORG SEIBT, Berlin, 1927; 3-Röhren-Geradeaus-Empfänger für Batterie-Betrieb; mit Rückkopplung und mit auswechselbaren Spulen für Mittel- und Langwellenempfang, Röhrenbestückung: RE 074, RE 074, RE 134; Preis ohne Spulen und Röhren: 84 Mark; 1 Satz TELEFUNKEN-Röhren: 22,50 Mark. Benötigte Batterien: Anodenbatterie 120 V, etwa 15 Mark; 4-Volt-Akkumulator ab 10 Mark. Die Spulen kosteten pro Stück 1,80 bis 4 Mark. Beim Einstellen eines Senders – mit dem großen Drehknopf in der Mitte – dient die hintere Spule zur Antennenankopplung, die vordere zur Rückkopplung. Ihre Stellung beeinflusst Trennschärfe und Empfindlichkeit des Geräts. Beide Spulen müssen besonders feinfühlig verstellt werden, denn beim „Überkoppeln“ entsteht ein Pfeifton, der leider auch die benachbarten Empfänger stört! Der Drehknopf rechts vorn beeinflusst die Heizung der Röhren und damit Lautstärke und Empfindlichkeit des Empfangs; er wird zur Schonung der teuren Batterien nur sparsam bedient! Von Bedienkomfort konnte man bei diesem Gerät also nicht sprechen, denn der Radiohörer hatte wirklich „alle Hände voll zu tun“, um auch schwächere Sender „reinzukriegen“!

Trichterlautsprecher:
Modell N.N., Herst.: Fa. DETEWE, Berlin, 1924; justierbares elektromagnetisches Erregersystem im Fuß; etwa 25 Mark. Der Trichterlautsprecher war eigentlich 1927 wegen seiner grammofonartigen Wiedergabe schon (fast) überholt – doch wurden damals (wie heute?!) im Allgemeinen die Empfänger eher „erneuert“ als die Lautsprecher. Technisch gesehen handelt es sich um ein Telefonhörer-System mit Eisenmembran, das auf maximale Empfindlichkeit und Klangreinheit einzustellen ist und dessen Schallwellen durch den Trichter verstärkt werden. Man nannte einen solchen Lautsprecher damals auch „lautsprechendes Telefon“, seiner Herkunft entsprechend.

Die beigelegten Zeitschriften sind drei Ausgaben der Rundfunkzeitung „Die Mirag“, Programmzeitschrift der Mitteldeutschen Rundfunk-A.-G.; sie enthielt aber auch die Programme der übrigen deutschen und europäischen Sender.
Im Bild die Hefte Nr. 9, 18 und 24 von 1931

Die erste Verstärkerröhre „Lieben-Röhre“, Aquarell von KURT A. KABISCH

DIE ANFÄNGE DER DRAHTLOSEN ÜBERTRAGUNG – VON DER TELEGRAFIE ZUM ERSTEN UNTERHALTUNGSRUNDFUNK

Rundfunk-Versuche bis 1923

Um zu den Anfängen der drahtlosen Übertragung von Sprache und Musik zu gelangen, müssen wir uns von den Funkenstrecken der ersten Sender trennen. Sie erzeugten nur gedämpfte, impulsförmige Wellen und waren nicht in der Lage, Töne und Klänge zum Empfänger zu transportieren. Dazu bedurfte es der ungedämpften, kontinuierlichen HF-Schwingung. Da es jedoch noch keinen Röhrensender gab – die Verstärkerröhre wurde erst 1906 erfunden (R. v. LIEBEN; L. de FOREST) –, wurden die zunächst für Telegrafiezwecke entwickelten Löschfunken- und Maschinensender (rotierende Generatoren) benutzt und für die ersten Sprachübertragungen eingesetzt, was man zunächst „drahtlose Telefonie" nannte. Bemerkenswert sind die Sprechversuche von R. A. FESSENDEN (USA) im Jahre 1900 mit einem Maschinensender; das „erste Rundfunkprogramm der Welt", das er am 24.12.1906 veranstaltete, soll bis zu 100 km weit gehört worden sein. Mit dem Löschfunkensender von V. POULSEN, basierend auf dem „tönenden Lichtbogen" von W. DUDDELL, sind vom Jahre 1906 an Telefonie-Versuche gemacht worden.

HANS BREDOW (1879-1959)

Obwohl die technische und kommerzielle Seite der drahtlosen Telegrafie bis zum ersten Weltkrieg schon recht gut entwickelt war, waren bis zur befriedigenden Übertragung von Sprache oder gar Musik für jedermann noch massive Schwierigkeiten zu überwinden. Mit dem Einschalten eines Kohlemikrofons in die Sendeantenne allein war es nicht getan; trotzdem musste man bei den Vorversuchen, bei Sender und Empfänger, erst einmal auf Elementen der Telegrafie und der Fernsprechtechnik aufbauen. Dazu zählten das „Doppel-Kopftelefon", später Kopfhörer genannt, und der schon erwähnte, 1906 eingeführte Kristall-Detektor, der „Wellen-Entdecker".

Einen großen Fortschritt brachte der Röhrensender mit sich, der mit der Erfindung der Rückkopplung durch A. MEISSNER (1913) möglich wurde. Bald konnten auch die Empfänger durch Audion- und Verstärkerröhren verbessert werden – sie ermöglichten eine gewaltige Steigerung der Empfindlichkeit und Reichweite. In Deutschland hatte die Firma C. LORENZ A.-G. in Eberswalde eine Versuchsstation mit dem POULSEN-System errichtet und 1909 über einen 4-kW-Löschfunkensender mit Telefonie-Versuchen begonnen. Regelmäßige Musikdarbietungen begannen im Oktober 1920, sie wurden meist von einem Instrumental-Quartett und einer Sängerin bestritten. Besonders stolz war man auf die Konzert-Übertragung nach München anlässlich einer Festveranstaltung des Deutschen Museums am 21. Oktober 1923. Auch die Großstation Nauen kann auf frühzeitige Telefonie-Versuche verweisen: 1913 hatte man mit einem Maschinensender die Entfernung von 600 km bis Wien überbrückt.

Außerordentliche Verdienste um die Förderung des Rundfunkgedankens hat sich der spätere Rundfunk-Kommissar des Reichspostministeriums, HANS BREDOW erworben. Mit einem Röhrensender machte er 1917 (er war damals Direktor der Firma TELEFUNKEN) an der Westfront bei Reims die ersten planvollen Musik- und Sprachsendeversuche.

Die Empfangserfolge führten bei ihm zu dem Entschluss, „dem ganzen Volke das Erlebnis des Rundfunkempfangs zu bringen". Die damalige Wiedergabe war sicher noch sehr unvollkommen – die Funker und auch Amateure hörten mit Detektorempfänger und Kopfhörer, vielleicht auch mit einem 2-Röhren-NF-Verstärker –, doch wir können diese Versuche noch heute als bedeutende Pionierleistungen des Rundfunks in Deutschland ansehen.

Ein weiterer technischer Schritt zur Vorbereitung des „Rundfunks für alle" war 1919 die Einführung des „Wirtschaftsrundspruchs", der anfangs telegrafisch, also mit Morsezeichen, ab August 1922 aber dann „drahtlos-telephonisch", also gesprochene, Presse- und Börsenmeldungen durchgab. Die Sendungen wurden von der „Hauptfunkstelle der Reichstelegraphenverwaltung Königs Wusterhausen" abgestrahlt, auf Langwelle 4.000 m (75 kHz).

POULSEN-Löschfunkensender, Leistung 10 kW (1906); im Bild links der Erfinder

Die Reichspost hatte den etwa 80 Postämtern im ganzen Reich plombierte, fest eingestellte

Empfangsapparate für vierteljährlich 150 Goldmark vermietet; Privatleute durften damals keinesfalls drahtlose Sendungen empfangen! Man befürchtete, dass parteipolitische Interessen den Funkverkehr beeinflussen und die Staatsordnung stören könnten.

Die Sendeanlage in Köngs Wusterhausen (etwa 1920)

Die Hauptfunkstelle Königs Wusterhausen bei Berlin, die 1919 durch die Deutsche Reichspost von der Militärverwaltung übernommen wurde.

Ein „Instrumentalkonzert" in Königs Wusterhausen (etwa 1923)

Doch auch die Techniker von Königs Wusterhausen experimentierten mit Musik: Sie veranstalteten ab 22. Dezember 1920 über die vorhandenen Maschinen-, Lichtbogen- und Röhrensender mit Geige, Harmonium und Chorgesang ihre „Instrumentalkonzerte", die später Berühmtheit erlangen sollten. Der Empfang wurde von den Postfunkstellen, aber auch von europäischen Amateuren und von Schiffen im Atlantik begeistert bestätigt. Besonders erwähnenswert ist die erste Übertragung aus der Berliner Staatsoper am 8. Juni 1921: „Madame Butterfly" von GIACOMO PUCCINI.

TELEFUNKEN-Hochfrequenzmaschine, Leistung 20 kVA, Frequenz 10 kHz (1912); nach Frequenztransformation auf 170 kHz wurde eine Sendeleistung von 4 kW erreicht; hiermit wurden 1913 auch die Telefonie-Versuche mit Wien gemacht.

Auch in Leipzig gab es zu dieser Zeit interessante Sendeversuche – natürlich mit Genehmigung der Deutschen Reichspost! Zur Herbstmesse 1919 hatte die Firma TELEFUNKEN zwischen den Messehäusern „Städtisches Kaufhaus" und „Handelshof" eine „Versuchsanlage für drahtlose Telephonie" vorgeführt. Eine erweiterte Apparatur wurde zur Frühjahrsmesse 1921 von der Firma Dr. ERICH HUTH gezeigt, um einen „Nachrichtendienst mit Drahtlos-Telephonie" zu demonstrieren, wie die „Leipziger Neuesten Nachrichten" (LNN) berichteten. Es heißt dort weiter:

„Unter Ausnutzung der Zirkularwirkung der elektromagnetischen Schwingungen, d. h. ihrer sich von der Erzeugungsstelle kugelförmig nach allen Seiten fortpflanzenden Ausbreitung, werden von der Sendestelle aus täglich vormittags und nachmittags drahtlos-telephonisch Pressenachrichten gesendet, die in den an verschiedenen Plätzen der Messe aufgehängten Empfängern wie im gewöhnlichen Telephon anzuhören sind. Die große Bedeutung dieses neuartigen Nachrichtenmittels liegt in folgenden Punkten:

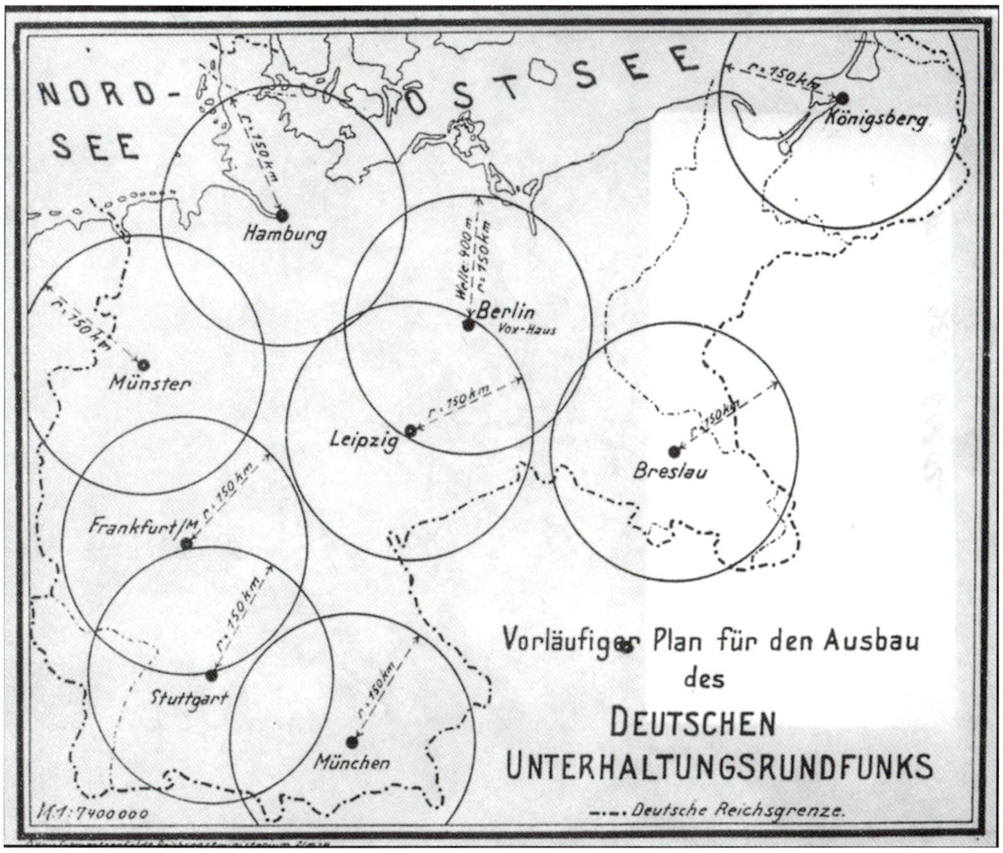

Empfänger für Rundspruch-Telefonie (1922)

Vorläufiger Plan des Reichspostministeriums für den Ausbau des „Deutschen Unterhaltungsrundfunks" (Februar 1924)

1. Drahtlos-telephonische, also Sprachübertragung, keine Morsezeichen, daneben einfachste Bedienung (Abnehmen des Hörers wie am Posttelephon) und Benutzung durch jedermann, ohne technische Ausbildung.

2. Fortfall der Drahtleitungen, Unverletzbarkeit der Linien, Ersparnis an Arbeit bei Bau und Unterhaltung der Drahtleitungen.

3. Gleichmäßige und gleichzeitige Versorgung aller interessierten Stellen im ganzen Reich mit Tages-, Handels- und Verkehrsnachrichten, insbesondere Effekten- und Produktenbewegungen, Wettermeldungen und Sportberichte, Zeitsignale und anderes mehr, kurz eine umwälzende Neuerung für den gesamten Handel und Verkehr, insbesondere für weitab von Verkehrszentralen (Hauptstädten) gelegene Plätze.

Die Empfangsstationen befinden sich in der Halle am Roßplatz, im Handelshof, im Städtischen Kaufhaus und an drei Stellen der Technischen Messe auf dem Ausstellungsgelände. Die allgemeine Einführung des Nachrichtenrunddienstes für das ganze Reich ist beim Reichspostministerium in Vorbereitung."

Damit waren die Eigenschaften und Vorteile eines Rundfunkdienstes schon klar hervorgehoben. Technisch waren also inzwischen die Voraussetzungen für einen regelmäßigen öffentlichen Rundfunk gegeben – organisatorisch gab es noch einige Kompetenzprobleme.

Das Reichspostministerium und das Reichsinnenministerium stritten sich nämlich um die behördliche Zuständigkeit. Immerhin galt es, gegenüber anderen Ländern aufzuholen: In den USA gab es seit November 1920 den ersten regelmäßigen Unterhaltungsrundfunk überhaupt, den Sender KDKA in Pittsburgh, und ein Jahr später hatten die BBC in England und der Eiffelturmsender in Paris mit ihren Programmen begonnen.

H. BREDOW konnte schließlich die Zweifler überzeugen, und am 29. Oktober 1923 waren in Berlin die Wege geebnet: Der erste Sender im Voxhaus durfte senden, die Hörer durften empfangen – und wenig später, am 1. März 1924, begann auch in Leipzig das Rundfunk-Zeitalter.

Die „LIEBEN-Röhre". Hergestellt von der AEG, wurde sie als Verstärkerröhre für den Fernsprechverkehr eingesetzt. Sie war 30 cm hoch und mit Quecksilberdampf gefüllt. Foto eines Exemplars aus dem Jahr 1913

„Leipzig bringt schöne Musik" – Bei Oma und Opa in Körlitz bei Wurzen

„HALLO – HALLO, HIER IST LEIPZIG…"

„Hallo – hallo, hier ist Leipzig, hier ist der Leipziger Meßamtssender der Reichs-Telegraphen-Verwaltung für Mitteldeutschland, wir senden auf Welle 450!"

Mit diesen Worten wurde am Sonnabend, dem 1. März 1924, nachmittags um halb drei, der erste Leipziger Rundfunksender feierlich in Betrieb genommen. Es war der Vorabend der Frühjahrsmesse, zu der auch eine „Radiomesse" gehörte! Die neue Sendegesellschaft, die „Mitteldeutsche Rundfunk-A.-G., Gesellschaft für Unterhaltung und Belehrung Leipzig", kurz „MIRAG" genannt, war am 22. Januar 1924 mit einem Aktienkapital von 80.000 Goldmark gegründet worden. Die Reichspost hätte dafür kein Geld gehabt und schon H. BREDOW vom Reichspostministerium hatte beim Bau des Voxhaus-Senders 1923 betont: „Kosten dürfen nicht entstehen." Der Leipziger Sender war nun der zweite im Deutschen Reich, der in Betrieb gegangen war – maßgeblich interessierte Kreise der Messe- und Kulturmetropole, allen voran die „Radio-Vereinigung Leipzig" mit Dr. ERWIN JAEGER an der Spitze und der örtliche Verkehrsverein, forderten die rasche Realisierung der Pläne der Reichspost. Auch das Messeamt und die Handelskammer drängten und alle zusammen hatten sich schließlich mit Erfolg dafür eingesetzt, dass der für Mitteldeutschland vorgesehene Sender nach Leipzig kam. Dr. JAEGER wurde zum Vorstand der MIRAG gewählt; ihm zur Seite standen Direktor JULIUS WITTE, von der Zeitung kommend, und ALFRED SZENDREI, vorher als Opernkapellmeister tätig.

Die erste deutsche Radio-Woche

Am 1. und 2. März Verhandlungen des deutschen Funk-Kartells Gellertstraße 10 I.

1. März Mittag 2 Uhr Eröffnungsfeier für den Leipziger Sender im Meßamt, Markt 4

Die Radio-Sondermesse wird den Interessenten vom Sonntag, den 2. März, an geöffnet sein.

Während der Meßwoche finden im Auguste-Schmidt-Haus, Dresdner Straße 7, folgende Vorträge mit Demonstrationen statt:

2. März: Prof. Dr. Erich Marx, „Physikalische Grundlagen des Rundfunks".
3. März: Dr. Eugen Nesper, „Der deutsche Rundfunk.
4. März: Dr. Guggenheim, „Die Entwicklung der Radio-Telefonie und -Telegrafie in der Schweiz".
5. März: Walther H. Fitze, „Die deutsche Radio-Industrie".
6. März: Karl v. Bardeleben, „Die Wirkungsweise der Elektronenröhre in der Funkentelefonie".
7. März: Dr. Max M. Hausdorff, „Das Problem des Lautsprechers".
8. März: Herr Joseph Junker, „Die Entstehung der Hochfrequenzströme, ihre Fortpflanzung und Hörbarmachung durch den Empfänger".

Beginn 8 Uhr.

Karten zu G.-Mk. 3.—, 2.— und 1.— an der Abendkasse. Vorverkauf: Meßamt für die Mustermessen in Leipzig, Markt 4; Verkehrsverein, Naschmarkt; Buchhandlung Franz Ohme, Universitätsstraße 5.

Ankündigung der Eröffnungsfeier für den Leipziger Sender

„In die alte rührige Messestadt ist ein neuer Geist eingezogen. Eigentlich müßte man sagen, der allerneuste, denn Leipzig schreitet ohnehin schon auf allen Gebieten mit dem Neuesten vorwärts. Dieser allerneueste Geist ist, man ahnt es, das Radiowesen …", las man im „Radiofunk", der „Zeitschrift für Amateure und Fachleute". Im Wesentlichen hatten wirtschaftliche und geographische Gründe für Leipzig gesprochen, trotz starker Bestrebungen der Dresdner Interessengruppen. Diesbezüglich gab es jedoch bald ein Zugeständnis: Dresden erhielt als Regierungssitz Sachsens und wegen der dort überaus schlechten Empfangsbedingungen schon im Februar 1925 einen „Nebensender".

Die Einteilung der deutschen Sendebezirke geht auf einen Plan von Dr. HANS BREDOW, seinerzeit Staatssekretär im Reichspostministerium, zurück. Er, den man sicher mit Recht als den „Vater des deutschen Rundfunks" bezeichnet hat, sah die Errichtung von 9 regionalen Rundfunksendern in Deutschland vor. Der mitteldeutsche Sendebezirk umfasste zunächst das Gebiet der Freistaaten Sachsen, Thüringen und Anhalt, die preußische Provinz Sachsen sowie anfangs auch Teile der Regierungsbezirke Magdeburg und Braunschweig.

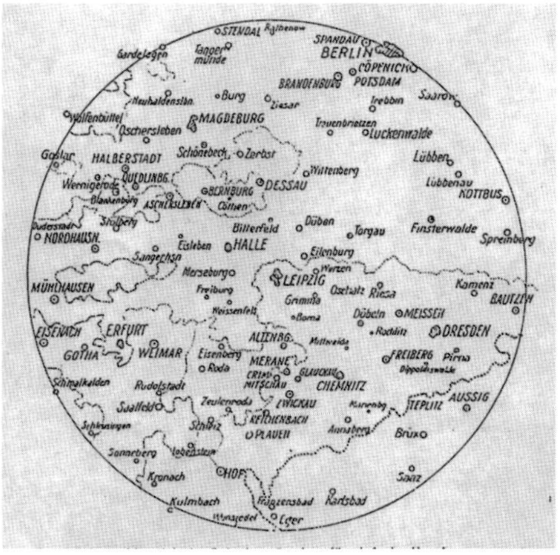

„Wirkungsbereich des Leipziger Senders für einfache Empfangsapparate. Betriebseröffnung voraussichtlich 1. März 1924"

Zeitungsannonce zur Radio-Messe in Leipzig

Blenden wir hier, ehe wir auf den Leipziger Sender näher eingehen, ein Jahr zurück.

Was sollte der „Rundfunk für Alle" eigentlich bieten? Mit Euphorie wurden seit den ersten erfolgreichen Versuchen die vielfältigen Möglichkeiten des Rundfunks betont und hervorgehoben. Aus den hauptsächlich im Ausland vorliegenden Erfahrungen entwickelte der Fachschriftsteller Dr. E. NESPER Anfang 1923 folgende Anwendungsgebiete des Rundfunks, den jeder „mühelos und ohne irgendwelche Anstrengungen, Zeitverluste oder Unannehmlichkeiten in seinem Zimmer und auch auf Spaziergängen, Bahnfahrten usw. anhören und genießen" kann:

Kulturelle Aufgaben der Disziplinierung und Belehrung, Erziehung zu technischer Denk- und Arbeitsweise // Ersatz von Büchern und Zeitungen // Weiteste Verbreitung der Reden von Wissenschaftlern, Politikern usw. // Verbreitung von Wirtschaftsnachrichten, Börsen- und Devisenkursen usw. // Märchenerzählungen und Übertragungen von Predigten und Gebeten // Musikübertragung von Opern, philharmonischen und anderen Konzerten, Ballmusik usw. // Wetterdienst, Warnung vor Stürmen und Nachtfrösten usw., Zeitsignalübertragung // Musikübertragung für Fabriksäle, Bergwerke, Krankenhäuser, an Landleute usw. // Übermittlung spontaner Berichte von Boxkämpfen, Fußballturnieren usw. // Die Sprache „An Alle".

Doch wie war die Lage in Deutschland? Die Bevölkerung war verarmt, die Inflation gerade überwunden; die Wirtschaft lag am Boden. Da sah H. BREDOW die Ziele des Rundfunks schon realistischer:

„In einer Zeit schwerster wirtschaftlicher Not und politischer Bedrängnis wird der Rundfunk für die Allgemeinheit freigegeben. Nicht länger soll er ausschließlich wirtschaftlichen Zwecken dienen, sondern es soll der Versuch gemacht werden, diesen Kulturfortschritt zu benutzen, um dem deutschen Volke etwas Anregung und Freude in das Leben zu bringen ... Das deutsche Volk ist wirtschaftlich verarmt, und es ist nicht zu bestreiten, daß auch die geistige Verarmung Fortschritte macht, denn wer kann sich heute noch Bücher und Zeitschriften kaufen, wer kann sich die Freude guter Musik und unterhaltender und bildender Vorträge gönnen? Erholung, Unterhaltung und Abwechslung lenken den Geist von den schweren Sorgen des Alltags ab, erfrischen und steigern die Arbeitsfreude; aber ein freudloses Volk wird arbeitsunlustig. Hier setzt die Aufgabe des Rundfunks ein, und wenn es auf diese Weise gelingen sollte, allen Schichten der Bevölkerung künstlerisch und geistig hochstehende Vorträge aller Art zu Gehör zu bringen, wenn gleichzeitig der Industrie ein neues Tätigkeitsfeld eröffnet und damit für Arbeiter und Angestellte Arbeitsmöglichkeit geschaffen wird, dann wirkt der Rundfunk aufbauend, und das deutsche Volk hat ein Recht auf ihn". Die Suche nach geeigneten Standorten in Leipzig für die erforderlichen Senderäume endete mit der Bereitstellung von Räumlichkeiten, die in städtischer Verwaltung standen: für die Sendegesellschaft „MIRAG" die 1. Etage in der „Alten Waage, Markt 4" (im „Meßamt"); für die von der Reichspost zu verantwortende Sende-Anlage das „Neue Johannishospital, Hospitalstraße 36" (heute Prager Straße).

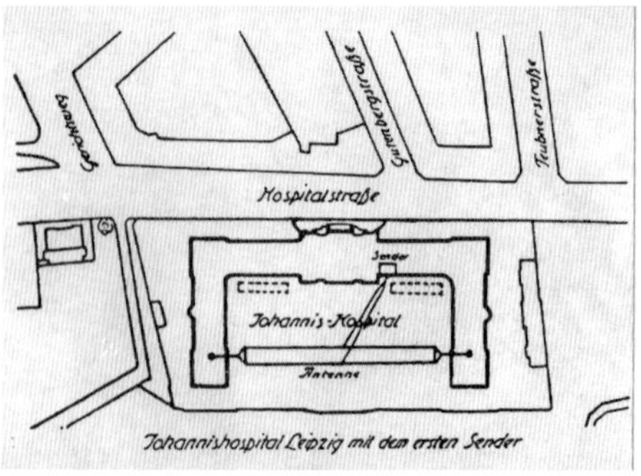

Lageplan des ersten Leipziger Senders

Dort auf dem Dach wurde auch – bei klirrender Februar-Kälte und Schneetreiben – die Doppel-T-Antenne aufgehängt, zwischen zwei Masten, die auf den Seitenflügeln des großen Gebäudes montiert worden waren. Man hatte wirklich „unter Hochdruck" arbeiten müssen: „Aber es muß auch das weithin sichtbare Wahrzeichen des Leipziger Rundfunksenders errichtet werden, die Antenne, der Quellpunkt all jener lichtgeschwinden Wellen, die Musik und Rede über ganz Mitteldeutschland tragen sollen. Zwei dünne, 30 m lange Mannesmannrohre über Dach zu bringen, auch das beschließt sich leicht und bereitet doch tausend Schwierigkeiten und Sorgen ... und inzwischen ... splittern die Bretterverschalungen von den Apparaten und Schalttafeln, die 13-Zentner-Maschine hat sich 3 Treppen emporwuchten lassen ... läßt sich einspinnen in ein Netz von Drähten und wartet auf den Tag, da sie die Kraft bilden kann, die hinauseilt durch den Äther zur Freude aller, die ‚Ohren' haben zu hören."

Wie sah nun der erste Leipziger Rundfunksender aus? Im Jahre 1924 war man, was den Bau von leistungsfähigen Röhrensendern betraf, noch im Experimentierstadium. Die Reichstelegraphenverwaltung (RTV) der Reichspost hatte zwar die führenden deutschen Funkfirmen zur Entwicklung geeigneter Sendeeinrichtungen veranlasst, doch war zunächst jeder neue Sender ein „Einzelstück".

Das „Neue Johannishospital" mit den zwei Antennenmasten

Der für Leipzig vorgesehene Sender, dessen Inbetriebnahme unbedingt zu Beginn der Frühjahrsmesse erfolgen sollte – hauptsächlich der Radiomesse wegen – war bei der C. LORENZ A.-G., Berlin-Tempelhof, in Auftrag gegeben worden. Wegen der gebotenen Eile konnte dieser Sender nur als Laboraufbau entworfen werden und kam auch so nach Leipzig; er war auf einem Holztisch montiert und mit einer provisorischen Schalttafel versehen. Die Schaltung charakterisiert ihn als „fremdgesteuerten

Der erste LORENZ-Sender im „Neuen Johannishospital"

3 verschiedene Modelle des „Kathodophons" im Aufnahmestudio der MIRAG

Röhrensender": Ein durchstimmbarer, selbsterregter Steuersender von 250 bis 500 m Wellenlänge (entsprechend etwa 1.200 bis 600 kHz), dessen genaue Sendefrequenz (452 m entsprechend 664 kHz) mit einem Variometer eingestellt wurde, arbeitete auf die Senderendstufe, die aus drei parallelgeschalteten 500-Watt-Röhren bestand. Das ergab die aus heutiger Sicht bescheidene Sendeleistung von 250 W.

Der Hersteller war stolz darauf, dass zum Betrieb „nur eine Wechselstrom-Maschine System Lorenz-Schmidt mit 7.000 Perioden" (d.h. 7.000 Hz) erforderlich war, von der sowohl Anoden- als auch

Rundfunkdarbietungen

RADIO
die weltbekannten Fabrikate
Maretrans- und **Kohl-Huth-** Rundfunkempfangsgerät.
*
Antennen-Material, Batterien, sowie sämtliche Ersatzteile.
Audion-Röhren
*
Beratung und Besichtigung in unseren Geschäftsräumen unverbindlich
*
Kollmann & Co. G. m. b. H.
Generalvertreter
Leipzig
Hainstr. 6 / Telephon 18116
Maretrans- und Kohl-Huth-Apparate

Rundfunk-Vortragsfolgen
Sendegesellschaft:
Mitteldeutsche Rundfunk-A.-G.
Leipzig, Markt 4 (Meßamt).

Allgemeine Tageseinteilung

Vorm. 10 Uhr: Marktberichte
„ 12[15] „ Börsen- und Handelsnachrichten
Nachmittags Unterhaltungsmusik (Rundfunk-Hauskapelle) auf besondere Bestellung
Nachm. 7[30] „ Vorträge (nicht täglich, die Daten werden vorher durch Rundspruch bekanntgegeben)
„ 8[15] „ Konzertdarbietungen (Sonntags von 5—6 Uhr) Anschließend: Pressebericht
„ 10 „ Tanzmusik (vorläufig nur einmal wöchentlich, der Tag wird durch Rundspruch bekanntgegeben).

Während der Messe außerdem täglich in den Zwischenzeiten Reklamevorführungen der Musik-Industrie.

Vortragsübersicht
vom 2. bis 9. März 1924

Sonntag, den 2. März 1924, 8[15] Uhr: Eröffnungskonzert :

Mitwirkende:
Der Leipziger Thomanerchor, Leitung: Günther Ramin, Organist zu St. Thomä. Das Leipziger Davisson-Streichquartett, die Herren Walther Davisson (I. Viol.), Fritz Zuleger (II. Viol.), Max Maass (Viola), Fritz Scherpel (Violoncell). Das Leipziger Rosenthal-Quartett, die Damen Ilse Helling-Rosenthal (Sopran), Martha Adam (Alt), die Herren Hans Lißmann (Tenor), Dr. Wolfgang Rosenthal (Baß).

Vortragsfolge:
1. Bach: Zwei Choralgesänge
 a) Jesu meine Freude
 b) Dir, Dir Jehova will ich singen — Thomanerchor
2. Bach: Zwei Lieder aus dem Schimellischen Liederbüchlein:
 a) Du bist bei mir
 b) Jesu, Du mein Trost und Lieben — Martha Adam
3. Beethoven: II. Satz (Adagio) aus dem Harfenquartett (Op. 74) — Davisson-Quartett
4. Brahms: Zwei Chöre aus Op. 93
 a) O süsser Mai
 b) Fahr' wohl! — Thomanerchor
5. Brahms: Zwei Romanzen aus der „Schönen Magelone" von Tieck
 a) Ruhe süss Liebchen
 b) So willst du des Armen dich gnädig erbarmen — Dr. Wolfgang Rosenthal
6. Beethoven: II. Satz (Scherzo) aus dem Streichquartett Nr. 4 (Op. 18) — Davisson-Quartett
7. Brahms: Aus den Zigeunerliedern: Op. 103 — Rosenthal-Quartett

Am Blüthnerflügel: Fritz Weitzmann (Konzertpianist)
Musikalische Leitung: Alfred Szendrei, Kapellmeister der Städt. Oper, Leipzig

Außerdem 11 Uhr vormittags: Sonderkonzert der „Radiosonanz A.-G."

Original-Telefunken-Empfänger und **Lautsprecher**
für den deutschen und ausländischen Rundfunkempfang

Antennenbau, Aufstellung und Anschluß garantiert betriebsfertig durch eignes Fachpersonal / Prüfungsbeamte stehen unseren Abnehmern jederzeit ohne Kosten zur Verfügung.
Akkumulatoren-Ladestelle.
Anodenbatterien erstklass. Qualität „Marke Kamerad"
Telefunken-Ersatz-Röhren

Radio-Bücher und Zeitschriften

Telefunken-Rundfunkgesellschaft m. b. H.
Leipzig, Gottschedstr. 17

Vorführungen, fachmännische Auskunft u. Druckschriften kostenlos!

Wir vergeben Vertretungen

Die allgemeine Tageseinteilung des Rundfunkprogramms im März 1924

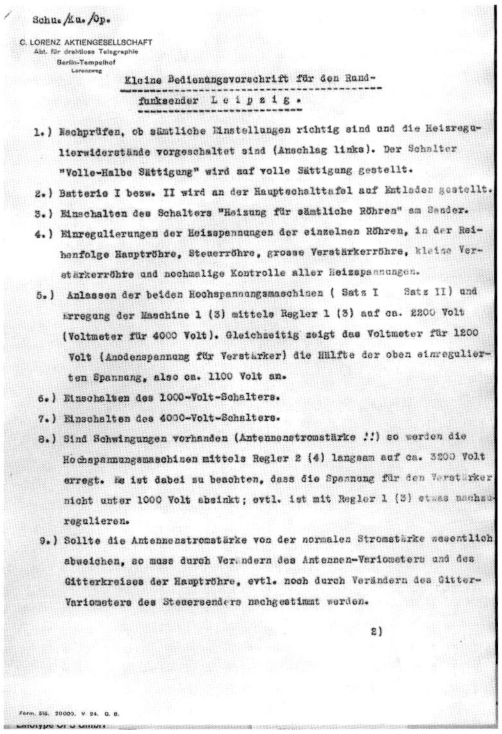

Schu./Ku./Op.

C. LORENZ AKTIENGESELLSCHAFT
Abt. für drahtlose Telegraphie
Berlin-Tempelhof
Lorenzweg

Kleine Bedienungsvorschrift für den Rundfunksender L e i p z i g .

1.) Nachprüfen, ob sämtliche Einstellungen richtig sind und die Heizregulierwiderstände vorgeschaltet sind (Anschlag links). Der Schalter "Volle-Halbe Sättigung" wird auf volle Sättigung gestellt.
2.) Batterie I bezw. II wird an der Hauptschalttafel auf Entladen gestellt.
3.) Einschalten des Schalters "Heizung für sämtliche Röhren" am Sender.
4.) Einregulierungen der Heizspannungen der einzelnen Röhren, in der Reihenfolge Hauptröhre, Steuerröhre, grosse Verstärkerröhre, kleine Verstärkerröhre und nochmalige Kontrolle aller Heizspannungen.
5.) Anlassen der beiden Hochspannungsmaschinen (Satz I Satz II) und Erregung der Maschine 1 (3) mittels Regler 1 (3) auf ca. 2200 Volt (Voltmeter für 4000 Volt). Gleichzeitig zeigt das Voltmeter für 1200 Volt (Anodenspannung für Verstärker) die Hälfte der oben einregulierten Spannung, also ca. 1100 Volt an.
6.) Einschalten des 1000-Volt-Schalters.
7.) Einschalten des 4000-Volt-Schalters.
8.) Sind Schwingungen vorhanden (Antennenstromstärke !!) so werden die Hochspannungsmaschinen mittels Regler 2 (4) langsam auf ca. 3200 Volt erregt. Es ist dabei zu beachten, dass die Spannung für den Verstärker nicht unter 1000 Volt absinkt; evtl. ist mit Regler 1 (3) etwas nachzuregulieren.
9.) Sollte die Antennenstromstärke von der normalen Stromstärke wesentlich abweichen, so muss durch Verändern des Antennen-Variometers und des Gitterkreises der Hauptröhre, evtl. noch durch Verändern des Gitter-Variometers des Steuersenders nachgestimmt werden.

2)

Form. 518. 20000. V 24. G. B.

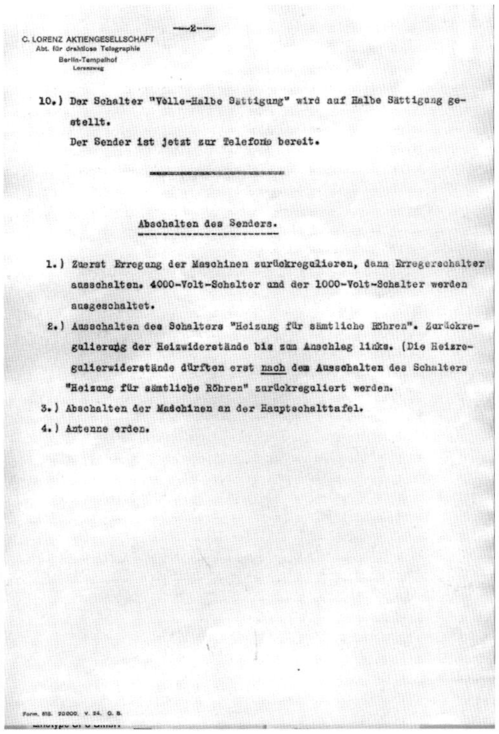

—2—

C. LORENZ AKTIENGESELLSCHAFT
Abt. für drahtlose Telegraphie
Berlin-Tempelhof
Lorenzweg

10.) Der Schalter "Volle-Halbe Sättigung" wird auf Halbe Sättigung gestellt.
Der Sender ist jetzt zur Telefonie bereit.

Abschalten des Senders.

1.) Zuerst Erregung der Maschinen zurückregulieren, dann Erregerschalter ausschalten. 4000-Volt-Schalter und der 1000-Volt-Schalter werden ausgeschaltet.
2.) Ausschalten des Schalters "Heizung für sämtliche Röhren". Zurückregulierung der Heizwiderstände bis zum Anschlag links. (Die Heizregulierwiderstände dürften erst nach dem Ausschalten des Schalters "Heizung für sämtliche Röhren" zurückreguliert werden.
3.) Abschalten der Maschinen an der Hauptschalttafel.
4.) Antenne erden.

Form. 518. 20000. V 24. G. B.

Auszug aus der Original-Beschreibung des 2. LORENZ-Senders, der ab Januar 1925 in Betrieb war

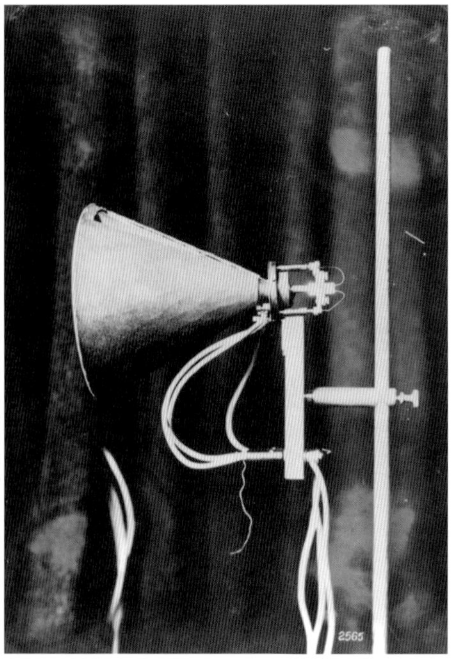

Ein „Kathodophon" der Firma C. LORENZ A.G. (1923), wie es als Mikrofon beim ersten Leipziger Sender bis Frühjahr 1925 in Benutzung war

Heizspannungen abgenommen wurden. Die Behauptung, dieses Maschinen-Konzept „gewährleiste praktische Störungsfreiheit" bewahrheitete sich jedoch nicht, denn bis zum Einbau des zweiten Senders im Januar 1925 (dann mit einer Endstufe RS 15) musste der Generator immer wieder repariert und ausgetauscht werden und die Quecksilberdampf-Gleichrichter fielen häufig aus. Nach 3 Monaten wurde die Stromversorgung auf Gleichstromgeneratoren und Heizakkumulatoren umgestellt.

Die Modulation des Senders erfolgte mittels der von den LORENZ-Mitarbeitern L. PUNGS und F. GERTH entwickelten „Telephonie-Drossel", die direkt in die Antennenzuleitung geschaltet war.

Das Johannishospital profitierte zwar vom Einbau des Senders, da es nun an das Stromnetz der Stadt angeschlossen war, jedoch müssen, wie mehrfach berichtet wurde, die Maschinengeräusche trotz dämpfender Aufstellung recht lästig gewesen sein.

In der „Alten Waage" waren die vorgesehenen Räume Anfang 1924 „in erwartungsvolle Leere" versetzt und entsprechend umgebaut worden, um dort das erste MIRAG-Domizil einrichten zu können. Die ebenfalls laboratoriumsmäßigen Verstärkereinrichtungen waren hier von vornherein für den Betrieb mit Akkumulatoren ausgelegt worden. Die Modulationsleitung zum Sender ging „durch die Luft" – mittels posteigener Telegrafenleitungen, die von Dach zu Dach gespannt waren!

Der erste Aufnahmeraum war etwa 30 m^2 groß und 3,20 m hoch; dämpfende Friesvorhänge an den Wänden und an der Decke sollten die „Akustik" verbessern. Nach kurzer Zeit wurde auch die benachbarte „Alte Börse" angeschlossen, die viele Jahre lang als Sendestudio für Konzerte und Opernaufführungen diente.

In der Anfangszeit des Leipziger Rundfunks wurde zur „Besprechung" des Senders ein bemerkenswertes Mikrofon eingesetzt: die Senderbaufirma LORENZ favorisierte nämlich ihr „Kathodophon", welches schon in der Versuchsstation Eberswalde und auch im Berliner Voxhaus erprobt worden war. Es handelte sich um eine Erfindung von VOGT, ENGL und MASSOLLE, die es für die ersten Lichttonfilme nach dem „Tri-Ergon-Verfahren" entwickelt hatten (s. S. 136).

Dieses Kathodofon, ein „unförmiges Ungethüm", arbeitete als Schallwandler praktisch masselos, da die Schallwellen direkt auf eine von einem Glühkörper ausgehende, ionisierte Luftstrecke einwirkten. Zum Betrieb war allerdings eine Gleichspannung von 500 Volt notwendig und die Betriebsdaten waren so kritisch, dass das Kathodofon schon im Laufe des Jahres 1925 vom Bändchen-Mikrofon und vom Querstrom-Kohlemikrofon (System REISZ) abgelöst wurde. Trotzdem muss die physikalisch a priori gegebene klangreine Übertragungsqualität tatsächlich zur Wirkung gekommen sein, wie Hörberichte vermuten lassen. Der deutlichste Unterschied zum „Telegraphon", dem ebenfalls beim Rundfunk verwendeten, aus 12 Kohlekörner-Kapseln zusammengesetzten Mikrofon, bestand sicher in den wesentlich geringeren nichtlinearen Verzerrungen: „ ... infolgedessen ist auch die Wiedergabe der akkustischen Tongebilde, die zum Beispiel bei größerer Orchester-Musik überaus komplizierter Natur sein können, überraschend naturgetreu", hob die Herstellerfirma hervor. Doch die fortschreitende Mikrofonentwicklung ging bald darüber hinweg ...

Und die Hörer? Sehr viele können es anfangs noch nicht gewesen sein, die in der Lage waren, dem „drahtlosen Programm" zu folgen. Allerdings hatte die „Radio-Vereinigung Leipzig e. V." zu der Zeit schon über 600 Mitglieder: ehemalige Funker des ersten Weltkrieges, Interessenten und Bastler aus allen Bevölkerungsschichten, die es lernen wollten, sich in Europas Äther „umzuhören" und nun begierig den neuen Ortssender aufnahmen.

Ungezählt blieben die Schwarzhörer, auch „Zaungäste" genannt. In der ersten Woche war der Leipziger Sender natürlich hauptsächlich für die Radiomesse da – die Aussteller wollten schließlich ihre Neuheiten auch in praxi demonstrieren! Zufriedenstellend war das Ganze offenbar nicht, denn in den Messeberichten wurden die starken Störungen beklagt. Schon in der Folgewoche begannen wegen der immer wieder auftretenden Ausfälle die Umbauten des Senders; dessen „Kinderkrankheiten" gaben den Hörern viel Grund zur Klage.

Über die Reichweite schrieb man in einer verklärten Rückschau wenige Jahre später, dass Leipzig „trotz der geringen Sendeleistung im ganzen mitteldeutschen Sendebereich und weit darüber hinaus gut gehört" werden konnte.

Auf Grund der wirtschaftlichen Lage waren bei den Zuhörern der ersten Stunden hauptsächlich einfache Detektorempfänger mit Kopfhörer in Gebrauch. Doch offiziell brauchte man eine Genehmigung der Reichspost, und der Briefträger kassierte dafür monatlich 2 Mark.

Kathodophon im MIRAG-Studio in der Alten Waage

Leipziger Neueste Nachrichten. Sonntag, den 2. März 1924. Nr. 62.

Weihe des Leipziger Senders.

Am Sonnabend nachmittag fand im Meßamt die Weihe des Leipziger Senders statt. Im Auftrag der Mitteldeutschen Rundfunk-A.-G. Leipzig begrüßte Dr. Otto, der Vorsitzende des Aufsichtsrats der Gesellschaft, die Erschienenen, unter ihnen verschiedene Vertreter der Reichs- und Landesregierung, der Stadt und des Meßamts. Er dankte zunächst der Oberpostdirektion Leipzig, vertreten durch ihren Präsidenten Krug für die tatkräftige Unterstützung, durch die es gelungen sei, den Sender nach Leipzig zu bekommen. Der Radiodienst, so führte er weiter aus, werde einen Kulturfaktor bilden. Nach den Vorschriften der Reichsregierung habe der Sender dem Unterhaltungsrundfunk zu dienen, die Gesellschaft werde sich aber bemühen, nicht nur Unterhaltung, sondern auch Höheres zu bieten.

Der Radiodienst müsse ein Kulturfaktor werden,

auf künstlerischem, wissenschaftlichem und geistigem Gebiete müsse Großes, Hohes und Bestes geleistet werden; die Darbietungen des Senders sollten, belehrend, bildend und vertiefend wirken.

Da der Sender nicht nur den Freistaat Sachsen, sondern auch den Freistaat Thüringen und einen großen Teil der Provinz Sachsen berühre, erwachse Leipzig eine besondere Verpflichtung. Man werde die schwere Aufgabe in Zusammenarbeit mit anderen Kulturzentren, wie Dresden, Halle, Weimar und Jena zu lösen versuchen. Die Verhandlungen in dieser Richtung seien bereits im Gange. Dr. Otto schloß mit dem Wunsch, daß die große Aufgabe, die man heute in den Schoß der Zukunft lege, gelingen möge zum Wohle unseres Volkes und unseres Vaterlandes.

Hierauf ergriff Dr. Jäger, der Vorsitzende der Radio-Vereinigung Leipzig, das Wort und machte etwa folgende Ausführungen: „Als Vorsitzender der R. V. L. danke ich namens der Mitteldeutschen Rundfunk-A.-G. Leipzig und der Radio-Vereinigung Leipzig allen Mitarbeitern am Werk von ganzem Herzen. Gleich der drahtlosen elektromagnetischen Welle, die lediglich die Leitfähigkeit des den Weltenraum beherrschenden Aethers in Anspruch nimmt, also körperliche Uebertragungsmittel ausschaltet, stellten sich all unsere Mitarbeiter ohne den im bureaukratischen Deutschland üblichen Instanzenweg unmittelbar zur Verfügung, nur von dem einen Gedanken beseelt, die Nutzbarmachung der Wellentelephonie auf das denkbar höchste Maß zu steigern. Das gilt so gut von dem Führer unserer Bewegung in Deutschland, dem zu seinem eigenen größten Bedauern heute abwesenden Staatssekretär im Reichspostamt, Herrn Dr. Bredow, als auch von dem Arbeiter, der trotz eisiger Kälte am schwankenden Eisenmast der Antenne hoch über dem Johannishospital mehr als seine Pflicht tat. Erfüllen uns die energiegeladenen Teile des Senders mit Bewunderung, so dürfen wir mindestens die gleiche Bewunderung allen unseren Mitarbeitern zollen, denn sie bewiesen durch ihre Tätigkeit, daß in dem angeblich kranken Deutschland noch so viel Menschen über ungeahnte Mengen von Energien verfügen, daß es nur des Anstoßes durch ein lockendes Ziel bedurfte, um sie zur nützlichen Entladung zu bringen. Ganz entgegen einer weitverbreiteten Meinung, wonach in Deutschland auch der Sinn für die Unterordnung und Einordnung verloren gegangen sein soll, zeigten alle unsere Mitarbeiter, daß ihnen die wunderbaren Schaltungen, auf denen sich die Wellentelephonie aufbaut, nicht nur Objekt, sondern auch Erlebnis geworden waren, denn sie fügten sich ganz von selbst in das für unsere Zwecke notwendige System des Zusammenarbeitens ein, jeder nach seinen Kräften an seinem Platz."

Der Präsident der Oberpostdirektion Leipzig, Krug, verlas darauf ein Glückwunschtelegramm des Reichspostministers Dr. Höfle und gab seinerseits die Versicherung ab, daß die O. P. D. alles zur Förderung des neuen Unternehmens tun werde, was zu tun möglich sei. Er sprach seine Freude darüber aus, daß

Leipzig die zweite Stadt sei, die einen Sender erhalte

und verknüpfte damit die Hoffnung, daß dies dazu beitragen möchte, den Ruf Leipzigs als Handelsstadt weiter zu heben.

Oberbürgermeister Dr. Rothe dankte der O. P. D., daß sie sich bei der großen Konkurrenz bemüht habe, den Sender nach Leipzig zu bekommen. Sicher sei dafür ausschlaggebend gewesen, nicht nur die geographische Lage der Stadt, sondern auch ihre Größe und Bedeutung. Auf diesen Erfolg könne die Stadt Leipzig stolz sein. Der Mitteldeutschen Rundfunk A.-G. und der Radio-Vereinigung Leipzig gebühre allerdings für ihre Energie besonderer Dank. Die Stadt nehme zwar große moralische Pflichten mit Uebernahme des Senders auf sich, aber man könne gewiß sein, daß die beiden Gesellschaften auch den höchsten Anforderungen gerecht werden.

Schließlich sprach noch ein Vertreter der Radio-Industrie, der erklärte, daß die diesmalige Ausstellung infolge der Kürze der Zeit nicht die Vollkommenheit aufweise, die man vielleicht erwartet hätte, daß man aber im Herbst mit einer großen Radiomesse aufwarten werde und bestimmt hoffe, daß sie in Leipzig eine Resonanz finden werde, die in die Welt hinausschalle.

An dem im Meßamt aufgestellten Sendeapparat,

der darauf besichtigt wurde, ergriff zunächst der Präsident der O. P. D., Krug, das Wort und gab folgenden Funkspruch weiter:

Leipzig als alte Messe- und Buchhändlerstadt hat von sich aus soviel zur Hebung des gesamten Postverkehrs beigetragen, daß es dem Reichspostministerium eine besondere Freude ist, diesmal Leipzig mit der Gabe des Mitteldeutschen Rundfunk-Senders erfreuen zu können. Das Reichspostministerium ist aber auch der Ueberzeugung, daß es damit zugleich dem gesamten Interesse des mitteldeutschen Bezirkes am besten gedient hat.

Oberbürgermeister Dr. Rothe gab folgenden Spruch durch:

Ich freue mich als Oberbürgermeister der Stadt Leipzig, den mitteldeutschen Rundfunk-Sender für die Stadt in Obhut nehmen zu können. Es freut mich, daß vermöge der neuesten Technik die in den Bereich des Senders liegenden Städte und Ortschaften auf diesem drahtlosen Wege in noch engere Beziehungen treten können, als es durch den bisherigen Stand möglich war.

Ein Vertreter der sächsischen Regierung

gab folgende Meldung weiter:

Wenn ich als Vertreter der sächsischen Regierung dem Mitteldeutschen Rundfunk-Sender in Leipzig bei seiner Inbetriebsetzung das Geleitwort gebe, so tue ich es in dem Bewußtsein, daß ganz Mitteldeutschland sowohl in geistiger wie in wirtschaftlicher Beziehung ein einheitliches Ganzes bildet. Damit erwächst der Mitteldeutschen Rundfunk Gesellschaft die Pflicht diese engen Interessen in jeder Weise zu fördern und zu pflegen, und ich glaube, daß sie diesen Erwartungen auch voll entsprechen wird. Die sächsische Regierung begrüßt außerordentlich, daß hier ein neues Verbindungsglied zwischen Sachsen und den angrenzenden Gebieten geschaffen wurde.

Bei einem anschließenden Festmahle übermittelte noch Dr. Tenker die Glückwünsche des Deutschen Funkkartells, Professor Roth sprach namens des Leipziger Verkehrsvereins, Dr. Kohl für den Radio-Fachverband Leipzig und Justizrat Wendlandt im Auftrag der Handelskammer, er knüpfte an seine Ausführungen die Hoffnung, daß Leipzig auch bald einen Sender für Wirtschaftsnachrichten erhalte.

Leider kann der Sender noch nicht in Dauerbetrieb genommen werden. Man hofft aber, die technischen Schwierigkeiten noch während der Messe restlos beseitigen zu können.

Das Programm des Leipziger Senders.

Eröffnungskonzert.

Sonntag, den 2. März 1924, 8.15 Uhr:

Mitwirkende: Der Leipziger Thomanerchor. Leitung: Günther Ramin, Organist zu St. Thomä. Das Leipziger Davisson-Streichquartett, die Herren Walther Davisson (1. Viol.), Fritz Zuleger (2. Viol.), Max Naaß (Viola), Fritz Schertel (Violoncell). Das Leipziger Rosenthal-Quartett, die Damen Ilse Helling-Rosenthal (Sopran), Martha Adam (Alt), die Herren Hans Likmann (Tenor), Dr. Wolfgang Rosenthal (Baß).

Vortragsfolge: 1. Bach: Zwei Choralgesänge: a) Jesu meine Freude, b) Dir, dir Jehova will ich singen (Thomanerchor). 2. Bach: Zwei Lieder aus dem Schmellischen Liederbüchlein: a) Du bist bei mir, b) Jesu, du mein Trost und Lieben (Martha Adam). 3. Beethoven: II. Satz (Adagio) aus dem Harfenquartett (Op. 74) (Davisson-Quartett). 4. Brahms: Zwei Chöre aus Op. 93: a) O süßer Mai, b) Fahr' wohl (Thomanerchor). 5. Brahms: Zwei Romanzen aus der „Schönen Magelone" von Tieck: a) Ruhe süß Liebchen, b) So willst du des Armen dich gnädig erbarmen (Dr. Wolfgang Rosenthal). 6. Beethoven: II. Satz (Scherzo) aus dem Streichquartett Nr. 4 (Op. 18) (Davisson-Quartett). 7. Brahms: Aus den Zigeunerliedern: Op. 103 (Rosenthal-Quartett). Am Blüthnerflügel: Fritz Weitzmann (Konzertpianist). Musikalische Leitung: Alfred Szendrei, Kapellmeister der Städtischen Oper, Leipzig. — Außerdem: 11 Uhr vorm. Senderkonzert der „Radiofonanz A.-G.".

Montag, den 3. März 1924.

7.30 Uhr: Vortrag: Dir. Voß vom Meßamt: Die Bedeutung der Messe. — 8.15 Uhr: Konzert (Elle Schulz-Dornburg und Max Spilcker, Mitglieder der Städtischen Oper, Leipzig): 1. Bizet: Toreroliед aus „Carmen" (Max Spilcker). 2. Erich J. Wolf: a) Alle Dinge haben Sprache, b) Jubelnde Kinderschar (Elle Schulz-Dornburg). 3. Schumann: Träumerei (für Violine). 4. Richard Strauß: a) Morgen, b) Nachtgesang, c) Zueignung (Max Spilcker). 5. Hubert Pataky: a) Abend auf dem Fluß, b) Abendsonne (Elle Schulz-Dornburg). 6. Mozart: Duett aus „Zauberflöte" „Bei Männern, welche Liebe fühlen" (Elle Schulz-Dornburg und Max Spilcker). Am Blüthnerflügel: Paul Weißleder, Kapellmeister der Städtischen Oper, Leipzig. — Außerdem: 11 Uhr vorm. Sonderkonzert der „Radiofonanz A.-G.".

Leipziger Neueste Nachrichten. Freitag, den 29. Februar 1924

Der Leipziger [Sender]

Programm und Ausblick

Am 1. März nimmt der Leipziger Sender seine Tätigkeit auf. Damit ist die Vordebatte geschlossen und die Praxis beginnt. Leipzig, die deutsche Messestadt, tritt nun als erste deutsche Stadt, nach Berlin, in den Reigen der Orte unseres Vaterlandes, die dem Wesen der deutschen Rundspruchtechnik Punkt und Richtung sein sollen. Wird diese Aufgabe nun erfüllt werden, und wie wird sie erfüllt werden.

Auch in der Tagespresse ist die Frage erörtert worden, die schon Ruskin zu seiner Zeit gestellt hat: haben wir in dieser Zeit nichts Wichtigeres zu tun, als eine neue „Quasselstrippe" einzuführen? Und man kam zu dem Schlusse, daß, da wir in einer Zeit des Kulturverfalls leben, auch der Rundspruch nur die Bedeutung einer snobistischen Spielerei habe. Nun kann gewiß die Entscheidung der Frage, haben wir eine absteigende Kultur, an dieser Stelle nicht gegeben werden. Aber eines kann man doch sagen: so gewiß die Kultur etwas Innerliches ist, die schon zu Zeiten, als die Technik, die moderne Technik, noch etwas sehr Problematisches war, höchste und schönste Blüten zeitigte, so gewiß kann eine Zeit, wie die unsrige, die von allem Werden und Gestalten bis zum Bersten erfüllt ist, in der ganze Völker und Erdteile um ihr Schicksal ringen, trotz aller Aeußerlichkeiten doch nicht so bedeutungslos sein, mag sich auch manches barbarisch ausdrücken. Die Höhe einer Zeit offenbart sich nicht nur in der geklärten Ruhe, sondern auch in ihrem Brodeln, ihren Kämpfen, wo Altes mit Neuem und Neues mit Altem ringt. Ueber die Gipfelung, über das Verhältnis unserer Zeit zu einer anderen, mögen sich ruhig die Aesthetiker einer kommenden Zeit auseinandersetzen. Kann man aber die Frage nach der Kultur der Zeit hier auf sich beruhen lassen, dieses muß man doch anerkennen, daß jede neue Erfindung, jeder Fortschritt der Technik eine unendliche

Bereicherung des Ausdrucks einer Zeitepoche

bedeuten. Wer wollte sich z. B. die gewaltige Wirtschaftsentwicklung der

Der Leipziger Radio-Sender

wird Anfang März in Leipzig zur Aufstellung gelangen. Ueber den Aufstellungsort ist noch nicht endgültig entschieden worden. Als Aufstellungsplatz kommt unter Umständen das alte Johannishospital hinter der Johanniskirche in Frage. Dort soll zugleich ein Aufnahmeraum eingebaut werden.

Zum Besten der Kinderbewahranstalt in L.-Connewitz veranstaltete der rührige Sängerchor „Frischauf" im Turnverein 1858 in der Kirche zu L.-Connewitz ein Wohltätigkeitskonzert, das sich eines recht guten Besuches zu erfreuen hatte. Der Chor legte unter der zielsicheren Führung seines bewährten Leiters Alfred Strobach Zeugnis davon ab, daß er sich auch an schwierige Chorwerke getrost heranwagen darf. Zumal mit dem achtstimmigen Graduale „Gnädig und barmherzig" von Grell legten die wackeren Sänger, die ferner in sauberster Ausführung Männerchor von Bache, Voigt, Kämpf, Attenhofer, Pastor, Dürrner, Schrader und Loewe boten, Ehre ein. Als selbstlos Mitwirkende hatten sich in den Dienst der guten Sache Frl. Elly Opitz, Herr Organist Niedenführ und Herr Rudolf Schmidt (Orgel) gestellt. Mit ihrem klangedlen Sopran eroberte Frl. Opitz sofort aller Herzen. Es war ein reiner Genuß, den gebotenen Kompositionen von Bach, Reger, Geilsdorf und Göbler lauschen zu können. Herr Organist Niedenführ war ihr ein verständnisinniger Begleiter am Flügel. Einen besonderen Rahmen gaben dem Konzert die Orgelvorträge der Herren Niedenführ und Schmidt. Herzlicher Dank gebührt allen Mitwirkenden für die gelungene Durchführung des Konzertes, das neben der ideellen Seite auch den materiellen Zweck, der Kinderbewahranstalt Mittel zuzuführen, voll erfüllen durfte.

Ein radiotechnischer Experimental-Vortrag, veranstaltet von der Kultur-Abteilung der Ufa Berlin, findet am Mittwoch, 13. Febr., nachmittags ½4 Uhr im Astoria-Theater statt.

Brandversicherungsbeiträge. Nach einer Meldung unserer Dresdner Schriftleitung teilt die Sächsische Brandversicherungskammer mit, daß die nächste Einhebung von Brandversicherungsbeiträgen erst am 1. April dieses Jahres stattfindet. Die Höhe des Beitrages wird Anfang März bekanntgegeben.

Ladeneinbrüche. Es wurden folgende Geschäfte erbrochen und bestohlen: In der Bornaischen Straße die Filiale eines hiesigen Weißwarengeschäfts. Gestohlen wurden Wolle, Strümpfe, Handschuhe und eine Herren-Sportweste. — Aus einem Trödlergeschäft in der Elisen-

Auszüge aus dem Presseecho in den „Leipziger Neuesten Nachrichten" im Frühjahr 1924 auf die Eröffnung des Leipziger Senders

Der Markt in Leipzig mit der Alten Waage, erster Sitz der MIRAG (etwa 1924)

LEIPZIGER NEUESTE NACHRICHTEN Freitag, 3. Januar 1924:

„Radio ist Trumpf"

„Urahne, Großmutter, Mutter und Kind – von der großen Hängelampe mit den vier Glühbirnen im oberen Kranz und dem weitgewölbten Seidenschirm schlängelt sich eine gelbe Schnur auf den Tisch herab. Durch den Adventskranz hindurch ringelt sie sich einmal um die hohe Majolikavase mit den drei winterlichen Chrysanthemen, die wie große blütenweiße Lockenkopfe zum Kerzenschimmer ragen, und endet in jenem dunklen Kasten auf der mattbunten Gobelindecke. Ein merkwürdiger Kasten! Zwei rote Glühlampen sind daran und zwei schmale weiße Lämpchen, ein Schalter mit der Bezeichnung: ein-aus und ein Ding zum Drehen. Dieses Ding zum Drehen läuft in einer Rosette, einem Strahlenkranz mit vielen Strichen und Zahlen. Auch einen Trichter hat der Kasten, einen Schalltrichter, wie die Grammophone ihn ‚früher' hatten, bevor das trichterlose Elektromophon die Zeit gewann. Und dann sind zwei zusammengekoppelte Hörer daran, Telephonhörer, so wie Scheuklappen ungefähr. Das Ganze ist ein Radioempfangsapparat, Junkerradio, Telefunkenstation, drahtlose Telephonie, Rundfunkgerät, oder welche Bezeichnung wir dieser neuesten aller Neuerungen beilegen wollen. Einer von uns sieht nach der Uhr, 12.43 Uhr, jetzt kommt Berlin. Die Scheuklappe über die Ohren gestülpt, den Schalter auf ‚ein' gedreht – da glimmen die Lämpchen auf. Jetzt setzen zwei Finger das Ding zum Drehen, den Welleneinsteller, in Bewegung, und nun knarrt es einen Augenblick im Trichter, so eine Art Gurgeln – dann auf einmal spricht eine laut vernehmliche Stimme. Sehr undeutlich: ‚Meine Damen und Herren! Ich will Ihnen heute ein paar nette Geschichten hier aus Berlin erzählen. Fangen wir also gleich beim Neuesten an.' Und weiter erzählt der freundliche Herr, erzählt unter anderem, daß um 5 Uhr ‚Mignon' mit vollem Orchester gespielt wird, und so weiter. - Urahne, Großmutter, Mutter und Kind, sie hören und lauschen, lächeln und lachen, staunen und wundern sich! Sieh mal einer an, dieses Radio ist doch ein verflixter Kerl, und um 8 Uhr sitzen wir wieder am Tisch, und wieder knarrt es gurgelnd im Trichter. Wir hören den Taktstock am Notenständer des Dirigenten in Berlin klopfen und dann - - - beinahe schrecken wir zusammen, so laut dröhnt uns die Ouvertüre zu ‚Mignon' in die Ohren. Wir hören die ganze Oper Akt für Akt, wir glauben, die Darsteller sehen zu können, so klar und mächtig ist die Musik: und am Schluß? Tatsache, am Schluß klatschen wir kräftig Beifall! In Berlin sagt eine Stimme: ‚Danke sehr, danke verbindlichst!' Natürlich hat er das Klatschen nicht gehört, denn wir sind ja keine ‚Sender', aber er denkt es sich, der freundliche Herr, daß uns die Oper gefallen hat."

Das schönste Weihnachtsgeschenk für die ganze Familie im Jahre 1924: ein Rundfunkempfänger

Ein Detektor-Empfänger der Marke „Radiocord": das Modell „Type 18". Hersteller: Fa. MAX TEXTER GmbH, Berlin, etwa 1924/25. Besonderheiten: Kugelvariometer, doppelter Kopfhöreranschluss. Die beiliegende Programmzeitschrift „Die Mirag", die erstmals im November 1924 erschien, stammt vom Mai 1925.

Eine „kleine Radio-Anlage" aus dem Jahr 1926: Detektor-Empfänger „RDN" mit Einröhren-Verstärker „N.V. I", beide von der Firma „Eswe" - dem SACHSENWERK NIEDERSEDLITZ/SA. Der „RDN" hat eine Variometer-abstimmung und kostete 11,50 Mark, mit dem aufgesteckten Kristall-Detektor etwa 6 Mark mehr. Der „N.V. I" kostete ohne Röhre 37,50 Mark; für die dazu passende Telefunken-Röhre „RE 79" mussten noch einmal 8 Mark angelegt werden. Der beigefügte „Blaupunkt"-Kopfhörer der IDEAL-WERKE Berlin war ein damals ob seines geringen Gewichts sehr beliebtes und häufig verwendetes Modell; Preis 14 Mark. Mit einer solchen Empfangsanlage konnte man ausser dem Ortssender auch andere deutsche und europäische Stationen hören, besonders spät abends und nachts, wenn der Heimatsender abgeschaltet hatte. Während man beim Detektor-Empfänger mit Hochantenne und Erdanschluß auskam, waren zur Speisung des Verstärkers ein Akku (4 V) und eine Anodenbatterie (45 V) erforderlich.

Musik aus dem Äther: Mit dem Kristall-Detektor fing es an

„Es ist 'ne tolle Geschichte, dieser Rundfunk! Und das Tollste ist, daß es so was wirklich und richtiggehend gibt und nicht nur einen schlechten Aprilwitz oder ein Zukunftsmärchen bedeutet. Nein, er ist da, der Radiorundfunk ..." – so stand es im Januar 1924 in den „Leipziger Neusten Nachrichten", und die Leser sollten damit auf das bevorstehende Ereignis neugierig gemacht werden: die Eröffnung des „Leipziger Meßamtssenders der Reichs-Telegraphen-Verwaltung für Mitteldeutschland", die pünktlich am 1. März des gleichen Jahres stattfand.

In der heutigen Zeit, da man vielfältige Rundfunkprogramme aus der Luft, aus dem Kabel und über Satellit per Knopfdruck abrufen kann, ist es nicht ganz leicht, etwas von der Faszination zu vermitteln, die das „Wunder Radio" im Jahre 1924 ausübte. Es sollte möglich sein, nur mit einem kleinen „Bleikristall" und einem Kopfhörer Musik aus der Luft zu empfangen? Die Älteren sprachen wohl auch von Zaubertricks und es hatte etwas Geheimnisvolles an sich, ähnlich wie bei den ersten Vorführungen des EDISONschen Phonografen im Jahre 1878. Andererseits nahm das neue „Radio-Wesen", wie es auch bezeichnet wurde, in kurzer Zeit derart an Verbreitung zu, dass man vom Ausbruch eines regelrechten „Radio-Fiebers" sprechen konnte. Man stelle sich vor: Für Varietés, auch in Leipzig, wurden erste Rundfunk-Vorführungen mit knarrenden Lautsprechern zur Attraktion; vor Geschäften, die Empfangsgeräte vorführten, bildeten sich Aufläufe; viele Elektrofirmen, aber auch Fahrradhandlungen und Schallplattenläden, witterten Morgenluft.

Das neue „Thema des Tages" inspirierte die Schlagerkomponisten zu Lobliedern („Die schöne Adrienne ... hat eine Hochantenne"), rief aber auch zahlreiche Spötter auf den Plan, die sich in Wort und Bild über diese Neuheit – und die ihr noch anhaftenden Mängel – reichlich lustig machten.

Natürlich mussten auf Seiten der Sendegesellschaft und der Reichspost noch Erfahrungen gesammelt werden; die schon erwähnten Kinderkrankheiten der Aufnahme- und Sendertechnik machten auch vor Leipzig nicht Halt. Hinzu kamen Empfangsstörungen von außen, und all das schmälerte das

Ein Detektor-Empfänger, gebaut 1925 von WALTER KEILITZ, der in seiner kleinen Firma „WEKA" in Leipzig auch den „KEILITZ-Detektor" (zum Aufstecken) herstellte

Ein Muster an handwerklicher Feinarbeit – der „KEILITZ-Detektor"

Dreiröhren-Ortsempfänger Typ EA 381 für Batteriebetrieb, GEORG SEIBT Berlin, 1927

Ein Detektor-Empfänger mit Variometer-Abstimmung: das Modell „TELEFUNKEN A" von der TELEFUNKEN G.m.b.H. Berlin, 1924

Der Leipziger Rundfunk.

Unser Rundfunk hier in Sachsen
Ist das Scheenste, was es gibt.
Kinder, macht bloß keene Fazen,
Wenn Ihr unsern Rundfunk liebt!

Sitzt man so im Dustern heeme,
Hat die Quasselstrippe uff,
Und der Sender funkt so scheene,
Sperrst du Mund und Nase uff.

„Achtung, Leipzig!" heeßt's da drinne.
Kinder, nee, ist das famos.
Bei mir lachen Herz und Sinne,
Denn jetzt geht das Funken los.

Ist Herr Szendrei erst zu Ende,
Fängt die Wilms Eugenie an.
Sie singt scheene bis ans Ende,
Und wir alle klatschen dann.

Kommt Karl Keßler an die Reihe,
Geht mit saft'gen Witzen los,
Lach ich immer stets uffs neue,
Denn der Kerl ist darin groß.

Ist der Vortrag nun zu Ende,
Und der Press'bericht ooch dorch,
Hör ich, wer am Lebensende
Und bei wem erschien der Storch.

Nun heeßt's, die Antenne erden,
Wenn Ihr in das Bette geht,
Denn dann habt Ihr kee' Beschwerden,
Wenn der Blitz zur Erde dreht.

So im Schlafen und im Wachen
Stets man was vom Radio heert.
Esperanto, fremde Sprachen...
Is denn das vielleicht nischt wert?

K. Sp.

Aus der Programmzeitung „Die Mirag"
vom November 1924

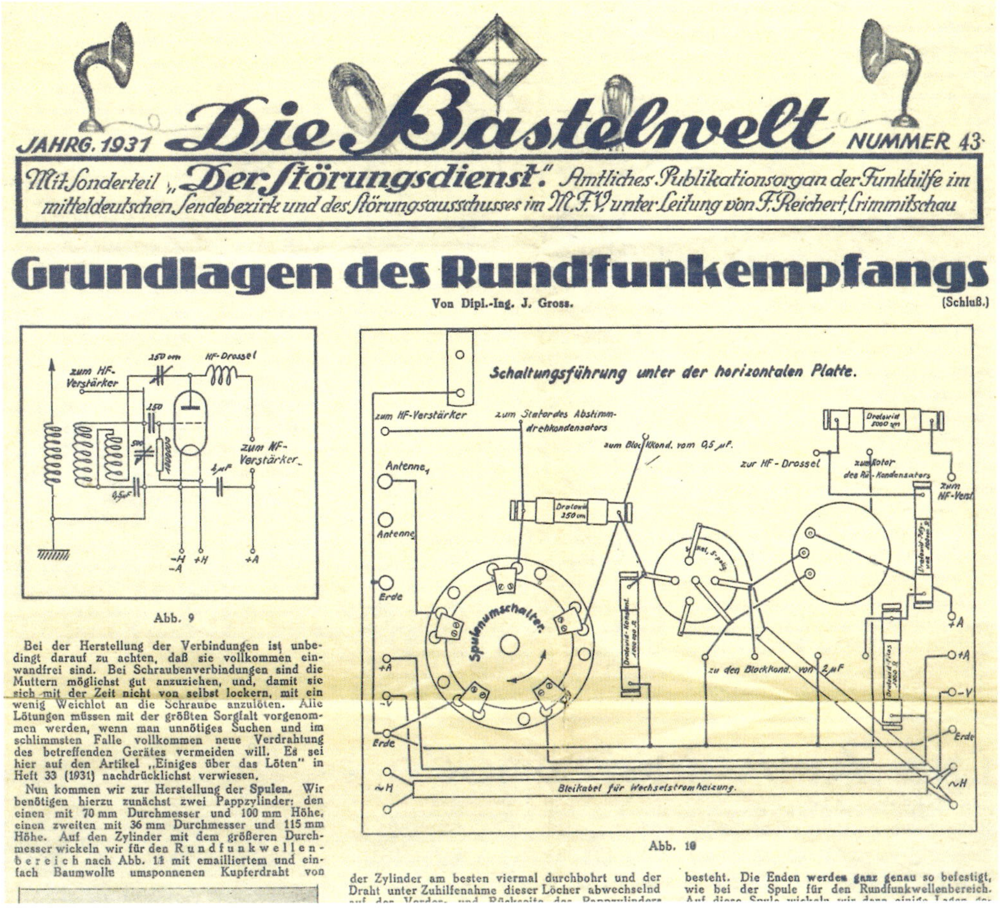

JAHRG. 1931 **Die Bastelwelt** NUMMER 43

Mit Sonderteil „**Der Störungsdienst**." Amtliches Publikationsorgan der Funkhilfe im mitteldeutschen Sendebezirk und des Störungsausschusses im M.F.V. unter Leitung von F. Reichert, Crimmitschau

Grundlagen des Rundfunkempfangs

Von Dipl.-Ing. J. Gross. (Schluß.)

Abb. 9

Schaltungsführung unter der horizontalen Platte.

Abb. 10

Bei der Herstellung der Verbindungen ist unbedingt darauf zu achten, daß sie vollkommen einwandfrei sind. Bei Schraubenverbindungen sind die Muttern möglichst gut anzuziehen, und, damit sie sich mit der Zeit nicht von selbst lockern, mit ein wenig Weichlot an die Schraube anzulöten. Alle Lötungen müssen mit der größten Sorgfalt vorgenommen werden, wenn man unnötiges Suchen und im schlimmsten Falle vollkommen neue Verdrahtung des betreffenden Gerätes vermeiden will. Es sei hier auf den Artikel „Einiges über das Löten" in Heft 33 (1931) nachdrücklichst verwiesen.

Nun kommen wir zur Herstellung der Spulen. Wir benötigen hierzu zunächst zwei Pappzylinder: den einen mit 70 mm Durchmesser und 100 mm Höhe, einen zweiten mit 36 mm Durchmesser und 115 mm Höhe. Auf den Zylinder mit dem größeren Durchmesser wickeln wir für den Rundfunkwellenbereich nach Abb. 11 mit emailliertem und einfach Baumwolle umsponnenen Kupferdraht von

der Zylinder am besten viermal durchbohrt und der Draht unter Zuhilfenahme dieser Löcher abwechselnd

besteht. Die Enden werden ganz genau so befestigt, wie bei der Spule für den Rundfunkwellenbereich.

links: Bastler-Beilage der Programm-Zeitschrift „Die Mirag" von 1931

In der Studentenbude eines Rundfunkbastlers im Jahre 1924. Das Empfangsgerät enthält 2 HF-Stufen, das Audion und 2 NF-Stufen. An der Wand befindet sich die extra angefertigte „Eichkurve des 5-Röhren-Low-Loss-Neutrodyne-Empfängers".

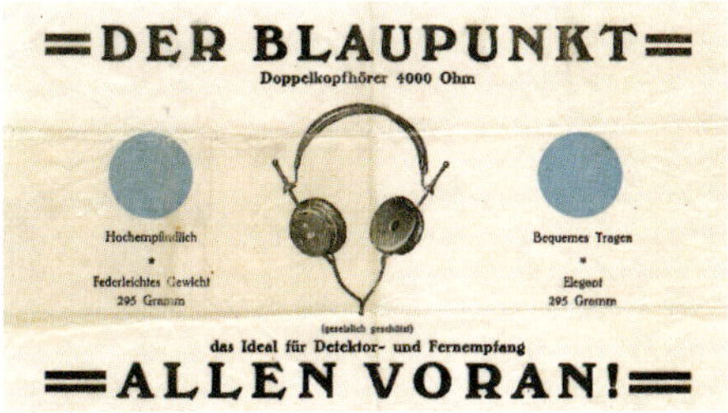

Original-Werbeblatt für den BLAUPUNKT-Kopfhörer

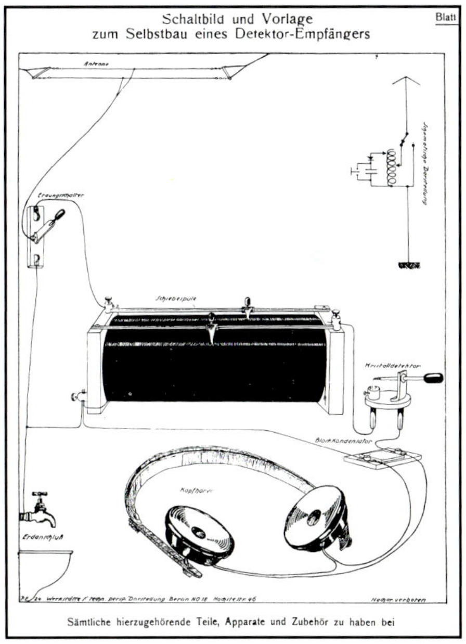

Bauplan für einen Detektor-Empfänger aus dem Jahre 1924

Hörerlebnis. Man beschwerte sich laufend, denn manch einer hatte schon Besseres aus London oder Toulouse gehört. Es war in dieser Pionierzeit recht schwierig, ein Rundfunkprogramm durchgängig zu verfolgen; schließlich waren auch die Senderfeldstärken unvergleichlich geringer als heute.

Wer aber konnte sich denn nun „Radio" leisten? Hochempfindliche „Fernempfänger" mit mehreren Röhren und gar noch mit Trichterlautsprecher waren in Anschaffung und Betrieb sehr teuer und nur einer kleinen begüterten Oberschicht vorbehalten – aber der billige Detektor-Empfänger, leicht im Eigenbau herzustellen, ermöglichte auch den minderbemittelten Schichten die Teilnahme am Rundfunk. Die Radio-Industrie blühte auf, bisher nur für den Export freigegebene Waren konkurrierten mit neuen Produkten und Herstellern, eine Unzahl rühriger Firmen bot nicht nur Fertiggeräte, sondern auch Einzelteile und Materialien an, bis hin zu kompletten Bausätzen. Es begann die große Radio-Bastlerbewegung.

Radio-Amateure und Bastler – das waren die ersten „Abenteurer des Äthers", die nicht mehr nur die (für den Privatmann eigentlich verbotenen) Rundspruch-Sendungen, Wettermeldungen und Zeitzeichen abhören wollten, nein, sie wollten Musik! Sie gehörten zur Schar der treibenden Kräfte, die die Einführung des „Rundfunks für Alle" vorangetrieben hatte. Ihr erfinderischer Eifer trug nun auch wesentlich zur Verbreitung des jungen Mediums bei, denn besonders durch sie sprach sie sich herum, die Sache mit der „Äther-Musik".

Doch in Deutschland konnte nicht jeder machen, was er wollte: Es gab Vorschriften! Hierbei spielten die Funkvereine die wichtige Rolle als Mittler zwischen der Reichs-Telegraphen-Verwaltung (RTV), als dem für die Funkhoheit zuständigen Organ der Deutschen Reichspost und den Rundfunk-Interessenten zu fungieren. Zum offiziellen Basteln gehörten eine Genehmigung der Post und eine amtliche „Versuchserlaubnis"! Aber es gab viele Unangemeldete, viele „Schwarzhörer", die sich selbst „Zaungäste" nannten und gegen die denn auch die Post einen ständigen Kampf führte.

Eine Rundfunk-Empfangsgenehmigung von 1924,
Auszug aus den Bedingungen der Genehmigung:
I. Allgemeines:
1. Die Anlage dient zur Aufnahme des „Unterhaltungs-Rundfunks" und der „Nachrichten an Alle";
2. unzulässig ist die Aufnahme sonstigen Funkverkehrs und die Störung von Telegrafen-, Fernsprech- und Funkanlagen.
3. Der Inhaber der Genehmigung ist verantwortlich für jeden, der seine Anlage benutzt, und darf die Genehmigung Dritten nicht übertragen; er hat Beauftragten der Deutschen Reichspost (DRP) das Betreten der Räume und Grundstücksteile, in denen sich die Empfangsanlage befindet, zu gestatten; nach Ablauf der Genehmigung hat er seine Anlage zu beseitigen und die Urkunde dem Zustell-Postamt zurückzugeben.
4. Verstöße gegen diese Bedingungen können, auch soweit sie nicht nach der Verordnung zum Schutze des Funkverkehrs vom 8. März 1924 strafbar sind, die Entziehung der Genehmigung zur Folge haben.
II. Antenne
1. Höchstlänge des verwendeten Drahtes vom Empfänger ab 100 m.
2. Beschaffung der etwaigen Genehmigungen der Gebäudeeigentümer, Polizeiverwaltungen usw. ist ausschließlich Sache des Inhabers der Genehmigung.

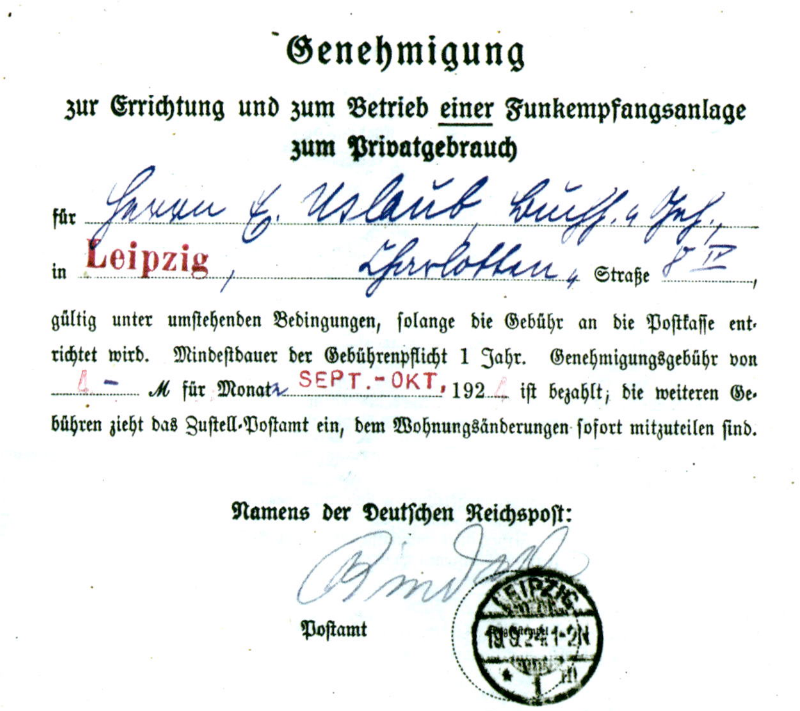
Genehmigung
zur Errichtung und zum Betrieb einer Funkempfangsanlage
zum Privatgebrauch

für [illegible]
in Leipzig, [illegible] Straße [illegible]

gültig unter umstehenden Bedingungen, solange die Gebühr an die Postkasse entrichtet wird. Mindestdauer der Gebührenpflicht 1 Jahr. Genehmigungsgebühr von [illegible] M für Monat SEPT.-OKT. 192[illegible] ist bezahlt; die weiteren Gebühren zieht das Zustell-Postamt ein, dem Wohnungsänderungen sofort mitzuteilen sind.

Namens der Deutschen Reichspost:
[illegible]
Postamt

Doch wie verhielt es sich mit den Vorschriften im Einzelnen?

Der Radio-Interessent brauchte zuerst eine „Genehmigungs-Urkunde für den Betrieb einer Funkempfangsanlage", die ihn als künftigen Rundfunkteilnehmer legitimierte. Diese berechtigte ihn zur Benutzung eines fertig gekauften und mit dem RTV-Stempel versehenen Empfangsapparates, denn nur ein solcher war ja durch die Reichs-Telegraphen-Verwaltung genehmigt und anfangs sogar plombiert worden. Damit war zugleich sichergestellt, dass der für den Unterhaltungs-Rundfunk zunächst freigegebene Wellenbereich von 250 bis 700 m (entspr. 1.200 bis 430 kHz) eingehalten wurde. Detektor-Empfänger durfte man auch selbst bauen; das Basteln mit Röhren – eine Audionschaltung mit einer Röhre brachte ja schon „Europa in den Hörer"! – hatte die Erteilung einer „Audionversuchserlaubnis" zur Voraussetzung, und die wiederum konnte man – Fachleute ausgenommen – nur als Mitglied eines Funkvereins erwerben, nach einem Kursus und einer Prüfung selbstverständlich! Jeder sollte schließlich erst lernen, wie eine Rückkopplung richtig bedient wird. Im September 1925 entfielen diese bürokratischen, übervorsichtigen Vorschriften und auch die Wellenbeschränkung wurde aufgehoben; die Senkung der hohen Jahresgebühr von anfangs 60 Goldmark pro Jahr auf 2 Mark pro Monat ab April 1924 sowie eine Art „Amnestie" der Schwarzhörer trugen dann ab 1926 zu einer Normalisierung der Verhältnisse und zu einer raschen Zunahme der Teilnehmerzahlen bei.

In Leipzig und Umgebung kümmerten sich in diesen Jahren der „Mitteldeutsche Funkverband", zu dem die „Radio-Vereinigung Leipzig" und zahllose regionale Funkvereine gehörten, aber auch der „Arbeiter-Radio-Bund Deutschlands" um die Bastler und Radio-Anwärter. In den Vereinslokalen fanden regelmäßig wöchentlich Bastel- und Vortragsabende sowie kostenlose Beratungen für alle Rundfunkhörer statt. Die Mitglieder konnten sich auf die genannte Prüfung vorbereiten und hatten noch den Vorteil, Einzelteile mit 30% Rabatt einkaufen zu können. Höhepunkte des Vereinslebens waren der Besuch der Funkausstellung in Berlin und eigene Ausstellungen selbstgebauter Geräte, „gesponsert" von den Radiohändlern. Unterstützung fanden die Bastler von Anfang an durch Prospekte, Zeitschriften und Bücher, in denen namhafte Fachleute der Funktechnik, wie M. v. ARDENNE, E. NESPER und E. RHEIN zu Wort kamen und ihre Erfahrungen weitergaben. Nicht wenige der Erfinder und Forscher sind selbst aus dem Kreis der Bastler und Tüftler hervorgegangen – M. v. ARDENNE ist dabei sicher ein herausragendes Beispiel.

Das Basteln wurde aber auch von der MIRAG selbst sehr gefördert, denn es diente schließlich der

Titelseite des „Offiziellen Ausstellungs-Katalogs zur [ersten] Großen Deutschen Funk-Ausstellung" im Dezember 1924 in Berlin

Werbung für neue Zuhörer! Die Programmzeitung „Die Mirag" brachte in ihrer Beilage „Die Bastelwelt" Bauanleitungen und Tips jeglicher Art; auch ein „Technischer Briefkasten" gehörte damals zum Hörerservice. Und dann gab es da noch die verschiedensten Bastelhefte und Händlerkataloge mit ihren Beilagen. Nicht immer ist der Erfolg dieser Anleitungen verbürgt, aber solche mit Real-Darstellungen der Einzelteile waren wohl am sichersten nachzubauen. Heute, nach über 75 Jahren, leben nur noch wenige Zeitzeugen, die schon 1924 das Radio aktiv miterlebt haben, die sogar selbst gebastelt haben, und die noch jetzt davon erzählen können. Für den andächtig lauschenden Funkhistoriker und Sammler ist es ein besonderes Erlebnis, solchen authentischen Berichten aus der „Urzeit" der Radiotechnik zu lauschen. Die hier gezeigte Original-Bastler-Zeichnung für einen „Detektor im Kopfhörer" ist ein schöner und seltener Beleg für eine solche Begegnung.

Was nun den Autor betrifft, so kann er nicht umhin, in diesen Zeilen auch seine ersten eigenen Radio-Hör-Eindrücke (aus früher Nachkriegszeit) mitschwingen zu lassen, als er – zunächst ohne Ahnung, was Radio genau ist – mit einem Detektor-Empfänger nach langwierigem Probieren endlich die ersten Töne „aus dem Äther fischen" konnte, ein Erlebnis, das man nicht vergisst.

Aus welchen Einzelteilen besteht denn nun ein solcher Detektor-Empfänger? Sein Aufbau ist tatsächlich sehr einfach: eine Spule, ein Kondensator, ein Kristall-Detektor und ein Kopfhörer; dazu eine Antenne – vom Bettgestell bis zum hoch aufgehängten und möglichst langen „Luftdraht" reichten die empfohlenen Varianten – und eine Verbindung zur „Erde", also z. B. zur Wasserleitung, das war alles.
Der Empfang allerdings war zunächst ein Geduldsspiel …

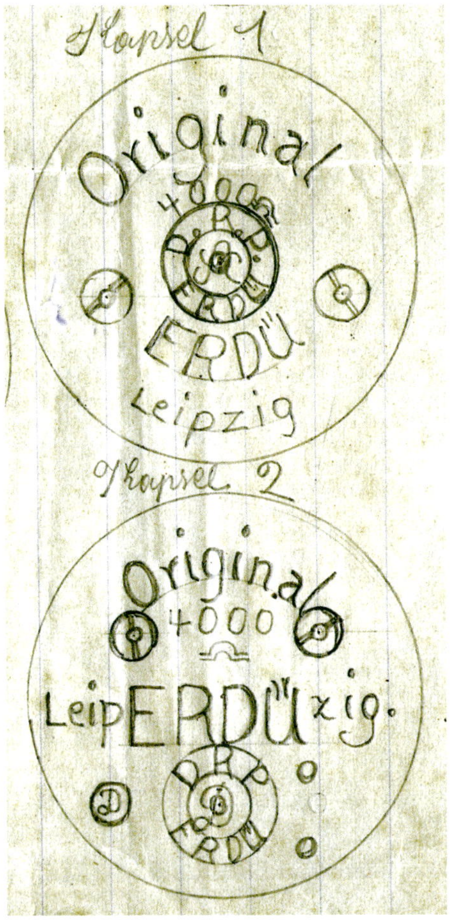

Ausschnitt aus nebenstehender Bastlerzeichnung in Orginalgröße

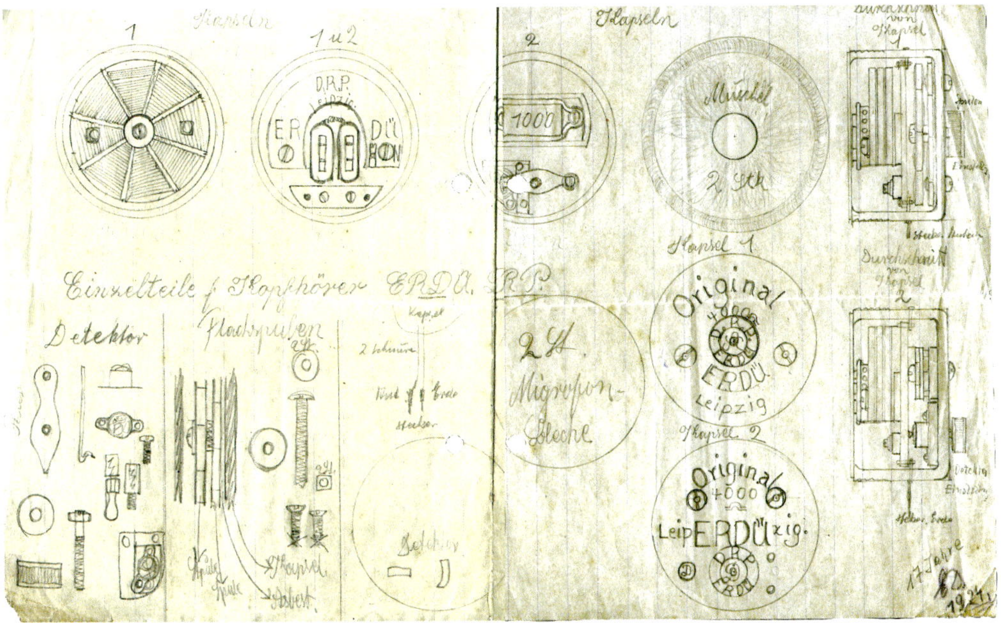

Bleistift-Zeichnung eines Leipziger Radio-Bastlers aus dem Jahre 1924(!): Entwurf eines Mini-Detektor-Empfängers, eingebaut in die Muscheln eines Kopfhörers; Eigenbau-Marke „ER-DÜ". Der damalige Bastler-Jüngling ist heute (1999) ein hochbetagter, immer noch rüstiger und zudem sehr liebenswürdiger Herr, der viel aus den „Anfangstagen" des Radios zu erzählen weiß…

„Detektor" heißt soviel wie „Wellen-Entdecker". Seine Wirkung beruht auf der Gleichrichtung der hochfrequenten, amplitudenmodulierten HF-Ströme, die aus dem Strahlungsfeld eines Senders aufgefangen werden. Auf diese Weise erhält man die Toninformation zurück und kann sie in einem empfindlichen Kopfhörer vernehmen. Ansonsten benötigt der Detektor-Empfänger keine zusätzliche Energie, er ist ein „Radio ohne Strom"!

Der eigentliche Kristall-Detektor, als steckbare Baueinheit ausgeführt und im Prinzip schon um 1910 verwendet, benutzt den Gleichrichtereffekt zwischen einer (einstellbaren) Drahtspitze und halbleitenden Mineralien, von denen Bleiglanz, Pyrit und Silizium am besten funktionieren. Dieser Effekt war schon 1874 von K. F. BRAUN entdeckt worden – zu einer Zeit, als es noch gar keine Möglichkeiten für die drahtlose Telefonie gegeben hatte!

Ein Kristall-Detektor muss stets sorgfältig eingestellt werden. Das Auffinden der lautesten Stelle erfordert viel Fingerspitzengefühl, es ist das Kniffligste beim Detektor überhaupt. Schier unübersehbar waren damals die angebotenen Modellvarianten, und erst die besonders ausgeklügelten, etwas teureren

Ein MIRAG-Bastler aus Leisnig/Sa. im Jahr 1925 in seiner Radio-Ecke

Beschreibung für den „Ideal-Detektor D. R. P. a."

„Kennen Sie den „Blaupunkt-Hörer"? ||

Der „Ideal" ist der beste DETEKTOR

|| Kennen Sie das „Idealit-Krystall"?

Kurze Beschreibung und Behandlungs-Anweisung.

Ideal-Detektor
D. R. P. a.

Der „IDEAL-DETEKTOR" hat den großen Vorzug einfachster Einstellbarkeit und man hat die Möglichkeit, das Kristall auf Wunsch sofort auszuwechseln. — Der „IDEAL-DETEKTOR" kann durch die sinnreich angeordnete Kugelgelenkvorrichtung, durch Bewegen des Griffes, sofort nach allen Seiten verstellt werden, so daß man im Nu die Kontaktspitze auf die jeweils am empfindlichst gefundene Kristallstelle einstellen kann.

Die **Kontaktspirale** ist **aus echtem** massiven **Silberdraht**, die **Grundplatte** aus echtem **Hartgummi**, das sonst verwendete Material von bester Qualität und auf das Sorgfältigste verarbeitet.

Die Verwendung von nur bestem und reinstem Material soll der Verbraucher nicht verkennen oder unterschätzen; **schlechtes Material** — wie es bei minderwertigen Fabrikaten meistens verwendet wird — **besitzt schlechte Leitungsfähigkeiten**, ist also elektrisch nicht einwandfrei.

Sollte es vorkommen, daß die Kontaktspitze während des Betriebes durch irgendeine Erschütterung vom Kristall abgleitet, **dann biegt man die**, in einem solchen Falle meistens nach vorne deutende, **Kontaktspitze etwas nach innen** (nach hinten), — gleichzeitig untersuche man, ob nicht etwa zufällig das Kugelgelenk gelockert ist — in welchem Falle man die Mittelschraube mittels einer kleinen Zange und eines Schraubenziehers anzieht.

In jedem Ideal-Detektor befindet sich ein Original „**Idealit**"-Kristall, das sich durch besonders hohe Empfindlichkeit auszeichnet. Sehr wichtig ist, daß das Kristall im Detektornäpfchen überall gut anliegt, das heißt, guten Kontakt hat, und es empfiehlt sich, etwaige Lücken zwischen Kristall und Näpfchen mit reinem Staniolpapier auszulegen, wodurch man nicht allein **guten Kontakt** herstellt, sondern dem Kristall auch einen **festen Halt** gibt. **Ein Einlöten des Kristalls ist nicht erforderlich.** Löten ist schädlich, da Hitze die Empfindlichkeit des Kristalls beeinflußt.

Von Zeit zu Zeit soll man das Kristall aus dem Näpfchen herausnehmen und es **in reinem Alkohol reinigen**, da sich mit der Zeit Staub und Schmutz auf der Oberschicht des Kristalls ansammeln, wodurch die Empfindlichkeit und Leitungsfähigkeit sehr stark leidet; man wird nach sorgfältiger Reinigung des Kristalls eine wesentlich größere Lautstärke feststellen können. **Unter keinen Umständen soll man das Kristall mit den Fingern anfassen, sondern dazu stets eine Pinzette verwenden.**

Jeder „Ideal-Detektor" ist garantiert am Rundfunk geprüft.

Verlangen Sie nur „IDEALIT-KRISTALL" / Nur echt mit der Idealitmarke „Idealit" ist in allen einschlägigen Handlungen zu haben

Vom Guten das Beste im Radiogebiet — ist Blaupunkt, Ideal und Idealit

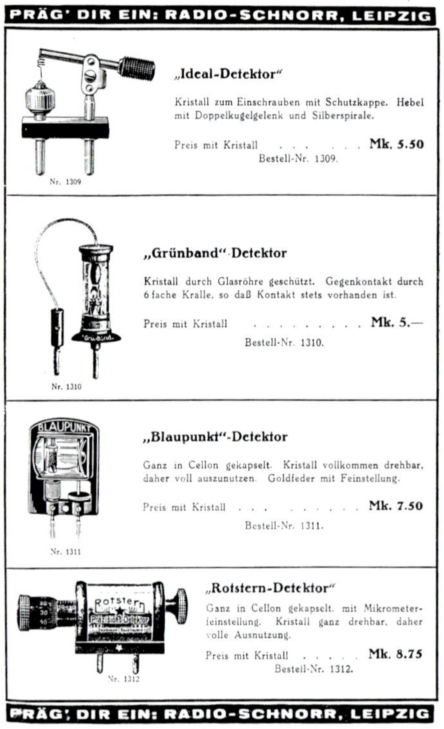

PRÄG' DIR EIN: RADIO-SCHNORR, LEIPZIG

„Ideal-Detektor"
Kristall zum Einschrauben mit Schutzkappe. Hebel mit Doppelkugelgelenk und Silberspirale.
Preis mit Kristall . . . . **Mk. 5.50**
Bestell-Nr. 1309.
Nr. 1309

„Grünband"-Detektor
Kristall durch Glasröhre geschützt. Gegenkontakt durch 6fache Kralle, so daß Kontakt stets vorhanden ist.
Preis mit Kristall . . . . **Mk. 5.—**
Bestell-Nr. 1310.
Nr. 1310

„Blaupunkt"-Detektor
Ganz in Cellon gekapselt. Kristall vollkommen drehbar, daher voll auszunutzen. Goldfeder mit Feinstellung.
Preis mit Kristall . . . . **Mk. 7.50**
Bestell-Nr. 1311.
Nr. 1311

„Rotstern-Detektor"
Ganz in Cellon gekapselt. mit Mikrometerfeinstellung. Kristall ganz drehbar, daher volle Ausnutzung.
Preis mit Kristall . . . . . **Mk. 8.75**
Bestell-Nr. 1312.
Nr. 1312

PRÄG' DIR EIN: RADIO-SCHNORR, LEIPZIG

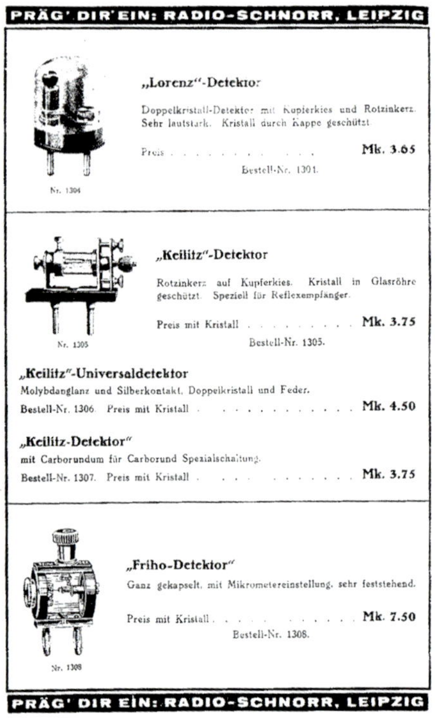

PRÄG' DIR EIN: RADIO-SCHNORR, LEIPZIG

„Lorenz"-Detektor
Doppelkristall-Detektor mit Kupferkies und Rotzinkerz. Sehr lautstark. Kristall durch Kappe geschützt.
Preis . . . . **Mk. 3.65**
Bestell-Nr. 1301.
Nr. 1304

„Keilitz"-Detektor
Rotzinkerz auf Kupferkies. Kristall in Glasröhre geschützt. Speziell für Reflexempfänger.
Preis mit Kristall . . . . **Mk. 3.75**
Bestell-Nr. 1305.
Nr. 1305

„Keilitz"-Universaldetektor
Molybdanglanz und Silberkontakt, Doppelkristall und Feder.
Bestell-Nr. 1306. Preis mit Kristall . . . . **Mk. 4.50**

„Keilitz-Detektor"
mit Carborundum für Carborund Spezialschaltung.
Bestell-Nr. 1307. Preis mit Kristall . . . . **Mk. 3.75**

„Friho-Detektor"
Ganz gekapselt, mit Mikrometereinstellung, sehr feststehend.
Preis mit Kristall . . . . **Mk. 7.50**
Bestell-Nr. 1308.
Nr. 1308

PRÄG' DIR EIN: RADIO-SCHNORR, LEIPZIG

Detektor-Werbung aus einem Katalog von RADIO-SCHNORR, Leipzig

Konstruktionen ergaben „sicheren" Empfang. Die einfachen Ausführungen hatten ihre „Mucken" – bei der geringsten Erschütterung setzte der Empfang aus. Das Suchen begann von neuem …

Es fehlte natürlich auch nicht an „Patentlösungen", mit Werbesprüchen, bei denen man sich förmlich überschlug: „Volksdetektor ‚Stabil', eine Erlösung für die Radiowelt!" – „Uneinstellbare Brüller, Marke Löwe, ohne zu suchen sofort lautstarker Empfang! – Muster 2 Mark" – „Schreihals, versiegelter Dauer-Detektor, kollossale Lautstärke, kein Suchen mehr!".

Es ist damals für den Radiofreund tatsächlich aufregend und spannend gewesen, dieses „Stochern" mit der Drahtspitze auf dem Detektorkristall – es wurde sogar einmal, aus der Erinnerung heraus, als „Kitzeln" bezeichnet –, bis man dann endlich, nach langem Drehen und Suchen, die zarten Töne des Senders hörte, zuerst nur wie ganz von fern. Der erfolgreiche Ausflug ins „Äthermeer" per Kristall gehörte zweifellos zu den eindrucksvollsten Erlebnissen eines Radiohörers der ersten Jahre. Wenn er dann trotz drückender Kopfhörermuscheln bis zum Sendeschluss ausgehalten hatte, verabschiedete sich der Ansager mit dem Satz: „…und vergessen Sie nicht, Ihre Antenne zu erden!" Für dieses „Erden" gab es einen kleinen Hebelumschalter am Fenster, denn die Sache hatte einen durchaus beherzigenswerten technischen Hintergrund: Eine lange, hohe Antenne konnte sich aufladen und den Kristall-Detektor unbrauchbar machen; auch später bei den „richtigen großen Radios" zeugten verschmorte Spulen und durchgebrannte Röhren von gefährlichen Blitzeinschlägen.

Von entscheidendem Einfluss auf ein befriedigendes Hörerlebnis war allerdings auch ein guter Kopfhörer, der ja kaum selbst zu bauen war. Also hieß es: aufgepasst beim Hörerkauf! Worauf also kam es beim sogenannten „Doppel-Kopf-Telephon" besonders an? Hier ein paar Ratschläge:

„…Beim Einkauf achten wir darauf, daß wir einen Hörer mit 4.000 Ohm Widerstand bekommen. Vom guten Arbeiten des Hörers kann man sich leicht überzeugen. Man legt den Hörer um und berührt mit den blanken Enden der Anschlußdrähte die Zunge. Im gleichen Augenblick muß man ein scharfes Knacken hören; ist das nicht der Fall, so nehme man den Hörer nicht." Wem das zu kitzlig war, für den gab es eine andere Möglichkeit:

„Die Prüfung der Hörer auf Empfindlichkeit nimmt man vor, indem man einfach ein kupfernes Zweipfennigstück auf ein Markstück legt, nachdem man zwischen beide ein etwas angefeuchtetes Stückchen Zeitungspapier legte. Dadurch entsteht ein kleines galvanisches Element, das einen ganz schwachen Strom erzeugt, den man abhören kann, wenn man je einen Stecker des Hörers an das

Markstück und an das Zweipfennigstück bringt und einen Stecker dabei bewegt. ...Man wird dann sofort ein kratzendes Geräusch im Telefon hören."

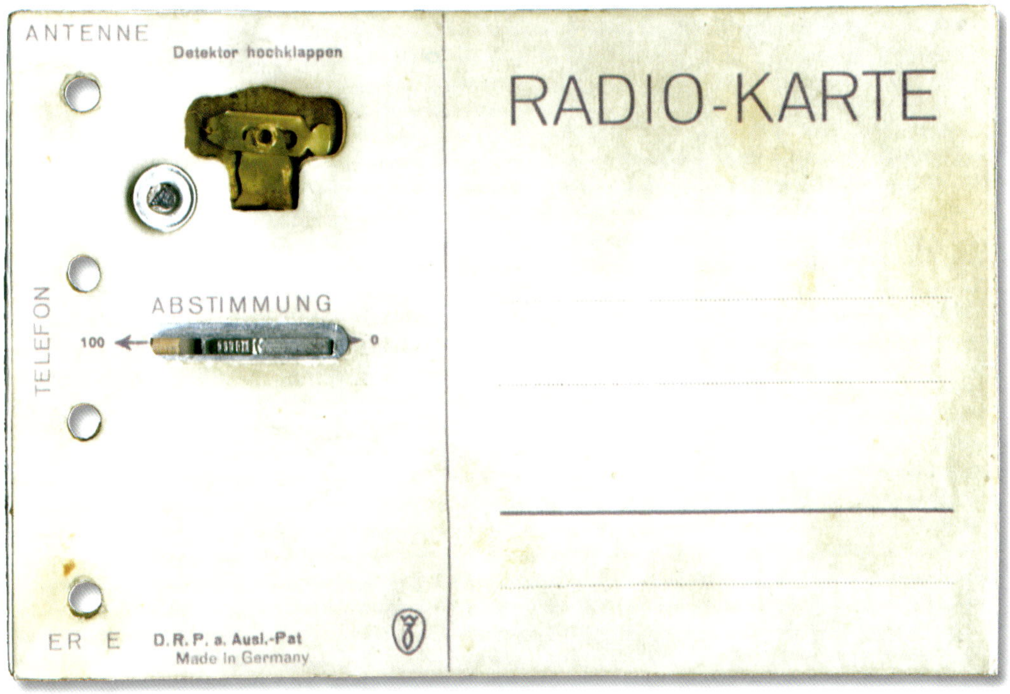

Ruhig musste es auf jeden Fall sein, um all das hören zu können. Doch es ging auch ohne Geld, so wie es der Verfasser eines „Rundfunk-Experimentierbuches" beschreibt:

„...Diese Probe mache ich so, daß ich in die linke Hand ein Stückchen Zinkblech oder ein Taschenfeuerzeug oder einen Nagel, in die rechte Hand den einen Stecker nehme; fasse dann den andern isoliert, also etwa am unteren Ende der Schnur an und berühre mit ihm das Zink oder Eisen in der linken Hand. Der Hörer muß dann laut knacken, und bei lockerem Hin- und Herreiben auf dem Metall muß dauernd Lärm im Hörer sein."

Was den Einkauf von Bastelteilen insgesamt betraf, gab es offenbar reichlich Anlass, die unwissenden Bastler-Neulinge vor Schund zu warnen, wie es z. B. in einem „Auskunftsbuch für Radiofreunde" von 1925, „für den Nichtfachmann geschrieben", nachzulesen ist:

„Teils aus Unkenntnis, teils aus Gewinnsucht, sind aber, angeregt durch die plötzlich einsetzende große Nachfrage, eine Unmenge vollständig unbrauchbarer Einzelteile von der Papp- und Blechindustrie auf den Markt geworfen worden, sodaß jeder einen Reinfall erleben muß, der zum Selbstbau solches minderwertige Zeug kauft und verarbeitet. ...Die Reklametrommel wird gerührt, Hinz und Kunz werfen sich auf die neue Sache, einer will noch billiger verkaufen als der andere und da die Dummen bekanntlich nicht alle werden, geht solche Murksarbeit rasend ab. ...Es ist nicht so einfach die Kundschaft davon zu überzeugen, daß der Ankauf billiger Zubehörteile weggeworfenes Geld ist. Unzählige sind auf billige Hörer und Kondensatoren hereingefallen und so wird es weiter gehen. Selbstanfertigung der nötigen Einzelteile lohnt sich nicht, und aus alten Garnrollen und Staniolresten kann man keinen ‚Radio' machen."

Nun, man ahnt es schon: Hier wollte der Autor Fertigteile verkaufen. Es gab aber auch andere Anleitungsbücher, nach denen man fast alles selber bauen konnte, auch die Einzelteile. Es war eben eine Geldfrage! Bestand in der Anfangszeit besonders ein finanzieller Anreiz, einen Detektor-Empfänger (oder ein Röhrenradio) selbst zu bauen, so änderte sich das allmählich mit zunehmender Verbilligung der industriellen Empfänger; schon Ende der 20er Jahre fielen die Gerätepreise deutlich. Doch auch weiterhin war es der Ehrgeiz des ernsthaften Radio-Bastlers, in das Wesen der Funktechnik einzudringen und das Maximum an Empfangsleistung aus „seinem" Gerät herauszuholen. Obwohl der Anteil der Röhrenradios immer größer wurde, versorgten die inzwischen verstärkten Sender auch weiterhin eine

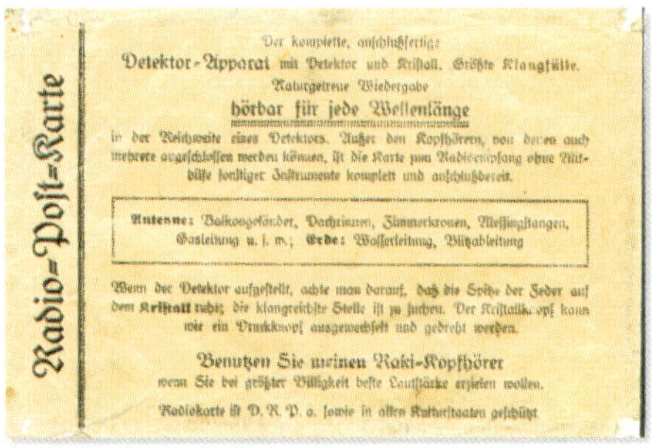
Radio-Post-Karte

Der komplette, anschlußfertige

Detektor-Apparat mit Detektor und Kristall. Größte Klangfülle.

Naturgetreue Wiedergabe

hörbar für jede Wellenlänge

in der Reichweite eines Detektors. Außer den Kopfhörern, von denen auch mehrere angeschlossen werden können, ist die Karte zum Radioempfang ohne Mithilfe sonstiger Instrumente komplett und anschlußbereit.

Antenne: Balkongeländer, Dachrinnen, Zimmerkronen, Messingstangen, Gasleitung u. s. w.; Erde: Wasserleitung, Blitzableitung

Wenn der Detektor aufgestellt, achte man darauf, daß die Spitze der Feder auf dem Kristall ruht; die klangreichste Stelle ist zu suchen. Der Kristallkopf kann wie ein Druckknopf ausgewechselt und gedreht werden.

Benutzen Sie meinen Raki-Kopfhörer

wenn Sie bei größter Billigkeit beste Lautstärke erzielen wollen.

Radiokarte ist D. R. P. a. sowie in allen Kulturstaaten geschützt

Die Verpackungstüte der RADIO-KARTE gibt eine detaillierte Gebrauchsanweisung für den optimalen Empfang.

Die Rückseite der auf Seite 8 gezeigten RADIO-KARTE. Auf der nur wenige mm dicken Karte befinden sich die Einstellorgane für den Kristall-Detektor und die Abstimmung; 4 dünne Buchsen dienen dem Anschluss von Antenne, Erde und Kopfhörer; hergestellt um 1926.

Schaufenster der großen Leipziger Handelsfirma RADIO-SCHNORR im Jahre 1929. Die Firma, 1925 gegründet, hatte in ganz Sachsen, in Thüringen und in Sachsen-Anhalt bis hin nach Hof/Saale ihre Filialen. Ihre jährlich neu erscheinenden Kataloge waren mustergültig und mit mehreren hundert Seiten recht umfangreich.

Firma RADIO-SCHNORR, Filiale Dresden

Anzeige in der „Dresdner Mirag“ von 1925

Firmenschild eines Radiohändlers

beträchtliche „Detektor-Gemeinde“, denn viele Zuhörer behielten diesen einfachen, preiswerten und fast wartungslosen Empfänger als Zweitgerät oder „Reserve“ bei.

Werfen wir abschließend noch einen Blick zurück auf die inhaltliche Ausgestaltung des jungen Unterhaltungmediums Rundfunk, so stellen wir fest, dass sich die Leipziger Gesellschaft „MIRAG“ dank ihrer rührigen und ehrgeizigen Köpfe zu einem bedeutenden Kulturfaktor im Lande, aber insbesondere zu einem „Musiksender“ entwickelte, der besonders auch den einfachen Volksschichten und der ländlichen Bevölkerung zugute kam. Die Zahl der Rundfunkteilnehmer im Sendebezirk war von Ende 1924 bis Ende 1929 von 40.000 auf fast das Zehnfache gestiegen; die tägliche Sendezeit betrug dann schon mehr als 15 Stunden. Über die Programmstruktur dieser ersten Jahre wird noch an anderer Stelle berichtet; „Für jeden etwas“ an „Unterhaltung und Belehrung“ – das hatten sich die damaligen „Radio-Idealisten“ zum Ziel gesetzt – und zunächst auch erreichen können.

Wege und Ziele des Rundfunks von damals – und eine Würdigung der Bastler! – kommen in einer Rede von ALBERT EINSTEIN, dem Vater der Relativitätstherorie, zum Ausdruck, die er anlässlich der Eröffnung der „7. Großen Deutschen Funkausstellung und Phonoschau Berlin 1930“ gehalten hat und die hier in wesentlichen Teilen zitiert sei:

„Verehrte An- und Abwesende! Wenn Ihr den Rundfunk höret, so denkt auch daran, wie die Menschen in den Besitz dieses wunderbaren Werkzeuges der Mitteilung gekommen sind: Der Urquell aller technischen Errungenschaften ist die göttliche Neugier und der Spieltrieb des bastelnden und grübelnden Forschers und nicht minder die konstruktive Phantasie des technischen Erfinders. Gedenket dankbar des Heeres namenloser Techniker, welche die Instrumente des Radioverkehres so vereinfachten und der Massenfabrikation anpaßten, daß sie jedermann zugänglich geworden sind. Denket auch daran, daß die T e c h n i k e r es sind, die erst wahre Demokratie möglich machen, denn sie erleichtern nicht nur des Menschen Tagewerk, sondern machen auch die Werke der feinsten Denker und Künstler, deren Genuß noch vor kurzem ein Privileg bevorzugter Klassen war, der Gesamtheit zugänglich und erwecken so die Völker aus schläfriger Stumpfheit.

Was speziell den Rundfunk anlangt, so hat er eine einzigartige Funktion zu erfüllen im Sinne der Völkerversöhnung. Bis auf unsere Tage lernten die Völker einander fast ausschließlich durch den verzerrenden Spiegel der eigenen Tagespresse kennen. Der Rundfunk zeigt sie einander in lebendigster Form und in der Hauptsache von der liebenswürdigen Seite. Er wird so dazu beitragen, das Gefühl gegenseitiger Fremdheit auszutilgen, das so leicht in Mißtrauen und Feindseligkeit umschlägt.

Ausstellung des „Arbeiter-Radio-Bundes“, Ortsgruppe Eilenburg, aus dem Jahr 1928

Der „Ortsempfänger O.E. 333" der Firma LOEWE-RADIO, Berlin, mit dem magnetischen LOEWE-Konus-Lautsprecher „E.B. 71" (Bespannstoff mit Seidenmalerei); im Hintergrund links eine Anodenbatterie (Reptica) für 90 Volt. Der LOEWE-Ortsempfänger kam 1926 heraus und besaß als große Besonderheit – er wurde als „eine Neuschöpfung der Empfangstechnik" bezeichnet – die inzwischen legendär gewordene (erste) LOEWE-Dreifachröhre „3 NF". Diese Röhre war gemeinsam von Dr. SIEGMUND LOEWE und MANFRED v. ARDENNE entwickelt worden; sie kann auch heute noch als ein funktechnisches und glasbläserisches Wunderwerk gelten. Im Innern der „3 NF" befinden sich nicht nur drei einzelne Röhrensysteme, sondern auch die zur Zusammenschaltung als RC-Verstärker notwendigen 2 Kondensatoren und 4 Widerstände, sämtlich einzeln in Glas eingeschmolzen – die erste integrierte Schaltung der Elektronik!

Betrachtet nun in dieser Gesinnung die Ergebnisse des Schaffens, welche diese Ausstellung den staunenden Sinnen des Besuchers darbietet!" Wie optimistisch – doch wir wissen heute, dass bald danach eine dunkle Zeit, auch für den Rundfunk, begann.

Die Radiogeräte hatten sich um 1930 herum schon ziemlich verändert: Mit dem Aufkommen des Netzanschlusses, mit neuen, eingebauten Lautsprechern, entwickelten sich die immer weiter verbesserten Röhrenempfänger von der technischen Apparatur zum repräsentativen Wohnungsinventar und erschienen zunächst im Hochformat. Doch immer noch reichte das Radio-Angebot vom Detektor-Bausatz für wenige Mark bis zu den mehrere 100 Mark teuren, kompletten „Rundfunk-Konzert-Anlagen für Fernempfang".

Der Empfänger kostete mit Röhre 39,50 Mark und wurde zu vielen Hunderttausenden abgesetzt; er kann damit als der erste „Volksempfänger" gelten! Sein niedriger Preis bewirkte die Verbilligung der anderen damals angebotenen Ortsempfänger. Die zwei Spulen sowie Lautsprecher, Anodenbatterie und Akku mussten allerdings extra gekauft werden. Der Verzicht auf eine Rückkopplung gewährleistete eine relativ einfache Bedienung des O.E. 333 und eine besonders „klangreine" Wiedergabe.

Zweiröhren-Audion-Empfänger, kombiniert mit Detektor-Empfänger, gebaut 1927 von WALTER KEILITZ, Leipzig, der auch den „KEILITZ-Detektor" fabrizierte. Die Heizregler für die beiden Röhren sind mit den Fassungen kombiniert; die beiden Kurzschlussbügel ermöglichen ein Umstellen der beiden Spulen von Röhren- auf Detektor-Empfang.

Die ersten Besprechungsstellen der MIRAG in Leipzig

"Die mitteldeutsche Sendegesellschaft hat mit der Unterbringung der Geschäftsräume in dem Hause am Markt 4 in Leipzig eine besonders glückliche Hand bewiesen, da die Lage im Verkehrsmittelpunkt der Stadt nicht nur für die engere Geschäftsleitung, sondern auch für die Künstler vor dem Mikrophon von großem Vorteil ist.

In der Alten Waage in Leipzig befinden sich neben den Geschäftsstellen der MIRAG auch die Haupt-Besprechungsräume der Sendegesellschaft. Der große Besprechungsraum dient in der Hauptsache für die Darbietungen des Rundfunkorchesters und für Hörspiele, während der kleine Besprechungsraum für Vorträge benutzt wird. Für umfangreiche musikalische Aufführungen des Leipziger Symfonie-Orchesters hat sich die MIRAG die Benutzung des Vortragssaals in der Alten Handelsbörse am Naschmarkt gesichert. In akustischer Hinsicht sind die Besprechungsräume besonders hergerichtet. Wandverkleidungen aus Stoff, Teppiche und Deckenbehänge sind in einer Anordnung angebracht, die nach den Erfahrungen die besten akustischen Wirkungen in den sonst leeren Sälen hervorrufen." (EDGAR DELVENDAHL, Leipzig 1927)

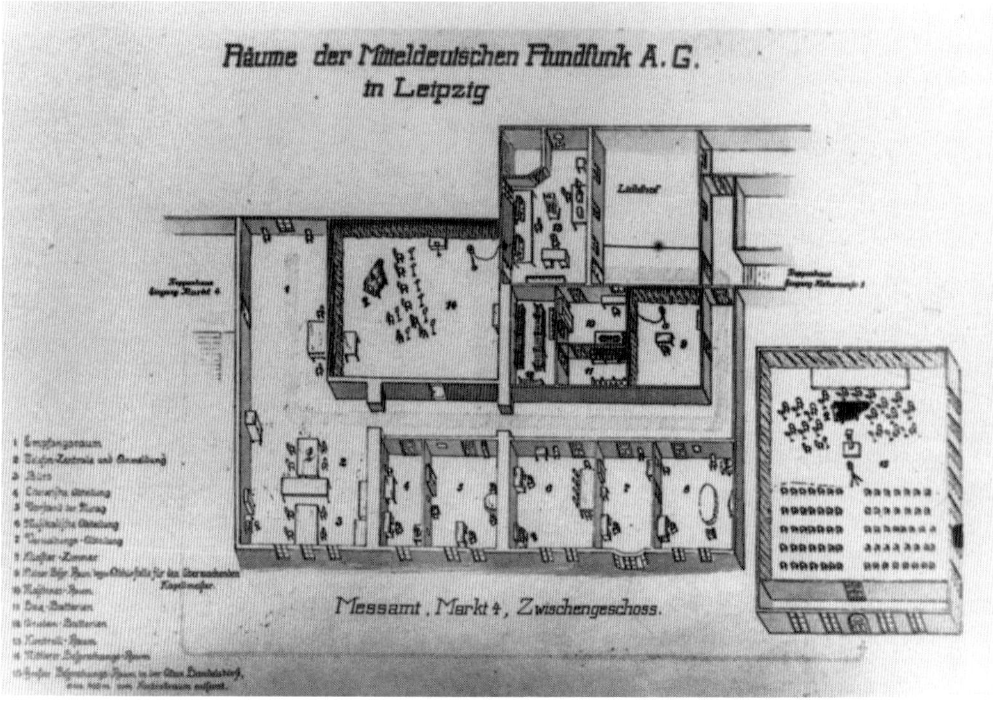

Die Räume der MIRAG in der Alten Waage:
1-8 Geschäftsräume und Verwaltung;
9 Kleiner Besprechungsraum (Senderaum)
10-13 Technische Einrichtungen (Verstärker, Maschinen, Batterien)
14 Großer Besprechungsraum (Senderaum für Musikdarbietungen)
15 Alte Handelsbörse

Die „Alte Waage" am Markt

„Folgends ist auch den 15 Juli die Wage, oder Haus, darinnen unten die Wahren auffgezogen und abgewogen werden, abgerissen und auffs neue, nebenst der TrinckStube auff der Wage, da ehrliche Bürger und frembde Gäste zusammenkommen gebaut worden." Solches vermerkt der Chronist JOHANN JACOB VOGEL unter dem Jahr 1555 in seinem „Leipzigischen Geschicht-Buch oder Annales...", erschienen in Leipzig 1714. Vermutlich ist dieser Renaissance-Neubau von HIERONYMUS LOTTER, dem damaligen Bürger- und Baumeister der Stadt, ausgeführt worden. Die Giebelgestaltung, die der des ein Jahr später von LOTTER erbauten Alten Rathauses sehr ähnelt, und die Tatsache, dass in den Jahren 1555 und 1556 alle städtischen Bauten von LOTTER ausgeführt wurden, legt die Vermutung sehr nahe.

HEINRICH GROSS schreibt 1587 in seiner „Wahrhafftigen Beschreibung der Stadt Leipzig": „An diesem Markt stehet noch ein ander dapffer steinern Haus dreier gemach hoch. Zu unterst helt ein erbar Rath seinen Weinschank an vielerley sönderlich aber gutten Rheinischen Weinen, im andern gemach ist die Wage, darinnen all furnehmes Gut und Kauffmannsschatz gewogen, auch das Geld und Zoll eingenommen wird. Ueber der Wage ist der herrn Trinck Stuben, da fast alle tage umb lust und ergetzlichkeit willen zusammen kommen die fürnehmen Bürger, Ratsherren, Doctores, Magistri, Edel und Kauffleut, so in die Brüderschafft gehören. Do mag ein izlicher nach seiner gelegenheit mit den andern schwatzen, spielen und zechen. Do werden oft statliche Pancket und herliche Collation gehalten und die Geste nach dem herlichsten gespeiset, darbey Cantores, Organisten, Stadtpfeiffer und andere Musici, so die Geste leichtsinnig und frölich machen."

Im August 1926 hält moderne Technik Einzug in der Alten Waage: Der Schaltschrank der Rundfunkzentrale in Leipzig; im Hintergrund ein Kontroll-Empfänger mit Rahmenantenne und Trichterlautsprecher

Der Besprechungsraum in der Alten Waage mit Klavier und Harmonium für die „MIRAG-Hauskapelle", 1924
Die Waage war eines der wichtigsten Gebäude der Messestadt, wurde doch hier jegliche Ware, die gehandelt werden sollte, gewogen (außer Heu und Flachs, die in der Heuwaage an der Ecke Ritterstraße/Brühl gewogen wurden). Die Zoll- und Geleitsgebühren wurden ermittelt und flossen mit der Waagegebühr ins Stadtsäckel. Allerdings nur die eine Hälfte, die andere musste dem Landesherrn ausbezahlt werden. Die Einnahmen aus der Besteuerung der Waren standen übrigens im städtischen Finanzhaushalt an zweiter Stelle, gleich hinter denen, die der Burgkeller erbrachte, und machten etwa ein Viertel bis ein Drittel der gesamten Jahreseinkünfte aus.

Der erste städtische Botenmeister (1590 angestellt), ab 1613 mit der Amtsbezeichnung Postmeister, und später das erste Leipziger Postamt hatten im Gebäude von 1608 bis 1712 ihren Sitz. Als der Straßenverkehr zunahm und man die Pflasterung des Marktes beschloss, wurde 1861 der von LOTTER nachträglich (1570) angebaute Treppenturm abgerissen; 1905 wurde das Gebäude unter Stadtbaurat SCHARENBERG, unter dessen Leitung auch 1905-09 das Alte Rathaus umgebaut wurde, erneuert. Der alte Ratsweinkeller wurde nicht mehr städtisch betrieben, sondern vermietet, war aber noch immer beliebt.

Ab 1917 arbeitete in sämtlichen Räumen das Meßamt, das hier seinen Sitz bis zur Zerstörung der Waage in der Bombennacht vom 4. Dezember 1943 hatte. Das Waagegebäude war immer noch städtisch. 1924 stellte das Meßamt der MIRAG, die hier ihren Sender Leipzig etablierte, Räume zur Verfügung, die das gesamte Zwischengeschoss bis 1928 nutzten.

1963/64 wurde die völlig zerstörte Waage wiederaufgebaut und 1965 vom Reisebüro der DDR bezogen, das bis zur Wiedervereinigung Deutschlands 1990 dort seinen Sitz hatte.

Die „Alte Leipziger Feuerversicherung" erwarb das Gebäude, sanierte es, zog unters Dach und möchte gern wieder eine städtische Einrichtung in den Mauern wissen.

„Damenkapelle" – vermutlich 1924 im MIRAG-Studio

Die Alte Waage am Markt in Leipzig war als „Messeamt für die Mustermessen in Leipzig" auch die erste Heimstatt der „Mitteldeutschen Rundfunk-A.-G" (MIRAG).

FRIEDRICH WILHELM HEINE: „Die Ratswaage", Aquarell um 1850

Die Alte Handelsbörse auf dem Leipziger Naschmarkt

„Ansicht der Börse zu Leipzig",
Maler unbekannt (Ausschnitt)

Die „Alte Börse" am Naschmarkt

In Leipzig wurden börsenähnliche Geschäfte schon seit 1635 nachgewiesen, abgehalten zumeist unter freiem Himmel, bei schlechtem Wetter in Höfen und Gewölben und schließlich in einer Holzbude.

Den wachsenden Anforderungen als Messestadt genügte das Provisorium bald nicht mehr, so dass schon mehrmals fremde als auch hiesige Kaufleute um die Erbauung eines festen Hauses nachgesucht hatten. Im April 1678 forderten über 30 Kaufleute in einer Eingabe an den Rat den Bau einer Börse. Mit für damalige Zeiten ungewöhnlicher Eile nahm sich der gesamte Rat der Angelegenheit an und beriet am 6. Mai 1678 als einzigen Punkt die Eingabe der Kaufleute.

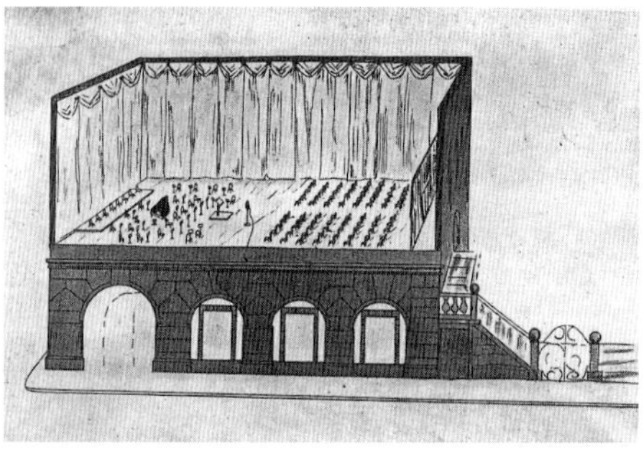

„Alte Handelsbörse" in Leipzig (Schnitt)

Die Finanzen der Stadt und die Wirtschaftslage waren keineswegs gut, die Hinterlassenschaften des Dreißigjährigen Krieges noch sichtbar und seine Passiva nicht getilgt. Trotz des ernsten Gebotes des Kurfürsten JOHANN GEORG II., unnötige Ausgaben bis zur Schuldentilgung und Beseitigung aller Kriegsverwüstungen zu unterlassen, wagte der Rat selbstbewusst Außergewöhnliches: Der Bau wurde sofort begonnen. Der vorgelegte Entwurf zum Bau der Börse war ungewöhnlich in „italiänischer Manier". Das rechteckige, blockartige Gebäude stimmte mit bekannten Vorbildern von Börsenbauten nicht überein. Der Gedanke, den Saal zu ebener Erde anzulegen, wurde fast allseitig verworfen, weil man dann auf die Gewölbe hätte verzichten müssen. Baumeister STEGER erklärte, „es wäre entweder mit Nutz zu bauen, oder ohne Nutzen es gar zu unterlassen". Es konnte ja unten noch „ein Platz mit Eisen oder Stricken zugerichtet werden, das allenfalls, wer Beliebung trüge, hunten bleiben konnte". Der Überzeugungskraft der anwesenden Kaufleute und der Aufgeschlossenheit der Ratsmitglieder für Neues ist es zu verdanken, dass nach gründlicher Diskussion und Bedenken gegenüber Gegenargumenten der vorgelegte Plan mit einem Ergänzungsvorschlag beschlossen wurde. Damit die herkömmliche Sitte, bei heiterem Wetter außerhalb des Hauses zu verhandeln, beibehalten werden konnte, kam noch ein Vorplatz hinzu. Appelationsrat und Bürgermeister CHRISTOPH PINKER meinte „die Erbauung der Börse hielte er vor ein löblich und nützlich Werk ... Leipzig wäre eine Handelsstadt, daher denen Handelsleuten billig alle commodität zu gönnen ...". Nach einer Bauzeit von 15 Monaten konnte der neue Börsensaal, allerdings noch in Rohbauzustand, zur Michaelismesse an 13. Oktober 1679 erstmals in „Benutzung" genommen werden. Die Gewölbe wurden vom Rat ab 1682 an die Kaufleute vermietet. Man baute damals nicht so schnell, und man weiß auch nicht genau, ob die große Pest von 1680 den Bau vielleicht auf längere Zeit ins Stocken brachte. Am 5. Juli 1683 wurden die vier Göttergestalten aufgesetzt. Die Stuckarbeiten im Saal, erst 1686 beendet, verzögerten den Innenausbau, so dass das Deckengemälde am 16. August 1687 in die Gipsornamentik eingefügt werden konnte.

Damit war das erste öffentliche Bauwerk der Messestadt nach dem Dreißigjährigen Krieg, „das erste Denkmal der neuen, von Deutschen geschaffenen Architektur", die „trotz ihres renaissancehaften Gesamteindrucks schon als Erstlingswerk des sächsischen Barocks bezeichnet werden darf" fertiggestellt.

Der Architekt der Börse ist nicht bekannt. Man schwankte zwischen dem Obervoigt (Stadtbaudirektor) PETER SAUPE und dem „Ratsmaurer" CHRISTIAN RICHTER, zumal von Letzterem ein Originalentwurf des Börsengebäudes mit der eigenhändigen Bezeichnung „Christian Richter, Meuermstr." und Rechnungsposten aus der Zeit des Börsenbaus existieren. Der Entwurf konnte aber auch von einem auswärtigen Architekten stammen und dann von RICHTER als dem ausführenden Maurer in einer Nachzeichnung mit seinem Namen versehen worden sein. Ähnlichkeiten mit dem ehemaligen Palais im Großen Garten in Dresden in der gesamten Anlage und in der Ornamentik sprechen jedoch dafür, dass der Entwurf dem in Dresden ansässigen JOHANN GEORG STARCKE zuzuschreiben ist. Italienische (blockhaft, geometrisch) und niederländische (plastischer Schmuck der Häusergirlanden) Einflüsse, begünstigt durch die Handelsbeziehungen, sind deutlich spürbar. In Leipzig selbst gab es für den Bau der Börse keine Vorbilder. Die Rechteckform des Grundrisses ist noch ganz und gar der Renaissance verpflichtet. Ganz eindeutig im Barockstil ist dagegen das Portal gebildet, in seiner Mitte das von Putten gehaltene und von einem Spangenhelm mit üppigem Kleinod gekrönte Wappen der Stadt Leipzig. Die Figuren, die sich auf den vier Ecken der Balustrade erheben, stellen an der Portalseite Merkur und Apollo, an der Nordseite Athene und Venus dar. Elemente der Renaissance und des Barock durchdringen einander und erzeugen ein eigenständiges Bauwerk, das den Forderungen einer bürgerlichen Repräsentanz entspricht, denn der Auftraggeber war die Kaufmannschaft.

Ihre besondere Geschichte hat die Decke des Börsensaales. Der Rat hatte anfänglich die Absicht, „eine weiße, gegipste Decke machen zu lassen". Italienische Stuckateure waren damals massenhaft in Deutschland beschäftigt, und mit mehreren war auch der Rat in Verhandlung getreten. GIOVANNI SIMONETTI gehörte zu den zahllosen wandernden italienischen Stuckateuren dieser Zeit. Seit 1683 war er als Brandenburgischer Hofmaurermeister in den Dienst des Kurfürsten FRIEDRICH WILHELM getreten, der ihm Urlaub für die Arbeit in Leipzig gewährte. Die Ratsherren betrachteten die Arbeit der Stuckateure mit kritischen Augen und stellten fest, dass der Zahnschnitt an der Decke wie „einfältige Kälberzähne" aussah und anderes mehr. Aber der Tadel, so berechtigt er war, kam zu spät. Die Arbeit war gemacht, bezahlt, und so blieb es dabei. Der Plan, die Decke zusätzlich mit Gemälden zu schmücken, kam von den Kaufleuten der Stadt. Sie traten mit dem in Pirna geborenen Maler JOHANN HEINRICH am Ende in Verbindung, der die sieben mit Ölfarbe auf Leinwand gemalten Bilder geschaffen hat. Im Sommer 1687 wurden endlich die Bilder eingefügt. Die inhaltliche Gesamtkonzeption ist ganz vom mythologischen Geschmack der damaligen Zeit bestimmt. Das lange rechteckige Mittelbild zeigt eine auf Wolken gelagerte Versammlung der olympischen Götter, die von Merkur berufen worden ist. Dieses Mittelbild ist von sechs ovalen Medaillons umgeben. Im hinteren Medaillon ist die Niederlage der sieben Laster – Neid, Betrug, Faulheit, Schwelgerei, Übermut, Geiz und Wut – dargestellt, in dem vorderen hingegen der Sieg der Tugend. Die vier an den Langseiten befindlichen Medaillons zeigen allegorische Darstellungen von vier Erdteilen.

Der Saal der Alten Handelsbörse vor dem Umbau zum Besprechungsraum

Die Börse wurde fast ein Jahrhundert lang zum Treffpunkt der Kaufleute aus aller Welt. Der Börsensaal diente außer seinem eigentlichen Zweck mancherlei Kurzweil: fröhlichen Redouten, von 1713 an öfter Lotterieziehungen, nach den Befreiungskriegen von 1813 wieder dem Börsenbetrieb. 1841 verlegte die Leipziger Bank ihre Geschäftsräume in das Erdgeschoss. Dem gewaltigen Aufschwung des Geschäftsverkehrs im 19. Jahrhundert konnte die Börse auf Dauer nicht mehr genügen, vor allem da ihr die Nebenräume fehlten. Nach der Einweihung einer neuen größeren Börse am 29. September 1886 am Tröndlinring erhielt die Börse am Naschmarkt nun den Beinamen „Alte Börse". Für den Saal des alten Baues aber fand man eine neue Verwendung: Er wurde 1887 bis zum Umbau 1905-09 das Sitzungslokal der Stadtverordneten und ab 1924 „Besprechungsstelle der MIRAG" für die Übertragungen des Leipziger Sinfonie-Orchesters. Auch die Alte Börse wurde, wie andere wertvolle alte Bürgerhäuser, von den Bomben in der Nacht vom 3. zum 4. Dezember 1943 schwer getroffen und brannte völlig aus. Die Stuckdecke SIMONETTIs und die Plafondmalerei gingen verloren. Seit dem Wiederaufbau in den Jahren 1955 bis 1962 kann man den schlichten stilvollen Saal für festliche, vorrangig kammermusikalische und literarische Veranstaltungen mieten.

Das Leipziger Sinfonie-Orchester mit seinem Chefdirigenten ALFRED SZENDREI zum Fototermin im großen Besprechungsraum in der „Alten Handelsbörse" zu Leipzig

Der Besprechungsraum für die Übertragungen des Leipziger Sinfonie-Orchesters in der Alten Handelsbörse

105 m in die Höhe ragen die beiden Sendetürme des neuen Leipziger Senders – die Leiter nach oben hat 478 Sprossen!

EINE NEUE SENDERGENERATION

Der erste Großsender für Leipzig auf dem Ausstellungsgelände im Jahre 1926

Die ersten Sendeanlagen des Unterhaltungsrundfunks waren aus heutiger Sicht nicht nur schwach und von geringer Reichweite, sondern auch noch wenig durchkonstruiert. Man hatte ja mit Laboraufbauten beginnen müssen; die Senderbaufirmen sammelten noch Erfahrungen, konnten aber bei Rundfunksendern noch nicht auf fertige Konstruktionen zurückgreifen. Die „überraschend günstige Entwicklung des deutschen Rundfunks im ersten Jahre" (GOEBEL) ermöglichte es dann aber der Deutschen Reichspost, bereits ab Ende 1924 Aufträge zum Bau leistungsfähigerer Rundfunksender zu vergeben; es entstand die zweite Sendergeneration mit 1,5 bis 2,3 kW Leistung, immer noch mit den bis dahin fast ausschließlich verwendeten luftgekühlten Senderöhren für etwa 4.000 V Anodenspannung. Um auf höhere Leistung zu kommen, wurden in der Endstufe mehrere Röhren parallelgeschaltet; verbesserte Antennenanlagen trugen natürlich ebenfalls zu größerer Reichweite bei. Jedenfalls stand die Reichspost diesbezüglich ständig unter Druck, da der Mittelwellenbereich durch viele andere europäische Sender mit bereits erhöhter Leistung immer mehr „bevölkert" wurde.

Der ursprüngliche Plan der Reichspost sah für die Verstärkung der ersten Leipziger Sendeanlage im Johannishospital den Aufbau eines LORENZ-Maschinensenders vor, eine damals noch gangbare Alternative zum Röhrensender. Jedoch war dafür an dem alten Standort kein Platz, vielleicht lag es aber auch an der ungenügenden Deckenbelastbarkeit im 3. Stock des Hospitals. Also musste ein neuer Standort gesucht werden. Man verfiel zunächst auf eine städtische Wiese neben dem Elektrizitätswerk Leipzig-Connewitz, wo man hoffte, die Antenne zwischen einem Schornstein und einem neu zu errichtenden Sendemast ausspannen zu können. Da aber im Frühjahr 1925 eine Esse in Böhlen bei Leipzig eingestürzt war, ging man von diesem Plan wieder ab. Wahrscheinlich gab nun das Interesse der Leipziger Messe- und Ausstellungs-A.-G. den Ausschlag, denn diese versprach sich bei Aufstellung des neuen Senders auf dem Ausstellungsgelände der „Technischen Messe" eine zusätzliche Attraktion für die Messebesucher. Insbesondere die mächtigen Sendetürme sollten entsprechend dem Neuheitsgrad der Funktechnik eine Anziehungskraft ersten Ranges werden. Auch die gute Erreichbarkeit vom Stadtzentrum aus durch die vorhandene Straßenbahnverbindung war ein wichtiges Argument. Dementsprechend wurde beschlossen, die neue Anlage, bestehend aus Senderhaus und zwei freistehenden Stahlgitter-Türmen zum Aufhängen der Antenne, unmittelbar am Haupteingang zum Ausstellungsgelände an der Reitzenhainer Straße (heute Prager Straße) aufzustellen. Die Stadtrandlage der „Technischen Messe" war aber auch insofern günstig, als dass man in dieser Zeit Senderstandorte bevorzugte, die ein paar Kilometer abseits vom jeweiligen Stadtzentrum lagen. Damit sollte im Bereich des Stadtgebietes die Gefahr des „Übersprechens" und „Durchschlagens" der neuen, stärkeren Sender bei einfachen, nicht sehr trennscharfen Empfängern verringert und der Empfang entfernterer Stationen noch ermöglicht werden.

Das Werbeflugzeug der MIRAG, ein „Albatros L 68" der ALBATROS-FLUGZEUGWERKE G.m.b.H. in Berlin-Johannisthal, war mit einem 7-Zylinder-Sternmotor SL 11 der SIEMENS & HALSKE A.-G., Berlin, ausgerüstet, Baujahr 1925.

Natürlich war es ein großes Ereignis für Leipzig und den gesamten mitteldeutschen Sendebezirk, als dieser Plan bekannt wurde und Anfang 1926 zwei gewaltige Stahlgittermasten, von der Firma HONEFF in Dinglingen/Lahr gebaut, emporwuchsen. Sie sollten dann auch für 8 Jahre neben dem Völkerschlachtdenkmal zu einem weiteren Wahrzeichen der Messestadt werden.

Obwohl die Bauarbeiten schon im November 1925 begonnen hatten, konnte die für die Frühjahrsmesse 1926 geplante Eröffnung des Senders nicht eingehalten werden. Längere Streiks, aber auch finanzielle Schwierigkeiten der Baufirma verzögerten die Fertigstellung; Schnee, Kälte und gefrorener Boden erschwerten die Erdarbeiten und die Turmmontage erheblich. Es dauerte einschließlich der Installation von Maschinen und Sendergestell noch ein Vierteljahr bis die Gesamtanlage „endlich, nach langen zeitraubenden Versuchen" als „technisch befriedigend befunden" worden war: Der neue „Leipziger Großsender" wurde am 17. Juni 1926 offiziell seiner Bestimmung übergeben. „Auf jeden Fall aber darf Leipzig sich rühmen, mit der Inbetriebnahme des neuen Großsenders eine Anlage erhalten zu haben, die das Vollkommenste darstellt, was die Technik der Gegenwart zu leisten vermag",

Blick von einem der Sendemasten; im Hintergrund das Völkerschlachtdenkmal

Die Türme des neuen Großsenders im Bau

Die beiden Eisengitter-Türme ruhen auf je 4 Betonfundamenten

so die „Leipziger Neuesten Nachrichten“ vom gleichen Tage. Entsprechend anspruchsvoll war das musikalisch-technische Programm der Einweihungs- und Eröffnungsfeier, die „nachmittags 7 Uhr“ in der „Alten Handelsbörse“ am Naschmarkt stattfand und natürlich „live“ gesendet wurde:

Ansprache des Präsidenten KRUG von der Oberpostdirektion Leipzig, der seinen Dank all denen aussprach, die an dem Aufbau des Senders mitgewirkt hatten; Ouvertüre „Die Weihe des Hauses“ von L. v. BEETHOVEN, dargeboten vom Leipziger Sinfonie-Orchester unter Leitung von Kapellmeister A. SZENDREI; Vortrag von Oberingenieur W. SCHÄFFER, Reichspostzentralamt Berlin, vormals Fa. TELEFUNKEN, Berlin, mit einer Erläuterung des neuen Senders und mit Vorführungen „zum Beweis der guten Durchgabe sehr hoher und sehr tiefer Töne“; Rundfunktechnische Vorträge der Professoren Dr. A. ESAU, Jena, und Dr. K. BANGERT, Chemnitz; abschließend noch Musikdarbietungen des Leipziger Sinfonie-Orchesters unter Leitung von Kapellmeister A. SZENDREI.

Wie sahen nun die technischen Daten des neuen „Leipziger Großsenders“ von 1926 im Einzelnen aus? Die Antennenanlage bestand aus zwei Eisengittertürmen von je 105 m Höhe, je 36 t schwer; diese standen in einem Abstand von 113 m und ruhten auf je 4 Betonfundamenten. Die Turmfüße umschlossen eine quadratische Fläche von 12 m mal 12 m und waren isoliert auf Porzellanwalzen gelagert. Erdungsschalter mit Funkenstrecken an den Fußpunkten bildeten den Schutz gegen atmosphärische Entladungen. Sehr umfangreich und aufwendig war auch das Erdleitungsnetz – vom Senderhaus strahlenförmig ausgehend waren 80 Kupferdrähte eingegraben und mit zwei Kupferbändern zu einer Ellipse von 50 m mal 150 m verbunden worden. Die dreifache, 6 m breite T-Antenne, eine damals typische MW-Sendeantenne, war 70 m lang und hing zwischen den 2 Türmen in etwa 90 m Höhe. Die Halteseile waren über die an den Mastspitzen befindlichen Rollen geführt, ein Gegengewicht auf einer Seite sorgte für die notwendige mechanische Spannung und den Temperaturausgleich. Als Ableitung zu dem zwischen den Masten stehenden Senderhaus diente eine vierdrähtige Reuse. Die „Besprechung“ des Senders, also die Modulationszuführung von der Alten Waage (und später vom MIRAG-Haus Markt 8) erfolgte durch zwei einpaarige Kabel, die zur Sicherheit gegen Beschädigung auf verschiedenen Wegen verlegt worden waren.

Die komplette Antennenanlage des Senders, in der Nähe des Eingangs zum Ausstellungsgelände gelegen

Der neue TELEFUNKEN-Großsender Leipzig kurz nach seiner Einweihung. Rechts im Bild drei Beamte der Reichspost: Telegrafen-Inspektor und „Funkvorsteher" (d. i. Technischer Leiter) bei der MIRAG, KARL MINDE; Ober-Telegrafen-Sekretär FRANZ ENGELHARDT; Oberingenieur WALTER SCHÄFFER, bis 1925 Vorstand des Senderlaboratoriums bei TELEFUNKEN, dann beratender Ingenieur im Reichspostzentralamt (RPZ) Berlin (v.l.n.r.). Die Herren der linken Gruppe sind leider nicht namentlich bekannt, vermutlich aber Vertreter der Fa. TELEFUNKEN.

Bei der Senderanlage handelte es sich um einen Röhrensender der Firma TELEFUNKEN G.m.b.H., Berlin, der vorher in Berlin-Witzleben gearbeitet hatte und der für Leipzig umgebaut worden war. 6 Röhren vom Typ RS 15 mit je 1,5 kW Nutzleistung ergaben in Parallelschaltung eine Antennenleistung von 1,5 kW.

Diese Senderöhren RS 15 waren zwar zu jener Zeit „nicht mehr ganz neu" (sie wurden etwa 1920/21 entwickelt, und auch der zweite LORENZ-Sender im Johannishospital von 1925 war in der Endstufe schon mit einer solchen Röhre bestückt), doch stellten sie damals als strahlungsgekühlte Typen hoher Leistung technischen und technologischen Höchststand dar; der Aufwand zu ihrer Herstellung war beachtlich. Darüber schrieb etwas später der langjährige TELEFUNKEN-Laboratoriumsvorstand und Leiter der Röhrenentwicklung, HANS RUKOP (1883-1958):

„Eine Materie, auf die man besonders achten mußte, war das Glas für die Einschmelzung der Heizstromzuführungen zur Kathode. Denn bei der steigenden Rohstoffknappheit des [ersten Welt-] Krieges suchten auch die großen Glasfabriken ihre kostbareren Zusätze, vor allem Bleioxyd, mehr und mehr einzuschränken. Aber es gelang uns schließlich, die ‚Vereinigten Niederlausitzer Glaswerke' in Weißwasser O.-L., jetzt ‚Osram W', zur dauernden Lieferung von hochwertigem Bleiglas zu bewegen, während wir für die Kolben damals ziemlich allgemein Thüringer Glas von Gundelach in Gehlberg verwandten. Das Verarbeiten jener mächtigen Glaskolben, die wir für RS 15 benötigten, bedeutete ein Kunststück, dem sich der normale Glasbläser keineswegs gewachsen zeigte."

Modulationsverstärker des LORENZ-Senders und Größenvergleich zwischen einer Empfängerröhre, der Sender-Endröhre RS 15 links und einer Modulatorröhre rechts

Die Röhre RS 15 hatte eine direkt geheizte Wolframkatode und benötigte fast 300 W Heizleistung; die Anodenspannung betrug 4.500 V. Dementsprechend war die Maschinenanlage für den Sender ausgelegt: 2 Hochspannungsmaschinen (Fa. ZIEHL-ABBEG, Berlin-Weißensee), 2 Ladeumformer (Fa. POEGE, Chemnitz) für die großen Heizakkumulatoren sowie ein kleinerer Umformer (Fa. BERGMANN, Berlin) zum Laden der für die Modulationsröhren benötigten Akkus.

Der Sender arbeitete mit Gittergleichstrom-Modulation nach W. SCHÄFFER und war offen auf einem Tisch aufgebaut, mit einer rückwärtigen Paneelwand. Mit diesem Sender erweiterte sich nun der Versorgungsradius für das MIRAG-Programm ganz beträchtlich; man sprach von einer theoretischen Reichweiten-Erhöhung um den Faktor 2,5. Insbesondere aber profitierten die Detektor-Hörer; der sogenannte „Detektorkreis" um Leipzig herum vergrößerte sich auf mehr als 10 km.

Steuersender mit Quarz-Wellenmesser der Fa. LOEWE-RADIO am LORENZ-Sender von 1930

Einer der ersten LORENZ-Sender für die MIRAG von 1924 im Leipziger Johannishospital

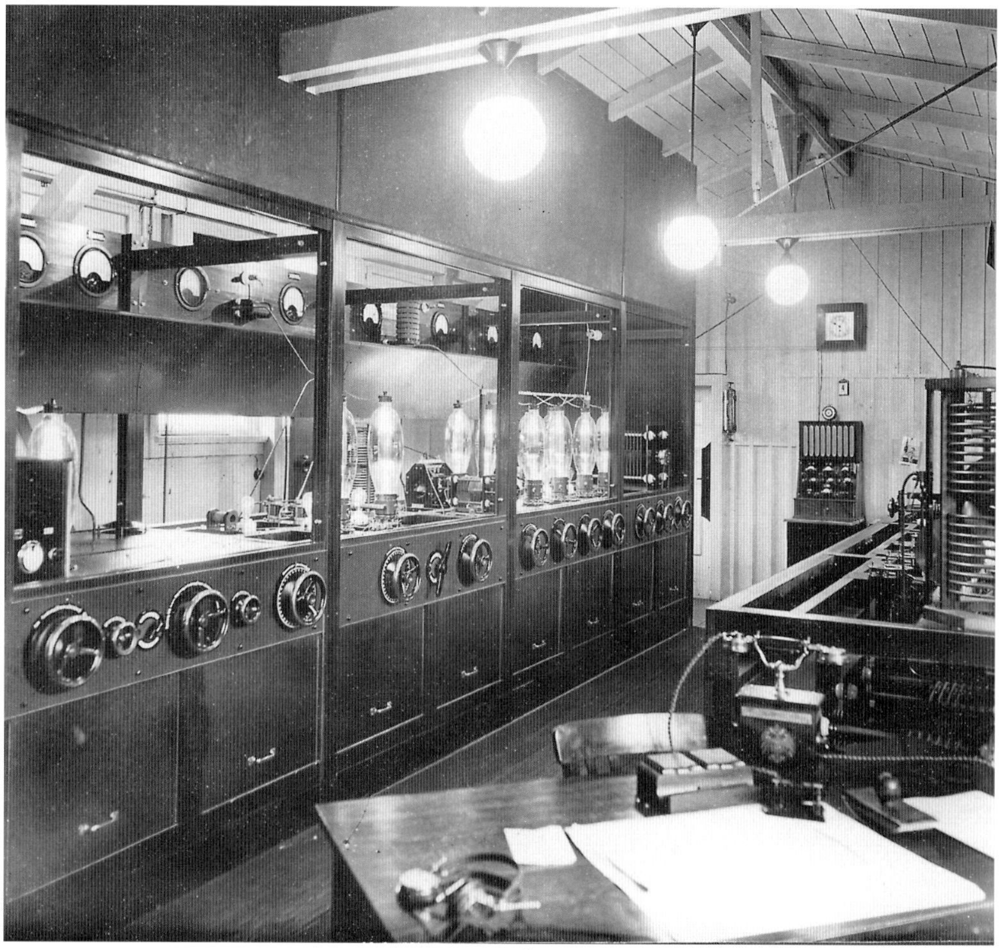

Zum Vergleich: Der letzte Sender auf dem Ausstellungsgelände, gebaut von der Firma C. LORENZ A.-G., Berlin, mit 2 kW Leistung; in Betrieb von März 1930 bis Oktober 1932

Der neue TELEFUNKEN-Großsender Leipzig von 1926; rechts im Bild Ober-Telegrafen-Sekretär PAUL ROHLACHER von der Oberpostdirektion Leipzig

Die Wellenlänge des Großsenders änderte sich gegenüber dem alten Sender zunächst nicht und blieb bei 452 m (664 kHz), sie wurde aber nach Inkrafttreten des Genfer Wellenplans im November 1926 auf 361,1 m (831 kHz) geändert. Diese Änderung hat damals zu erheblichen Störungen durch die starken Wellennachbarn London und Prag geführt, weshalb mehrmaliger Wellenwechsel bzw. -tausch mit anderen Stationen nötig wurde.

Zu dieser Zeit konnten in Europa am Abend nur noch wenige Rundfunksender einwandfrei, d. h. ohne Überlagerungstöne eines Nachbarsenders empfangen werden; die Instabilität der zahlreichen noch nicht quarzstabilisierten Sender tat ein Übriges. Leipzig soll kaum 50 km weit zu hören gewesen sein!

Das Wechseln einer Sender-Endröhre – eine heiße Angelegenheit! Der bauchige Glaskolben (185 mm Durchmesser) der Röhre RS 15 erwärmte sich im Betrieb auf über 300°C; die Röhre war 530 mm hoch und wog 2,25 kg.

Der letzte Groß-Rundfunksender auf dem Leipziger Ausstellungsgelände, gebaut von der Fa. C. LORENZ A.-G. – Ölgemälde von LOTHAR SCHNEIDER, Künstlerischer Werbeleiter der MIRAG. Die Bedeutung des vom Maler festgehaltenen Datums „21. Nov. 1932" konnte bisher nicht ergründet werden; zu dieser Zeit war der Sender schon seit über 3 W ochen vom 120 kW starken Großsender Leipzig/Wiederau abgelöst worden! Original 75 cm x 50 cm (in Priv atbesitz)

Um dem sich abzeichnenden Wellenchaos endlich entgegenzuwirken, stellte die Prager Funkkonferenz vom Juni 1929 einen völlig neuen Frequenzplan auf. Außerdem wurde der Senderabstand von 10 auf 9 kHz reduziert, um mehr Sender in dem ziemlich engen Mittelwellenband unterzubringen. Leipzig erhielt mit 259,3 m (1.157 kHz) eine relativ kurze Welle zugeteilt, die eine wesentlich geringere Tagesreichweite hatte als die vorherige. Da der Sender für diese Frequenz nicht gebaut war, konnte er auch seine bisherige Leistung nicht wieder erreichen, was nicht nur die Telegrafenbeamten der Post bekümmerte, sondern auch viele Klagen der Hörer hervorrief. Besonders unangenehm waren wiederum Nachbarkanalstörungen, in diesem Fall durch die wesentlich stärkeren Stationen Hörby, London und Mährisch-Ostrau.

Der TELEFUNKEN-Sender arbeitete noch bis Ende 1929; nach einer Zwischenlösung zur Überbrückung – der geplante Maschinensender der C. LORENZ A.-G., Berlin, kam nicht mehr zum Einsatz – wurde ab März 1930 ein neuer 2-kW-Röhrensender, ein von der gleichen Firma Betrieb genommen. Dieser nunmehr quarzgesteuerte, dreistufige Sender arbeitete mit 8 Röhren RS 15 in der Endstufe und versah seinen Dienst bis zum Oktober 1932, nämlich bis zur Inbetriebnahme des eigentlichen Leipziger Mittelwellen-Großsenders mit 120 kW Leistung, der in Wiederau, 19,8 km südlich von Leipzig, aufgebaut worden war.

Der Großsender Leipzig auf dem Ausstellungsgelände, gebaut von der Firma TELEFUNKEN G.m.b.H., Berlin; links die Schalttafel für die Ladeumformer und vorn der Kontrollempfänger; Aufnahme vom 18. Juni 1926

Ausschnitt aus der „PHARUS-RADIOKARTE von EUROPA" von 1930 (Original 64 cm x 53 cm), auf der alle Rundfunksender Europas, farblich unterschieden nach Ihrer Sendeleistung, verzeichnet sind – Legende der „PHARUS-RADIOKARTE" oben links.

„UND NUN SCHALTEN WIR UM NACH ..." DRESDEN, WEIMAR, JENA, CHEMNITZ, ERFURT, EISENACH, HALLE ODER MAGDEBURG...

Die weiteren Besprechungsstellen der MIRAG

„Die Mitteldeutsche Rundfunk-A.-G. hat auswärtige Besprechungsstellen in größerem Umfange als die übrigen deutschen Sendegesellschaften eingerichtet. Sie hat sich hierbei von dem Gesichtspunkt leiten lassen, die wertvollsten Darbietungen aus den verschiedenen Plätzen ihres Bezirks dem Rundfunk nutzbar zu machen." Das lesen wir in der Juli-Ausgabe des Jahres 1925 der Rundfunk-Programmzeitung „Die Mirag". Von nun an sollte in kürzester Zeit ein weit verzweigtes Studio-Netz im gesamten mitteldeutschen Sendegebiet entstehen.

Wir müssen uns erst einmal vergegenwärtigen, dass es zu Beginn des Rundfunks weder eine entwickelte Tonstudiotechnik noch eine wissenschaftlich fundierte Raumakustik gegeben hat. Auch war der Begriff „Studio" im heutigen Sinne noch unbekannt, denn man sprach von „Senderaum" und von „Besprechungsraum", bestenfalls noch von „Aufnahmeraum".

Die technischen Apparaturen zwischen dem Mikrofon und dem Sender nahmen anfangs ohnehin wenig Platz ein, ja, sie werden bereits 1929 in einer Rückschau als „primitiv" bezeichnet!

Soviel wusste man aber: Der „Besprechungsraum" musste schallschluckend ausgestattet sein: „Für Rundfunkaufnahmen werden besonders hergerichtete Gemächer benutzt. Wände, Decke und Fußboden erhalten eigenartige Verkleidungen. Man polstert die ersteren stark und bringt schwere Fließvorhänge an, und der Fuß der Leute, die für die Unterhaltung der Rundfunkteilnehmer sorgen, ruht auf einer weichen Unterlage, auf der man zweckmäßigerweise numerierte Felder aufzeichnet, damit die Musiker schnell wieder den Platz finden, der sich als der passendste erwiesen hat", konnte man schon 1924 in einer Programmzeitung lesen.

Es ist heute kaum mehr vorstellbar, dass es in den ersten fünf Rundfunkjahren noch keine Schallaufzeichnung gab – alles war live (!) – oder es wurden handelsübliche Schallplatten gespielt.

Erstaunlich auch wie weit voraus die Rundfunkpioniere in den zwanziger Jahren gedacht haben, denn noch heute entspricht die Sendephilosophie dem „Dreiländergedanken" des Mitteldeutschen Rundfunks unserer Tage.

Der MIRAG-Nebensender Dresden

„Achtung, Achtung! Hier ist Dresden, hier Dresden!"

„Von den Besprechungsstellen außerhalb Leipzigs sind besonders die in Dresden zu erwähnen. Hier ist schon vor der Inbetriebnahme des Dresdener Senders eine Besprechungsstelle im Hotel Reichspost eingerichtet worden..."

Nur noch älteren Dresdnern, die die sächsische Landeshauptstadt vor dem Feuersturm des 13. Februar 1945 kannten, ist das Hotel Reichspost, die Antenne zwischen Kreuzkirche und Rathausturm oder die Villa in der Beuststraße ein Begriff. Hier entstand ein Programm, das mit dazu beitrug, dass die MIRAG zum vielzitierten „Konzertsender" unter den deutschen Rundfunkgesellschaften der Weimarer Zeit wurde.

Im Vergleich zu den anderen Regionalstudios der MIRAG wies der Dresdner Sender eine gewisse Selbständigkeit auf. So strahlte er eine Zeit lang ein eigenes Regionalprogramm mit Sendungen fast jeder Art aus, verfügte über festes Personal und konnte auf einen großen Kreis freier Mitarbeiter zurückgreifen.

Das Hotel „Reichspost", Sitz der ersten Besprechungsstelle der MIRAG in Dresden

Dresden geht auf Sendung

Der Übungsraum der MIRAG im „Hotel Reichspost", Dresden

Ein erster Versuch, in Dresden aufgenommene Wort- oder Musikbeiträge auf den Sender Leipzig zu übertragen, fand am 26. Oktober 1924 statt. Dazu wurden zwei Streichquartette von BEETHOVEN und MOZART vom Dresdner Streichquartett mit GUSTAV FRITZSCHE, FRITZ SCHNEIDER, HANS RIPHAHN und ALEXANDER KROPHOLLER in einem Büro der Oberpostdirektion aufgenommen und über Freileitungen nach Leipzig übertragen. Angesichts des Provisoriums vereinbarten die MIRAG und die Oberpostdirektion Dresden, die Aufnahmeräume in das frühere Hotel „Reichspost" in der Großen Zwingerstraße 18 zu verlegen. Dazu wurden in der Halle und der Vorhalle ein Senderaum und im Erdgeschoß Verstärker- und Regieräume sowie eine Garderobe und ein Warteraum eingerichtet. Im ersten Stock residierte die Geschäftsführung. Damit schuf man die Vorbedingung dafür, dass die Dresdner künstlerischen Kreise unmittelbar von Dresden aus im Rundfunk zu Gehör kommen konnten. „Daneben sind in Dresden ständige Besprechungsstellen im Opern- und im Gewerbehaus eingerichtet", schreibt DELVENDAHL. Mit der Anstellung des Architekten EUGEN EMIL HOHRATH gewann die MIRAG einen Mann, der neben der Programmgestaltung, Ansage und der Geschäftsführung des Dresdner Senders künftig federführend für alle baulichen und raumkünstlerischen Vorhaben der gesamten Sendegesellschaft war. So konnte HOHRATH die Erfahrungen bei der Ausgestaltung des Leipziger Funkhauses in Dresden nutzen.

Die Dresdner Rundfunk-Hauskapelle nach einer Probe vor dem Eingang zum Besprechungsraum, Große Zwingerstraße 18. Die Leitung des Orchesters hatte GUSTAV AGUNTE (rechts sitzend).

Sendeanlage des Dresdner Senders mit der zwischen dem Rathausturm und dem Turm der Dresdner Kreuzkirche gespannten Sendeantenne

Die Dresdner Sendegesellschaft

Bis zum Jahresbeginn 1925 wurde in Dresden eine technische Infrastruktur geschaffen, die einen eigenständigen Sendebetrieb – wenn auch nicht im Leipziger Umfang – ermöglichte. Mit dem Sendestart am 22. Februar 1925 fand diese erste Aufbauphase des Unterhaltungsrundfunks in Dresden ihren technischen Abschluss. Zu diesem Zeitpunkt waren im Oberpostdirektionsbezirk Dresden 10.781 gebührenzahlende Hörer registriert; vier Wochen später waren es schon 23.872. In den darauffolgenden Monaten wurde die Funkhausleitung personell aufgestockt. Neben HOHRATH als Sendeleiter wurde der Schriftsteller KURT ARNOLD FINDEISEN als literarischer, THEODOR BLUMER als musikalischer und als Spielleiter CARL BLUMAU verpflichtet. Jede Woche reiste mindestens ein Vertreter nach Leipzig, um mit den dortigen Verantwortlichen den Programmablauf zu besprechen. In den ersten beiden Jahren strahlte der Nebensender Dresden ein- bis zweimal wöchentlich ein eigenes Programm aus. Vor allem dienstags nachmittags waren im mitteldeutschen Sendebezirk sowohl ein Konzert aus der Messestadt als auch aus der Elbmetropole zu hören. Die beiden abendlichen Halbstundenvorträge wurden an diesem Wochentag von Dresden auf den Leipziger Sender übertragen. Zu den bevorzugten Programmen aus Dresden gehörten Opern und Operetten, Kammermusik und Singspiele. Im Wortbereich machte sich Dresden vor allem mit Vorträgen über das Brauchtum der umliegenden Regionen wie der Lausitz, Ostsachsens, Böhmens oder des Vogtlandes sowie über Hygiene-Beratung und Rechtskunde

Sprecherraum der Dresdner MIRAG

HEFT 9 — FUNK — JAHR 1925

Der neue Sender in Dresden

Sonderdienst des „Funk".

Dresden, 22. Februar.

Heute wurde der vierzehnte deutsche Sender in Dresden in Anwesenheit des Staatssekretärs Dr. Bredow feierlich eröffnet. Der Präsident der Oberpostdirektion, Weigel, begrüßte die Gäste und dankte vor allem dem Staatssekretär, dem Schöpfer des Rundfunks, für seine tatkräftige Unterstützung bei der Einrichtung des Senders: „Wir schulden ihm dafür unsern wärmsten Dank, und wir können auch sicher sein, daß er uns seine wertvolle Fürsorge auf diesem Gebiet, das täglich fast wichtige Neuerungen und Fortschritte bringt, auch weiterhin zuwenden wird."

Staatssekretär Dr. Bredow wies in seiner Ansprache auf die sich fast überstürzende Entwicklung des Rundfunks hin: „Noch vor einem Jahr vielfach bespöttelt und als Spielerei betrachtet, steht er heute im Brennpunkt des Interesses, und Hunderttausende haben ihn als lieben Gast in ihre Häuslichkeit aufgenommen. Wenn wir die Schnelligkeit der Verbreitung gerade in den wenig bemittelten Volkskreisen beobachten, wenn wir sehen, wie ernst man dort den Rundfunk nimmt und was man von ihm erwartet, dann muß es uns allen klar werden, wie groß und schwierig unsere Aufgabe, wie schwer aber auch unsre Verantwortung gegenüber der ganzen Nation ist. Der Rundfunk soll nicht allein ein Mittel zur Unterhaltung sein, sondern vor allem volkserzieherische Aufgaben erfüllen!" Der Rundfunk habe jedoch über seine nationalen Aufgaben hinaus auch ein wichtige internationale Mission zu erfüllen, wenn er den Austausch kultureller Güter ermöglicht und dazu beiträgt, daß die Völker sich als Glieder einer großen Kulturgemeinschaft fühlen. Ob die in Deutschland sehr weitgehende Dezentralisation, die aus technischen Gründen und mit Rücksicht auf vorliegende Wünsche erfolgt ist, dauernd aufrechterhalten werden kann, sei eine europäische Angelegenheit geworden. Die Zahl der Sender Europas ist derart im Zunehmen begriffen, daß in absehbarer Zeit, wenn die Technik nicht auf anderm Wege hilft, eine internationale Verständigung über die Zahl der jedem Lande zukommenden Sender getroffen werden müsse. „Die Entwicklung ist jedenfalls in technischer und organisatorischer Beziehung noch nicht abgeschlossen, und es ist noch viel zu leisten, bis der Rundfunk seine endgültige Form erhalten hat. Bis dahin heißt es alle Kräfte zusammenfassen, und ich hoffe, daß der Dresdner Sender mit dazu beitragen wird, den Rundfunkgedanken in Deutschland auszubreiten und zu kräftigen."

Der sächsische Minister für Volksbildung, Dr. Kaiser, entwickelte in seiner Rede den folgenden Gedanken: Immer sei es das ganze sächsische Land gewesen, das die Mittel für die Kulturschätze Dresdens aufgebracht hat, und Dresden habe demnach immer den Vorzug gehabt, daß das ganze Land für die Kunst und Kultur einer einzelnen Stadt sorgte. Diese Tatsache schaffte auf der andern Seite die Verpflichtung, den Genuß dieser Kulturwerte möglichst dem ganzen Lande wieder zugänglich zu machen. Und so ist es höchst erfreulich, wenn neue Mittel gefunden werden, diese Möglichkeiten zu erweitern. Zu diesen Mitteln zähle der nun eröffnete Dresdner Sender!

Zum Schluß sprach noch Oberbürgermeister Dr. Blüher und für die Mirag, der der Dresdner Sender unterstellt ist, Dr. Jaeger-Leipzig; er teilte mit, daß die Mirag für die Blinden im Sendebereich Dresden 100 Detektorgeräte stifte, die bei Dresdner Händlern beschafft werden sollen. Der Rat der Stadt Dresden hat für den gleichen Zweck 5000 M. gestiftet.

Nach einem Cellovortrag des Dresdner Virtuosen Kropholler begaben sich die Festteilnehmer ins Neue Rathaus zu einem Frühstück, in dessen Verlauf noch manches Begrüßungswort für das „Geburtstagskind" dargeboten wurde.

*

Jetzt ist der Dresdner Sender endlich feierlich eingeweiht, aber vor dieser Eröffnung liegt eine seltsame Zeit der Geheimnisse, der Enttäuschungen, der Versuche und aller möglichen Zwischenspiele.

Schon vor ein oder zwei Monaten hieß es: Dresden bekommt nun seinen Sender, und geheimnisvoll wurde es von Lippe zu Lippe geflüstert, die Versuche haben begonnen. Ganz Dresden verwandelte sich in ein einziges großes Funkgeschäft: Radfahrhändler, Photographengeschäfte, Buchhandlungen, Kolonialwarenhändler, alles hielt plötzlich Funkgeräte und Einzelteile, in Erwartung des Senders, der in 30 km Umkreis von Dresden mit einfachem Detektorgerät empfangen werden sollte.

Man saß buchstäblich Tag und Nacht an seinem Gerät, um endlich einmal ein Lebenszeichen von dem jüngsten Kind der deutschen Funktechnik aufzufangen. Aber oft, sehr oft wartete man vergeblich. Und wie eine Krankheit breitete sich die Ungeduld und die Erwartung aus, Familientragödien entspannen sich über dem Interesse für den Empfang des jungen Dresdner Senders. Denn niemand, niemand wollte dieses erste Lebenszeichen verpaßt haben; jeder wollte der erste sein, der den Dresdner Sender hörte.

Die ersten Schwierigkeiten ergaben sich aus der Raumfrage. Die Post hatte keine Räume zur Verfügung, um den Sender unterzubringen; zunächst zuckte auch der Rat der Stadt Dresden die Achseln, aber schließlich stellte er einige Räume im Rathaus zur Verfügung. Die Antennen sollten vom Rathaus herüber zum Turm der Kreuzkirche gezogen werden; und da gab es neue Bedenken. Schließlich passen Gotteshaus und Technik nicht recht gut zueinander; aber endlich fügte man sich in das Unvermeidliche, und eines Tages schwang eine richtige Antenne aus einem Rathausfenster hinaus zur Kreuzkirche. Das war so Mitte Dezember. Plötzlich, im Januar, gab es einen großen Sturm, und die ganze Antennenanlage wurde zerrissen, hing traurig vom Rathausturm herab wie eine Fahne auf Halbmast, und dann kam eines Tages gegen Ende Januar die Nachricht, daß nun die Maschinen da seien, und daß nun bald, in den ersten Tagen des Februar, die ersten Versuche beginnen sollten. Und sie begannen. Seit diesen Tagen spricht nicht mehr der Sender, sondern er brüllt; er ist in 2 bis 3 km Entfernung vom Rathause ohne jede große Anlage zu hören, ohne Antenne, ohne Wasserleitung, ohne Erde; so gut geht der Sender. Zuweilen sprechen Künstler auf das Mikrophon; man hört ab und zu auch Grammophonmusik, und abends überträgt der Leipziger Sender sein Programm versuchsweise auch auf den Dresdner Sender. Das erste große Ereignis des neuen Dresdner Senders war die Übertragung der Oper „La Traviata" aus Berlin; sie ging von Berlin auf Draht nach Leipzig, und Leipzig gab sie auf Draht nach Dresden, und in Dresden wurde sie auf den Sender übernommen. Die Übertragung war recht gut, und alle Enttäuschungen, die während der ersten Versuche sich ergaben, schienen nun zerstreut in Anbetracht des ausgezeichneten Empfangs, den die Berliner Staatsoper den Dresdner Rundfunkhörern bereitete.

Die zukünftige Großfunkstelle Rom. An der alten Verkehrsstraße der Römer, der Via Appia, hat nahe bei Frascati der Bau der Großfunkstelle Torre Nova begonnen. Die Station, die von Telefunken ausgeführt wird, erhält einen 400 kW-Maschinensender für den Überseeverkehr. Die Antenne hat die Form eines offenen Vielecks, das von sechs je 210 m hohen Masten getragen wird. Die Empfangsanlage wird bei Ponte Calera errichtet

104

DRESDEN — Deutschland

Mitteldeutsche Rundfunk A.-G., Dresden, Beuststr. 13

Geograph. Lage: + 51° 3'. Oestl. Länge von Greenwich 13° 44'
kHz: 941
Wellenlänge: 319 m
Leistung: 1 Senderöhre zu 0,7 kW
Ansager: Herr mit etwas dialektmäßiger, sonst klarer Stimme.
Ansage: „Mitteldeutschland! Dresden und Leipzig!" Meine Damen und Herren! Wir beginnen mit ... Die Mitwirkenden sind ... Zunächst hören Sie ..." Bei Vorträgen: „Sie hören jetzt einen Vortrag, gehalten von ... über das Thema ... Herr ... hat das Wort." Nach dem Vortrag: „Der Vortrag des Herrn ... ist beendet. In einigen Minuten bis zum nächsten Vortrag bzw. zum Beginn des Abendprogrammes auf Wiederhören." Nach Schluß eines Liedes oder eines ähnlichen kurzen Programmteiles: „Sie hörten ... oder ... sang oder spielte ... Es folgt ..." Vor Beginn einer kürzeren Pause: „Hier Dresden, Leipzig, wir lassen eine kurze Pause von ... Minuten eintreten. Auf Wiederhören also um ..." Bei einer Ansage nach kurzer Pause: „Hier Dresden, Leipzig", nach sehr langer Pause: „Hier sind die Mitteldeutschen Sender Dresden, Leipzig. Meine (geehrten) Damen und Herren! Wir setzen das Programm fort." Am Schluß: „Hiermit, meine Damen und Herren, ist ... beendet. Damit ist auch das heutige gesamte Programm der Mitteldeutschen Sender Dresden, Leipzig zu Ende. Mit dem landesüblichen Wunsche des Ansagers an Sie, das Erden Ihrer Antenne nicht zu vergessen, auf Wiederhören morgen früh zur gewohnten Stunde. Ich wünsche Ihnen allen, meine geehrten Zuhörerinnen und Zuhörer in Nah und Fern, eine recht angenehme Ruhe und gute Nacht!"
Pausenzeichen: Weckerticken.

Nachträge: ....

Gerät	Einstellung							Bemerkungen
	1. Kondensator	2. Kondensator	3. Kondensator	Rückkoplung	Heizung	Anodenspannung	Gitterspannung	
.....	.....	.....	.....	.....	.....	.....	.....	.....

Eine Seite aus dem „Fahrplan" für den neugierigen Rundfunkhörer, dem 1929 erschienenen Büchlein „Kennrufe der Rundfunksender – der unentbehrliche Führer beim Fernempfang".

Die Leitung der Dresdner Sendestelle:
li. oben: Direktor E. E. HOHRATH
re. oben: Literar. Leiter Kurt ARNOLD FINDEISEN
li. unten: Musikalischer Leiter THEODOR BLUMER
re. unten: Ansager HORST VON TSCHIRSCHNITZ

Der Senderaum der Dresdner Sendestelle

Die Semperoper zu Dresden. Von hier sind mittels der 1924 installierten Besprechungsstelle erstmals auch Opern und Konzerte der Sächsischen Staatskapellle übertragen worden. Am 24. Mai 1926 war VERDIs Oper „Die Macht des Schicksals" im Rundfunk mitzuerleben. Blick vom Schlossturm zum Theaterplatz

einen Namen. Der Umfang klingt beachtlich, auf den Gesamtzeitraum der Jahre 1924 bis 1932 berechnet bestritt jedoch Leipzig den Löwenanteil des Programms. Nach Ausbau der Regionalstudios, dem verstärkten Einsatz mobiler Übertragungstechnik und dem Führungswechsel in Leipzig (Amtsantritt NEUBECKs 1929 und Ressortumgestaltung) verlor Dresden nach und nach Sendeanteile. Zu den ersten ständigen freien Mitarbeitern gehörten unter anderen das Dresdner Streichquartett, Kapellmeister SCHMIDTGEN, der Tenor ROBERT BRÖLL, der Bariton KARL ZINNERT sowie WANDA SCHNITZING und HELGA PETRI (beide Sopran) oder die Schriftsteller OTTOMAR ENKING und HEINRICH ZERKAULEN. Im späten Frühjahr 1925 entschloss sich die Leitung des Hauses, ähnlich dem Leipziger Vorbild ein ständiges kleines Orchester unter Leitung des Kapellmeisters und Geigers GUSTAV AGUNTE aufzubauen. Die meisten Auftritte verzeichnet die Statistik für Unterhaltungsmusik im Rahmen der Mittags- und Nachmittagskonzerte. Für Kammeropern, Operetten und Singspiele wurde das Orchester durch die Mitglieder des Dresdner Streichquartetts und freie Musiker verstärkt. Nicht unproblematisch war für die Dresdner Sendeleitung anfangs die Verpflichtung renommierter Künstler der Elbestadt für eine Mitarbeit am Programm. Neben eine ausgemachte Distanz zur neuen Technik gesellte sich die Honorarfrage. Die „Stars" lehnten eine Mitwirkung zunächst grundsätzlich ab – aus künstlerischen Gründen. Die Intendanz forderte die Einholung einer Genehmigung, um nicht den Spielplan zu gefährden. Also wurde vereinbart, dass das Mindesthonorar eines Staatsopern-Solomitglieds nicht unter 150 RM liegen dürfe. Das Problem klärte sich allerdings bald, nachdem die zweite Solistenbesetzung ihr Können zu weit niedrigeren Honoraren anbot.

Das neue Funkhaus

Im Januar 1926 meldete die Reichspost Eigenbedarf an den Geschäftsräumen im früheren Hotel „Reichspost" an, so dass eine Ausweichlösung zunächst für die Büros gefunden werden musste. Anfangs erwog die Gesellschaft den Kauf eines Grundstücks in ruhiger Lage, da sich die Innenstadtmieten als zu hoch erwiesen. Nach längerer Suche fand sich ein Anwesen in der Beuststraße, der heutigen Mary-Wigman-Straße. Die Lage war optimal: Eine Villengegend, nur wenige Wegminuten vom Hauptbahnhof entfernt, dazu drei Straßenbahnlinien fast vor der Tür, die einen schnellen Zugang für die Künstler boten. So wurden zunächst in der 1869 erbauten Villa des Grafen BEUST fünf Büros in der ersten Etage gemietet und das Vorkaufsrecht gesichert. Im Mai 1926 einigte sich die MIRAG-Leitung mit dem Besitzer, so dass HOHRATH in den Erdgeschossräumen wohnen konnte. Im Dezember 1927 erteilte der MIRAG-Aufsichtsrat die Genehmigung zum Kauf der Immobilie. Der Umzug bedeutete zunächst eine Dezentralisierung des Funkbetriebes: Verwaltung und Sendeleitung saßen in der Beuststraße, Studios und Regieräume in der Oberpostdirektion unweit des Postplatzes, und die Antennenanlage spannte sich von der Kreuzkirche zum Turm des Neuen Rathauses. 1927 wurden dann Überlegungen angestellt, das zweiteilige Gebäude in der Beuststraße zur Sendestelle auszubauen. Der Umbauplan musste allerdings zunächst wegen eines Streits mit den Nachbarn und den städtischen Behörden zurückgestellt werden.

Das MIRAG-Funkhaus in Dresden, Beuststraße 13

Offenbar widerwillig kam HOHRATH den Auflagen der Baupolizei nach und passte das Äußere dem Renaissance-Stil der Nachbarschaft durch Rustika und Lisenen im Putz an. Kernstück des Vorhabens wurde das frühere Nebengebäude: Im Parterre entstanden Büros, ein Orchester-Aufenthaltsraum und ein Probenraum, eine Garage und technische Maschinenräume. Im Obergeschoss, den früheren Ateliers, wurden der Große Sendesaal, das Vortragszimmer, ein Regieraum sowie ein Künstlerzimmer und der Verstärkerraum untergebracht. Prunkstück war der Sendesaal. Bei einer Grundfläche von knapp 130 m² wurden die Seitenverhältnisse so gewählt, dass der 6 m hohe Raum ein als Optimum geltendes Längen-Breiten-Verhältnis von 16:8 Metern aufwies. Acht hohe Fenster sorgten für Helligkeit bis in die Abendstunden. Für eine bestmögliche Akustik wurden nach mehreren Versuchen die Verkleidung des Fußbodens in Bouclé sowie der Kopfwand vor dem Aufnahmeplatz und einer Längswand mit veränderlichem, schallabsorbierendem Stoff gefunden. Um die Bedingungen perfekt zu machen, griff HOHRATH zum „SCHÄFFERschen Zelt". Dem Großen Sendesaal schloss sich ein Künstlerzimmer an. Der benachbarte Vortrags-Senderaum war nur 10 m² groß. Aus allen Aufnahmeräumen einschließlich des großen Probenraumes, der zeitweise auch als Sendesaal II firmierte, konnte das Programm auf den Leipziger Sender übertragen werden. Dazu waren Anschlüsse für insgesamt zwölf Mikrofone vorhanden, allein acht im Großen Sendesaal.

Das Künstlerzimmer im Dresdner MIRAG-Haus

Das Ende des Nebensenders Dresden

Der Programmabbau am Sender Dresden begann 1929 mit der Trennung von der Kapelle AGUNTE. Schon Monate vorher, am 17. September 1928, kündigte Dr. ERWIN JAEGER auf einer Sitzung des Kulturellen Beirats an, dass die Kapelle im Verlauf des Winterhalbjahres aufgelöst werden solle. Im gleichen Atemzug versicherte JAEGER, dass dies kein Wegfall von derartiger Musik aus Dresden bedeute, sondern nur weniger und Besseres dem Hörer geboten werden solle. In der gleichen Sitzung warnte der Vorsitzende des Arbeiter-Radio-Bundes Dresden, ALFRED ALTHUS, vor der Auflösung, musste jedoch vom Kaufmännischen Leiter der MIRAG, FRITZ KOHL, die Einschätzung erfahren, dass die Dresdner Leistung „Kaffehausmusik" sei. Im Jahr darauf reduzierte man aus Sparsamkeitsgründen die Besetzung der Dresdner Sendestelle und betraute dortige Mitarbeiter mit anderen Aufgaben. So musste sich der Literarische Leiter KURT ARNOLD FINDEISEN verstärkt um den Schulfunk kümmern. Damit war die Auflösung der Literarischen Abteilung besiegelt. Letzten Ausschlag für das Ende des Nebensenders Dresden gab der Wechsel des musikalischen Leiters THEODOR BLUMER, der nach dem politisch motiviertem Rauswurf ALFRED SZENDREIS in die Führung der musikalischen Leitung der MIRAG in Leipzig aufstieg.

Der Große Sendesaal im Dresdner Funkhaus

„Hier ist die MIRAG-Sendestelle Weimar!"

Der künstlerische Leiter der Weimarer Sendestelle, Kapellmeister Dr. ERNST LATZKO vom Nationaltheater in Weimar

Eröffnung der Sendestelle Weimar der Mirag.

Am Sonnabend, den 24. Januar d. J., abends 7 Uhr, versammelten sich im Telegraphenamt zu Weimar Abt.-Dir. Eichel und Postrat Mücke von der Oberpostdirektion Erfurt, Min.-Dir. Wuttig vom Thüringischen Ministerium, General-Intendant Dr. Ulbrich mit einer erlesenen Schar von Künstlern und Gelehrten Weimars sowie die ansässige Presse und andere Rundfunkfreunde, um den Augenblick festhalten zu helfen, in dem zum erstenmal von der in ganz besonderem Maße Ehrfurcht erweckenden Kulturstätte Weimar aus der 80 Kilometer ferne Mitteldeutsche Sender in Leipzig besprochen wurde. Der Unterstreichung dieses Gedankens, sowie dem Dank an die Künstler und Gelehrten Weimars, die opferwillig zum Aufbau der Sendestelle beigetragen hatten, galten die einführenden Worte des Vorstands der Mirag, Dr. Erwin Jaeger, Leipzig. Wertvolle technische Ergänzungen bot der verdienstvolle und umsichtige Förderer des Unternehmens, Telegraphendirektor Schindler, Weimar. In den besonderen Schutz der Oberpostdirektion Erfurt nahm Abt.-Direktor Eichler die neue Sendestelle. — Damit war es 7½ Uhr geworden, und der verdienstvolle Direktor der Thüringischen Landesbibliothek, Prof. Dr. Werner Deetjen, begann seinen von warmen Herzen für die Kulturstätten Weimars zeugenden Vortrag, während die Festteilnehmer in einem Zimmer über dem provisorischen Senderaum mittels Kopf- und Großhörer den Darbietungen des Abends lauschten.

Mit besonderer Genugtuung darf festgestellt werden, daß der Thüringische Staat für diese Feier die ihm von Spohr vermachte Stradivarius-Geige zur Verfügung gestellt hatte. Prof. Robert Reitz meisterte sie; Kapellmeister Dr. Ernst Latzko, Mali Trummer und Kammersänger Friedrich Strathmann vom Deutschen Nationaltheater ergänzten ihn glücklich. Die Durchgabe war von Glück begünstigt. Sie kam gut zum Leipziger Sender und von da aus in der gleichen Weise an seine zahlreichen Hörer. Selbst eine kleine, durch eine Störung am Sender hervorgerufene Pause wurde mit in Kauf genommen, weil sie die Erwartung auf die weiteren Darbietungen der beiden genannten Sänger steigerte.

Weimar hat durch seine ausgezeichneten Leistungen überaus Wertvolles zum Programm des Mitteldeutschen Senders beigetragen und darf beanspruchen, häufiger eingereiht zu werden.

rechts: Bericht über die Eröffnung der Besprechungsstelle Weimar in „Die Mirag" vom 30. Januar 1925

MIRAG-Besprechungsraum in einem Saal der Firma DÜNNEBEIL, Weimar

Das Nationaltheater zu Weimar war ebenfalls Besprechungsstelle der MIRAG

„Hier Besprechungsstelle Jena!"

Hier Besprechungsstelle Jena!

Wieder einmal stehen die Koffer schwer gefüllt mit den Besprechungsapparaten bereit zu neuer Rundfunkfahrt. Fehlt auch nichts? Ist an jede denkbare Störung gedacht, Ersatz für alle schwachen Teile vorgesehen? Es gilt, eine neue Besprechungsstelle in Betrieb zu nehmen: Jena -- und sie zu eröffnen durch einen Mann, dessen Name zu unbedingtem Gelingen verpflichtet: Professor Eucken.

Also los. Die Fabriken von Weißenfels, Naumburgs Dom, Dornburgs Schlösser erscheinen, verschwinden. Ringsum deutscher Kulturboden seit 1000 Jahren.

Und nun Jena. Wieviel Vorstellungen drängen bei diesem Namen heran, die so gar nichts mit Hochfrequenz gemein haben. Altpreußens Untergang, Symbol allen Zusammenbruches, der Burschenschaft Erhebung und Ende, „die" Studentenstadt neben Heidelberg, der seinen; Fuchsturm, Lichtenhainer Bier, Zeiß-Werke.

Fahnen in allen Gassen. Welch eine bunte Fröhlichkeit. Warum? Keine Zeit zum Fragen; schon hält der Wagen vor der Optiker-Schule, in der sich die Besprechungsräume befinden.

Die Alten bauten Dome, in denen wir heute noch flüsternd staunen und etwas vom heißen Glauben jener Zeiten spüren. Die heutige Generation setzt dafür Bahnhöfe, Maschinenhallen und Schulen hin, edel in der Form, lichtfroh im Innern, sinnvoll in der Gestaltung, Eigenschaften, die gleichfalls vom Göttlichen im Menschen zeugen.

Solch ein Bau ist auch die Optiker-Schule in Jena. Dem Lichte geweiht, steht er da in ruhiger, heller Schönheit. Dasselbe Lichtgefühl im Innern. Wie muß das die Arbeit von Lehrer und Hörer erleichtern.

Bänglich wird dem Kundigen bei dem Gedanken, wie in dieses Kunstwerk von Stein, Glas und Farbe die robuste Telegraphenbaukolonne wohl nachträglich die Leitungen eingefügt haben mag, die zur Weitergabe des gesprochenen Wortes nach Leipzig notwendig sind. Aber die Sorge ist umsonst. Auf einem gewaltigen Brett hängen sauber die vereinbarten Fernsprechgehäuse und Umschalter. Ein guter Geist hat seiner Zeit den rundfunkahnungslosen Baumeister bestimmt, in die Wand zum Nachbarzimmer, dem eigentlichen Besprechungsraum, zwei Isolierrohre einzusetzen. Nun hat dieser Zufall jeden Durchbruch gespart und damit wohl den Ausschlag gegeben, daß diese Räume für die Zwecke der Mirag zur Verfügung gestellt wurden. Freilich, so wie in Weimar, Chemnitz oder Dresden durfte es sich der Rundfunk nicht bequem machen. Dort erhielten die kahlen Räume feste Einbauten aus Stoff und Holz zur Verbesserung der Schallwirkungen. In Jena muß der bereitgestellte Raum jederzeit binnen wenigen Stunden völlig „rundfunkfrei" gemacht werden können. Also ist man auf die Lösung gekommen, einen beweglichen Besprechungsraum zu schaffen. Innerhalb des viereckigen Zimmers hat die Mirag ein ovales Zelt aufrichten lassen, anzuschauen wie die Kriegswohnung eines Wallenstein oder Gustav Adolf.

Noch war es völlig leer. Aber der Herr Geheimrat soll doch beim Vortrag bequem haben. Dazu gehört zunächst ein einsichtsvoller Hausmeister. 10 Minuten dauerte es nur, da stand inmitten des Zeltes ein großer Tisch, leuchtend weiß gedeckt, besetzt mit einer famosen Leselampe; davor ein bequemer Sessel. Schon ist auch der Aufnahmeapparat zurechtgestellt und angeschlossen; nun geht's ins Nachbarzimmer. Auch dort steht auf einmal ein Tisch, dessen Platte kaum noch zu sehen ist unter den Apparaten, Schaltern und Instrumenten. Die Zeit vergeht, die Zeiger drängen. Fertig stehen die Batterien, die Verstärkerröhre leuchtet. Arbeitet alles? Überlaut kommt die Stimme im Nachbarzimmer wieder aus den Geräten heraus. Das klappt also. Nun die Verbindung mit dem Postamt. Auch hier hatte umsichtige und hilfsbereite Mitarbeit dafür gesorgt, daß keine Stockung eintrat. Nach wenigen Minuten meldeten sich das Fernsprechamt in Leipzig, dann der Zentralumschalter für die Fernleitungen, dieser verband weiter zur Rundfunkübertragestelle im Telegraphenamt, und schließlich meldete sich die Rundfunkstelle im Meßamt. Es müssen ja ungeahnt viel Hände und Sinne an solch einer Fernbesprechung hinter dem Mikrophon mitwirken.

„Auf Anhieb" ist nun eine solche Fernbesprechung noch niemals gelungen. Auch diesmal hatten Vorproben ergeben, daß die vorgesehene Leitung Leipzig—Jena durch Telegraphiebetrieb in Nachbardrähten störend beeinflußt wurde. Mühsam hatte der fremde Betrieb festgestellt und durch Schutzschaltungen unschädlich gemacht werden müssen, ein Verfahren, daß leider nicht immer rasch gelingt.

Diese letzte Vorprobe fiel aber befriedigend aus. Noch fehlte viel Zeit bis zum Beginn des Vortrages — oder sie fehlte auch nicht, denn es sollte gleichzeitig den Zweiflern vorgeführt werden, daß man in Jena die Darbietungen des Senders in Leipzig sehr gut mit billigen Einröhrenapparaten aufnehmen kann.

Eine Freiantenne stand im gleichen Gebäude zur Verfügung. Empfänger hatten die Firmen „Sachsenfunk" und „Radio-Industrie" in Leipzig zur Verfügung gestellt. Gleich die ersten Versuche zeigten, daß die Apparate hielten, was von ihnen versprochen worden war.

Noch 20 Minuten. Aber schon meldet aufgeregt der Hausmeister: „Der Herr Geheimrat kommt!"

Da steht er auch bereits. Klein die Gestalt, aber welch ein Kopf! Immer und immer möchte man dieses Gesicht anschauen. Und doch ist auch dieser Geist vom Mikrophonfieber erfaßt; gewohnt, vor Hunderten zu sprechen, hemmt doch die kleine braune Scheibe in dem stillen, leeren Raume die volle Freiheit des redegewandten Mundes. Aber es ist noch soviel Zeit zum Eingewöhnen. Außerdem wird die sorglich bemühte Gattin an der Seite wachen, daß das Tempo nicht zu schnell, die Stimme nicht zu laut werde.

Probesprechen. Ja, Leipzig ist mit Lautstärke und Klangreinheit zufrieden. Die Uhren werden verglichen, noch 3 Minuten. Sie verstreichen mit Begrüßungen, mit Erklärungen an die begleitenden Herren, an die Vertreter der Presse.

„Bitte, anfangen!". -- Der letzte Umschalter schleift, die ersten Worte des Vorstandes der „Mirag" eilen von der neuen Besprechungsstelle Jena hinüber nach Leipzig und Dresden und hinweg über ganz Mitteldeutschland.

Und dann spricht Eucken selbst. Ruhig, fast zu gemessen klingen die Worte aus den Kontrollhörern. Was sagen Leipzig, Dresden? Eine kleine Änderung an der Mikrophonaufstellung ist doch noch notwendig. Behutsam wird sie ausgeführt. Und dann ist ringsum nur Lauschen; Lauschen, Flüstern und leiser, leiser Tritt. Vier Zimmer weiter aber sitzen die Herren der Presse mit den Hörern vor dem Empfangsapparat und schreiben die gesamte Rede Wort für Wort mit, die in dem kleinen Gerät ihren großen Kreislauf durch die Luft beendet.

Die Minuten schleichen. Wird nichts passieren? An den Verstärkerröhren, den Batterien, den Leitungen? Aber ungestört verklingt das letzte Wort. Alles atmet auf. Kribbelndes Leben ringsum. Durchruf nach Leipzig: „Wir bauen ab!"; schon sind die Drähte abgeklemmt, die leeren Koffer werden voll und voller; nichts vergessen? Marsch hinab, unten surrt der Wagen, fort geht's mit sausender Fahrt hinein in den klaren Abend, während in Leipzigs Senderäumen der Geist Schillers aus Wort und Lied aufsteigt, fähig, zu hunderttausend Sinnen zu dringen und sie auf eine Stunde vom Werktag loszulösen. Deutsche Rundfunkkultur.

Das MIRAG-Dienstauto, 1925

Vorverstärkerraum in der Alten Waage im Jahr 1925 – hier mündeten die Leitungen von den Besprechungsstellen.

Die Besprechungsstelle im Saal des Volkshauses Jena, in dessen Seitenflügel sich die Optikerschule CARL ZEISS JENA befand.
Konzert des Requiems von JOHANNES BRAHMS, WILHELM FURTWÄNGLER dirigierte am 30. Mai 1929 die Berliner Philharmoniker und Jenaer Chöre anlässlich des VII. BRAHMSfestes in Jena.

„Hier Chemnitz… hier Chemnitz!“

Ein Rundfunktechniker während der Übertragung einer Sendung

Die Chemnitzer Sendestelle.

Die „Mirag“ hat als erste Sendegesellschaft den Gedanken verwirklicht, auch andere Städte ihres Bereiches am Leipziger Sender zu Worte kommen zu lassen. Die Durchführung dieses Gedankens hat sich als außerordentlich fruchtbringend erwiesen. Es ist dadurch möglich geworden, hochwertige künstlerische und wissenschaftliche Kräfte, die außerhalb des Sendeortes wirken, heranzuziehen und die große Zuhörerschaft nicht nur des Senderbereiches, sondern auch im ganzen Deutschen Reich und sogar außerhalb seiner Grenzen mit dem wissenschaftlichen und künstlerischen Leben in den wichtigsten Städten von Sachsen und Thüringen bekannt zu machen. So traten Dresden — dieses sogar mit einem eigenen Zwischensender — und Weimar in Beziehung zum Sender.

Nun ist auch Chemnitz in den Kranz der Sendestellen getreten und zeigt, daß es künstlerische und wissenschaftliche Kräfte besitzt, die sich neben den anderen Sendestellen wohl hören lassen können. Der Plan, in Chemnitz eine ständige Sendestelle einzurichten, stammt von dem Vorstand der „Mirag“, Herrn Dr. Jäger, der ihn mit der ihn auszeichnenden Rührigkeit jetzt zu einem guten Abschluß führte.

Eine Chemnitzer Sendestelle ist den Rundfunkteilnehmern schon seit Jahresbeginn bekannt, sie war provisorisch im Telegraphenamt untergebracht und diente dazu, die im Rahmen der Hans-Bredow-Schule eingerichteten Vorträge von Herrn Prof. Dr. Bangert über Elektrotechnik auf den Leipziger Sender zu übertragen. Hand in Hand mit der Durchführung dieser Aufgabe und den Erfahrungen, die man dabei sammelte, gingen die Vorbereitungen zur Ausgestaltung eines eigenen Vortragsraumes, so daß jetzt neben Vorträgen auch größere musikalische Programme durchgeführt werden können. Nach einer Reihe von versuchsweise übertragenen kleineren musikalischen Darbietungen finden seit etwa einem Monat planmäßige Veranstaltungen statt, ein Erzgebirgsabend, ein Mittagskonzert, ein Peter-Gast-Abend und ein Balladenabend; sie dürfen als wohlgelungen bezeichnet werden.

Der Vorführungsraum befindet sich im Hause der Möbelfirma Rother & Kunze A.-G., Kronenstraße, die die künstlerische Ausstattung nach den Ideen von Herrn Architekt Horath in Dresden schuf. Man machte sich dabei die modernsten Erfahrungen bei den Senderäumen zunutze. Die Abbildung läßt einen Blick in das Innere des Vorführungsraumes tun. Die Wände sind mit blauem Seidenstoff und reichen Posamenten verziert. Fußbodenbelag, Teppiche und Fensterbehänge sind zu den Wänden fein abgestimmt.

Für die musikalischen Vorträge steht ein vorzüglicher Seiler-Flügel zur Verfügung. Das Aufnahmegerät, bislang ein Telegraphon, ist links zu sehen. Die von ihm aufgenommenen Darbietungen werden in einem an den Vortragsraum anschließenden Verstärkerraum vorverstärkt und über eine Fernsprechleitung nach Leipzig dem Sender zugeleitet. Die technische Durchführung dieses Teiles war besonders schwierig.

Der Raum dient gleichzeitig als Vorführungsraum für Rundfunkempfang. Das Bild zeigt daher einen Schrank mit Empfangsgerät der Allgemeinen Maschinenbau-Gesellschaft Chemnitz.

Für die Durchführung der Programme stehen als musikalischer Berater Herr Prof. Dr. A. Mendt, als wissenschaftlicher Berater Herr Prof. Dr. Bangert zur Verfügung, während die technische Leitung in den Händen von Herrn Ober-Telegraphensekretär Jüttner liegt.

rl.

Bericht über die Eröffnung der Besprechungsstelle Chemnitz in „Die Mirag“ vom Juli 1925

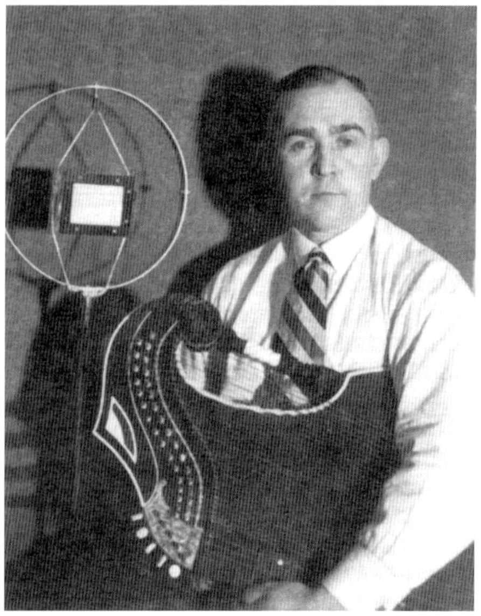

Der erzgebirgische Volksliedsänger CURT-HERBERT RICHTER im Besprechungsraum Chemnitz
rechts: Heimatklänge zum Damenkränzchen, 1929

„Hier ist Erfurt … hier ist Erfurt!“

Wir beehren uns,

Herrn Stadtdirektor Dr. Janson

zur Einweihungsfeier der Erfurter Besprechungsstelle des Leipziger Rundfunksenders ergebenst einzuladen

ERFURT, den 27. Juli 1925 LEIPZIG, den 27. Juli 1925

Der Magistrat
gez. Lüddeckens

Mitteldeutsche Rundfunk A.-G.
gez. Dr. E. Jaeger

PROGRAMMFOLGE
BEGINN PUNKT 7 UHR ABENDS

1. Eröffnungsworte des Vorstandes der Mirag Herrn Dr. Jaeger-Leipzig
2. Musikstück der Hauskapelle: Einzug der Gäste auf der Wartburg aus der Oper „Tannhäuser“
3. Begrüßungswort des Herrn Oberbürgermeisters Dr. Mann-Erfurt
4. Thüringer Volkslieder des Solo-Quartetts „Melodie“
   a. Thüringen, wie bist du schön . . . . Döring
   b. Ach, wie ist's möglich dann . . . . Kücken
5. Ansprache des Herrn Präsidenten der Handelskammer Erfurt A. May über die Bedeutung der südmitteldeutschen und thüringischen Kultur und Wirtschaft und die Notwendigkeit des Rundfunks für ihre Belange
6. Musikstück: Violinen-Solo — Sonate von Kupelik

ENDE 8 UHR

EINWEIHUNGSFEIER
der Erfurter Besprechungsstelle
des Leipziger Rundfunksenders der Mirag
am Dienstag, den 4. August abends 6.30 in Reibstein's Thüringer Mode- und Ausstattungs-Haus, Erfurt, Schlösserstr. 23—27, Eing. Junkersand

Einladung für den Eisenacher Stadtdirektor Dr. JANSON zur Einweihungsfeier der MIRAG-Besprechungsstelle im Thüringischen Mode- und Warenhaus REIBSTEIN in Erfurt am 4. August 1925

Erfurt, die neueste Besprechungsstelle der Mirag.

Der mitteldeutsche Rundfunkbezirk hat allen anderen Senderkreis
gegenüber den Vorzug, ein Gebiet zu umfassen, in dem eine große An
zahl einzelner Kultur- und Wirtschaftszentren liegen. Dieser Vorzug
enthielt aber die Verpflichtung für die Sendegesellschaft, jenen Stätte
auch die Möglichkeit zu geben, durch berufene Kräfte im Rundfunk zu
Geltung zu kommen. Diese Pflicht konnte nicht nur dadurch erfü
werden, daß einzelne Sprecher, Künstler oder Vereinigungen vor da
Mikrophon nach Dresden oder Leipzig gebeten wurden. Es galt vie
mehr, jenen Kräften Gelegenheiten zu geben, an der Stätte ihres eigen
Wirkens das darzubieten, was ihnen als wesentlich und wertvoll e
schien. Aus diesen Gründen schuf die Mirag Besprechungsstellen
Chemnitz, in Weimar, in Jena. Und seit langer Zeit bemühte sie si
auch, in Erfurt Räume zu finden, die für Rundfunkzwecke geeignet ware
Bei dem Mangel an umbautem Raum, der heute in Deutschland herrsch
ist das Problem schon an sich schwer zu lösen. Es kommt hinzu, da
von der Technik und vom Betrieb eine Anzahl Forderungen gestel
werden, die es unmöglich machen, jede zufällig vorhandene Gelegenhe
auszunutzen.

Schließlich führte aber langes Suchen und vieles Verhandeln do
zum Erfolg, zu einer Lösung, die auf der Erfurter Seite dem gro
zügigen Entgegenkommen des Kommerzienrates Straßburg zu dank
ist, dem Besitzer und Leiter der Firma Reibsteins Modewarenhau
Auch hier zeigte sich wieder, wie stark der Rundfunk ganz entgegengese
Verhältnisse berührt. Zu kleinen und kleinsten Leuten soll der Welle
ton dringen; dort aber, wo er erzeugt wird, muß Großzügigkeit ein
der ersten Gebote sein.

Freilich, an sich war es ein recht bescheidener Raum, den der Run
funk hoch im Dachgeschoß des großen Gebäudes erhielt. Aber ei
Zimmer genügt niemals. Stets muß anstoßend ein zweites Gelaß vo
handen sein, in dem die technischen Beamten ihre Verstärker, Nebe
apparate und Batterien unterbringen. Dieser zweite Raum war e
neu zu schaffen durch Einziehen von Wänden, Versetzen von Türen un

Auszug aus einem Artikel der Zeitschrift „Die Mirag“ vom 14. August anlässlich der Eröffnung der Besprechungsstelle Erfurt

„Durch die Antenne wird das Aussehen der Wartburg nicht beeinträchtigt…"

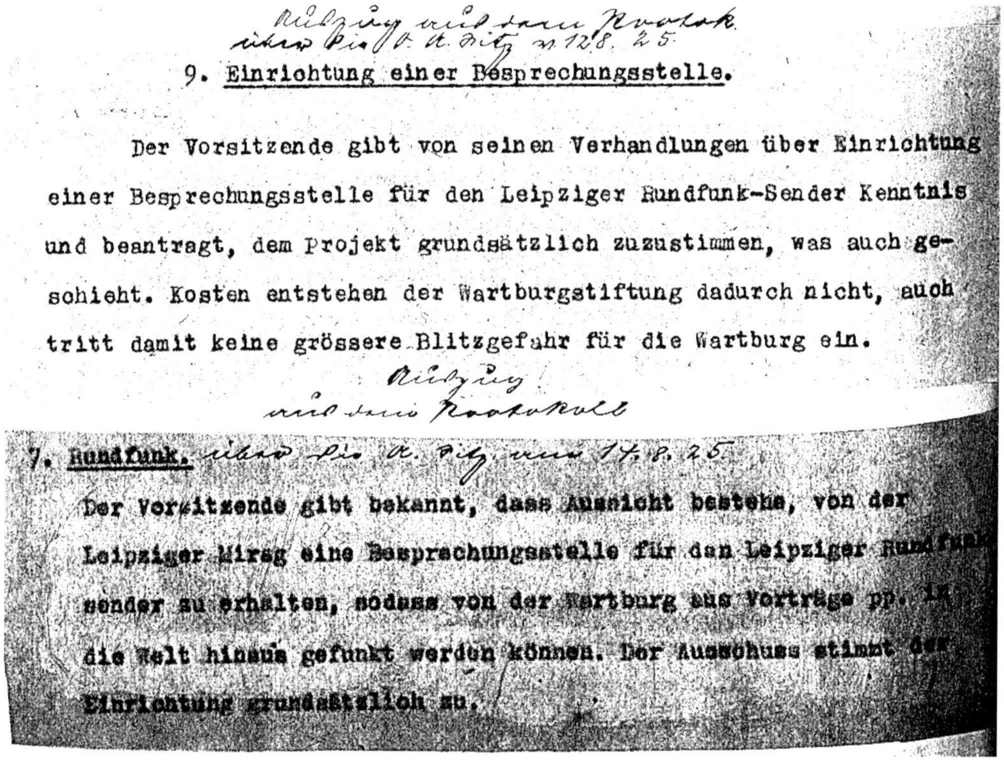

Auszug aus dem Protokoll über die A. Sitz. v. 12.8.25.

9. Einrichtung einer Besprechungsstelle.

Der Vorsitzende gibt von seinen Verhandlungen über Einrichtung einer Besprechungsstelle für den Leipziger Rundfunk-Sender Kenntnis und beantragt, dem Projekt grundsätzlich zuzustimmen, was auch geschieht. Kosten entstehen der Wartburgstiftung dadurch nicht, auch tritt damit keine grössere Blitzgefahr für die Wartburg ein.

Auszug aus dem Protokoll

7. Rundfunk. über die A. Sitz. vom 14.8.25.

Der Vorsitzende gibt bekannt, dass Aussicht bestehe, von der Leipziger Mirag eine Besprechungsstelle für den Leipziger Rundfunksender zu erhalten, sodass von der Wartburg aus Vorträge pp. in die Welt hinaus gefunkt werden können. Der Ausschuss stimmt der Einrichtung grundsätzlich zu.

Kopie der Entscheidung für die Errichtung einer Besprechungsstelle auf der Wartburg

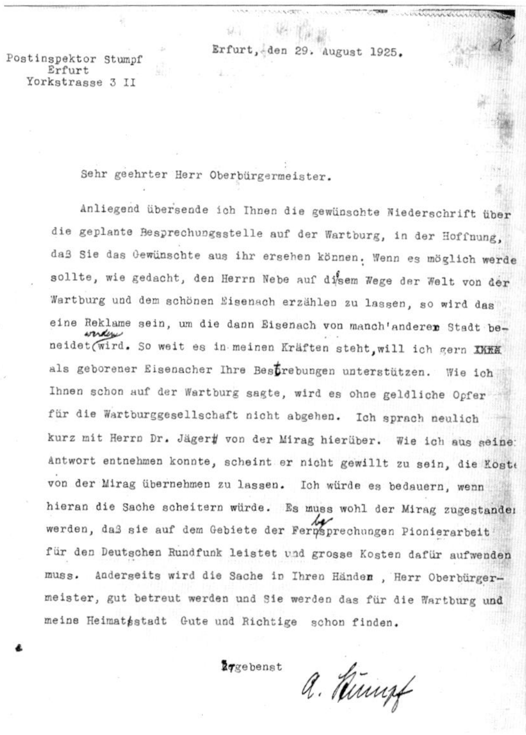

Postinspektor Stumpf
Erfurt
Yorkstrasse 3 II

Erfurt, den 29. August 1925.

Sehr geehrter Herr Oberbürgermeister.

Anliegend übersende ich Ihnen die gewünschte Niederschrift über die geplante Besprechungsstelle auf der Wartburg, in der Hoffnung, daß Sie das Gewünschte aus ihr ersehen können. Wenn es möglich werde sollte, wie gedacht, den Herrn Nebe auf diesem Wege der Welt von der Wartburg und dem schönen Eisenach erzählen zu lassen, so wird das eine Reklame sein, um die dann Eisenach von manch'anderen Stadt beneidet werden wird. So weit es in meinen Kräften steht, will ich gern als geborener Eisenacher Ihre Bestrebungen unterstützen. Wie ich Ihnen schon auf der Wartburg sagte, wird es ohne geldliche Opfer für die Wartburggesellschaft nicht abgehen. Ich sprach neulich kurz mit Herrn Dr. Jäger von der Mirag hierüber. Wie ich aus seiner Antwort entnehmen konnte, scheint er nicht gewillt zu sein, die Kosten von der Mirag übernehmen zu lassen. Ich würde es bedauern, wenn hieran die Sache scheitern würde. Es muss wohl der Mirag zugestanden werden, daß sie auf dem Gebiete der Fernbesprechungen Pionierarbeit für den Deutschen Rundfunk leistet und grosse Kosten dafür aufwenden muss. Anderseits wird die Sache in Ihren Händen, Herr Oberbürgermeister, gut betreut werden und Sie werden das für die Wartburg und meine Heimatstadt Gute und Richtige schon finden.

Ergebenst

A. Stumpf

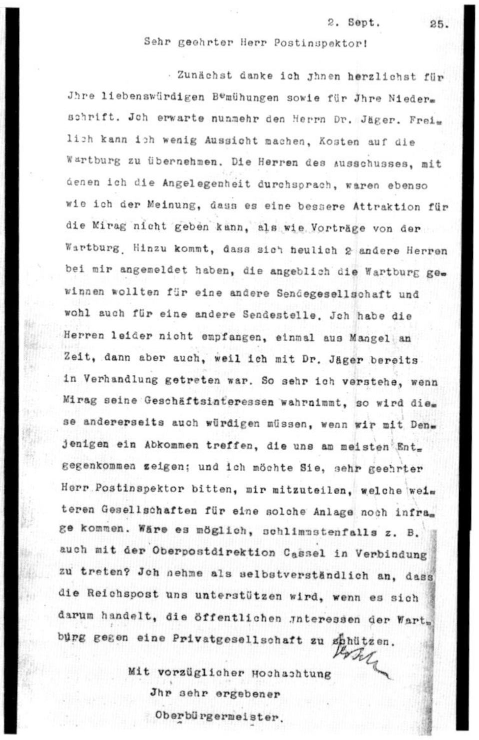

2. Sept. 25.

Sehr geehrter Herr Postinspektor!

Zunächst danke ich Jhnen herzlichst für Jhre liebenswürdigen Bemühungen sowie für Jhre Niederschrift. Jch erwarte nunmehr den Herrn Dr. Jäger. Freilich kann ich wenig Aussicht machen, Kosten auf die Wartburg zu übernehmen. Die Herren des Ausschusses, mit denen ich die Angelegenheit durchsprach, waren ebenso wie ich der Meinung, dass es eine bessere Attraktion für die Mirag nicht geben kann, als wie Vorträge von der Wartburg. Hinzu kommt, dass sich neulich 2 andere Herren bei mir angemeldet haben, die angeblich die Wartburg gewinnen wollten für eine andere Sendegesellschaft und wohl auch für eine andere Sendestelle. Jch habe die Herren leider nicht empfangen, einmal aus Mangel an Zeit, dann aber auch, weil ich mit Dr. Jäger bereits in Verhandlung getreten war. So sehr ich verstehe, wenn Mirag seine Geschäftsinteressen wahrnimmt, so wird diese andererseits auch würdigen müssen, wenn wir mit Denjenigen ein Abkommen treffen, die uns am meisten Entgegenkommen zeigen; und ich möchte Sie, sehr geehrter Herr Postinspektor bitten, mir mitzuteilen, welche weiteren Gesellschaften für eine solche Anlage noch infrage kommen. Wäre es möglich, schlimmstenfalls z. B. auch mit der Oberpostdirektion Cassel in Verbindung zu treten? Jch nehme als selbstverständlich an, dass die Reichspost uns unterstützen wird, wenn es sich darum handelt, die öffentlichen Interessen der Wartburg gegen eine Privatgesellschaft zu schützen.

Mit vorzüglicher Hochachtung
Jhr sehr ergebener
Oberbürgermeister.

links: Schreiben von Postinspektor STUMPF aus Erfurt an den Eisenacher Oberbürgermeister vom 29. August 1925
rechts: Kopie des Antwortschreibens des Eisenacher Oberbürgermeisters vom 2. September 1925

Von den Eisenacher Rundfunksprechstellen

Unsere Nachricht über die Errichtung von Rundfunk-Besprechungsstellen in Eisenach hat in allen Kreisen der Einwohnerschaft größtes Interesse gefunden. Vielleicht ist man sich über die außerordentliche Bedeutung dieser neuen Errungenschaft der Wartbrugstadt aber doch nicht ganz klar. Es ist durchaus keine Angelegenheit etwa auf dem Gebiet der mehr oder weniger entbehrlichen Unterhaltung, sondern ein ganz hervorragendes Werbemittel für die Abhaltung wichtiger und wichtigster Kongresse und sonstiger Veranstaltungen in Eisenach, können doch nun Reden und Vorträge von hier aus über die deutschen Sonderstationen sofort im ganzen Reiche verbreitet werden.

Wie schon bekannt, werden Besprechungsstellen im Fürstenhof und im Bankettsaal der Wartburg eingerichtet, eine dritte, wie wir jetzt hören, im großen Saale des Wartburghotels. Sie sind sämtlich bereits im Bau begriffen und schon in der nächsten Zeit finden Proben statt. Zum erstenmal offiziell in Gebrauch genommen werden die Besprechungsstellen beim Wartburgfest. Die Vorträge werden vom Fürstenhof aus übertragen, das Symphoniekonzert, wenn keine atmosphärischen Störungen eintreten, vom Bankettsaal.

Mit der Schaffung der Besprechungsstellen hat sich der Stadtdirektor gemeinsam mit Dr. Wehrenpfennig, dem Leiter unseres städtischen Verkehrsvereins, ein großes Verdienst erworben.

Die Wartburg zu Eisenach mit Blick auf das Ritterhaus

Presseecho vom 15. April 1926 zur Errichtung einer Eisenacher Rundfunk-Besprechungsstelle

2a

Besprechungsstelle auf der Wartburg.

Wenn auf der Wartburg eine Besprechungsstelle der Mitteldeutschen Sender in Leipzig und Dresden eingerichtet werden soll, so muss ein schallsicherer Raum, so wie ihn Herr Oberbürgermeister bei der Fa. Reibstein gesehen hat, auf der Burg geschaffen werden. Etwa 4 mal 4 m groß. Daneben soll möglichst ein Raum sein, in dem die Verstärkerapparate aufgestellt werden können.

Der Vortragende spricht in ein besonderes Mikrophon. Der entstehende Strom ist aber zu schwach und muss deshalb in den mitgebrachten Verstärkerapparaten verstärkt werden. Der nunmehr verstärkte Strom wird nun über eine Fernsprechanschlussleitung zum Telegraphenamt, von da über Fernleitungen nach Leipzig und auch nach Dresden geleitet auf die Rundfunksender geschaltet und von da aus drahtlos ausgestrahlt. Auf der Burg wird eine Antenne aufgebaut, um drahtlos das auf der Wartburg gesprochene Wort wieder von Leipzig aus zur Kontrolle aufzunehmen. Durch die Antenne wird das äussere Aussehen der Burg nicht beeinträchtigt. Es kann beim Bau auf die architektonischen Momente Rücksicht genommen werden. Die Räume wird Herr Dr Jäger von der Mirag bei seinem Dortsein aussuchen. Vielleicht ist im Gadem Raum für solche Zwecke frei. Vom Telegraphenamt zur Burg werden also 2 Fernsprechleitungen gebraucht. Um für die Wartburggesellschaft die Kosten niedrig zu halten, schlage ich Ihnen vor, für diesen Zweck dann während der Besprechungsstunde die beiden vorhandenen Anschlussleitungen zum Herrn Oberburghauptmann und zum Burgvoigt zu benutzen. Es sind dann nur noch die Leitungen zum Besprechungsraum herzustellen, was höchstens 100 M kosten kann.

...tinspektor Stumpf,

2b

Die Kosten würden also, selbstverständlich unverbindlich, etwa betragen:

Die wirklich entstehenden Kosten für die Anschliessung des Besprechungsraums 80 – 100 M

Hierfür Miete an die Post 1/4 jährl 7 M

Für jede Besprechung die Benutzung der Fernleitungen (n e u) für die Strecke Eisenach – Leipzig 1,50 M und für die Strecke Leipzig – Dresden auch 1,50 M für je 3 Minuten. Also eine Besprechung von einer halben Stunde kostet 30 M.

Ob von dort noch weitere Kosten zu übernehmen sind, entzieht sich meiner Kenntnis. Zur Orientierung möchte ich noch angeben, daß die Mirag an die Post noch bei einer solchen Besprechung zu zahlen hat: Miete für die Sender, Sendekosten für die Besprechungszeit, Stromkosten, Gehaltsanteile für die beteiligten Beamten, Reisekosten, und Miete für die Vertärkerapparate und Mikrophon.

Nachdem die Wartburggesellschaft mit der Mirag einig geworden ist, hätte die Mirag die entsprechenden Anträge bei der Oberpostdirektion zu stellen, die wiederum die Genehmigung des Reichspostministers einzuholen hat.

Kopie des Gutachtens, welches Postinspektor STUMPF an den Oberbürgermeister von Eisenach sandte

„Hier ist die MIRAG-Besprechungsstelle Halle..."

Der Marktplatz zu Halle mit dem Alten Rathaus und dem Stadthaus; die MIRAG-Besprechungsstelle war im Ladengeschäft der Pianoforte-Fabrik C. RICH. RITTER im Alten Rathaus untergebracht. (Gebäude hinter dem G.-F.-HÄNDEL-Denkmal)

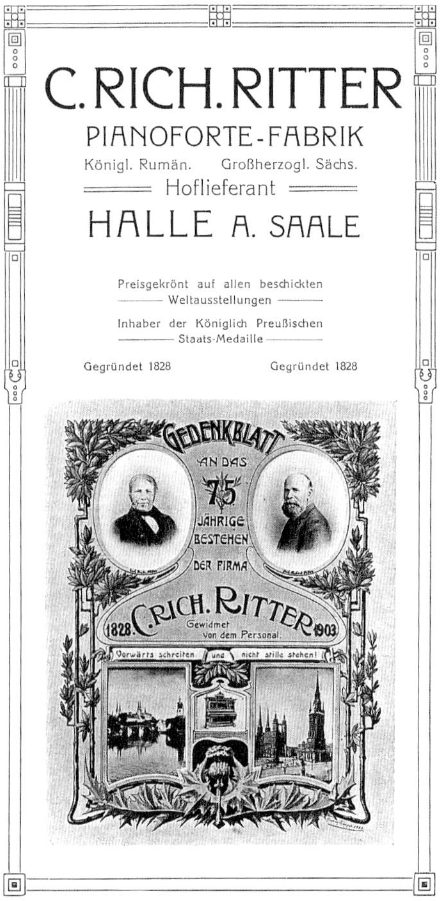

Geschäftsinsignien der Pianoforte-Fabrik C. RICH. RITTER

„Sie hören Magdeburg, hier ist Magdeburg..."

Sendeanlage des Magdeburger Nebensenders

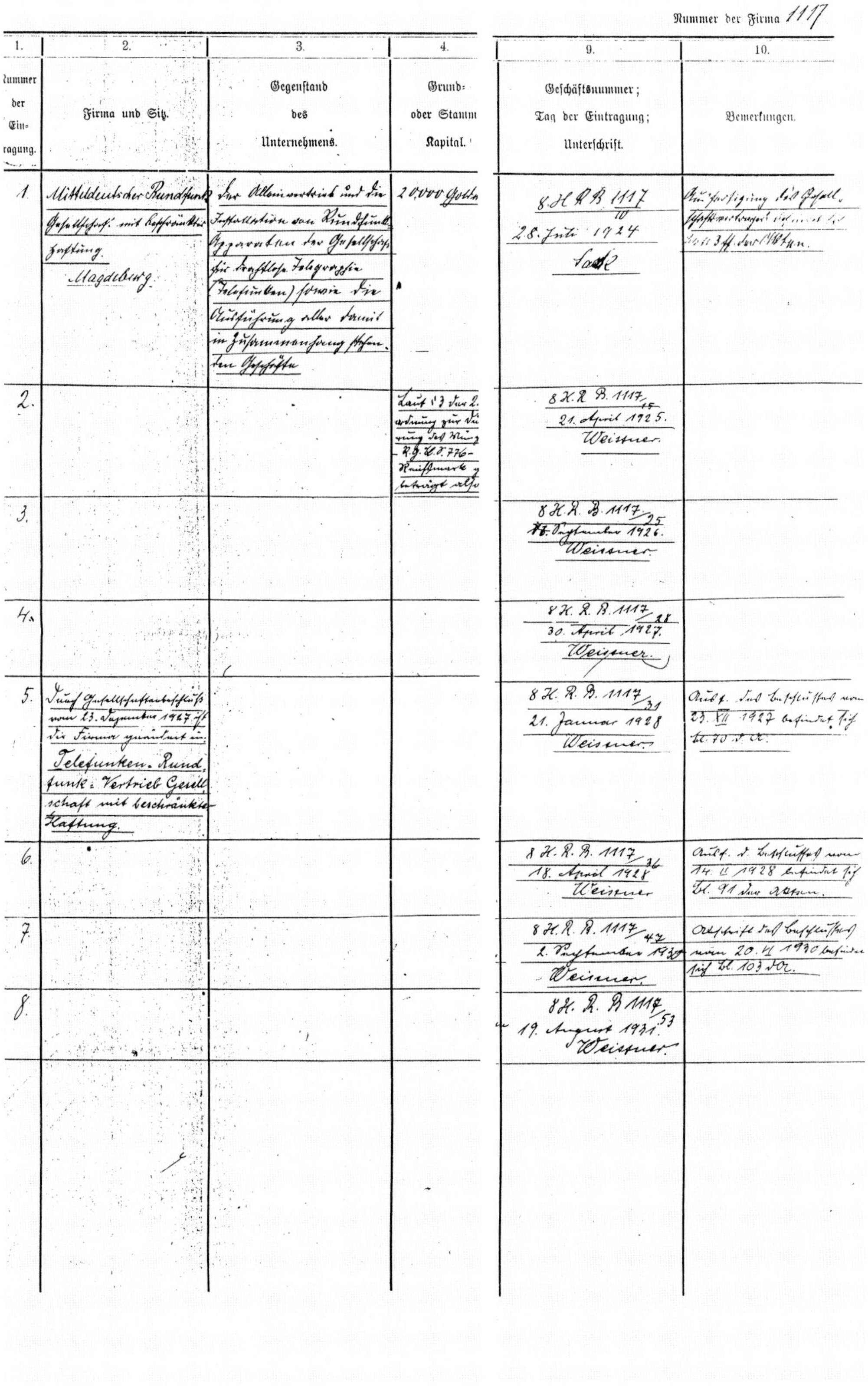

Nummer der Firma 1117

1. Nummer der Eintragung.	2. Firma und Sitz.	3. Gegenstand des Unternehmens.	4. Grund- oder Stamm Kapital.	9. Geschäftsnummer; Tag der Eintragung; Unterschrift.	10. Bemerkungen.
1.	Mitteldeutscher Rundfunk Gesellschaft mit beschränkter Haftung. Magdeburg.	Der Alleinvertrieb und die Installation von Rundfunk-Aggregaten der Gesellschaft für drahtlose Telegrafie (Telefunken) sowie die Ausführung aller damit in Zusammenhang stehenden Geschäfte	20.000 Goldm.	8 H.R.B. 1117 / 10 / 28. Juli 1924 / [illegible]	[illegible]
2.			[illegible]	8 H.R.B. 1117 / 21. April 1925. / Weissner.	
3.				8 H.R.B. 1117 / 25 / [illegible] 1926. / Weissner.	
4.				8 H.R.B. 1117 / 28 / 30. April 1927. / Weissner.	
5.	[illegible] Telefunken. Rundfunk-Vertrieb Gesellschaft mit beschränkter Haftung.			8 H.R.B. 1117 / 31 / 21. Januar 1928 / Weissner.	[illegible]
6.				8 H.R.B. 1117 / 36 / 18. April 1928 / Weissner.	[illegible]
7.				8 H.R.B. 1117 / 47 / 2. September 1930 / Weissner.	[illegible]
8.				8 H.R.B. 1117 / 53 / 19. August 1931. / Weissner.	

Ausschnitt aus dem Eintrag in das Handelsregister: Mitteldeutscher Rundfunk / Gesellschaft mit beschränkter Haftung / Der Alleinvertrieb und die Installation von Rundfunk-Aggregaten der Gesellschaft für drahtlose Telegrafie (TELEFUNKEN) sowie die Ausführung aller damit in Zusammenhang stehenden Geschäfte

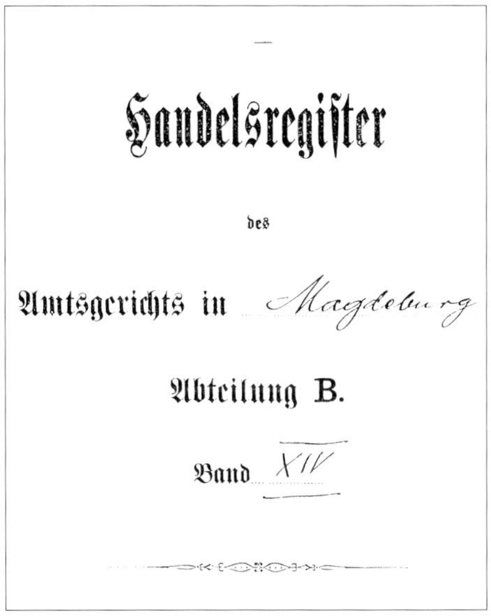

Handelsregister

des

Amtsgerichts in Magdeburg

Abteilung B.

Band XIV

Eintragung der Magdeburger Besprechungsstelle im Handelsregister des Amtsgerichtes Magdeburg

Die Magdeburger Besprechungsstelle in der Otto-von-Guericke-Straße; im Hintergrund des Bildes die Türme des Magdeburger Domes

„Zur Übertragung der Loh-Konzerte ..."

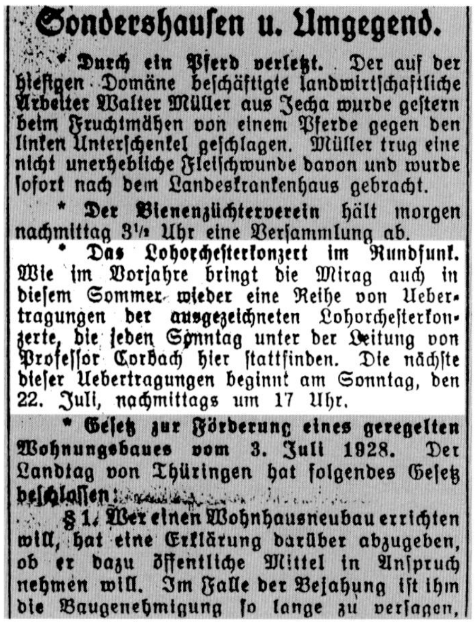
Sondershausen u. Umgegend.

* **Durch ein Pferd verletzt.** Der auf der hiesigen Domäne beschäftigte landwirtschaftliche Arbeiter Walter Müller aus Jecha wurde gestern beim Fruchtmähen von einem Pferde gegen den linken Unterschenkel geschlagen. Müller trug eine nicht unerhebliche Fleischwunde davon und wurde sofort nach dem Landeskrankenhaus gebracht.

* **Der Bienenzüchterverein** hält morgen nachmittag 3½ Uhr eine Versammlung ab.

* **Das Lohorchesterkonzert im Rundfunk.** Wie im Vorjahre bringt die Mirag auch in diesem Sommer wieder eine Reihe von Uebertragungen der ausgezeichneten Lohorchesterkonzerte, die jeden Sonntag unter der Leitung von Professor Corbach hier stattfinden. Die nächste dieser Uebertragungen beginnt am Sonntag, den 22. Juli, nachmittags um 17 Uhr.

* **Gesetz zur Förderung eines geregelten Wohnungsbaues vom 3. Juli 1928.** Der Landtag von Thüringen hat folgendes Gesetz beschlossen:

§ 1. Wer einen Wohnhausneubau errichten will, hat eine Erklärung darüber abzugeben, ob er dazu öffentliche Mittel in Anspruch nehmen will. Im Falle der Bejahung ist ihm die Baugenehmigung so lange zu versagen,

Ankündigung einer Übertragung des Lohorchesterkonzertes im Rundfunk durch das Thüringer Tageblatt vom 21. Juli 1928

„Weitere auswärtige Besprechungsstellen der Mitteldeutschen Rundfunk-A.-G. befinden sich in Weimar in einem Saal der Firma Dünnebeil, der hauptsächlich für musikalische Aufführungen und Vorträge benutzt wird, in Eisenach im Hotel Fürstenhof sowie in Sondershausen auf dem Lohplatz zur Übertragung der Lohkonzerte. Zusätzliche Besprechungsstellen sind in Braunschweig und Gera geplant", schrieb DELVENDAHL 1927.

Die Besprechungsstelle in der Lohhalle auf dem Lohplatz in Sondershausen in Thüringen zur Übertragung der Lohkonzerte

Keine lange Leitung ? Das Leitungsnetz des Rundfunks

Auch wenn sich die Rundfunkanstalten als „Gesellschaft für drahtlose Telephonie" verstanden, für die innerbetrieblichen Übernahmen der Sendungen oder Sendeteile aus den „Besprechungsstellen" waren sie dennoch auf örtliche und überregionale Telefonleitungen angewiesen. Dies traf natürlich auch auf den Austausch von Sendungen oder Zuspielungen zwischen den einzelnen Funkhäusern zu, weil sich ausreichend starke Tonsignale über weite Entfernungen nur auf dem Kabelwege übertragen ließen. Selbst die auszustrahlende Sendung ging auf dem telefonischen Leitungsweg vom Funkhaus zum Sender.

Um die teuren Leitungskosten für die Rundfunkgesellschaft in Grenzen zu halten, wurden die Leitungen bei der Reichspost immer projektbezogen für die jeweilige Dauer der Übertragungszeit bestellt. Einzige Ausnahme: die Verbindung zwischen Funkhaus und Sender. Hierfür existierte eine sogenannte „Standleitung", die praktisch ständig geschaltet – also immer aktiv – war. Eine Betrachtung des Deutschen Rundfunkarchivs Frankfurt von KARL CHRISTIAN FÜHRER beschreibt die enormen technischen Probleme, denn derartige „Fernübertragungen" waren noch lange Zeit alles andere als perfekt: „Im Prinzip besaßen die Sendegesellschaften die Wahl, wie sie sich von der Post vernetzen lassen wollten: Die ‚Telephon-Überlandleitungen' standen hierfür ebenso zur Verfügung wie das seit 1921 im Aufbau befindliche unterirdische Kabelnetz, das ebenfalls der Übertragung von Ferngesprächen diente. Die erste Möglichkeit schien aus zwei Gründen die gegebene Wahl zu sein. Anders als die Erdkabel verbanden die Überlandleitungen schon Mitte der 20er Jahre nahezu alle deutschen Städte per Telefon; außerdem übertrugen sie alle Frequenzen bis 10 kHz mit fast gleicher und sehr geringer Dämpfung, so daß Entfernungen bis zu 500 km ohne Zwischenverstärker überbrückt werden konnten. Diesen Vorteilen stand allerdings ein erheblicher Nachteil gegenüber: Die Freiluftkabel waren sehr störanfällig. Schon bei starkem Wind oder Rauhreif war ihre Betriebssicherheit bedroht. Auch ließ sich das ‚Übersprechen' aus anderen Leitungen nicht völlig ausschalten. Die Tatsache, daß die von 1925 bis 1928 eingerichteten Verbindungen zwischen den deutschen Rundfunkstationen dennoch zu 71 Prozent oberirdisch verliefen, spricht für sich. Nahezu jede Programmübernahme war im ersten Jahrfünft des Rundfunks ein Vabanquespiel.

Die Alternative des Erdkabels, dessen Störanfälligkeit weit geringer ausfiel, wurde aus technisch-finanziellen Gründen nur schleppend verwirklicht. Die unterirdischen Leitungen waren wegen ihres anderen Aufbaus und Materials weit stärker bespult oder ‚pupinisiert' als die Freiluftkabel: Sie enthielten im Abstand von etwa 1,7 km ‚Pupinspulen' (so genannt nach ihrem Erfinder Michael Pupin) zur Verminderung der Dämpfung, die elektromagnetische Wellen in den Leitungen erfuhren. Die allein für den Telefonverkehr entwickelte Pupinisierung der Kabel aber konnte für Rundfunkzwecke nicht benutzt werden, da sie den Frequenzgang auf den Bereich von 200 Hz bis 2,5 kHz einschränkte. Erforderlich war also eine deutliche Abschwächung der Spulendämpfung in einem speziellen – gegen das ‚Übersprechen' besonders geschützten Segment der Kabel, dem ‚Kernvierer'. Aus Kostengründen nahm die Post diese Musikpupinsierung nur zusammen mit anderen anstehenden Arbeiten vor, was begreiflicherweise zu enormen Verzögerungen führte. Erst Ende 1930 waren die Sendegesellschaften und Besprechungsstellen vollständig durch störungsfreie Kabelverbindungen miteinander verknüpft. Da diese die tiefen Frequenzen besser übertrugen als die hohen, mußten spezielle Entzerrer eingeschaltet werden, um einen gleichmäßigen Frequenzgang sicherzustellen. Auch war ein Wechsel der Übertragungsrichtung nur nach einer aufwendigen Umstellung der Verstärkereinrichtungen möglich. Aber letztlich handelte es sich hierbei um beherrschbare Schwierigkeiten. Zumindest in den letzten Jahren der Weimarer Republik wurden ‚Fernbesprechungen' damit endlich zur technischen Routine."

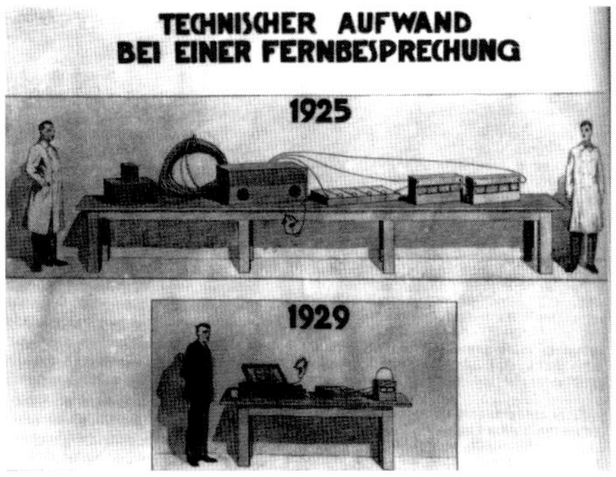

Schematische Darstellung des technischen Aufwandes bei einer Originalübertragung von einer der MIRAG-Besprechungsstellen zum Rundfunk-Mutterhaus in Leipzig

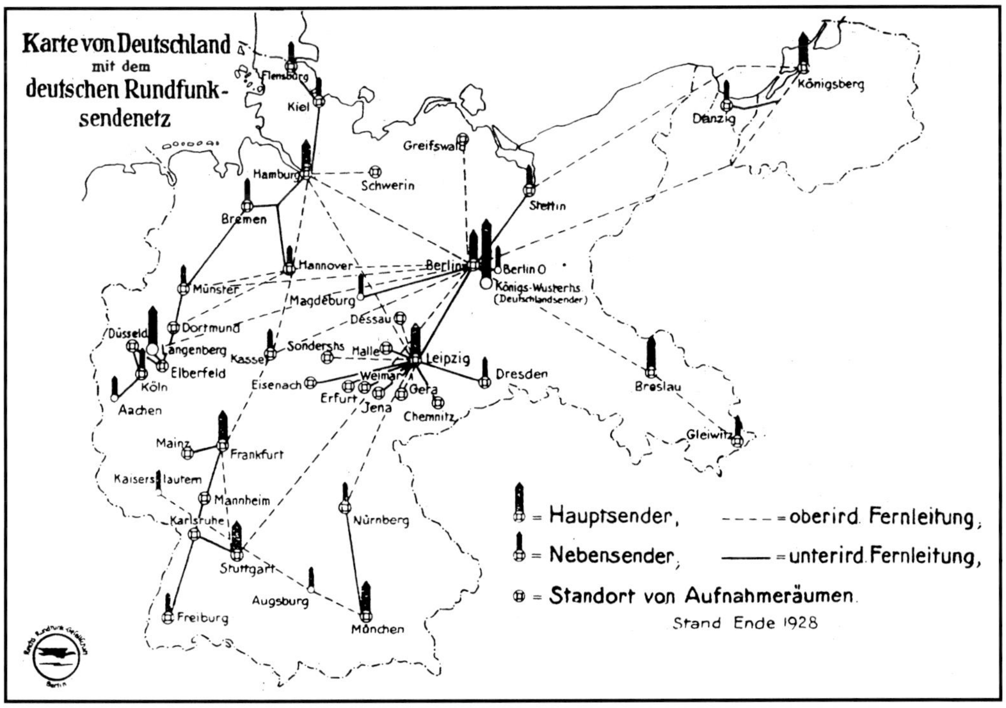

Plan des „Rundfunksendernetzes" in Deutschland im Jahr 1928

Mit dem Aufkommen der mobilen Übertragungstechnik durch „Ü-Wagen" und Weiterleitung ihres Signals über Erdkabel sank der Programmanteil der Besprechungsstellen mit ihrem Studionetz, das seinerzeit als größtes und modernstes in Deutschland galt. Insgesamt aber wuchs die Zahl der Übertragungen aus dem Sendegebiet beständig weiter an.

Die Hausfrau hört vor ihrem Einkauf den Marktbericht im Radio!

DAS RADIO AUF DEM WEG ZUR HIGH-FIDELITY

Vom Telefonhörer zum Lautsprecher

Das Thema „Lautsprecher“ hat von Anbeginn der Radiozeit bis heute nichts von seiner Brisanz eingebüßt. Man braucht nur einmal die Werbung aus der Frühzeit des Rundfunks mit der heutigen zu vergleichen, um festzustellen, dass eigentlich damals schon alle Probleme gelöst waren – und dass sie von Jahr zu Jahr neu gelöst werden. Auch gab und gibt das Thema immer wieder Raum für besondere Klangphilosophien – bis hin zum Mystischen. Wie dem auch sei: Die Qualität des Lautsprechers bestimmt letztendlich das akustische Hörergebnis. Betrachten wir nachfolgend die ersten 10 Entwicklungsjahre des Rundfunk-Lautsprechers.

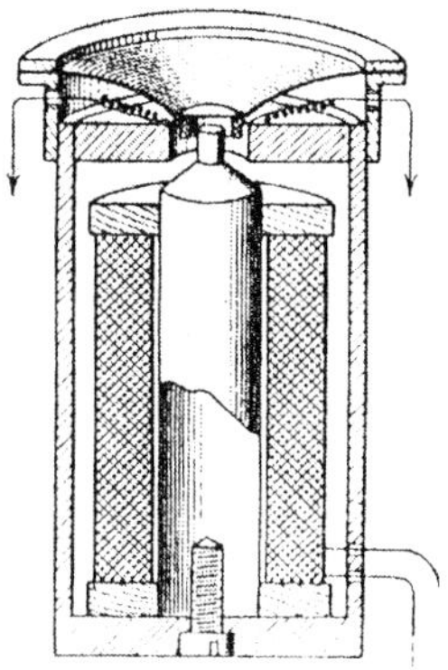

Das „dynamisch-elektrische Telephon“ von WERNER VON SIEMENS (1877), hier eine Ausführung mit fremderregtem Magneten

Am Anfang war das Telefon

Beim Start des Unterhaltungsrundfunks in den Jahren 1923/24 war ein Radio mit einem Lautsprecher, wenigstens in Deutschland, eine Seltenheit. Man hörte mit dem Kopfhörer, nicht nur beim Detektor, nein, auch bei den Röhrenempfängern waren fast ausschließlich Kopfhörer in Gebrauch. Dieser hatte allerdings zu diesem Zeitpunkt schon eine über 45-jährige Geschichte hinter sich. Blicken wir zurück zu den Anfängen des Telefons, so finden wir dort einen der Urväter des Lautsprechers: das „elektromagnetische Telephon“ mit einer Stahlmembran, erfunden 1876 von ALEXANDER GRAHAM BELL. Erstaunlicherweise hat auch der dynamische Lautsprecher, mit einer Tauchspule im Luftspalt und einer Konusmembran, einen frühen Vorfahren: das „dynamo-elektrische Telephon“ von WERNER VON SIEMENS von 1877, welches, mit einer wesentlichen Weiterentwicklung von 1925, heute noch dominierendes Prinzip im Lautsprecherbau ist – ein bemerkenswerter Fakt der Rundfunkgeschichte. W. v. SIEMENS hat 1878 seine Erfindung als Schallsender praktisch vorgeführt, aber der Aufwand für die Riesen-Magnetspule und das Gewicht (20 kg!) standen einer Massenanwendung im Telefonbereich deutlich im Wege. Der Telefonhörer von BELL war da eindeutig im Vorteil, er ließ sich ebenfalls als Sender und Empfänger benutzen, der Siegeszug seines Telefonsystems begann.

Telefonhörer waren selbstverständlich auch die ersten Schallwandler, die von Funkern benutzt wurden, als man beim Morsen Anfang dieses Jahrhunderts zum sogenannten „Hörempfang“ überging. Später war es für die Funker eine willkommene Abwechslung, als H. BREDOW im ersten Weltkrieg Rundfunkversuche mit Musik anstellte. Die Radio-Amateure wussten bald, wie man einen solchen „Funker-Hörer“ für den Detektorempfang brauchbar machen konnte: Die Spulen mussten gegen hochohmige – 4.000 Ohm und höher – ausgetauscht werden. Nun wurden zwei Hörermuscheln mit einem Bügel verbunden: Fertig war das „Doppel-Kopf-Telephon“, wie man den Radio-Kopfhörer anfangs nannte.

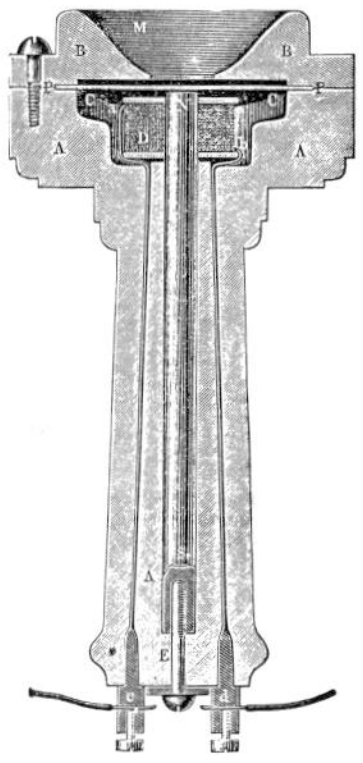

Das erste elektromagnetische Telefon von ALEXANDER GRAHAM BELL (1876)

Das „lautsprechende Telephon“

Schon im vorigen Jahrhundert hat man sich Gedanken über die elektrische Schallverstärkung gemacht. 1872 (!) gab TH. A. EDISON eine Lösung des Problems an: Sein „lautsprechendes Telephon“ war ein „Relaisverstärker“, bei dem die wechselnde Reibung eines Kalkzylinders auf eine Glimmermembran und von dort auf einen Trichter übertragen wurde.

PARSONS hat 1898 einen druckluftgesteuerten Telefon-Lautsprecher, genannt „Auxetophon“, beschrieben. Von JOHNSEN-RAHBEK stammt eine Konstruktion, die elektrostatische Kräfte zur Schallverstärkung ausnutzte (HUTH zeigte diesen Lautsprecher 1924 auf dem Leipziger Augustusplatz). Einer der ersten Lautsprecher für eine „Musikübertragung“ ist 1889 von KARL FRISCHEN konstruiert

Ein „Riesenlautsprecher“ auf dem Augustusplatz während der Leipziger Frühjahrsmesse 1924

und vorgeführt worden. Bei der Feier des 50-jährigen Bestehens der „Polytechnischen Gesellschaft" in der Berliner Philharmonie hielt er einen Vortrag über „Die Elektrizität als Mädchen für alles" und zelebrierte als „Magier" eine „selbstspielende" Trompete, deren Ton in Wirklichkeit aus mehreren lautsprechenden Trichter-Telefonen kam, die in der Zarge eines Tisches verborgen waren; der eigentliche Trompeter stand in einem Nebenraum. Die Vorführung soll sehr effektvoll gewesen sein; man bedenke: ohne elektronischen Verstärker!

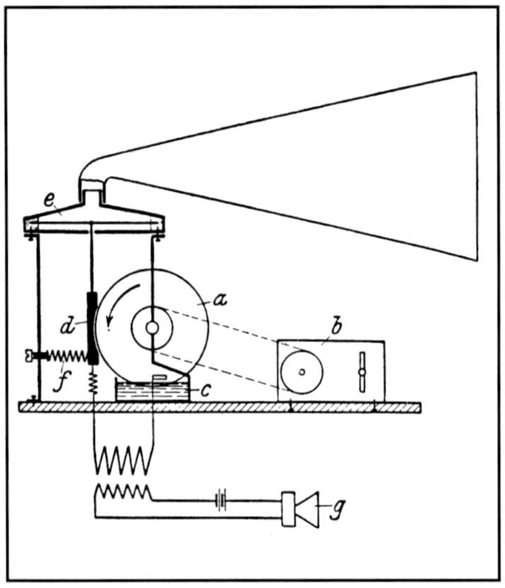

Erstes „lautsprechendes Telephon" von THOMAS ALVA EDISON (1872)

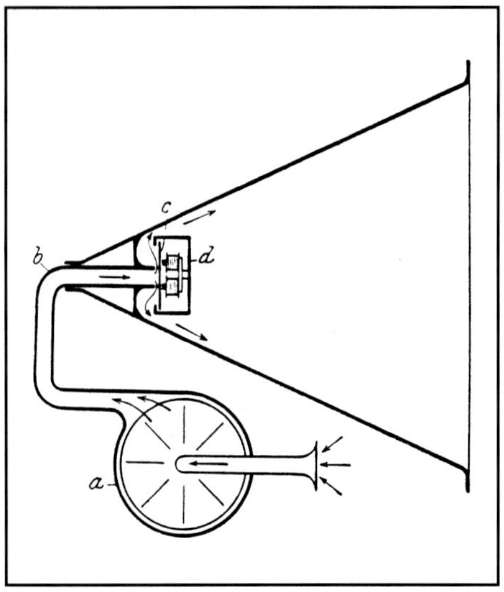

Druckluft-Lautsprecher, verwendet als Telefon-Verstärker: das „Auxetofon" von PARSONS (1898)

Einige der in dem Katalog „Vox-Haus" 1926/27 angebotenen Trichterlautsprecher

links: Netzbetriebener Einkreisempfänger „EB 100"
der Firma LOEWE-RADIO Berlin mit der Dreifachröhre
3NFW und mit eingebautem magnetischen Vierpol-Lautsprecher
rechts: Kabinett-Konus-Lautsprecher „Form M"
von der Firma HEGRA, Berlin

links: Elektromagnetischer Lautsprecher „Lion"
von ERNST BREITENBORN, Leipzig 1928
rechts: „Trichterloser" magnetischer Lautsprecher
„Modell TL 101" von Dr. G. SEIBT, Berlin 1926

links: Gehäuselautsprecher
Modell „TL 188 Preciosa" mit magnetischem
Zweipolsystem von Dr. G. SEIBT, Berlin 1929
rechts: Magnetischer Vierpol-Lautsprecher „Tonofox"
mit unsymmetrischer, justierbarer Falzmembran;
Tonofox- Company ASCH & SCHMOLL, Leipzig 1931

Die Vielfalt der Trichterformen, zusammengestellt aus:
E. NESPER: „Lautsprecher"(1925)

Zwei englische Trichterlautsprecher:

Modell „Type C 2",
BRITISH THOMSON-HOUSTON, 1923

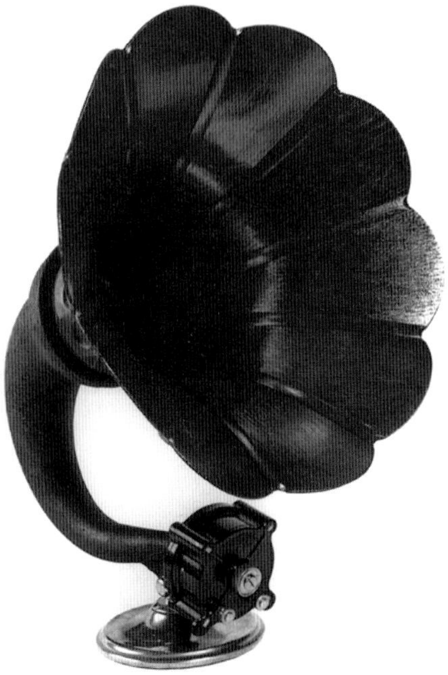

Modell „Standard Drache A.R. 19", AMPLION, 1924

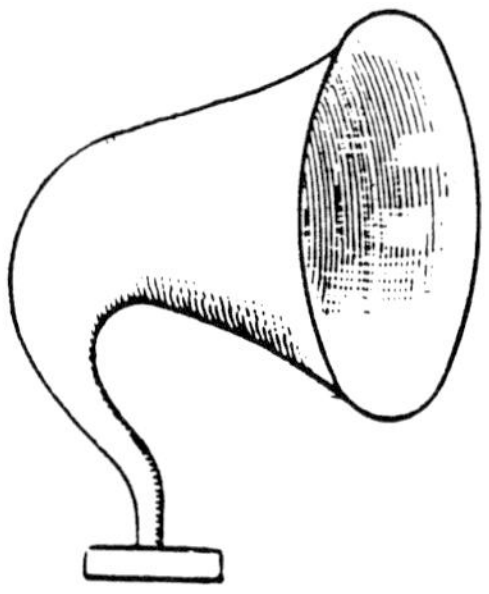

Abb. 40. Alter Edisontrichter (1880).

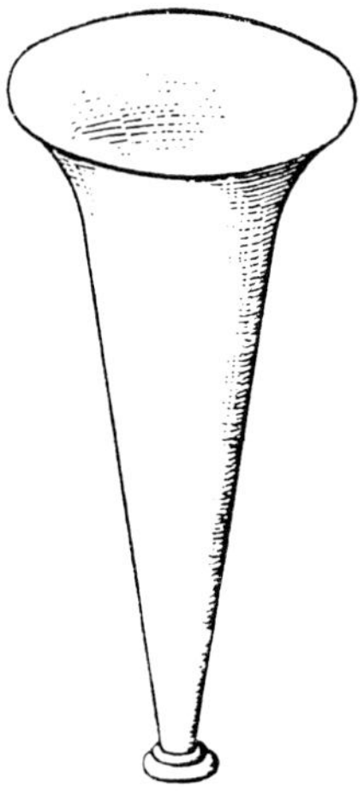

Abb. 41. Kegelförmiger Trichter. Bei allen älteren Radioanlagen angewendet.

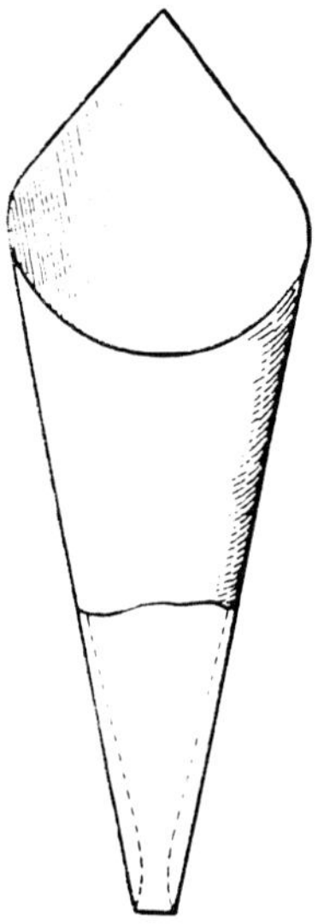

Abb. 42. Amerikanischer Trichter.

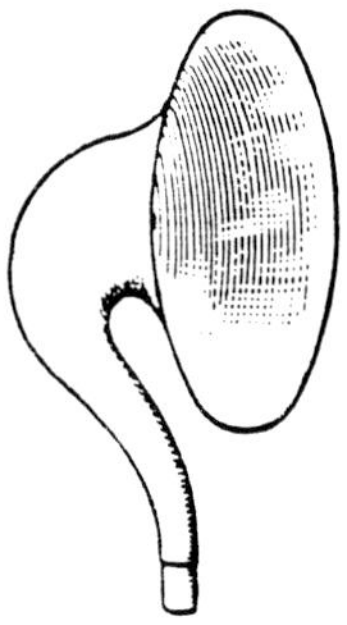

Abb. 43. Amerikanischer Trichter.

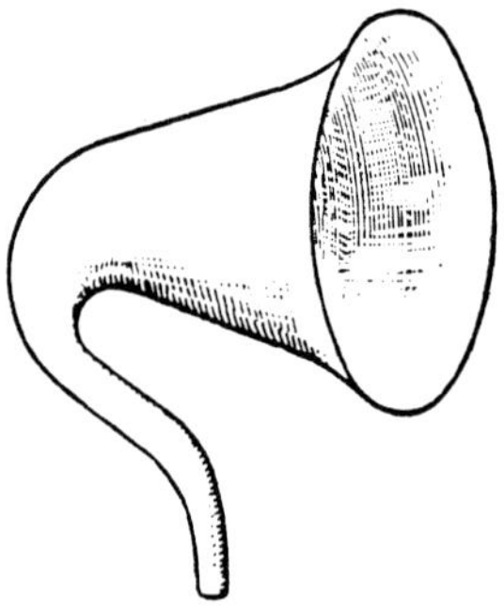

Abb. 44. Großer Brownscher Trichter.

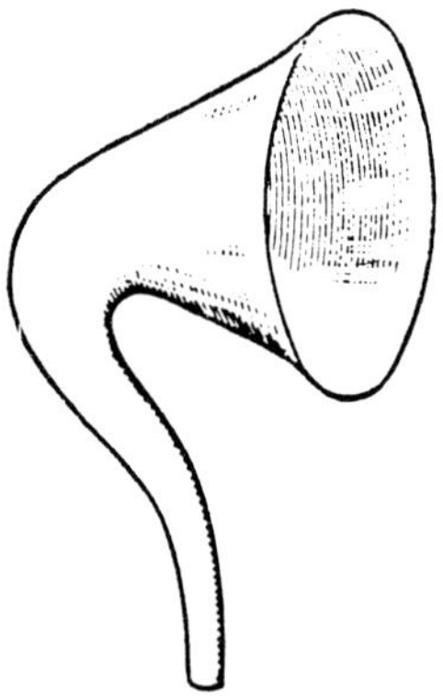

Abb. 45. Deutscher Blechtrichter.

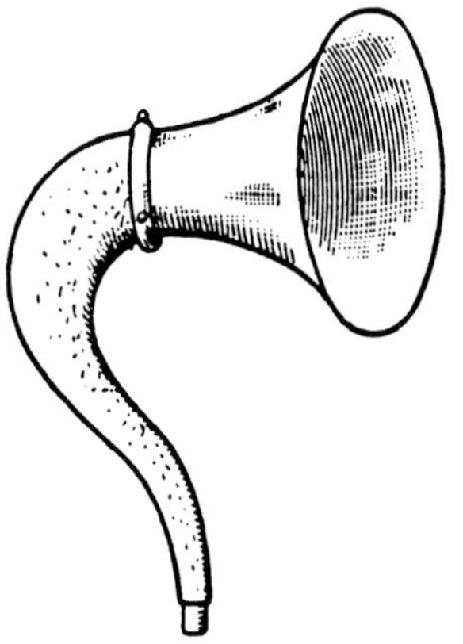

Abb. 46. Deutsche Ausführung eines zusammengesetzten Trichters.

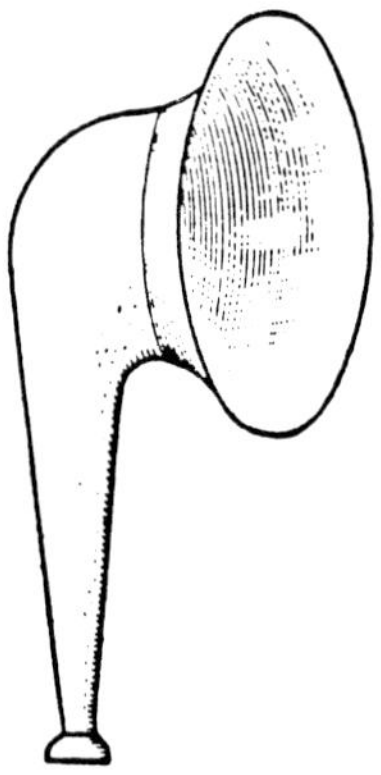

Abb. 47. Kombinierter Trichter.

Abb. 48. Zusammengesetzter Metall-Holztrichter beim Amplion - Lautsprecher.

Der Trichter befreit den Klang

Der Trichter als Schallverstärker war schon sehr lange bekannt, weit vor dem ersten Radio. Die Phonographen- und Grammophon-Industrie war es, die sich mit der Durchbildung des Trichters befasst hatte. Damit war auch eine gewisse Vorarbeit für den Radio-Trichter geleistet worden, wenn auch zunächst auf empirischer Basis. Der Trichterlautsprecher, die Kombination aus Hörkapsel und Schalltrichter, befreite zwar von der Enge und Gebundenheit des Kopfhörers – doch der Klang war einfach zu schlecht. So schwor der anspruchsvolle Radiofreund zu Beginn des Unterhaltungsrundfunks auf den Kopfhörer – und lobte den sauberen Klang seines Detektorempfängers!

Ein Trichterlautsprecher, dem man sein Inneres nicht ansieht: das Modell „Blaupunkt Superton III" der Ideal-Werke Berlin von 1927 verbirgt seine Trichtertonführung hinter einer „musikalisch" gestalteten Front mit „eleganter Form"; Preis: 37,50 RM

„Der Doppelkopfhörer spielt auch heute noch eine ausschlaggebende Rolle ... er ist kaum durch den Lautsprecher zu ersetzen, und es ist, sofern man die künstlerisch-akustische Seite in Betracht zieht, erheblich angenehmer, mit dem Telephon zu empfangen ... Die bei den meisten Lautsprechern heute noch vorhandene, unangenehm empfundene Eigenschaft, eine ganze Reihe von Resonanzlagen aufzuweisen, in deren Bereich die Tonwiedergabe ungünstig beeinflußt wird, ist ein sehr schwerwiegender Mangel. Die Aussichten für die Behebung dieser Übelstände sind dabei keineswegs allzu große." Soweit eine „amtliche" Meinung von 1925. Zweifellos kamen ab 1923 aus USA und England schon recht gute, aber auch teure Trichter-Modelle auf den Markt, und Europa zog bald nach, doch der meist blecherne Klang blieb ein Nachteil, der beim Radiohören „in Familie" in Kauf genommen werden musste. Die Hersteller versuchten, mit unterschiedlichen Trichterformen und -materialien den Hörerwünschen nachzukommen, und bei der Hörkapsel war für die Wahl der Membran sowie deren Einspannung und Justierung ein reiches Betätigungsfeld gegeben.

„Warum gibt es Hunderte von fast gleichartigen Lautsprechertypen? Weil sowohl Käufer wie Fabrikant sich darüber völlig klar sind, daß der Lautsprecher noch lange nicht allen, meist sogar nur ganz bescheidenen Ansprüchen genügt, und weil viele Fabrikanten und Erfinder glauben, mit unerheblichen Änderungen mechanischer Art das hier noch vorliegende akustische Problem lösen zu können. Durch diese falsche Einstellung wird meist nur die Typenzahl vergrößert und dem Publikum die Wahl noch mehr erschwert, aber keine Besserung der Verhältnisse geschaffen." Diese Feststellungen im „Funk-Almanach 1926" verdeutlichen die Lage: Der Funkfreund hatte es nicht leicht, das Beste herauszufinden. Auch der Tipp, „mit dem Fingernagel oder einem Bleistift gegen die Trichterwandung zu klopfen", um ein „eventuelles Mitschwingen" zu erkennen, half nicht weiter, wenn es dann auch noch auf Aussehen und Preis ankam.

Der Lautsprecher erledigt seine wahrlich nicht leichte Aufgabe als Schallwandler in zwei Stufen: Er erzeugt aus elektrischer Energie zunächst eine mechanische Bewegung, welche dann eine Membran als Schall abstrahlt. Für einen guten Wirkungsgrad muss die Membranschwingung an die Luft „angepasst" werden. Dafür ist ein Trichter zwar gut geeignet, jedoch nicht für den gesamten musikalisch wichtigen Frequenzbereich. Ein Trichter für Basstöne müsste mehrere Meter groß sein – nur im Kino konnte man später so etwas realisieren. Zudem kann das elektromagnetische Telefon mit seiner steifen Stahlmembran gar keine tiefen Töne erzeugen. So hatte denn der schlechte Trichterklang mehrere Ursachen.

„Der gute Lautsprecher" – Karikatur von 1924

Die Großflächen-Membran klingt besser

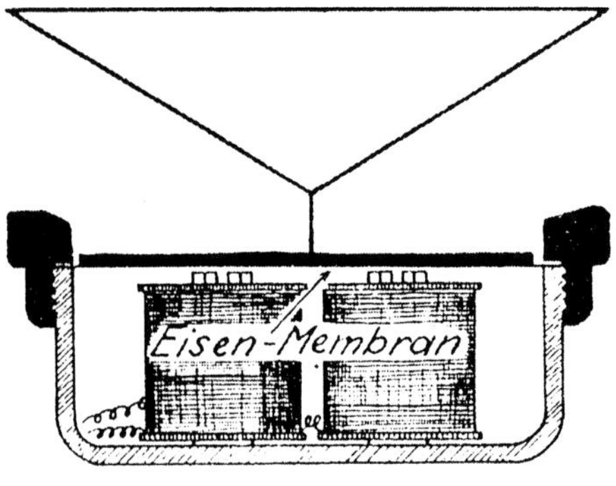

Zweipol-System eines Kopfhörers, mit Konusmembran

In den Jahren 1927 und 1928 gab es für die Radio-Konsumenten einen großen Fortschritt auf dem Lautsprechergebiet: „Großflächen-Lautsprecher" und bald auch Gehäuselautsprecher, „Kabinette" genannt, die alle mit Konusmembranen arbeiteten, begannen den Trichter abzulösen.

Zur Leipziger Frühjahrsmesse 1928 präsentierten sich auf dem Messegelände und in der Stadt besonders viele Lautsprecherfabrikanten, doch das Qualitätsniveau war sehr unausgeglichen: „Erschreckend groß war die Auswahl an Lautsprechern. Leider steht hier die Qualität des Durchschnittsapparates im umgekehrten Verhältnis zur Mannigfaltigkeit". Man forderte daher, „daß der VDE die Erzeugung von Lautsprechern nur solchen Ingenieuren und Technikern gestattet, die den Nachweis eines musikalischen Gehörs erbringen. Was in Leipzig an akustisch völlig minderwertigen, schnarrenden, kratzenden Lautsprechern unentwegt vorgeführt wurde, so daß in der betreffenden Halle ein unglaublicher Lärm entstand, ist gar nicht zu beschreiben."

Nun gab es zwar in den 20er Jahren auch besser klingende Lautsprecher, wie den Bändchenlautsprecher (nach GERLACH), den „Blatthaller" (nach RIEGGER) und den Elektrostaten „Oszilloplan" (nach VOGT), doch für den privaten Radiosektor erlangten sie – weil zu aufwendig – keine Bedeutung.

Also blieb es zunächst bei den „Magnetischen". Zunehmend wurde geforscht, und eines der Ergebnisse war eine recht günstig arbeitende Flächenmembran: Die „Falzmembran" aus Phenolharz-Papier (nach GERLACH) hat in den „Arcophon"- und „Protos"-Lautsprechern weite Verbreitung gefunden. Ihre weiche Filzeinspannung und die gewählte Membrankrümmung ergaben eine für damalige Verhältnisse recht breitbandige Wiedergabe.

Die Weiterentwicklung des zweipoligen Telefonsystems führte zum Lautsprecherantrieb mit „entlastetem Anker", dem sogenannten „Vierpol-System". Dieses arbeitet verzerrungsärmer und ergibt einen besseren Klang. Es behauptete sich noch bis in die 30er Jahre hinein und war zuletzt „genau so gut wie ein ‚Dynamischer', aber billiger".

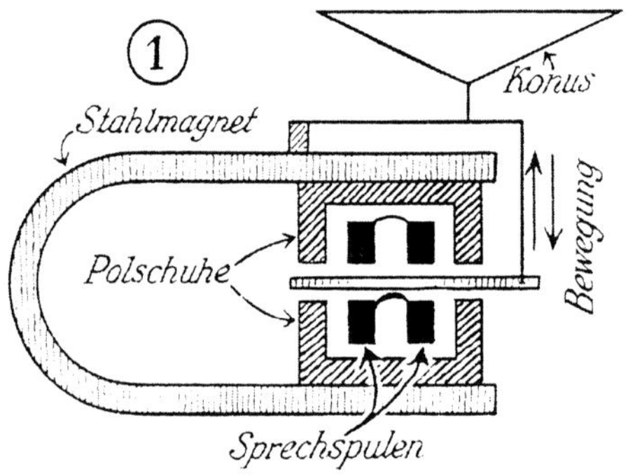

Vierpol-Lautsprechersystem

Der „Dynamische" ist die Lösung

Das dynamische Antriebsprinzip arbeitet mit einer Tauchspule (Schwingspule), die in den Ringspalt eines Magneten eintaucht. Auf der Grundlage der Patente von C. W. RICE und E. W. KELLOGG brachte die „Western Electric Co." (USA) im Jahre 1925 den ersten elektrodynamischen Konuslautsprecher auf den Markt. Die Erfinder nannten ihn ausdrücklich „A new type of hornless loudspeaker", um den Verzicht auf den verzerrenden Trichter zu betonen. Die grundlegende Neuerung des dynamischen Wandlers nach RICE-KELLOGG aber war die am äußeren Rand weich eingespannte Membran, womit erstmals auch tiefe Frequenzen gut abgestrahlt werden konnten – Schallwand oder Gehäuse ausreichender Größe vorausgesetzt. Leider brauchte man anfangs noch einen schweren Elektromagneten, so dass die Einführung des neuen Prinzips beim Rundfunkempfänger nur zögernd voran kam und sich der „Dynamische" erst allmählich durchsetzte.

Mit Lizenzen von MAGNAVOX (USA) wurde 1928 der Bau dynamischer Lautsprecher bei der Leipziger Firma Dr. DIETZ & RITTER G.m.b.H. begründet. Diese später als „KÖRTING-RADIO" bekanntgewordene Firma (s. S. 277) erkannte beizeiten die Vorteile dieses Lautsprecherprinzips und kam schon 1929 mit dem ersten eigenen Modell, Marke „Excello", auf den Markt. Das war die Keimzelle der Leipziger Lautsprechertradition.

Aus Preisgründen konnten sich die magnetischen Lautsprecher noch ein paar Jahre länger behaupten als es der Fortschritt der Technik eigentlich bedingt hätte. „Auch die bekannten magnetischen Vierpol-Lautsprecher strengten sich an, zu den dynamischen nachzukommen", stellte man damals fest. Die WURZENER METALLWARENFABRIK G.m.b.H. versah 1931 ihre neuen vierpoligen WUFA-Modelle „60 Pole" mit einer „doppelten Regelung" zur Verstellung von Anker und Magnetpolen; eine aufwendige, aber wirkungsvolle Konstruktion.

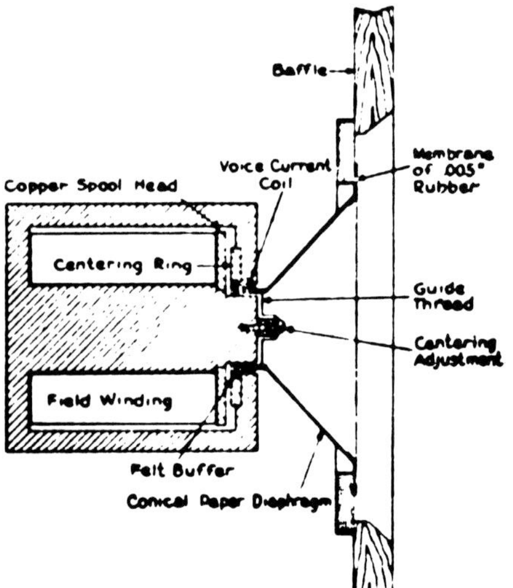

Zeichnung von RICE und KELLOGG zur Vorstellung ihres neuen „trichterlosen" Tauchspulen-Lautsprechers; September 1925

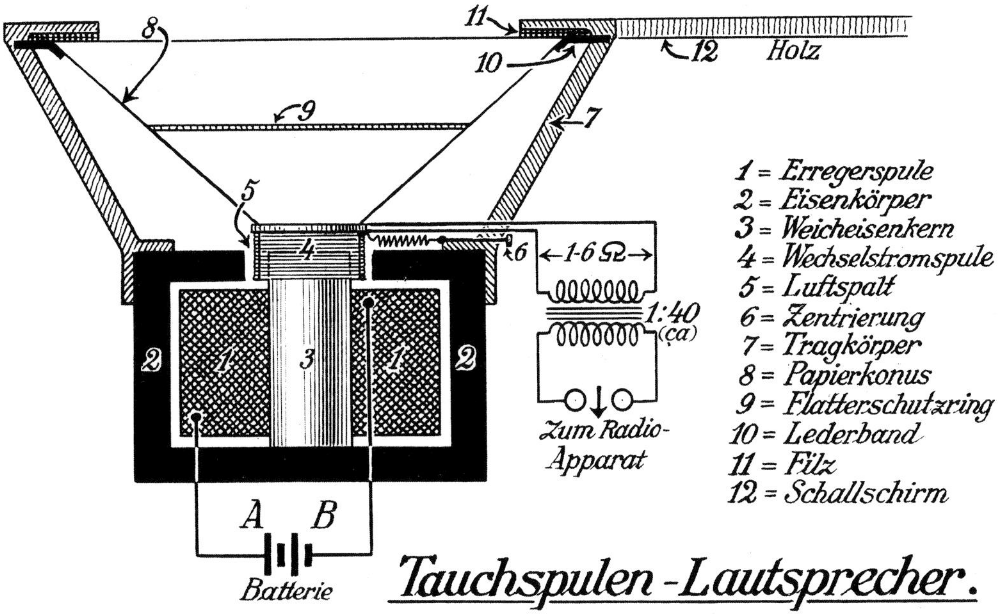

Schnittzeichnung eines elektrodynamischen Tauchspulen-Lautsprechers; 1934

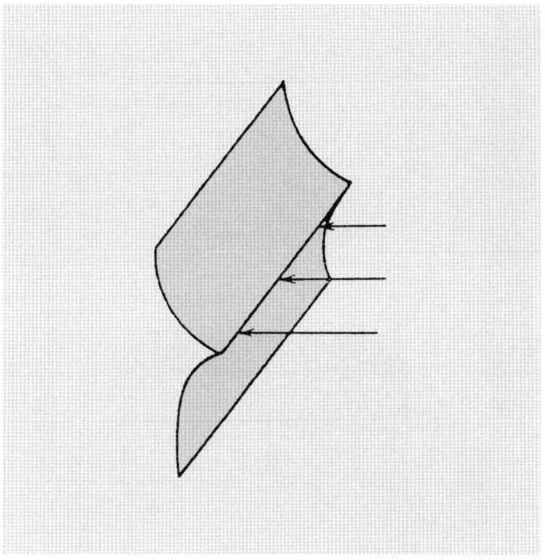

Falzlautsprecher-Membran nach GERLACH

Freischwinger sind billig

Der Vierpol-Lautsprecher hatte für den Laien einen gravierenden Nachteil: Die Ankerzunge musste „auf Mitte“ justiert werden, um größte Empfindlichkeit und geringstmögliche Verzerrungen zu erreichen. Hier setzte eine Verbesserung an, mit der führende Lautsprecherfirmen etwa 1930 auf den Markt kamen: der justagefreie „Induktor-Lautsprecher“. Zur Funkausstellung 1931 war ein weiterer Schritt getan: Der „Freischwinger“ konnte bestaunt werden! Bei ihm liegt der Anker außerhalb der Polschuhe, kann also nicht mehr anschlagen. Wegen seiner billigen Herstellbarkeit fand der Freischwinger – nicht wesentlich klangschöner als bisherige elektromagnetische Typen – seine Hauptanwendung beim „Volksempfänger“ und beim „Volkslautsprecher“.

Werbung der Leipziger Firma Dr. DIETZ & RITTER G.m.b.H. für ihren neuen dynamischen Lautsprecher „Excello“ als Ankündigung für die Berliner Funkausstellung 1929

Historisches Original-Foto eines elektrodynamischen „Excello“-Lautsprechers mit angebautem Netzteil für die Erregerwicklung (mit der Röhre Uran EG 50/22), etwa 1932

Funkgymnastik im Radio wurde einst groß geschrieben! Der hier gezeigte Drei-Röhren-Empfänger „Beta“ von TELEFUNKEN für Batteriebetrieb ergab allerdings auch mit dem Falzmembran-Lautsprecher nur eine bescheidene Lautstärke – verglichen mit heutigen Beschallungsanlagen.

Magnetischer Falzmembran-Lautsprecher „RfL 2“ von TELEFUNKEN aus dem Jahre 1927, der als Modell „Protos“ auch von SIEMENS & HALSKE vertrieben wurde; er war das erste Modell dieser Bauart und kostete 75 Reichsmark.
Die Falzmembran besteht aus Phenolharz-Papier und ist an den Rändern in Filz gelagert, so dass im Vergleich zu anderen Konstruktionen magnetischer Lautsprecher auch „tiefere“ Töne (weniger als 200 Hz hat allerdings auch das Erregersystem nicht hergegeben) relativ gut abgestrahlt werden. Die Zunge des Antriebssystems muss von außen (hinten) auf geringstmögliche Verzerrungen justiert werden.

Der „Dynamische“ siegt

Mit der Zusammenführung von Empfangsgerät und Lautsprecher Anfang der 30er Jahre wurde das Radio zum Tonmöbel; dabei gewann das dynamische Lautsprecherprinzip nach und nach die Oberhand. Es stiegen ja auch die klanglichen Ansprüche der Käufer, und „die Konkurrenz belebt(e) das Geschäft“ bei der Durchsetzung des besseren Lautsprechers. Die Tonqualität der Rundfunksender war inzwischen ebenfalls deutlich gestiegen, seit 1932 das Kondensatormikrofon eingeführt worden war. Doch damit beginnt bereits die erste Etappe der „High-Fidelity“ (Hi-Fi) im Radio, denn dieser Begriff taucht tatsächlich schon 1935 auf!

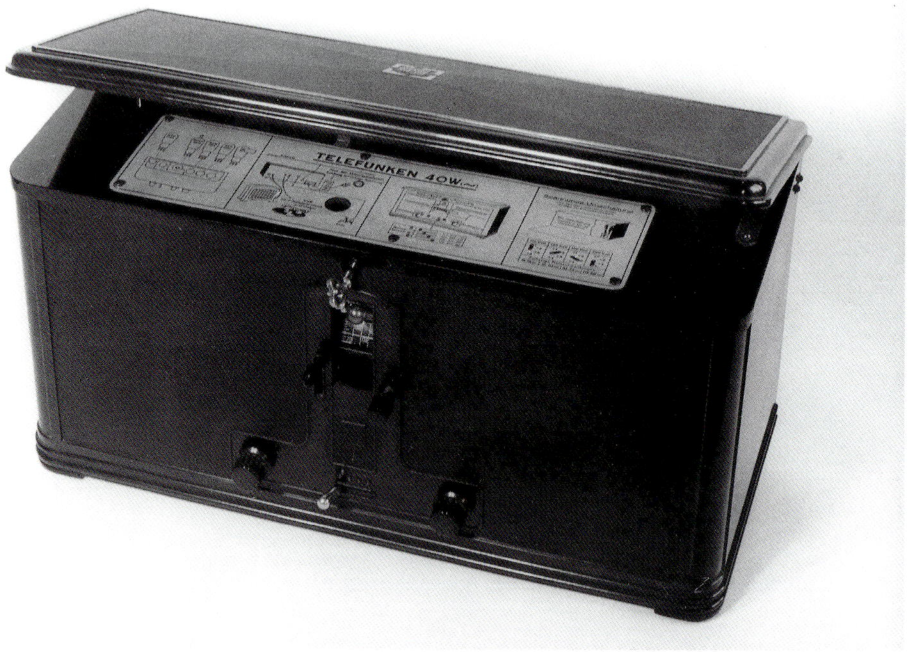

Zweikreis-Schirmgitter-Empfänger „TELEFUNKEN 40“ (T 40) von einer Firma, die sich selbst als „Die deutsche Weltmarke“ bezeichnete. „Der Europaempfänger mit Stationswähler“, wie es im Werbeprospekt heißt, war in seinem elegant wirkenden schwarzen Bakelit-Gehäuse wirklich ein erfolgreiches Modell, das im Einführungsjahr 1929 komplett mit Röhren stolze 440 RM kostete und noch 1931 für 380 RM angeboten wurde. Von den im Prospekt aufgeführten 40(!) Vorzügen des T 40 seien nur drei der wichtigsten herausgegriffen: Netzanschluss – und damit Wegfall der teuren Batterien; Schirmgitter-Hochfrequenzstufe für eine gesteigerte Fernempfangs-Empfindlichkeit; leichte Einstellbarkeit der Sender durch vierfach unterteilte, in kHz geeichte Skala. Der im Bild leicht geöffnete Deckel gibt den Blick auf die oben am Gerät angebrachte ausführliche Bedienungsanleitung frei. Der Deckel kann nur mit einem Spezialschlüssel entriegelt werden – eine Maßnahme zur elektrischen Sicherheit!

Anzeige von 1927

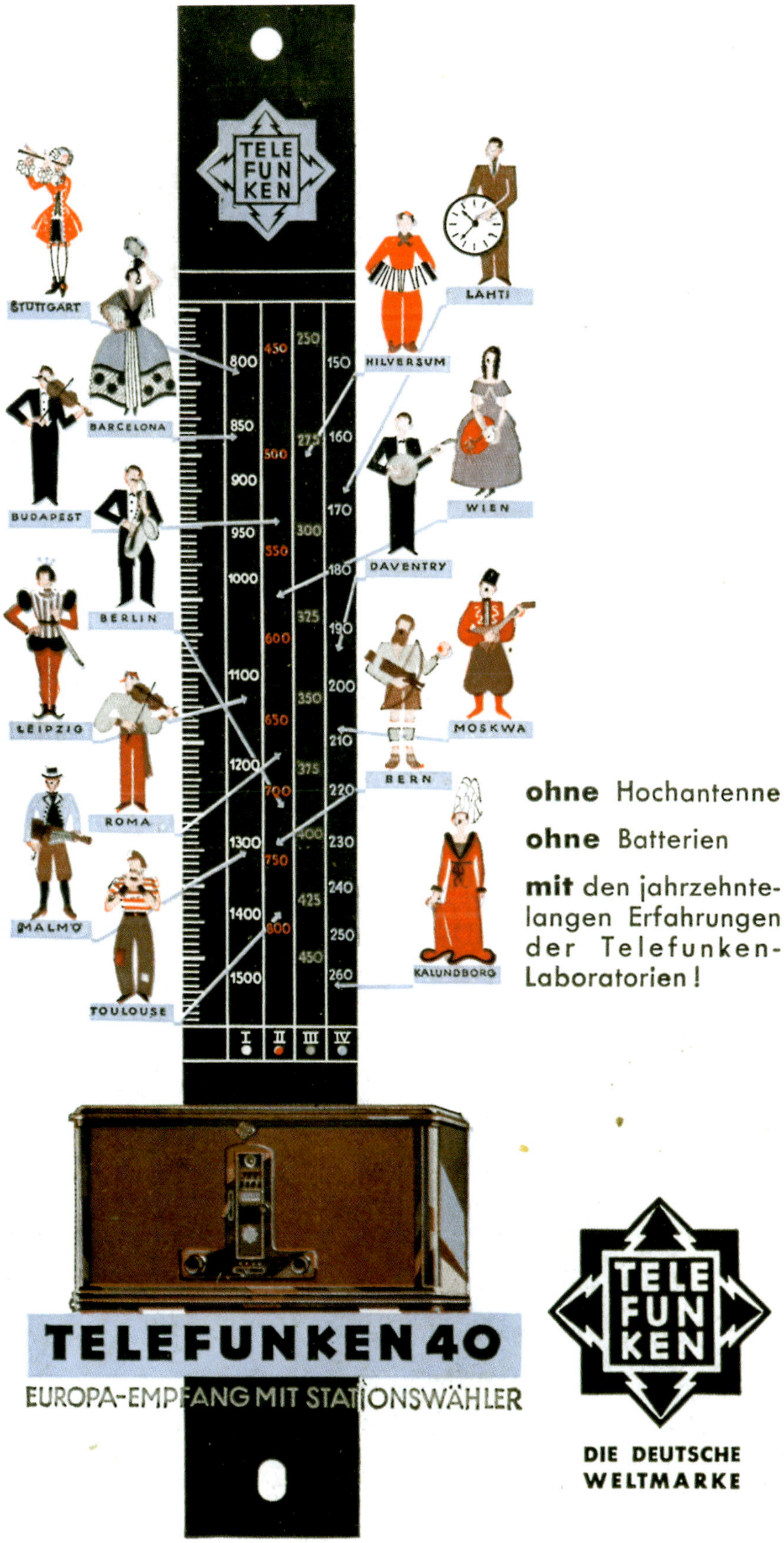

Ausschnitt aus einem Werbeprospekt der Firma TELEFUNKEN für den sehr erfolgreichen Zweikreis-Empfänger „T 40"

Der Trichterlautsprecher der Kieler Firma NEUFELDT & KUHNKE von 1924, Typ LK 2, wird „Das Ohr“ genannt. Es ist ein gelungener Versuch, die recht unhandlichen Abmessungen eines Trichterlautsprechers durch Faltung zu einer Holzmuschel auf günstige Maße zu reduzieren.

Anzeige der Firma GRAWOR mit Werbung für ihren Großflächen-Lautsprecher „Melodia“

Dreiröhren- Ortsempfänger „T 10“ der Fa. TELEFUNKEN G.m.b.H. Berlin, 1927, für Batteriebetrieb und mit auswechselbaren Spulen. Das Gerät besitzt ein braunes Bakelit-Gehäuse sowie eine Verdrahtung, bei der die Buchsenverbindungen aus vernieteten Messingstreifen bestehen. Der Preis ohne Spulen betrug 39,50 Mark. Rechts daneben der Magnetische Konusmembran-Lautsprecher „Melodia“ der Fa. GRAWOR, Berlin, von 1927; Preis: 28,50 Mark

„Ratgeber für die Hausfrau"
Zeichnung von LOTHAR SCHNEIDER

„Musikberieselung" im Jahre 1932: Zur Leserin der „Eleganten Welt" passt der Lautsprecher „SIEMENS D 80" vorzüglich – hat er doch „…ein von Künstlerhand entworfenes Nußbaumgehäuse mit Ebenholzleisten". Im Innern befindet sich ein elektromagnetischer Konuslautsprecher, der mit einer umschaltbaren Tonblende versehen ist. Der Preis von 88 Mark war auch nicht gerade bescheiden. Das dazugehörige Radio bleibt uns zwar verborgen – es könnte aber ein SIEMENS-Dreikreis-Empfänger gewesen sein.

Anzeige der Radio-Firma H. MENDE & CO., Dresden, im Katalog der „Radio-Quelle“, Leipzig, von 1927. Der Empfänger „EZ 148“ war allerdings nur etwas für sehr Reiche: Er kostete ohne Röhren 480 RM; komplettiert mit Rahmenantenne, Batterien, Lautsprecher und natürlich 6 Röhren kamen stolze 804,60 RM zusammen! – Das Foto wurde im Oktober 1926 von KARL EDELMANN, Annaberg, aufgenommen; das „Fotomodell“ war, wie sie selbst dem MDR unlängst mitteilte, seine Tochter im Alter von 1 3/4 Jahren!

„UNGEAHNTE DIMENSIONEN"

Die Ausstellung „Fünf Jahre Rundfunk in Mitteldeutschland" und der Umzug der MIRAG von der Alten Waage in das „MIRAG-Haus"

Die Begeisterung, mit der die Mitarbeiter der MIRAG damals bei der Sache waren, gipfelte im Jahre 1929 in der Jubiläums-Ausstellung „Fünf Jahre Rundfunk in Mitteldeutschland". Es war eine Bestandsaufnahme ohnegleichen – Bilanz des in einem halben Jahrzehnt Erreichten, als Ergebnis unermüdlicher Arbeit für die Verwirklichung des Rundfunkgedankens. Das neue Medium Rundfunk hatte sich in wenigen Jahren zu einer Dimension „von ungeahntem Ausmaß" entwickelt, worauf man mit Recht stolz sein konnte. Nun wollte man das Ergebnis präsentieren, der ständig wachsenden Hörerschar Reverenz erweisen – und gleichzeitig für neue Hörer werben. Staatssekretär HANS BREDOW, der gerade auf eine 25-jährige Tätigkeit als „Organisator des deutschen Funkwesens" zurückblicken konnte, hatte die Schirmherrschaft übernommen.

In der Rückschau von 1929 erscheint, flüchtig betrachtet, die fünfjährige Entwicklung völlig geradlinig und „in fast selbstverständlicher technischer und programmatischer Vervollkommnung" verlaufen zu sein. Doch in Wirklichkeit war es ein beschwerlicher, sogar holpriger Weg, konnte man doch anfangs auf keinerlei Erfahrungen zurückgreifen. Das gesamte Rundfunkgeschehen musste sich aus dem Experimentierstadium heraus entwickeln: die Aufnahmetechnik, die Sende- und Sendertechnik, die Akustik der „Besprechungsräume", die Übertragung von und zu anderen Sendern, und nicht zuletzt die Empfänger- und Lautsprechertechnik.

Vom MIRAG-Liefer- und Werbewagen wird die druckfrische wöchentliche Rundfunkzeitschrift „Die Mirag" abgeladen und von großen und kleinen Helfern zum letzten Mal in die erste Heimstätte des Mitteldeutschen Rundfunks, die Alte Waage am Leipziger Markt, gebracht. Die nächsten Ausgaben werden dann schon an das neue Funkhaus in Barthels Hof, Markt 8, geliefert.

Das erste Jahr 1924 war für die MIRAG „einfach katastrophal. Wir erinnern uns nur mit Grauen der vielen Zuschriften und Anrufe bei den damaligen, fast täglichen Senderstörungen", schreibt Direktor JULIUS WITTE im Februar 1925 in der „Mirag". „Das erste halbe Jahr verlief so, daß es für alle am Rundfunk Tätigen nahezu nervenzerrüttend war. Nur der feste Wille, einer neuen Sache zum Siege zu verhelfen, große Liebe und Aufopferungsfähigkeit halfen über die tausend Schwierigkeiten, die sich auftürmten, hinweg ... Heute ist eine gewisse Betriebssicherheit erreicht. Mängel machen sich hin und wieder noch immer bemerkbar. Das weiß niemand mehr wie die MIRAG selbst, aber diese liegen einerseits in dem augenblicklichen Stande der Sender- und Sendetechnik selbst, andererseits an den vorläufig noch unüberwindbaren Witterungseinflüssen oder an Störungen, die durch ein Irgendwas und Irgendwie von außen kommen. Auch dieses wird überwunden werden, aber die Erfahrungen eines Jahres genügen nicht, – dazu ist die Kompliziertheit des Rundfunks zu groß."

Wir müssen uns heute auch daran erinnern, dass es anfangs noch viele Gegner des jungen Rundfunks gegeben hat, die man für sich zu gewinnen suchte. „Aus Schaffen und Kritik, in ständiger Abwechslung, gebiert sich erst die rechte Tat ... Liebe Hörer, überlegt einmal: Jedes Theater hat ein Repertoire, der Rundfunk ist infolge seiner Eigenart gezwungen, immer neue Darbietungen zu bringen und kann sich nur wenige Wiederholungen gestatten! Abend für Abend, Tag für Tag streut der Rundfunk Literatur und Musik in die Runde, ein Wegbereiter aller Künste. Darin liegt der Kulturwert des Rundfunks. Er nimmt den Künsten kein Brot, er bringt ihnen Brot, nicht nur durch sich selbst, sondern durch die Steigerung des Verlangens nach Kunst, das später befriedigt sein will in den Konzertsälen und Theatern." – so noch einmal J. WITTE, einer der „Männer der ersten Stunde" bei der MIRAG.

Da sah es 1927, als man das dreijährige Bestehen der MIRAG feierte, schon viel besser aus: ein neuer, stärkerer „Großsender" auf dem Ausstellungsgelände, verbesserte Aufnahme- und Verstärkertechnik in der Alten Waage, regelmäßige Musik-Fern-Übertragungen von und zu anderen Stationen in ganz Europa, sowie im Handel preiswertere und leistungsfähigere Empfänger; das alles hatte es der MIRAG ermöglicht, sich einen guten Platz in der deutschen Rundfunklandschaft und eine ständig wachsende Hörerzahl zu sichern.

Preis 35 Pfg.

Leipzig
27. April 1929
VI. Jahrgang
Nr. 17

Die Mirag

FÜNF JAHRE RUNDFUNK

J…ierte Rundfunk-Zeitung

Offizielle Programmzeitung der Mitteldeutschen Rundfunksender
mit Beilage „Die Europäische Funkwoche", Sendezeitung für den europäischen Wellenbereich

Dem Sender zum Jubiläum

„1. März 1924: Eröffnung des Senders Leipzig", des zweiten der deutschen Rundfunksender. Mühevoll war der Anfang, aber erfüllt von dem unbezähmbaren Willen sich durchzusetzen. Unaufhaltsam, in rasendem Tempo ging die Entwicklung vor sich, so schnell, daß wir heute, in undankbarer Selbstverständlichkeit, rückschauend kaum noch begreifen wollen, wie es damals war. Wir haben vergessen, daß wir uns „einst" — vor fünf Jahren — freuten, wenn wir den Sender überhaupt hören konnten, wenn wirklich einmal das Empfangsgerät eine ganze geschlossene Darbietung an unser Ohr brachte. Inzwischen ist der Rundfunk einer der machtvollsten Verkünder unseres Kulturstrebens geworden und ein echt volkstümlicher zugleich, ein Mittler ohne Landesgrenzen, ohne Ansehung von Nam' und Art. Wie weit entfernt ist doch die wirkliche Kulturmission des Rundfunks in diesen Tagen von den tastenden Versuchen vor fünf Jahren!

Der Gedanke der Mitteldeutschen Rundfunk-A.-G., den Abschluß der ersten fünf Jahre ihres Bestehens in einer großzügigen, besonders instruktiv angelegten Ausstellung zu begehen, verdient nicht nur deshalb überaus glücklich genannt zu werden, weil den Hörern Entwicklung und jetziger Stand der Dinge, Vergangenheit, Gegenwart und sichere Erwartung gezeigt werden. Er beweist auch, daß man sich bei der Mirag mit größtem Ernst bemüht, das Band zwischen Hörer und Sender immer enger zu schlingen und damit die Einigkeit zwischen den verschiedenen Gruppen der mitteldeutschen Hörerschaft zu stärken und zu fördern. Er beweist endlich, daß die Mirag in dem Bestreben, durch eine verbreiterte Basis Qualität und Quantität ihrer Darbietungen zu steigern, ohne Eigennutz für ihre gute Sache wirbt. Möge ihre Arbeit zu Nutz und Frommen Aller den verdienten Lohn finden!

„Dem Sender zum Jubiläum" – Leitartikel aus der Sondernummer der Programmzeitung „Die Mirag" vom 27. April 1929

Doch mittlerweile drohte die Alte Waage aus allen Nähten zu platzen: Eine räumliche Veränderung war dringend notwendig geworden. Am 16. August 1928 konnte die Mitteldeutsche Rundfunk-A.-G. in das extra für den Rundfunkbetrieb neu eingerichtete „MIRAG-Haus" umziehen. In zwei Etagen des großen Gebäudekomplexes Markt 8 (Barthels Hof), die sich hinüber bis zur Hainstraße 1 erstreckten, war nun genügend Raum für eine großzügigere Gestaltung des Sendebetriebes.

Das MIRAG-Haus in Leipzig, Markt 8 (Barthels Hof), Marktseite; etwa 1930

Gleichzeitig waren günstige Voraussetzungen für die Vorbereitung des fünfjährigen Jubiläums der MIRAG gegeben. „Nämlich: wer in diesen Tagen der MIRAG in der neuen Wohnung am Eingang der Hainstraße einen Besuch abstattete und kühn in den gewundenen Korridoren des altertümlich-vornehmen Hauses vordrang – in jenen Gängen, die sich so weitläufig hinziehen wie die Stollenanlagen eines Bergwerks –, der merkte an allerlei Anzeichen, daß der Leipziger Rundfunk eine Erweiterung

Das MIRAG-Haus, Hofseite (Barthels Hof). Der Mercedes des MIRAG-Vorstandes gegenüber der Haupteingangstür ist dienstbereit abgestellt.

seines Programms vorgenommen, daß er die Wirkung auf das Auge mit hineinbezogen hatte, um durch den Eindruck des Gesehenen für die Genüsse des Gehörsinnes zu werben ... zwei riesige Geschosse stehen der MIRAG zur Verfügung, und außerdem verträumt in einsamer Höhe des Dachgeschosses, unnahbar profanen Tritten, das Hätschelkind des technischen Beamtenstabes: die Akkumulatorenbatterie, nur vom leisen Prickeln der sektartig perlenden Säurebläschen umsummt, sein scheinbar energieloses und doch unsichtbar-kraftgeladenes Dasein." So beschreibt „Die Mirag" im April 1929 das neue Rundfunk-Domizil.

In dem Verstärkerraum, der zugleich Schaltraum war, hatte man umfangreiche Schaltschränke installiert, an denen die Modulationsleitungen innerhalb des Hauses und die nach draußen „gestöpselt" wurden. „In den neuen Heimen wuchsen die Ansprüche. Täglich 14 Stunden Darbietung neben Musikproben, Sprechproben, technischen Versuchen. Keines sollte das andere stören. Das löste einen ununterbrochenen Kleinkrieg aus gegen die Überraschungen aus 100 Schaltmöglichkeiten...", schrieb etwas entnervt der für den gesamten technischen Ablauf verantwortliche Funkvorsteher KARL MINDE. „Und nun werfen wir noch einen Blick in die Aufnahmeräume. Sie sehen im ganzen gar nicht besonders nach ‚Technik' aus, sondern viel eher wie geschmackvoll-behagliche Gesellschaftszimmer und -säle. Der Marmorwürfel des Mikrofons [das REISZ-Kohle-Querstrom-Mikrofon] stört diesen Eindruck kaum – man hat sich schon bald daran gewöhnt, es als alltägliches technisches ‚Möbel' anzusehen, ähnlich wie das Telephon. Aber nun stoßen wir doch auf eine bemerkenswerte Ausnahme. Irgendwo in jedem Besprechungsraum [d. h. Aufnahmestudio oder Sprecherraum] schwebt in nüchterner Sachlichkeit ein Meßgerät von der bekannten Dosenform. Es ist sehr wichtig für das Gelingen der Darbietungen: sein Zeiger gibt den Mitwirkenden an, ob die zulässige Lautstärke nicht überschritten ist." Die Aussteuerung der Sendungen wurde also primär von den Akteuren selbst beeinflusst, indem sie ständig das mA-Meter zu beobachten hatten, denn der Regelbereich bei den Vorverstärkern und am Mischpult war noch zu gering.

Zwei Schnittmodelle des MIRAG-Hauses mit Einblick in die Sende- und Geschäftsräume. Die Modelle wurden vermutlich von LOTHAR SCHNEIDER für die Jubiläumsausstellung der MIRAG angefertigt.

Nr. 17 Seite 25

Regelmäßige tägliche Programmfolge

Montag bis Sonnabend:

10,05: Wetterdienst und Verkehrsfunk.
10,20: Bekanntgabe des Tagesprogramms.
10,25: Was die Zeitung bringt.
11,45: Wetterdienst und . -Voraussage und Wasserstandsmeldungen.
12,00—14,00: Mittagsmusik. (Am Mittwoch nur von etwa 13,30—14 Uhr.)
Dazwischen 12,55: Nauener Zeitzeichen; 13,15: Presse- und Börsenbericht.
14,00: Funkwerbenachrichten. (Außer Mittwoch.)
17,45: Funkwerbenachrichten. (Außer Mittwoch.) (Dienstags: Wettervoraussage und Zeitangabe, anschließend: Funkwerbenachrichten.)
18,20: Wettervoraussage und Zeitangabe. (Außer Dienstags.)
18,55: Arbeitsnachweis. (Außer Mittwoch.)

Ab 10,00 Uhr während der sendefreien Zeiten Schallplattenkonzert für die Leipziger Funkausstellung.

Wirtschaftsnachrichten

Montags:

10,00: Baumwollpreise.
15,30: Baumwolle und Landwirtschaft, laufende Produktenbörsen, Magdeburger Zuckerbericht. Berliner Oel Notiz und Berliner Butter. Berliner Devisen amtlich, Berliner Metalle amtlich, Berliner Schrott.
17,55: Letzte Notierungen.

Dienstags bis Freitags:

10,00: Baumwollpreise; amerikan. Metallmeldungen des Vorabends.
14,45: Baumwolle, Landwirtschaft, Berliner Oel Notiz u. Berliner Butter.
16,15: Berliner Devisen amtlich. Fortsetzung für Baumwolle und Landwirtschaft, laufende Produktenbörsen, Magdeburger Zuckerbericht. Berliner Metalle amtlich, Berliner Schrott. (Donnerstags 16,00 Uhr.)
17,55: Letzte Notierungen.

Sonnabends:

10,00: Baumwollpreise; amerik. Metallmeldungen des Vorabends.
15,50: Baumwolle, Landwirtschaft, Berliner Oel Notiz.

Montag, Mittwoch und Freitag, 18,55, Mitteilungen über offene Stellen des **Arbeitsamtes Leipzig, Gerberstraße 3**, Ruf: 703 31 und 721 11.

Täglich von Montag bis Sonnabend, 18,55, mit Ausnahme von Mittwoch, 19,20. Bekanntgabe offener Stellen des **Arbeitsamtes Dresden**, Maternistraße 17, Ruf: 241 01.

8. Offenbach: „Es ist ein Traum", Duett aus „Schöne Helena".

Dienstag 30. April

18,55: Arbeitsnachweis.
19,00: **In der Leipziger Funkausstellung.** Eine Führung. (Übertragung aus dem Ring-Meßhaus.)

Das Mirag-Haus

Was wäre wohl aus der Ausstellung „Fünf Jahre Rundfunk in Mitteldeutschland" geworden, wenn die Sendegesellschaft nicht endlich ein neues Heim gefunden hätte?

Nämlich: wer in diesen Tagen der Mirag in der neuen Wohnung am Eingang der Hainstraße einen Besuch abstattete und kühn in den gewundenen Korridoren des altertümlich-vornehmen Hauses vordrang — in jenen Gängen, die sich so weitläufig hinziehen wie die Stollenanlage eines Bergwerks —, der merkte an allerlei Anzeichen, daß der Leipziger Rundfunk eine Erweiterung seines Programms vorgenommen, daß er die Wirkung auf das Auge mit hineinbezogen hatte, um durch den Eindruck des Gesehenen für die Genüsse des Gehörsinnes zu werben. Da schwebte, klebte in einer Gangbiegung, auf den Kanten zweier schmaler, hoher Schränke balancierend, auf ein mächtiges Brett von der Größe mehrerer Tischplatten montiert, ein wunderniedliches Modell einer Gartensiedlung, mit Antennenanlagen — und so weiter. Das heißt: Das Weitere sah man nicht von unten, sollte es auch keinesfalls sehen. Und dann standen allenthalben sonderbare, mit Leinewand bespannte Rahmen umher — aber sie waren mit der Bildseite geheimnisvoll zur Wand gekehrt. Und der Funkraum 3 war als Mal- und Zeichenatelier abkommandiert worden; aber man durfte nicht hinein. Es war die reine Vorweihnachtsstimmung (auch das Wetter paßte ja dazu); man konnte sich vorkommen wie ein Kind, das neugierig vor den Türen des Bescherungszimmers herumlungert und auf dem Vorsaale ein paar halbausgepackte Geschenke entdeckt.

So weiträumig das neue Heim der Mirag auch wirkt mit seinen altertümlich gewinkelten Gängen, in die man sich als Neuling besser nicht ohne Führer hineinwagt — es ist durchaus kein überflüssiger Platz vorhanden und es war gar nicht so leicht, den Raum für die Vorbereitung der Ausstellung zu schaffen. Gewiß: zwei riesige Geschosse stehen der Mirag zur Verfügung, und außerdem verträumt in einsamer Höhe des Dachgeschosses, unnahbar profanen Tritten, das Hätschelkind des technischen Beamtenstabes: die Akkumulatorenbatterie, nur vom leisen Prickeln der sektartig perlenden Säurebläschen umsummt, sein scheinbar energieloses und doch unsichtbar-kraftgeladenes Dasein.

So ist also ein an Platz ziemlich anspruchsvoller stummer Mitarbeiter (der freilich mit seinen Säuredünsten nicht immer im besten Geruche steht) beim Umzug höflich aus den eigentlichen Wohngeschossen herauskomplimentiert worden. Was war nun eigentlich sonst noch unterzubringen, außer dem Funklaboratorium und den Aufnahmeräumen, auf die sich der fremde Besucher alsbald mit lüsterner Neugier zu stürzen pflegt? Was er übrigens mit vollem Rechte tut, denn die anderen Räume haben ihm keine „Geheimnisse" zu enthüllen. Trotzdem sind sie nicht weniger notwendig für den tadellosen Ablauf des Sendebetriebs; und der Außenstehende macht sich kaum ein richtiges Bild davon, was alles dazugehört, was alles bei der Einrichtung des neuen Heims zu bedenken war. Aber man erhält eine kleine Vorstellung davon, wenn man einen Blick wirft auf die bunte Mannigfaltigkeit von Firmen verschiedenster Geschäftszweige, durch deren gemeinsame Arbeit das Werk zustande kam. Da sind zunächst

der Umgestaltung des architektonischen Rahmens beteiligt. Daran schließen sich die Malerei- und Dekorationswerkstätten: Rich. Schultz und Arthur Schönfeld, die Herstellerfirma der schalldichten Anlagen. Die Tischlereien O. Thielemann, E. Ueberschar, Karl Walther und die Fabrik für Inneneinrichtungen Ronniger & Pittroff sorgten weiter mit dem Teppichhaus G. H. Schrödter gemeinsam für die wohnlich-behagliche Ausstattung der Zimmer, Besprechungsräume und Gänge. Schilder verschiedener Art, darunter auch die Leuchtschilder außen am Haus und die „Ruhe" gebietenden Signalschilder lieferten K. Brandau und Carl Schelter. Als Wandschmuck erblicken wir an vielen Stellen die Aufnahmen des Photographen Joh. Mühler, der unseren Lesern von so manchem in der Mirag erschienenen Bild her nicht unbekannt ist. Die Erzeugerin des oben erwähnten Hätschelkindes der „Technik" — der Sammlerbatterie — ist die Gottfried Hagen A.-G., Akkumulatorenwerke. — Und nun werfen wir zum Schluß noch einen Blick in die Aufnahmeräume. Sie sehen im ganzen gar nicht besonders nach „Technik" aus, sondern viel eher wie geschmackvoll-behagliche Gesellschaftszimmer und -säle. Der Marmorwürfel des Mikrophons stört diesen Eindruck kaum — man hat sich schon bald daran gewöhnt, es als alltägliches technisches „Möbel" anzusehen, ähnlich wie das Telephon. Aber nun stoßen wir doch auf eine bemerkenswerte Ausnahme. Irgendwo in jedem Besprechungsraum schwebt in nüchterner Sachlichkeit ein Meßgerät von der bekannten Dosenform. Es ist sehr wichtig für das Gelingen der Darbietungen: sein Zeiger gibt den Mitwirkenden an, ob die zulässige Lautstärke nicht überschritten ist. Diese Instrumente sowie verschiedene andere im Funklaboratorium aufgestellte elektrische Meßgeräte sind Erzeugnisse der Leipziger Firma Excelsior-Werk (R. Kiesewetter).

Geschäftliche Mitteilungen

(Ohne Verantwortung der Redaktion)

Schalldämpfende Inneneinrichtungen.

Die Firma M. Arthur Schönfeld, Leipzig C 1, Frankfurter Straße 9, Fernspr. 131 65, die seit Bestehen der mitteldeutschen Rundfunksender die akustischen und schalldämpfenden Anlagen als auch die dekorative Ausgestaltung sämtlicher Räume des Mirag-Hauses ausgeführt hat, befaßt sich als Spezialität mit der zeitgemäßen Einrichtung von Ausstellungs-, Geschäfts- und Wohnräumen, hierbei jeder gewünschten Stilart und jedem Geschmack weitestgehend Rechnung tragend.

—◆—

Ges. gesch. Brandau-Leuchtbuchstaben.

Jedes Unternehmen muß infolge der hohen Entwicklungsstufe, welche die Reklame heute erreicht hat, darauf bedacht sein, daß es auch bei Ausstattung seiner Außenfronten die richtigen Beschriftungsarten für seine Firma wählt, sei dies nun durch Anschaffung von Glasschildern oder plastischen Buchstaben gleich welcher Art. Bei der Wahl der letzteren ist jedoch besonders zu erwägen, ob der Geschäftsmann nicht gleich solche Buchstaben in Anwendung bringt, die am Abend als vornehm schmückende Leuchtbuchstaben in Erscheinung treten.

Der Buchstaben- und Schilderfabrik
Karl Brandau, Leipzig C 1, Tauchaer Straße 28,
Fabrik für Leuchtbuchstaben und Lichtreklamen aller Art,
ist es gelungen, einen ges. gesch. Leuchtbuchstaben auf den Markt zu bringen, welcher alle guten Eigenschaften in sich vereint. Die technische Gliederung dieser Buchstaben ist durch markant geprägte, plastisch hervorstehende Deckplatten so vervollkommnet, daß auch hierdurch eine intensive Tageswirkung erzielt wird, wodurch die Buchstaben eine vollkommene, auch architektonisch schöne Wirkung haben und deshalb als Schmuckstück für jede Fassade anzusprechen sind. Auch die Wahl des hierbei zur Verwendung gelangenden Materials ist fachmännisch so gut durchdacht, daß viele Uebelstände früherer Leuchtbuchstaben behoben sind

Ausschnitte aus der „Mirag"-Jubiläumsausgabe vom 27. April 1929

1928 schon historisch geworden: der mit dem Umzug ins neue MIRAG-Haus aufgegebene alte Verstärker- und Schaltraum in der Alten Waage

Recht beengt ging es bei der „Technik" in der Alten Waage zu. Dennoch wurden einige Einrichtungen auch trotz laufenden Sendebetriebes und unmerklich für den Hörer ins neue MIRAG-Haus übernommen.

Sprecher- und Regieplatz im MIRAG-Haus (um 1929)

Schalttafeln in den Aufnahmestudios der Alten Waage

Verstärker- und Schaltraum im MIRAG-Haus, etwa 1932

Vergrößerter Ausschnitt eines Schaltschrankes aus dem Schaltraum (großes Foto links), auf dem rechts die Steckbuchsen zur Schaltung der Übertragungsleitungen für Konzerte aus der Alten Handelsbörse zu sehen sind

Schaltschrank im MIRAG-Verstärkerraum, 1932. Über koaxiale Klinkensteckverbinder wurden die Mikrofonleitungen zwischen den Aufnahmestudios und der Senderegie zusammengeschaltet.

Sprecherzimmer im MIRAG-Haus; mit REISZ-Mikrofon und mA-Meter zur Lautstärke-Kontrolle; 1929

Der Chefsprecher und Leiter der Hörspielabteilung JOSEF KRAHÉ

Ein größeres Aufnahmestudio im MIRAG-Haus: der Funkraum 3

Das Aufnahmestudio der MIRAG im Leipziger Konservatorium

links: Das Vorstandszimmer mit der Besprechungsecke
rechts: Das Zimmer des Verwaltungsdirektors

links: Das Zimmer der Programm- und Sendeleitung, hinten links im Bild steht die „Mutteruhr mit einem Zeit-Glockenschlag", die alle Nebenuhren in den weiteren MIRAG-Besprechungsräumen und -zimmern steuerte.
rechts: Das Zimmer des Musikalischen Leiters mit ALFRED SZENDREI während seines Partiturstudiums

links: Das Künstlerzimmer im MIRAG-Haus
rechts: Das Empfangszimmer im MIRAG-Haus

Werbung für die Programmzeitung „Die Mirag", 1929 eine der meistverbreiteten Rundfunkzeitungen Deutschlands. Aufgabe der MIRAG-Zeitung sollte es sein, „den rasch im Äther verhallenden Klang des Senders festzuhalten durch Wort und Bild, damit der Eindruck der flüchtigen Sekunde haften bleibe und vertieft werde unter den Hunderttausenden, die durch Rundfunk Unterhaltung suchen, Erholung schöpfen und Belehrung finden." Das schrieb zum MIRAG-Jubiläum der Leiter des MIRAG-Verlages, Konsul F. H. DERLIEN

Mit der Ausstellung „Fünf Jahre Rundfunk in Mitteldeutschland" sollte nun den Hörern die Möglichkeit gegeben werden, „einen Blick hinter die Kulissen des Rundfunks zu tun und das Wunder der tönenden Welle und die Programmarbeit an ihren Quellen kennen zu lernen", schrieb Dr. FRITZ KOHL, seinerzeit Vorstand der MIRAG. Er fährt fort: „Die ersten fünf Jahre Rundfunk in Mitteldeutschland schließen eine Phase des rapiden Aufbaus ab und finden an ihrem Ende stabilisierte Verhältnisse vor, die die Möglichkeit zu ernster und zielstrebiger Rundfunkarbeit bilden. Was während der Zeit dieses Aufbaues sowohl technisch wie künstlerisch und programmatisch geleistet worden ist, soll diese Ausstellung zeigen, gleichzeitig soll sie aber auch wegweisend in die Zukunft sein zum weiteren Ausbau des Rundfunks und seiner großen Aufgabe der Volkserziehung und Völkerversöhnung, nicht nur in Mitteldeutschland, sondern in der ganzen Welt." Was uns heute so übertrieben euphorisch anmutet, spiegelt doch die große Begeisterung für die Sache wider, gepaart mit einer gehörigen Portion Eigenwerbung.

Eingangsportal des Ringmessehauses in Leipzig, Domizil der Ausstellung „Fünf Jahre Rundfunk in Mitteldeutschland" im Jahre 1929

Die Hörerschar der MIRAG war in den ersten fünf Jahren auf immerhin fast 1,2 Millionen angewachsen – man zählte am 1. April 1929 im mitteldeutschen Sendebezirk 300.000 angemeldete Rundfunkteilnehmer und rechnete auf der Basis eines 4-Personen-Haushalts hoch. Jedoch war die prozentuale „Rundfunk-Sättigung" bei insgesamt 2,5 Mio Haushalten noch recht gering.

Die Ausstellung „Fünf Jahre Rundfunk in Mitteldeutschland" wurde unter Leitung der MIRAG zusammen „mit allen am Rundfunk interessierten Kreisen" vorbereitet und ausgestaltet: mit der Reichspost, Inhaberin der „Funkhoheit" und (bis 1929) zuständig für die technische Seite des Rundfunkbetriebs; mit den Funkvereinen, wie dem Mitteldeutschen Funkverband und dem Arbeiter-Radio-Bund Deutschlands als dem Sprachrohr der Amateure und Funkbastler; sowie mit dem Reichsverband deutscher Funkhändler als Vertreter der zahlreichen Anbieter von Radioapparaten, Lautsprechern und Einzelteilen. Die Ausstellung sollte nicht nur eine historische Schau sein, nicht nur eine festliche Jubiläumsveranstaltung, sondern eben auch, wie man es formulierte, „ein wirkungsvolles Manifest für die Einigkeit der verschiedenen Rundfunk-Interessenten in Mitteldeutschland und für ihren guten Willen, diese Einigkeit dazu zu nutzen, um in zielbewußter Weise für die weitere Ausbreitung des Rundfunks und für die Förderung des Verständnisses für die großen Ziele dieser Organisation weiter zu werben." Kurz gesagt: Es sollten Arbeit und Ziele des Rundfunks plastisch und eindringlich geschildert werden.

Liefer- und Werbewagen des Leipziger Verlages der Rundfunk-Programmzeitschrift „Die Mirag" der Mitteldeutschen Rundfunk A.G., Leipzig, vermutlich vor dem Leipziger Verlagsgebäude im Winter 1925. „Die Mirag" erschien wöchentlich jeweils sonnabends und war als reich bebilderte und kommentierte Rundfunkzeitung des Mitteldeutschen Rundfunks quasi der Vorläufer der Programmzeitschrift „Triangel".

„Was der Rundfunk bringt": Zeichnungen von LOTHAR SCHNEIDER in der Rundfunk-Ausstellung

Was bot nun die Jubiläums-Ausstellung, die vom 27. April bis zum 12. Mai 1929 im Leipziger „Ringmessehaus" stattfand, dem staunenden Besucher? Anhand eines im Deutschen Rundfunkarchiv Frankfurt erhalten gebliebenen Foto-Albums von der Ausstellung und durch die von Mitarbeitern der MIRAG gegebenen Berichte können wir auch heute noch einen ziemlich genauen Eindruck gewinnen. Die sehr großzügig angelegte Ausstellung hatte 3 Hauptkomplexe, die sich alle ausführlich mit dem Rundfunk auseinandersetzten: „Das Programm" – „Die Sendung" – „Der Empfang". Folgen wir kurz dieser Gliederung, um einen Überblick zu geben:

„Das Programm":
Das Programm „will den Hörern nichts ‚v o r s c h r e i b e n', sondern ihnen im Gegenteil Gelegenheit geben, sich aus der Fülle des Gebotenen ein Programm z u s a m m e n z u s t e l l e n, wie es jedem nach seinem persönlichen Geschmack und Bedürfnis zusagt ...Nur eine Summe von Darbietungen,

Lieferfirmen des Mirag-Hauses

Ernst Ueberschar

früher Mitinhaber der Fa. Heinig & Ueberschar

Bau- u. Möbeltischlerei / Laden-, Friseur- u. Büroeinrichtungen / Glaserei

Telefon: 19545
Postscheckkonto Leipzig 51187.

Bankkonto: Spar u. Gewerbebank
Leipzig Nikolaikirchhof 4

Leipzig, Kreuzstr. 11

M. Arthur Schönfeld

Leipzig C 1
Frankfurter Straße 9
Gustav-Adolf-Str. 46
Fernsprecher 13165

Dekorateur der Mitteldeutschen Rundfunk A.-G. empfiehlt sich zur

Einrichtung:

Akustischer u. schalldämpfender Anlagen
Zeitgemäßer Ausstellungs-, Geschäfts- und Wohnräume
Neuzeitlicher und stilistischer Dekorationen

Werkstätten für solide Klub-Polstermöbel

Neu! Das Radio- Neu!
Volt- und Ampèremeter
in Isolier-Gehäuse
geeignet zur Messung von Spannungen bis 250 Volt an Netzanschlußgeräten und Anodenbatterien.

Elektromagnetisches Meßwerk für Gleich- oder Wechselstrom

Taschen-Instrumente in Uhrform
hochfein vernickelt, für alle Meßbereiche

Röhrenprüf-Instrumente
mit Präzisions-Drehspul-Systemen

Ohm-Meter / Strom- u. Spannungszeiger für Ein- u. Aufbau

EXCELSIOR-WERK
Rudolf Kiesewetter
Leipzig 21 C1

Mikrophon-Ständer
in bewährter Ausführung, verstellbar, liefert:
Fr. Dötschmann
Nürnberg
Bärenschanzstraße 77
Wiederholte Lieferung von Behörden usw.

Tischlerei
Carl Walther
Beiz- und Pollerwerkstatt
LEIPZIG C 1, Ranstädter Steinweg 20-22
Fernsprecher 26212

OTTO THIELEMANN
LEIPZIG C 1
Katharinenstr. 4
Ausführung sämtlicher Tischlerarbeiten
Kostenanschläge kostenlos

Zahlreiche Firmen verschiedener Geschäftszweige hatten an der Ausgestaltung des MIRAG-Hauses mitgewirkt – hier nur eine von zahlreichen Werbeseiten im Jubiläumsheft der „Mirag"-Zeitung

deren innerer Zusammenhang durch das Streben der Sendegesellschaft nach Befriedigung möglichst vieler Wünsche herbeigeführt wird, kann dem gerecht werden." Damit umschrieb Dr. ERWIN JAEGER in der Jubiläums-Broschüre der MIRAG das damalige „heilige Ziel" des „Rundfunks für Alle". Versucht wurde auch, die Fülle von Kleinarbeit bei der Programmplanung darzustellen – und hervorgehoben wurde, wie undankbar besonders der Posten des Programmleiters sei. Beispiele von Hörerkritiken, Missfallensäußerungen und diversen Sonderwünschen an den Sender boten Anlass für eine verständnisheischende Darstellung.

„Die Sendung":
Dieser Teil der Ausstellung galt der Verdeutlichung des technischen Ablaufs des Rundfunkbetriebes, um auch dem Laien – und den vielen Kritikern und Besserwissern – die Schwierigkeiten einer Rundfunksendung vom Aufnahmeraum bis zum Zuhörer möglichst klar zu machen. So wurde die Funktion von Mikrofonen, Sendeanlagen, Verstärkern, Leitungen und Kontrolleinrichtungen erklärt und teilweise anhand von Modellen dargestellt. „Wenn dann der eine oder andere Besucher an der Sorgfalt und Klarheit, mit der alles aufgerollt wird, erkennt, daß seine Kritik am wenigsten diesem Teilbereich des mitteldeutschen Rundfunks gegenüber standhalten kann, so ist der Zweck dieser Gruppe der Ausstellung erreicht." Man machte sich doch eine Menge Gedanken darüber, wie man die Zuhörer trotz der ewigen technischen Probleme im Sendeablauf bei guter Laune halten konnte.

„Der Empfang":
Diese Abteilung vermittelte einen umfassenden Überblick über den Stand der Empfängertechnik, über Lautsprecher und Antennen. Hier ging es zuerst „in neutraler Weise" um die Vorstellung zahlreicher auf dem Markt befindlicher Industrie-Empfänger – vom Detektor-Apparat für 25 Mark bis zum „modernsten Fernempfänger mit eingebautem Elektro-Grammophon" für über 1.000 Mark. Doch auch die Funk- und Bastlervereine hatten ausgiebig Gelegenheit, sich darzustellen, einschließlich der „Funkbastelstunde" der MIRAG selbst. Der Stand der Technik wurde 1929 durch die zunehmende Dominanz des Netzempfängers bestimmt, ein Fortschritt ohnegleichen; vereinfachte Sendereinstellung, wie die „echte Einknopf-Bedienung", sollten dem Laien die Scheu vor der Technik nehmen. Und die Funkhändler forderten gar: „Ein Heim ohne Rundfunk muß in absehbarer Zeit unfaßbar sein!" Hatte dieser Wunsch 1929 an dieser Stelle wirtschaftliche Gründe (um die Radio-Industrie zu stärken), so folgte der politische Zwang in diese Richtung mit dem „Volksempfänger" nur wenige Jahre später …

Vorführungen der Reichspost durch Ober-Telegrafen-Sekretär PAUL ROHLACHER

Ein weiterer Teil des Ausstellungsbereichs „Empfang“ befasste sich mit den Ursachen der verschiedenen Rundfunkstörungen und deren Bekämpfung. Bei den Störungen spielten die „Rückkoppler“ eine besonders unrühmliche Rolle: „Es ist so leicht, sein Gerät nachlässig und falsch zu bedienen und damit seinen Funknachbarn jenes gefürchtete Pfeifen in den Apparat zu zwingen. Eleganter, aber schwerer ist die Kunst, seinen Empfänger auf höchste Leistung zu bringen, ohne seine Umgebung daran teilhaben zu lassen...“. Die einfachen, preiswerten Geradeaus-Empfänger mussten bei Fernempfang – wofür sie eigentlich nicht gebaut waren – sehr feinfühlig bedient werden, um das Letzte herauszuholen, was wirklich nicht ganz einfach war und eine Menge Fingerspitzengefühl verlangte. Drehte man nämlich die empfindlichkeitssteigernde Rückkopplung zu weit, geriet das Gerät ins Schwingen, d. h. es wurde zum Sender und störte pfeifend die Nachbarschaft. In der Sendung „Funkpranger“ wurden denn auch die Standorte besonderer Störenfriede beim Namen genannt. Doch die übrigen Störungen waren ebenso schwer zu beherrschen: „Es schnurrt, kratzt, knackt, knattert, kocht, pfeift, brummt, singt, heult, es donnert, es rauscht wie ein Wasserfall und anders mehr...“, so wird die Situation beschrieben. Die Ursachen reichten von Kontaktfehlern an den (oft selbstgebauten) Empfängern bis hin zu den „atmosphärischen“ Störungen, in Leipzig häufig hervorgerufen durch die bis 1929 üblichen Fahrdrahtrollen der Straßenbahn. Stark störten die mit Funkenstrecken arbeitenden Diathermie-Heilgeräte; deren Besitzer wurden aufgerufen, von einer Benutzung in den Abendstunden möglichst abzusehen. Immerhin gab es die Möglichkeit, sich vom Laboratorium der Radio-Vereinigung Leipzig oder von anderen Funkvereinen helfen zu lassen – auch bei der Suche nach dem Störenfried. Die Situation wurde mit einem „Rattenkönig“ umschrieben, der „fortzeugend Böses gebiert“. Die Hörer wurden oft zur Verzweiflung getrieben und der Rundfunk dadurch aufs Äußerste diskreditiert. Hier sollte die Ausstellung besonders aufklärend wirken; erst mit den in Regie der RRG bei den Sendegesellschaften gebildeten „Funkhilfen“ entspannte sich die Lage etwas.

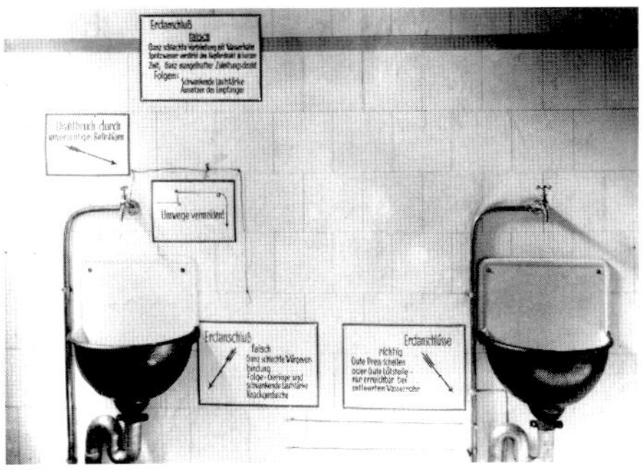

Demonstration der Wichtigkeit eines ordentlichen Erdanschlusses

li. oben: Rundfunkwerbung im Detail
re. oben: Stellvertretend für die Teilnahme zahlreicher Funk- und Bastelvereine zeigen wir den Stand der „Radio-Vereinigung Leipzig“, einer der Initiatoren des ersten Leipziger Senders.
li. unten: Ausstellungsraum der Rundfunkzeitung „Die Mirag“
re. unten: Sendetechnik anschaulich vorgestellt

Wir kommen heute mit Staunen zu dem Eindruck, dass die Ausstellung „Fünf Jahre Rundfunk in Mitteldeutschland“ im Jahre 1929 eine sehr rührige und publikumswirksame Veranstaltung gewesen sein muss, bei der es gelungen war, alle „am Rundfunk interessierten Kreise“ zu beteiligen. Natürlich wurde auch aus der Ausstellung gesendet!

Eine solche umfangreiche Darstellung der Entwicklungsgeschichte und der Struktur des Mitteldeutschen Rundfunks hat es seitdem nicht wieder gegeben – auch wenn 1989 und 1994 mit Ausstellungen relativ bescheidenen Umfangs des jeweiligen Jubiläums gedacht wurde.

LOTHAR SCHNEIDER:
der „Künstlerische Werbeleiter" der MIRAG

LOTHAR SCHNEIDER (1878-1951)

Mit der Ausstellung eng verbunden war ein Künstler, dessen Name uns zwar bei der Durchsicht der Programmzeitschrift „Die Mirag" begegnet, über dessen vielseitiges Wirken aber wohl sonst noch nichts zu lesen war: der Opernsänger und Kunstmaler LOTHAR SCHNEIDER. Er kam im Jahre 1928 zur MIRAG und war dort bis 1934 als „Künstlerischer Werbeleiter" tätig; beim Leipziger Rundfunk (später dann „Reichssender Leipzig") blieb er bis 1945. Aus seiner MIRAG-Zeit verdanken wir LOTHAR SCHNEIDER nicht nur die Kohlezeichnungen aller „leitenden Köpfe" des Leipziger Senders und der Dresdner Sendestelle, sondern auch zahlreiche Aquarelle und Zeichnungen, von denen leider nur einige wenige (in Fotografien) der Nachwelt erhalten geblieben sind.

L. SCHNEIDER wurde 1878 in München geboren, und er erhielt dort, durch seine Mutter inspiriert, eine solide Gesangsausbildung. Er gastierte mit vielen großen Basspartien u. a. in München, Bayreuth und Bamberg. Seine Lieblingsrolle war der Falstaff („Die lustigen Weiber von Windsor"), aber auch als Hunding („Walküre"), Sarastro („Zauberflöte") und Alfio („Cavalleria rusticana") konnte er Erfolge feiern. Er begann auch zu malen – L. SCHNEIDER wird der „Maler-Sänger aus dem Isartal" genannt, denn er gehörte zum „Schwabinger Kreis" aus der Zeit vor dem 1. Weltkrieg. Es muss wohl für ihn eine unbeschwerte Zeit gewesen sein; er war ein heiterer Mensch, der es auch verstand, andere aufzumuntern. 1916 absolvierte L. SCHNEIDER die „Königlich Bayerische Akademie der bildenden Künste in München". Anfang der 20er Jahre trat er mit zahlreichen Opernaufführungen, auch als Regisseur, in Bautzen und Bernburg hervor. Doch infolge der allgemeinen Rezession musste er 1926 seinen Bühnenabschied nehmen. Er lebte zunächst von Portrait-Aufträgen, wozu ihm frühere Bühnenkollegen verhalfen. Schließlich aber konnte ihm sein Schwiegervater eine Anstellung in Leipzig vermitteln: Es begann eine neue, sehr kreative Lebensphase von L. SCHNEIDER – er wurde Werbegestalter! Seine erste Station in diesem Metier war die Firma STRUMPF-EULITZ mit ihrem Hauptgeschäft in der Hainstraße und zahlreichen Filialen im Stadtgebiet Leipzigs, für die er offensichtlich recht aufwendige Werbeaktionen organisierte. Es entstanden bemerkenswerte Innendekorationen, Schaufenster-Gestaltungen und Firmenwerbung für die Leipziger Messe. Seine Arrangements müssen für damalige Zeiten wirklich spektakulär gewesen sein, wovon erhalten gebliebene Fotos zeugen. Die leicht frivolen Figuren wurden mit raffinierten Beleuchtungseffekten wirkungsvoll in Szene gesetzt, die besonders abends die Passanten anlockten, was zeitweise sogar zu Aufläufen geführt haben soll. ILSE DITTMAR, eine damalige Mitarbeiterin der MIRAG, beschreibt es in ihrem Erinnerungs-Buch „Eine Jugend in Leipzig" so: „Sehr anziehend, aber mehr im trivialen Sinn, waren die Auslagen von Strumpf-Eulitz. Mitte der zwanziger Jahre empfanden sie manche als etwas zu ‚freizügig'. Doch allmählich gewöhnte man sich an den modischen Stil und die etwas ‚gewagte' Art, Bade- und Unterwäsche zu präsentieren. Badeanzüge und Damenwäsche waren nicht nur, wie bisher, im Fenster ausgelegt, sie wurden jetzt – und das war neu – von Schaufensterpuppen ‚vorgeführt', die ihre seidenbestrumpften Beine keck in die Luft reckten. So konnte jeder – nicht nur die Damen – sehen, was für traumhafte Gebilde von Textilien es gab." Das also war das Werk von LOTHAR SCHNEIDER!

LOTHAR SCHNEIDER als „Alfio" in „Cavalleria rusticana", München 1900

Der genaue Zeitpunkt für den Einstieg L. SCHNEIDERs als „Künstlerischer Werbeleiter" bei der MIRAG ist nicht mehr zu ermitteln - es war sicher im Jahr 1928. Gut möglich ist es, dass der Umzug der MIRAG von der Alten Waage in das MIRAG-Haus im August 1928 Anlass für die Schaffung eines solchen Postens war; außerdem steuerte man in diesen Monaten schon auf das Jubiläum zum fünfjährigen Bestehen des Leipziger Rundfunks zu, das wie schon berichtet, im Frühjahr 1929 groß begangen werden sollte.

Zur künstlerischen Vorbereitung der Jubilämsausstellung „Fünf Jahre Rundfunk in Mitteldeutschland" wurde im MIRAG-Haus extra ein Studio freigemacht, um für L. SCHNEIDER ein Werbeatelier einzurichten: „Und dann standen allenthalben sonderbare, mit Leinewand bespannte Rahmen umher – aber sie waren mit der Bildseite geheimnisvoll zur Wand gekehrt. Und der Funkraum 3 war als Mal- und Zeichenatelier abkommandiert worden, aber man durfte nicht hinein. Es war die reine Vorweihnachtsstimmung". Hier entstanden also LOTHAR SCHNEIDERs Porträtzeichnungen von den damaligen MIRAG-Persönlichkeiten, außerdem eine Vielzahl von Aquarellen und Karikaturen zum

Arbeitsbesprechung bei der MIRAG, etwa 1928: (v.l.n.r.) Vorstand Dr. FRITZ KOHL, Künstlerischer Werbeleiter LOTHAR SCHNEIDER, Funkvorsteher KARL MINDE

Thema „Rundfunk im Alltag". Über den Verbleib der Originale ist leider nichts bekannt – wir müssen heute annehmen, dass sie den Bomben des 2. Weltkrieges zum Opfer gefallen sind. Von den glücklicherweise in Familienbesitz erhalten gebliebenen Fotos werden einige hier erstmals veröffentlicht. Wie stark der Künstler L. SCHNEIDER dem Rundfunk verbunden war, zeigt sich wohl besonders in dem bemerkenswerten Ölbild vom Leipziger „Groß-Rundfunksender auf dem Ausstellungsgelände". Dieses Bild ist vor wenigen Jahren wiederentdeckt worden und konnte 1994 in der Jubiläumsausstellung „70 Jahre Rundfunk in Leipzig" erstmals öffentlich gezeigt werden. Wie der Funkhistoriker mit Freude feststellen muss, ist dies eines der seltenen Gemälde von rundfunktechnischen Anlagen (s. S. 43).

Briefkopf der Leipziger Firma STRUMPF-EULITZ 1927

Schaufenster von STRUMPF-EULITZ: „Rokoko-Zauber"; etwa 1927

Karikatur von LOTHAR SCHNEIDER in der Ausstellung
„Fünf Jahre Rundfunk in Mitteldeutschland"

LOTHAR SCHNEIDER im „Atelier" der MIRAG
(Funkraum 3); links im Bild der Spielleiter
HANS PETER SCHMIEDEL (Kinder- und Jugendfunk)

Karikatur von LOTHAR SCHNEIDER in der Ausstellung
„Fünf Jahre Rundfunk in Mitteldeutshland"

Auch zahlreiche Karikaturen von LOTHAR SCHNEIDER
entstanden 1928/29 im MIRAG-Atelier.

Die leitenden Mitarbeiter der MIRAG im Jahre 1929:

Dr. ERWIN JAEGER; Dr. FRITZ KOHL;
Dr. HANS OTTO (v.l.n.r.)

ALFRED SZENDREI;
HANS PETER SCHMIEDEL; HILMAR WEBER (v.l.n.r.)

WILHELM RETTICH; EMIL HOHRATH;
KURT ARNOLD FINDEISEN (v.l.n.r.)

JOSEF KRAHÉ; MARTIN FRAUENDORF;
FRITZ KAPHAHN (v.l.n.r.);
Kohle-Zeichnungen von LOTHAR SCHNEIDER, 1929

Titelseite der Programmzeitung „Die Mirag" Nr. 22 vom 31. Mai 1930

LOTHAR SCHNEIDER verband ein besonders gutes, ja freundschaftliches Verhältnis mit Dr. FRITZ KOHL, dem zweiten Intendanten der MIRAG, damals noch „Vorstand" genannt. Das war nach uns überlieferten Berichten „die große Zeit" bei der MIRAG, mit einer „phantastischen Arbeitsatmosphäre"! ILSE DITTMAR beschreibt es so: „Was mich erwartete [nach Eintritt bei der MIRAG], war eher eine große Familie als ein unpersönlicher Geschäftsbetrieb. Das bedeutet nicht, daß nicht viel gearbeitet wurde. Im Gegenteil. Zu meiner Verwunderung stellte ich fest, daß niemand nach der Uhr sah ... Jeder war von der Meinung durchdrungen, daß es in einem künstlerischen Betrieb keine ‚Dienstzeit' gibt". KOHL wurde nach Einzug der Nazis ins Funkhaus aus heute nicht genauer bekannten Gründen verunglimpft und emigrierte 1934 nach London.

Ein gesellschaftlicher Höhepunkt im MIRAG-Leben – vielleicht sogar im gesamten Leipziger Kulturleben – war der alljährlich in der Kongreßhalle des Zoos abgehaltene Funkball „Tönende Welle", eine Wohltätigkeitsveranstaltung mit vielen prominenten Mitwirkenden aus der Welt der heiteren Muse. Die aufwendigen Dekorationen, die dafür gebaut wurden, stammten natürlich ebenfalls von LOTHAR SCHNEIDER. Einmal gab es im Saal eine Riesenrutsche, über die man von der Empore aus hinunter in das Parkett gelangen konnte.

Ein weiteres, hier erwähnenswertes Ereignis im Schaffen L. SCHNEIDERs ist die Hygiene-Ausstellung im Jahre 1930 in Dresden. In einer besonderen Abteilung wurde für den Rundfunk geworben und seine Rolle bei der Gesundheitspflege des Menschen hervorgehoben. Ganz besonders ging es um die Bedeutung des Rundfunks für die Blinden: Mit der Plastik „Die neue Brücke" hat dies L. SCHNEIDER in eindringlicher Weise verdeutlicht. Für eine spätere Ausstellung (vermutlich 1935) wurde die Plastik modifiziert, d. h. der „altmodische" Rundfunkempfänger mit dem „Lenzola"-Lautsprecher gegen einen „Volksempfänger" (Motto: „Rundfunk in jedes deutsche Haus!") ausgetauscht. Als „Kniefall" vor den Nazis darf das nicht gedeutet werden; L. SCHNEIDER war ein unpolitischer Mensch, der versucht hat, sich aus dem zunehmend militärisch verbrämten Geschehen im Funkhaus soweit wie möglich herauszuhalten. Seine Funktion als „Künstlerischer Werbeleiter" war natürlich mit dem zwangsweisen Übergang der MIRAG zum „Reichssender Leipzig" überflüssig geworden. Doch in dieser kritischen Zeit mit hoher Arbeitslosigkeit musste L. SCHNEIDER wohl auch mit einem „Abschiebeposten" zufrieden sein. So war er seitdem (mit einem kurzen Intermezzo beim Stuttgarter Sender) in der „Manuskript-Zentrale" des Leipziger Senders tätig, wie man einer zeitgenössischen Quelle entnehmen kann. „Je mehr die Nationalsozialisten an Einfluß gewannen, um so drückender wurde die Stimmung im Haus. Im Jahre 1933 änderten sich nicht nur die Lebensumstände, auch die Menschen und ihr Lebensumgang miteinander wandelten sich." So schreibt I. DITTMAR in ihren Erinnerungen. Die Politik der braunen Machthaber bedrückte auch L. SCHNEIDER zunehmend – sein heiteres Wesen nahm ernsten Schaden, was natürlich auch die Familie zu spüren bekam und woran sich seine Tochter noch heute schmerzlich

LOTHAR SCHNEIDER neben seiner soeben fertiggestellten Plastik „Die neue Brücke"; Leipzig-Gohlis 1929

Die Plastik „Die neue Brücke" wurde von LOTHAR SCHNEIDER eigens für die Dresdner Hygiene-Ausstellung 1930 angefertigt

erinnert. Seine ablehnende Haltung zur Politik der Nazis wird auch dadurch unterstrichen, dass er in seiner Wohnung die sogenannte „Mädchenkammer" freimachte, um dort über mehrere Wochen einen namhaften jüdischen Arzt zu verstecken.

Nach dem Zusammenbruch des Dritten Reiches 1945 griff L. SCHNEIDER noch einmal zu Pinsel und Zeichenstift, um sich durch das Porträtieren, das ihm besonders lag, etwas hinzuzuverdienen. Im April 1951 starb LOTHAR SCHNEIDER im Alter von 73 Jahren in Leipzig.

links: „Der Rundfunk hilft...durch Sturmwarnung der Wasserkante sich vor Seenot zu schützen"; Aquarell von LOTHAR SCHNEIDER
rechts: „Rundfunk erzählt vom reinlichen Haushalt"; Zeichnung von LOTHAR SCHNEIDER

„Der Rundfunk hilft...durch Wasserstandsmeldungen der Stromwacht Hochwassergefahr zu bekämpfen"; Aquarell von LOTHAR SCHNEIDER

Sonderausgabe der „Mirag" vom August 1932, anlässlich der Eröffnung des Großrundfunksenders Leipzig in Wiederau

„DER GROSSRUNDFUNKSENDER LEIPZIG IST DA"

Wiederau strahlt mit 120 Kilowatt in den Äther!

„Die gewaltigen Wirkungsmöglichkeiten, die den Sendungen des Rundfunks innewohnen und die von heute ab um ein Vielfaches gesteigert sein sollen, verpflichten jeden seiner Leiter und Mitarbeiter, sich täglich und stündlich der hohen nationalen und sittlichen Verantwortung bewußt zu bleiben, die er gegenüber der deutschen Familie und der deutschen Jugend, darüber hinaus aber dem ganzen deutschen Volk und der gesamten Kulturwelt zu tragen haben wird. Möchte sich aber auch in Zukunft jeder, der in dem Dienst des neuen Senders steht, bewußt sein, daß der Rundfunk sich nicht einseitig in den Dienst einer einzelnen Weltanschauung oder Partei stellen darf und daß die Achtung vor dem deutschen Volk im Ausland nur dann gewahrt sein wird, wenn der deutsche Rundfunk deutsche Art und Sitte würdig pflegt ..."

Mit diesen Worten begrüßte Sachsens Ministerpräsident SCHIECK die Gäste und Zuhörer anlässlich der Eröffnung des neuen Leipziger Großsenders, die während einer musikalisch umrahmten Feierstunde am 28. Oktober 1932, 10 Uhr, im festlich geschmückten Kleinen Saal des Leipziger Gewandhauses stattfand. Man müsse es lebhaft begrüßen, dass es gelungen sei, den Sender bei Leipzig zu behalten; er sei auch hier am rechten Platze, führte SCHIECK weiter aus.

Zur Inbetriebnahme des neuen Wunderwerks der Funktechnik, des zu dieser Zeit stärksten Rundfunksenders in Deutschland, hatte Präsident BERGS von der Oberpostdirektion Leipzig eingeladen: die Sächsische Staatsregierung, Vertreter aller Behörden, Persönlichkeiten aus Kunst, Wissenschaft, Industrie, Handel und Gewerbe, Beamte und Arbeiterschaft der deutschen Reichspost, die Presse „Groß-Leipzigs" sowie die am Bau und der Herstellung der technischen Anlagen beteiligten Firmen. Er begrüßte, auch im Namen der MIRAG, alle Gäste und dankte den am Bau Beteiligten für ihre mühevolle und erfolgreiche Arbeit. Dr. FRITZ KOHL, Mitglied des Vorstandes der MIRAG, umriss die geistigen und künstlerischen Aufgaben und Ziele des neuen Großsenders. Die MIRAG werde das Vertrauen, das die Deutsche Reichspost durch die Installation des stärksten deutschen Senders im mitteldeutschen Bezirk zum Ausdruck gebracht hat, rechtfertigen „und versuchen, ihren Hörern im Programm einmal das Kulturgut der mitteldeutschen Heimat nahezubringen, zum anderen aber auch Ablenkung vom Grau und dem zermürbenden Kampf des Alltags zu vermitteln".

Der Oberbürgermeister der Stadt Leipzig, Dr. CARL GOERDELER, überbrachte den Anwesenden die Glückwünsche der Stadt Leipzig und den Dank für die Errichtung des neuzeitlichen Senders. Er wies insbesondere darauf hin, wieviel Bedeutungsvolles die alte Messe- und Buchhändlerstadt Leipzig, die Stadt eines JOHANN SEBASTIAN BACH und RICHARD WAGNER, dem Rundfunk gegeben habe.

Im Anschluss an die Eröffnungsfeier, die zugleich die erste offizielle Sendung des Senderriesen war, wurden die Gäste nach Wiederau gebracht, wo sie am Tor des Sendergeländes vom Vorsteher des Großrundfunksenders, Postdirektor KATZ, zur Besichtigung empfangen wurden.

Obwohl MIRAG und die lokale Presse laufend über den Bau des neuen Großsenders berichtet hatten, sucht man in der Programmzeitschrift „Die Mirag" seinen genauen Sendebeginn vergeblich; „unvorhergesehene Schwierigkeiten" – die erste Röhrenlieferung war bei ihrem Eintreffen in Wiederau schadhaft und damit unbrauchbar – hatten immer wieder zur Verzögerung der regulären Inbetriebnahme geführt und in der Öffentlichkeit genügend Anlass zu Spott gegeben. So muss die Einweihung letzten Endes recht kurzfristig anberaumt worden sein. Erfreulicherweise werden technische Einzelheiten und detaillierter Einblick in das komplizierte Baugeschehen des in Wiederau entstandenen Senders außer durch die Fachliteratur auch durch eine Sondernummer der „Mirag" vermittelt, die bereits am 13. August 1932 erschienen war. So können wir heute die Entstehung des damaligen Prunkstücks des deutschen Senderbaus ausführlich nachvollziehen.

Wie war es nun eigentlich zur Wahl des Standortes Wiederau für die Errichtung des neuen Leipziger Großsenders gekommen?

Deutschland war Ende der 20er Jahre mit seinem Rundfunksendernetz durch starke Stationen des benachbarten Auslands – besonders Prag und Warschau mit jeweils 120 kW Leistung – erheblich in Rückstand geraten und musste sich anschicken, ebenfalls deutlich stärkere Großsender zu errichten.

Gesamtansicht des neuen Großsenders; Postkarte von 1932

Auf Welle 389,6 mit 120 KW.

Unvorhergesehene technische Schwierigkeiten ermöglichen leider erst diesmal den für das vorige Heft beabsichtigten Bericht über die Eröffnungsfeierlichkeiten für den neuen Großrundfunksender Leipzig.

Von Postrat Stofen, Funksachbearbeiter der OPD. Leipzig

Präsident Bergs, OPD. Leipzig, bei seiner Taufrede

Zugegeben, er hat auf sich warten lassen, der neue Großrundfunksender Leipzig. Wildeste Gerüchte liefen im Sendebezirk umher. Er war sogar schon totgesagt worden. Doch — — am 28. Oktober war der Störrige taufbereit. Die Eröffnungsfeierlichkeit fand an diesem Tage um 10 Uhr im festlich geschmückten kleinen Saal des Leipziger Gewandhauses statt. Der Präsident der Oberpostdirektion Leipzig hatte dazu die sächsische Staatsregierung, Vertreter aller Behörden, Kunst, Wissenschaft, Industrie, Handel, Gewerbe, Beamten- und Arbeiterschaft der deutschen Reichspost, die Presse Groß-Leipzigs sowie die am Bau und der Herstellung der technischen Anlagen beteiligten Firmen geladen. Der Not der Zeit entsprechend war die Feierlichkeit schlicht aber eindrucksvoll. Sie war zugleich die erste offizielle Sendung des neuen Großrundfunksenders Leipzig.

Nach der Einleitung mit Wagners „Meistersinger"-Vorspiel, vom Leipziger Sinfonie-Orchester unter der Stabführung des Mirag-Intendanten Prof. Dr. Ludwig Neubeck glänzend zu Gehör gebracht, hieß Präsident Bergs namens der OPD. Leipzig und der Mitteldeutschen Rundfunk A.-G. die Gäste willkommen und begrüßte besonders den Ministerpräsidenten des Freistaats Sachsen, Schieck. Er sprach die Hoffnung aus, daß die kurze Weihestunde dazu angetan sein möge, das allgemeine Interesse an dem jüngsten Kinde der Technik, dessen Betreuung der Deutschen Reichspost anvertraut sei, zu beleben und zu erweitern. Der alte Leipziger Sender auf dem Messegelände mit seiner Antennenleistung von 2 kW sei bei der stürmischen Entwicklung der Sendetechnik stark in den Hintergrund geraten. Mit der Inbetriebnahme des neuen Großrundfunksenders — des größten deutschen Senders und neben Prag und Warschau einer der größten Europas — seien unsere deutschen Brüder nicht mehr darauf angewiesen.

Prof. Dr. L. Neubeck am Dirigentenpult

Oberbürgermeister Dr. Goerdeler, Leipzig, interessiert sich lebhaft für die Termfäße

Besichtigung der Maschinenhalle. Von rechts: Präsident a. D. Domizlaff, Präsident Bergs, Ministerpräsident Schieck, Prof. Dr. Litt, Abt.-Direktor Ambrosius, Oberbürgermstr. Dr. Goerdeler

Bericht in der „Mirag" von der Eröffnung des Großsenders am 28. Oktober 1932

Einer der beiden Versuchssender, mit denen die Messungen zur Standort-Optimierung durchgeführt wurden; 1931

Antenne des Versuchssenders auf Pegauer Flur; 1931

Die fertiggestellte Sendeanlage Wiederau in der Abenddämmerung

Im Dezember 1930 erging dazu eine Verfügung des Reichspost-Zentralamtes (RPZ), das den Bau von Großsendern mit 60 kW Leistung zum Ziel hatte; als Ausnahme sollte lediglich Leipzig wegen der großen Hörerzahl im mitteldeutschen Sendebezirk – und wegen der Nachbarschaft zu Prag – die doppelte Leistung erhalten. Damit begann eine entscheidende Umstellung des Rundfunk-Sendernetzes auf eine weitgehende Vollversorgung des deutschen Reichsgebietes (auf Mittel- und Langwelle) durch sorgfältig geplante Wahl der Senderstandorte und Anpassung der Strahlungsleistung. Man war bestrebt, eine Versorgung hoher Wiedergabequalität (NF-Bandbreite mindestens 10 kHz!) mit der stabilen Bodenwelle, die sich entlang der Erdoberfläche ausbreitet, zu erreichen.

Nach der Inbetriebnahme neuer 60-kW-Sender ab 1930 (Mühlacker für Stuttgart, Heilsberg für Königsberg, Langenberg für Köln und Königs Wusterhausen für den Deutschlandsender) kam nun Leipzig an die Reihe: Es begann der Neubau eines Großsenders für Mitteldeutschland. Vorteilhafterweise konnten dabei die Erfahrungen mit den bereits errichteten Großsendern genutzt und die inzwischen entwickelten stärkeren wassergekühlten Senderöhren eingesetzt werden.

Zwar gab es bei der Planung keinen Zweifel, dass der neue Sender für die MIRAG in der Region Leipzig aufgebaut wird, doch musste der optimale Standort erst noch gefunden werden. Bereits im Frühjahr 1931 führte deshalb das RPZ umfangreiche Strahlungsmessungen mit Hilfssendern durch, die südlich von Leipzig in den wasserreichen Fluren von Pegau und Rötha aufgestellt worden waren. Auf Grund der Messergebnisse wurde als günstiger Punkt für den neuen mitteldeutschen Großsender die „Elsterniederung bei Wiederau" festgestellt. Hier liegen nur wenige Meter unter der Erdoberfläche mächtige, von starken und beständigen Grundwasserströmen durchflossene Schotter, die eine fast widerstandslose und gleichbleibend gute Erdverbindung gewährleisten, Voraussetzung für eine effektive und gleichmäßige Wellenausbreitung. Der genaue Standort des Senders befindet sich 19,8 km südsüdwestlich vom Leipziger Stadtzentrum unter 29 56′ 47″ östlicher Länge und 51 11′ 14″ nördlicher Breite, 123 m über NN.

Über die Benennung des neuen Großsenders herrschten bereits in der Bauphase große Meinungsverschiedenheiten. Verständlicherweise glaubte die Gemeinde Wiederau, dass der Sender nach ihrem Ortsnamen zu bezeichnen sei. Das traf ja sinngemäß für die neuen Sender Heilsberg, Langenberg und Mühlacker schon zu – die Entfernung zur jeweiligen Sendeanstalt war einfach zu groß. Doch für die übrigen neuen Großsender hatte das Reichspostministerium die Anweisung erlassen, dass sie – da weniger als 20 km von diesen entfernt – nach dem Hauptsitz ihres Sendebereiches benannt werden sollten! Nun wissen wir auch, weshalb man für den Großsender Leipzig in Wiederau die Nennung der Entfernung zur Stadt Leipzig so genau nahm.

Zur Gesamtanlage des Großsenders gehörten das Senderhaus mit Maschinen- und Sendersaal, ein Wohnhaus, die Kühlanlage mit Brunnenhaus und Kühlturm sowie die beiden Masten für die Antenne.

Die Sendeanlagen der DEUTSCHEN TELEKOM AG in Wiederau heute · Luftaufnahme von 1992

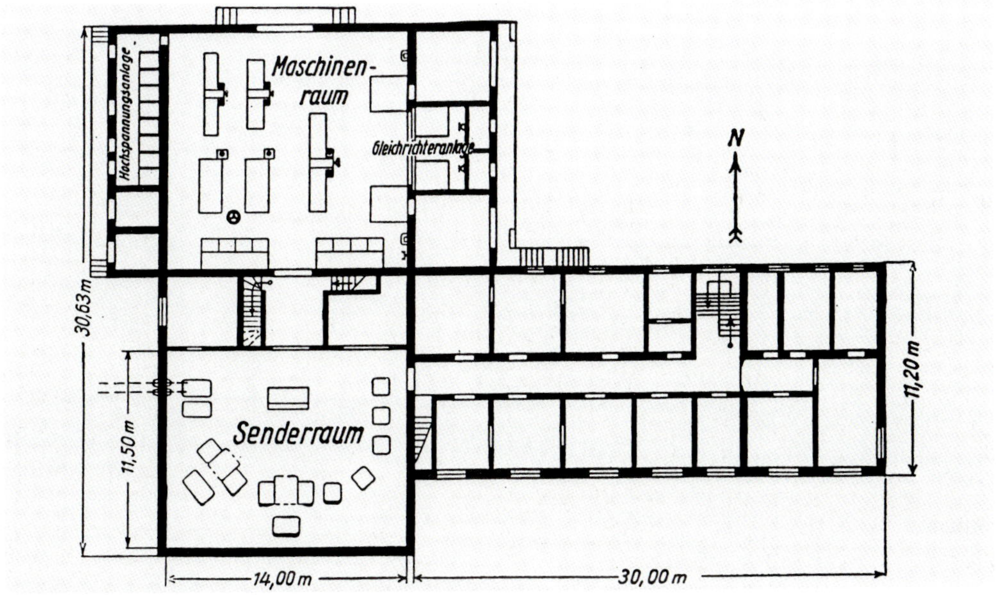

Grundriss des Senderhauses in Wiederau, Juli 1933

Blick vom Westturm auf das Sendergelände in Richtung Böhlen; 1932

Mit dem Bau des Senderhauses wurde Anfang September 1931 begonnen; der Rohbau war im Januar 1932 beendet. Das Wohnhaus für das Bedienungspersonal des Senders – insgesamt 10 Personen – wurde in unmittelbarer Nähe errichtet. Anfang Februar 1932 konnte die Firma C. LORENZ A.-G., Berlin, daran gehen, die Senderstufen und die Maschinen aufzustellen; diese Arbeiten waren im Juli beendet.

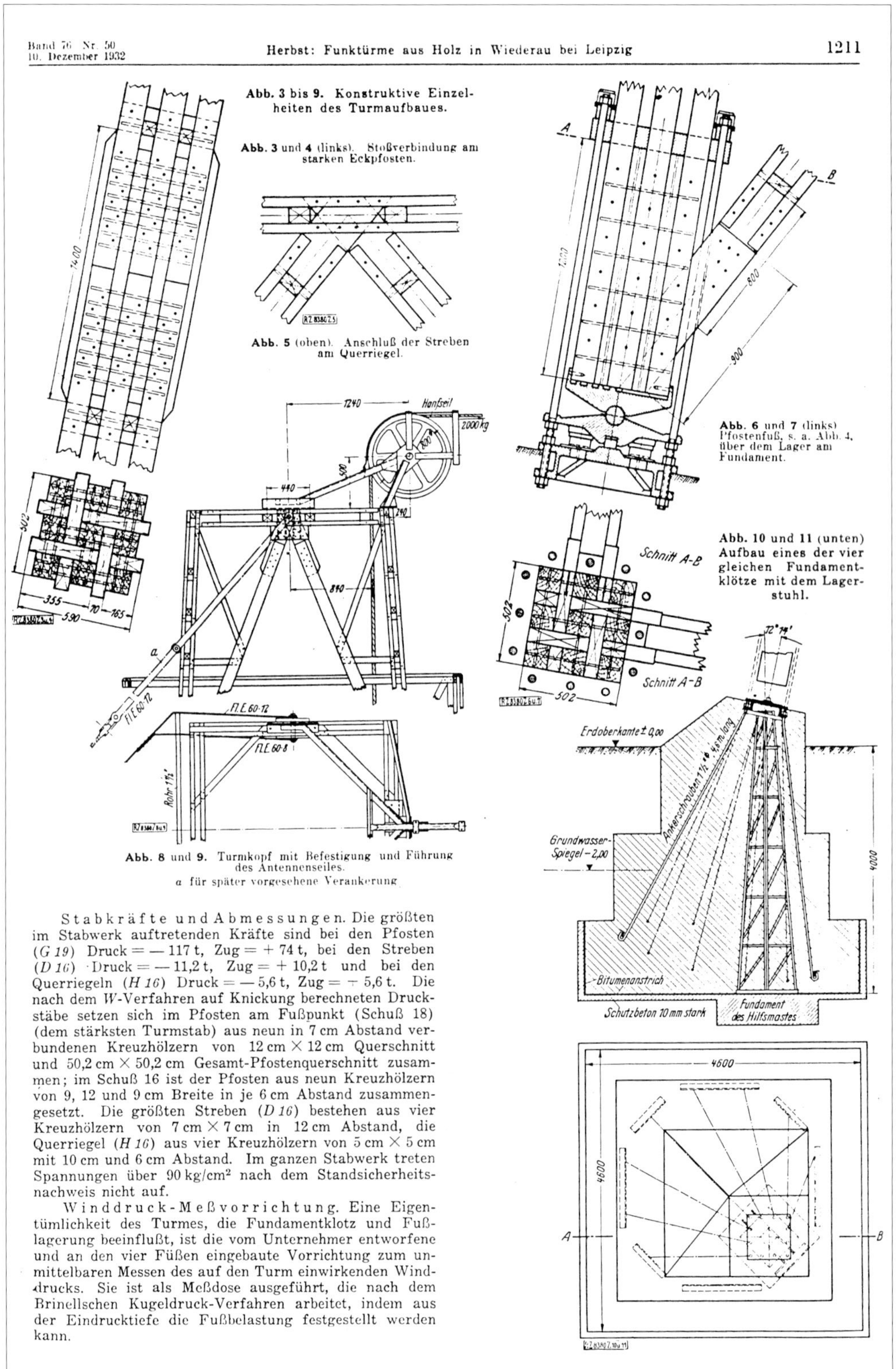

Band 76 Nr. 50
10. Dezember 1932

Herbst: Funktürme aus Holz in Wiederau bei Leipzig

1211

Abb. 3 bis 9. Konstruktive Einzelheiten des Turmaufbaues.

Abb. 3 und **4** (links). Stoßverbindung am starken Eckpfosten.

Abb. 5 (oben). Anschluß der Streben am Querriegel.

Abb. 6 und **7** (links). Pfostenfuß, s. a. Abb. 4, über dem Lager am Fundament.

Abb. 10 und 11 (unten) Aufbau eines der vier gleichen Fundamentklötze mit dem Lagerstuhl.

Abb. 8 und **9.** Turmkopf mit Befestigung und Führung des Antennenseiles.
a für später vorgesehene Verankerung

Stabkräfte und Abmessungen. Die größten im Stabwerk auftretenden Kräfte sind bei den Pfosten (*G 19*) Druck = — 117 t, Zug = + 74 t, bei den Streben (*D 16*) Druck = — 11,2 t, Zug = + 10,2 t und bei den Querriegeln (*H 16*) Druck = — 5,6 t, Zug = + 5,6 t. Die nach dem *W*-Verfahren auf Knickung berechneten Druckstäbe setzen sich im Pfosten am Fußpunkt (Schuß 18) (dem stärksten Turmstab) aus neun in 7 cm Abstand verbundenen Kreuzhölzern von 12 cm × 12 cm Querschnitt und 50,2 cm × 50,2 cm Gesamt-Pfostenquerschnitt zusammen; im Schuß 16 ist der Pfosten aus neun Kreuzhölzern von 9, 12 und 9 cm Breite in je 6 cm Abstand zusammengesetzt. Die größten Streben (*D 16*) bestehen aus vier Kreuzhölzern von 7 cm × 7 cm in 12 cm Abstand, die Querriegel (*H 16*) aus vier Kreuzhölzern von 5 cm × 5 cm mit 10 cm und 6 cm Abstand. Im ganzen Stabwerk treten Spannungen über 90 kg/cm² nach dem Standsicherheitsnachweis nicht auf.

Winddruck-Meßvorrichtung. Eine Eigentümlichkeit des Turmes, die Fundamentklotz und Fußlagerung beeinflußt, ist die vom Unternehmer entworfene und an den vier Füßen eingebaute Vorrichtung zum unmittelbaren Messen des auf den Turm einwirkenden Winddrucks. Sie ist als Meßdose ausgeführt, die nach dem Brinellschen Kugeldruck-Verfahren arbeitet, indem aus der Eindrucktiefe die Fußbelastung festgestellt werden kann.

Konstruktive Einzelheiten der Wiederauer Holztürme, Dezember 1932

Das Besondere und nach außen hin Auffällige des Großrundfunksenders waren seine „Funktürme“: zwei 125 m hohe, freistehende Holztürme aus amerikanischem Pechkiefernholz (Pitchpine). Dies ist ein Material, das stark harzhaltig und dadurch sehr widerstandsfähig ist; es hatte seine Eignung zum Mastbau bereits erwiesen. Gleichwohl wurde die Wahl dieses Holzes von der Öffentlichkeit mit Argwohn bedacht, doch der Montageleiter der ausführenden Baufirma PAUL MELTZER, Darmstadt, betonte, „daß Deutschland, ja ganz Europa ein dem Pitchpine gleichwertiges Holz nicht aufzuweisen hat“. Als Verbindungselemente dienten keine Schrauben, sondern ausschließlich Presssitzdübel aus verzinktem Stahl – 56.500 Stück wurden insgesamt verbaut! Diese beiden Holztürme waren seinerzeit die höchsten ihrer Art in Europa.

Zu ihrem Bau war eine besondere Hilfsvorrichtung konstruiert worden: ein „wandernder“ Hilfsturm in Turmmitte. Dieser Hilfsturm gab Anlass für manches Missverständnis, denn neugierige Zuschauer fragten, warum man denn für einen so kleinen Turm ein so großes Gerüst brauche? Die einzelnen Turmelemente wurden weitgehend vorgefertigt angeliefert; die Fußeckständer waren 8 m lang und wogen über 3 Tonnen! Die Anlage der Fundamente hatte Millimeterarbeit verlangt, um den senkrechten Stand der Türme zu gewährleisten. Der Mastfuß umschloss eine Bodenfläche von 25 m x 25 m; die Masten verjüngten sich bis auf 1,80 m x 1,80 m.

Zwischen beiden Türmen, die in einem Abstand von 312 m standen, war ein Hanfseil gespannt, an dem in der Mitte die 90 m lange senkrechte Reusen-Antenne aufgehängt war, direkt über dem Antennenhaus mit den Abstimm-Mitteln und dem Erdungsschalter.

Die Energieleitung vom Sender zum Antennen-Abstimmhäuschen wurde als doppelte Freileitung geführt.

„Behelfsmäßiges Antennenhaus“, welches zwischen den beiden Türmen stand. Rechts: Einführung der oberirdischen HF-Energieleitungen, links am Haus: Erdschalter und Verbindung zur Reusen-Antenne; 1932

Beim Bau des 3. Turmes; deutlich ist der zentrale Hilfsturm mit den Kranauslegern zu erkennen.

Überblick über die Senderanlage 1932; der Sender war bis zum 20. Mai 1963 in Betrieb.

Das Senderhaus mit beiden Antennentürmen; 1933

Die Senderanlage war aus einzelnen Bausteinen aufgebaut, die in Metallschränken übersichtlich nebeneinander aufgestellt waren. Der Sender bestand aus 7 Stufen und war quarzgesteuert. In der 3. Stufe erfolgte die Frequenzverdopplung; die Betriebsfrequenz betrug bei der Inbetriebnahme 770 kHz, entsprechend 389,6 m Wellenlänge. Neuartig war die Endstufe: Gegenüber dem bisher praktizierten Parallelschalten zahlreicher kleinerer Einzelröhren erlaubte die inzwischen verfügbare wassergekühlte 150-kW-Röhre RS 267 (direkt geheizt mit 35 V und 330 A, 10 kV Anodenspannung; 35 kg schwer) in Gegentaktschaltung eine Ausgangsleistung von 60 kW; die geforderte Sendeleistung von 120 kW erforderte also den Einsatz von je 2 parallelgeschalteten Röhren. Die Endstufe war als Reserve doppelt ausgeführt; bei Störungen konnte mit einem Handrad umgeschaltet werden. Beide Endstufen wurden regulär im täglichen Wechsel betrieben, um die Röhren über die Zeit gesehen gleichmäßig zu belasten. Die Übertragung der Ausgangsleistung vom Senderhaus zum Antennenhaus geschah anfangs über eine 200 m lange Freileitung.

Im Senderhaus waren alle Funktionen von einem zentralen Schaltpult aus zu steuern; erstmalig wurde ein umfangreiches Blockierungssystem für die Einschaltfolge der Senderstufen in Abhängigkeit von Kühlkreislauf, Heizstrom, Gitter- und Anodenspannung mit Dunkelschaltung aller Bereitschafts- und Alarmlampen während des Einregelns eingeführt. Auch alle Maschinensätze waren doppelt ausgeführt.

Die wassergekühlte künstliche Antenne war im Keller des Sendergebäudes untergebracht und gestattete die Messung des Senders bei voller Leistung von 120 kW ohne Abstrahlung über die Antenne; 1932

rechts oben: Montage der Senderendstufe · Im Bild: zwei der 150-kW-Röhren RS 267
rechts unten: Die beiden Senderendstufen mit dem „General-Umschalter"

links: Verstärker- und Überwachungsgestell im Großrundfunksender Leipzig.

Größenvergleich zweier Röhrengenerationen: links die luftgekühlte Senderöhre RS 15 von 1924, rechts die neue wassergekühlte Senderöhre RS 267 von 1932 mit einer Anodenverlustleistung von 80 kW bei einer Anodenspannung von 11 kV, Gewicht der Röhre 30 kg; in der Mitte eine Empfängerröhre

Die neue Sendeanlage während des Aufbaus

Nach Inbetriebnahme des Großsenders bemühte sich die „Mirag“-Zeitung, den Hörern Ratschläge zu erteilen, wie sie mit den schwierigen Empfangsproblemen fertig werden können – denn den meisten von ihnen standen nur einfache, weniger trennscharfe Empfangsgeräte zur Verfügung.

Wie höre ich Leipzig? Winke für Besitzer einfacher Geräte in Leipzig und Umg.

1. ABSTIMMUNG VERÄNDERN! Bei Skalen mit Teilung bis 100 auf 55—60, bis 200 auf 100—110 Grad drehen. Bei Wellenlängenteilung von 259 auf 390 drehen. — Bei Kilohertzteilung von 1160 auf 770 drehen. — Eventuelle Abweichungen der Teilung entsprechend berücksichtigen.
2. ERDLEITUNG NACHSEHEN! Bei Drahtbrüchen neue Leitung legen! Wasserleitung — wenn nicht noch bessere Erdungspunkte — benutzen! Dachrinnen, Gasrohre u. ä. sind häufig ungeeignet für die Erdung!
3. SPULEN VERGRÖSSERN! 35 Windungen sind zu wenig! Fragen Sie Ihren Funkhändler! Allgemein gültige Anweisungen lassen sich leider nicht geben.
4. NOCH BESSER: ANTENNE VERLÄNGERN! Zwischen Behelfsantenne — Dachrinne, Bettstelle u. a. Metallmassen — und Apparat eine Spule höherer Windungszahl einschalten. Wieviel Windungen? Hier 50, dort 100 und noch mehr. „Zu kurze" Innenantennen beliebiger Form sind ebenso zu behandeln! Am besten sind Außen- und Hochantennen!
5. LANGSAM DREHEN! Besonders bei Detektorempfängern! Man beachte: Wenn der Detektor nicht richtig eingestellt ist, kann man nichts hören!
6. PROBIEREN, IMMER WIEDER PROBIEREN! Ein wenig Geduld gehört auch dazu! Es geht aber bestimmt auf irgendeine Weise! Nr. 45, S. 13, „Wie hört man Leipzig in Leipzig?" Genau durchlesen!
7. WENN'S GAR NICHT GEHEN WILL, ist auch die Rundfunkstörungsstelle — Fernsprechamt — zur kostenlosen Beratung und Hilfe bereit!

Der Sammler historischer Rundfunkgeräte erlebt manchmal glückliche Zufälle: Ganz in der Nähe von Wiederau war auf einem Dachboden ein Empfänger „MENDE Super-Selektiv“ nach seiner Stillegung wohlverwahrt worden – als „Familienschatz“ sozusagen, der unlängst gehoben werden konnte. Hier sehen wir das Innere des Empfängers, noch mit dem Original-Staub der vergangenen Jahrzehnte; nur die Abdeckungen des Fünffach-Drehkondensators sind angehoben.

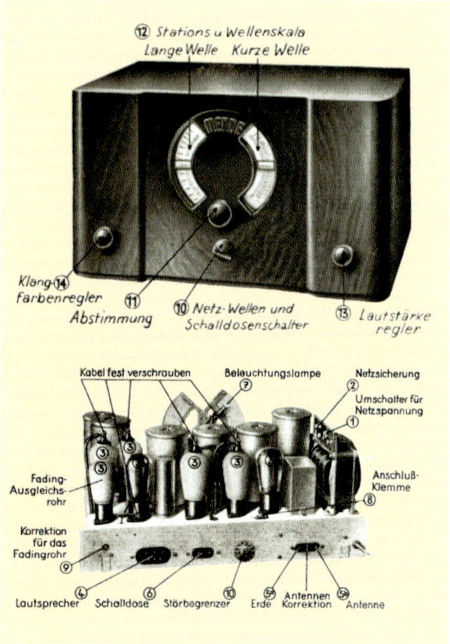

Der Fünfkreis-Geradeausempfänger „MENDE Super-Selektiv“ war in Wiederau als „Kontroll- und Ballempfänger“ eingesetzt. Dieses Modell war das einzige seiner Art auf dem deutschen Markt: trennscharf wie ein guter Super, aber ganz ohne die Gefahr von Pfeifstellen. Die gezeigte Ausführung „Kabinett“ (ohne Lautsprecher) kostete komplett mit 7 Röhren 356,10 RM! Abbildungen aus der Bedienungsanleitung

Die Endstufen des Leipziger Großrundfunksenders in Wiederau; Bild von PAUL GERHARDT; 1932

Großrundfunksender Leipzig ist da!

Beobachtungen ◆ Glossen ◆ Großsender Mailand

Schneller als es die von uns im vorigen Heft zitierten „Fachleute" ahnen konnten, ist der neue mitteldeutsche Großrundfunksender Leipzig bei Wiederau dem Betrieb übergeben worden. Leider reichte die Zeit nicht mehr aus, daß wir unseren Freunden schon im vorigen Heft Mitteilung von der bevorstehenden Indienststellung am Freitag, 28. Oktober, geben konnten.

Inzwischen ist diese Benachrichtigung aber entweder über den alten Leipziger Sender oder durch die Tagespresse erfolgt. Damit ist der Großrundfunksender Leipzig auch für alle diejenigen Hörer zur Tatsache geworden, die nicht auf die seit etwa drei Wochen fast täglich nach Schluß der Darbietungen des Mitteldeutschen Rundfunks folgenden Versuchssendungen lauschen konnten. Sehr viele Hörer werden sich nunmehr damit befassen, den Fernempfang ihrer Geräte den neuen Verhältnissen anzupassen. Darüber hinaus wird es aber auch in unserem Sendeort Leipzig, der — wie wir schon andeuteten — beinahe nicht mehr der Sendeort ist, Besitzer von einfacheren Empfangsgeräten geben, welche die Lautstärke dieser Empfänger verbessern wollen. Wir möchten bei dieser Gelegenheit ganz allgemein anregen, zu probieren. Nach Mitteilungen, die wir erhalten haben, liegt die scheinbar erstaunliche Tatsache vor, daß der Großrundfunksender sich in Orten, die etwa 40 bis 50 km von Leipzig entfernt liegen, breiter bemerkbar macht als in Leipzig selbst. Dabei ist immer wieder zu bemerken, was wir im vorigen Heft ausgesprochen hatten: Die Zimmerantenne macht für den kleinen und mittleren Empfänger den neuen Sender zur Fernstation. Er muß gesucht werden und benötigt enge Kopplung, vielleicht auch eine sehr fest angezogene Rückkopplung. Wenn schon heute mitgeteilt wird, daß in einzelnen Orten sich Hörer befinden, bei denen der neue Sender von Königsberg bis Budapest zum Herrscher des ganzen Wellenbereiches geworden ist, so möchten wir nochmals auf diejenigen Punkte hinweisen, die wir an den Anfang dieser Bastelweltausgabe gestellt haben. Es gibt Sperrkreise, Vorsatzgeräte, es gibt Möglichkeiten zur Verbesserung der Antennen- und Erdungsanlage, es gibt Möglichkeiten zur Säuberung des Netzes und es gibt auch Geräte und Empfangsorte, in und an denen der Großrundfunksender Leipzig nicht so durchschlagend auftritt.

Wie wir schon früher zum Ausdruck gebracht haben, halten wir es für die Aufgabe des Fachhandels und der Fachpresse, den Besitzern von Fernempfangsgeräten über die Schwierigkeiten, welche ihnen durch die Verstärkung Leipzigs erwachsen, hinwegzuhelfen. Man braucht also nicht zu früh die Flinte ins Korn oder seinen Empfänger zum alten Eisen zu werfen.

Die Versuchssendungen gaben wiederum Veranlassung zu allerhand „fachmännischen" Glossen, von denen wir einige kurz auf ihre Berechtigung prüfen wollen.

Über die klangliche Güte des neuen Großrundfunksenders hatten wir unsere Erfahrungen und Beobachtungen schon in Heft 43 mitgeteilt. Um den gelegentlich genannten „Klirrfaktor" wollen wir uns nicht kümmern, weil er eine speziell die Baufirma und die auftraggebende Behörde angehende Sache ist. Es spielen dabei verschiedene Amplituden der verstärkten Schwingung und der Oberschwingungen eine Rolle. Sowohl kleine als auch große Hochfrequenzspannungen am Gitter eines Rohres haben ein Ansteigen des Klirrfaktors zu Folge, der seinen günstigsten, d. h. am wenigsten störenden Wert bei einer bestimmten Hochfrequenzspannung besitzt. Die hörbaren Auswirkungen des Klirrfaktors bei Musik sind, je nach Art des Orchesters, Heiserkeit, Knarren, Klangfarbenänderung, Kratzen usw. Sie können auf der Sender- wie auf der Empfängerseite auftreten. Diese kurzen Erläuterungen und der Hinweis, daß wir es nicht „klirren" hörten, sollen genügen.

Wenn aber gesagt wird, daß man den Großen „wesentlich lauter als etwa Prag und Mühlacker, die hier in Leipzig . . . am lautstärksten empfangenen Sender", höre, so finden wir einmal diese Auswahl etwas bescheiden. Und dann hatten wir eigentlich von Anfang an keine Sekunde zu bezweifeln gewagt, daß der Große zumindest in Leipzig „wesentlich lauter" als Prag und Mühlacker zu hören sein müßte. Zumal vor Monaten einmal die Mutmaßung ausgesprochen worden war, daß wir ihn schon mit Detektor in den Lautsprecher bekommen würden (!). Wir sind außerdem überzeugt, daß Baufirma und Reichspost über diesen unerwarteten Erfolg sehr glücklich sein werden. Hoffentlich kann man den Sender auch im mitteldeutschen Bezirk ein wenig hören. (Für unsere Freunde sei bemerkt, daß wir schon den alten Sender im Ausstellungsgelände „wesentlich lauter als Prag und Mühlacker" gehört haben, obwohl uns die beiden immer tüchtig anbrüllen).

Schließlich wird noch festgestellt, daß mit „einem einigermaßen selektiven Superhet" „die Durchschlagsbreite übrigens minimal" sei. Und da waren wir bisher der primitiven Ansicht, daß das bei einem Super mit Bandfiltern, Exponentialröhren, einer kaum noch weiter zu treibenden Panzerung und anderen nebensächlichen Kleinigkeiten eigentlich selbstverständlich sei! Besonders weil es Leute in Leipzig gibt, die während der Versuchssendung mit so einem „einigermaßen selektiven Superhet" noch Toulouse so aufnehmen konnten, daß es wirklich Toulouse blieb. Und wir selbst, — — nun wir sprachen ja schon im vorigen Heft darüber.

Und wenn wir uns jetzt ganz kurz in Europa umsehen, so wäre besonders auf Mailand hinzuweisen: auch von diesem Sender ist leider zu spät bekannt geworden, daß er zusammen mit unserem neuen am 28. Oktober offiziell eingeweiht wird, daß aber die Möglichkeit besteht, ihn für letzte Instandsetzungsarbeiten anschließend nochmals kurze Zeit aus dem Verkehr zu nehmen. Die Probesendungen des Mailänder Großsenders mit 50 kW auf Welle 331,4 (905 kHz) haben bereits begonnen, und es wird mitgeteilt, daß er fast überall in Italien mit der gleichen Lautstärke wie Rom aufzunehmen sei.

Zum Schluß sollen noch einige Bemerkungen zu den letzten Veränderungen im europäischen Rundfunkwellenband folgen: Dabei ist zunächst die Mitteilung interessant, daß man die Prüfungsmethoden für die regelmäßige Kontrolle der Wellenkonstanz der europäischen Rundfunksender auf eine Genauigkeit von 1 : 100 000 gegenüber derjenigen von 1 : 10 000 aus dem Jahre 1927 gebracht hat. Erforderlichenfalls könnte die Genauigkeit sogar noch gesteigert werden. In den letzten Monaten ist man ferner dazu übergegangen, die Frequenzmodulation zu messen. Bei Übermodulation würde sich nämlich in dem dicht besetzten Wellenband allerhand an neuen Störungen ergeben.

Als Sitz der Wellenkontrollstelle, die der Weltrundfunkverein eingerichtet hat, wurde Brüssel gewählt, das mit den nationalen Kontrollstellen in Berlin, Tatsfield (England), Madrid, Helsingfors, Warschau, Lissabon, Stockholm, Prag, Sesto-Calende (Italien) und Mojaisk (Rußland) zusammenarbeitet. In Berlin werden die Messungen bekanntlich im Reichspostzentralamt mit eigenen und sehr empfindlichen Apparaturen vorgenommen.

Die Organisation ist so hervorragend eingespielt, daß gelegentliche Abweichungen in kürzester Frist teils durch Telegramme, teils durch Telephongespräche abgestellt werden. Als Beispiel hierfür kann der Sender Stockholm genannt werden, der im September an einem einzigen Tage um 2 kHz von der vorgeschriebenen Bahn abwich.

links: Die „Mirag" über den neuen Großsender

Erstmalig im Senderbau wurden beim Leipziger Sender gittergesteuerte Gleichrichter mit rotierendem Zündverteiler benutzt. Störungen durch Überschläge in den Leistungsröhren beschränkten sich dadurch auf fast unhörbare Sekundenbruchteile.

Die Senderanlage erhielt ihre Energie in Form von Drehstrom von 6 kV vom Kraftwerk Böhlen über zwei getrennt verlegte Kabel. Die Modulationszuführung vom Leipziger Funkhaus erfolgte über Postkabel; als Kontroll- und Ballempfänger stand in Wiederau der Fünfkreis-Geradeausempfänger „Super-Selektiv" von MENDE-RADIO Dresden zur Verfügung.

Werbeanzeige der STASSFURTER RUNDFUNK-GESELLSCHAFT für ihren besonders trennscharfen Hochleistungsempfänger „Imperial 5"; 1932

Diapositiv der Rundfunkgerätefirma SACHSENWERK NIEDERSEDLITZ/SA. bei Dresden, 1931 eingesetzt für die Kinowerbung eines Freiberger Radiohändlers

Verlegung des HF-Energiekabels zum neuen Holzturm mit der schwundmindernden Antenne durch den Bautrupp Pegau der Deutschen Reichspost; 1935

rechts: Verlegung der HF-Energieleitung als Erdkabel zum Antennen-Abstimmhaus; 1935/36

Diese Luftaufnahme vom 3. Turm lässt auch das verlegte Erdnetz erahnen; 1935

Wie nahmen denn nun die Hörer den neuen Sender auf?

Zahlreiche Empfangsberichte lobten die vorzügliche Tonqualität, den geringen Schwund und die bessere Konstanz der Trägerwelle. Damit nahm natürlich die Beliebtheit des Leipziger Senders als „Musiksender" weiter zu. Die Zahl der angemeldeten Rundfunkteilnehmer im mitteldeutschen Sendebezirk hatte sich von 100.000 im Jahre 1926 auf über 600.000 Ende 1932 erhöht, das waren etwa 20 % aller deutschen Hörer. Doch gab es zahlreiche Hörer, die – wie zu erwarten war – vom neuen Sender nicht so sehr begeistert waren. Im Stadtgebiet von Leipzig beispielsweise ergab sich eine völlig andere Feldstärkeverteilung, der Empfang war stellenweise schlechter als vorher! Zwar konnte man jetzt in einem viel größeren Umkreis von Leipzig bzw. Wiederau das Programm mit dem Detektorapparat empfangen, jedoch war es bei den vielen Röhrengeräten mit dem Empfang ferner Sender zunächst vorbei – der „Ortssender schlug durch"! Um Abhilfe bemühten sich unzählige Ratschläge, die über die Funkzeitschriften verbreitet wurden: Mit Sperrkreisen, selbstgebaut oder fertig gekauft, sollte das Übel bekämpft werden. Die Empfehlungen mündeten alle in den Slogan: „Probieren, immer wieder probieren!"

Durch die Leistungserhöhung vergrößerte sich, wie geplant, gegenüber dem Sender auf dem Leipziger Messegelände das durch die Bodenwelle versorgte Gebiet beträchtlich, jedoch traten mit Beginn der Dämmerung bereits ab etwa 80 km Entfernung unerwartete Lautstärkeschwankungen und Verzerrungen

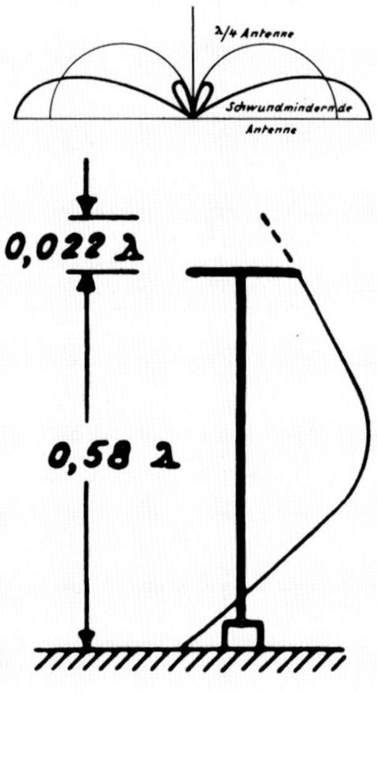

links: Im Reichspost-Zentralamt und bei den Senderbaufirmen LORENZ und TELEFUNKEN wurden die Voraussetzungen für den Bau schwundmindernder Antennen geschaffen.
rechts: 1935 wurde der 3. Holzturm für die schwundmindernde Antenne errichtet, er erreichte eine Höhe von 150 m.

auf, die Folge des „Nahschwunds", auch „Fading" genannt. Diese sehr lästigen Überlagerungen entstehen immer dann, wenn zwischen der Bodenwelle und der an der Ionosphäre reflektierten Raumwelle unterschiedliche Weglängen und damit Phasendifferenzen auftreten. Ab 1930 hatte man damit begonnen, diesen Störeffekt näher zu untersuchen. Es wurde erkannt, dass es darauf ankommt, die von der Antenne steil nach oben ausgestrahlte Energie zu verringern, um den Bereich schwundfreien Empfangs zu vergrößern. Auf Grund von Berechnungen, Strahlungsversuchen und Flugzeugmessungen wurde eine Eindraht-Halbwellenantenne entwickelt, die in geringer Höhe über dem Erdboden so gespeist wird, dass sich ein „Stromknoten" ausbildet, der das gewünschte Richtdiagramm mit verringerter Steilstrahlung, mit verringerter Raumwelle also, zur Folge hat. Da aber Halbwellenantennen zu hohe Bauwerke erfordert hätten, blieb man bei niedrigeren Türmen und verlängerte die Antenne elektrisch durch eine „Dachkapazität".

Nur für kurze Zeit waren in Wiederau 3 Holztürme zu sehen!

Beim Bau des 3. Turmes; der Durchblick zu einem der ersten beiden Türme gibt einen Eindruck von den gewaltigen Ausmaßen dieser Bauwerke; 1935

Der Großsender Leipzig bekam, nach der ersten großtechnischen Erprobung beim Sender Breslau, im Jahre 1935 eine neue, schwundmindernde Antenne, die am 15. Oktober in Betrieb ging. Dafür war ein neuer, 150 m hoher Holzturm aufgestellt worden, der bis 1953 das Wahrzeichen Wiederaus war und dessen Fundamente man noch heute entdecken kann. Der Umbau der Antennenanlage war mit einer Modernisierung der Senderendstufe verbunden, denn inzwischen standen die im Betrieb ökonomischeren Hochleistungs-Senderöhren RS 300 (300 kW) zur Verfügung, von denen nun zwei für die 120-kW-Senderendstufe ausreichten. Die Empfangsverbesserungen waren bedeutend; der schwundfreie Versorgungsradius vergrößerte sich um mehr als 30 km, die Fläche ungestörten Empfangs verdoppelte sich. Weitere Verbesserungen der Wiederauer Sendeanlagen vor dem 2. Weltkrieg erfolgten 1936 durch Bau eines noch heute vorhandenen Abstimmhauses sowie durch eine geschirmte Speiseleitung zur Antenne. Eine schärfere Nullstelle verbesserte nochmals das Strahlungsfeld des Senders.

Mit Inkrafttreten des Luzerner Wellenplans ab 15. 1. 1934 hatte Leipzig die Frequenz 785 kHz erhalten, die bis 1950 beibehalten wurde; heute sendet MDR Info auf 783 kHz!

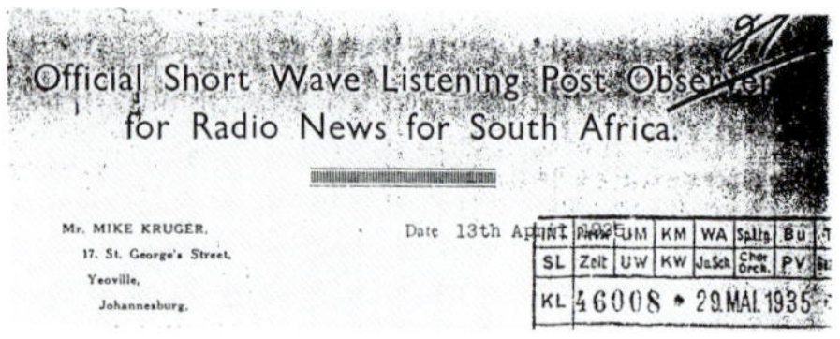

Official Short Wave Listening Post Observer
for Radio News for South Africa.

Mr. MIKE KRUGER,
17, St. George's Street,
Yeoville,
Johannesburg.

Date 13th April 1935

KL 46008 • 29.MAI.1935

KELLER'S RADIO CALL BOOK and LOG
Keller Publishing Company, St. Paul, Minnesota
"The Magazine Of, For, and By DXers."

R. H. TOMLINSON
SHORT WAVE EDITOR
Port Chester, N. Y.

Großrundfunksender Leipzig
Eing. 19.MRZ.1935

Test Deutscher Rundfunk.
Radio Station Leipzig,
Leipzig, Germany.

KL 72519 • -5.DEZ.1934

12
9 cents

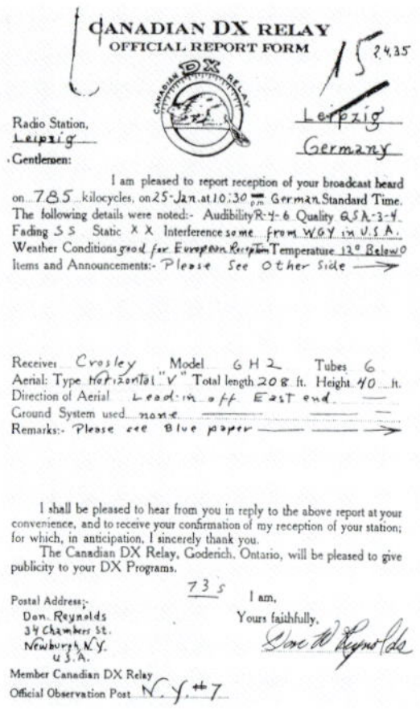

CANADIAN DX RELAY
OFFICIAL REPORT FORM

15 2.4.35

Radio Station,
Leipzig
Gentlemen:

Leipzig
Germany

I am pleased to report reception of your broadcast heard on 785 kilocycles, on 25-Jan. at 10:30 p.m. German Standard Time.
The following details were noted:- Audibility R-4-6 Quality QSA-3-4
Fading SS Static XX Interference some from WGY in U.S.A.
Weather Conditions good for European Reception Temperature 12° Below 0
Items and Announcements:- Please See Other Side →

Receiver Crosley Model GH2 Tubes 6
Aerial: Type Horizontal "V" Total length 208 ft. Height 40 ft.
Direction of Aerial Lead-in off East end
Ground System used none
Remarks:- Please see Blue paper →

I shall be pleased to hear from you in reply to the above report at your convenience, and to receive your confirmation of my reception of your station; for which, in anticipation, I sincerely thank you.
The Canadian DX Relay, Goderich, Ontario, will be pleased to give publicity to your DX Programs.

73 s
I am,
Yours faithfully,
Don W. Reynolds

Postal Address:-
Don. Reynolds
34 Chambers St.
Newburgh, N.Y.
U.S.A.

Member Canadian DX Relay
Official Observation Post N.Y. #7

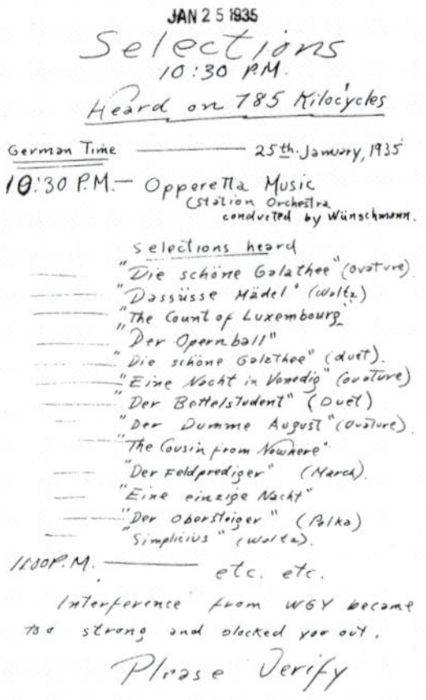

JAN 25 1935

Selections
10:30 P.M.
Heard on 785 Kilocycles

German Time — 25th. January, 1935

10:30 P.M. — Opperetta Music
(Station Orchestra
conducted by Wünschmann.

selections heard
"Die schöne Galathee" (overture)
"Dassüsse Mädel" (Waltz)
"The Count of Luxembourg"
"Der Opernball"
"Die schöne Galathee" (duet).
"Eine Nacht in Venedig" (overture)
"Der Bettelstudent" (Duet)
"Der Dumme August" (Overture)
"The Cousin from Nowhere"
"Der Feldprediger" (March).
"Eine einzige Nacht"
"Der Obersteiger" (Polka)
"Simplicius" (Waltz).

11:00 P.M. — etc. etc.

Interference from WGY became too strong and blocked you out.

Please Verify

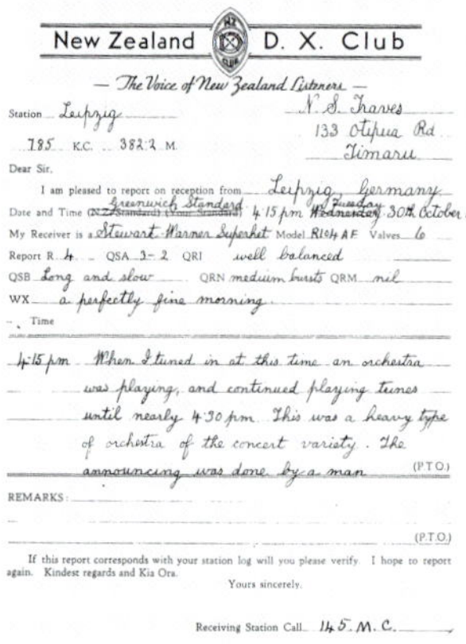

New Zealand D. X. Club
— The Voice of New Zealand Listeners —

Station Leipzig
785 K.C. 382.2 M.

N. S. Traves
133 Otipua Rd
Timaru

Dear Sir,
I am pleased to report on reception from Leipzig, Germany
Date and Time Greenwich Standard 4.15 pm Tuesday 30th October 193
My Receiver is a Stewart Warner Superhet Model R104 AF Valves 6
Report R 4 QSA 3-2 QRI well balanced
QSB Long and slow QRN medium bursts QRM nil
WX a perfectly fine morning.

Time
4:15 pm When I tuned in at this time an orchestra was playing, and continued playing tunes until nearly 4:30 pm. This was a heavy type of orchestra of the concert variety. The announcing was done by a man (P.T.O.)

REMARKS:

(P.T.O.)

If this report corresponds with your station log will you please verify. I hope to report again. Kindest regards and Kia Ora.
Yours sincerely,

Receiving Station Call 145. M. C.

Empfangsberichte über den Großsender Leipzig aus Amerika, Afrika und Neuseeland von 1934/35: Belege für einen starken Sender, aber auch für außergewöhnliche Ausbreitungsbedingungen

Das einzigartige Abstimmhaus von Wiederau im Frühjahr 1999

Dieses Antennen-Abstimmhaus des Wiederauer Senders, 1936 gebaut, stand genau unter dem 150 m hohen, dritten und letzten Holzturm des Großsenders; er wurde 1953 gesprengt. Das Abstimmhaus war bis 1998 für den Leipziger Mittelwellensender aktiv und ist innen auch jetzt noch „funktionsfähig" ausgestattet. Im Vordergrund erkennt man eines der alten Turmfundamente; Foto von 1991

Die Eröffnung des „Großsenders Leipzig“

Im Kammermusiksaale des Gewandhauses

Die Verwaltung der Deutschen Reichspost hat am gestrigen Freitag den Großrundfunksender Leipzig mit der Aufnahme des normalen Tagesprogrammes dem normalen Funkbetrieb übergeben. Aus diesem Anlaß hatte der Präsident der Oberpostdirektion Leipzig für Freitag vormittag in den Kammermusiksaal des Gewandhauses zu einer schlichten Eröffnungsfeier geladen, in der bei Musik und festlich gestimmtem Wort dem Großrundfunksender Leipzig die Taufreden gehalten wurden.

Der Einladung des Präsidenten Bergs waren all die Behördenvertreter und Persönlichkeiten gefolgt, die Leipzig bei derartig kulturpolitisch wichtigen Anlässen zu repräsentieren pflegen; ohne auf Vollständigkeit der Liste Anspruch zu erheben, nennen wir neben dem Stabe der Oberpostdirektion Ministerpräsident Schieck und Kreishauptmann Marcus, Oberbürgermeister Dr. Goerdeler, die Herren der Miragleitung Dr. Kohl und Dr. Otto, Universitätsrektor Prof. Dr. Litt, Direktor Prof. Davisson vom Konservatorium, Verleger Brockhaus für das Gewandhausdirektorium, Oberstleutnant Friderici mit Herren der Reichswehr, Handelskammerpräsident Bolte, Vertreter von Presse, Industrie und Wirtschaft — ein ganzer Saal voll festlich gestimmter Menschen, die dieser Feier vor dem Mikrophon beiwohnten.

Professor Dr. Neubeck,
Intendant der Mirag.

Die Einweihung des neuen Senders nahm ihren Anfang mit dem Vortrag des Meistersingervorspiels durch das Leipziger Sinfonieorchester unter Leitung Professor Neubecks. Die Geigen haben große Leuchtkraft in dem kleinen holzgetäfelten Saale und das schwere Blech klingt schön durchsichtig und gar nicht massig.

Die Taufrede

hielt sodann Oberpräsident Bergs, der nach einer sehr herzlichen Begrüßung des Herrn Ministerpräsidenten und der Herren der Mirag die nationale Bedeutung des neuen Großsenders in den Vordergrund der Betrachtung stellte. Leipzig und Deutschland mit ihm besitzt in dem neuen Sender eine wundervolle Waffe, überall in der Welt Deutschlands Anspruch auf kulturelle Geltung zu verteidigen und die

nationale und seelische Verbundenheit aller Deutschen innerhalb und außerhalb der Reichsgrenzen zu pflegen.

Mit einem Gedenken für den Physiker Heinrich Hertz, dessen Arbeiten die Technik die Eroberung des Rundfunks vor allem verdankt, und mit der Aufforderung, die „deutsche Sendung“ des neuen Senders durch gemeinsamen Gesang des Deutschlandliedes zu bekräftigen, schloß Oberpräsident Bergs seine Taufrede.

Ihm folgte ein Taufspruch

des Vorstands der Mirag Dr. Kohl,

der an den bekenntnishaften Gesang des Deutschlandliedes anknüpfend den Gedanken der nationalen Verpflichtung und der kulturpolitischen Führung als die unverwischbare Richtlinie für die Tätigkeit der Mirag aufstellte, die als ein Freudenbringer in der Verwaltung des Kulturbesitzes der heimatlichen Landschaft ihr Teil am Neuaufbau der deutschen Volksseele leisten will.

Als nächster Redner ergriff

Ministerpräsident Schieck

das Wort. Der Ministerpräsident gab einen Rückblick über die Entwicklung der Technik in den letzten Menschenaltern, anknüpfend an die mitteldeutschen Eisenbahnpläne Friedrich Lists und an die Errichtung der ersten Fernsprecheinrichtung vor fünfzig Jahren, würdigte er den gewaltigen Fortschritt, den die Nachrichtentechnik gerade in den letzten neun Jahren mit dem Ausbau des deutschen Rundfunknetzes genommen hat. Dieses Wachstum ins Große, in den Großbetrieb, lege Verpflichtungen und Verantwortungen auf, die von allen Mitarbeitern der Mirag nur erfüllt werden können

im Geiste nationaler und sittlicher Verpflichtung gegen die deutsche Familie, gegen den deutschen Staat und gegen das deutsche Volk.

Der Rundfunk steht im Dienste des ganzen deutschen Volkes und er wird seine kulturelle Verpflichtung gegenüber dem Auslande am reinsten erfüllen, wenn er deutsche Art und deutsche Sitte würdig pflegt.

Oberbürgermeister Dr. Goerdeler

überbrachte in seiner knappen gehaltvollen Art die Glückwünsche Leipzigs. Leipzig freut sich, den deutschen Großsender zu besitzen, die Verbindung des Rundfunks mit den alten kulturellen Institutionen der Stadt ergebe reiche Wirkungsmöglichkeiten.

„Erbauung, Erheiterung und Trost“,

in diese drei Worte faßte Dr. Goerdeler das Programm des Rundfunks in der Bach- und Wagnerstadt Leipzig.

Der Rektor der Universität, Professor Dr. Litt,

sprach in freier Rede eine geistreiche Plauderei ins Mikrophon, in der er die Wirkungsmöglichkeit der modernen Nachrichtentechnik in Breite und Weite und ihre erzieherische Mission feierte, die den Vortragenden in gleicher Weise zu Verständlichkeit und Kürze zwinge.

Es folgte in der Reihe der Taufsprüche

Aufsichtsratsvorsitzender der Mirag Dr. Otto,

der eine gedankenreiche Diagnose der soziologischen Position des Rundfunks im gesellschaftlichen Aufbau unserer Zeit ins Mikrophon sprach.

Direktor Ambrosius

von der Oberpostdirektion Leipzig erläuterte dann den technischen Aufbau des Großsenders Leipzig. Seine Ausführungen wurden ergänzt durch eine Besichtigung der Anlagen in Wiederau, die unter der Führung von Beamten der Reichspost den Gästen der Einweihungsfeier in Betrieb gezeigt wurden.

Die Leipziger Führer des Rundfunks bei der Eröffnungsfeier

Bergs, Präsident der Oberpostdirektion — Ambrosius, Abteilungsdirektor bei der Oberpostdirektion — Dr. Otto, Vors. d. Aufsichtsrates der Mirag — Dr. Kohl, Vorstand der Mirag

Den froh beschwingten Beschluß der Gewandhausfeier machte das Sinfonieorchester unter Prof. Dr. Neubecks Leitung mit dem Schlußsatz aus Beethovens Vierter Symphonie.

Ausbau, Einrichtung und Arbeitsweise des neuen Senders sind hier während der verschiedenen Bauabschnitte des öfteren so ausführlich behandelt worden, daß sich heute eine Wiederholung bekannter Dinge erübrigt.

Zu gegebener Zeit und sobald genügend Beobachtungsmaterial vorliegt, wird noch einiges über Reichweite und Fadingzonen des neuen Senders zu sagen sein.

Die „Mirag-Mappe“ vom Frühjahr 1933 war so etwas wie ein „Führer für den Wellenbummler“. Die Mappe enthält ein „siebenfarbiges Sender-Relief der Mirag-Zeitung“ sowie ein nach Ländern und nach dem Alphabet geordnetes Senderverzeichnis mit den Standorten und den genauen Daten der damals fast 190 europäischen Rundfunksender. Für die „Mirag“-Leser kostete die Mappe 1,80 RM einschließlich Porto.

1939 wurde in Wiederau von der Fa. LORENZ ein zweiter MW-Sender, genannt „Leipzig II“, aufgestellt, der noch heute einsatzfähig ist.

Wiederau ist heute ein wichtiger Senderstandort der DEUTSCHEN TELEKOM AG für den Mitteldeutschen Rundfunk, doch wie lange der historische LORENZ-Sender und die Schiffsdiesel der Notstromversorgung noch stehen bleiben ist ungewiss. Und dann? Vielleicht können ja doch wesentliche Teile davon in einem Museum erhalten werden. Doch wie wäre das wohl weit und breit einmalige Antennen-Abstimmhaus von 1936 der Nachwelt zu erhalten?

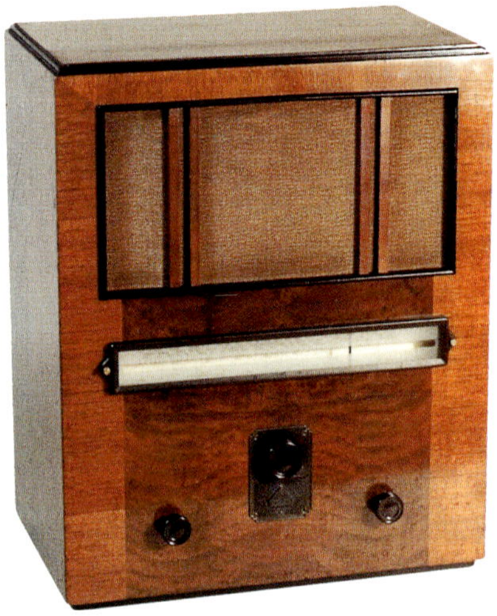

Mit dem Aufkommen der neuen Großsender wurden auch leistungsfähigere Empfänger auf den Markt gebracht. Der erste Superhet-Empfänger von SIEMENS war der Typ 55 WL Er besitzt einen fremderregten elektrodynamischen Lautsprecher und eine für das Baujahr 1932 recht fortschrittliche Skala mit Sendernamen (s. S. 169 ff)

Imperial 5, der 5 Röhren-Bandfilter-Superhet

Lieferbar als Nußbaum-Truhe, Midget oder Musikschrank
für Wechselstrom 110, 125, 150 oder 220 Volt oder Gleichstrom 220 Volt.

Dieser **5-Röhren-Bandfilter-Superhet** ist der Standard-Apparat unter den Superhet-Empfängern, ein Gerät, dessen Konstruktion unabhängig von den Tageslaunen der Technik modern bleibt und auch **heute** in keiner Beziehung übertroffen werden kann. Der Apparat mit seinen bewährten Röhren hat in der Praxis alles das gehalten, was von ihm versprochen worden ist.

Die bewährten Eigenschaften des „Imperial 5":

1. **8 abgestimmte Kreise,** davon 3 Hochfrequenzkreise
2. **Absolute Selektivität von 9 KH** ohne Beschneidung der Resonanzkurve
3. **3 Bandfilterpaare,** davon 1 Bandfilter im Hochfrequenzteil
4. **Neuartige Oszillatorschaltung,** größere Selektivität und Lautstärke
5. **Patentierte Zwischenfrequenz-Transformatoren,** ohne jede Nachstimmung dauernd konstant
6. **Keine Doppelwelligkeit**
7. Einstellbare und automatische **Lautstärke-Regulierung und Umschalter für Klangfarbe**
8. **Neuartiger Fading-Ausgleich** ohne jeden Sperreffekt
9. **Absolute Einknopfabstimmung** mit 4-Gang-Drehkondensator
10. **Geeichte Stationsskala** in der bewährten übersichtlichen Form mit ca. 100 direkt ablesbaren Sendern
11. **Niedrigster Störspiegel,** der technisch überhaupt erreicht werden kann
12. **Anschluß für Kurzwellen-Vorsatzgerät**

Nußbaum-Truhe

Apparat mit eingebautem Lautsprecher.

Preise, Maße und Gewichte Seite 11.

Kurzwellen-Vorsatzgerät zum „Imperial 5"

Wellenbereich: 15-70 m, viermal unterteilt 15 bis 21 m, 21 bis 35 m, 33 bis 47 m, 47 bis 70 m.

Höchste Selektivität und bequemste Bedienung.

In Verbindung mit dem Imperial 5 bekommt man eine Kurzwellenempfangsanlage, wie sie besser nicht sein kann, da alle 6 Röhren mitarbeiten und verstärken.

Chassis

Der „Imperial 5" hat folgende 5 Stufen:

1. **Bandfilter-Vorstufe** mit Hochleistungs-Schirmgitterröhre	RENS 1264
2. **Schirmgitter-Oszillatorstufe** mit Schirmgitterröhre	RENS 1204
3. **Zwischenfrequenz-Stufe** mit Hochleistungs-Schirmgitterröhre	RENS 1264
4. **Schirmgitter-Audion** mit Schirmgitterröhre	RENS 1204
5. **Endstufe,** Leistung 2 Watt, mit **Kraft-Penthode**	RES 374

Im eleganten „Kathedral"-Gehäuse – ganz nach amerikanischem Vorbild – kam 1931 der Dreikreis-Empfänger „T 341 WL" von TELEFUNKEN daher. Er hat das Chassis des bekannten „Katzenkopf"-Radios, das in der Ausführung mit Bakelit-Gehäuse und ohne eingebauten Lautsprecher häufiger ist als das hier gezeigte Kombi-Modell.

links: Der Sechskreissuper „Cyclo-Super S 2400 WL" von KÖRTING-RADIO, Leipzig, wurde vom Hersteller „die Krone 10jähriger deutscher Radiotechnik" genannt. „Der volldynamische Körting-Spezial-Lautsprecher vermittelt eine vollendete, klangschöne Wiedergabe", heißt es in der Beschreibung – sicher auch wegen der inzwischen gesteigerten Tonqualität der Sender! Der Cyclo-Super arbeitet in Reflexschaltung: Er hat nur 3 Röhren, die mehrfach ausgenutzt werden. Baujahr 1933, Preis 264,- RM

rechts: Einfach in der Konzeption, doch im schmucken Nussbaumgehäuse noch mal so wertvoll: der Dreiröhren-Einkreisempfänger „WEGA W 77 spezial" von 1933 zu 115,75 RM

links: Zweikreis-Zweiröhren-Empfänger „230 WL", SABA, Villingen, 1934. Reflexschaltung, elektrodynamischer Lautsprecher mit ellipsenförmiger Membrane, vollsicht-präzisionsgeeichte Kilohertz-Sender-Skala. Preis: 208,- RM

rechts: Der Einkreisempfänger im Holzgehäuse „Europaklasse W" von RADIO H. MENDE & CO., Dresden, „ist der billige und moderne Europa-Empfänger!". Baujahr 1933, Preis 150,- RM

links: Der Fünfröhren-Hochleistungs-Super „Imperial 5" aus Staßfurt von 1932 basiert auf einer mehrere Jahre zurückreichenden Erfahrung im Superbau. Es gab ihn ohne und mit eingebautem Lautsprecher. Die in der Werbung für dieses Gerät hervorgehobene besonders hohe Trennschärfe entsprach durchaus den Tatsachen – die patentierten, fest abgeglichenen Zwischenfrequenz-Transformatoren und die Abstimmung mit einem Viergang-Drehkondensator waren etwas Besonderes und gegenüber der Konkurrenz Herausragendes! Der „Imperial 5 W" kostete 271,50 RM.

rechts: Einkreis-Empfänger Typ „31 Wa" von SIEMENS, 1931, ausgestattet mit der „Riesenskala". Durch kombinierte Drehkondensator- und Variometerabstimmung ließen sich der Mittel- und Langwellenbereich ohne Umschaltung durchstimmen. Der Empfänger kostete komplett mit Röhren 148,- RM.

DER HÖRER IM MITTELPUNKT DER WELT

DIE MIRAG – 1924 BIS 1933

Die Struktur der MIRAG

Stempel des Reichspostministers

Radio – das ist heute ein selbstverständliches Gebrauchsgut für jedermann. Vor fast 80 Jahren war das alles ganz anders: Radio war eine Zukunftsvision, in Amerika und England zwar schon Realität, in Deutschland aber erst in Planung und politisch höchst umstritten. Als am 29. Oktober 1923 in Berlin der regelmäßige Sendebetrieb begann, war nahezu alles an dem neuen Medium provisorisch und von einer endgültigen Regelung weit entfernt. Es gab keinen ordnungspolitischen Rahmen, sondern lediglich die Reichspost, die die Fernmeldehoheit besaß und das Reichsministerium des Innern, das die Nachrichtenhoheit für sich beanspruchte. Nur vage Vorstellungen existierten von dem, was seither Radioprogramm genannt wird. Die ersten Studios verdienten, verglichen mit heutigen, kaum ihren Namen. Den ersten Sender hatten Postbedienstete eilig aus vorhandenem Material zusammengebaut – seine Reichweite war auf die Innenstadt Berlins beschränkt. Wer mitten in der Inflation Radio hören wollte, musste für Empfänger und Gebühren tief in die Tasche greifen oder sich als „Schwarzhörer" mit einigem technischen Sachverstand selbst einen Detektor basteln. Gleichwohl erreichte das neue Medium schon Anfang der 30er Jahre ein Millionenpublikum und konnte es an potentieller Resonanz mit dem damals größten Pressekonzern, dem HUGENBERG-Imperium, aufnehmen.

Schon vor dem Sendebeginn in der Hauptstadt war die Entscheidung gefallen, der deutschen Rundfunklandschaft eine föderale Struktur zu geben und regionale Sendegesellschaften zu gründen. Vor diesem Hintergrund entstand am 22. 1. 1924 in Leipzig die „Mitteldeutsche Rundfunk-A.G.", die MIRAG.

Die Leipziger Neugründung unterschied sich in zwei Punkten erheblich von ihren Schwestergesellschaften: Zum einen übernahm mit der EDGAR HERFURTH & Co. KG. der Verlag der in der Messestadt dominierenden konservativen „Leipziger Neuesten Nachrichten" (LNN) die Aktienmehrheit. Zum andern erhielten zwei Protagonisten der regionalen Radio-Vereine und Funkverbände Posten und Einfluss. Der Vorsitzende der „Radio-Vereinigung Leipzig e. V.", Dr. ERWIN JAEGER, wurde erster Vorstand der MIRAG, und der Jurist und Unternehmer Dr. FRITZ KOHL, Vertrauensperson des Radiohändlerverbandes, zunächst Aktionär, später kaufmännischer Vorstand der Sendegesellschaft. Dr. JAEGER fiel bald weniger durch konzeptionelle Programmarbeit auf als durch seinen Geschäftssinn. Das kostete ihn 1927 zwar seinen Vorstandsposten, als leitender Programm-Mitarbeiter blieb er der MIRAG jedoch erhalten.

Rundfunkmusik per Lautsprecher sollte Arbeiter am Fließband der SIEMENS-SCHUCKERT-Werke stimulieren

Die Programmgestaltung lag in den ersten Jahren hauptsächlich in den Händen des Literarischen Leiters JULIUS WITTE, eines vormaligen Zeitungsredakteurs, der bald zu den Pionieren des Hörspiels zählte, und des Musikalischen Leiters ALFRED SZENDREI, der sich als Fachmann für die speziellen Probleme der Musik im Rundfunk einen Namen machte. Zum Verantwortungsbereich des Literarischen Leiters zählten letztlich alle Wortbeiträge. Der Musikalische Leiter war Kapellmeister und Redakteur in einem und leitete zudem das Leipziger Sinfonie-Orchester, das sich im Herbst 1924 vertraglich mit der MIRAG verband und bei größeren Aufführungen als Rundfunkorchester diente. Daneben gab es noch eine MIRAG-Hauskapelle, die Mitte der 20er Jahre zeitweise eine Stärke von mehr als 30 Musikern erreichte.

Die Programmdauer der MIRAG lag anfangs bei rund vier Stunden am Tag, wuchs im ersten Jahr auf 7,5 Stunden und erreichte Anfang der 30er Jahre mehr als 14 Stunden pro Tag. Basis dafür war die wachsende Hörerzahl, die der MIRAG Jahreseinnahmen von bis zu 5,5 Mio RM (1931) bescherte. 1927 hatte die MIRAG schon mehr als 70 feste Mitarbeiter, 1932 waren es 114; hinzu kamen zahlreiche freie Mitarbeiter. Im Vergleich zu anderen verfügte die Leipziger Sendegesellschaft damit über relativ wenig Personal. Dies erklärt sich zum Teil aus der Orchestersituation: Zum 1. 10. 1931 wurde nämlich das hauseigene Ensemble aufgelöst, 15 seiner Mitglieder wechselten zum Leipziger Sinfonie-Orchester, das damit auf 74 Mitglieder anwuchs und fortan als Rundfunk-Sinfonieorchester fungierte. Die Orchestergesellschaft war inzwischen zu rund 80 % in der Hand der MIRAG.

Der Werbe- und Übertragungswagen der RRG auf dem Lande

Im Jahr 1929 erfolgte ein einschneidender Führungswechsel. Nach einer Übergangsphase, in der Ex-Vorstand Dr. JAEGER als Programmleiter weiterbeschäftigt wurde, schrieb der Aufsichtsrat der MIRAG den Intendantenposten öffentlich aus und wählte anschließend unter mehr als 200 Bewerbern den

Der Schulfunk im Unterricht einer Mädchenklasse

Selbst Teddybären und Puppenstube sind vergessen

Intendanten des Braunschweiger Landestheaters, Prof. Dr. h. c. LUDWIG NEUBECK, zum neuen MIRAG-Chef, der – von Hause aus Musiker und Dirigent, national-konservativ eingestellt – sein Amt am 1. 8. 1929 antrat. Neuer Literarischer Leiter wurde der Feuilletonredakteur EUGEN KURT FISCHER. Damit endete ein längeres Interregnum, während dessen der Spielleiter HANS PETER SCHMIEDEL die Literarische Abteilung leitete, denn J. WITTE war im April 1928 fristlos entlassen worden. Nicht erst unter FISCHER war der Schriftsteller und Rundfunkautor ARNO SCHIROKAUER ein wichtiger Mitarbeiter im Leipziger literarischen Programm.

Unter NEUBECKs Ägide folgte die MIRAG dem Trend anderer Regionalgesellschaften zu einer stärkeren Gliederung der Organisationsstrukturen, bildete ein Intendanzbüro heraus, schuf ein „Programmbüro", führte in der Musikabteilung den „Abhörkapellmeister" ein und teilte den Wortbereich zwischen der Literarischen Abteilung unter FISCHER und der neuen Vortragsabteilung unter Ex-Vorstand JAEGER auf.

Im Jahr 1930 wurden Musikabteilung und Orchester unter einer „Konzertabteilung" zusammengefasst, deren Leitung der Musikschriftsteller und Pianist ERICH LIEBERMANN-ROßWIESE übernahm; A. SZENDREIs Einfluss wurde immer mehr eingeschränkt.

Die weitere Differenzierung der Organisationsstrukturen bis 1932 betraf vor allem die Literarische und die Vortragsabteilung. Letztere verwandelte sich in eine „Vortrags- und aktuelle Abteilung" und bildete Ressorts für Sport- und Steuerfunk sowie Presse- und Nachrichtendienst heraus. Zudem gab es Referenten für einzelne Sachgebiete: Der Literarischen Abteilung zugeordnet wurden z. B. auch der Jugend- und der Sprachenfunk; Ansager und Sprecher wurden im „Sprecherdienst" zusammengefasst.

Dresden, das 1923/24 mit Leipzig um den Sitz der Sendegesellschaft gestritten hatte, erhielt im Februar 1925 einen Nebensender. Bis 1929 verfügte die Dresdner Sendestelle mit ihrem Leiter EMIL HOHRATH über fünf feste Mitarbeiter und eine eigene Hauskapelle. Auch in Dresden verfügte die MIRAG über zahlreiche Besprechungsstellen, die jedoch lediglich für Live-Übertragungen genutzt werden konnten, aber nicht mit festen Mitarbeitern besetzt waren. Neben den Sendern in Dresden und Leipzig erhielt die MIRAG von der Post keine weiteren Sendestationen genehmigt, aber die Leistung des Leipziger Senders wurde mehrfach erhöht. Jahrelang zählten weite Teile des Sendegebiets zu den Problemzonen der deutschen Rundfunkversorgung. Eine generelle Besserung brachte erst der 1932 in Wiederau bei Leipzig errichtete neue Großsender.

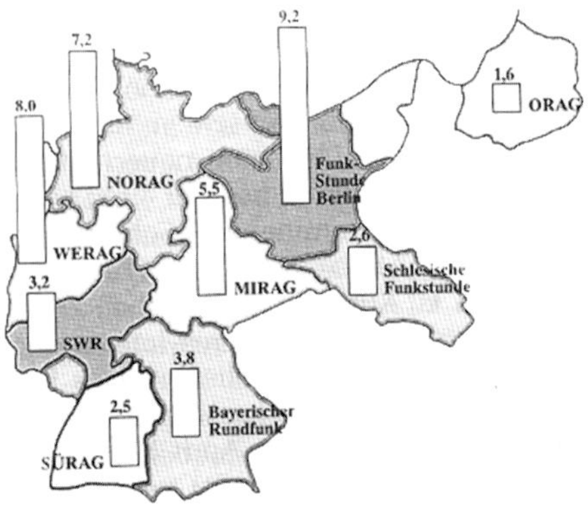

Die regionalen Sendegesellschaften und deren Einnahmen in Mio. RM; 1931

Notarielle Ausfertigung. 8

Leipzig, den 22. Januar 1924.

G.R.14/1924.

"Mitteldeutsche Rundfunk-Aktiengesellschaft" mit dem Sitz in Leipzig/und einem Grundkapital von 80 000 Goldmark, eingeteilt in 160 Stück Stammaktien zum Nennbetrage von je 500 Goldmark, von denen 81 Stück auf den Inhaber und 79 Stück auf Namen lauten. Von diesem Grundkapital übernehmen:

A.

Gesellschaftsvertrag.

I. Abschnitt.

~~Firma, Sitz, Zweck, Bekanntmachungen.~~

§ 1.

Die Aktiengesellschaft führt die Firma "Mitteldeutsche Rundfunk - Aktiengesellschaft" und hat ihren Sitz in Leipzig.

§ 2.

Gegenstand des Unternehmens ist die Veranstaltung und drahtlose Verbreitung von Vorträgen, Nachrichten und Darbietungen künstlerischen, belehrenden, unterhaltenden sowie sonst weitere Kreise der Bevölkerung interessierenden Inhalts in Mitteldeutschland.

Auszug aus der Handelsregisterakte der MIRAG (HR 22944)

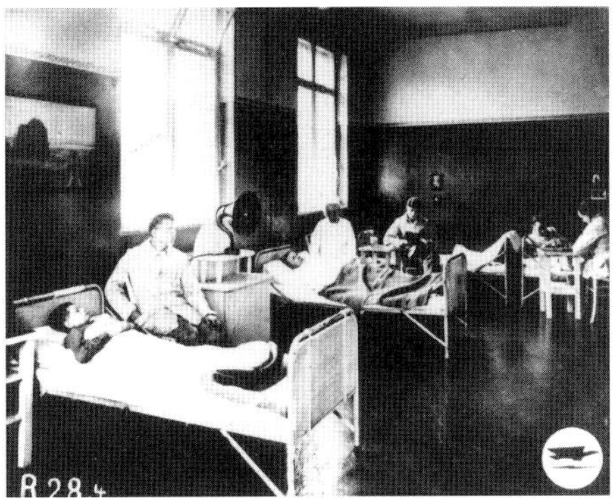

MIRAG-Werbebildserie für die Reichs-Rundfunk-Gesellschaft Anfang der zwanziger Jahre: Radio im Krankenhaus; Unterhaltung im Altersheim

In den ersten zwei Jahren ihres Bestehens änderte sich für die MIRAG kaum etwas an den Rahmenbedingungen, unter denen sie gestartet war. Die Gründung der „Reichs-Rundfunk-Gesellschaft m.b.H." (RRG) als Dachgesellschaft im Mai 1925 gab einen Vorgeschmack auf das, was 1926 auf die Sendegesellschaften zukommen sollte: Reich und Länder einigten sich nämlich ohne Einschaltung der Parlamente auf eine Rundfunkordnung, die das Zensurverbot der Weimarer Verfassung schlicht ignorierte bzw. – wohlwollender formuliert – geschickt umging. Die bisher direkt von der Reichspost ausgeübte Kontrolle der Sendegesellschaften ging weitgehend auf die von der Post beherrschte RRG über; sie sollte vor allem das wirtschaftliche Gebaren des Rundfunks steuern. Praktisch beeinflusste sie über Sparmaßnahmen und die von ihr einberufenen Intendantenkonferenzen (Programmrat) aber auch die Programmgestaltung. Die Nachrichtengebung – bei der MIRAG bis dahin in Kooperation mit den LNN abgewickelt und in der Presse gelegentlich als einseitig kritisiert – wurde den Sendegesellschaften aus der Hand genommen und bei einer zentralen, staatlich kontrollierten Institution, der „Drahtloser Dienst A.-G." (DRADAG), angesiedelt.

Die musikalischen und literarischen Sendungen unterlagen bis 1932 der Kontrolle eines „Kulturellen Beirats", in den Reich und Länder Fachleute und Vertreter gesellschaftlicher Gruppen beriefen. Größte

Signet der Reichs-Rundfunk-Gesellschaft RRG

Karikatur zu politischen Reden im Rundfunk

Zur Beachtung!

5. Durch die Unterschrift auf dem Verpflichtungsschein verpflichtet sich jeder mitwirkende Künstler, denjenigen Text zu singen bzw. zu sprechen, der von der Direktion für die Veranstaltung als maßgebend festgesetzt ist. — Im Falle der Übertretung behält die Direktion sich das Recht vor, den Sender abzuschalten und auf dem Wege des Zivilrechts Schadenersatzanspruch gegen den Künstler bzw. Vortragenden geltend zu machen und die Zahlung des Honorars zu verweigern.

Aufmerksamkeit fanden jene Sendungen, die irgendwie die Politik berührten. Für diese Beiträge wurde der „Politische Überwachungsausschuß" eingeführt. Dieses Gremium – bei der MIRAG besetzt mit je einem Vertreter Preußens, Thüringens und Sachsens sowie des Reichs – besaß das Recht der Vor- und Nachzensur und damit erhebliche Möglichkeiten zu direkten und indirekten Programmeingriffen. Von diesem Recht machte der Leipziger Überwachungsausschuss allerdings nicht übermäßig viel Gebrauch. Er tagte nur einmal im Monat und forderte während seines Bestehens von September 1926 bis Juli 1932 „nur" 160 Manuskripte an, also weniger als drei pro Monat. Gleichwohl setzte er mit seinen Entscheidungen Maßstäbe, markierte die Grenzen der Programmarbeit und scheute auch nicht die Einmischung ins künstlerische Programm der MIRAG. Beispielsweise verhinderte er die Aufführung des „Berliner Requiems" von BERTOLD BRECHT und KURT WEILL, einer Auftragsarbeit der RRG, in Leipzig und lehnte auch das Aufsehen erregende Hörspiel „Der Minister ist ermordet" von ERICH EBERMAYER ab. Eine kirchliche Einfärbung der sonntäglichen Morgenfeiern unterblieb in Leipzig, weil weder Überwachungsausschuss noch Senderleitung sich dazu entschließen konnten. Einen Arbeiterfunk hingegen konnte die MIRAG unbehelligt aufbauen.

Nicht nur das Auftauchen von Nationalsozialisten in den MIRAG-Gremien aufgrund der Wahlergebnisse in Thüringen war ein Signal für das Aufkommen der politischen Rechten Anfang der 30er Jahre. Auch die öffentliche Kritik an der Sendegesellschaft von dieser Seite wuchs. Der Überwachungsausschuss befasste sich 1931 ernsthaft mit einer Kritik des NSDAP-Organs „Völkischer Herold" am „jüdischen Einfluß" im Rundfunk, wies sie allerdings als unbegründet zurück. Im Sommer 1932 war die MIRAG eine der ersten Sendegesellschaften, bei denen zuvor vom Rundfunk ausgeschlossene Nationalsozialisten vor dem Mikrofon reden durften, wenn auch nach Kontrolle ihrer Redemanuskripte.

Das RRG-Organ „Der Deutsche Sender" 1932 mit der Unterschrift: „Wie ein einheitlich gefaßter Beschluß des Überwachungsausschusses in Wirklichkeit aussieht."

Vergleichbaren Einfluss hat die KPD nie gewinnen können. Ein Beschluss des Sächsischen Landtags von 1926, der drei Vertreter des „Arbeiter-Radio-Clubs" für den Kulturbeirat der MIRAG vorsah, half den Kommunisten nicht weiter, denn tatsächlich kam keiner der ihren zum Zuge. Daher setzten sie auf Kritik von außen und illegale Aktionen wie die des Leipziger Ansagers ERICH GABLER, der vor der sächsischen Landtagswahl 1930 die Durchgabe der Nachrichten mit einem Wahlaufruf für die KPD beschloss. Anders als die NSDAP blieb die KPD auch 1932 von Rundfunkauftritten ausgeschlossen.

Siegel der Reichspropaganda-Leitung der NSDAP

Nun änderten sich die Verhältnisse endgültig zugunsten der politischen Rechten. Das Reichskabinett von Papen öffnete der NSDAP im Vorfeld der Wahlen die Funkhäuser und zog eine deutschnational gefärbte Rundfunkreform durch, um die Sendegesellschaften, in denen immer noch privates Kapital steckte, voll zu verstaatlichen und auch sonst den restriktiven Zugriff zu perfektionieren. Die Reform sorgte vor allem in der Hauptstadt für chaotische Verhältnisse im Rundfunk und führte zur Ablösung des liberalen Intendanten HANS FLESCH von der Berliner Funk-Stunde. Den Leipziger Literaturchef E. KURT FISCHER hingegen führte sie nach Berlin, wo er neue Aufgaben als zentraler Verantwortlicher für das Literaturprogramm des deutschen Rundfunks übernehmen sollte.

Die Reform von 1932 bereitete gerade mit dem Durcheinander und der Verunsicherung, die sie auslöste, den Weg für die Nationalsozialisten, die nach dem Regierungsantritt Hitlers im Januar 1933 im Frühjahr desselben Jahres auch den Rundfunk unter ihre Kontrolle brachten. Fast alle Intendanten mussten gehen, ebenso ein Großteil der leitenden Mitarbeiter. Etliche wurden verhaftet, einige ins KZ gebracht, andere emigrierten. MIRAG-Intendant L. NEUBECK, der sich selbst als Sympathisant der Nationalsozialisten betrachtete, wurde nach seiner Verhaftung auf offenem Wagen durch Leipzig gekarrt und nahm sich bald darauf tief gedemütigt das Leben(s. S. 155).

Die Einsetzung der Rundfunk-Diktatoren

Mit diesen Richtlinien wird der Rundfunk in allen seinen Gebieten einer Vorzensur durch die Ueberwachungsausschüsse unterstellt. Wie diese Zensur ausfallen wird, ist schon ohne weiteres klar, wenn man die Zusammensetzung dieser Ausschüsse prüft. Für Berlin regieren ja bekanntlich Genosse Heilmann und Demokrat Riedel in Zukunft den Rundfunk. Ihr parteiischer Einfluß wird bald zu spüren sein. Der Kurs im Reich dürfte nicht wesentlich anders gerichtet sein.

Kommentar der „Deutschen Zeitung" am 2. 11. 1926

Die Programmgestaltung der MIRAG

Die Eröffnung des Leipziger Senders fiel nicht zufällig mit der Frühjahrsmesse 1924 – und der gleichzeitig abgehaltenen „Radio-Messe“ – zusammen. Zum einen war der Direktor des Leipziger Meßamts eine „Schlüsselfigur“ bei der Gründung, zum anderen hoffte man im politisch und wirtschaftlich krisengeschüttelten Deutschen Reich auf das neue Medium auch als ökonomischen Faktor, wenn auch der Beginn überstürzt war. Die erhöhte Aufmerksamkeit, die dem Rundfunk mit seiner Einführung im Umkreis der Messe zuteil wurde, zahlte sich aber offenbar aus, wie an der stetigen Zunahme der Teilnehmerzahlen (Ende Juli 1924 waren es immerhin schon 19.000) abzulesen ist. Den dritten Platz in der Größenordnung der Sender nach Berlin und Hamburg errang Leipzig aber erst 1926 mit damals 158.000 Teilnehmern (11,5 %). Gegen Ende der Weimarer Republik 1932 wohnten mit 638.000 Teilnehmern immerhin knapp 15 Prozent aller Radiohörer im mitteldeutschen Sendegebiet, die zahlreichen Schwarzhörer nicht mitgerechnet.

Die Sendestruktur beinhaltete zunächst, über den Tag verstreut, bis zu zwölf regelmäßige Meldungssendungen, von Woll- und Baumwollpreisen über Berliner und Londoner Metallnotierungen bis hin zu Börsen- und Devisenkursen, aber auch geschäftliche Mitteilungen fürs Haus, eine Sendung, die zwischen Preisinformation und Werbung schwankte. Die täglichen Meldungen der Wetterwarten Dresden, Madgeburg und Weimar gingen auf die unterschiedlichen Klimagebiete des Sendebezirks ein. Im heutigen Sinne politische Nachrichten gab es nur vormittags, mittags und nach dem Abendprogramm – bis die zentrale Nachrichtenstelle DRADAG ihren Dienst aufnahm – in Form von Presseberichten, deren Grundlage die „Leipziger Neuesten Nachrichten“ und die „Neue Leipziger Zeitung“ unentgeltlich zur Verfügung stellten. Da der Rundfunk anfangs „unpolitisch“ sein sollte, wurde seine Funktion als aktuelles Medium sehr restriktiv gehandhabt. Der Leipziger Sender hat sich aber auch außerhalb der regulären Meldungssendungen dem Aktuellen nicht ganz verschlossen. Schon am 4. und 5. Mai 1924 übermittelte er bis spät in die Nacht die Ergebnisse der Reichstagswahl, die von den „Spitzen der Leipziger Gesellschaft und des Leipziger Wirtschaftslebens“ im Sitzungssaal der Handelskammer, die dazu eingeladen hatte, gemeinsam gehört wurden. Die Pausen zwischen den Durchsagen überbrückten Teile aus E. T. A. HOFFMANNs Oper „Undine“. Solche „Wahlnächte“ gehörten fortan zu den selbstverständlichen Dienstleistungen des deutschen Rundfunks.

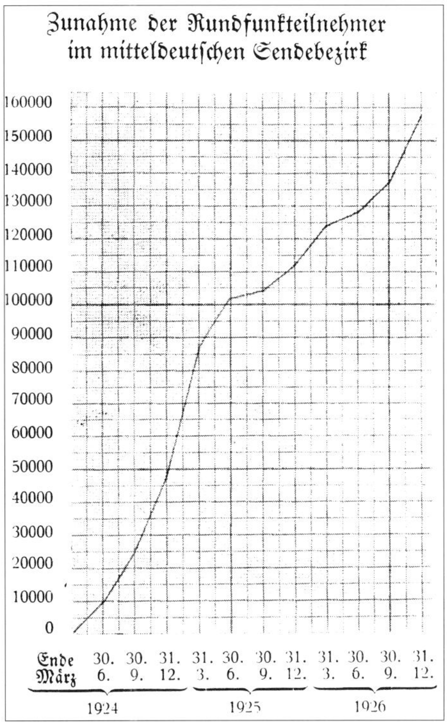

Statistische Übersicht zur Zahl der Rundfunkteilnehmer in den Jahren 1924-1926

Das Wunder der Technik: ein Detektor in der Zigarrenkiste!

Radiohören im Urlaub und auf dem Lande

Nicht nur aufgrund der politischen Restriktionen, sondern ebenso wegen der noch wenig entwickelten Übertragungstechnik konnten Berichte wie die von der Leipziger Frühjahrs- und Herbstmesse noch nicht als Reportagen, sondern nur in Vortragsform gebracht werden. Gleiches gilt für die Sendungen zur britischen Reichsausstellung in Wembley (15. 8. 1924), zur Naturforschertagung in Innsbruck (17. 10. 1924) oder zur internationalen Pfadfindertagung in Kopenhagen (August 1924). Diese wenigen Beispiele sollen verdeutlichen, dass das Leipziger Programm durchaus vielfältige aktuelle Themen aufgriff, nur die innenpolitischen Probleme blieben hier wie im deutschen Rundfunk generell weitgehend ausgeschlossen.

Mittelbar war Politik aber durchaus präsent, zum Beispiel in „Vaterländischen Abenden" vom Sommer 1924, in Gedächtnisfeiern für die Weltkriegsgefallenen oder in Feiern zur Völkerschlacht bei Leipzig und zur Reichsgründung 1871. Dem damaligen konservativ geprägten Politikverständnis gemäß handelte es sich hierbei jedoch um nationale Feiern, die als „überparteilich" keiner besonderen politischen Richtung dienten. Erst massive Kritik aus dem linken Spektrum und die Einrichtung der Überwachungsausschüsse schufen hier Abhilfe in Form einer relativen Gleichstellung aller politischen Richtungen.

Das Wortprogramm des Leipziger Rundfunks umfasste von Anfang an auch Service-Elemente; schon 1924 gab es wöchentliche Sendungen zum Thema Steuern und auch für Funkbastler, denn anfangs baute sich knapp die Hälfte der Rundfunkteilnehmer ihre Geräte selbst. Ab Frühjahr 1925 wurden die Hörer regelmäßig dienstags und freitags über „Neuerscheinungen auf dem Buchmarkt" informiert, und zwar in Form von Leseproben; in der Verlagsstadt Leipzig ein naheliegender Service, der natürlich gleichzeitig auch Werbefunktion erfüllte. Eine wichtige Rolle spielten der Schachfunk und die Sprachkurse, in den ersten zwei Jahren beschränkt auf Englisch und Esperanto. Das Angebot dieser Kunstsprache trug dem industriellen Umfeld des Leipziger Senders Rechnung, denn den damaligen Industriearbeitern galt Esperanto als Verständigungsmittel des internationalen Proletariats. Diesen Kurs, meist gehalten vom Direktor des Esperanto-Instituts in Leipzig, nahm die Sendeleitung bis 1931 immer wieder ins Programm auf, obwohl Esperanto politisch in Misskredit geraten war.

Dominiert wurde das frühe Wortprogramm von einer heute bei keinem Hörfunksender mehr vorhandenen Programmsparte: dem Vortragswesen. Zunächst beschränkt auf etwa einen halbstündigen Vortrag pro Tag, stieg mit Ausdehnung des Programms die Anzahl auf zwei, sonntags bis zu vier etwa halbstündigen Vorträgen. Das Themenspektrum reichte von Musik, Literatur, Theater, Kunst und Philosophie über Psychologie und Pädagogik, Auslandskunde, Auslandsdeutschtum und Kolonien bis hin zu Geschichte, Wirtschaft und Landwirtschaft. Das Vortragswesen bestand aus unterschiedlichsten Vorträgen ohne festen Rhythmus und einem strikt organisierten Komplex, der im Dezember 1924 eröffneten „HANS-BREDOW-Schule", eine nach dem „Vater des deutschen Rundfunks" benannte Funk-(volks-)hochschule. Hierbei handelte es sich um längere Reihen mit bis zu dreißig Einzelbeiträgen, die jeweils ein Autor wöchentlich zur gleichen Sendezeit vortrug. Vorträge auf einem festen Sendeplatz gab es in dieser Zeit auch für die Frauen. Sie und die Kinder waren bis 1927 übrigens die einzigen, für die Programme regelmäßig wöchentlich ausgestrahlt wurden – für Kinder gab es Märchen, manchmal kleine Hörspiele und Musik. Auch für andere Zielgruppen, wie Landwirte und Industriearbeiter, wurden ab 1927 Vorträge ins Programm eingestreut, z. B. Servicesendungen über Arbeitsmarkt und Arbeitsrecht.

Im Unterschied zu anderen Sendegesellschaften widmete sich die MIRAG in hohem Umfang auch den modernen Naturwissenschaften. In diesem Kontext verdient ein wissenschaftliches Experiment besondere Beachtung, das OTTO KLEMM, Professor für experimentelle Psychologie an der Universität Leipzig, bereits 1924 durchführte. Er benutzte den Rundfunk zu Massentests der akustischen Wahrnehmung sowie der Assoziationsfähigkeit und der Intelligenzleistung seiner Hörer. Die Ergebnisse der Versuche wurden wiederum im Radio mitgeteilt.

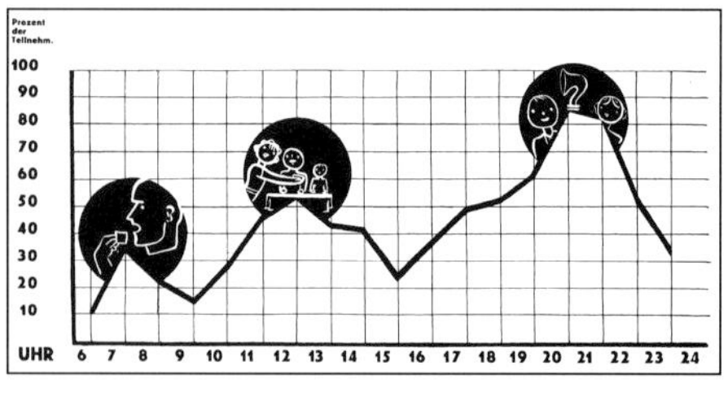

Haupthörzeiten der Rundfunkteilnehmer 1931

Wort- und Musikprogramme hatten anfangs das gleiche Gewicht. Anders als die Wortsendungen jedoch, die sich über den ganzen Tag verteilten, dominierte die Musik größere Zeitabschnitte, besonders das Abendprogramm zwischen 20.00 und 22.00 Uhr, in dem auch literarische Sequenzen untergebracht wurden. Sie überwog auch in der Nachmittagsunterhaltung zwischen 16.00 und 18.00 Uhr, teilte diesen Sendeplatz jedoch mit Frauen- und Kinderfunk. Das Spätabendprogramm bestand vor allem aus Tanz- oder Unterhaltungsmusik. Ebensowenig gab es Wortelemente im Mittagsprogramm zwischen 12.00 und 12.55 Uhr, allerdings hatte die Musik hier anspruchsvolleren Charakter. Den Vorträgen und den Servicesendungen war die Zeit zwischen 18.00 und 20.00 Uhr vorbehalten.

Sonntags fielen die vielen über den Tag verstreuten Meldungssendungen weitgehend weg, besetzt wurden jedoch bald weitere Sendeplätze, um den Hörern an ihrem einzigen arbeitsfreien Tag mehr Programm zu bieten: Ab Oktober 1924 wurde regelmäßig um 9.00 Uhr eine Morgenfeier ausgestrahlt, die zwar religiösen Charakter trug, jedoch nicht, wie bei den anderen Sendegesellschaften, von den beiden großen Konfessionen ausgerichtet wurde. Hier bewahrte die MIRAG bis zum Ende der Weimarer Republik strikte Neutralität. Ab 1925 begann das Sonntagsprogramm schon um 8.30 Uhr mit einem Orgelkonzert, das meist aus der Leipziger Universitätskirche übertragen wurde. Nach der einstündigen Pause während des Kirchgangs, die die Kirchen sich ausbedungen hatten, folgte zwischen 11.00 und 12.00 Uhr die „HANS-BREDOW-Schule“ mit zwei Vorträgen. Der übrige Sendetag glich weitgehend den Werktagen.

Das Sendegebiet der MIRAG umfasste in etwa das des heutigen MDR, hatte es also mit sehr unterschiedlichen Regionen und zahlreichen kulturell selbstbewussten Städten zu tun, die alle zu ihrem Recht kommen wollten. Dresden als sächsische Landeshauptstadt und Kulturzentrum, das schon Ende 1924 ein eigenes Studio erhalten hatte, trug mit Heimatsendungen regelmäßig zum MIRAG-Programm bei. Weimars 1925 eingerichtete Besprechungsstelle wurde einmal wöchentlich herangezogen. Aus Chemnitz – mit seiner Hochschule für Maschinenbau – kam ab Ende 1924 eine Vortragsreihe zur Elektrotechnik im Rahmen der „HANS-BREDOW-SCHULE“. In ähnlicher Weise wurden die Stärken und Schwerpunkte auch anderer mitteldeutscher Städte für das Programm ausgenutzt. Bis auf die Dresdner Sendestelle jedoch, die bis 1929 einen gewissen Einfluss auf das Gesamtprogramm der MIRAG ausübte und sich sogar zugunsten eigener Veranstaltungen aus dem Hauptprogramm ausklinken konnte, hatten die anderen Städte nur Zulieferfunktion.

Ende 1925 war die Grundstruktur des Programms im Wesentlichen entwickelt. Einzig der abendliche Sendeplatz des Vortragswesens wurde zugunsten weiterer Musiksendungen beschnitten, die Sparte bekam aber einen „Ersatz“ am frühen Nachmittag. Insgesamt wurden die Sendungen kürzer. Bis 1932 erfolgte nun ein quantitativer und qualitativer Ausbau. Neue Sendungstypen entstanden, Schwerpunkte verschoben sich; kurz: Das Radio lernte seine formalen und inhaltlichen Möglichkeiten und seine Hörer kennen und versuchte, beides aufeinander abzustimmen.

Kinder hören ein Märchen im Radio.

Beifall für die „SIEMENS-Riesenskala“, eine Radio-Neuheit von 1931

Karte des Mitteldeutschen Sendebezirkes mit den einzelnen Besprechungsstellen – aus dem Album „Fünf Jahre MIRAG“ aus dem Jahr 1929

Rundfunk-Originalübertragung einer Funkverbindung zum Luftschiff LZ 127 „Graf Zeppelin“

MIRAG-Mitarbeiter anlässlich der Reportage während des Leipziger Zeppelin-Überfluges auf dem Dach des Funkhauses

Der Übertragungswagen der MIRAG

Das Luftschiff „Sachsen“ vor dem Start auf dem Flugplatz Mockau bei Leipzig

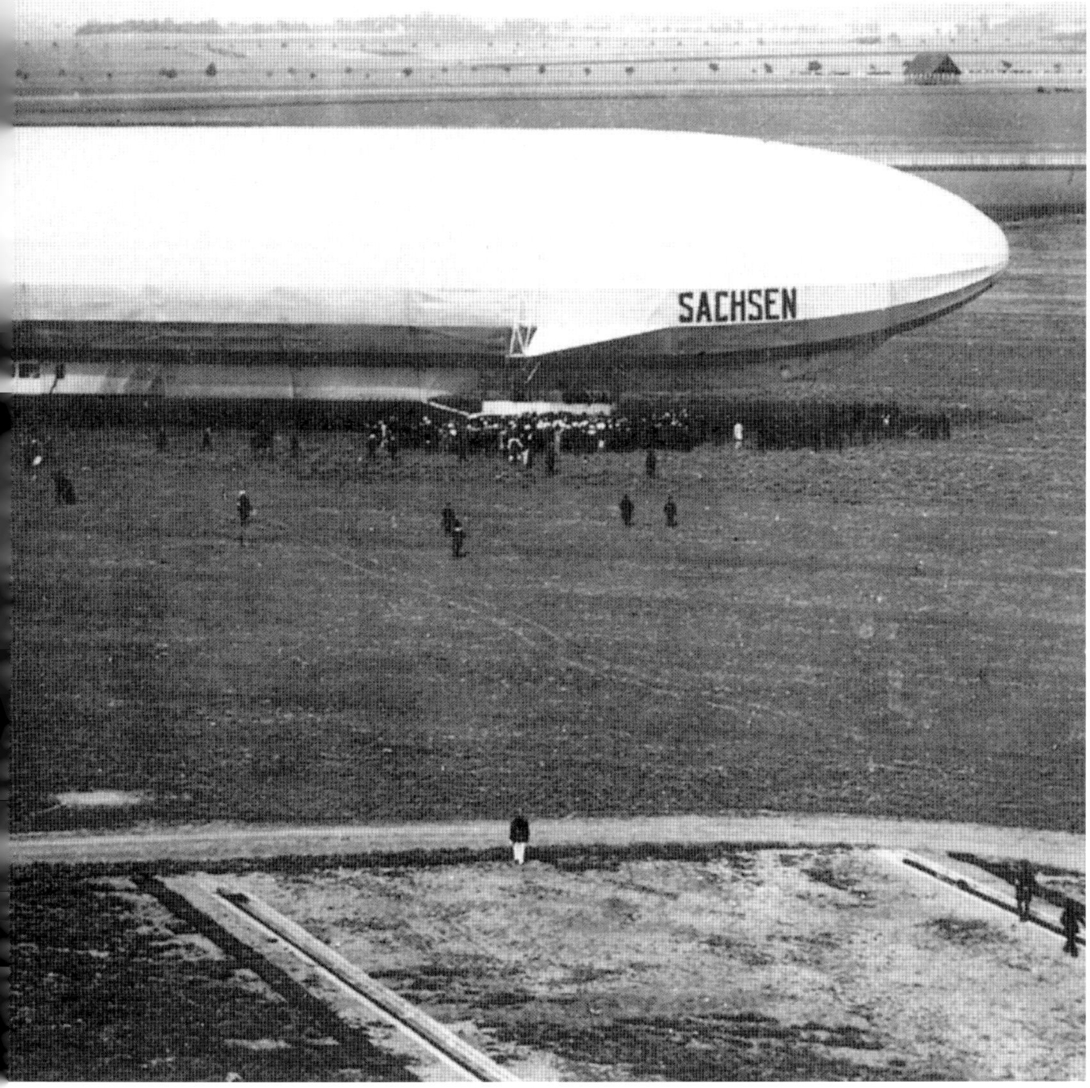

Ein Luftschiff über Leipzig!
Dass sich ausgerechnet die per se wenig rundfunkgeeigneten Luftfahrtereignisse deutschlandweit zu den Favoriten der aktuellen Reportage entwickelten, lag nicht zuletzt an der von Zeitgenossen betonten Verwandtschaft von Rundfunk und Luftfahrt als den Kindern des technischen Zeitalters. Und dies, obwohl die Berichterstattungen durch manche Panne beeinträchtigt wurden: Die Vorbereitung des Reporters ALFRED BRAUN auf dem Dach des Funkhauses kam nicht zum Abschluss, da das Luftschiff aus Witterungsgründen kurzfristig den Kurs ändern musste, ohne die Berliner zu informieren. Immerhin strahlte die „Funk-Stunde" zwei – laut zeitgenössischer Radio-Kritik – interessante Reportagen aus, die auch auf die anderen Sender (mit Ausnahme des Leipziger!) übertragen wurden. Zum Abflug des Zeppelins morgens um 7.05 Uhr war die NORAG zwar sendebereit, doch sie erfuhr offenbar nichts vom Start. Die SÜRAG, in deren Sendegebiet die Friedrichshafener Zeppelinwerft lag, informierte schließlich verspätet – als einziger Sender – um 9.00 Uhr über den Abflug. Die MIRAG, in deren regionalem Luftraum sich das Luftschiff am Vormittag des 2. Oktober 1928 bewegte, hatte zunächst Sendepause und strahlte sodann, wie immer um diese Zeit, ihr Schallplattenkonzert (!) aus. Frankfurt glückte schließlich die Verbindung mit dem vorüberfahrenden Zeppelin; die einfache Übertragung auf andere Sender misslang allerdings. Und so reihte sich eine Enttäuschung an die andere. Immerhin, die Ansprache des Reporters HUGO ECKENERS am nächsten Morgen über die Funk-Stunde Berlin auf alle anderen Sender klappte. Die Verbindung jedoch zwischen der MIRAG und dem Luftschiff kam auch an diesem Tage nicht zustande. Der MIRAG-Reporter blieb auf seine eigenen Beobachtungen angewiesen und nutzte diesen Umstand, um den gespannten Hörern etwas Werbung unterzuschieben: „Wir können das Luftschiff bereits ganz klar mit dem guten Glas erkennen, das uns die Firma …zu diesem Zweck geliehen hat...!"

„Der rasende Rundfunkreporter"

Während der Morgengymnastik im Studio

„Facharbeiterlehrgänge" und „Arbeitslosenfunk" mit sozial- und wirtschaftspolitischen Vorträgen

AUFRUF
Was wollen Sie vom Rundfunk hören?

Das Ergebnis
(in Prozent)

1. Operette	83,3	13. Sportnachrichten	38,4
2. Tagesneuigkeiten	72,6	14. Unterh. Vorträge	35,8
3. Zeitangabe	71,3	15. Chormusik	33,3
4. Kammermusik	63,8	16. Esperanto	30,0
5. GemischtesKonzert	63,5	17. Unterricht	28,3
6. Wetterdienst	53,6	18. Sprachkurse	25,7
7. Tanzmusik	48,7	19. Börsenberichte	24,6
8. Oper	48,2	20. Jugendvorträge	21,7
9. Wissenschaftliche Vorträge	47,5	21. Pol. Vorträge	18,0
		22. Mode	17,6
10. Humor	43,0	23. Märchen	15,4
11. Kabarett	40,5	24. Schauspiel	15,0
12. Pol. Nachrichten	39,4	25. Predigten	9,0

Umfrage vom Juni 1924 zum Rundfunkangebot

Von 1925 bis 1931 verdoppelte sich die Programmdauer auf 16 Stunden – durch die Verlegung des Programmschlusses auf 24.00 Uhr und die Schließung der Programmlücke zwischen 13.00 und 16.30 Uhr mit einer weiteren Musiksendung. Ab Winter 1929 wurde der Beginn des nunmehr bis 24.00 Uhr fast pausenlosen Programms auf 11.00 Uhr festgelegt. 1930/31 kam der morgendliche Schulfunk hinzu, 1931 wurden Frühgymnastik (ab 6.30 Uhr) und danach ein weiteres Unterhaltungskonzert eingeführt.

Die Umstrukturierung veränderte auch den relativen Umfang der Programmbestandteile. Der Wortanteil sank von 43 % auf 38 %, während der Musikanteil von 40 % auf 52 % zunahm. Der mit 13 % relativ hohe Anteil an Wort-Musik-Sendungen reduzierte sich bis 1931 auf nur noch 6 %. Die – nicht von der Sendegesellschaft verantwortete – Werbung spielte mit zunächst 6 %, später nur noch 4 % eine geringe Rolle. Die Anteile der Hauptsparten am Programm veränderten sich im Laufe der Zeit ähnlich gravierend wie der Musikanteil. Die Unterhaltung nahm stetig von 25 % (1925) auf gut 40 % (1931) zu. Der Anteil der anspruchsvollen Musiksendungen sank auf etwa 13 %. Literatur schlug mit immerhin 6 % zu Buche, nachdem sie 1929 kurzzeitig auf 3 % abgerutscht war. Einschneidend waren auch die Veränderungen beim nicht-künstlerischen Wortprogramm: Das Vortragswesen verlor bis 1931 fast die Hälfte seines Sendeanteils von anfänglich 18 %, insbesondere zugunsten von Zielgruppensendungen (8 %), Servicesendungen (6 %) und – wenn auch in geringerem Maß – zugunsten aktueller Reportagen (knapp 4 %).

Nach und nach entwickelten sich radiogerechte Wortformen: Zum einen gab es kurze Tips, wie sie sich insbesondere für Themen aus Haushalt, Recht, Sozialversicherung u. ä., also für praktische Hinweise, eigneten, zum anderen fielen darunter Formen, die wie Gespräche oder Reportagen die monologischen Darbietungsformen zugunsten von Dialogen und O-Tönen ersetzten und für die eigentlich alle Themen in Frage kamen. Selbst den gewiss sperrigen Funktionszusammenhang aller Einzelwissenschaften, den der Chemie-Nobelpreisträger (1909) und Philosoph WILHELM OSTWALD 1929 unter dem Titel „Die Pyramide der Wissenschaften" im Radio erörterte, brachte der Autor in die Form des Dialogs. Noch viel mehr war diese Form für Darstellungen der Arbeitswelt angebracht: Hierbei wurden Angehörige einzelner Berufsgruppen befragt. Reportagen, zum Beispiel aus der Meißner Porzellanmanufaktur, ergänzten solche Gespräche.
Eine große Formenvielfalt wurde schließlich bei den mitteldeutschen „Städtetagen" von Mitte der 20er bis Anfang der 30er Jahre entfaltet, in denen Interviews oder Diskussionen mit Honoratioren, kulturelle Darbietungen vom Marktplatz oder aus dem Theater und kleine Reportagen einander ablösten. Hier lernten die Hörer ihr Sendegebiet im Originalton kennen.

Die gesellschaftliche Integrationsfunktion des Radios lässt sich am besten an der Zielgruppe der Arbeiter und (ab 1931) der Erwerbslosen zeigen. Schon früh angeregt durch den Kulturbeirat wurde zunächst 1927 ein Facharbeiterlehrgang von der überregionalen Deutschen Welle ins Programm genommen, bald jedoch ein wesentlich breiteres Spektrum sozial- und wirtschaftspolitischer Vorträge, aber auch kultureller Sendungen. Dadurch fand die Arbeiterschaft wenigstens teilweise ihre Interessen im Programm wieder, wurde jedoch gleichzeitig an die gesamtgesellschaftliche Kultur herangeführt. Der 1931 auf dem Höhepunkt der Arbeitslosigkeit eingeführte „Erwerbslosenfunk" hatte neben der Vermittlung von praktischen und beruflichen Fertigkeiten dann das klar erklärte Ziel, die aus dem Arbeitsprozess herausgefallenen Menschen gesellschaftlich wieder zu integrieren, indem das Radio diese Gruppe – so sah es der verantwortliche Redakteur – durch das eigens ihr gewidmete Programm aufwertete und ihr in den Sendungen positive Leitbilder zu vermitteln versuchte.

Der Leiter der literarischen Abteilung E. KURT FISCHER, dem das geisteswissenschaftliche Vortragswesen seit Herbst 1930 unterstand, beklagte in seinem Programmbericht für jenes Jahr, dass der Funk zwar für alle Volksschichten sende, diese sich jedoch in Deutschland nicht mehr „zusammenfinden im gemeinschaftlichen Besitz einer von allen anerkannten und gestützten Kultur". Sein Ziel sei, allen Gruppen „die schöpferischen Werte ihrer eigenen Weltanschauungen zu vermitteln", so dass das Programm die „ungefähre Spiegelung des gegenwärtigen Kulturbestandes ergeben müsse". Das Nebeneinander verschiedener Auffassungen stand im Hörfunk der Weimarer Republik stellvertretend für die produktive Vermittlung im Dialog, ein Gedanke, der 1933 unter der nationalsozialistischen Herrschaft zugunsten der Diktatur einer Weltanschauung aufgegeben wurde.

Der künstlerische Anspruch der MIRAG

Blickt man mit der heutigen Normalerfahrung der zahllosen, aber weniger vielfältigen Programmangebote auf das Programm der MIRAG zurück, so stellt es sich wie ein vielversprechender Anfang dar, der unabweislich einer vergangenen Epoche angehört. Überraschend ist jedenfalls, dass in diesen ersten Jahren des Rundfunks bereits alle wesentlichen Experimente und Erfahrungen gemacht wurden, aus denen die Programme des Hörfunks bis heute geschöpft haben.

Ein Opernsendespiel läuft …

Das Konzert im Heim

Die Sendegesellschaften waren ausdrücklich auf eine regionale Programmversorgung verpflichtet. Die besondere Struktur des mitteldeutschen Sendegebietes, die Konzentration seiner Kulturstätten und seine hohe Industrialisierung mit der Messestadt Leipzig im Zentrum schlug sich auch in der dichtesten Konzentration von angeschlossenen Besprechungsstellen nieder. Der mitteldeutsche Charakter des Gesamtprogramms erhielt durch die dezentrale Zulieferung immer reichere und differenziertere Farben. Neben dieser regionalen Ausrichtung spielten im Rundfunk der Weimarer Republik einzelne Persönlichkeiten eine prägende Rolle, wie sie heute nicht mehr vorstellbar ist. Erst durch die individuelle Note einzelner Programmgestalter konnten die Sender ihr eigenes, markantes Profil gewinnen. Die MIRAG machte sich nicht zuletzt einen Namen durch ihren musikalischen Leiter und Dirigenten ALFRED SZENDREI, dessen Kompetenz für Fragen der Musik im Rundfunk unangefochten war. Im mitteldeutschen Sendegebiet, das von einer blühenden bürgerlichen – und in der Weimarer Republik auch stark von einer selbstbewussten Arbeiterkultur mitgetragenen – Tradition geprägt war, und besonders in der Musikstadt Leipzig wurde dem Musikprogramm ein bedeutendes Gewicht zugemessen.

Persönlichkeiten wie JULIUS WITTE und EUGEN KURT FISCHER, ARNO SCHIROKAUER und KURT ARNOLD FINDEISEN verliehen, so verschieden sie auch sein mochten, dem Sender auf literarischem Gebiet einen klangvollen Namen. So bestimmten die musikalischen und literarischen Leiter als „Doppelspitzen" zumindest das künstlerische Programm mehr als der erste Intendant Dr. JAEGER selbst. Dieser verstand noch am Ende seiner Amtszeit das Angebot des Rundfunks nicht eigentlich als „Programm", sondern gleichsam kaufmännisch als ein Verteilungsmedium, das die verschiedensten Impulse auffängt und weitergibt. Erst sein Nachfolger L. NEUBECK bemühte sich nachhaltig darum, die Programmplanung und -organisation stärker an die eigene Person zu binden.

Eine Radio-Schaltuhr mit Münzeinwurf

Die Aufgaben des Rundfunks, Scherenschnitt

Im Jahr 1930 wurde eine der musikalischen Abteilung und dem Orchester übergeordnete „Konzertabteilung" gegründet, deren Leitung dem 1929 als Chef der Schallplattenabteilung eingestellten E. LIEBERMANN-ROßWIESE übertragen wurde. Offiziell sollte damit den künstlerischen Leitern die Gelegenheit gegeben werden, sich „ihrem eigentlichen Aufgabenkreis, der künstlerischen Ausführung, zu widmen". Allerdings führte dies zu einer offenen Degradierung SZENDREIs. Nach seiner Entlassung im folgenden Jahr schließlich blieb die Stelle vakant, und ihre provisorische Aufteilung unter NEUBECK und den Hauskapellmeistern führte trotz der zusätzlichen Verpflichtung namhafter Gastdirigenten wie CARL SCHURICHT insgesamt zu spürbaren Einbußen und konnte den programmprägenden Stil des früheren Leiters nicht ersetzen.

Jahr	Ernſte Muſik									Unterhaltungsmuſik***							Schauſpiele mit Muſik	Zeitgenöſſiſche Muſik †	
	Sinfoniekonzerte	Kammermuſik	Soliſtenkonzerte Liederabende	Opern-übertragungen	Opern-ſendeſpiele	Opernabende	Oratorien	Hiſtoriſche Konzerte	Orgelkonzerte u. Morgenfeiern	Volkstümliche u. Militärkonzerte	Volkstüml. Nach-mittagskonzerte	Operetten-übertragungen	Operetten-ſendeſpiele	Operettenabende	Luſtige und Tanz-Abende	Chorkonzerte		Anzahl der Autoren	Anzahl der Darbietungen
1924 *	16	29	87	—	19	11	1	6	13 M. **	40	229	—	2	16	39	7	5	8	6
1925	36	62	89	5	13	16	13	8	51 O. 55 M.	63	306	—	3	12	24	8	2	45	26
1926	56	52	75	29	15	14	9	6	57 O. 57 M.	65	289	6	11	9	19	12	3	33	19 ††
1927	58	59	81	35	21	11	10	6	58 O. 58 M.	99	214	4	12	11	27	19	4	37	25
1928	61	53	111	23	17	15	12	32	60 O. 63 M.	145	316	5	11	13	44	9	2	38	25

* Vom 1. 3. bis 31. 12. 1924: 19 Abende wegen Sendeſtörung ausgefallen. ** Nur Morgenfeiern. *** Ab 1925 täglich: Mittagsmuſik und nach der Abenddarbietung Tanzmuſik oder Spätkonzert (in obiger Ziffer nicht mit eingerechnet). † In vorſteh. Zuſammenſtellung bereits aufgenommen in der Rubrik „Ernſte Muſik". †† Darunter Neue Muſik 8 Darb.

MIRAG-Statistik zur Übertragung aus Konzertsälen und Opernhäusern

Die national-konservative Haltung NEUBECKs war sicherlich mit ein Grund für das weitgehend politikabstinente und von aktuellen Strömungen distanzierte Programm der MIRAG. Aber auch schon in den ersten Jahren zeichnete sich deutlich ab, dass der Leipziger Sender seinen Fokus nicht wie etwa Frankfurt auf betonten Zeitgeist legte, sondern eher auf eine sorgfältig gepflegte Vermittlung tradierter Kultur und auf eine zwar unaufdringliche, aber auch unbeirrbare Einbeziehung der Gegenwartskunst vor allem der Region. Auf dem künstlerischen Sektor hielt sich die MIRAG lange Zeit bei Diskussionen um die „Eigenkunst" des Funks zurück, mit der manch anderer Sender sich anstrengte, seine Rolle als umstrittener „Kulturfaktor" zu verteidigen – die Diskussion um die Funkoper z. B. spielte in Leipzig keine Rolle. Die kulturelle Tendenz des Senders war vielmehr durch eine weltoffene Regionalität und eine gewisse Innerlichkeit geprägt, der die Wiederbelebung der Hausmusik, die Pflege des mitteldeutschen Erbes, insbesondere des barocken, aber auch die Förderung der Zeitgenossen wichtiger war als ein Eingehen auf die extrovertierten, rasch wechselnden Modernismen und Antimodernismen der Weimarer – oder vielleicht besser: Berliner – Kultur.

Opernregie im Senderaum; Karikatur aus dem Jahre 1926

Die Programmverantwortlichen trugen in jenen Jahren besonders schwer an der Last, zwischen Bildung und Unterhaltung, Kultur und Entspannung, eigenen Ansprüchen und Hörerforderungen ausgleichen zu müssen. Umstritten war schon die Frage, ob sich die Vielgestaltigkeit der Kulturwelt in

einer klaren Trennung der Programme niederschlagen oder ob der Rundfunk sich vielmehr als Instrument der Vermittlung einer zeit- und mediengemäßen Synthese darstellen sollte, wie es KURT WEILL als einflussreicher Rundfunkkritiker forderte. Der Vermittlungsgedanke, der durchaus auch gesellschaftliche Aussöhnung jenseits von Parteipolitik und sozialen Klassen im Sinne hatte, erwies sich letztlich als durchsetzungsfähiger. Zwar wurde der Rundfunk zunächst mit einem gewissen Pionierstolz als Medium der Volkserziehung und Belehrung, als eigenständiger „Kulturfaktor", als ständiges Museum und als aktuelle Ausstellung gesehen. Unterdessen zeichnete sich nach Umfragen ab, dass die meisten Hörer und Hörerverbände vor allem Entspannung verlangten und allen belehrenden Tendenzen zunehmend feindlich gegenüberstanden. Deshalb war es wohl auch damals nicht einfach, berechtigten Hörerwünschen entgegenzukommen, ohne das Profil des Senders einer Einebnung auszusetzen.

Die Klagen über ein zu anspruchsvolles (und damit zu bildungsbürgerliches?) Programm kamen nicht zuletzt von Vertretern der Arbeiterschaft. ALFRED ALTHUS, der Vorsitzende des Arbeiter-Radio-Clubs Dresden, nutzte seine Mitgliedschaft im Kulturbeirat schon früh für Forderungen nach einem leichteren Programm. Ein Brief des Funk-Verbandes Ostsachsen forderte 1931 von der MIRAG „mehr leichtere, vorwiegend rhythmische Instrumentalmusik, weniger Gesprochenes, Letzteres vor allem auch nur in zeitlich beschränkten Darbietungen und große Musik nur für einzelne Festabende". Im Folgejahr verband ein offizieller Brief des Arbeiter-Radio-Bundes den Vorwurf zu anstrengender Programme gar mit dem ungleich gravierenderen der Rechtslastigkeit.

Die qualitative Verbesserung des Programms hing auch von zahlreichen technischen und organisatorischen Faktoren ab. So wurde das Opernsendespiel bald durch Übertragungen von den Bühnen der mittleren und kleinen mitteldeutschen Städte bereichert, obwohl in den zwanziger Jahren nicht alle Opernhäuser bereitwillig kooperierten. Nachdem die MIRAG ab 1926 zunächst aus den bedeutenden Spielstätten in Dresden und Weimar übertragen hatte (eine Dresdner „Fidelio"-Aufführung ging 1930 gar über den Kurzwellensender in alle Welt), bezog sie 1929 auch die Häuser von Dessau, Altenburg, Chemnitz, Erfurt und Halle ein, weitere zwei Jahre später kamen Plauen, Zwickau, Braunschweig, Gotha und Gera hinzu. Allerdings blieb die MIRAG auch noch unter NEUBECK dem Opernsendespiel treu. Das Repertoire blieb allerdings eher konservativ, bisweilen fast antiquarisch – man zog Wiederentdeckungen wie ROSSINIs „Italienerin in Algier" und KONRADIN KREUTZERs „Alpenhütte" offenbar zeitgenössischen Werken ohne Bühnenfortune vor.

Auch auf sinfonischem Gebiet war der mitteldeutsche Sender der entschiedenste Verfechter ausgefeilter Studioproduktionen. Noch 1929 dominierten 113 Studiokonzerte deutlich gegenüber nur 15 Übertragungen. Der musikalische Leiter erntete auch überregional Lob für die Einbeziehung der modernen Musik in die Sinfoniekonzerte. Die Präsenz der Zeitgenossen verband sich mit der Förderung mitteldeutscher, insbesondere Leipziger Komponisten. So gelang es SZENDREI nicht nur, seine Schüler HERMANN AMBROSIUS und WILHELM RETTICH beim Sender zu beschäftigen, er sorgte auch für die Aufführung anderer Komponisten. Leipziger Hauskomponisten wurden – neben den oben genannten WALTER NIEMANN und SIGFRID KARG-ELERT, zu dessen Wohnung der Sender für sonntägliche Morgenfeiern eine Kabelverbindung hatte – an den Sender gebunden. Mit dem repräsentativen Kompositionsauftrag der RRG etwa betraute die MIRAG 1929 den am Leipziger Konservatorium tätigen PAUL GRAENER, der mit seiner „Theodor-Storm-Musik" ein eher sympathisch-unkompliziertes als zeitbezogenes Werk ablieferte. Die 1927 ausgestrahlte Reihe „Mitteldeutsche, Dresdner und Leipziger Komponisten" oder die Uraufführung von W. RETTICHs Oper „König Tod" im Jahre 1930 stehen ebenso in diesem beinahe familiären Zusammenhang. Der lokale mäzenatische Bezug schloss einen Ausblick auf die internationale Avantgarde nicht aus; mit „Musik der Zeit" bot die MIRAG 1930 eine der wenigen überregionalen Reihen für moderne Musik in der späten Weimarer Zeit. Zu den vielbeachteten Großtaten SZENDREIs zählte seine monumentale Aufführung

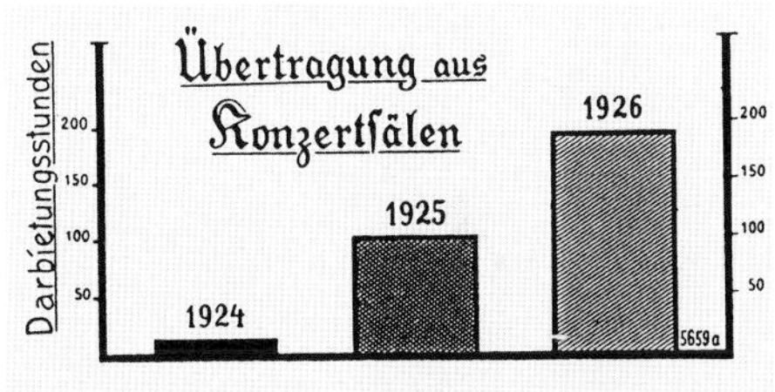

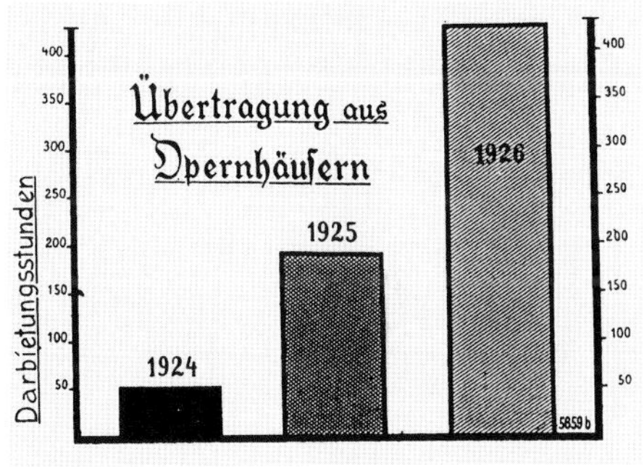

Statistischer Beleg für den Anstieg musikalischer Liveübertragungen in den zwanziger Jahren

Livesendung aus der Landesanstalt für Volksheilkunde im Senderaum der MIRAG

von ARNOLD SCHÖNBERGs „Gurre-Liedern" aus der Albert-Halle am 6. Mai 1929. Radikal „Neue" Musik oder politisch angehauchte Musik aber wurde im Allgemeinen vom Programm ferngehalten.

Mit dem Stuttgarter Sender verband die MIRAG eine ausgesprochene Vorliebe für die vorklassische Musik, die ja durch barocke Traditionen einen besonders fruchtbaren Boden fand. Die Zahl der historischen Konzerte schnellte schon 1928 sprunghaft in die Höhe, doch erst unter NEUBECK kamen diese Veranstaltungen zu ihrer eigentlichen Blüte – mit groß angelegten Reihen wie „Collegium musicum" und „Alte Hausmusik". Leipziger Spezialitäten waren von Beginn an abendfüllende Oratorien und geistliche Werke, mit denen der Sender der Musikstadt Rechnung trug, die an seine Hörer aber auch erhebliche Anforderungen stellten. Jedenfalls dürfte die MIRAG hiermit den Ruf der mitteldeutschen Musikregion im Rundfunk gefestigt und geprägt haben. Selbst für den internationalen Austausch spielte dieses besondere „Markenzeichen" eine Rolle, wenn 1930 etwa die Karfreitags-Übertragung der BACHschen Matthäus-Passion aus der Thomaskirche auch in Belgien und England ausgestrahlt wurde. Als Höhepunkt dieser Tradition gilt die ab Ostern 1931 sonntäglich gesendete BACH-Kantate.

Schlecht war es dagegen im Sendegebiet um die Tanz- und Unterhaltungsmusik bestellt, die vor allem für Nachmittags-, Mittags- und Spätabendkonzerte zunehmend gefordert wurde. Dies wird an der immensen Zunahme der Militärkonzerte deutlich, die weniger als militärische Veranstaltungen denn als beliebte Unterhaltungskonzerte einzuschätzen sind. Auf Qualität aber wollte man auch hier nicht verzichten. Im Gegensatz zu üblichen Gepflogenheiten setzte die MIRAG in ihren Nachmittagskonzerten keine Gesangskräfte ein, da gute Stimmen zu teuer gewesen wären und mittelmäßige unerwünscht waren. Natürlich trugen die Leipziger und Dresdner Hauskapellen zum Unterhaltungsprogramm bei. Ergänzt wurde dieses Genre durch Platzkonzerte, Laienorchester und -chöre; neben bürgerlichen Vereinigungen fanden dabei auch Vertreter der Arbeiterkultur eine gewisse Berücksichtigung. Doch mit dem Unterhaltungsangebot des Hauptstadtsenders konnte die MIRAG bei weitem nicht mithalten, so dass sie auf Übernahmen angewiesen war.

Immer bedeutender für das Programm wurde die sogenannte „mechanische" Musik, wenn man darunter nicht nur die seit 1924 von der Leipziger Firma HUPFELD beigesteuerten Mittagskonzerte auf einer „Duo-Phonola" versteht, sondern vor allen Dingen die Wiedergabe von Schallplatten. Tatsächlich wurden in den folgenden Jahren Anspruch und Gewicht der Schallplattensendungen erheblich erhöht, wichtiger aber war die zukunftsträchtige Nutzung der Tonkonserven und klingenden Bausteine in den unterschiedlichsten funkspezifischen Wort-Musik-Formen.

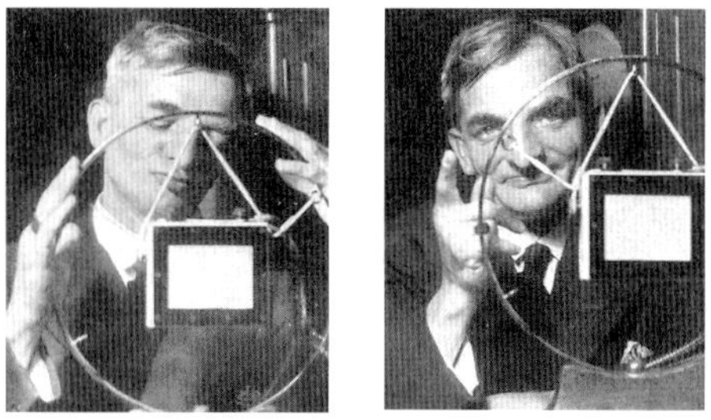

JOACHIM RINGELNATZ 1930 in einer Rundfunksendung

Karikatur zur Literatursendung „Bücher-Stunde" Zeichnung von WERNER

Die Wintersaison 1927/28 konnte man nicht nur quantitativ als Höhepunkt des „Tanzfunks" bezeichnen: So bot die „Berliner Funk-Stunde" als Weltneuheit zweimal wöchentlich einen „Tanzkurs durch Rundfunk" an. Mittels eingestreuter Anweisungen und vom Buchhandel vertriebener Schrittdiagramme konnte man in intimer Häuslichkeit die wichtigsten Tänze erlernen. Die MIRAG folgte dem Beispiel im nächsten Winter mit eigenen Kursen. Zu diesem Zeitpunkt aber hatte die Welle der Tanzbegeisterung im Rundfunk wohl schon ihren Höhepunkt überschritten. Selbst die außermedial so unangefochtene Tanz- und Unterhaltungsmusik am Spätabend geriet zunehmend ins Blickfeld der Kritik, die bei den Ansprüchen eines Mediums „für alle" auch nicht ausbleiben konnte. Tanzmusik war nicht jedermanns Sache, und eintönige Programmschablonen waren es noch viel weniger. So entschlossen sich die Sendeleitungen, an zwei Tagen in der Woche Spätkonzerte mit leichter Unterhaltungsmusik anstelle von Tanzmusik zu bieten.

Die Tanzmusiksendung „Schlaflose Nächte" im Februar 1926: „Lya de Putti tanzt..."

Aus der Hörspielgeschichte des Mitteldeutschen Rundfunks

Wer sich in die Anfangszeit des Hörspiels zurückversetzen will, sollte zwei besondere Umstände des damaligen Radios im Hinterkopf behalten: zum einen, dass die Stücke zu jener Zeit ausschließlich live gespielt wie gesendet wurden, und zum anderen, dass das Publikum sie vor allem per Kopfhörer empfing. Dies macht die außergewöhnliche Innigkeit der Rezeption dieser jungen und nur vom Radio hervorgebrachten Kunstform in ihren ersten Jahren aus.

Die Sendespiele besaßen bei aller technischen Mangelhaftigkeit den Charme des unmittelbaren Entstehens, und die Bühne der literarisch bis dramatischen Schallereignisse befand sich zwischen den beiden Kapseln des Kopfhörers mitten im Kopf unserer Eltern, Groß- oder Urgroßeltern.

Die Radio-Pioniere der ersten Sendeanstalten kamen – wie es sich für enthusiastische Vorreiter gehört – aus eher entlegen zu nennenden beruflichen Sphären. Zwei der ersten Rundfunkintendanten waren Ärzte – neben dem Röntgenarzt Dr. HANS FLESCH (1896 in Frankfurt geboren – künstlerischer Leiter des SWR Frankfurt und später Intendant der Berliner Funkstunde – Mai 1945 in Berlin verschollen) war auch der in Köln gebürtige MIRAG-Gründer Dr. ERWIN JAEGER von Beruf Landarzt.

Direktor WITTE vom Leipziger Sender

Der erste literarische Direktor der MIRAG, der damals gerade vierzigjährige JULIUS WITTE, war Zeitungsredakteur und kam von den „Leipziger Neuen Nachrichten", bei denen er zuletzt als Chefredakteur wirkte. WITTE hatte ehedem Volkswirtschaft studiert, sich mit bildender Kunst beschäftigt und an verschiedenen Theatern volontiert.

Noch im MIRAG-Sendestartmonat März 1924 hatte es zwei literarische Abende mit GOETHE- und HEINE-Texten („Egmont": Monolog im Gefängnis; „Faust": Studierzimmer – am 12. 3. 1924; Lyrik und Balladen – Heiteres und Satyrisches von H. HEINE – am 27. 3. 1924) gegeben, und im Spätsommer waren unter der Leitung von Kapellmeister SZENDREI Sendespiele mit Dramen, die große Musiker zu Kompositionen inspiriert hatten, zur Aufführung gekommen (IBSEN/GRIEG: „Peer Gynt" – am 1. 8. 1924; GOETHE/BEETHOVEN: „Egmont" – am 28. 8. 1924; SHAKESPEARE/MENDELSSOHN: „Ein Sommernachtstraum" – am 11. 9. 1924).

JULIUS WITTE tritt als Regisseur am 21. November 1924 mit HEINRICH VON KLEISTs „Das Käthchen von Heilbronn" auf den (Spiel)Plan. Ein glücklicher erster Griff. Die handfeste, deftige Gangart des Ritterspiels, in dem zu jedermanns Entzücken die zarte, hochernste Liebesgeschichte vom Verfallensein des Mädchens von Heilbronn zu dem Ritter von Strahl steckt, schien für die phantasiebeflügelnden Imaginationsmöglichkeiten des Radios wie geschaffen zu sein und entsprach WITTEs Sendespielkonzept vom „lyrischen Seelendrama". Kritik und Publikum waren begeistert. „Das Käthchen von Heilbronn" wurde von MIRAG-Hörern immer wieder gewünscht und stand deshalb in den ersten drei Leipziger Rundfunkjahren als absoluter Spitzenreiter ganze fünfmal auf dem Programm!

Dass sich ein Radiospielplan womöglich in anderer Weise als am Theater in Beziehung zum Publikum setzen müsste, ahnte Direktor WITTE sehr wohl. Bereits im Dezember 1924 schreibt er in einem Artikel im Funkalmanach:

„Der Rundfunk und sein Publikum stehen in einem ähnlichen Verhältnis wie das Theater und sein Publikum. Auch hier ist das vornehme Parkett mit dem Aufstieg zu den Höhen des Olymps vorhanden. Die Gliederung erfolgt nur in einer idealeren Weise, nämlich nicht durch den Mammon (weil jeder für 2 Mark im Monat sich im Parkett oder auf dem Olymp wohlfühlen kann), sondern je nach dem Maße der eigenen Genuß- und Bildungshungrigkeit. Aber wie im Theater, so kann es sich auch im Rundfunk ereignen: während das Parkett rasenden Beifall spendet, pfeift der Olymp, oder umgekehrt.

Ich sage nicht, daß es so sein muß oder so sein braucht, aber so sein k a n n. Wird am Theater eine Oper, eine Operette, ein Schauspiel oder eine andere Darbietung gegeben, so geht nur der hin, der sich für das angekündigte Spiel interessiert. Zum Rundfunk geht aber keiner, sondern der Rundfunk kommt zu allen, zu allen direkt ins Heim! Und nun suche ich den Teilnehmer, der den Hörer hängen läßt, wenn auch etwas gefunkt wird, was seiner Geschmacksrichtung nicht entspricht. Lieber ‚pfeift' er, manchmal durch Rückkoppelung, weil er partout nun einen anderen Sender haben will, manchmal durch einen Brief an die Sendeleitung. Beides ist gleich gern gesehen. Aus dem Gesagten geht hervor, wie schwierig die Programmgestaltung für die Leitung des Rundfunks ist. Viel schwerer als im Theater."

Ruhe!
Karikatur vom künstlerischen Werbeleiter der MIRAG, LOTHAR SCHNEIDER

Neben SCHILLER („Demetrius" am 10. 11. 1924) und KLEISTs „Käthchen" mussten auch Sendespiel-Angebote für ein breiteres Publikum in den Äther gebracht werden. JULIUS WITTE selbst schrieb und

8,15 Uhr abends: Ein Familienabend am Kamin

Spielleitung und Entwurf von Julius Witte. Es ist Abend. **Draußen** regnet und schneit es abwechselnd. **Im Kamin** prasselt das Feuer und erfüllt das Zimmer mit wohliger Wärme. Die Abendbrotzeit **ist** vorüber. Mädi (Klein Bertel) und Bubi (Klein Gertel) tollen mit Roland, dem Wolfshund, bis **Mutti** (Martina Otto-Morgenstern) eingreift. **Der Vater** (Prof. Ad. Winds) begütigt: Laß, es sind Kinder. Da klingelt es. Es ist Dienstag, der Besuchsabend der Familie. Es kommen **Base Erna** (Eva Graf), Vetter Franz (Herr Luh) und **Onkel** Herrmann (Herr Sammler) und ein Freund des Hauses (Karl Kessler). Bubi und Mädi sollen schlafen gehen, erhalten aber schließlich die **Erlaubnis**, noch ein klein wenig verweilen zu **dürfen**. Da bald Weihnachten ist, muß Bubi **zeigen**, **daß** der Klavierunterricht Früchte trägt (Schumanns Kinderszenen) und Mädi sagt ein Weihnachtsgedicht auf, nachdem Mutti das Märchen von Frau Holle und Vati die Geschichte vom Niklas erzählt hat. Vetter Franz spielt ein Weihnachtslied auf seiner mitgebrachten Geige und Onkel Hermann begleitet dazu. Dann singt Base Erna auch ein Weihnachtslied und unwillkürlich schließt sich daran das Lied vom deutschen Tannenbaum „O Tannenbaum, o Tannenbaum, **wie** grün sind deine Blätter", das von allen gesungen wird. Doch nun heißt es für die Kinder: **Marsch** ins Bett. Sie vergessen nicht, vorher **noch** die Schuhe vor das Fenster zu stellen, **damit** Rupprecht etwas hineinlegt.

Nun **sind** die Erwachsenen unter sich. Sie musizieren, erzählen Geschichten aus Tausend und eine Nacht und anderes.

Anschließend (etwa 9,30 Uhr) Pressebericht und Hackebeils Sportfunkdienst

Ankündigung der Übertragung des Hörspiels „Ein Familienabend am Kamin" von J. WITTE; 2. 12. 1924

Direktor Witte führt Regie
Zeichnung von Wolfgang Simon

inszenierte „Ein Familienabend am Kamin" – am 2. 12. 1924 und „Der heilige Abend" – am 24. 12. 1924. Mit ADOLF WINDS – er hatte den „Demetrius" inszeniert und am 1. März 1924 übrigens auch die ersten Worte ins MIRAG-Mikrofon gesprochen – und dem Literaturhistoriker Prof. Dr. GEORG WITKOWSKI (1863-1939) holte sich Direktor WITTE zwei kompetente Berater an seine Seite, war aber ansonsten ganz auf freie Mitarbeiter angewiesen.

Erst die Einstellung KURT ARNOLD FINDEISENs – eines 1883 in Zwickau geborenen Volksschullehrers und Schriftstellers – als Literarischer Leiter des Dresdner Senders, schaffte ab 1927 eine gewisse programmliche Entlastung. FINDEISEN machte sich mit der Einführung des Schulfunks im Mitteldeutschen Rundfunk sehr verdient und blieb bis 1934 am Sender. Als Spielleiter der Dresdner Produktionen fungierte lange Jahre CARL BLUMAU.

Das Jahr 1925 – das zweite Hörspieljahr unter JULIUS WITTE – stand unter einem ungünstigen Stern. Mit GERHART HAUPTMANNs Traumspiel „Hanneles Himmelfahrt", das ein Jahr zuvor ein Publikumsmagnet im Kino gewesen war, hofften die Leipziger Hörspieler an ihren Anfangserfolg anzuknüpfen.

Der Kritiker ERNST SMIGELSKI (er war als Kapellmeister übrigens selbst MIRAG-Mitarbeiter) räumte zwar nicht näher beschriebene Pannen ein, lobte dann aber das Sendespiel in vollen Tönen: „Ich glaube wohl kaum, daß jemand den Hörer abgelegt hat, der Hanneles Stimme (Frau Lina Monard) gehört hat. Aus Weltweh und Himmelssehnsucht reckt sich die Dichtung empor – Weltweh und Himmelssehnsucht klang in jedem gesprochenen Tone der leidenden Hannele, in jedem Akte des Dramas wieder." (Der Deutsche Rundfunk 1925)

Doch der Autor GERHART HAUPTMANN wehrte sich gegen die Rundfunkaufführung und klagte vor dem Landgericht Berlin gegen die Mitteldeutsche Rundfunk A.G. „Als ‚Hanneles Himmelfahrt' am 25. Januar 1925 bei der MIRAG auf dem Spielplan stand, kam es zu einer aufsehenerregenden gerichtlichen Auseinandersetzung zwischem dem Autor und der Sendegesellschaft, wodurch die Sendung zeitgenössischer Dramen vorrübergehend überhaupt zum Streitfall wurde. Die Rundfunkgesellschaften zahlten bis dahin nämlich noch keine Tantiemen an Bühnenschriftsteller; zudem fürchteten die Städtischen Bühnen Leipzig, die Rundfunkversion könne sich als Konkurrenz zu der gleichzeitig angesetzten Theaterinszenierung von ‚Hanneles Himmelfahrt' erweisen. Hauptmann erreichte eine einstweilige Verfügung gegen die für den 8. März 1925 geplante Wiederholung. Am 12. Mai 1926 schließlich gab das Reichsgericht in einem Grundsatzurteil Hauptmanns Unterlassungs- und Schadensersatzklage statt. In diesem Urheberrechtsprozess war auch eine parallele Klage Hugo von Hofmannsthals gegen die Berliner Funk-Stunde verhandelt worden. Das Urteil veranlasste die RRG, endlich in Verhandlungen mit dem Deutschen Bühnenverein einzutreten." (THERESIA WITTENBRINK in: Programmgeschichte des Hörfunks in der Weimarer Republik)

Während der langen Zeit des schwebenden Verfahrens konnte WITTE also „nur" zu Werken bereits verstorbener Bühnenautoren greifen, was einen modernen, konzeptionellen Spielplan eigentlich unmöglich machte. Man spielte u. a. HEBBEL: „Der Rubin" – am 12. 4. 1925; ANZENGRUBER: „Die Kreuzelschreiber" – am 3. 5. 1925 und SHAKESPEARE: „Der Widerspenstigen Zähmung" – am 1. 11. 1925.

Nicht minder verheerend wirkte sich der Umstand aus, dass sich zu Jahresbeginn 1925 nun auch das Städtische Alte Theater der feindlichen Haltung des Opernhauses angeschlossen hatte und den Standpunkt vertrat: „Rundfunk ist Konkurrenz! Deshalb dürfen die städtisch angestellten Künstler nicht mehr im Rundfunk mitwirken." Erst Ende des Jahres gelang es den MIRAG-Leuten, einen Burgfrieden zu erreichen. Bis dahin hatte man sich mit einzelnen Rezitatoren und wenigen Gastdarstellern zu retten versucht.

Außerdem gab es programmliche Neuerungen: „Schließlich bringt Leipzig seinen Hörern noch eine amüsante und belehrende Veranstaltung, die in England zu den beliebtesten und gebräuchlichsten Rundfunkdarbietungen gehört, nämlich ein Preisraten. Es werden ohne Nennung der Autoren eine Anzahl von Dichtungen und Kompositionen zum Vortrag gebracht, und diejenigen, die imstande sind, die Namen der Autoren anzugeben, werden mit wertvollen Preisen belohnt."

Die ersten eigens für Sendezwecke geschriebenen Original-Hörspiele, wie RUDOLF SCHULZEs als „Teufels- und Hexenspuk" avisierte „Walpurgisnacht", am 30. 4. 1925, boten zwar für eine üppige akustische Kulisse hinlänglich Gelegenheit, konnten aber bereits damals literarisch nicht bestehen.
Zur akustischen Differenzierung hatten Techniker und Spielleiter besondere Präparierungen der Wände und Fußböden in den Studioräumen entwickelt. Der bei der Reichspost angestellte Techniker konnte zwischen verschieden platzierten Mikrofonen umschalten, und der damals noch nötige Inspizient

Doppelseitiges, speziell für Hörspielzwecke entwickeltes REISZ-Mikrofon Typ 105

Zur Leipziger Funkaufführung von „Das Grabmal des unbekannten Soldaten" mit KLIX, Dr. KRONACHER, J. WITTE, GRETE SCHEER und PETER STANCHINA (v.l.n.r.)

führte die Schauspieler während des Live-Hörspiels so lautlos wie nur möglich von Sprechstelle zu Sprechstelle, zum Beispiel von einer mit Blechen getäfelten „Hall-Ecke" zur sogenannten „Muschel" – einer verkleinerten hochformatigen Zimmerversion einer Kurkapellen-Bühne, mit dem Unterschied, dass diese Muschel dick und weich gepolstert war, so dass ein raumloser Klang, ähnlich wie auf freiem Feld, entstand, wenn die Sprecher an das darin platzierte Mikrofon traten.

Am Regietisch der MIRAG HANS PETER SCHMIEDEL, der Spielleiter, am Schallplattenschrank ein Hilfsregisseur, vor dem Mikrofon: PETRA HELDRICH und ANNEMARIE DE BRUYN bei einer Hörspielprobe im Jahre 1930

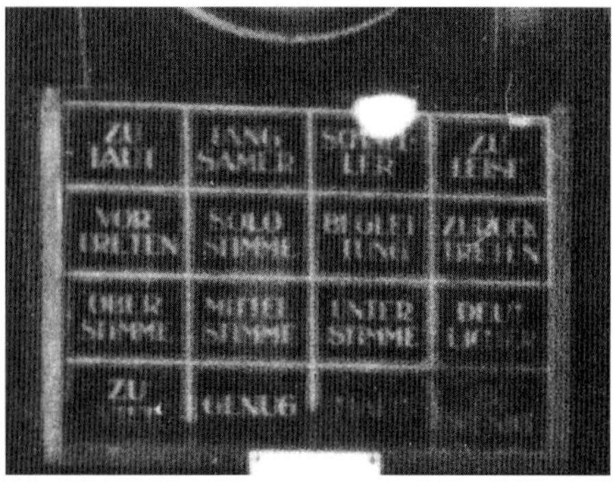

Leuchtfeldertafel für den Interpreten mit entsprechenden Regiebefehlen.
Da die Befehle dem Interpreten optisch signalisiert wurden, blieben die Regieanweisungen für den Radiohörer unbemerkt.
Mit ihr konnten folgende Anweisungen gegeben werden (der Reihe nach von oben links nach unten rechts):
ZU LAUT / LANGSAMER / SCHNELLER / ZU LEISE / VORTRETEN / SOLOSTIMME / BEGLEITUNG / ZURÜCKTRETEN / OBERSTIMME / MITTELSTIMME / UNTERSTIMME / DEUTLICHER / ZU VIEL / GENUG / HALT / ZU WENIG

Ein schalldichtes Studiofenster ermöglichte es dem Spielleiter, die Sprecher vom Regie- und Abhörraum aus mit Handzeichen und Gesten zu dirigieren. An Mikrofonpositionen ohne Sichtverbindung zog man ein elektrisch illuminiertes Leuchttableau zu Hilfe, auf dem der Regisseur verschiedene Kommandoschriften aufblinken lassen konnte: „Zu laut", „Zu schnell" etc.

Mit akustischen Effekten und Geräuschen als Kulissenersatz fürs Radio (daher der Begriff Geräuschkulisse) wurde in der Hörspiel-Frühzeit oft sehr verschwenderisch umgegangen. Erzeugt wurden sie zum Teil auf bereits theatererprobten Apparaturen wie der Windmaschine, immer öfter aber bastelte man sich auch ganz neue Geräuschutensilien. Der Regisseur WERNER ILLING bevorzugte dagegen einen Geräuschemacher, der mit ganz wenigen Mitteln verblüffende Wirkungen erreichen konnte. Der von ihm erwähnte Mann hatte lediglich eine mit Schrotkörnern gefüllte Streichholzschachtel (damals waren es noch Spanschachteln aus Holz) und eine halbgefüllte Gummiwärmflasche. Sehr nah vorm Mikrofon konnte er damit ganz gezielt alle nötigen Geräuschakzente setzen. Ein wohl dosierter Geräuscheinsatz stellte offenbar auch für JULIUS WITTE ein Problem dar. ARNO SCHIROKAUER berichtet über die Aufführung von FRIEDRICH HEBBELs „Gyges und sein Ring", am 27. 3. 1926: „Durch Kritik ermuntert, verzichtete er [WITTE], wie endlich auch Berlin beginnt, auf Hörkulisse und würdelose akustische Tricks." Hinzuzufügen wäre, dass die Techniker erst ab 1929 über geeignete Tonregler verfügten, mit denen man eine ausgewogenere Mischung der Schallquellen realisieren konnte.

Im April 1928 wurde JULIUS WITTE nach vierjähriger Tätigkeit fristlos entlassen. Das Programm verzeichnet für den 20. Mai als seine letzte Funkinszenierung GUSTAV FREYTAGs „Die Journalisten". Über die Gründe seiner Entlassung ist nichts Näheres bekannt. In einem Überblicksartikel zu den künstlerischen Darbietungen der MIRAG von 1929 wird mit dem Ausscheiden WITTEs ein Wendepunkt verzeichnet: „Die bis dahin übliche Methode, Hörspiele von drei bis vier Stunden Dauer zu senden, wurde als zu ermüdend erkannt."

Der neue auf Dr. ERWIN JAEGER folgende Intendant Dr. LUDWIG NEUBECK versuchte vergeblich für die literarische Leitung der MIRAG den Schriftsteller und Hörspielpionier FRITZ WALTER BISCHOFF zu gewinnen, das heißt, ihn zu einem Wechsel von der Schlesischen Funkstunde Breslau nach Leipzig zu bewegen.

Eines Tages klingelte schließlich beim Feuilletonredakteur von der Königsberger „Hartungschen Zeitung", Dr. EUGEN FISCHER, das Telefon, und zu dessen Verwunderung fragte am anderen Ende der damalige Präsident der preußischen Dichter-Akademie, WALTER VON MOLO, ob FISCHER nicht mal raus zu ihm nach Rauschen an die Samlandküste kommen könne. Er liege da in der Badehose am Ostseestrand, könne daher schlecht nach Königsberg rein und müsse ihm etwas Wichtiges sagen. VON MOLOs Aufforderung hieß: „Sie müssen zum Rundfunk! Nach Leipzig." Und so kam 1929 schließlich EUGEN KURT FISCHER, der bei der ORAG – der Ostmarken Rundfunk A. G. in Königsberg (die Senderäume befanden sich hier in den Räumen des Stadttheaters) – bereits verschiedene Radio-Erfahrungen als Theaterkritiker und Hörspielregisseur gesammelt hatte, nach Leipzig zur MIRAG.

„Löwengebrüll"

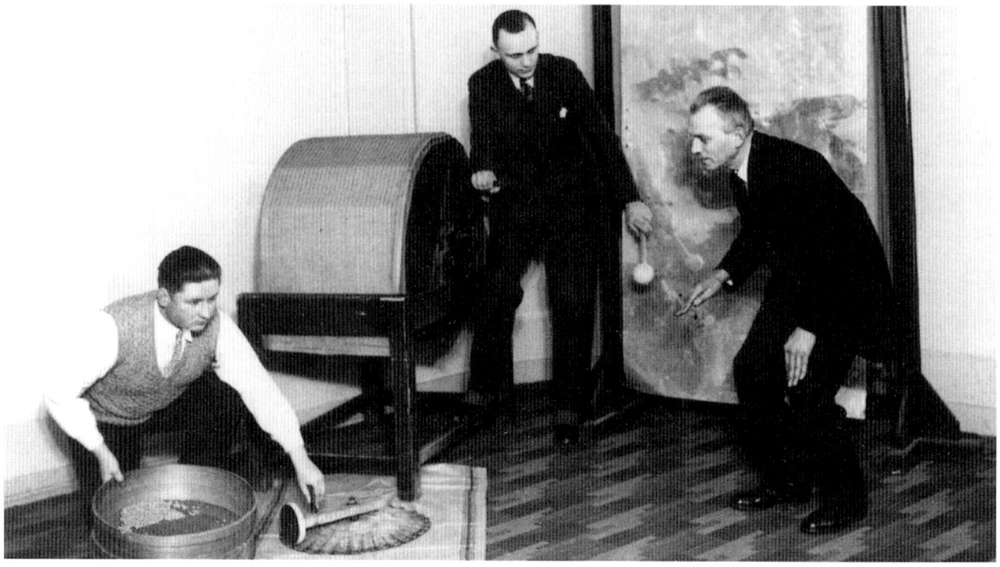

Die „Rundfunkgeister":
Ein Pferdefuhrwerk fährt im Gewittersturm über holpriges Pflaster…

Requisitenraum der MIRAG

Mitarbeiter der Hörspielabteilung im Requisitenraum

EUGEN KURT FISCHER gelang es, noch in seinem Antrittsjahr zwei Uraufführungen von Sendespielen auf den Weg zu bringen: CARL HAUPTMANNs Einakter „Frau Nadja Bielew" (Regie: JOSEF KRAHÉ) – am 24. 9. 1929 – und am 18. Oktober, nach einer Lesung des Autors, ALFRED DÖBLINs „Der Untergang der Patagonia" (Regie: HANS PETER SCHMIEDEL). FISCHERs erste Regiearbeit für das MIRAG-Programm war die Inszenierung „Der verlorene Sohn" am 20. 11. 1929, einer von ihm selbst verfassten Hörspielbearbeitung nach ANDRÉ GIDE.

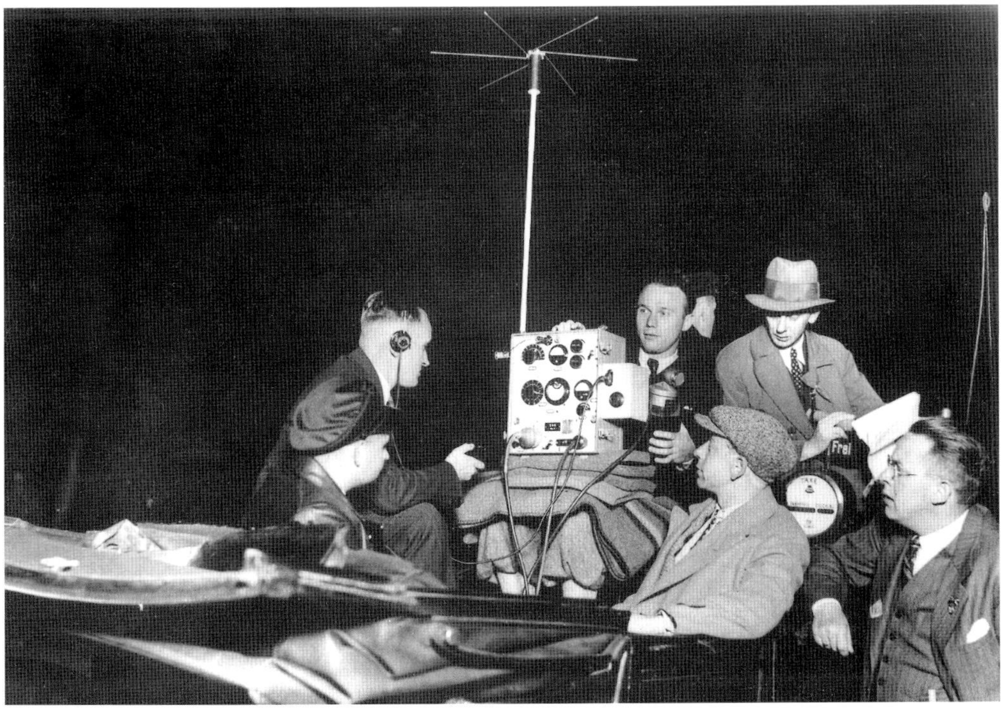

Nächtliche Hörspielaufnahmen, die zur Einbeziehung von Originalgeräuschen und einer Außenatmosphäre mit Hilfe eines Kurzwellensenders vorgenommen wurden.

EUGEN KURT FISCHER konnte schließlich 1929 den Schriftsteller und Rundfunkkritiker Dr. ARNO SCHIROKAUER (Jahrgang 1899) einstellen. Er sollte auf dem Gebiet der Hörfolge wirken. Die Hörfolge könne, so der Literarische Leiter der MIRAG EUGEN KURT FISCHER in seinem Plan für den Winter 1930/31, „durch das Nebeneinander und Gegeneinander thematisch zusammengehöriger Texte den Horizont des aufnahmebereiten Hörers besser als jede andere Darstellungsform erweitern, seine Urteilskraft fördern und ihn zum Fragen bewegen". Im Rundfunkgenre der Hörfolgen wurden auch dokumentarische Schallplattenaufnahmen einbezogen. FRITZ WALTER BISCHOFF, der die Hörfolgen in der Schlesischen Funkstunde Breslau ehedem ins Leben gerufen und qualifiziert hatte, bezog sogar das Lichtton-Aufzeichnungs-Verfahren auf Filmmaterial ein.

Der Chefsprecher JOSEF KRAHÉ (2. v. l.) während einer Leseprobe vor dem Redakteurs-Kollegium für ein Hörspiel im MIRAG-Haus, Barthels Hof, um 1929

EUGEN KURT FISCHER

FISCHER hatte gleich nach seinem Amtsantritt im Herbst 1929 mit der Vergabe von Hörspielaufträgen begonnen. Doch zumindest bei einigen bekannten Autoren wie ERICH EBERMAYER, ERNST TOLLER und PAUL ZECH war es nicht bis zu einer Uraufführung gekommen. Erfolgreich gestaltete sich dagegen in Leipzig die Beteiligung einiger junger Talente aus der Region. Dabei bewährte sich vor allem das im Winter 1929 eröffnete „Studio" der Sendegesellschaft, in dem Schriftsteller wie die Lyriker WALTER BAUER und WOLFRAM BROCKMEIER und der Dramatiker ANDREAS ZEITLER Hörspielexperimente veranstalten konnten und sich zu kontinuierlicher Mitarbeit anregen ließen. OTTO ROMBACH entwickelte speziell für Leipzig die neue Gattung der Funkballade. Seine „Ballade vom Räuberhauptmann Kokosch" und seine „Chronik des Pizzaro" – am 14. 12. 1931 – waren Publikumsrenner.

Für sein „Studio" hatte E. KURT FISCHER eine Gruppe meist engagementloser, aber begabter und vor allem leidenschaftlich interessierter Schauspieler gewonnen, die allmählich zu einem Hörspielensemble zusammenwuchs, wie es sich übrigens auch ERNST HARDT in Köln geschaffen hatte – ernüchtert durch die oft betont uninteressierte Art damaliger Bühnengrößen, denen es nicht einfiel, sich auf eine darstellerische Leistung ohne Maske, Kostüm, Mimik, Gegenspieler, Bühnenbild und farbiges Licht, vor allem aber ohne körperlich anwesendes Publikum umzustellen.

Das älteste erhaltene Tondokument mitteldeutscher Hörspielgeschichte ist eine solche „Studio"-Produktion: WALTER BAUERS „Alle Dinge tragen den Namen des Werks" vom 1. 5. 1931 – der Leipziger Beitrag übrigens zur „Phono-Schau" der Berliner Funkausstellung 1931. In seiner eigenen künstlerischen Produktion widmete sich EUGEN KURT FISCHER dem Poem und Hörbildern wie „Trommel, Trommel, Gong", „Pergamon" oder „Gespräche des Hirns" (1931-32). Ein Textauszug aus Ersterem zeigt, wie FISCHER individuelles Verhalten im Kraftfeld gesellschaftlicher Wirren seiner Zeit für ein Stimmenspiel im Radio zu fassen versuchte:

„Trommel, Trommel, Gong"

Ein Zeitgedicht für Stimmen, Klänge und Geräusche in fünf Hörbildern
von Eugen Kurt Fischer (Regie)
mit Harry Langewisch (Der Mann), Jenny Schaffer (Die Frau), Waldemar Jacobi, Joachim Steinmetz, Carl Zimmermann, Trude Spalke, Charlotte Friedrich und Lotte Gruner (Männliche und weibliche Stimmen) sowie dem Geräuschstudio der Mary-Wigman-Schule Dresden
Sendung: MIRAG 27. 4. 1932 – Leipzig

Textauszug (von der Plattenaufnahme transskribiert):
Die Frau:
Vergiß das Unbedachte! Genieße.

Sprecher:
Du machst mich ängstlich.

Die Frau:
Leg das Buch weg und denke nicht!
Verströme dich, mein Freund,
geh über in den Pulsschlag,
der die Bäume, die Vögel und die Wolken füllt.
Du kannst es. Vergiß, was war.
Vergiß dich selbst,
sei Element, Bruchstück von dieser Insel
Lern ahnen, schweigen, ruhen.

..Sprecher:
Ich will nur wissen, ob das möglich ist,
daß einer, wie der alte Mann in Weimar,
das Lied in allen Dingen hören kann und in sich selbst.
Ich will nur wissen, ob es wirklich wahr ist,
daß der Lärm – Ventil der Millionenmassen -
das Menschentum für alle Zeit erstickt hat,
ob auch nicht einer mehr, wenn er nur will,
auf einer Arche Noa dieser Sintflut entrinnen könne.

Die Frau:
Auch in der Arche trägt sie dich,
die Flut, in der die Toten und Ertrinkenden
der Sturm mit einer großen Weltenwende
in dunklen Strudeln durcheinander wühlt.
Komm mit mir!

Sprecher:
Wohin? Wieder du? Schon wieder du! Lockst Du?

Die Frau:
Ich führe dich.

Sprecher:
Dein Ziel?

Die Frau:
Mein Ziel – Dein Weg.

Sprecher:
Rätsel.

Die Frau:
Grüble nicht, komm!

Wechselgesang des Sprechchors:
Höre das Gesetz, das neue Gesetz
Hört, hört!

Schlager schwirrt, Schlagring klirrt.
Schlagwort schallt, Schlagzeile knallt.
Schlagzeug dröhnt, Schlagobers verwöhnt.

Geld ist für den Kasten, Brot ist da fürs Fasten.
Arbeit für Gesinnungsbrüder,
für die andern Himmelsgüter.
Kinder sind fürs Vaterland, Vaterland ist abgebrannt.

Hört Ihr die Verräter? Das sind Eure Väter!
Bringt die neue Lehre! Rettet Eure Ehre!
Wo ist sie denn? Wo bleibt sie denn?
Es dröhnt durch alle Gassen:
Wer kennt sie denn, wer nennt sie denn?
Wer kann die Lehre fassen?

Die neue Lehre gibt es nicht,
Es gibt gleich deren zehne.
Die eine borgt vom Himmelslicht,
Die andern machen's alleene.

Mit Einzelhaft, mit Wissenschaft.
Mit Waffenklang, mit Schießgesang.
Mit Arbeitszwang, mit Falsch und Strang.
Mit Rationalismus, mit Nationalismus.

Mit Inflation, mit Emigration,
Mit Kokain, mit Lecitin,
Mit Vitamin, mit Aspirin,
Mit Weltallsleere, mit Stratosphäre,
Mit Lenin, mit Stalin, mit Gandi,

Mit Mussolini, mit Toscanini,
Mit Stellenkrieg, mit Wellenkrieg,
Mit Diktatur, mit Filmzensur,
Mit Absolution, mit Prohibition,
Mit verkürztem Lohn,
Mit Wahlparolen, mit Stahl, mit Kohlen,
Mit Zucker, Kaffee, mit künstlichem Schnee,
Mit Schutzzollmauern, mit Wolga-Bauern,
Mit Mustergütern, mit weltanschaulichen Ladenhütern,

Mit Weltkongressen, mit Wollustexzessen,
Mit Chiromantie, mit Graphologie,
Mit Sterndeuterei, mit Meuterei,
Mit Schupo-Streifen, mit Autoreifen,
Mit Analysen, mit Abfangdrüsen,
Mit Weltkonzernen, mit Blendlaternen,
Mit Sportrekorden, mit politischen Morden,
Mit Transaktionen, mit blauen Bohnen,
Mit Stillegungen, mit künstlichen Lungen,
Mit Phosgen, mit Nitrat, mit Wortsalat
Mit ‚mit', mit ‚mit'!
Mit alledem und mit tausend Sachen
Lassen sich neue Lehren machen!

Lehren der Ohnmacht, Lehren der Macht,
Lehren von Marx und Lehren von Schacht,
Lehren für arme Kracher und Bracher,
Lehren für reiche Geschäftemacher.
Lehren für Redliche und Lehren für Toren
Auf eine davon hat jeder geschworen – Hurra!

Der Mann:
Jeder geschworen? Auf eine davon?
Ich nicht. Ich habe nicht geschworen.
Ich kann nicht schwören.
Ich will nicht schwören!
Auf Sachen, die in Schaufenstern liegen,
Auf Werte, die in Bilanzen stecken,
Auf Worte, die von Plakaten drohen,
Auf Eure Praktiken und Deutereien,
Auf Eure Macht- und Profitparolen.

Ich seh, Ihr seid stark.
Doch ich bleibe allein.
Ich will es versuchen.

Sprechchor:
Trommel, Trommel, Trommel ...

Sächsisches Lachen

Das Hörspiel

Der große Monolog

Der arme Gefangene rasselt mit seinen Ketten

Es hagelt draußen

Von ferne klingt Musik und Tanz von der Dorflinde

Regenschauer prasseln nieder

Trompetengeschmetter! Der Held ist frei!

Endlich umfängt ihn süßer Schlummer; er schnarcht

Die mutigen Befreier brechen donnernd die Kerkertür ein

Zeichnungen von Kurt Rübner

Von der „größten, gemeinsamen Rundfunk-Veranstaltung Europas“: Bach-Kantaten mit dem Thomanerchor und dem Gewandhausorchester unter KARL STRAUBE

KARL STRAUBE im Arbeitszimmer seiner Wohnung, um 1930

Am 5. April, Ostersonntag 1931, war es soweit: Zum ersten Mal erklang eine BACH-Kantate mit den Thomanern im Rundfunk („Christ lag in Todes Banden“, BWV 4). Damit begann eine vielbeachtete Sendereihe der MIRAG: die Übertragung fast aller der etwa 200 erhalten gebliebenen Kirchenkantaten J. S. BACHs. Die BACH-Kantate stand regelmäßig sonntags 11.30 Uhr als Direktübertragung auf dem Programm und wurde, zumindest in den ersten Jahren, von allen deutschen und zahlreichen europäischen Rundfunksendern übernommen. Die Leipziger Presse sprach von der „größten, gemeinsamen Rundfunkveranstaltung Europas“, und auch in einige außereuropäische Länder sollen Übertragungen stattgefunden haben. Sendelücken traten nur während der Ferien, bei Konzertreisen und in der Passionszeit auf. Bewirkten die Sendungen der damals zum großen Teil noch unbekannten BACH-Kantaten schon Aufsehen, so übten zudem die Mitwirkenden bei den Live-Übertragungen – der Thomanerchor und das Gewandhausorchester, insbesondere aber KARL STRAUBE – eine starke Anziehungskraft auf die Hörer aus.

Als STRAUBE 1903 nach Leipzig kam, um das Amt des Thomasorganisten zu übernehmen, stellte er fest, dass „die Kunst des großen Thomaskantors in der vielgerühmten Bach-Stadt in Wahrheit nur wenig gepflegt wurde“ (aus einem Rundfunkinterview 1948). Fortan erklang die Musik BACHs – an der SAUER-Orgel der Thomaskirche und in den Konzerten des ebenfalls 1903 von STRAUBE übernommenen BACH-Vereins weit häufiger als zuvor.

Die Leipziger wurden auch mit einem ganz neuen Aufführungsstil konfrontiert: dynamisches Wogen vom dreifachen Pianissimo bis zum dreifachen Fortissimo, markante Akzente, romantisiert und emotionsgeladen bis in die Spitzen. Da mit STRAUBEs musikalischem Verständnis stets die Frage nach geistigen und geschichtlichen Zusammenhängen einherging, studierte er neben zeitgenössischer Literatur zu Fragen der Aufführungspraxis auch Originalquellen, wie die BACH-Autographen der Königlichen Bibliothek (später Staatsbibliothek) Berlin. Anzeichen für neue Denkansätze sind auch bei seiner Aufführung des 4. Brandenburgischen Konzerts mit kleiner Besetzung im Jahr 1904 (insgesamt 14 Mitwirkende) und bei seinen Bemühungen um die Wiedereinführung des Cembalos festzustellen. STRAUBEs Sensibilität zu Fragen der Aufführungspraxis und sein Wirken als Thomaskantor (1918 – 1939) beeinflussten auch seine späteren BACH-Aufführungen.

Die alles überwuchernde romantisierende Ebene trat in den Hintergrund, während erste Ansätze für werkgerechte Aufführungen, besonders im Bereich der Artikulation, weiterentwickelt wurden. Auch an Fragen der Besetzung blieb STRAUBE stets interessiert. In seinem letzten Lebensjahr erinnerte er sich: „Ich habe lehrend von den Thomanern unendlich viel gelernt ... [Sie] gaben mir ... die letzte Gewißheit, daß sich Bach selbst in seinen gewaltigsten Chorwerken nicht an einen Riesenchor und ein großes Orchester wendet ....“ (aus: Rückblick und Bekenntnis). 1935 verwirklichte STRAUBE seinen langjährigen Wunsch und führte die Matthäus-Passion nur mit den Thomanern auf. Damit unterbrach er eine fast 80-jährige Tradition in Leipzig, diese Passion von einem gemischten Chor mit über 200 Mitwirkenden singen zu lassen.

BACH-Kantaten mit dem Thomanerchor konnten die Leipziger bereits seit der Übernahme des Kantorats durch STRAUBE häufig in der Nikolai- und in der Thomaskirche hören. Mit seinen Bemühungen, die Kantaten wieder in den Gottesdienst einzugliedern, stieß der Thomaskantor jedoch auf erhebliche Schwierigkeiten. Es erklangen im oder vor dem Gottesdienst oft nur der Eingangschor und der Schlusschoral der Kantate. Wenn doch einmal Rezitative und Arien hinzukamen, so wurden sie überwiegend von Knaben ausgeführt (Arien: etwa drei bis fünf Sänger, nach Mitteilung des ehemaligen Thomaners HANS HAUPTMANN, 1997).

Die Begeisterung der MIRAG für das über mehrere Jahre hin geplante Kantaten-Projekt ließ allerdings bald nach. Bereits im Sommer 1932 drängte die Rundfunkgesellschaft auf finanzielle Kürzungen. Am 19. Juni 1933 wurde der Rundfunkvertrag zum 31. Dezember 1933 gekündigt – für STRAUBE und offenbar auch für den Rat der Stadt Leipzig völlig überraschend. Auf eine Anfrage STRAUBEs hin hieß es in einer Mitteilung vom 21. Juni, „daß in einer Sitzung aller deutschen Rundfunkintendanten im Februar dieses Jahres in Nürnberg, als Herr Professor Neubeck noch nicht anwesend war, einstimmig beschlossen worden ist, daß die Bachkantaten nicht durchgeführt werden sollten. Herr Professor Neubeck ... hat aber vorsichtshalber bei der Regierung angefragt, und von dieser die Anweisung bekommen, den Vertrag sicherheitshalber zum erstmöglichen Termin zu kündigen." (Stadtarchiv Leipzig) Die eigentliche Ursache für die Kündigung lag in dem Missfallen darüber, dass die günstige Sendezeit nicht für Propagandazwecke genutzt werden konnte. Durch Verhandlungen wurde erreicht, dass die Kantate noch bis zur Verstaatlichung des Rundfunks am 1. April 1934 wöchentlich zustande kam, danach höchstens zweimal im Monat, jedoch bald nicht mehr an Feiertagen.

Die weiteren Sendungen bis zum Abschluss des Kantatenzyklus' im Dezember 1937 fanden unter immer größeren Schwierigkeiten statt. Da sich aber andererseits der Reichssender Leipzig dadurch auch profilieren konnte, wurde ab November 1938 unter STRAUBE und ab 1940 unter RAMIN weiterhin etwa einmal im Monat eine BACH-Kantate gesendet.
Wertvollste Tondokumente liegen glücklicherweise noch heute aus dem ersten Rundfunk-Kantaten-Jahrgang 1931 vor und sind inzwischen auf CD erschienen. Es handelt sich um (teilweise unvollständige und stark beschädigte) Schellackplatten, die wahrscheinlich als Belegexemplare für den Thomanerchor gefertigt wurden.
Die Rundfunk-Aufführungen fanden nicht, wie in der Programmzeitschrift „Die Mirag" angekündigt, in der Thomaskirche, sondern vorerst im Saal des neuerbauten Grassimuseums statt. Für die Wahl dieses Raumes gab offenbar die dort befindliche, 1929 nach vorgeblich barockem Vorbild von der Firma FURTWÄNGLER & HAMMER (Hannover) erbaute Orgel den Ausschlag. Thomasorganist GÜNTHER RAMIN hatte die Prüfung des Instrumentes übernommen, das den Namen „KARL-STRAUBE-Orgel" erhielt. Die akustischen Verhältnisse des Grassi-Saales erwiesen sich bald als weniger günstig als erwartet, so dass ab Mitte November 1931 aus dem Gewandhaussaal gesendet wurde. Da die Musiker nach dem Kirchendienst in St. Thomas und St. Nikolai, der bis etwa 9.45 Uhr dauerte, noch einen 15-minütigen Fußweg zum Grassimuseum oder Gewandhaus zurücklegten, konnte die einzig mögliche Probe vor der Rundfunksendung kaum vor 10.00 Uhr beginnen. Der ehemalige Thomaner EKKEHARD TIETZE erinnerte sich 1992: „Es wurde sozusagen bis 11.29 Uhr geprobt, und 11.30 Uhr begann die Sendung, immer direkt übertragen."

Der Chor bestand damals aus 55 bis 60 Thomanern. Neben Leipziger Gesangssolisten wurden Sängerinnen und Sänger aus verschiedenen anderen deutschen Städten engagiert. Innerhalb einer Kantate erklangen sowohl Orgel als auch Cembalo, wobei Rezitative und Arien zumeist vom Cembalo begleitet wurden. In den späteren dreißiger Jahren zog STRAUBE bei Rezitativen die Orgelbegleitung vor. Häufig übernahmen G. RAMIN (Thomasorganist von 1918 – 1939, danach Thomaskantor als Nachfolger STRAUBEs) oder MAX FEST (Organist der Matthäikirche und mehrerer Vereine) den Orgelpart, FRIEDBERT SAMMLER (Klavier- und Gesangslehrer, Mitarbeit beim Mitteldeutschen Rundfunk seit 1924) spielte das Cembalo, wahrscheinlich ein Neupert-Instrument aus dem Besitz RAMINs.

Das bereits vor STRAUBE existierende Kirchenorchester des Stadt- und Gewandhausorchesters wirkte bei allen kirchenmusikalischen Aufführungen und bei der Rundfunkkantate mit. Es bestand aus 6 ersten Violinen, 4 zweiten Violinen, 4 Bratschen, 2 Violoncelli, 2 Kontrabässen und den Bläsern. Solistisch traten unter anderem auf: RUDOLF KEMPE, 1. Oboist (auch Oboe d'amore) des Gewandhauses von 1929 bis 1936, später Dirigent von internationalem Rang; HEINRICH TEUBIG, 1. Trompeter seit 1909, zählte bald zu den europaweit gefragtesten Bläsern auf der hohen D-Trompete; HANS MÜNCH-HOLLAND, Solocellist und Gambist, ging nach der Leipziger Tätigkeit (1924-1933) an das Konservatorium in Köln.

Die Auflösung des Kirchenorchesters, das bereits 1931 in Frage gestellt wurde, konnte STRAUBE nur bis 1933 hinauszögern. Er musste dieser Auflösung wohl zustimmen, wies aber mit Nachdruck darauf hin, dass eine solche Entwicklung für die Zukunft der Kirchenmusik in Leipzig nicht vorteilhaft sei.

Die älteste erhaltene Kantatenaufnahme mit dem Thomanerchor ist die zweite gesendete BACH-Kantate „Halt im Gedächtnis Jesum Christ", BWV 67. Sie gehört zu den wenigen vollständig erhaltenen Aufnahmen aus den ersten Sendejahren. Geprägt sind diese Aufnahmen einerseits vom musikalischen Empfinden der 30er Jahre: oft langsamere Tempi als heute, besonders bei Chorälen, Rezitativen und

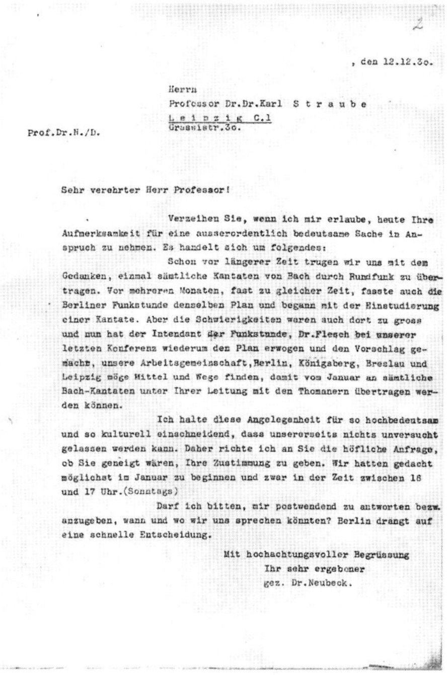
2

, den 12.12.3o.

Herrn
Professor Dr.Dr.Karl S t r a u b e
L e i p z i g C.1
Grassistr.3o.

Prof.Dr.N./D.

Sehr verehrter Herr Professor!

Verzeihen Sie, wenn ich mir erlaube, heute Ihre Aufmerksamkeit für eine ausserordentlich bedeutsame Sache in Anspruch zu nehmen. Es handelt sich um folgendes:

Schon vor längerer Zeit trugen wir uns mit dem Gedanken, einmal sämtliche Kantaten von Bach durch Rundfunk zu übertragen. Vor mehreren Monaten, fast zu gleicher Zeit, fasste auch die Berliner Funkstunde denselben Plan und begann mit der Einstudierung einer Kantate. Aber die Schwierigkeiten waren auch dort zu gross und nun hat der Intendant der Funkstunde, Dr.Flesch bei unserer letzten Konferenz wiederum den Plan erwogen und den Vorschlag gemacht, unsere Arbeitsgemeinschaft,Berlin, Königsberg, Breslau und Leipzig möge Mittel und Wege finden, damit vom Januar an sämtliche Bach-Kantaten unter Ihrer Leitung mit den Thomanern übertragen werden können.

Ich halte diese Angelegenheit für so hochbedeutsam und so kulturell einschneidend, dass unsererseits nichts unversucht gelassen werden kann. Daher richte ich an Sie die höfliche Anfrage, ob Sie geneigt wären, Ihre Zustimmung zu geben. Wir hatten gedacht möglichst im Januar zu beginnen und zwar in der Zeit zwischen 16 und 17 Uhr.(Sonntags)

Darf ich bitten, mir postwendend zu antworten bezw. anzugeben, wann und wo wir uns sprechen könnten? Berlin drängt auf eine schnelle Entscheidung.

Mit hochachtungsvoller Begrüssung
Ihr sehr ergebener
gez. Dr.Neubeck.

Schreiben des Intendanten der MIRAG, Dr. NEUBECK, an Prof. KARL STRAUBE, Thomaskantor zu Leipzig, Mitte Dezember 1930

SONNTAG, 5. APRIL 1931

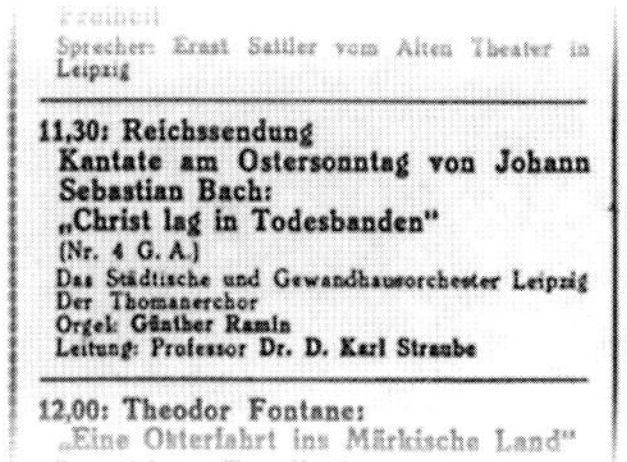
Sprecher: Ernst Sailler vom Alten Theater in Leipzig

11,30: Reichssendung
Kantate am Ostersonntag von Johann Sebastian Bach:
„Christ lag in Todesbanden"
(Nr. 4 G. A.)
Das Städtische und Gewandhausorchester Leipzig
Der Thomanerchor
Orgel: Günther Ramin
Leitung: Professor Dr. D. Karl Straube

12,00: Theodor Fontane:
„Eine Osterfahrt ins Märkische Land"

Programmseite aus der „Mirag"

einigen Arien; Ritardandi, zeitgebundenes Timbre der Vokalstimmen und gelegenliches „Anschleifen" der Töne bei Sängern und Streichern.

Andererseits wird auch die hervortretende Eigenart der Aufführungen unter STRAUBE deutlich: eine rhetorisch orientierte, artikulierte Vortragsweise, vorrangig in den Chorsätzen und einigen Instrumentalsoli. Bei Chorälen und Arien lässt sich eher die Neigung zu einem pathetischen, um 1930 wohl gewohnteren Ausdruck feststellen. Für die Besetzung der Arien mit einigen Knaben entschied

KARL STRAUBE bei einer Kantatenübertragung

sich der Thomaskantor bei den Rundfunkaufnahmen nur selten. Doch oftmals ließ er solistische Passagen in Chorsätzen von der jeweiligen Stimmgruppe ausführen. Der Basso continuo wechselte zwischen voller Besetzung mit Orgel/Cembalo, 2 Bässen, 2 Violoncelli (manchmal auch Fagott) in Chorsätzen, einigen Rezitativen (accomp.) sowie Instrumentalsätzen und kleinerer Besetzung bei Rezitativen (secco) und Arien. Mit der in der Kantate „Die Himmel erzählen die Ehre Gottes", BWV 76, zu hörenden Gambe ist uns eines der wenigen Tondokumente aus der Frühzeit des wiederentdeckten Gambenspiels in unserem Jahrhundert erhalten geblieben.

Bedeutend war auch das Wirken STRAUBEs als Orchesterdirigent, beispielsweise bei BACH-Festen. Wenngleich das Orchester bereits 1919 die Meinung vertrat, den „Anforderungen durch die in vielen Kirchenkonzerten gewonnene Vertrautheit mit dem Bachschen Stil auch ohne jedesmalige Probe gewachsen" zu sein, so ersparte ihnen der Thomaskantor dennoch die mühevolle Aneignung seiner Einrichtungen nicht. Auseinandersetzungen mit dem Notentext erstreckten sich nicht etwa nur auf die erstmalige Aufführung eines Werkes, häufig wählte STRAUBE bei weiteren Darbietungen andere Aufführungsmöglichkeiten. Die Musik BACHs blieb ihm zeit seines Lebens eine Herausforderung.

Redaktionskonferenz der führenden MIRAG-Mitarbeiter im MIRAG-Haus, Markt 8;
A. SCHETTLER, Dr. ERWIN JAEGER [Vortragsabteilung],
Prof. LUDWIG NEUBECK [Intendant],
Dr. E. KURT FISCHER [Literarische Abteilung],
J. KRAHÉ [Chefsprecher],
ASMUS VON WEIHER, Dr. H. VOGEL,
Dr. A. LEHMANN [Personalchef],
Dr. RUTH GAMBKE [Sendeleitung],
(dahinter:) HEINZ VON PLATO (v.l.n.r.); um 1929

Eine MIRAG-Mitarbeiterin erinnert sich ...

„Im Mai '31 fand ich in den ‚Leipziger Neuesten Nachrichten' eine Anzeige: ‚Ferienvertretung für die Monate Mai bis September gesucht. Mitteldeutsche Rundfunk-A.-G.'. Auf meine Bewerbung wurde ich zur Vorstellung eingeladen. Der Personalchef, Dr. Alfred Lehmann, nahm nicht Anstoß daran, daß ich keine Berufserfahrung hatte. Er engagierte mich für vier Monate.

Im Programmbüro begann ich meine ‚Rundreise' durch die Abteilungen des Hauses. Was mich erwartete, war eher eine große Familie als ein unpersönlicher Geschäftsbetrieb. Das bedeutet nicht, daß nicht viel gearbeitet wurde. Mittags ging man schnell hinüber zu ‚Auerbachs Keller' oder bestellte sich das Essen aus ‚Egerers Bierstuben', die sich – ebenso wie das Funkhaus – in ‚Barthels Hof' befanden. Das Programmbüro wurde im Haus ‚Zwergenbüro' genannt. Fräulein Herbert war die Jüngste im Haus und hieß bei allen der ‚Zwerg'. Zwei weitere junge Damen folgten.

Das ‚Höchstalter' war 22. Fräulein Herbert schrieb das Rundfunk-Wochenprogramm. Fräulein Stern stellte die Verträge für Sänger, Schauspieler, Regisseure, aber auch Autoren, Bearbeiter und Vortragende aus, die für die Sendungen engagiert wurden. Fräulein Wach war für die Meldungen an die GEMA verantwortlich.

Leiterin des ‚Zwergenbüros' war Fräulein Dr. Ruth Gambke, im Haus ‚die Doktorin' genannt. Sie war eine ‚milde' Chefin, der die gelöste, ja heitere Stimmung im Büro zu verdanken war. Als einzige Dame im Kreis der Abteilungsleiter genoß sie Ansehen und große Sympathie bei ihren männlichen Kollegen ...

Meine nächsten Stationen waren die Hörspielabteilung (Hans Peter Schmiedel), die Literarische Abteilung (Dr. E. Kurt Fischer), die Vortragsabteilung (Dr. Jaeger und Heinz von Plato) und die Musikabteilung (Prof. Liebermann-Roßwiese). Als die vier Monate zu Ende waren, wurde ich zu einem Monatsgehalt von 76 Reichsmark eingestellt. Mein Glück war nicht zu beschreiben. Nun mußte nur noch ein Arbeitsplatz ‚gefunden' werden. Die Doktorin wußte sofort Rat. Da sie es mit der Bürozeit, besonders am Morgen, nicht so genau nahm, durfte ich für sie in die Regiesitzung, genannt ‚Lever', gehen. Hier trafen sich allmorgentlich die Leiter aller Abteilungen und gaben ihre Vorschläge bekannt, die von der Programm-Abteilung koordiniert werden mußten. Es erforderte viel Geschick und Diplomatie, die Sendungen zur Zufriedenheit aller zu plazieren".

Die Mirag
Jllustrierte Rundfunk Zeitung
Prof. Einstein, der berühmte deutsche Gelehrte, vorm Mikrophon
Zum Vortrag anläßlich der Weltkraftkonferenz am Montag; 16. Juni, 17 Uhr
Aufn. Wide World
Nummer 24
Leipzig, 14. Juni 1930
Preis 35 Pfg.
VERLAG: VERLAGSANSTALT DES LEIPZIGER MESSAMTS G. M. B. H., LEIPZIG

DAS MIKROFON – OHR DES RADIOHÖRERS

Von der Kohlekapsel zur „NEUMANN-Flasche"
Die Entwicklung des Rundfunk-Mikrofons

Die technischen Bedingungen für eine Sprach- und Musikübertragung waren zu Beginn des Rundfunkbetriebes mehr als dürftig, und es gab kaum nennenswerte Erfahrungen auf dem Gebiet der Übertragungstechnik, um eine akustische Darbietung in ein äquivalentes elektrisches Signal zu verwandeln, das eine einigermaßen naturgetreue Wiedergabe garantierte. Das war auch nicht möglich – standen doch nur gewöhnliche Fernsprechmikrofone, also Telefonkapseln, zur Verfügung, die bestenfalls Sprache verständlich übertragen konnten. So begann denn auch der Rundfunk mit Kohlekörnermikrofonen, mit einem kleinen Trichter versehen, so wie wir es von historischen Telefonapparaten kennen. In der Begeisterung der „Gründerzeit" des Rundfunks war die bescheidene Qualität noch ohne Belang: Kopfhörer oder Trichterlautsprecher ließen ohnehin keine naturgetreue Wiedergabe zu. Doch bald merkte man, dass das Mikrofon, als Schallwandler am Anfang einer langen Kette von Übertragungsgliedern stehend, das schwächste Glied dieser Kette war. Eine Fernsprechkapsel war eben für die Übertragung eines Konzerts völlig unbrauchbar – bei einem Frequenzgang von 300 bis 3.000 Hz und einem Klirrfaktor von 20 – 30 %! Aber in weniger als 10 Jahren vollzog sich auf diesem Gebiet eine Entwicklung, die beispiellos dasteht: Kohlemikrofonkapsel, Kohle-Mehrfachmikrofon, Kathodophon, Bändchenmikrofon, Kohle-Querstrommikrofon und Kondensatormikrofon waren die Entwicklungsetappen bis zum Jahr 1932, in dem dann bereits ein technischer Stand erreicht war, der in der Folge bis heute eigentlich nur im Detail verbessert worden ist. Ja noch mehr: Mikrofonkapseln in der Bauart von 1932 werden noch heute produziert und für hochwertige Schallaufnahmen verwendet! Doch gehen wir chronologisch vor bei unserer Zeitreise durch die Entwicklungsgeschichte des Rundfunkmikrofons.

Unterwegs zur Reportage mit der „NEUMANN-Flasche": Bericht vom modernen Holztransport, 1937

Die Kohlekapsel

Zu Beginn des Unterhaltungsrundfunks konnte man sich zwar auf etliche Versuchssendungen der vorangegangenen Jahre stützen, doch es klang wohl mehr schrill und gequetscht, was das Kohlemikrofon übertrug. Dieses Kohlekörnermikrofon, erfunden von HUGHES und verbessert von EDISON – und beim Telefon-Handapparat noch bis in die 80er Jahre verwendet – ist ein Kontaktmikrofon. Es beruht auf dem durch die Schallwellen beeinflussten Übergangswiderstand von Kohlekörnern; es ist „ein zum Prinzip erhobener Wackelkontakt", wie Prof. BARKHAUSEN von der TH Dresden einmal gesagt haben soll. Da es sich aber um viele Wackelkontakte zwischen den einzelnen Kohlekörnern handelt, entsteht ein hohes Eigengeräusch.

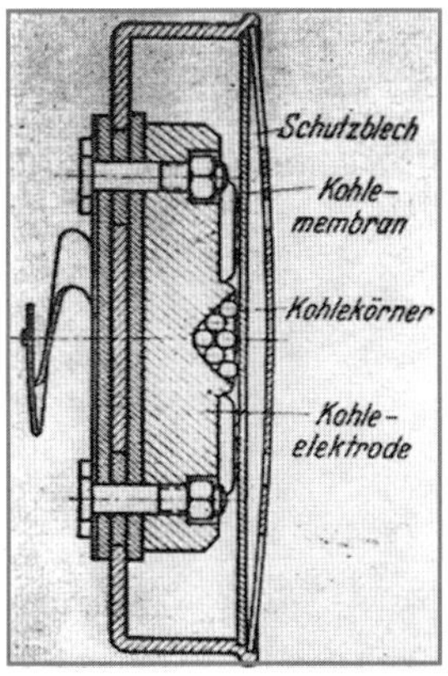

Älteres Fernsprechmikrofon mit Kohlegrießfüllung

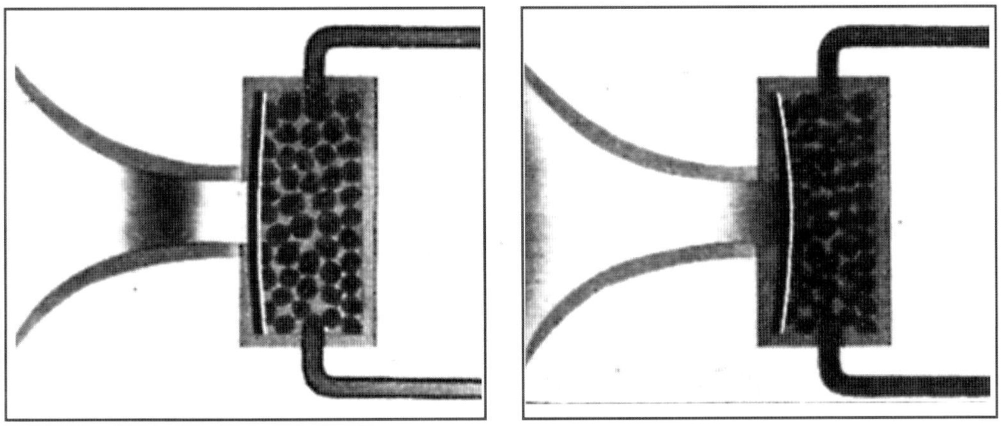

links: Die Schalldruckwelle wandert zur Kohlemembran, die ursprünglich durch den Spannring leicht nach außen durchgebogen ist.
rechts: Hat sie dieselbe erreicht, so drückt sie die Membran leicht durch, wodurch die Kohlekörner zusammengepresst werden, was wiederum eine Veränderung des Widerstandswertes zur Folge hat.

Das „Tischdiktiermikrofon“ der TELEGRAPHON A.-G., Berlin, ein Zusammenbau von 12 Kohle-Sprechkapseln, die mit einer Wattedämpfung versehen waren

Doch man musste das Kohlemikrofon zunächst nehmen, wie es war, und sich auf dessen Nachteile einstellen: die hohe Ansprechschwelle, auch „Reizschwelle“ genannt, und die starken Verzerrungen. Die Aufnahmeräume erhielten schallschluckende Wände, bestimmte Instrumente waren zu meiden, schlechte Intonation erzeugte lästige Kombinationstöne.

Demgegenüber spielten Rauschen und geringe Übertragungsbandbreite anfangs so gut wie keine Rolle. Wegen der „Reizschwelle“ war es notwendig, mit dem Mikrofon möglichst nahe – aber auch nicht zu nahe – an die Schallquelle heranzugehen. In einem Versuchsaufbau von 1924 ging man sogar so weit, dass jedes Instrument sein eigenes Mikrofon bekam – damals notgedrungen, aus heutiger Sicht eine erstaunlich modern anmutende Technik!

Die erste Verbesserung gegenüber der Verwendung eines einzelnen Kohlemikrofons wurde dadurch erreicht, dass eine Anordnung von 12 einzelnen Kapseln verwendet wurde. Das sogenannte „Tischdiktiermikrofon“ der Firma TELEGRAPHON A.-G., Berlin, war eine solche Anordnung; mit wattegedämpften Membranen und dem Effekt der Mittelung der Unregelmäßigkeiten der Einzelkapseln ließ sich offenbar eine deutlich gesteigerte Übertragungsgüte erzielen. Es war allerdings beim Rundfunk nur wenige Wochen in Gebrauch.

Das Kathodophon

Schon vor Beginn des regulären Rundfunkbetriebs in Deutschland gab es Versuchssendungen mit Sprache und Musik, nicht nur von Königs Wusterhausen aus, sondern auch von der Versuchsfunkstelle der C. LORENZ A.-G. in Eberswalde. Hier waren die findigen Techniker schon einen Schritt weiter gegangen und hatten anstelle eines Kohlemikrofons das „Kathodophon“ benutzt. Es stammte von der TRI-ERGON-Gruppe, bestehend aus den Erfindern VOGT, ENGL und MASSOLLE, die schon 1922 erste Ergebnisse des von ihr entwickelten Lichttonfilms vorzuweisen hatte. Zu ihren Erfindungen gehörte auch ein völlig neuartiges Mikrofon, das fast trägheitslos und verzerrungsfrei arbeitende Kathodophon. Es wurde bald von der C. LORENZ A.-G. für die Anwendung im Rundfunk fabriziert. Es handelt sich hierbei um ein Ionenmikrofon, bei dem die Intensität eines von einem glühenden Keramikkörper zu einer siebartigen Anode am Boden des Schalltrichters ausgehenden Ionenstromes durch die Schallwellen geändert wird.

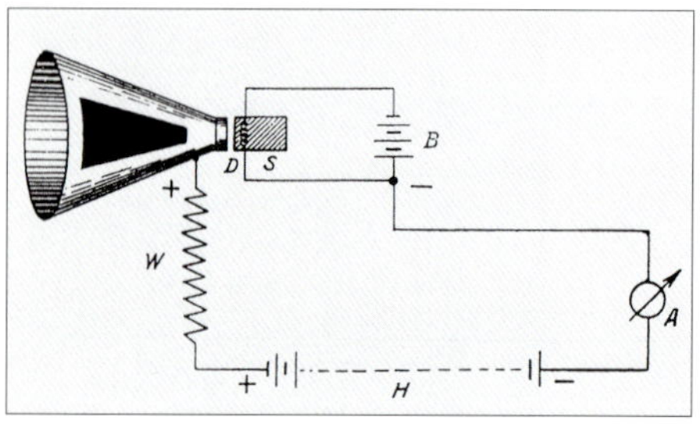

Wirkungsschema des Kathodophons

Kathodophon der C. LORENZ A.-G. Berlin von 1924

Die auffälligen klanglichen Vorteile gegenüber den Varianten des Kohlemikrofons hatten die Rundfunkleute im Voxhaus veranlasst, dieses Mikrofon ab Februar 1924 dort einzuführen. Das war dann auch einer der Gründe, den von der C. LORENZ A.-G. aufgebauten Leipziger Sender von Beginn an mit dem Kathodophon auszurüsten – es war eben zu diesem Zeitpunkt das Beste! Mehrere Ausführungsformen des Kathodophons haben bis April 1925 bei der MIRAG in Leipzig ihren Dienst getan.

Trotz der akustischen Vorteile waren aber die Nachteile nicht zu übersehen: eine aufwendige Stromversorgung, die gefährliche Betriebsspannung, ein unpraktisches Handling und wohl hauptsächlich der infolge unregelmäßiger Entladungen der Katode recht störempfindliche Betrieb. Es war leider nicht gelungen, ein interessantes physikalisches Wandlerprinzip in ein technisch ausreichend zuverlässiges Instrument zu verwandeln. Doch es begann sich schon eine Veränderung abzuzeichnen: Im Laboratorium von EUGEN REISZ – er hatte vordem bei ROBERT VON LIEBEN an der Entwicklung der ersten Verstärkerröhre mitgearbeitet – war es GEORG NEUMANN, der sich 1923/24 mit der Verbesserung des Kohlemikrofons für Rundfunkzwecke befasste und dabei auf die entscheidende Idee kam: das Querstrom-Mikrofon!

Karikatur aus der ersten Nummer der „Illustrierten Rundfunkzeitung ‚Die Mirag'" vom 1. November 1924

Das REISZ-Mikrofon

Die Neuerung der Erfinder lag darin, die Schalleinwirkung von der Membran auf die Kohlekörner nicht in Stromrichtung, sondern senkrecht dazu, also „quer", verlaufen zu lassen. Um jegliche störende Körperschallempfindlichkeit auszuschließen, wählten REISZ und NEUMANN einen stabilen Marmorblock, in dem Kohlepulver verschiedener Körnung eingebettet und mit einer dünnen, eigenresonanzfreien Membran aus Glimmer oder Gummi zusammengehalten wurde. Ein erstes Querstrom-Mikrofon dieser Bauart ist schon am 2. 11. 1924 beim Berliner Sender eingeführt worden; es kam ab Frühjahr 1925 auch in Leipzig zum Einsatz.

Wegen seiner zwischen 50 und 6.000 Hz nahezu geradlinigen Frequenzkurve und auch in Bezug auf Verzerrungsfreiheit, niedrigere Reizschwelle und 20 dB geringeres Rauschen war es den Kohlemikrofonkapseln weit überlegen. Für den Anschluss dieses Mikrofons entwickelte REISZ die nötigen Spezialverstärker; sie waren dreistufig und arbeiteten mit Widerstandskopplung. Da sich auch in betriebstechnischer Hinsicht deutliche Vorteile gegenüber dem Kathodophon ergaben, wurde dieses nun sofort „in die Ecke gestellt". Das REISZ-Querstrom-Mikrofon, auch „Marmorblock-Mikrofon" genannt, behauptete sich bis zur Einführung des Kondensatormikrofons im Jahre 1932 und blieb neben diesem noch etliche Jahre in Gebrauch. Die letzten, technisch verfeinerten Modelle (z. B. die Typen M 109 und M 115) hatten eine zwischen 40 Hz und 10.000 Hz fast ebene Übertragungskurve – das

Das REISZ-Tischmikrofon Typ 105 im MIRAG-Studio am 6. Februar 1930 bei einem Interview von WALTER STEINHAUER mit HENNY PORTEN

Erweiterter Verstärkerraum im Funkhaus „Alte Waage", Markt 4, mit zwei REISZ-Verstärkern, mit Linienumschaltern und einem Durchbruch zum Besprechungsraum, mit durchgeführten Mikrofonleitungen, etwa 1927

Lagerschrank für REISZ-Mikrofone bei der MIRAG

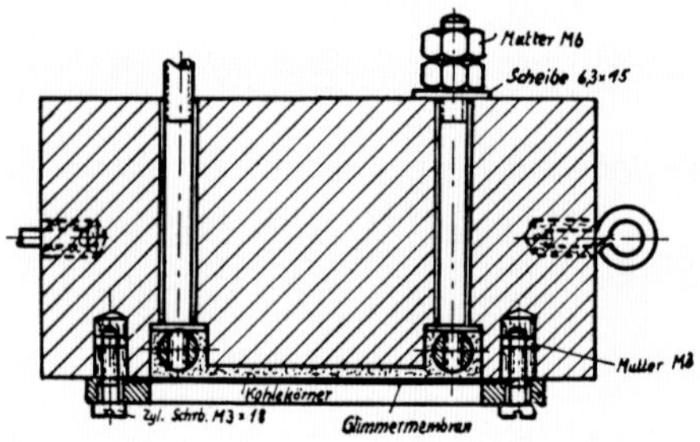

Schnitt durch ein REISZ-Mikrofon

Mikrofon war „praktisch linear", wie man stolz konstatierte. Die Richtcharakteristik eines solchen Mikrofons, das ja einen abgeschlossenen Membranraum hat, ist im unteren und mittleren Frequenzbereich nahezu kugelförmig; bei den Höhen ist wegen der relativ großen Abmessungen eine stärkere Richtwirkung festzustellen. Im Studio wurde häufig ein Schallschirm verwendet, um eine gewisse Abschirmung unerwünschten Schalls zu erreichen. Dies war das nach seinem Erfinder so genannte „SCHÄFFERsche Zelt", manchmal auch als „Muschel" bezeichnet.

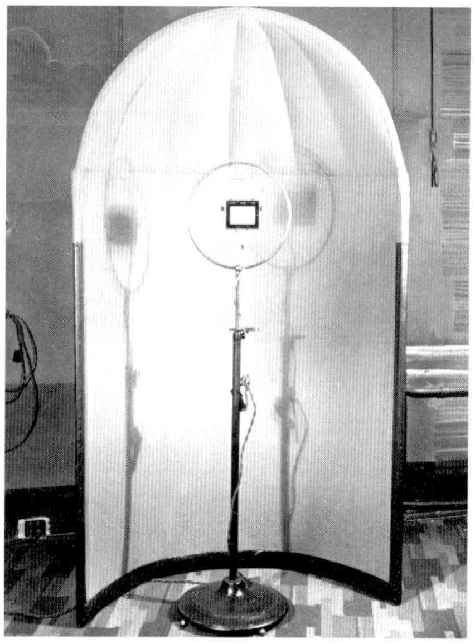

links: Das REISZ-Mikrofon im Studio – es war stets in einem Metallring aufgehängt – ist hier von einem abschirmenden Schallschirm, dem „SCHÄFFERschen Zelt", umgeben
rechts: Das „Querstrommikrofon System REISZ", hier in einer der ersten Ausführungen für Rundfunkzwecke, gebaut vom Laboratorium des Telegraphentechnischen Reichsamtes Berlin

Das Querstrom-Mikrofon nach REISZ erfreute sich auch außerhalb des Rundfunks großer Beliebtheit. Nicht nur bei Schallplatten- und Tonfilmaufnahmen wurde es zum Standard, auch bei elektroakustischen Übertragungsanlagen und sogar bei Bastlern war es, in preiswerten Versionen und als Bausatz, beliebt.

Das Bändchenmikrofon

Doch es gab noch andere Wandlerprinzipe, von denen man sich in den 20er Jahren eine naturgetreue Schallübertragung versprach. Dazu zählte das elektrodynamische Prinzip des SIEMENSschen Telefons; jedoch strebten GERLACH und SCHOTTKY mehr nach einer „luftleichten Membran", was sie zu einem hauchdünnen Aluminiumband führte, welches Stromleiter und Membran in einem war. Beim Bändchenmikrofon ist also zwischen den Polschuhen eines starken Magneten ein schmales, langes, quergeriffeltes Bändchen aus Duraluminium von 2 μm Dicke gespannt. Durch die auftreffenden Schallwellen entstehen im Bändchen Wechselströme, die je nach konstruktiver Ausführung der Schallschnelle oder dem Schalldruck proportional sind. Kann der Schall nur von einer Seite auf das Bändchen einwirken, stellt sich eine kugelförmige Richtcharakteristik ein.

Das erste Bändchenmikrofon, noch mit fremderregtem Magneten und angebautem Verstärker und dadurch recht unhandlich, hatte ab April 1924 für kurze Zeit Anwendung beim Rundfunk in Berlin gefunden; bei der MIRAG in Leipzig ist sein Einsatz bisher nur mit einem Foto aus der „Alten Börse" belegt. Die Lage änderte sich 1929, als eine neue Version des Bändchenmikrofons zur Verfügung stand. Es arbeitete mit einem Dauermagneten und hatte einen eingebauten Übertrager, um die extrem niedrige Impedanz und die Tonspannung des Bändchens auf einen leitungsgerechten Wert heraufzusetzen. Bei SIEMENS & HALSKE hieß dieses Modell „SM 3", TELEFUNKEN lieferte es als „Ela M 201/1" bzw. „Ela M 25". Es wog wegen des stattlichen Magneten 3,9 kg. Das Bändchenmikrofon bestach durch seine exzellente Übertragungsqualität und konnte auch später noch neben dem Kondensatormikrofon bestehen. Es benötigte keine Versorgungsspannung und war robust – nur das Bändchen war empfindlich gegenüber starken Luftstößen, wie sie zum Beispiel beim „Anblasen" vorkamen; das Bändchen konnte aber mitsamt seinem Halterahmen leicht ausgewechselt werden. In den Leipziger Rundfunkstudios traf man es allerdings seltener an; das mag am Preis gelegen haben, kann aber auch eine Frage der technischen „Unverträglichkeit" mit dem REISZ-Mikrofon gewesen sein.

Das Bändchenmikrofon Typ „Ela M 201/1" (M 25); der Hersteller war weithin sichtbar.

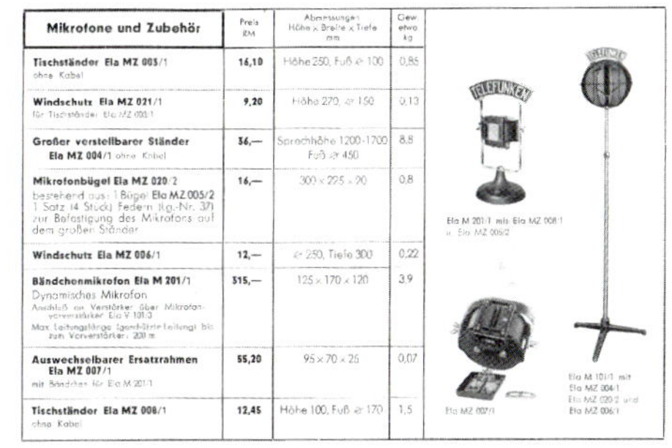

Mikrofone und Zubehör	Preis RM	Abmessungen Höhe × Breite × Tiefe mm	Gew. etwa kg
Tischständer Ela MZ 003/1 ohne Kabel	16,10	Höhe 250, Fuß ⌀ 100	0,85
Windschutz Ela MZ 021/1 für Tischständer Ela MZ 003/1	9,20	Höhe 270, ⌀ 150	0,13
Großer verstellbarer Ständer Ela MZ 004/1 ohne Kabel	36,—	Sprechhöhe 1200-1700 Fuß ⌀ 450	8,8
Mikrofonbügel Ela MZ 020/2 bestehend aus: 1 Bügel Ela MZ 005/2 1 Satz (4 Stück) Federn (Lg.-Nr. 37) zur Befestigung des Mikrofons auf dem großen Ständer	16,—	300 × 225 × 20	0,8
Windschutz Ela MZ 006/1	12,—	⌀ 250, Tiefe 300	0,22
Bändchenmikrofon Ela M 201/1 Dynamisches Mikrofon Anschluß an Verstärker über Mikrofonvorverstärker Ela V 101/3 Max. Leitungslänge (geschützte Leitung) bis zum Vorverstärker: 200 m	315,—	125 × 170 × 120	3,9
Auswechselbarer Ersatzrahmen Ela MZ 007/1 mit Bändchen für Ela M 201/1	55,20	95 × 70 × 25	0,07
Tischständer Ela MZ 008/1 ohne Kabel	12,45	Höhe 100, Fuß ⌀ 170	1,5

Prospektseite „Bändchenmikrofone" aus dem Ela-Hauptkatalog Nr. 15 (1939) von TELEFUNKEN

links oben: Das erste Bändchenmikrofon von GERLACH und SCHOTTKY, mit fremderregtem Magneten und angebautem Verstärker, 1924
links unten: Schematische Darstellung eines Bändchenmikrofons
rechts: Bändchen-Mikrofon „SM 3" bzw. „M 25" auf Tischständer

Das Kondensatormikrofon

Das erste NEUMANN-Kondensatormikrofon „CMV 3" mit Kapsel „CM 3" – hier ausgezeichnet als TELEFUNKEN-Typ „Ela M 301/2" mit Kapsel „M 1-2a"

„Alle deutschen Sender erhalten neue Mikrophone" – das meldete „Die Mirag" im Mai 1932. Es heißt dort weiter:

„Der Marmorblock, dieses charakteristische Äußere der bis jetzt bevorzugten Mikrophone an allen deutschen und vielen ausländischen Rundfunksendern, scheint jetzt verdrängt zu werden von einer neuen besseren Mikrophonart: dem Kondensatormikrophon. Georg Neumann, der auch hervorragend an der Entwicklung des Reisz-Mikrophons beteiligt war, hat seit dreieinhalb Jahren an der Ausbildung eines Kondensatormikrophons gearbeitet, mit dem zur Zeit alle deutschen Sender ausgerüstet werden. Im Berliner Funkhaus wird dieses neue Mikrophon bereits benutzt. Das Kondensatormikrophon besitzt gegenüber dem Kohlemikrophon wesentliche Vorteile. Die Frequenzkurve ist bedeutend besser, besonders können keine Verfälschungen der Töne auftreten. Ferner besitzt es eine vollkommene Geräuschlosigkeit. Das eigentliche Mikrophon ist kaum größer als ein Fünfmarkstück, jedoch mit einem in Metall gekapselten Einröhrenverstärker zusammengebaut. Das Mikrophon wurde bereits vor zwei Jahren im Bayerischen Rundfunk versuchsweise benutzt und wird gleichfalls seit längerer Zeit wegen seiner vielen Vorzüge von englischen Schallplattenfirmen sowie für Tonfilmaufnahmen ständig verwendet."

Die Einführung des Kondensatormikrofons in den Funkhäusern des deutschen Rundfunks erfolgte also erst im Verlaufe des Jahres 1932 – etwas zögerlich, betrachtet man den Zeitpunkt der Markteinführung seitens der Firma NEUMANN. Verantwortlich für die technischen Neuerungen bei den Sendeanstalten war die RRG; sie hat offenbar die neuen Mikrofone vorher ausgiebig getestet, ehe sie zur Einführung schritt. Diese stellte ja auch eine große finanzielle Belastung dar, gerade in einer wirtschaftlich schwierigen Zeit! Doch letzten Endes musste der Rundfunk nachziehen, wo doch Film und Schallplatte den neuen Standard schon hatten.

Das Kondensatormikrofon brachte bei der Musik- und Sprachübertragung eine ganz enorme Qualitätssteigerung mit sich, die mit verbessertem Frequenzgang und Rauscharmut allein nicht zu beschreiben war. Man schwärmte von einem „idealen Aufnahmegerät" und war glücklich darüber, „daß durch seine Verwendung manche Überschreiung, die auch bei sorgfältigster Überwachung bisher nicht vermieden werden konnte, nicht mehr auftreten wird...". Klirrfaktor und Intermodulationsverzerrungen sanken praktisch unter die Hörbarkeitsgrenze!

Es war also noch einmal GEORG NEUMANN, der eine wesentliche Idee für den Fortschritt der Übertragungstechnik eingebracht hatte: 1928 hatte er das Laboratorium von REISZ verlassen, um sich selbstständig zu machen – und ein neuartiges, besseres Mikrofon zu entwickeln. Dabei wandte er sich dem Prinzip des elektrostatischen, d. h. kapazitiven Schallwandlers zu, der zwar schon bekannt war (WENTE 1917, RIEGGER 1924), doch noch keine allgemeine technische Anwendung gefunden hatte. G. NEUMANN gelang innerhalb kurzer Zeit die serienreife Entwicklung eines kompletten Kondensatormikrofons in Niederfrequenzschaltung; den Prototyp mit der ersten Schraubkapsel soll er bereits 1927, noch als Angestellter von REISZ, entworfen haben! Damit hatte die Geburtsstunde des Kondensatormikrofons geschlagen, eines fast idealen Mikrofontyps, der sich schon bald im Studiobetrieb durchsetzen sollte; und das trotz seiner stattlichen Größe – einer Thermosflasche vergleichbar –, der Masse von knapp 3 kg und der doppelten Anschlussleitung für Stromversorgung und Tonspannung. Die „NEUMANN-Flasche" wurde recht bald zum Symbol moderner Ton-Aufnahme und -Übertragung schlechthin und blieb in vielen Studios noch aktuell bis in die 50er Jahre hinein: Sie ist besonders populär geworden durch Fotos von den Olympischen Spielen von 1936, aber leider auch als Sprachrohr der Politik und Rundfunkpropaganda im Dritten Reich.

Die Kapsel eines Kondensatormikrofons entsteht in präzisester Feinwerktechnik. Bei einer Kapsel für allseitig gleiche Empfindlichkeit („Kugelkapsel") bildet eine völlig plan gedrehte Messingplatte mit zahlreichen Sacklöchern und eine im Abstand von etwa 10 – 20 μm davor gespannte Membran von 10 μm Dicke einen Luftkondensator, dessen Kapazität sich im Rhythmus des Schalles ändert. Bei konstanter Ladespannung entstehen an einem Widerstand dem Verlauf des Schalldrucks proportionale Spannungsänderungen, die weiterverstärkt werden können.

Zu Beginn der Entwicklung war das Kritischste die Herstellung der superleichten Membran – noch gab es ein solches Material nicht zu kaufen! So wurde eine Kollodiumlösung auf eine Wasseroberfläche

Die ersten beiden (schraubbaren) Mikrofonkapseln M 1-2 und M 1-2a für die „NEUMANN-Flasche“

gegossen, das entstandene Folienhäutchen abgezogen und anschließend vergoldet. Die erste Serienkapsel erhielt dann schon eine goldbedampfte PVC-Folie; später ging man zur hochfesten Polyesterfolie über, die noch heute verwendet wird. Wegen ihrer sehr geringen Kapazität benötigt eine Kondensatormikrofonkapsel einen auf kürzestem Wege angeschlossenen Verstärker, für den damals natürlich nur eine Röhrenstufe in Frage kam; daher das unhandliche flaschenförmige Gehäuse, das zudem noch einen abgeschirmten NF-Übertrager enthält.

Das erste Modell des NEUMANN-Kondensatormikrofons war der Typ CMV 3 mit dem typischen „Torpedokopf“; TELEFUNKEN als Vertriebspartner nannte es „Ela M 301/1“. Der Rundfunk hatte für Studiogeräte seine eigene Nomenklatur (laut „Braunbuch“ der RRG) und nannte dieses Mikrofon „M 1-1“, mit den beiden Schraubkapseln M 1-2 (von 1927, mit Seidenschutzgaze) und M 1-2a (von 1930, mit gewölbter Drahtgaze). 1932 brachte NEUMANN eine im Oberteil veränderte Flasche mit schwenkbarem Bajonettanschluss heraus, die das Aufstecken von Kapseln mit verschiedenen Richtwirkungen erlaubte. So kamen nacheinander die Kapseln M 7 (nierenförmige Richtcharakteristik) und M 8 (achtförmige Richtcharakteristik) heraus; als komplettes Mikrofon waren das die Typen „Ela M 302/1“ und „Ela M 303/1“. Ihre Einführung beim Rundfunk erfolgte 1936/37. Im Jahre 1939 kam die aufsteckbare Kugel-Kapsel M 9 hinzu.

TELEFUNKEN-Kondensatormikrofon „Ela M 302/2“, mit Bajonett-Kapsel M 7 (nierenförmige Richtcharakteristik)

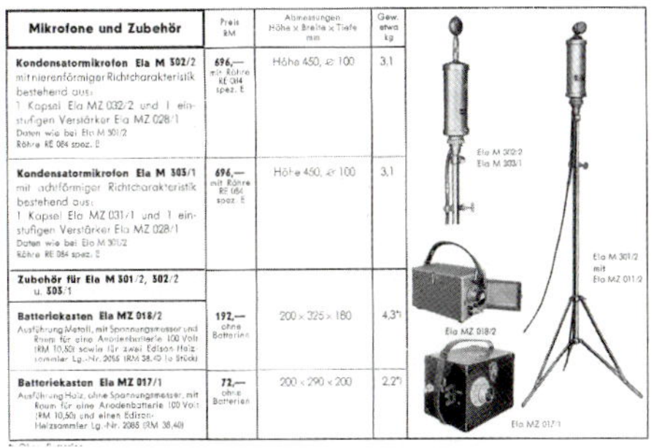

Mikrofone und Zubehör	Preis RM	Abmessungen Höhe x Breite x Tiefe mm	Gew. etwa kg
Kondensatormikrofon Ela M 302/2 mit nierenförmiger Richtcharakteristik bestehend aus: 1 Kapsel Ela MZ 032/2 und 1 einstufigen Verstärker Ela MZ 028/1 Daten wie bei Ela M 301/2 Röhre RE 084 spez. E	696,— mit Röhre RE 084 spez. E	Höhe 450, ⌀ 100	3,1
Kondensatormikrofon Ela M 303/1 mit achtförmiger Richtcharakteristik bestehend aus: 1 Kapsel Ela MZ 031/1 und 1 einstufigen Verstärker Ela MZ 028/1 Daten wie bei Ela M 301/2 Röhre RE 084 spez. E	696,— mit Röhre RE 084 spez. E	Höhe 450, ⌀ 100	3,1
Zubehör für Ela M 301/2, 302/2 u. 303/1			
Batteriekasten Ela MZ 018/2 Ausführung Metall, mit Spannungsmesser und Raum für eine Anodenbatterie 100 Volt (RM 10,50) sowie für zwei Edison-Heizsammler Lg.-Nr. 2055 (RM 38,40 je Stück)	192,— ohne Batterien	200 × 325 × 180	4,3*)
Batteriekasten Ela MZ 017/1 Ausführung Holz, ohne Spannungsmesser, mit Raum für eine Anodenbatterie 100 Volt (RM 10,50) und einen Edison-Heizsammler Lg.-Nr. 2085 (RM 38,40)	72,— ohne Batterien	200 × 290 × 200	2,2*)

Prospektseite „Kondensatormikrofone“ aus dem Ela-Hauptkatalog Nr. 15 (1939) von TELEFUNKEN

Bei der Montage des Kondensatormikrofons

links: Schaltschema für das Kondensatormikrofon M 1-1 (CMV 3) in NF-Schaltung; aus dem „Braunbuch“ der RRG
rechts oben: 3 Frequenzkurven im Vergleich: Kohle-Fernsprechmikrofon, Querstrom-Mikrofon, Kondensatormikrofon (schematisch)
rechts unten: Richtcharakteristik des Kondensatormikrofons „Ela M 301/2“

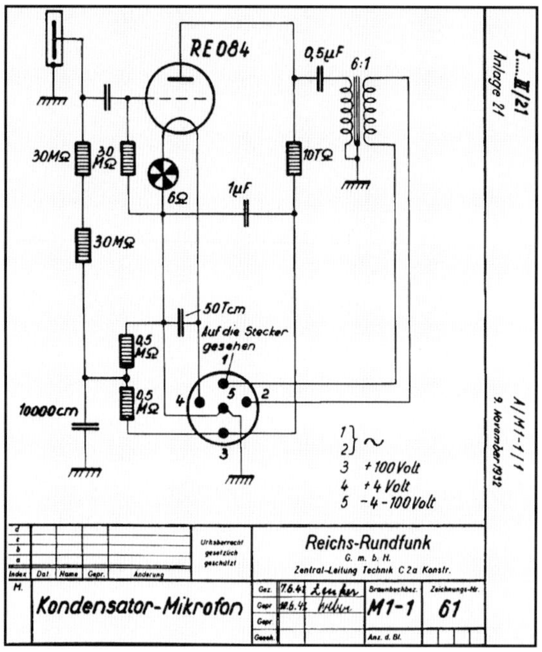

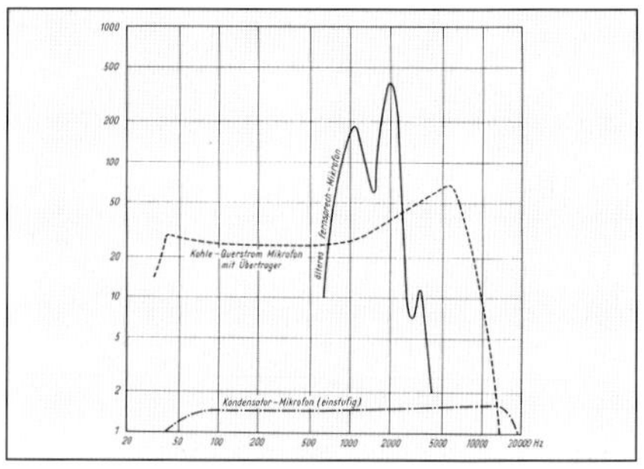

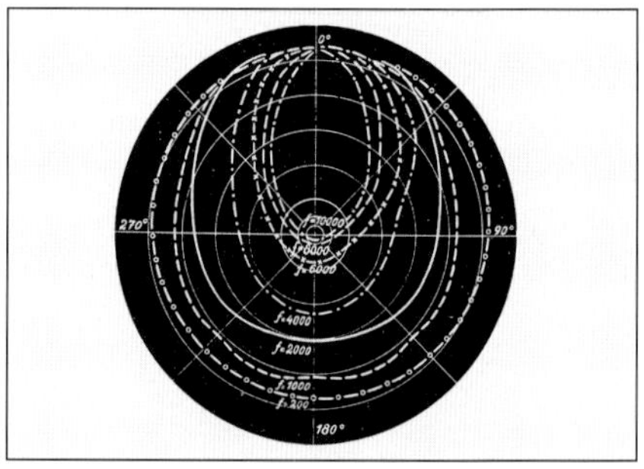

Die Rauscharmut und die Richtwirkung der Kondensatormikrofone ermöglichten endlich auch eine größere Beweglichkeit bei Musikaufnahmen, was die Platzierung im Studio oder Konzertsaal betraf: Mit einem einzigen Mikrofon, einige Meter über dem Orchester, gelangen erstmals Aufnahmen mit zufriedenstellender Klangbalance. Mit den „Nierenkapseln“ konnten auch aus akustisch ungünstigen Räumen brauchbare Ergebnisse erzielt werden.

Noch vor Kriegsende, in den Jahren 1943/44, entstanden mit NEUMANN-Kondensatormikrofonen im Berliner „Haus des Rundfunks“ die ersten stereofonen Musikaufnahmen auf Magnetband – ein Ereignis von großer historischer Bedeutung, über das noch berichtet wird. Doch unabhängig davon – schon mit seiner Einführung zur Zeit des monofonen AM-Rundfunks begann mit dem Kondensatormikrofon das erste Kapitel der „High-Fidelity“, zu verstehen als hohe Wiedergabetreue nach dem jeweiligen Stand der Technik.

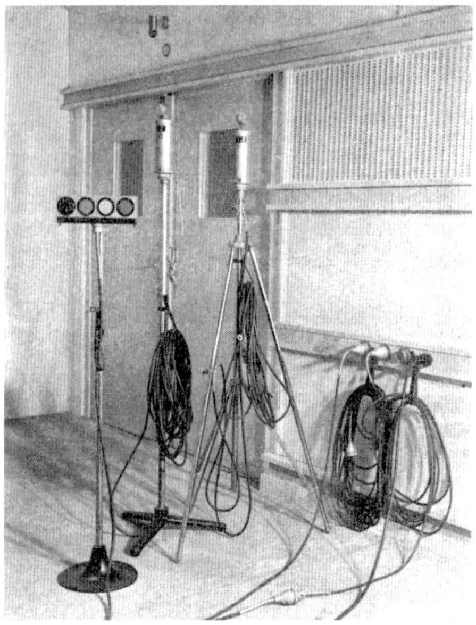

2 Kondensatormikrofone und eine Signal-Ampel in einem Rundfunkstudio

rechts: Eine Werbeseite für Mikrofone, die von der Firma TELEFUNKEN angeboten wurden

Sprecher-Geschichten: „Mit dem Wunsche des Ansagers, das Erden Ihrer Antenne nicht zu vergessen, auf Wiederhören ..."

Der Rundfunk ist in die Jahre gekommen und mit ihm seine einstigen Protagonisten: die Ansager und Sprecher. Der „Ansager" ist leider schon „gestorben", der „Sprecher" wird das Jahrhundert wohl ebenfalls nicht überdauern; in der Hoffnung formuliert: Totgesagte leben länger!

Wenn jemand 75 Jahre alt wird, dann gibt es ein Fest – dem Rundfunksprecher wird keiner eine Feier ausrichten, wird keiner eine Laudatio halten. Dabei hatte alles so verheißungsvoll angefangen, mit der Ansage im Berliner Voxhaus am 29. Oktober 1923: „...wir machen Ihnen davon Mitteilung, daß am heutigen Tage der Unterhaltungsrundfunkdienst mit Verbreitung von Musikvorführungen auf drahtlos-telephonischem Wege beginnt ..."

„Unterhaltungsrundfunk" nannte man es – der Begriff verbarg die übrigen Wirkungsmöglichkeiten, vor allem die politischen –, das in den USA und anderen europäischen Staaten längst erfolgreiche Medium. Aber auch in Deutschland erkannte man schnell, dass die Schaffung des Rundfunks ähnlich bedeutend wie die Erfindung der Buchdruckerkunst war, und schon 1925 wird man in der Programmzeitschrift „Der Deutsche Rundfunk" lesen: „Man muß den Rundfunk zu einer Unentbehrlichkeit in jedem Heime, in jeder Familie, für jeden Menschen machen, ... muß die Hörer zu einer engen Anteilnahme am Leben führen, am wirtschaftlichen, künstlerischen, gesellschaftlichen, sportlichen und auch politischen Leben."

So räumlich getrennt die in rascher Folge entstandenen Sendegesellschaften auch waren – alle diskutierten sie darüber, ob die anspruchsvolle Unterhaltung und Bildung im neuen Medium Hörfunk wichtiger sei oder die Belehrung und die Information über das Zeitgeschehen. So entschied sich gut die Hälfte dieser Sendegesellschaften für den Aufbau eigener musikalischer und sprechkünstlerischer Ensembles, d. h. für die feste Anstellung von Sängerinnen und Sängern, Sprecherinnen und Sprechern von Hörspielen, Ansagerinnen und Ansagern der Programme. Die Sendeanstalten wollten jederzeit in der Lage sein, die aus dem Studio live gesendeten Opern, Werke der Bühnenliteratur, Hörspiele oder auch Schnurren und Schwänke mit hauseigenen „Kräften" zu bestreiten. Damit wurden diese Künstler sehr schnell zu Stars des neuen Mediums. So schreibt HANS BOCKEN – Sprecher der MIRAG – im Funk-Almanach von 1927: „Ist mir da folgendes passiert: Ferien! Ich sitze abgeschieden von jedem Zeitungsblatt und freue mich meines ‚rundfunklosen' Lebens. Bei Zwiebelrostbraten, Tiroler Rotem und schönen Frauen erholte ich mich nach Herzenslust. Doch ganz ‚rundfunklos' sollte mein Ferienidyll nicht bleiben. Ich war vertieft, an einem gamszähen Fleisch meine ‚stadtkostgewöhnten' Zähne zu erproben, ... wird da doch am Nebentisch einer der heute üblichen Gesprächsstoffe angeschnitten: Radio! Was habe ich da hören müssen! Schätzungsweise sei ich 50 Jahre, ein Vollbart ziere mein Gesicht, ... so müßte ich aussehen, wäre sonst meine Stimme so angenehm!? ... NB. Die Dame war aus Leipzig. Ich, das hat sie gesagt, sei ihr Freund! Das ist fein!"

Die Darsteller der städtischen Theaterensembles waren ein wesentliches Mitarbeiterreservoir für die Sende- und Hörspiele im Radio. Nicht alle von ihnen wurden festangestellt, doch als freie Mitarbeiter spielten sie von den Kindertagen des Rundfunks an bis heute eine tragende Rolle; ohne sie wäre eine künstlerische Programmgestaltung nicht denkbar gewesen.

Der „Rivalitäts- und Kompetenzenkrach" allerdings zwischen den traditionellen künstlerischen Einrichtungen wie Oper und Theater und dem schnell an Einfluss gewinnenden Radio ließ nicht lange auf sich warten. Bereits ein Jahr nach Entstehen der MIRAG schloss sich das Städtische Alte Theater Leipzig der „feindlichen" Haltung des Opernhauses an und verbot seinen Angestellten die Mitwirkung im Rundfunk. Dieser Konflikt mit den örtlichen (Musik)-Theatern und Konzerthäusern entspannte sich nur langsam.

Ausgesprochen turbulent muss man sich den damaligen Sendealltag vorstellen. Den Programmverantwortlichen blieben in der Regel nur wenige Wochen, manchmal Tage, um das Radioprogramm auf die Beine zu stellen. Geld war knapp, Räumlichkeiten mussten gefunden werden, und die Technik funktionierte oft erst kurz vor Sendebeginn. Viel Phantasie war vonnöten, Improvisationstalent, eine möglichst unerschöpfliche Arbeitskraft und das Geschick, die Geldgeber

Sendestudio der MIRAG um 1928 im Leipziger Funkhaus. Noch dominierten das REISZ-Mikrofon für den Ansager und Harmonium oder Klavier für die musikalischen Übergänge im Live-Sendebetrieb

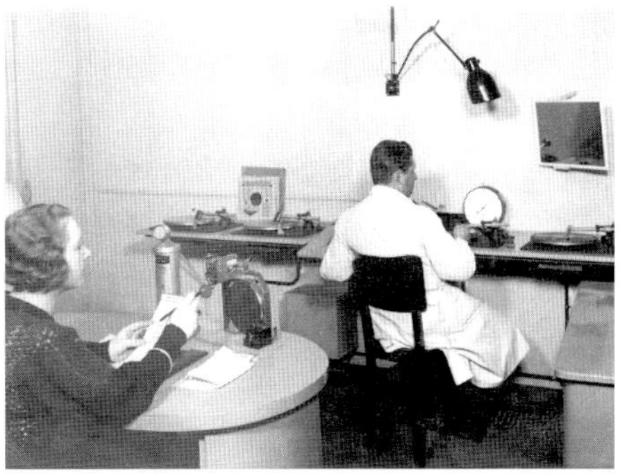

Sendestudio nach 1932: Für die Aufnahmen wurde bereits die moderne „NEUMANN-Flasche" verwendet. Daneben steht ein elektromechanischer Gong, der von der Sprecherin zu bedienen war. Der Techniker im Hintergrund wechselte im Drei-Minuten-Takt die Schallplatten auf einem Vierfachplattenspieler. Sichtkontakt hatten Techniker und Sprecherin mittels eines Spiegels.

„Der Ansager und sein Hörerkreis“

Stimmen aus Leipzig: Die Sprecher der MIRAG im Jahre 1930: MARTHA ELISABETH TEETZMANN, KURT BAUMGARTEN, JOSEF KRAHÉ (Hauptsprecher und Regisseur), HEINZ VON PLATO und HANS FREYBERG (v.l.n.r.)

wenigstens zu den dringendsten Investitionen zu veranlassen. Zur personellen Mindestausstattung des Programmbetriebes gehörten damals in der Regel ein Kapellmeister, eine kleine „Funkkapelle“ mit 3-4 Mitgliedern, ein Hauspianist, eine Ansagerin oder ein Ansager.

Prof. ADOLF WINDS, Schauspieler am Leipziger Städtischen Theater, „Berater“ der MIRAG und einer ihrer ersten Sprecher seit 1924, beschrieb 1927 die Sprechsituation im Radio folgendermaßen:

„Wenn ich etwas lese und ich habe den Sinn nicht augenblicklich erfaßt, kann ich innehalten und das Gelesene überdenken. Ich kann auch, wenn es not tut, den Satz noch einmal lesen. All das ist bei der vorüberrauschenden gesprochenen Rede nicht möglich. Sie muß so gefaßt und wiedergegeben sein, daß ein Nichtverstehen ausgeschlossen ist. In dem durch den sichtbaren Redner an uns gelangenden Wort ergänzt dessen Miene, Haltung und Gebärde den Ausdruck; das alles entfällt im Rundfunk. Hier ist eine besonders tiefgehende Eindringlichkeit vonnöten, ein Versenken in den Gegenstand, der vermittelt werden soll, vom Sprecher.“

Es gab Darsteller, die das nicht konnten. Ihnen fehlten die von der Bühne her gewohnten Dinge: Kostüme, Kulissen, vor allem das sichtbare Publikum, die unmittelbare Resonanz. Nicht jeder begnadete Schauspieler war auch ein guter Ansager im Radio. Das Sprechen (übrigens auch das Singen und Musizieren) vor dem Mikrofon verlangte schon eine gewisse Übung, ein Sich-Einstellen auf das Spezifische der „toten“ Studioatmosphäre. Natürlich hatten die festen Kräfte durch das häufige Üben schnell einen Vorteil gegenüber den noch so prominenten Gaststars.

Das Entstehen des Rundfunks zwang seine Repräsentanten zu einer bis dahin nicht gekannten „Ansprechhaltung“ gegenüber dem unsichtbaren Hörer und brachte selbständige „künstlerische“ Berufe hervor, wie den des Rundfunksprechers und -ansagers. Sie haben viele Jahrzehnte die Hörer am Radio begleitet, in guten und natürlich auch in schlechten Zeiten. So prägten die ersten Sprecherinnen und Sprecher, wie z. B. MAX HEYE in Berlin (später Stuttgart) oder JOSEF KRAHÉ in Leipzig, auf Jahre hinaus das akustische Image „ihres“ Senders. Ähnliches gilt für die Pianisten, die Hauskapellen und die Kapellmeister. Übrigens: Frauen am Mikrofon waren von Anfang an keine Seltenheit – gleichberechtigt durften sie neben ihren männlichen Kollegen fungieren, wiewohl sie in den Chefetagen bis heute eine Rarität darstellen.

Nicht selten schlossen die Hörer von dem tadellosen Klang der Stimmen jener Ansagerinnen und Ansager auch auf solche Äußerlichkeiten wie Schönheit und Makellosigkeit, ebenso aber auch auf innere Werte wie geistigen Reichtum und menschliche Wärme. Besonders gern gehört wurden resonanzreiche, warme und tiefere Stimmtimbres, was bei Frauen auch schon mal zu Spekulationen führen konnte, wie bei HEDDA WARDEGG, Sprecherin und Vortragskünstlerin der MIRAG. Sie verewigte sich im Funk-Almanach 1927 bildlich und schrieb dazu: „Der mir persönlich Gegenüberstehende, d. h. der Kenner, findet mich eigentlich stets unterhaltend, liebenswürdig und weiblich. Dagegen hat mein Stimmklang in seiner Wirkung durch das Mikrophon wiederholt Anlaß gegeben, über die Feststellung meiner Geschlechtszugehörigkeit Wetten abzuschließen. So war denn meine stets hilfsbereite Direktion wiederholt genötigt, mich als weibliches Wesen auszuweisen... betrachte ich es als Gunst des Schicksals, mich nun einmal durch ...bildliche Wiedergabe der gesamten Hörerschaft als wirkliche weibliche Dame vorstellen zu können."

Die Ansager der MIRAG in Leipzig um 1927:
HANS BOCKEN, HANS VOGEL,
HEDDA WARDEGG, H. J. KLENGEL (v.l.n.r.)

So schnell, wie die neuen Sender entstanden, wuchs auch die Zahl der Rundfunkteilnehmer; das Tagesprogramm dauerte 1926 schon über 9 Stunden. Doch kaum waren die ersten Schritte auf dem Weg zu einem erfolgreich funktionierenden Radio getan, traten neue Probleme auf. Feste Künstler-Ensembles im Radio hatten nämlich auch Kehrseiten; eine von ihnen war, dass den Hörern immer dieselben Stimmen angeboten werden mussten – oft in ganz verschiedenen künstlerischen Rollen und Funktionen. So ist überliefert, dass die erste Ansagerin der NORAG., in zweiter Funktion Sprecherin der Funkwerbung, einmal in einer „Faust II"-Inszenierung als sagenhafte Tochter des Äskulap zu hören war. Schon meldeten sich die ersten Kritiker zu Wort und mahnten die „Allround"-Sprechkünstler: „Nicht vergessen, daß auch Stimme Persönlichkeit ist! – Wer heute Boxkämpfe beschreibt, darf morgen keine Psalmen lesen!"

Schon Ende der zwanziger Jahre änderten sich – wie wir heute sagen würden – die Tätigkeitsmerkmale der Rundfunkansager und der inzwischen zu Rundfunksprechern mutierten Darsteller. Einerseits erweiterte sich deren Aufgabenspektrum mit steigender Zahl der Sendestunden und der Verschiedenartigkeit der Programminhalte – je nach persönlicher Neigung und Fähigkeit – beträchtlich. Einige von ihnen waren durchaus in der Lage als Regisseur, Conferencier, Leiter von Schallplattensendungen und zunehmend auch als Reporter zu arbeiteten, ohne allerdings ihre Ansagetätigkeit oder ihre Mitwirkung bei Hörspielen völlig aufzugeben. Andererseits musste sichergestellt werden, dass für die laufenden Ansagen und Nachrichten jederzeit geschulte Kräfte bereitstanden. Bei der MIRAG richtete man deshalb „Sprecherdienste" ein, die einen Pool von Sprechern für unterschiedliche Aufgaben disponierten. In Leipzig leitete der Schauspieler und Regisseur JOSEF KRAHÉ die „Gesamtansage". Ihm oblag auch die Ansage der Spitzenleistungen des Mitteldeutschen Rundfunks; außerdem war er Hörspielleiter und Reporter. In anderen Sendeanstalten ging man nicht ganz so einheitlich vor. Da wurden die Sprechkräfte mal den Nachrichten-, mal den Literatur- oder Hörspielabteilungen zugeordnet. Allein ihre vielseitigen Einsatzmöglichkeiten belegen, dass zumindest ein Teil der damals ins Originalmikrofon sprechenden Zunft mehr als „nur Stimme" im Kopf hatte. Stimme allein genügt(e) nicht – zu keiner Zeit.

Und? Was hat es genützt? Heute ist sie nicht mehr zu überhören: die langsame, aber stetige Entprofessionalisierung der Radiostimmen, der um sich greifende Dilettantismus am Mikrofon – scheinbar unbemerkt von Profisprechern und Hörern? Dazu beigetragen hat entscheidend die Entwicklung des Radios selbst, die zunehmende Spezialisierung zu reinen Wort- und Informationskanälen, zu mehr englisch denn deutsch klingenden Jugendsendern oder zu Klassikprogrammen mit Fachredakteuren, die selber ans Mikrofon drängten. Fanden während dieses Prozesses noch einige Sprecher aufgrund ihrer Fähigkeiten ein neues Betätigungsfeld, so kostete die Formatierung der Radiowellen mit dem sogenannten „Anchorman" oder der „Anchorwoman" an der Spitze, die über weite Strecken der hörgünstigsten Zeiten agieren, die nächsten Sprecherarbeitsplätze. Und heute leben wir im Zeitalter der Digitalisierung, die den moderierenden und gleichzeitig technisch begabten Fachredakteur im Selbstfahrerstudio bevorzugt.

Trauern jetzt nur die in ihrer Berufsehre, ja in ihrer Existenz getroffenen wenigen Berufssprecher ihrem Untergang nach? Oder wird es auch den einen oder anderen Hörer geben, der ihnen eine Träne nachweint, wenn es denn zum letzten Male heißt: „Es ist fünf vor zwölf ...es verabschiedet sich nun von Ihnen ..."?!

Sprecherraum im MIRAG-Funkhaus Leipzig, Markt 8, um 1930

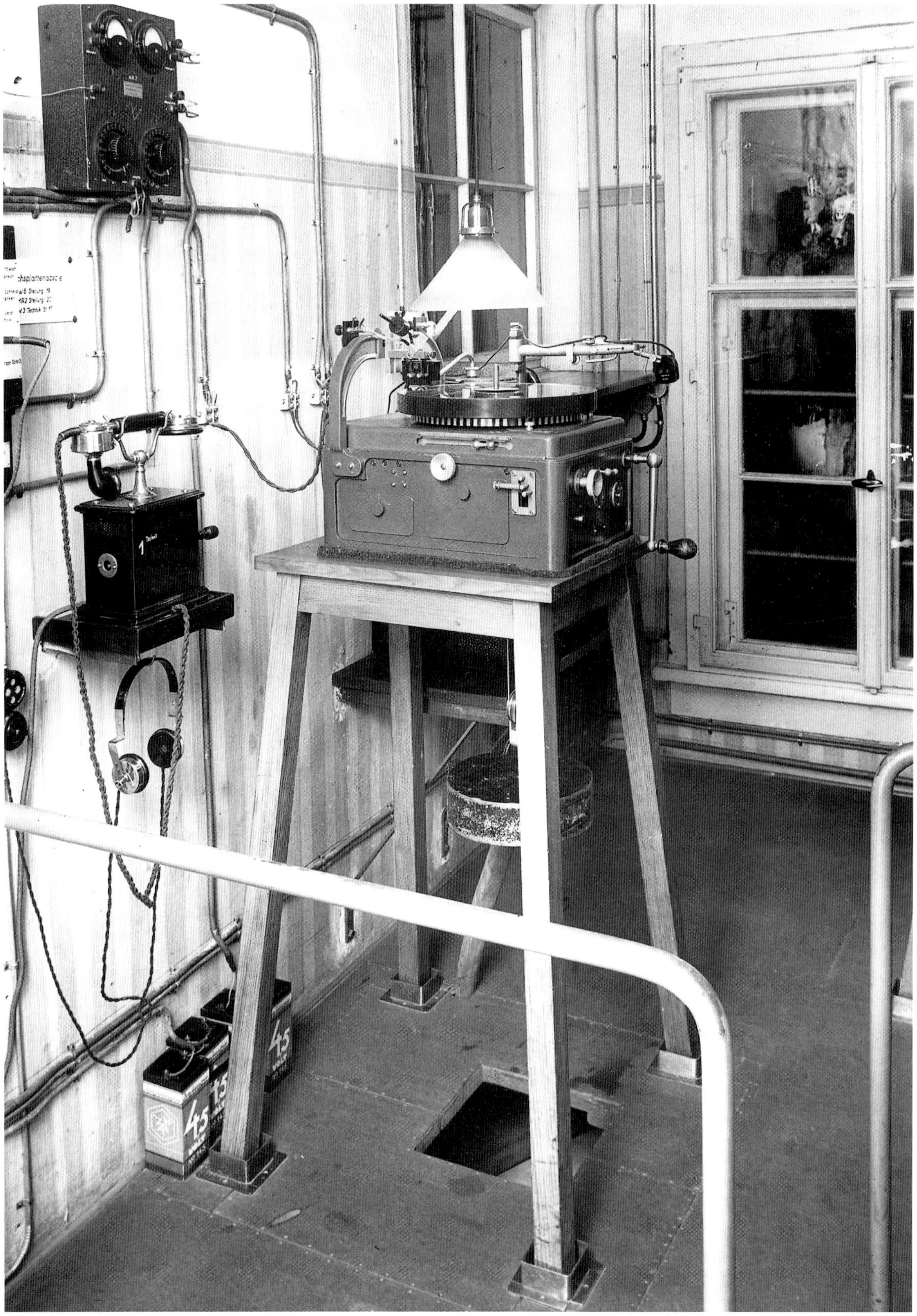

Schallplattenschneideapparat aus dem Jahre 1932

VISITENKARTEN DER MIRAG: DAS PAUSENZEICHEN UND DIE ERSTEN SCHALLAUFZEICHNUNGEN

Als noch der Wecker tickte …

Die Einführung des ersten Leipziger Pausenzeichens, seine Weiterentwicklung und die damalige Vielfalt an Pausensignalen europäischer Sender sind zweifellos ein interessantes, bisher wenig betrachtetes Kapitel der Rundfunkgeschichte. Deshalb wollen wir uns ein wenig auf Spurensuche begeben, um Näheres über das Pausenzeichen im ersten Jahrzehnt des Leipziger Rundfunks zu erfahren und dabei auch noch andere europäische Pausensignale der frühen Rundfunkjahre kennenzulernen.

Um das Jahr 1930 herum, als der Rundfunk schon weitgehend zum Allgemeingut geworden war, bestand eigentlich kein Zweifel darüber, wie wichtig und nützlich ein Pausenzeichen für jeden Rundfunksender ist: „Es soll dem Rundfunkhörer zeigen, daß der Sender während einer Pause zwischen 2 Darbietungen noch im Betrieb ist, daß also tatsächlich eine Pause und nicht etwa eine Störung vorliegt. Ferner soll dieses Zeichen möglichst erkennen lassen, welchen Sender man hört …"

In den ersten Wochen und Monaten des Programmbetriebes der MIRAG war eine solche Erkenntnis noch nicht herangereift; zudem bestand überhaupt keine Notwendigkeit, in den Programmpausen „etwas" zu senden, auch wenn die Pausen zwischen den einzelnen Darbietungen damals oft mehrere Minuten lang waren. Es gab längst noch keine straffe, sekundengenaue Programmplanung, und man wusste wohl, dass die Rundfunkteilnehmer neugierig und geduldig zugleich waren, um auf die Fortsetzung des Programms zu warten. Doch wie erging es den Zuhörern, die gerade in einer Pause ihr Radio einschalteten oder die Kopfhörer des Detektorempfängers aufsetzten? Sie hörten, jedenfalls beim ersten Leipziger Sender, nicht etwa „gar nichts", sondern ein ganz hohes Pfeifen oder „Singen" und wussten daher, dass der Sender arbeitete und der Empfänger richtig eingestellt war. Doch was war das für ein Geräusch, und woher kam es? Die erste Leipziger Sendeanlage, gebaut von der Firma C. LORENZ A.-G. und aufgestellt im Februar 1924 im Städtischen Johannishospital, arbeitete mit einer Hochfrequenz-Hochspannungsmaschine. Die erzeugte Wechselspannung von 7.000 Hz wurde zwar gleichgerichtet, doch war wohl die Siebung nicht besonders gut; es blieb ein störendes Frequenzgemisch aus 7 und 14 kHz bestehen, das Grundgeräusch des Senders, welches in den Programmpausen deutlich hörbar war.

Nach dem ersten Umbau des Senders im Herbst 1924 war dieses an sich störende Pfeifgeräusch verschwunden – ein deutlicher Schritt zur Verbesserung der Tonqualität, der aber gleichzeitig zur „stillen Pause" führte und die Erkennbarkeit des Senders erschwerte. Es gab von der Hörerseite zahlreiche Klagen, denn man wusste oft nicht, ob der Sender noch „da" war und ob der Empfänger noch funktionierte oder ob vielleicht gerade die Batterien leer waren! Bei Radios mit Rückkopplung schritten die Hörer dann oft zum Test, indem sie durch das sogenannte „Einpfeifen" ihre Einstellung zu kontrollieren suchten, mit dem Ergebnis, dabei die gesamte Nachbarschaft zu stören. Die Detektorhörer stocherten in diesem Moment auf dem Kristall herum und suchten ihren anscheinend verlorengegangenen Sender – und bis nun alle wieder ordentlich „auf Empfang" waren, hatte das nächste Programm schon längst angefangen. Gegen diese Kalamität mit der unhörbaren Pause musste unbedingt etwas getan werden: Ein „Lebenszeichen" des Senders, ein „künstlicher Pausenton" musste her. Bei zahlreichen anderen Sendern war es inzwischen üblich geworden, als Erkennungssignale Morsezeichen zu verwenden, nach Art der Rufzeichen bei der Funkentelegrafie. Doch bei der MIRAG hielt man anscheinend nichts davon und dachte sich etwas Anderes, etwas Neues aus: Ab November 1924 wurde das Schweigen des Senders zwischen den Programmteilen durch ein kontinuierliches „Zeitzeichen" ausgefüllt – durch das Ticken eines Weckers! Das erste Pausenzeichen der MIRAG war geboren: Sein „mahnender Schlag" sollte den Hörern sagen: „Ich bin da, ich bin da …"!

Ab und zu wurde in Darstellungen zur Leipziger Rundfunkgeschichte behauptet, das Weckerticken als Pausenzeichen des „Meßamtssenders der Telegraphenverwaltung" sei seit dem Sendebeginn der

Zeitzeichenempfangsanlage der MIRAG; das von der Sternwarte Bergedorf b. Hamburg stammende Zeitzeichen wurde von der Großfunkstation Nauen auf Längstwelle (≈ 12.000 m) täglich von 12.55 Uhr bis 13.00 Uhr verbreitet und von der MIRAG ins Programm übernommen.

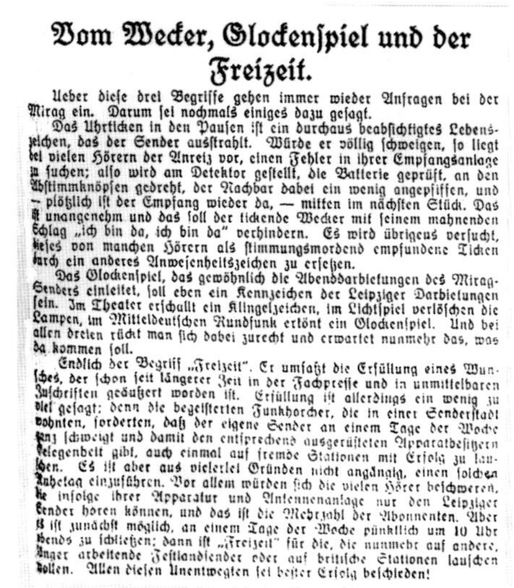

Vom Wecker, Glockenspiel und der Freizeit.

Ueber diese drei Begriffe gehen immer wieder Anfragen bei der Mirag ein. Darum sei nochmals einiges dazu gesagt.

Das Uhrticken in den Pausen ist ein durchaus beabsichtigtes Lebenszeichen, das der Sender ausstrahlt. Würde er völlig schweigen, so liegt bei vielen Hörern der Anreiz vor, einen Fehler in ihrer Empfangsanlage zu suchen; also wird am Detektor gestellt, die Batterie geprüft, an den Abstimmknöpfen gedreht, der Nachbar dabei ein wenig angepfiffen, und – plötzlich ist der Empfang wieder da, — mitten im nächsten Stück. Das ist unangenehm und das soll der tickende Wecker mit seinem mahnenden Schlag „ich bin da, ich bin da" verhindern. Es wird übrigens versucht, dieses von manchen Hörern als stimmungsmordend empfundene Ticken durch ein anderes Anwesenheitszeichen zu ersetzen.

Das Glockenspiel, das gewöhnlich die Abenddarbietungen des Mirag-Senders einleitet, soll eben ein Kennzeichen der Leipziger Darbietungen sein. Im Theater erschallt ein Klingelzeichen, im Lichtspiel verlöschen die Lampen, im Mitteldeutschen Rundfunk ertönt ein Glockenspiel. Und bei allen dreien rückt man sich dabei zurecht und erwartet nunmehr das, was da kommen soll.

Endlich der Begriff „Freizeit". Er umfaßt die Erfüllung eines Wunsches, der schon seit längerer Zeit in der Fachpresse und in unmittelbaren Zuschriften geäußert worden ist. Erfüllung ist allerdings ein wenig zu viel gesagt; denn die begeisterten Funkhorcher, die in einer Senderstadt wohnten, forderten, daß der eigene Sender an einem Tage der Woche ganz schweigt und damit den entsprechend ausgerüsteten Apparatbesitzern Gelegenheit gibt, auch einmal auf fremde Stationen mit Erfolg zu lauschen. Es ist aber aus vielerlei Gründen nicht angängig, einen solchen Ruhetag einzuführen. Vor allem würden sich die vielen Hörer beschweren, die infolge ihrer Apparatur und Antennenanlage nur den Leipziger Sender hören können, und das ist die Mehrzahl der Abonnenten. Aber es ist zunächst möglich, an einem Tage der Woche pünktlich um 10 Uhr abends zu schließen; dann ist „Freizeit" für die, die nunmehr auf andere, länger arbeitende Festlandsender oder auf britische Stationen lauschen wollen. Allen diesen Unentwegten sei bester Erfolg beschieden!

Ausschnitt aus der „Mirag" vom 30. Januar 1925

Das Leipziger Wecker-Pausenzeichen – sein „hastiges Ticken“ (240 Schläge/min) wurde von einem Kohle-Fernsprech-Mikrofon aufgenommen!

MIRAG, dem 1. März 1924, zu hören gewesen. Aus den vorliegenden Fakten müssen wir erkennen, dass dies nicht zutrifft – der Pausenwecker der MIRAG wurde vielmehr aus der Not heraus geboren. Wenn man den zeitgenössischen Quellen glauben darf, war Leipzig der erste Sender, der das Ticken eines Weckers als Pausenzeichen einführte. Bald darauf übernahmen auch Breslau und eine Reihe anderer Sender das Ticken, wenn auch mit abweichender Schlagzahl. Während Leipzig – zusammen mit dem seit Februar 1925 arbeitenden Nebensender Dresden – über Jahre hinweg mit 240 Schlägen pro Minute einen recht „eiligen“ Wecker einsetzte, tickte es bei der Berliner Funkstunde und beim Deutschlandsender zeitweise nur einmal pro Sekunde, in Breslau dagegen zweimal. Originell war der Pausenwecker zu dieser Zeit beim Sender Wien: Gruppen von 3 kurzen Schlägen bedeuteten „3 Minuten Pause“, bei kürzeren Pausen wurden entsprechend weniger Schläge gesendet.

Auch im Jahre 1930 benutzte die MIRAG noch ihr hastiges Ticken als Pausenzeichen – die Weckeruhr war inzwischen einem Metronom gewichen –, doch ringsherum in Deutschland und Europa konnten die aufmerksamen Radiohörer inzwischen auch andere, recht verschiedenartige und originelle Pausensignale hören: „Ticktack, ticktack, Kuckuck, Kuckuck, tiririliiiii! Aus der Uhrmacherwerkstatt und aus dem Tierreich, nicht minder wie von Frau Musica haben Europas Sender sich die ‚Klänge‘ geholt, die anzeigen, daß ein Rundfunksender das bei Chor, Orchester und Solisten beliebteste Stück spielt, die – Pause! Ticktack ticktack, das soll heißen: einen Augenblick bitte, Sie werden sofort rasiert; nehmen Sie bitte Platz, Stühle kommen gleich. Wenn das Pausenzeichen ‚ertönt‘, dann kann man also warten, denn dieser Sender wird in wenigen Minuten wieder beginnen.“

Einige Sender hatten bei der Wahl des Erkennungssignals eine so glückliche Hand, dass sie mit einem unverwechselbaren Pausensignal im Äther waren. Sie hatten „ein gewissermaßen unverkennbares Pausenzeichen, ein Zeichen, das auch dem ungeübten ‚Fernempfänger‘ sofort und unzweifelhaft klar macht, wer da ‚gleich beginnen‘ wird. Der hastige ‚Fiaker‘ von Wien wird sicher überall bekannt sein, nicht minder wie Berlins und Königswusterhausens gemütlicher ‚Eiserner Gustav‘. Budapests Glockenspiel hört jeder sofort heraus, ebenso wie den Dreiklang Stuttgarts und die Glocken von Köln, nicht minder wie das ‚Kuckuck‘ von Laibach und Wilna. Wer aber hat gewußt, bzw. schon gehört, daß Grenoble ‚jodelt‘, daß Lille einen lebendigen Kanarienvogel als ‚Pausenzeichen‘ verpflichtet hat?!“

Das „Pausezeichen“ der MIRAG, wie es der Zeichner sah – möglicherweise ist es das, welches bei der „Dresdner Sendestelle“ installiert war.

Bei der MIRAG hatte man sich inzwischen ernsthafte Gedanken gemacht, das „von manchen Hörern als stimmungsmordend empfundene Ticken durch ein anderes Anwesenheitszeichen zu ersetzen“. Erstaunlicherweise wird schon 1925 von einem Glockenspiel berichtet, „das gewöhnlich die Abenddarbietungen des MIRAG-Senders einleitet“ – es wird als Pendant zu dem im Theater erschallenden Klingelzeichen und den im Kino verlöschenden Lampen bezeichnet. Das Glockenspiel sollte also die Hörer einstimmen, „und man [rückt] sich dabei zurecht und erwartet nunmehr das, was da kommen soll“. Nähere Angaben über Melodie und Art der Erzeugung des Glockenspiels sowie über den Zeitraum seiner Verwendung konnten vom Autor bisher nicht gefunden werden. Warum hat man es nicht zum Pausenzeichen weiterentwickelt?

Die ersten Versuche, bei der MIRAG ein neues Pausenzeichen einzuführen, gehen auf das Jahr 1931 zurück. Zunächst wurden Akkorde, auf einem Vibraphon gespielt, verwendet: eine D-Dur-Kadenz mit den Dreiklängen d-fis-a-d, e-g-h-e, e-g-a-cis und d-a-fis-d, wie „Die Mirag" berichtete. Die Klänge – „weich und wohllautend" – waren auf einer Schallplatte gespeichert worden, doch diese Technik konnte wegen umständlicher Bedienung, ständig notwendigem Nadelwechsel und Abnutzung der Platten von vornherein nicht für einen Dauereinsatz im Sendebetrieb geeignet sein. Immerhin riefen die im Mai 1931 gesendeten Versuche zahlreiche Zuschriften aus dem Hörerkreis hervor, die überwiegend zustimmend waren und Freude über eine solche Neuerung ausdrückten. Doch tat man sich mit der Realisierung einer funkgerechten Dauerlösung recht schwer. Der Technische Leiter der MIRAG, Funkvorsteher KARL MINDE, versuchte zu begründen, weshalb ein Pausenzeichen mit einer Tonfolge nicht so einfach realisierbar sei: Ein Glockenspiel mit Hämmern erfordere eine komplizierte Mechanik, eine rein elektrische Lösung würde zu monoton klingen und ergäbe Kontaktprobleme beim Schalten der Töne, und schließlich sei man im Zweifel darüber, ob nicht „eine minutenlange Folge von einzelnen Tönen, mögen sie auch sehr harmonisch und wohllautend sein, viel lästiger empfunden wird als etwa das jetzt benutzte Ticken eines Weckers." Rein theoretisch sei es auch denkbar, so K. MINDE weiter, eine stabilere mechanische Schallaufzeichnung zu verwenden: „Auf den äußeren Umfang eines Stahlrades ist, ähnlich wie in einer Schallplatte, eine Tonrille eingegraben, die aber in sich zurückläuft und so geschnitten ist, daß eine darübergleitende Abtastdose das Wort ‚Mitteldeutschland' wiedergeben würde. Das Rad könnte sich dauernd drehen. Ein besonderer Mechanismus müßte allerdings die Zerreißung des Wortes verhindern. Zu bedenken wäre hierbei, daß natürlich auch diese Stahl-Tonrille bei häufigem Gebrauch in nicht allzulanger Zeit abgeschliffen sein dürfte. Der Vorteil dieses Pausenzeichens würde in der vollkommenen Befreiung des Sprecherdienstes von der Ansage des Stationsnamens liegen, der nach diesem Verfahren eindeutig für alle Hörer bekanntgegeben wird." Das war zweifellos ein interessanter, recht fortschrittlicher und zudem fast patentreifer Gedanke, der aber wiederum an der praktischen Realisierung scheitern musste.

Im gleichen Jahr 1931, da die MIRAG am Ostersonntag mit der Sendung des Kantatenzyklus' von J. S. BACH begonnen hatte, war der Gedanke aufgetaucht, bei der Leipziger Rundfunkgesellschaft die Töne „b-a-c-h" als Pausenzeichen einzusetzen. Am 20. Juli 1931 ist dieses Motiv erstmals den Hörern vorgestellt worden, im Vergleich zum Weckerticken und zum vordem erwähnten Vibraphon-Motiv.

Neue und geänderte Pausenzeichen

Belgrad: P.: — Zweistimmige Tonfolge aus drei Takten.

Largo

Berlin (Witzleben): — P.: Erste Takte des Liedes „Volk an's Gewehr".

Bremen: — P.: Erste Takte des Friesenliedes: „Wo de Nordseewellen trecken an den Strand . . ."

Dreistimmig. Allegretto. (Friesenlied)

Wo de Nordseewellen trecken an den Strand

Breslau: — P.: Erste Takte des Hohenfriedberger Marsches, dreistimmig.

Bukarest: — P.: Anfangstakte des rumänischen Volksliedes „Hai Lelitzo".

Allegretto

Frankfurt: — P.: Zwei Takte aus dem Lied „Es braust ein Ruf wie Donnerhall" („Zum Rhein, zum Rhein, zum deutschen Rhein . . .").

Aus dem Vaterlandslied: „Es braust ein Ruf wie Donnerhall"

Zum Rhein, zum Rhein, zum deutschen Rhein

Hamburg: — P.: Das Motiv „Steuermann, halt die Wacht!" aus „Der fliegende Holländer", zweistimmig.

Zweistimmig. Allegretto. Aus „Der fliegende Holländer"

Steuermann, halt die Wacht!

Hannover: — P.: Drei Takte des Liedes „Wo die Weser rauscht . . ."

Andante

Wo die We - ser rauscht.....

Langenberg: — P.: Vier Takte aus einem alten rheinisch-westfälischen Volkslied „Hopsa, me' Lorche, dreh dich mal' num . . ."

Lustig (altes rheinisch-westfälisches Volkslied)

Hopsa, me' ‚Lorche, dreh dich mal' num

Am Schluß jeden Tages der alte Nachtwächterruf: „Hört, ihr Leute . . ." mit Horntuten zu Beginn und Ende.

Kiel-Flensburg: Erste Takte des Liedes „Schleswig-Holstein stammverwandt".

Zweistimmig

Schleswig-Holstein stammverwandt

Königsberg: — P.: Anfangstakte des Ostpreußenliedes „Wild flutet der See . . ."

Leipzig: — P.: Tonfolge b-a-c-h, untermalt mit leisem Weckerticken.

München: — P.: Glocken aus Parsifal.

Nürnberg: — P.: Liebesmotiv aus „Meistersinger".

Liebesmotiv aus „Meistersinger" (M. M. ♪ = 100)

Paris, Poste Parisien — P.: Die ersten sechs Töne aus dem Musikroman „Louise" als Trompetensignal.

Die deutschen und einige ausländische Pausenzeichen; Stand Ende 1933

7. Tabelle der Rundfunksender

D	Deutschland	Sch	Schweiz	N	Norwegen		
Ö	Österreich	Sp	Spanien	H	Holland		
B	Belgien	Est	Estland	P	Polen		
Fr	Frankreich	E	England	Ru	Rumänien		
F	Finnland	U	Ungarn	R	Rußland		
CS	Tschechoslowakei	I	Italien	Ju	Jugoslawien		
Dä	Dänemark	L.	Lettland	T	Türkei		
S	Schweden						

Anmerkung: Die Nebensender, die schwer zu empfangen sind, sind eingerückt.

Wellenlänge m	Frequenz kHz	Leistung kW	Sender	Land	Pausenzeichen	Einstellung 1	Einstellung 2
200	1500	0,15	Leeds	E			
201	1490	0,25	Jönköping	S			
203	1480	0,3	Kristinehamn	S	s. Stockholm		
204	1470	0,2	Gävle	S			
214	1400	1,9	Warschau	P	Morsezeichen w ·—— od. Glockenton		
216	1391	0,25	Halmstad	S	Wecker		
217	1382	0,25	Karlstad	S			
217	1382	0,2	Örnsköldsvik	S			
217	1382	1,2	Königsberg	D	s. Heilsberg		
218	1373	0,6	Flensburg	D	Morsezeichen fl ··—· ·—··		
218	1373	0.5	Salzburg		s. Wien		
221	1355	15	Helsingfors	F			
223	1346	3	Luxemburg	L	Starker Wecker		
		0,3	Aachen	D			
227	1319	1,7	Köln	D	Glockenspiel fis-dis-ais-fis-e-fis		
		0.6	Münster	D			
229	1310	0,2	Hudiksvall	S	s. Stockholm		
231	1301	0.75	Malmö	S			
232	1291	0,3	Kiel	D	Morsezeichen kl —·— ·—··		
234	1283	2,2	Lodz	P	Starker Wecker		
235	1274	1	Nîmes	Fr			
237	12'3	1,5	Bordeaux	Fr			
239	1256	2,3	Nürnberg	D	5 kurze Glockenschläge		
242	1238	1,2	Belfast	E			
		0,2	Eskilstuna	S			
		0,2	Kiruna	S	s. Stockholm		
		0,4	Säffle	S			
246	1220	0.6	Turku	F			
		0,6	Linz (Donau)	Ö	Wecker		
		0.3	Kassel	D	Wecker		
249	1240	0.5	Juan les Pins	Fr			
251	1195	1	Barcelona	Sp			
251	1193	0,7	Almeria	Sp			
251	1193	1,5	Ostende	B			
253	1184	2,3	Leipzig	D	Wecker		
255	1175	1	Toulouse	Fr	Helle Glockentöne		
257	1166	15	Hörby	S			
259	1157	5,6	Gleiwitz	D	Wecker 1mal/sec.		
261	1148	67	London (National)	E			
263	1139	11	Mährisch-Ostrau	CS			
265	1130	1	Lille	Fr	Kanarienvogel		
268	1121	10	Barcelona	Sp	Melodie 3/8 Takt		
268	1121	0,35	Straßburg	Fr	Kuckucksruf		
270	1112	0,3	Augsburg	D	5 Glockenschläge		
270	1112	0,3	Trollhättan	S			
272	1103	1.2	Rennes	Fr			
276	1085	75	Heilsberg	D	Tonfolge des und as 3mal		
279	1076	18	Preßburg	CS	Glockenmelodie		
281	1067	1	Kopenhagen	Dä	Glockenspiel und Summton		
		0,6	Berlin O	D			
284	1058	0,6	Magdeburg	D	Wecker 4mal/sec.		
		0,6	Stettin	D			
		0,6	Innsbruck	Ö	Gongschläge		
286	1049	0,5	Lyon	Fr	Kanarienvogel		
286	1049	1,2	Montpellier	Fr	Nachtigallen		
288	1040	0,15 bis 1,2	Englische Gleichwelle	E			
291	1031	0,4	Viipuri	F			
294	1022	2,6	Kaschau	CS			
296	1013	10	Reval	Estl	Gongschläge		
297	1015	7,5	Turin	I	Nachtigallengesang		
299	1004	8 5	Huizen (Hilversum)	H	Tonfolge g d e h d h		
299	1004	0,65	Falun	S	Glockenschläge		
301	995	1,2	Aberdeen	E			
304	986	1	Bordeaux	Fr			
307	977	0,8	Agram	Ju	Wecker 100mal/min.		
309	971	2	Paris	Fr	2 Glocken		
310	968	1,2	Cardiff	E			
313	959	1,5	Krakau	P	Dreiklang e d b		
316	950	1.5	Marseille	Fr			
316	950	0,3	Bremen	D	Morsezeichen bmn —··· —— —·		
319	941	0.3	Dresden	D	Wecker		
319	941	0,65	Basel	Sch			
322	932	15	Göteborg	S	Wecker		
325	923	1,7	Breslau	D	Wecker 1mal/sec.		
328	914	1,2	Grenoble	Fr	Jodler		
328	914	1,1	Paris	Fr			
331	905	1,7	Neapel	I	Melodie auf Hirtenflöte		
335	896	1,8	Posen	P	Wecker od. Spieluhr		
339	887	12	Löwen	B	Glockengeläut		
342	878	2,8	Brünn	CS			
345	869	12	Straßburg	Fr	Kuckucksruf		
349	860	5	Barcelona	Sp	Melodie 3/8 Takt		
351	855	1	Leningrad	R	Gong, Kuckucksruf		
352	851	9,5	Graz	Ö	Wecker 200mal/min.		
356	842	45	London	E			
360	833	75	Mühlacker	D	Dreiklang c d a		
360	833	1,7	Stuttgart	D			
364	825	16	Algier	Al			
364	824	1,1	Bergen	N	Ruf: „Bergen her"		
368	815	0,8	Frederikstad	N	Tonfolge		
368	815	1 5	Sevilla	Sp			
368	815	1,5	Wilna	P	Kuckucksruf		
370	810	0,5	Paris	Fr			
372	806	1,7	Hamburg	D	Morsezeichen ha ···· ·—		
376	797	1.2	Manchester	E			
378	792	1	Moskau	R			
381	788	1.5	Genua	I	Melodie auf Hirtenflöte		
381	788	2.2	Lemberg	P			
385	779	8	Toulouse	Fr	Helle Glockentöne		

Tabelle der Rundfunksender Europas mit ihren Pausenzeichen; 1931 (Teil I)

Wellenlänge m	Frequenz kHz	Leistung kW	Sender	Land	Pausenzeichen	Einstellung 1	2
390	770	1,7	Frankfurt (Main) . .	D	Wecker		
394	761	16	Bukarest	Ru	Wecker 160mal min.		
399	752	1,2	Glasgow	E			
404	743	1.1	Bern	Sch	Melodie 4/8 Takt		
409	734	16	Kattowitz	P	Hammerschläge		
414	725	1.5	Dublin	E			
419	716	1,7	Berlin (Witz) . . .	D	Wecker 4mal/sec.		
424	707	2	Madrid	Sp	Siegfrieds Hornruf		
426	704	4	Charkow	R			
431	696	2,8	Belgrad	Ju	Wecker 30mal/min.		
435	689	75	Stockholm	S	Gong 80mal/min.		
441	680	75	Rom	I	Melodie auf Hirtenflöte		
447	671	0,4	Aalesund	N	Tonfolge		
447	671	1	Paris	Fr			
453	662	0.2	Bozen	I			
452	662	0,25	Danzig	—	Tonfolge des as 3mal		
452	662	0.8	Klagenfurt . . .	Ö	Wecker		
452	662	0,8	Porsgrund	N			
452	662	0,3	San Sebastian . .	Sp			
459	653	0,6	Zürich	Sch	Tonfolge as c		
466	644	2,3	Lyon	Fr	Kanarienvogel		
472	635	17	Langenberg	D	Glockenspiel		
479	626	38	London	E			
486	617	5,5	Prag	CS	Morsezeichen		
493	608	7,5	Oslo	N	Tonfolge h gis cis gis h gis		
497	603	0.5	Valencia	Sp			
501	599	8,5	Mailand	I	Nachtigallengesang		
508	590	1,2	Brüssel	B	Pfeifton vor der Sendung		
516	581	20	Wien	Ö	Wecker 270mal/min.		
524	572	12	Riga	L	Wecker		
533	563	1,7	München	D	5 kurze Glockenschläge		
541	554	15	Sundsvall	S	siehe Stockholm		
550	542	23	Budapest	U	Spieluhr ghabghabg		
560	536	0,3	Kaiserslautern . . .	D	5 kurze Glockenschläge		
566	530	0,3	Hannover	D	Morsezeichen hr · · · · · — ·		
569	527	0,3	Freiburg	D	Dreiklang		
576	521	2,8	Laibach	Ju	Kuckucksruf		
577	520	0.5	Dijon	Fr			
587	511	0.8	Hamar	N	Tonfolge		
679	442	0,6	Lausanne	Sch	Melodie 6/8 Takt 2s immig		
720	417	20	Moskau	R	Morsezeichen		
759	395	1,5	Genf	Sch	Pfeifton vor Sendung		
771	389	0,75	Östersund	S			
800	375	10	Kiew	R			
940	319	20	Charkow	R			
1000	300	20	Leningrad	R	Kuckucksruf		
1010	297	0,25	Basel	Sch			
1060	283	10	Tiflis	R			
1071	280	75	Oslo	N	Tonfolge		
1071	270	7,3	Huizen . . . . . (Hilversum) . . .	H	Tonfolge g d e h d h		
1083	277	1,5	Straßburg	Fr	Kuckucksruf		
1083	277	40	Moskau	R	Morsezeichen		
1150	261	1,5	Haag	H			
1154	260	10	Kalundborg . . .	Dä	Glockenspiel		
1200	250	5	Stambul	T	Gong 75/min.		
1200	250	5	Rom	I			
1304	231	100	Moskau	R	Morsezeichen		
1384	222	40	Motala	S			
1412	212	14	Warschau	P	Morsezeichen w · — — od. Glocke		
1442	207	15	Paris (Eifelturm) . .	Fr	Hornsignal		
1481	202	40	Moskau	R			
1554	193	35	London	E			
1635	183	35	Königswusterhausen	D	Wecker 4mal/sec.		
1724	174	17	Paris	Fr	Glockenspiel		
1796	167	54	Lathi	F			
1875	160	8,5	Huizen . . . . . (Hilversum) . . .	H	Tonfolge g d e h d h		
1935	155	7	Kowno	Li	Wecker		

Tabelle der Rundfunksender Europas mit ihren Pausenzeichen; 1931 (Teil II)

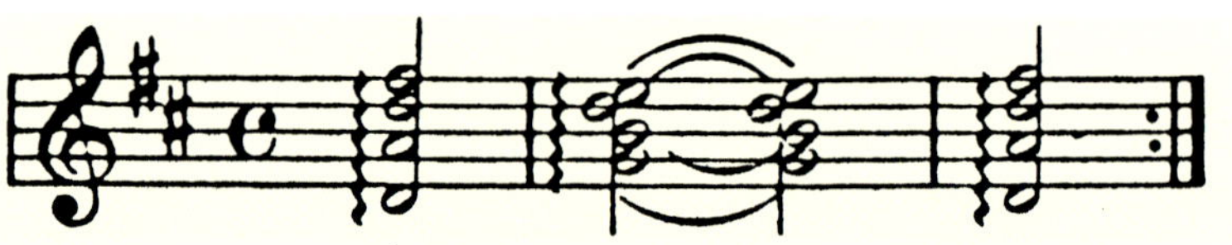

Schläge auf Metallzungen

Im Sommer 1935 wurde das Pausenzeichen des „Reichssenders Leipzig" (der im Frühjahr 1934 zwangsweise aus der „Umgestaltung" der MIRAG hervorging) geändert: Das neue Motiv wird zunächst als „Drei Akkorde in D-Dur auf Spieldose" beschrieben; später heißt es: „Schläge auf Metallzungen". Dresden behielt noch eine Weile das Weckerticken bei.

Hier ausschneiden!

Von den vorgeführten
Pausenzeichen
(Vergleiche dieses Heft der Mirag-Zeitung, Seite 11)
gefällt mir am besten das
unterstrichene

1. Weckerticken
2. Tonfolge b — a — c — h
3. lange Tonfolge

Name: ....
Straße: ....
Wohnort: ....

Hier ausschneiden!

DRUCKSACHE

3-Pfennig-Marke aufkleben

An

Die Mitteldeutsche Rundfunk A.-G.

Leipzig C 1
Markt 8

15

Dieser Versuch wurde dann im August nochmals wiederholt, um möglichst viele Hörermeinungen einzuholen. Im Ergebnis der Meinungsumfrage ist schließlich ab 1932 das Pausenzeichen „b-a-c-h" eingeführt worden, jedoch wollte man auf das Weckerticken nicht ganz verzichten und setzte es „zur Untermalung" der Töne ein; ab und zu sendete man es auch im Wechsel. Erst 1935 wurde das Motiv „b-a-c-h" durch „Akkorde in D-Dur", wiedergegeben von einer Spieldose, abgelöst; später liest man für das gleiche Motiv „Schläge auf Metallzungen". Das für die Bachstadt Leipzig so glücklich gewählte Motiv „b-a-c-h" wurde erst nach 1945 als Pausenzeichen wieder aufgegriffen.

Leider gibt es heute von allen diesen frühen Leipziger Pausenzeichen keine akustischen Dokumente mehr – doch vielleicht wird ja irgendwann einmal eine solche Aufnahme entdeckt oder wiedergefunden?!

„Fehler selbst erkennen und verbessern können..." Die Wachsplatte macht's möglich

Schallplattenlabel der Mitteldeutschen Rundfunk-A.-G.

Die Forderungen der Hörer an das Radio nach einer weitgehenden und umfangreichen Befriedigung der Bedürfnisse nach Unterhaltung sind schon in den Anfangsjahren des neuen Mediums nachweisbar. An der Spitze des Programmangebots der MIRAG standen von Beginn an die „volkstümlichen Konzerte", das beinhaltete schon in den zwanziger Jahren (!) „Militärkonzerte", „Lustige Abende" und „Tanzabende" sowie – mit deutlichem Abstand führend – die „volkstümlichen Nachmittagskonzerte". Erst danach – weit dahinter – folgten Sinfoniekonzerte, Liederabende, schließlich die Oper.

Dieser große Bedarf an Sendematerial auf musikalischem Gebiet war durch Live-Übertragungen aus Studios und Konzertsälen auf Dauer nicht abzudecken.

Seit 1898 – der Rundfunk erblickte erst ein Vierteljahrhundert danach das Licht der Welt – konnte die Schallplattentechnik bereits auf beachtliche Erfolge in der Aufnahme und Wiedergabe von Musik verweisen. Hier knüpfte man 1926 auch mit der Rundfunktechnik an, nachdem bis dahin, wie in der Schallplattenindustrie, die Aufnahme- und Wiedergabetechnik auf rein akustischer Grundlage erfolgte. Von da an haben sich Schallplatten- und Rundfunktechnik gegenseitig stark befruchtet. Ab 1929 waren durch die elektromagnetischen Schneideverfahren für Wachsplatten auch beim Rundfunk die Voraussetzungen gegeben, Eigenaufnahmen durchzuführen. Andere Aufnahmeverfahren, wie der TRI-ERGON-Tonfilm und auch das STILLE-Stahlband, traten dagegen in den Hintergrund.

In einer Programmzeitung schrieb dazu bereits 1930 ERNST BECKER:
„Außerordentlich wichtig haben sich für die Verbesserungen der Darbietungen die Schallplattenaufnahmen gezeigt, die während der Probe aufgenommen werden und sofort im Anschluß daran vom Wachs dem Künstler vorgespielt werden, da nur auf diesem Wege Schauspieler und Musiker ihre Fehler selbst erkennen und verbessern können ...".

Trotz ihres hohen Gewichtes und der schwierigen Handhabung hat sich die Wachsplatte beim Rundfunk über Jahre behaupten können; leider war sie nur einmal abspielbar. Erst die Herstellung von Schellack-Kopien, mit der eine Schallplattenfirma beauftragt wurde, machte einen häufigeren Einsatz des Musikmaterials möglich.

Nur am Rande sei erwähnt, dass die Konservierung von Musik im neuen Medium Rundfunk von Anfang an auch zahlreiche Kritiker auf den Plan rief, so den Berliner „Musikgelehrten" GEORG SCHÖNEMANN, die Komponisten MAX BUTTING und MAX VON SCHILLINGS, die Musikkritiker HANS HEINZ STUCKENSCHMIDT und HERBERT JHERING, die die Tonaufzeichnungen als Mittel der Vorbereitungen der Interpreten und für eine Archivierung begrüßten, die Sendung fixierter Aufnahmen im Rundfunk aber als „unkünstlerisch" ablehnten. Dieses wäre schlechthin „umständlich, erschwerend und überflüssig – dafür habe man ja lebendig vor dem Mikrofon musizierende Künstler".

Die erste Tonaufzeichnung mit dem Leipziger Sinfonieorchester erfolgte unter Leitung des Chefdirigenten ALFRED SZENDREI im September 1931. Die Ouvertüre zur Oper „Spuk in der Mühle" von ADOLPHE ADAM stand im Programm, ein Musikstück von 4'30" Dauer. Das passte gerade noch auf eine Platte von ca. 35 cm Durchmesser, für ein Werk von 5' Dauer wären bereits zwei Wachsplatten erforderlich gewesen. Diese erste Aufnahme ist leider bis heute verschollen. Das gilt auch für die zweite Einspielung mit dem Leipziger Sinfonieorchester, für die im Dezember 1931 erfolgte Aufzeichnung des Vorspiels zum 3. Akt der Oper „Lohengrin" von RICHARD WAGNER, Länge 2'56". Nach dem im November 1931 erfolgten Hinauswurf des „Juden Szendrei" schwang diesmal der Intendant des Senders, Prof. L. NEUBECK, selbst den Taktstock.

Die älteste noch vorhandene Aufnahme stammt aus dem Jahr 1935. Chefdirigent des Leipziger Sinfonieorchesters war inzwischen HANS WEISBACH. Am 19. April 1935, am Karfreitag, leitete er die „Matthäus-Passion" von J. S. BACH. Eine wahrhaft bemerkenswerte Aufführung, die auch heute noch Aufmerksamkeit erregt: Die Chorpartien sangen die Leipziger Universitätskantorei und der Madrigalkreis, die zu diesem Zeitpunkt von FRIEDRICH RABENSCHLAG noch nicht zum Universitätschor vereinigt waren; die Kinderstimmen übernahm

Wir schneiden Schallplatten

(Fortsetzung von Seite 1.)

aufgesetzt. Dieses muß man sorgfältig vor Erschütterungen schützen, sonst gibt es Mißklänge auf der Platte. Da es notwendig ist, den Apparat während der Aufnahme zu beobachten, muß das Gestell von entsprechend hohen Umbauten eingefaßt werden.

Besondere Kennmarken am Triebwerk verhindern, daß die Wachsplatten mehr Rillen aufnehmen, als später gepreßt werden können. Besondere Reguliervorrichtungen gestatten die Umlaufzahl des Plattentellers einzustellen. Dabei muß aber darauf geachtet werden, daß die Schneidedose schwerer aufliegt als die Abtastdose. Infolgedessen läuft der Teller bei der Aufnahme langsamer als später bei der Wiedergabe, und diesen Unterschied muß man durch das erwähnte Stellwerk ausgleichen.

Beim Schneiden der Tonrille entsteht ein feiner Wachsspan, der binnen kürzester Zeit zum wollartigen Bausch anwächst und den glatten Schnitt gefährdet. Deshalb tritt eine besondere Saugvorrichtung in Tätigkeit und zieht den Span in ein feines Rohr ein.

Der Schneidedose müssen verhältnismäßig hohe Energien zugeführt werden, damit sie jede durch die Töne verursachte Schwingung sauber in die Wachsfläche eingraben kann. Es gehört deshalb zu dem Gerät ein ziemlich groß bemessener Verstärker. Er wird hinter den üblichen Rundfunkverstärker geschaltet, durch den die Mikrophonströme der aufzunehmenden Darbietung laufen.

Was kann nun aufgenommen werden?

Grundsätzlich zunächst mindestens alles, was der Rundfunk bringt. Allerdings besteht noch eine Hemmung in der geringen Plattengröße, die nur eine Aufnahme von etwa vier Minuten Dauer zuläßt. Diese Schwierigkeit läßt sich aber durch den Einsatz von zwei Schneidegeräten überwinden, wobei das zweite seine Arbeit beginnt, ehe auf dem ersten die Wachsplatte ganz zu Ende geschnitten worden ist. Mit Hilfe von besonderen Doppelspielapparaten, die mit zwei Plattentellern ausgerüstet sind, ist es dann möglich, auch mehrere Platten ohne jeden Bruch hintereinander abzuspielen, letzten Endes also beliebig lange Darbietungen wiederzugeben.

Praktisch wird dies aber in den seltensten Fällen notwendig sein. Es ist allerdings denkbar, daß man im Rundfunkbetrieb ein ganzes Konzert „schneidet" oder eine andere Darbietung, die, sei es durch ihren Dirigenten oder durch sonstige mitwirkende Kräfte, in der gebotenen Form einmalig ist.

Gewiß kann dieses Verfahren zu einer sehr wertvollen Sammlung von Platten führen, deren Erhaltung für die Nachwelt wichtig ist. Das ist aber nicht die einzige Verwendungsmöglichkeit für den Schneideapparat. Da er es zuläßt, daß man kurz nach der Aufnahme des Schnittes die Wachsplatte sogleich wieder abspielen kann, ergibt sich hierdurch die Möglichkeit, einem Sprecher, einem Sänger oder auch einer Mehrheit von Personen im Lautsprecher das wieder vorzuführen, was sie vor wenigen Minuten gesungen oder sonst irgendwie dargebracht haben.

Damit wird aber schon eine dritte Anwendungsmöglichkeit des Schallplattenschneidens berührt, nämlich die Schaffung von „akustischen Kulissen".

Der Rundfunk hat aber schon während seines laufenden Betriebs eine Menge von Möglichkeiten, sich bestimmte, später als akustische Untermalung wirksame Darbietungen in die Wachsplatte aufzuzeichnen. Z. B. sind bei der Mirag die Geräusche „geschnitten" worden, die beim Ausmarsch der Garnison ins Manöver in einer Straße zu hören waren. Ferner hat man während des Hörberichts von einem Gutshof den Lärm aufgenommen, den die verschiedenen Tiere mit ihren Stimmen verursachten. Es ist das Stimmendurcheinander aufbewahrt worden, das bei Kinder-Nachmittagen von den lustigen „Kleinen" und „Großen" in das Mikrophon gedrungen ist. Die Arbeiten auf diesem Gebiet werden dauernd fortgesetzt und die Zahl der Aufgaben wächst täglich.

Die letzte und größte Bedeutung des Aufnahmegeräts liegt aber darin, daß sie den Rundfunk von der Zeit unabhängig macht. Sie gestattet ihm, Darbietungen aufzufangen und vollkommen originalgetreu in Wachsplatten einzugraben, diese Platten aber zu einer beliebigen Zeit abzuspielen. Wenn z. B. ein Hörbericht aus der Großmarkthalle gegeben werden soll (wie es vor einiger Zeit geschehen ist), so müßte man diesen Bericht zwischen 5 und 7 Uhr morgens senden, also zu einer Zeit, in der kaum ein Hörer sein Empfangsgerät einstellt. Praktisch geht man nun so vor, daß man den Lärm der Großmarkthalle, der nur zu den genannten Stunden auftritt, auf eine Wachsplatte schneidet, den Hörbericht zu einer ganz anderen Zeit bringt und die Geräusche, die auf der Wachsplatte festgelegt worden sind, bei dieser Gelegenheit „einblendet", wie der fachtechnische Ausdruck lautet. Die Entwicklung, die in dieser Möglichkeit liegt, ist heute bis an ihr letztes Ende noch gar nicht abzusehen, erlaubt sie es doch, zeitlich auseinanderliegende Begebenheiten eng zusammenzudrängen und dadurch den Inhalt einer Darbietung ganz außerordentlich zu steigern, ohne ihrer Naturtreue irgendwelche Gewalt anzutun. Mn.

„Die Mirag"
Heft 44, 1930

DIE MIRAG

OFFIZIELLE PROGRAMMZEITUNG DER MITTELDEUTSCHEN RUNDFUNKSENDER

„Wir schneiden Schallplatten"

Unfug — sagt sich der geneigte Leser beim Anblick dieser Überschrift. Aber diese Ausdrucksform ist nur noch nicht allgemeines Sprachgut geworden...

„Wir schneiden" heißt in der Rundfunksprache: Wir machen von der oder jener Darbietung eine Schallplattenaufnahme, das bedeutet, wir graben mit einem durch Schallwellen bewegten Stift Tonrillen in eine Wachsplatte.

Auch der Sender Leipzig hat vor einiger Zeit ein solches Schneidegerät erhalten. Es besteht zunächst aus einem Laufwerk, das einen Plattenteller dreht. Dieser Teller trägt die Wachsscheibe. Über ihr schwebt beweglich eine Dose mit einem Schneidestift. Er gräbt die Rillen in das Wachs. Dieses wird selbsttätig derart weiter bewegt, daß sich spiralig Rille neben Rille legt. Ist der „Schnitt" beendet, so kann eine zweite, eine Abtastdose aufgesetzt werden und man ist in der Lage, die soeben aufgenommenen Klänge wieder hörbar zu machen. Ebenso läßt sich von dem Wachs eine sogenannte Schwarzplatte anfertigen, wie sie handelsüblich sind.

Das ist in wenig Worten die technische Grundlage der Einrichtung. Was gehört aber alles an Beiwerk dazu und was bedeutet die Apparatur für den Rundfunk.

Zunächst einmal ist es notwendig, die Wachsplatten, die rund fünf Zentimeter dick sind, vor dem Schnitt einige Stunden anzuwärmen, da sonst die Masse für die Aufnahme der feinen Schwingungslinien zu spröde wäre. Das Anwärmen geschieht in einem großen Schrank, der viele Glasböden hat und elektrisch beheizt wird. Die Heizzeit begrenzt ein Automat, den man auf bestimmte Stunden einstellen kann. Er schaltet dann den Strom ein oder aus und man hat nicht nötig, stundenlang vor Beginn eines Schnittes, der vielleicht am frühen Morgen stattfinden soll, eine Bedienungsperson nur für diesen Einschaltgriff zu bestellen.

Das Laufwerk wird von einem Gewicht angetrieben. Damit es während einer Aufnahme nicht aufgezogen werden muß, sondern genügend lange Ablaufzeit hat, ist die Apparatur auf ein sehr hochbeiniges Gestell

(Fortsetzung auf Seite 7.)

Die Bilder stellen dar: oben: Die Schneideapparatur (in der Mitte ist die elektrische Schneidedose zu sehen, die im Rhythmus der vom Verstärker kommenden, in elektrische Ströme umgewandelten Schallschwingungen die Rillen in die dicke Wachsplatte einschneidet. Das gebogene Rohr, rechts, ist mit der Absaugvorrichtung verbunden; Mitte links: Der elektrische Tonabnehmer am Apparat, der das sofortige Abspielen der Wachsplatte nach dem Schneiden gestattet; unten links: Die Verstärkerapparatur; unten rechts: Der ganze Schneideapparat (man sieht in der Mitte unten das Antriebsgewicht). Aufn. Hoenisch.

1

der Knabenchor der Leipziger Petrischule. Für die Solopartien wurden international anerkannte Spitzenkräfte verpflichtet, zu denen MARGARETE KLOSE und KURT BÖHME aus Dresden zählten.

links: Wachsplatten-Aufnahmestudio,
MIRAG Leipzig, 1932
rechts: Mit Lampen beheizter Wärmeschrank für Wachsplatten bei der MIRAG

Diese Matthäus-Passion unter H. WEISBACH – sie stand im Umfeld und in Konkurrenz zu KARL STRAUBEs Interpretation des gleichen Werkes mit dem Thomanerchor und GÜNTHER RAMINs Aufführung der „Johannes-Passion“ mit dem Gewandhauschor – war ein wesentlicher Beitrag des Leipziger Rundfunks zur „Reichs-Bachfeier Leipzig 1935“. Festgehalten wurde WEISBACHs Interpretation der Matthäus-Passion auf insgesamt 37 (!) Platten. Die Zeiten überdauert haben aber auch viele seiner Opernaufnahmen mit dem Leipziger Sinfonieorchester: auf 56 Platten der komplette „Tristan“ von R. WAGNER aus dem Jahr 1938, der 3. Akt der „Meistersinger“, die ersten 3 Akte der Oper „Rienzi“. Parallel dazu erfolgten auch Einspielungen mit den anderen Kapellmeistern des Rundfunks, wie THEODOR BLUMER, CURT KRETZSCHMAR und HILMAR WEBER.

Und dennoch: Die Tage der Wachsplatte gingen im Rundfunk langsam zu Ende. Noch Ende der dreißiger Jahre gab es die ersten Versuche mit dem im Vergleich zur Schallplatte nicht so anfälligen Tonband: Es war bruchsicher, man konnte es zerschneiden und Korrekturen vornehmen, ohne das ganze Objekt noch einmal aufnehmen zu müssen. Ab 1941 sind im Deutschen Rundfunkarchiv in Frankfurt die ersten Tonbandaufnahmen nachzuweisen. Damit hatte bereits während des Krieges eine neue Periode der Schallaufzeichnung begonnen.

Am Abspielplatz für Schallfolien im Leipziger Funkhaus, Markt 8

Im Wachsplatten-Aufnahmeraum des Reichssenders Leipzig mit Toningenieur W. MÜLLER; etwa 1935

Wahlplakat der Reichsrundfunkkammer für den 29. März 1936, das während der Wahlzeit in allen Rundfunkfachgeschäften zum Anhören der Versammlungsübertragungen auffordern sollte

DIE NATIONALSOZIALISTEN REISSEN DEN RUNDFUNK AN SICH

Die „Säuberung" der deutschen Funkhäuser

Eine Wandlung des Rundfunkcharakters in Deutschland war schon im Juli 1932 eingeleitet geworden: Mit der Rundfunkreform, genannt „Leitsätze für die Neuregelung des Rundfunks", wurde das Ziel verfolgt, die „Organisation des Rundfunks zu vereinfachen", „die noch in Privathand befindlichen Geschäftsanteile der Rundfunkgesellschaften in die öffentl.[iche] Hand ... zu überführen" und „in Bezug auf die Programmgestaltung die Durchführung einheitlicher Richtlinien ... zu gewährleisten". Der Rundfunk wurde verstaatlicht, das Privatkapital ausgeschaltet; zunächst übernahmen bei den Sendeanstalten einzelne Staatskommissare das Regime, nach der Parole: „Bestrebungen, die den Bestand des Staates gefährden können, sind vom Rundfunk ausgeschlossen." Diese Rundfunkreform ebnete den Nationalsozialisten den Weg zur Machtübernahme im Rundfunk, und diese begannen auch sofort nach dem Wahlsieg im März 1933 mit der „Säuberung" der Funkhäuser, was mit „umfangreichen personellen Veränderungen", wie man es damals nannte, verbunden war. Rundfunkkommissar H. BREDOW war schon am 30. Januar 1933 zurückgetreten; doch nun wurden zahlreiche Intendanten und andere leitende Mitarbeiter verhaftet und ins KZ Oranienburg verschleppt. Der 1934 angestrengte Schauprozess gegen die führenden Köpfe des von den Nazis sogenannten „Systemrundfunks", wie H. BREDOW, K. MAGNUS, H. FLESCH, A. BRAUN , F. KOHL, E. JAEGER und andere, endete letztlich 1935 mit einem Reinfall für die Nazis: Alle Angeklagten kamen frei. F. G. KNÖPFKE und W. SCHÄFFER in Berlin sowie L. NEUBECK in Leipzig waren allerdings schon vorher in den Tod getrieben worden.

Nach der Machtergreifung inhaftierten die Nationalsozialisten führende Mitarbeiter des Rundfunks. (v.l.n.r.) HEINRICH GIESECKE, Direktor der Reichs-Rundfunk-Gesellschaft, HANS FLESCH, den ersten Intendanten des Südwestdeutschen Rundfunks in Frankfurt und ALFRED BRAUN, Reporter der „Berliner Funkstunde" bei der Einlieferung ins KZ Oranienburg (1933)

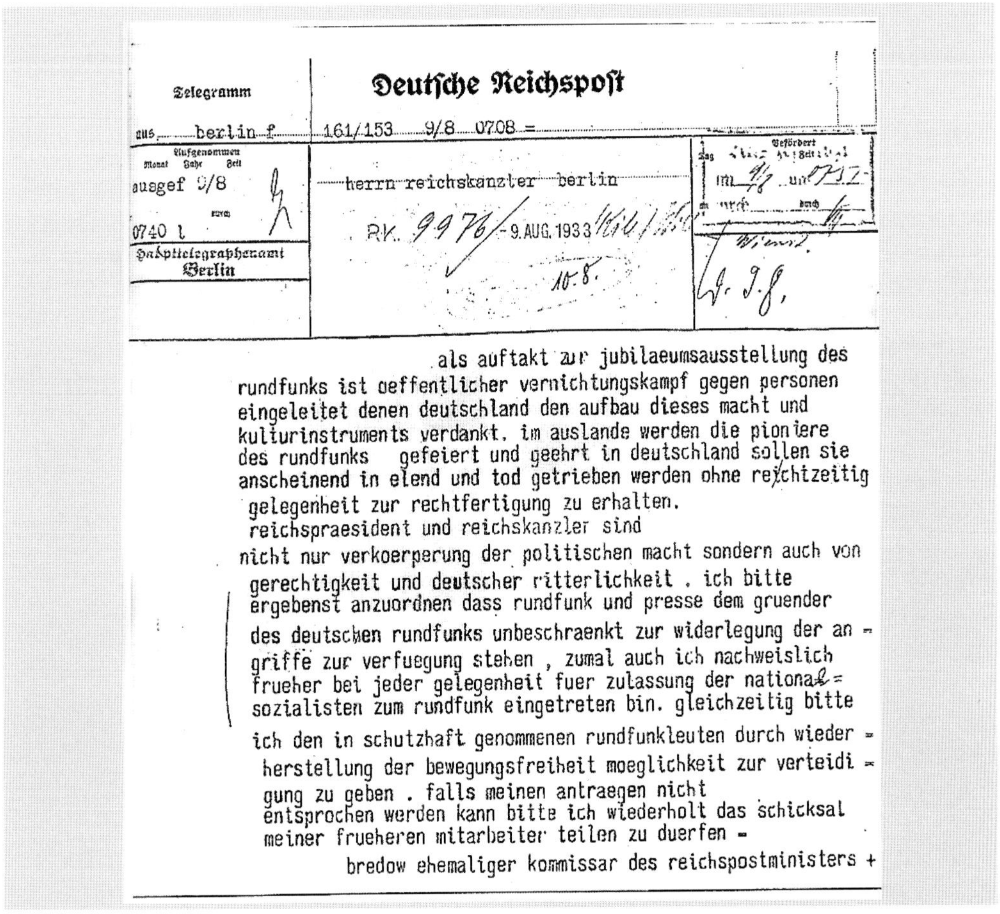

Telegramm

Deutsche Reichspost

aus berlin f 161/153 9/8 0708 =

Aufgenommen ausgef 9/8 0740

herrn reichskanzler berlin

RK. 9976 - 9. AUG. 1933

Haupttelegraphenamt Berlin

als auftakt zur jubilaeumsausstellung des rundfunks ist oeffentlicher vernichtungskampf gegen personen eingeleitet denen deutschland den aufbau dieses macht und kulturinstruments verdankt. im auslande werden die pioniere des rundfunks gefeiert und geehrt in deutschland sollen sie anscheinend in elend und tod getrieben werden ohne rechtzeitig gelegenheit zur rechtfertigung zu erhalten. reichspraesident und reichskanzler sind nicht nur verkoerperung der politischen macht sondern auch von gerechtigkeit und deutscher ritterlichkeit . ich bitte ergebenst anzuordnen dass rundfunk und presse dem gruender des deutschen rundfunks unbeschraenkt zur widerlegung der angriffe zur verfuegung stehen , zumal auch ich nachweislich frueher bei jeder gelegenheit fuer zulassung der nationalsozialisten zum rundfunk eingetreten bin. gleichzeitig bitte ich den in schutzhaft genommenen rundfunkleuten durch wiederherstellung der bewegungsfreiheit moeglichkeit zur verteidigung zu geben . falls meinen antraegen nicht entsprochen werden kann bitte ich wiederholt das schicksal meiner frueheren mitarbeiter teilen zu duerfen -

bredow ehemaliger kommissar des reichspostministers +

Die von den Nazis angeklagten Rundfunk-Pioniere bei der Urteilsverkündung 1935
v.l.n.r.: Dr. E. JAEGER, Dr. F. KOHL, Dr. OTTO (Leipzig), Dr. H. FLESCH, Dr. H. BREDOW, Dr. K. MAGNUS (Berlin)

Protesttelegramm des früheren Rundfunkkommissars HANS BREDOW an den deutschen Reichskanzler vom 9. August 1933 gegen die Verhaftung ehemaliger leitender Rundfunkmitarbeiter

Die Wahlplakate (s. S. 154) der Reichsrundfunkkammer hingen auch am „Haus des Rundfunks" in der Masurenallee.

SA besetzt 1933 die Geschäftsräume des Freien Radio-Bundes in Leipzig.

Die Angst hielt Einzug

Die MIRAG-Mitarbeiterin Ilse Dittmar erinnert sich:
„Ganz schlimm wurde es nach Hitlers Machtübernahme. Jetzt betrafen die Programm-Planungen weniger den kulturellen Bereich als vielmehr politische Bekanntmachungen. Damit hatte etwas ganz Neues in unserer friedlichen Welt Einzug gehalten. Es war die Angst. Eine verspätete oder nicht korrekt aufgenommene oder wiedergegebene Nachricht konnte zur Entlassung oder zu Schlimmerem führen.

Als ich eines Morgens nichtsahnend den Funk betrat, war alles verändert. Alle Abteilungen waren leer. Es herrschte eine unheimliche Stille. Im Sekretariat des Intendanten fand ich die beiden Sekretärinnen vor. Flüsternd teilten sie mir mit, daß alle Mitarbeiter, soweit sie jüdischer Herkunft waren, das Haus ab sofort nicht mehr betreten dürften. Intendant Professor Neubeck und Verwaltungsdirektor Dr. Kohl waren festgenommen worden, angeblich wegen „Unregelmäßigkeiten", die sie sich hätten zuschulden kommen lassen. Professor Neubeck konnte das nicht ertragen. Er nahm sich das Leben. Dr. Kohl gelang es später, nach England zu fliehen, der Heimat seiner Frau, der Sängerin Elene Gerhard.

Im Laufe des Vormittags erschien der neue Intendant, Dr. Stueber, und der Verwaltungschef Schmidt zur Nedden. Die erste Anordnung die ich erhielt, betraf mein Privatleben. Die Gestapo hatte herausgefunden, daß ich ein Zimmer bei der jüdischen Familie Leßmann in der Waldstraße bewohnte. Ich bekam den „guten Rat", noch in dieser Woche auszuziehen, da sonst mein Arbeitsplatz gefährdet sei. Mit gemischten Gefühlen kehrte ich danach an meinen Arbeitsplatz zurück ..."

Den Verlauf des sogenannten „Reichstagsbrandstifter-Prozesses" übertrug die MIRAG ab dem 21. September 1933 aus dem Reichsgericht Leipzig deutschlandweit in Sondersendungen für alle Sender der „Reichs-Rundfunk-Gesellschaft".

„Rundfunk in jedes deutsche Haus": mit dem „Volksempfänger"

Nach der Machtübernahme am 30. Januar 1933 hatten also die Nationalsozialisten nichts Eiligeres zu tun, als den Rundfunk rücksichtslos in den Dienst ihrer Politik zu stellen. Mit dem GOEBBELSschen „Ministerium für Volksaufklärung und Propaganda" waren Kräfte an die Macht gelangt, die sich schon vorher intensiv mit der Rolle des Rundfunks zur Volksbeeinflussung befasst hatten und die dies nun eifrigst und konsequent praktizierten. Den Intendanten der deutschen Funkhäuser wurde am 25. März 1933 von JOSEPH GOEBBELS die künftige „Marschrichtung" eingetrichtert: „Der Rundfunk gehört uns – niemandem sonst. Und den Rundfunk werden wir in den Dienst unserer Idee stellen und keine andere Idee wird dort zu Wort kommen." Der Rundfunk wurde nun rigoros „gleichgeschaltet", und unter dem Motto „Rundfunk in jedes deutsche Haus" wollte man die Zahl der Rundfunkhörer deutlich steigern. Dazu musste ein Radio auf den Markt gebracht werden, ein „Volksempfänger" – wesentlich billiger als die einfachsten Markengeräte, die damals für viele noch zu teuer waren. Auch die ärmsten „Volksgenossen", vor allem alle Arbeiter und Arbeitslosen, sollten diesen Apparat kaufen können, um für die Nazipropaganda erreichbar zu sein. Noch heute wird ein „Volksempfänger" als das „Nazi-Radio" schlechthin betrachtet, als ein Sinnbild für das dunkelste Kapitel der deutschen Rundfunkgeschichte. Der Rundfunk wurde zum Sprachrohr der braunen Machthaber, nach dem von GOEBBELS schon im April 1933 ausgegebenen Motto: „Der Rundfunk ist das modernste, ich darf wohl auch sagen, das erfolgreichste Massenbeeinflussungsmittel." Der Leiter der Rundfunkabteilung im Propagandaministerium, HORST DRESSLER-ANDRESS, hatte in Ergebenheit das Ziel mit viel Pathos verkündet:

„Wir sichern die Zukunft des deutschen Rundfunks dadurch, daß jeder einzelne Volksgenosse Rundfunkteilnehmer wird. Es darf in kürzester Frist in Deutschland keinen Haushalt geben, der nicht am Gemeinschaftsempfang der gesamten Nation teilnimmt ...Das deutsche Volk muß sich dafür einsetzen, daß das Wort des nationalsozialistischen Reichsministers Dr. Goebbels zur Wahrheit wird: ‚Der Rundfunk ist die neue Weltmacht', und der Volksempfänger, den wir jetzt dem deutschen Volke anbieten, ist der Wegbereiter zu dieser Weltmacht!". Deutlicher konnte es kaum gesagt werden – doch der ebenfalls neu ernannte Reichssendeleiter EUGEN HADAMOVSKY steigerte sich gar in die Forderung: „Für uns ist, kurz gesagt, der Rundfunk das Heiligtum unseres Volkes und er soll das braune Haus deutschen Geistes werden!" Doch zu vordergründig sollte die Propaganda auch nicht ausposaunt werden: „Der Rundfunk soll niemals an dem Wort kranken, ‚man merkt die Absicht, und man ist verstimmt'. Das ist ja das Geheimnis der Propaganda, den, den die Propaganda erfassen will, ganz mit den Ideen der Propaganda zu durchtränken, ohne daß er überhaupt merkt, daß er durchtränkt wird ...", so GOEBBELS. Trotz dieser zum Teil nur rundfunkintern verbreiteten Parolen wurde bald erkannt, daß zuviel Politik im Rundfunk von Schaden sein würde: „Wir müssen viel Musik machen, leichte Unterhaltung. Nur so können wir die Hörer dazu bringen, auch bei der politischen Rede, beim Funkbericht und bei der weltanschaulichen Erziehung am Radiogerät zu bleiben. Die Menschen machen sich nicht so viel eigene Gedanken." Doch natürlich wurde auch das Musikprogramm der politischen Linie untergeordnet: „Der Rundfunk ist nicht lediglich ein Unterhaltungs- und Zerstreuungselement, ...ist keine ‚Musikberieselungsanlage' ...", ließ Leipzigs Intendant CARL STUEBER verlauten; die „Übertragung von Grossveranstaltungen der Bewegung", und das zur günstigsten Sendezeit, stand im Vordergrund – Rundfunk sollte „Volksrundfunk" sein und alle erreichen.

Die „Volksempfänger" waren von Anfang an unverblümt als „politische Geräte" deklariert worden. Das erste Modell wurde bereits im Frühjahr 1933 von GOEBBELS zur Entwicklung befohlen; es entstand unter der Federführung von Oberingenier OTTO GRIESSING bei der Firma Dr. G. SEIBT in Berlin. Eine technische Kommission unter der Leitung von Prof. Dr. GUSTAV LEITHÄUSER hatte die Mustergeräte an 22 Orten Deutschlands getestet. Die Zielstellung eines einfachen, billigen Radios, mit dem man am Tage mindestens den nächsten Bezirkssender (im April 1934 waren sie in „Reichssender" umgewandelt und der RRG unterstellt worden) auf Mittelwelle und den Deutschlandsender auf Langwelle sicher empfangen konnte, war mit einem Einkreis-Zweiröhren-Geradeausempfänger (REN 904 als Audion, RES 164 als Endstufe) mit eingebautem Freischwinger-Lautsprecher erfüllt worden.

Das Markenzeichen des Volksempfängers „VE 301", der „rufende Adler" – ein Entwurf von W. M. KERSTING

Dieser erste „Volksempfänger VE 301 W" – die Typbezeichnung sollte an den Tag der Machtergreifung HITLERs erinnern – wurde, von der „Wirtschaftsstelle für Rundfunkapparatefabriken G.m.b.H. (Wirufa)" gesteuert, ab 25. Mai 1933 von allen 28 Funkfirmen „in großzügigem Gemeinschaftsgeist" (so GOEBBELS) nach einheitlichen Unterlagen hergestellt. Die anfänglichen Widerstände der Funkindustrie gegen das „billige Einheits-Radio" wurden erst später zugegeben.

Die erste Präsentation des „VE 301" erfolgte auf der Berliner Funkausstellung 1933, die zum nationalsozialistischen Volksereignis hochstilisiert wurde und zu der die erste Serie von 100.000 Stück stolz als „bereits verkauft" propagiert wurde. Die „Politische Rundfunkführung" verlangte von der Funkindustrie und dem Funkhandel „eine grundsätzliche Umstellung ihrer früheren, in der Hauptsache rein wirtschaftlich orientierten Interessen". Sie trat, wie wir im „Offiziellen Katalog der Funkausstellung 1933" weiter lesen können, „mit Begeisterung und Selbstverständlichkeit in den Dienst des Nationalsozialismus und damit natürlich erst recht in den Dienst einer Propaganda für den Rundfunk, die dem nationalsozialistischen Staat zugute kommen soll". Im Klartext hieß das, Rabatte und Röhrenpreise mussten auf ein Minimum reduziert werden.

Tatsächlich trug die Einführung des VE – die Werbung hatten Partei- und Regierungsstellen übernommen – dazu bei, breite Bevölkerungsschichten als Rundfunkteilnehmer zu gewinnen, war doch der Preis des Gerätes mit 76,- RM um die Hälfte niedriger als der eines technisch vergleichbaren Markengerätes. Günstige Teilzahlungsbedingungen taten ein Übriges: Anzahlung 7,25 RM, 18 Monatsraten zu je 4,20 RM, plus 0,20 RM für Versicherung und Auskunftskosten.

Der Volksempfänger in 10 Varianten

Vom ersten Volksempfänger von 1933 gab es 3 Ausführungen: den „VE 301 W" für Wechselstrom, den „VE 301 G" für Gleichstrom und den „VE 301 B" für Batteriebetrieb – immerhin waren zu dieser Zeit in Deutschland noch über ein Drittel der Haushalte nicht elektrifiziert. Die Wechselstrom-Ausführung erschien in dem allgemein bekannten Bakelitgehäuse, das von dem Industrie-Designer W. M. KERSTING stammte, die Varianten G und B erhielten ein (in Thüringen produziertes) Holzgehäuse. Allen gemeinsam war die Skalenfront mit dem Adlerkopf. Die Skala hatte eine einfache Strichteilung von 0 bis 100. Der Stromverbrauch der W-Ausführung war mit 18 W recht niedrig, ein ebenfalls wichtiger Aspekt für geringe Kosten.

Das erste Modell der „Volksempfänger", der „VE 301 W" von 1933

Chassis-Ansicht des „VE 301 Wn"; aus dem Service-Heft der IDEAL-WERKE (BLAUPUNKT)

links: Die Batterie- und Gleichstrom-Versionen des „VE 301" wurden mit Holzgehäuse gebaut. Im Jahre 1934 gab es schon eine verbesserte Batterie-Variante, den hier gezeigten „VE 301 B 2". Die ursprüngliche Zahlenskala ist bei diesem Gerät durch die spätere Ausführung mit deutschen Sendernamen (siehe „VE 301 Wn") ersetzt worden.
rechts: Im Jahr 1937 kam der verbesserte Volksempfänger-Typ „VE 301 Wn" auf den Markt.

Volks:empfänger

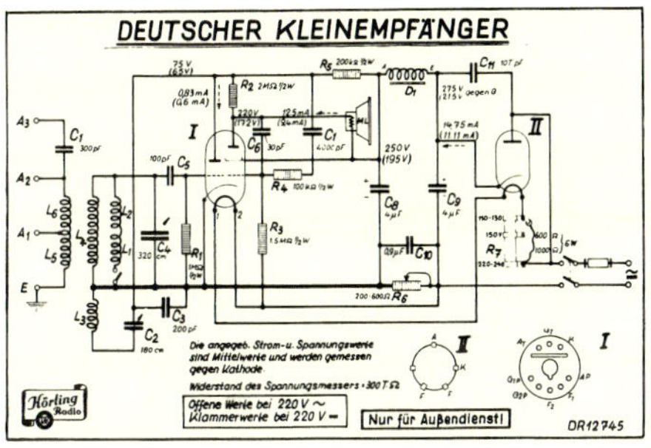

oben: Service-Schaltplan von KÖRTING-RADIO, Leipzig, für den „DKE 1938"

links: Die Skala des „VE 301 Dyn" (1938) enthielt nur die Namen der deutschen Reichssender und die der zugehörigen Nebensender.

links: Deutlich besseren Klang bot der „VE 301 Dyn" mit seinem fremderregten dynamischen Lautsprecher, der 1938 erschien.
rechts: Der kleinste und billigste der Volksempfänger: „Deutscher Kleinempfänger 1938", kurz „DKE 1938"; genannt „Goebbelsschnauze"

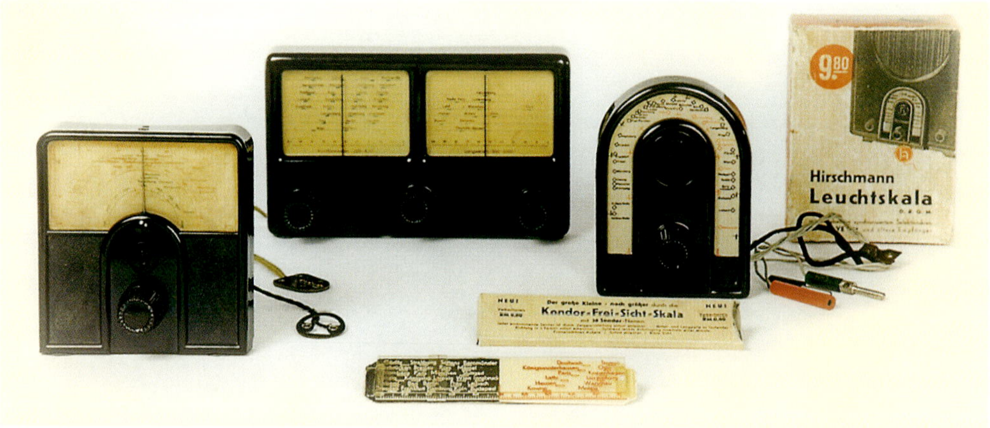

Verschiedene „Vorsatzskalen", die es überall zu kaufen gab, sollten die Sendereinstellung bei den Volksempfängern erleichtern. Sie hatten auch häufig eine eigene Skalenbeleuchtung.

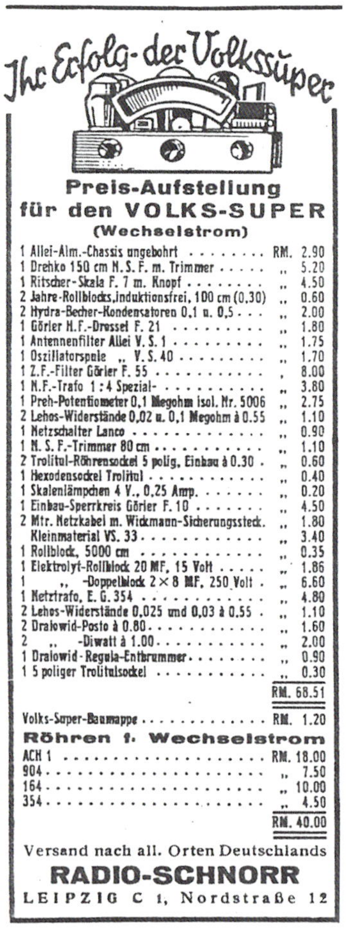

Ihr Erfolg der Volkssuper

Preis-Aufstellung
für den VOLKS-SUPER
(Wechselstrom)

1 Allei-Alm.-Chassis ungebohrt	RM.	2.90
1 Drehko 150 cm N. S. F. m. Trimmer	,,	5.20
1 Ritscher-Skala F. 7 m. Knopf	,,	4.50
2 Jahre-Rollblocks, induktionsfrei, 100 cm (0,30)	,,	0.60
2 Hydra-Becher-Kondensatoren 0,1 u. 0,5	,,	2.00
1 Görler H.F.-Dressel F. 21	,,	1.80
1 Antennenfilter Allei V. S. 1	,,	1.75
1 Oszillatorspule ,, V. S. 40	,,	1.70
1 Z.F.-Filter Görler F. 55	,	8.00
1 N.F.-Trafo 1 : 4 Spezial-	,,	3.80
1 Preh-Potentiometer 0,1 Megohm isol. Nr. 5006	,,	2.75
2 Lehos-Widerstände 0,02 u. 0,1 Megohm à 0.55	,,	1.10
1 Netzschalter Lanco	,,	0.90
1 N. S. F.-Trimmer 80 cm	,,	1.10
2 Trolitul-Röhrensockel 5 polig, Einbau à 0.30	,,	0.60
1 Hexodensockel Trolitul	,,	0.40
1 Skalenlämpchen 4 V., 0,25 Amp.	,,	0.20
1 Einbau-Sperrkreis Görler F. 10	,,	4.50
2 Mtr. Netzkabel m. Wickmann-Sicherungssteck.	,,	1.80
Kleinmaterial VS. 33	,,	3.40
1 Rollblock, 5000 cm	,,	0.35
1 Elektrolyt-Rollblock 20 MF, 15 Volt	,,	1.86
1 ,, -Doppelblock 2 × 8 MF, 250 Volt	,,	6.60
1 Netztrafo, E. G. 354	,,	4.80
2 Lehos-Widerstände 0,025 und 0,03 à 0.55	,,	1.10
2 Dralowid-Posto à 0.80	,,	1.60
2 ,, -Diwatt à 1.00	,,	2.00
1 Dralowid-Regula-Entbrummer	,,	0.90
1 5 poliger Trolitulsockel	,,	0.30
		RM. 68.51
Volks-Super-Baumappe	RM.	1.20

Röhren f. Wechselstrom

ACH 1	RM.	18.00
904	,,	7.50
164	,,	10.00
354	,,	4.50
		RM. 40.00

Versand nach all. Orten Deutschlands
RADIO-SCHNORR
LEIPZIG C 1, Nordstraße 12

Werbeanzeige von RADIO-SCHNORR in der MIRAG vom März 1935

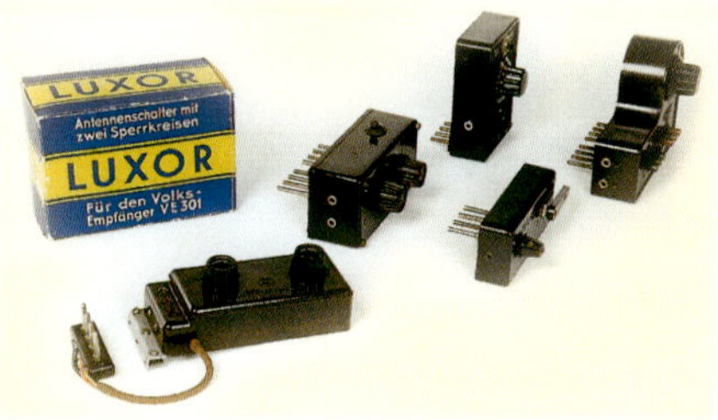

Auch Sperrkreise sollten die bescheidene Empfangsleistung der Volksempfänger aufwerten. Eingebaute Schalter vereinfachten das vorher zur optimalen Anpassung notwendige Umstöpseln des Antennensteckers.

Bereits ein Jahr später wurde die Batterieversion durch eine Stromsparschaltung nach W. NESTEL verbessert und erhielt als neuer „VE 301 B 2" die 2-Volt-Stiftröhren KC 1 und KL 1. Mit einem Spezial-Batteriesatz (Anoden- und Heizbatterie) konnten immerhin 750 Hörstunden erreicht werden.

Eine deutliche Verbesserung der Empfangseigenschaften des VE trat mit der Einführung des Schwenkspulensatzes ein, welcher zuerst 1937 beim Typ „VE 301 Wn" bzw. „VE 301 GW" zur Anwendung kam. Der Gerätepreis wurde auf 65,- RM gesenkt, das Erscheinungsbild blieb bis auf die Antennenanschlüsse unverändert. Die Audionstufe erhielt eine moderne HF-Pentode AF 7, die Skala hatte nun einen Aufdruck mit deutschen Sendernamen bekommen.

Immer noch war der vom Freischwinger-Lautsprecher herrührende bescheidene Klang des VE ein Schwachpunkt, der ihn am meisten von den Markengeräten abhob. Andererseits waren auch 65,- RM für viele noch zu teuer. Beide Aspekte – es ging ja in diesen Jahren auch ums Sparen für die schon auf Hochtouren laufende Rüstung! – führten zu zwei neuen Volksempfängern, die zur Berliner

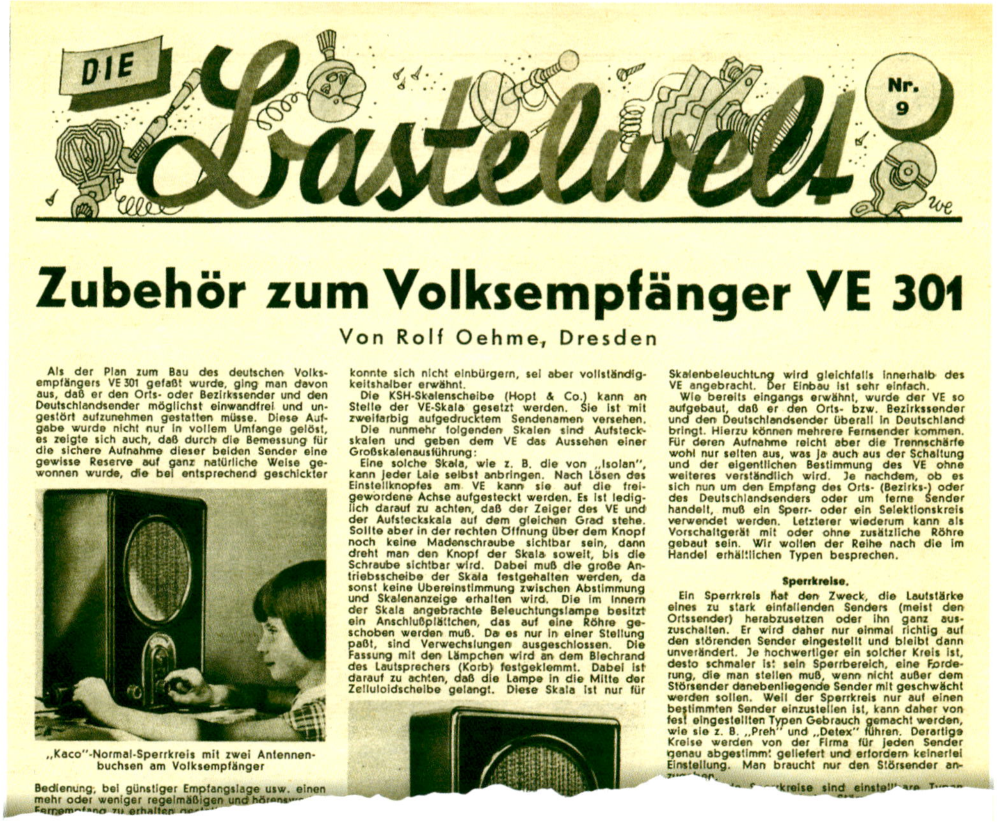

DIE Bastelwelt Nr. 9

Zubehör zum Volksempfänger VE 301

Von Rolf Oehme, Dresden

Als der Plan zum Bau des deutschen Volksempfängers VE 301 gefaßt wurde, ging man davon aus, daß er den Orts- oder Bezirkssender und den Deutschlandsender möglichst einwandfrei und ungestört aufzunehmen gestatten müsse. Diese Aufgabe wurde nicht nur in vollem Umfange gelöst, es zeigte sich auch, daß durch die Bemessung für die sichere Aufnahme dieser beiden Sender eine gewisse Reserve auf ganz natürliche Weise gewonnen wurde, die bei entsprechend geschickter

„Kaco"-Normal-Sperrkreis mit zwei Antennenbuchsen am Volksempfänger

Bedienung, bei günstiger Empfangslage usw. einen mehr oder weniger regelmäßigen und hörens...

konnte sich nicht einbürgern, sei aber vollständigkeitshalber erwähnt.

Die KSH-Skalenscheibe (Hopt & Co.) kann an Stelle der VE-Skala gesetzt werden. Sie ist mit zweifarbig aufgedrucktem Sendenamen versehen.

Die nunmehr folgenden Skalen sind Aufsteckskalen und geben dem VE das Aussehen einer Großskalenausführung:

Eine solche Skala, wie z. B. die von „Isolan", kann jeder Laie selbst anbringen. Nach Lösen des Einstellknopfes am VE kann sie auf die freigewordene Achse aufgesteckt werden. Es ist lediglich darauf zu achten, daß der Zeiger des VE und der Aufsteckskala auf dem gleichen Grad stehe. Sollte aber in der rechten Öffnung über dem Knopf noch keine Madenschraube sichtbar sein, dann dreht man den Knopf der Skala soweit, bis die Schraube sichtbar wird. Dabei muß die große Antriebsscheibe der Skala festgehalten werden, da sonst keine Übereinstimmung zwischen Abstimmung und Skalenanzeige erhalten wird. Die im Innern der Skala angebrachte Beleuchtungslampe besitzt ein Anschlußplättchen, das auf eine Röhre geschoben werden muß. Da es nur in einer Stellung paßt, sind Verwechslungen ausgeschlossen. Die Fassung mit den Lämpchen wird an dem Blechrand des Lautsprechers (Korb) festgeklemmt. Dabei ist darauf zu achten, daß die Lampe in die Mitte der Zelluloidscheibe gelangt. Diese Skala ist nur für

Skalenbeleuchtung wird gleichfalls innerhalb des VE angebracht. Der Einbau ist sehr einfach.

Wie bereits eingangs erwähnt, wurde der VE so aufgebaut, daß er den Orts- bzw. Bezirkssender und den Deutschlandsender überall in Deutschland bringt. Hierzu können mehrere Fernsender kommen. Für deren Aufnahme reicht aber die Trennschärfe wohl nur selten aus, was ja auch aus der Schaltung und der eigentlichen Bestimmung des VE ohne weiteres verständlich wird. Je nachdem, ob es sich nun um den Empfang des Orts- (Bezirks-) oder des Deutschlandsenders oder um ferne Sender handelt, muß ein Sperr- oder ein Selektionskreis verwendet werden. Letzterer wiederum kann als Vorschaltgerät mit oder ohne zusätzliche Röhre gebaut sein. Wir wollen der Reihe nach die im Handel erhältlichen Typen besprechen.

Sperrkreise.

Ein Sperrkreis hat den Zweck, die Lautstärke eines zu stark einfallenden Senders (meist den Ortssender) herabzusetzen oder ihn ganz auszuschalten. Er wird daher nur einmal richtig auf den störenden Sender eingestellt und bleibt dann unverändert. Je hochwertiger ein solcher Kreis ist, desto schmaler ist sein Sperrbereich, eine Forderung, die man stellen muß, wenn nicht außer dem Störsender danebenliegende Sender mit geschwächt werden sollen. Weil der Sperrkreis nur auf einen bestimmten Sender einzustellen ist, kann daher von fest eingestellten Typen Gebrauch gemacht werden, wie sie z. B. „Preh" und „Detex" führen. Derartige Kreise werden von der Firma für jeden Sender genau abgestimmt geliefert und erfordern keinerlei Einstellung. Man braucht nur den Störsender an-

Reproduktion eines Gemäldes von PAUL M. PADUA: „Der Führer spricht" – „Das Bild für Ladengeschäft und Werkstatt des deutschen Rundfunkhandels"

Ein „DKE 1938" auf dem Küchenbuffet – eine typische Konstellation in einem Arbeiterhaushalt Ende der 30er Jahre

Kleiner Wochenbummel

Wir stellen unseren heutigen Betrachtungen eine Bekanntmachung der National-sozialistischen Rundfunkkammer voran. Sie wendet sich gegen die Unsitte, daß bestimmte Empfangsgerät älterer Herstellung als „Volksempfänger", „Volksradio", „Volksgerät" u. a. in Zeitungsanzeigen, Schaufenstern oder sonstwie angekündigt werden. Es wird darauf hingewiesen, daß durch die mißbräuchliche Anwendung der Bezeichnung „Volks" mit dem betreffenden Gerät leicht der Irrtum entstehen könnte, als sei dieser Empfänger mit dem auf Anregung des Reichsministeriums für Volksaufklärung und Propaganda geschaffenen neuen Volksempfänger „VE 301" identisch. Zum Schutze des Publikums macht die Rundfunkkammer deshalb ausdrücklich darauf aufmerksam, daß es verboten ist und als unlauterer Wettbewerb verfolgt wird, die oben angedeuteten Bezeichnungen zur Kennzeichnung irgendwelcher Empfangsgeräte älterer oder neuerer Herstellung zu verwenden. Als Volksempfänger gilt nur das Gemeinschaftserzeugnis der gesamten deutschen Funkindustrie, eben der Volksempfänger „VE 301"! —

In **Frankreich** geht es jetzt recht lebhaft um den Rundfunk zu. Zunächst sei auf die Planung der neuen Sender, die vor Ablauf des Jahres 1934 erstellt sein sollen, hingewiesen. Im ganzen sind zwölf vorgesehen. Drei für Paris und Umgebung (je einer für Kurz-, Mittel- und Langwellen), ferner je einer für Nordfrankreich (Lille), Ostfrankreich (Straßburg), Mittelfrankreich (Limoges), Westfrankreich (Rennes), für die Gegenden von Lyon, Monaco, Nizza (Cannes), Marseille, Toulouse und Bordeaux. Sämtliche Sender sollen hohe Leistung erhalten. Einige von ihnen sind außerdem als Ersatz für gegenwärtig betriebene Sendestellen gedacht. Für Straßburg ist vollkommener Umbau vorgesehen. — Die Zentralisation des französischen Rundfunks, die, wie wir schon berichteten, jetzt nach deutschem Muster vorgenommen wird, hat außerdem eine Reihe gesetzlicher Veränderungen ausgelöst. So ist bestimmt worden, daß alle Sender Verwaltungsräte erhalten, die entweder direkt vom Postminister ernannt werden oder dessen Zustimmung bedürfen. Sie bestehen aus drei Gruppen. Zur ersten gehören nur Staatsbeamte, zur zweiten Vertreter der öffentlichen Organisationen im jeweiligen Sendebezirk und zur dritten die Rundfunkhörer, die von den Hörerverbänden vorgeschlagen, aber nur mit Zustimmung des Postministers ernannt werden. Der so zusammengesetzte Verwaltungsrat bildet einen Programm-, einen technischen und einen Informationsausschuß. Ihm obliegt die Besetzung der jeweiligen Posten, wobei für die Anstellungsverträge ein Jahr als Maximal-Laufzeit vorgesehen ist. Zahl und Höhe der Bezüge bestimmt der Postminister. — Ferner will Frankreich nunmehr auch ein Störschutzgesetz einführen, das nach der Einführung der Rundfunkgebühren unvermeidlich geworden ist. Die erste Bekanntgabe soll im Oktober erfolgen, da die Ausarbeitung sehr schwierig ist und große Gegensätze zu überbrücken sind. —

Interessante Dinge werden von den **Mikrowellen** (unter einem Meter) mitgeteilt. In zurückliegenden Heften hatten wir schon von den Bemühungen Marconis um dieses Wellengebiet Mitteilung gegeben. Inzwischen sind diese Versuche fortgesetzt worden und haben nach einem offiziellen Bericht Marconis vor dem nationalen Forschungsrat das interessante Ergebnis gebracht, daß es gelang 258 km zu überbrücken, wovon 17 km Gebirge waren. Diese Ausbreitungsart weicht von unseren bisherigen Kenntnissen deshalb ab, weil wir den Mikrowellen bisher nur die Ausbreitungsmöglichkeit im Sichtbereich (quasi-optisch) zugeschrieben hatten. Marconi führt sie auf die höhere Wirksamkeit der neuen Sendeapparaturen zurück. Übrigens wurden auf dieser Entfernung auch Schwunderscheinungen bemerkt. Eine Erklärung für die Abweichung von dem nicht mehr optischen Verhalten konnte bisher noch nicht gefunden werden. —

Auf eine selten glückliche Weise hat **Rußland** auf der Luzerner Wellenkonferenz abgeschnitten. Während allen übrigen Staaten eine einzige lange Welle zugebilligt wurde, hat Rußland nicht weniger als fünf erhalten! In diesem Verteilungsmaß sehen jetzt die anderen Länder allmählich eine Gefahr, weil bekanntlich der sicherste Empfang nach wie vor auf den langen Wellen zu erhalten ist. Rußland will die Verteilung seiner Wellen so vornehmen, daß es in Moskau zwei, in Leningrad, Minsk und Charkow je einen Langwellensender unterbringt. Außerdem sind jenseits des 40. Längengrades, in dem Gebiet, das nicht mehr der europäischen Zuständigkeit für die Wellenverteilung untersteht, noch weitere Langwellensender geplant.

Bill.

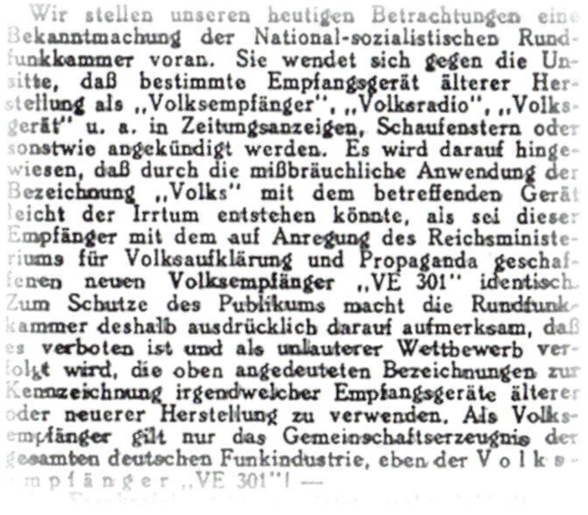
Wir stellen unseren heutigen Betrachtungen eine Bekanntmachung der National-sozialistischen Rundfunkkammer voran. Sie wendet sich gegen die Unsitte, daß bestimmte Empfangsgerät älterer Herstellung als „Volksempfänger", „Volksradio", „Volksgerät" u. a. in Zeitungsanzeigen, Schaufenstern oder sonstwie angekündigt werden. Es wird darauf hingewiesen, daß durch die mißbräuchliche Anwendung der Bezeichnung „Volks" mit dem betreffenden Gerät leicht der Irrtum entstehen könnte, als sei dieser Empfänger mit dem auf Anregung des Reichsministeriums für Volksaufklärung und Propaganda geschaffenen neuen Volksempfänger „VE 301" identisch. Zum Schutze des Publikums macht die Rundfunkkammer deshalb ausdrücklich darauf aufmerksam, daß es verboten ist und als unlauterer Wettbewerb verfolgt wird, die oben angedeuteten Bezeichnungen zur Kennzeichnung irgendwelcher Empfangsgeräte älterer oder neuerer Herstellung zu verwenden. Als Volksempfänger gilt nur das Gemeinschaftserzeugnis der gesamten deutschen Funkindustrie, eben der Volksempfänger „VE 301"! —

Der Begriff „Volksempfänger" durfte laut einer Pressemeldung vom August 1933 nur von den Gemeinschaftsempfängern der Nazis in Anspruch genommen werden, um eine „Verwechslung" mit den schon Jahre früher gebrauchten Begriffen wie „Volksradio", „Volksgerät" oder „Volks-Empfangsgerät" zu vermeiden. Trotzdem bot RADIO-SCHNORR (siehe Anzeige S.160 links) noch im März 1935 (!) in der „Mirag" den Komplett-Bausatz für einen „Volkssuper" an.

Der Nazi-Propagandaminister ließ sich gern mit einem der von ihm befohlenen „Politischen Empfangsgeräte", wie es die Volksempfänger waren, fotografieren. Aus der Zeitschrift „Tatkraft" vom 14.8.1938

(Weltbild, Zander-K.)

Dr. Goebbels am neuen verbesserten Volksempfänger

Wesentliche Verbesserung des Volksempfängers

Das zweite Gerät, mit dem Reichsminister Dr. Goebbels die Oeffentlichkeit überraschte, ist der wesentlich verbesserte Volksempfänger. Sein Hauptunterscheidungsmerkmal gegenüber dem alten Volksempfänger ist der volldynamische Lautsprecher, der an die Stelle des alten Freischwingers getreten ist. Deshalb wird der neue Volksempfänger nicht mehr mit VE 301 allein bezeichnet, sondern er trägt jetzt den Zusatz Dyn, also VE 301 Dyn. Dynamische Lautsprecher wurden früher nur bei den teuren Geräten verwandt, woraus schon erhellt, daß der neue Volksempfänger akustisch wesentlich besser ist als der alte; denn die dynamischen Lautsprecher besitzen u. a. einen viel größeren Tonumfang.

Auch äußerlich hat der Volksempfänger seine Gestalt geändert. Das neue glatt-schwarze Preßstoffgehäuse wurde von dem gleichen Architekten geschaffen, der auch das Gehäuse des DKE 1938 schuf. Beide haben daher eine gewisse Aehnlichkeit, so daß man schon am Aeußeren die einheitliche Linie erkennt, die diese beiden Geräte besitzen.

Der Einbau des volldynamischen Lautsprechers hat eine stärkere Gleichrichterröhre und einen stärkeren Netztransformator bedingt, um die gewünschte Lautstärke zu erzielen. Ebenso sind die Siebmittel den neuen Verhältnissen angepaßt worden. Zum ersten Male ist auch hier der Entbrummer eingebaut. Ebenfalls zum ersten Male ist eine große indirekt beleuchtete Skala eingebaut worden; der Skalengrund ist dunkel, die

Abstimmtabelle für den Volksempfänger

Nach dem Wellenplan ab 15. Januar 1934

Herausgegeben von der ältesten Funkzeitschrift mit den Weltprogrammen „Der Deutsche Rundfunk Funk Post" Berlin N 24

Jedes Heft 76 Seiten für 25 Pfennige. Monatsabonnement 85 Pfennige

Sender	Land	Kilohertz	Wellen-Länge	Ant.-Leistung	Eichung der Skala Kopplung 4	Eichung der Skala Kopplung 2	Eigene Abst.
Fecamp	F	1500	200	8,7			
Dresden	D	1465	204,8	0,3			
Magyarovar	U	1321	227,1	1,25			
Nyiregyhaza	U			6,25			
Int. Gem.-Welle		1429	209,9				
Gemeinschaftswelle	Fi	1420	211,3				
Gemeinschaftswelle	S	1402	214				
Gemeinschaftswelle	F	1393	215,4				
Gemeinschaftswelle	Sz	1375	218,2		14	16	
Gemeinschaftswelle	N	1357	221,1				
Int. Gem.-Welle		1348	222,6				
Königsberg Pr.	D			0,5			
Lodz	P			1,7			
Bremen	D	1330	225,6	1,5	15,5	17,5	
Flensburg	D			1,5			
Hannover	D			1,5			
Magdeburg	D			0,5			
Stettin	D			0,5			
Gemeinschaftswelle	S	1312	228,7		16,5	18,5	
Danzig	DF	1303	230,2	0,5	17	19	
Salzburg	O			0,5			
Gemeinschaftswelle	N	1276	235,1	0,7			
Augsburg	D	1267	236,8	2	18	20	
Nürnberg	D			2			
Riga	Le	1258	238,5	15			
Gleiwitz	D	1231	243,7	5	19,5	21,5	
Triest	I	1222	245,5	10			
Frankfurt a. M.	D	1195	251	17	21,5	23,5	
Freiburg	D			5			
Kaiserslautern	D			1,5			
Kassel	D			1,5			
Trier	D			2			
Kopenhagen	Dä	1176	255,1	10			
Monte Ceneri	Sz	1167	257,1	15			
Mährisch-Ostrau	T	1158	259,1	11,2			
London National	G	1149	261,1	50	23,5	25,5	
Turin	I	1140	263,2	7			
Hörby	S	1131	265,3	10			
Barcelona EAJ 1	Sp	1095	274	7			
Bordeaux PTT	F	1077	278,6	13			
Bari	I	1059	283,3	20			
Schottisch National	G	1050	285,7	60	24	26	
Heilsberg	D	1031	291	75	25	27	
North National	G	1013	296,2	50			
Preßburg	T	1004	298,8	13,5			
Huizen	H	995	301,5	20			
Genua	I	986	304,3	10			
West Regional	G	977	307,1	50	29	31	
Grenoble PTT	F	968	309,9	20			
Poste Parisien	F	959	312,8	80			
Breslau	D	950	315,8	60	36	38	
Algier	F	941	318,8	12			
Göteborg	S			10			
Brüssel (fläm.)	B	932	321,9	15			
Brünn (Brno)	T	922	325,4	36			
Hamburg	D	904	331,9	100	40	42	
Toulouse Privat	F	895	335,2	15			
Helsingfors	Fi			10			
Graz	O	886	338,6	7			
London Regional	G	877	342,1	50	42,5	44,5	
Posen	P	868	345,6	20			
Straßburg PTT	F	859	349,2	60			
Gemeinschaftswelle	N	850	352,9				
Berlin	D	841	356,7	100	45,5	47,5	
Moskau RW 39	SU	832	360,6	100			
Bukarest	R	823	364,5	12			
Mailand I	I	814	368,6	50			
Schottisch Regional	G	804	373,1	60			
Lemberg	P	795	377,4	21,5			
Leipzig	D	785	382,2	150	51	53	
Midland Regional	G	767	391,1	25			
Kattowitz	P	758	395,8	12			
München	D	740	405,4	100	55,5	57,5	
Sevilla	Sp	731	410,4	4			
Reval (Tallinn)	Es			20			
Kiew	SU	722	415,5	100			
Rom	I	713	420,8	75	58,5	60,5	
Stockholm	S	704	426,1	55			
Paris PTT	F	695	431,7	8			
Sottens	Sz	677	443,1	25			
North Regional	G	668	449,1	50			
Langenberg	D	658	455,9	60	65,5	67,5	
Lyon PTT	F	648	463	15			
Prag I	T	638	470,2	120			
Brüssel (franz.)	B	620	483,9	15			
Florenz	I	610	491,8	20			
Wien	O	592	506,8	120	74,5	76,5	
Madona	Le	583	514,6	20			
Stuttgart (Mühlacker)	D	574	522,6	100	77	79	
Athlone	IF	565	531	60			
Palermo	I			3			
Beromünster	Sz	556	539,6	60			
Budapest I	U	546	549,5	120	79,5	81,5	
Wilna	P	536	559,7	16			
Laibach	Ju	527	569,3	5			
Genf	Sz	401	748	1,3			
Moskau Kom.	SU			100			
Budapest II	U	357	840	3			
Rostow a. Don	SU	355	845	20			
Moskau Gew.	SU	271	1107	100			
Reykjavik	Is	261	1149	16			
Oslo	N	253	1186	60	25		
Leningrad	SU	245	1224	100			
Kalundborg	Dä	238	1261	7,5			
Luxemburg	Lu	230	1304	150			
Motala	S	221,5	1354,4	30			
Warschau I	P	212	1411	120	41		
Minsk	SU	208	1442	100			
Britisch National	G	200	1500	35			
Königswusterhausen	D	191	1571	60	75		
Moskau Vers.	SU	175	1714	500			
Lahti	Fi	167	1796	40			
Paris Radio Emett.	F	167	1796	75	96		
Hilversum	H	160	1875	60			
Radio Romania	I	160	1875	20			
Kowno (Kaunas)	Lit	150	2000	7			

Abstimmtabelle, mit der das Auffinden aller europäischen Sender erleichtert werden sollte. In den Abend- und Nachtstunden konnte man mit einem „VE 301" – mit Hochantenne und Sperrkreis – durchaus 10 bis 20 starke europäische Stationen gut empfangen.

Funkausstellung 1938 präsentiert wurden: der „VE 301 Dyn" mit dynamischem Lautsprecher und Linearskala und der „Deutsche Kleinempfänger 1938", kurz „DKE 1938". Der „VE 301 Dyn" war für Wechselstrom und für Allstrom erhältlich. Der „DKE 1938" aber – im Volksmund bald „Goebbelsschnauze" genannt – war das absolute Spar-Radio: klein, leicht und mit nur 25% Kupfer- und Eisenbedarf gegenüber dem „VE 301 Wn" hergestellt.

Für den bei der Firma C. LORENZ A.-G. entwickelten „DKE 1938" waren in aller Eile zwei neue Röhren entwickelt worden: Die Verbundröhre VCL 11 für Audion und Endstufe sowie die Gleichrichterröhre VY 2. Das Gerät war für Gleich- und Wechselstrom im Bereich von 110 bis 220 Volt geeignet und verbrauchte nur 15 Watt. Der Preis des DKE betrug 35,- RM; der Ratenkauf wurde entweder durch die Elektrizitätsversorgungsunternehmen (Anzahlung 5,- RM, 15 Monatsraten zu je 2,30 RM) oder durch den Rundfunkeinzelhandel (Anzahlung 7,- RM, 10 Monatsraten zu je 3,20 RM) finanziert. 1939 kam eine Batterie-Variante des DKE dazu, die mit 2 Röhren KC 1 und einer KL 1 bestückt war. Durch den DKE erhielt die Zahl der Rundfunkteilnehmer nochmals einen starken Zuwachs, der bis in den Krieg hinein anhielt.

1938

D.K.E. 38 . . .

. . . hieß die Gemeinschaftsentwicklung des sogenannten „Deutschen Klein-Empfängers“, der ebenfalls mit einem von allen Lautsprecherherstellern gefertigten Freischwinger mit nur 13 cm Durchmesser bestückt war. Das Gerätchen kostete lediglich 35,– DM und wurde damit für noch breitere Bevölkerungskreise attraktiv.

In der „gehobenen“ Spitzenklasse beginnt sich der Superhet mehr und mehr durchzusetzen, was allerdings weniger erwünscht ist. Dieses Empfangsprinzip gestattet es nämlich, auch weiter entfernte – und damit ausländische – Sender besser und trennschärfer zu empfangen als es mit den bisherigen Geradeausempfängern möglich war.

Nur 13 cm Durchmesser wies der neue deutsche Gemeinschaftslautsprecher auf

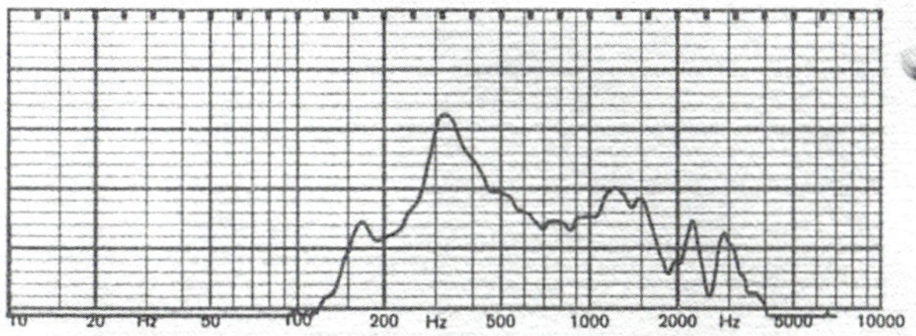

Frequenzgang des DKE-Lautsprechers vom Typ 38

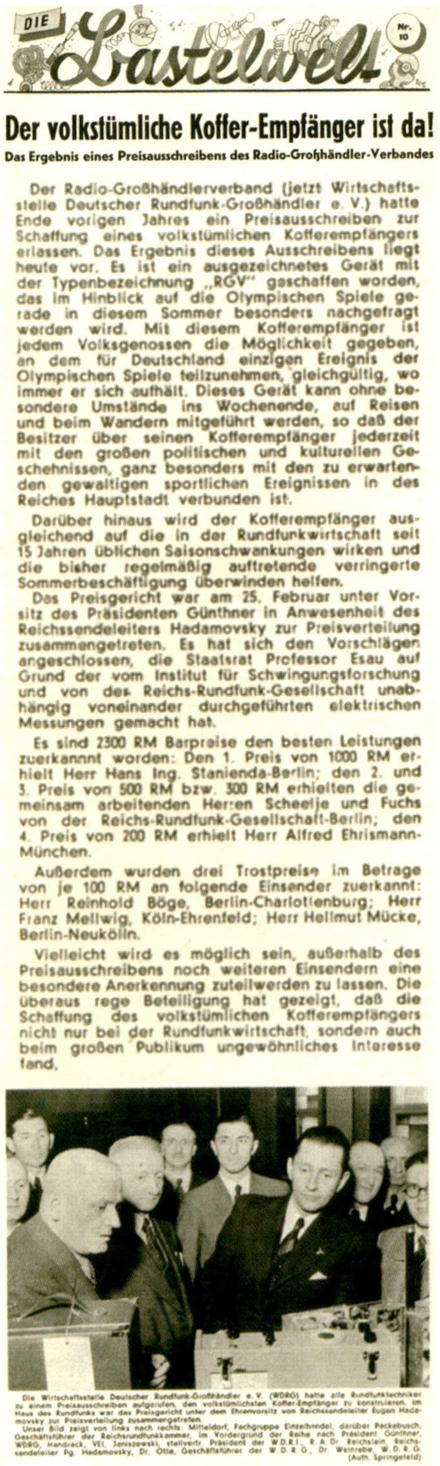

Der volkstümliche Koffer-Empfänger ist da!

Das Ergebnis eines Preisausschreibens des Radio-Großhändler-Verbandes

Der Radio-Großhändlerverband (jetzt Wirtschaftsstelle Deutscher Rundfunk-Großhändler e. V.) hatte Ende vorigen Jahres ein Preisausschreiben zur Schaffung eines volkstümlichen Kofferempfängers erlassen. Das Ergebnis dieses Ausschreibens liegt heute vor. Es ist ein ausgezeichnetes Gerät mit der Typenbezeichnung „RGV“ geschaffen worden, das im Hinblick auf die Olympischen Spiele gerade in diesem Sommer besonders nachgefragt werden wird. Mit diesem Kofferempfänger ist jedem Volksgenossen die Möglichkeit gegeben, an dem für Deutschland einzigen Ereignis der Olympischen Spiele teilzunehmen, gleichgültig, wo immer er sich aufhält. Dieses Gerät kann ohne besondere Umstände ins Wochenende, auf Reisen und beim Wandern mitgeführt werden, so daß der Besitzer über seinen Kofferempfänger jederzeit mit den großen politischen und kulturellen Geschehnissen, ganz besonders mit den zu erwartenden gewaltigen sportlichen Ereignissen in des Reiches Hauptstadt verbunden ist.

Darüber hinaus wird der Kofferempfänger ausgleichend auf die in der Rundfunkwirtschaft seit 15 Jahren üblichen Saisonschwankungen wirken und die bisher regelmäßig auftretende verringerte Sommerbeschäftigung überwinden helfen.

Das Preisgericht war am 25. Februar unter Vorsitz des Präsidenten Günthner in Anwesenheit des Reichssendeleiters Hadamovsky zur Preisverteilung zusammengetreten. Es hat sich den Vorschlägen angeschlossen, die Staatsrat Professor Esau auf Grund der vom Institut für Schwingungsforschung und von des Reichs-Rundfunk-Gesellschaft unabhängig voneinander durchgeführten elektrischen Messungen gemacht hat.

Es sind 2300 RM Barpreise den besten Leistungen zuerkannnt worden: Den 1. Preis von 1000 RM erhielt Herr Hans Ing. Stanienda-Berlin; den 2. und 3. Preis von 500 RM bzw. 300 RM erhielten die gemeinsam arbeitenden Herren Scheelje und Fuchs von der Reichs-Rundfunk-Gesellschaft-Berlin; den 4. Preis von 200 RM erhielt Herr Alfred Ehrismann-München.

Außerdem wurden drei Trostpreise im Betrage von je 100 RM an folgende Einsender zuerkannt: Herr Reinhold Böge, Berlin-Charlottenburg; Herr Franz Mellwig, Köln-Ehrenfeld; Herr Hellmut Mücke, Berlin-Neukölln.

Vielleicht wird es möglich sein, außerhalb des Preisausschreibens noch weiteren Einsendern eine besondere Anerkennung zuteilwerden zu lassen. Die überaus rege Beteiligung hat gezeigt, daß die Schaffung des volkstümlichen Kofferempfängers nicht nur bei der Rundfunkwirtschaft, sondern auch beim großen Publikum ungewöhnliches Interesse fand.

Die Wirtschaftsstelle Deutscher Rundfunk-Großhändler e. V. (WDRG) hatte alle Rundfunktechniker zu einem Preisausschreiben aufgerufen, den volkstümlichsten Koffer-Empfänger zu konstruieren. Im Haus des Rundfunks war das Preisgericht unter dem Ehrenvorsitz von Reichssendeleiter Eugen Hadamovsky zur Preisverteilung zusammengetreten.
Unser Bild zeigt von links nach rechts: Mitteldorf, Fachgruppe Einzelhandel, darüber Packebusch, Geschäftsführer der Reichsrundfunkkammer, im Vordergrund der Reihe nach Präsident Günthner, WDRG, Handrack, VEI, Janiszewski, stellvertr. Präsident der W.D.R.I., R. A. Dr. Reichstein, Reichssendeleiter Pg. Hadamovsky, Dr. Otte, Geschäftsführer der W.D.R.G., Dr. Weinrebe, W.D.R.G. (Aufn. Springefeld)

Der erste „Volksempfänger für unterwegs“ wurde angesichts der in Berlin bevorstehenden Olympischen Spiele stolz „Deutscher Olympia-Koffer“ (später auch „DO 36“) genannt und pünktlich ab 1. August 1936 ausgeliefert.

Auf der „Großen Deutschen Funkausstellung 1934" in Berlin war in einer „Sonderschau, die nicht nur die schönste, sondern auch die lehrreichste" gewesen sein wollte, unter anderem auch eine komplette Volksempfänger-Fertigung aufgebaut worden.

Die Volks-Kofferempfänger

In den Jahren bis 1935 waren für den transportablen, netzunabhängigen Einsatz nur teure und schwere Kofferradios im Angebot. Unter dem Leitgedanken „Keine Reise und kein Wochenend mehr ohne Rundfunk!" wurde Ende 1935 von der „Wirtschaftsstelle Deutscher Rundfunk-Großhändler e. V." ein Wettbewerb ausgeschrieben, den „volkstümlichsten Koffer-Empfänger" zu konstruieren. Die Auswahl der Preisträger war von Staatsrat Prof. ESAU (Jena) auf Grund der vom Institut für Schwingungsforschung und der Reichs-Rundfunk-Gesellschaft unabhängig voneinander gemachten Messungen getroffen worden; den 1. Preis erhielt der Entwurf von Ing. H. STANIENDA von der Firma SCHALECO, Berlin. Das neue Koffergerät war ein Zweikreis-Empfänger mit 4 Röhren und wurde als „Deutscher Olympia-Koffer" pünktlich mit Beginn der Olympischen Spiele in Berlin am 1. August 1936 ausgeliefert. Es kostete mit Batterien 156,- RM und wog 8,2 kg. Von diesem Gerät wurden nur knapp 3.000 Stück gebaut, denn zur Leipziger Frühjahrsmesse 1937 erschien das Nachfolgemodell, der „Deutsche Olympia-Koffer 37", kurz „DO 37", 9,3 kg schwer. Die Schaltung blieb weitgehend die gleiche, allerdings sorgte eine im klappbaren Deckel eingebaute Rahmenantenne für höheren Empfangskomfort.

Der Nachfolger des „DO 36" kam schon ein Jahr später und hieß „Deutscher Olympia-Koffer 37". Im Klappdeckel befindet sich eine Rahmenantenne, die der „DO 36" noch nicht hatte.

„Deutscher Arbeitsfront-Empfänger DAF 1011"

Um auch die „Gefolgschaft" in den Betrieben und Behörden mit der Rundfunkpropaganda zu erreichen und den „Gemeinschaftsempfang" wichtiger Reden zu vereinfachen, wurde Ende 1935 unter dem Motto „Rundfunk in alle Betriebe" ein weiteres Rundfunkgerät „von der politischen Rundfunkführung geschaffen", der „DAF 1011". Die „Deutsche Arbeitsfront" war eine gewerkschaftsähnliche Organisation der Nazis, und „1011" sollte den 10. November 1933, an dem zum ersten Mal eine von A. HITLER in einem Betrieb gehaltene Rede im Rundfunk übertragen wurde, festhalten. Als Dreikreis-Geradeausempfänger mit Kraftendstufe, entwickelt von den Firmen TELEFUNKEN und SEIBT, bot er zwar hohe Leistung und gute Klangqualität, jedoch nur für den nächsten „Reichssender"; doch mehr brauchte es auch nicht zu sein. Der „DAF 1011" war außerdem als Steuergerät für Übertragungsanlagen gedacht, für die dann auch der Arbeitsfront-Lautsprecher „Rundstrahler AFR 354" mit dem „Chassis 353" bestimmt war.

Der deutsche
Arbeitsfront-Empfänger
für jeden deutschen Betrieb

In Gemeinschaftsarbeit der Deutschen Arbeitsfront, der Reichsrundfunkkammer und der Deutschen Rundfunk-Industrie wurde das Modell des
Arbeitsfront-Empfängers DAF 1011
entwickelt.
Als Gemeinschaftsarbeit wird er auch in werktätiger Gemeinschaft von allen deutschen Radiofabriken gleichmäßig hergestellt.

Technische Daten:

4-Röhren-Geradeaus-Schaltung.
Kreise: 3, darunter 1 Bandfilter-Eingangs-Kreis.
Spulen: verlustarm mit Eisenkernen.
Wellenbereich: mittel und lang.
Fensterskala, auf Mittelbereich nach deutschen Stationen geeicht, auf Langbereich Deutschlandsender-Markierung.
Rückkopplung ist vorhanden, soll jedoch fest eingestellt und nur in Sonderfällen benutzt werden.
Lautstärkeregler auf Hf-Teil wirkend, mit Netz-Schalter kombiniert.
Klangfarbenregler.
Empfindlichkeitsregelung.
Anschluß für Tonabnehmer zur Schallplattenübertragung.
Anschluß für mehrstufigen Verstärker.
Anschluß für 1 oder 2 Lautsprecher.
Gehäuse ganz aus Metall: 40,5×26×22 cm.
Röhren: Telefunken oder Valvo: AF 1, AF 7, AC 2, RE 614 oder L 4110 und AZ 1.

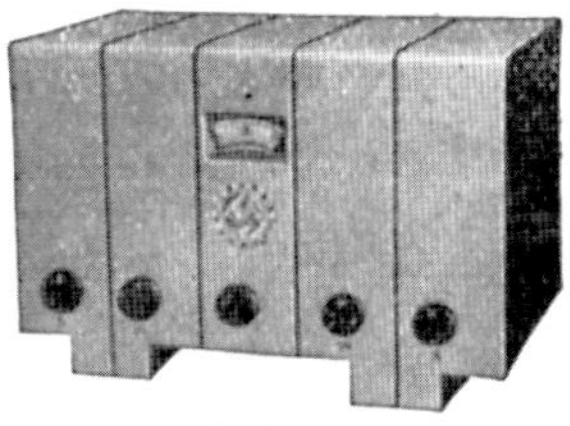

A 6

Rundstrahler

Dem Radio für „jedes deutsche Haus", dem „Volksempfänger", folgte wenig später der „Deutsche Arbeitsfront-Empfänger DAF 1011".

Der Empfang mit dem Volksempfänger

Die Konzeption des ersten Volksempfängers entsprach im Grunde dem technischen Stand von 1927/28. Jedoch waren ab 1933 die Sender so weit verstärkt worden, dass in den Abendstunden viel mehr als nur der „nächste Bezirkssender" gut empfangen werden konnte. Der Schwachpunkt des Einkreisers, seine sehr geringe Trennschärfe, musste mit einem Sperrkreis gegen den Ortssender bekämpft werden.

Solche Sperrkreise zum VE gab es in zahlreichen Varianten zu kaufen, aber auch als Bauanleitungen; mit Vorsatzskalen und Vorsatzgeräten konnte man Leistung und Bedienkomfort weiter verbessern. Dass dadurch später den Hörern das Abhören von „Feindsendern" im Krieg erleichtert wurde, hatten die „Erfinder" des VE sicher nicht gewollt, konnten es aber nun auch nicht mehr verhindern.

Sonnabend IV **23. Februar 1935**

LEIPZIG (785 kHz, 120 kW) Welle **382,2** (Pz.: Glockenspiel b-a-c-h mit leis. Weckerticken). **Dresden** (1285 kHz, 0,25 kW) W. **233,5** (Pz.: Weckertick.; sonst siehe Lzg.)

6 05: Landwirtschaftsfunk.
6,15: Aus Berlin: **Gymnastik.** W. Driske.
6,35: Siehe Königsberg: **Frühkonzert.**
8,00: Aus Berlin: **Gymnastik.** W. Driske.
8,20: Morgenmusik (Schallplatten).
9,00: Sendepause. **10,00:** Wetterdst.; Wasserstandsmeldungen; Nachr.
10,15: Schulfunk: **Staatspolitische Erziehung:** „Die deutsche Freiheitsliebe". Manuskript: Gaustudentenbund Sachsen. (Leit.: G. Boehnert.)
10,45: Sendepause. **11,00:** Werbenachrichten; Schallplatten; Nachricht.; Wetterdienst; Zeit.
11,45: Landwirtschaftsfunk.

12 00: S. Breslau: **Mittagskonzert.**
13,00: Nachrichten; Zeit; Wetterdst.
13,25: Siehe München: **Mittagskonzert.**
14,15: Die Fahne hoch ... Zu Horst Wessels fünftem Todestage (Sch.).
1. a) Horst Wessel-Gedenkmarsch; b) Olias: SA-Totenmarsch. 2. a) Gansser - Eckart: Deutschland, erwache!; b) Gansser-Overdyk: Dem Führer. 3. Wir kämpfen und marschieren. 4. Deutscher Kampf im Lied, SA-Lieder. 5. Wir gehn im Schritte.
14,40: Kinderfk.: Wir erzählen selbsterdachte Märchen. Dr. Ilse Obrig mit ihren Funkspielkameraden.
15,10: HJ im Reich (Wochenbericht).
15,20: Es glitzert der Schnee. Bericht über Bergbücher. R. Joh. Fischer.
15,40: Nachrichten.

16 00: Siehe Königsberg: **Nachmittagskonzert.**
17,20: Deutsche Kraft — alles schafft. Olympiafunk der Woche.
17,30: Gegenwartslexikon: DIN, Zeitwaage, Gütezeichen.
17,45: Blasmusik (SS-Musikzug).
1. Kochmann: Deutschlands Erwachen, Marsch-Potpourri. 2. Zimmer: Dem deutschen Volke, Ouv. 3. Kutsch: Volk ans Gewehr, Paraphrase. 4. Zwei Märsche: a) Busch: Seid einig; b) Itzel: Sieg Heil! 5. Seidel: SA-Lieder.
18,25: Orgelmusik aus der Nikolaikirche (Prof. Karl Hoyer).
1. Hoyer: Fantasie über das Altniederländische Dankgebet. 2. David: Toccata und Fuge in f-moll.
19,00: Siehe D.-Send.: **Reichssendung.**
19,40: Musikalisches Zwischenspiel.

20 00: Nachrichten.
20,10: „Totentanz". Hörwerk v. Rich. Euringer. Komposition und musikalische Leitung: **Sigfrid Walther Müller.** (Spielleitung: **Hans Zeise-Gött; Das Leipziger Sinfonieorch.;** Sprechchöre d. NS-Rundfunkgruppe und der HJ.)
21,10: Aus Dresden: **Abendkonzert.** (Dresdner Philharmonie; Leitung: Bruno C. Schestak.)
1. Lortzing: Ouvertüre zu „Der Wildschütz". 2. Humperdinck: Aus der Dornröschen-Suite. 3. Kaun. Militärmarsch. 4. Zilcher: Aus der Suite in G-dur, Werk 4. 5. Kaun: Am Rhein, Ouvertüre. 6. Wagner: Feierlicher Zug zum Münster, aus „Lohengrin". 7. Peterka: Triumph des Lebens. 8. Schubert: Heroischer Marsch in g-moll. 9. Rich. Wagner: Einzug der Götter in Walhall, aus „Götterdämmerung".
Dazw. **22,00—22,20:** Nachrichten; Sport.
23,00—1,00: Vom D.-Sender: **Wir bitten zum Tanz.** Hans Bund spielt.

17. März 1935 **Sonntag IV**

LEIPZIG (785 kHz, 120 kW) Welle **382,2** (Pz.: Glockenspiel b-a-c-h mit leis. Weckerticken). **Dresden** (1285 kHz, 0,25 kW) W. **233,5** (Pz.: Weckertick.; sonst siehe Lzg.)

6 35—8,15: S. Hamburg: **Hafenkonz.**
8,20: Morgenfeier. Thema: Die Toten erwachen (Redner: Professor Wolf Meyer-Erlach, Jena; Mitw.: Organist Herbert Collum, Leipzig; Chor des Kirchenmusikal. Institutes des Landeskonservatoriums zu Leipzig; Leitung: Joh. Nepomuk David).
8,50: Orgelmusik (Georg Trexler).
1. Unbekannter Meister: Aria da chiesa. 2. Joh. Seb. Bach: Präludium und Fuge in c-moll.
9,10: „Den Helden." Leitung und Zusammenstellung von Heinrich Werlé (Mitw.: Wilh. Ulbricht, Tenor; der Kammerchor des Reichssenders Leipzig; Herbert Collum, Orgel; Sprecher: Werner Leonhardt).
1. a) Gumpelzhaimer: Kreuz, Leiden und Pein; b) Schütz: O hilf, Christ Gottes Sohn (aus der Johannespassion). 2. Klopstock: a) Hermann u. Thusnelda; b) Heinrich der Vogler; c) Geibel: Friedrich Rotbart. 3. a) Raw: Erbarm dich mein, o Herre Gott; b) Stoltzer: Herr, wie lang. 4. a) Kriegsfreud u. Kriegsleid (um 1622); b) Schlacht bei Breitenfeld (1631); c) Wallenstein vor Nürnberg (1632). 5. a) Haßler: Wenn mein Stündlein vorhanden ist; b) Demantius: Ich hab mein Sach Gott heimgestellt. 6. a) Hölderlin: Der Tod fürs Vaterland; b) Prinz Eugen und die Festung Lille (etwa 1708); c) Auf die Reichsarmee (1757). 7. a) Mahu: Herr Gott, erhör mein Stimm und Klag; b) Raw: Mitten wir im Leben sind. 8. a) Schein: Mach's mit mir, Gott, nach deiner Güt'; b) Schütz: Frohlockt mit Freud', ihr Völker all. 9. a) Collin: Wachtfeuer; b) Göthe: Blücher; c) Freiligrath: Die Trompete von Gravelotte. 10. Ein feste Burg ist unser Gott (Satz von Agricola).
9,55: Tagesprogramm.
10,00: Das ewige Reich der Deutschen. „Ehrenmal gefallener Dichter", ein Oratorium von Franz Konrad Hoefert (Kompositionen und musikalische Leitg.: Curt Beilschmidt; Spielleitg.: Günther Boehnert).
11,00: Sendepause.
11,15: „Auf euren Schultern dürft ihr Deutschland tragen". Kriegsgedichte von Robert Vogel (gef. 25. 11. 1917) und Richard Hille.
11,30: Der Abwehrsieg in den Dardanellen am 18. 3. 1915. Kpt. z. S. a. D. von Waldeyer-Hartz.

12 00: Reichssendg.: **Heldengedenktag.** Staatsakt in der Staatsoper Berlin.
13,00: Mittagskonzert aus Dresden. (Dresdner Philharmonie; Leitung: Bruno C. Schestak.)
1. Olias: SA-Totenmarsch. 2. Göhler: Heldenklage. 3. Kuhn: Suite für Streichorchester. 4. Schubert: Heroischer Marsch. 5. Grieg: Altnorwegische Romanze mit Variationen. 6. Sibelius: Karelia-Ouvertüre.
14,00: Zeit; Wetterdienst.
14,05: Was wir bringen (das Programm der Woche).
14,30: Deutsches Bauerntum. Alltagskleid, Festgewand u. Schmuck der Bäuerin. Margarete Huschke.
14,55: Besinnliche Musik (Schallpl.).
1. Joh. Seb. Bach: Präludium in h-moll (EJ 706). 2. Joh. Seb. Bach: a) Gib dich zufrieden; b) Liebster Herr Jesu (Gr. 10 280). 3. Mozart: Larghetto aus d. Klarinetten-Quintett in A-dur (Gr. 95 310). 4. Reger: An die Hoffnung (Od. 6935). 5. Karl Bleyle: Cavatine aus dem Streichquartett in a-moll (Gr. 27 285). 6. a) Brahms: In stiller Nacht (Gr. 90158); b) Fahr wohl, o Vögelein (Gr. 10282). 7. Liszt: An der Quelle, aus „Jahre der Pilgerschaft" (Gr. 95 112). 8. Joh. Brahms: Auf dem Kirchhofe (Gr. 23 158).
15,40: Heimat in fremder Erde. Grabstätten und Mahnmale im Westen. Gustav Wolf-Weifa.

16 00: Siehe Hamburg: **Großes Doppelkonzert.**
16,55: Fußball - Länderkampf Deutschland—Frankreich. Hörbericht aus Paris (Zweite Spielhälfte).
17,45: Musikalisches Zwischenspiel.
18,10: Kammermusik (Mitwirk.: Franz Genzel, 1. Violine; Georg Hanstedt, 2. Violine; Arnold Matz, 1. Viola; Karl Meißner, 2. Viola; Fritz Wawrowsky, Violoncell).
Bruckner: Quintett in F-dur. Gemäßigt, Moderato — Scherzo. schnell — Adagio — Finale, lebhaft bewegt.
19,00: Siehe D.-Sender: **„Die Totenstandarte."** Ein deutsches Mahnspiel von Friedr. Ekkehard.

20 00: Sondersportfunk.
20,10: Große Messe in c-moll von W. A. Mozart; für Chor, Soli, Orchester und Orgel. Übertragung aus der Thomaskirche (Mitw.: Ria Ginster u. Alice Brandt-Rau, Sopran; Hans Hoffmann, Tenor; Philipp Göpelt, Bariton; Prof. Karl Hoyer, Orgel; Gerhard Burgert, Cembalo; Chor des Riedelvereins Leipzig und das Leipziger Sinfonieorchester; Leitg.: Prof. Max Ludwig).
22,00: Nachrichten; Sport.
22,20: Aus Hamburg: **KDF - Urlauber fahren auf deutschen Seeschiffen nach dem Süden.** Bericht von der Ankunft in Lissabon. (Aufnahme.)
22,30—24,00: Aus Münch.: **Nachtmusik.** Ernste Weisen.

Sonnabend III **31. August 1935**

LEIPZIG (785 kHz, 120 kW) Welle **382,2** (Pz.: Drei Akkorde in D-dur auf Spieldose). **Dresden** (1285 kHz, 0,25 kW) Welle **233,6** (Pz.: Weckerticken; sonst wie Leipzig)

5,50: Bauernfunk.

6 00: Aus Berlin: Choral; Morgenspruch; **Gymnastik.**
6,30: Siehe Breslau: **Fröhlich klingt's zur Morgenstunde.** Bunte Morgenmusik.
Dazw. **7,00—7,10:** Nachrichten.
8,00: Aus Berlin: **Gymnastik.**
8,20: Aus Breslau: **Morgenständchen für die Hausfrau.**
9,00: Schulfunk: **„Kamerad, weißt du noch . . ."** Marksteine der jungen Front im Dienste der Bewegung. Hörfolge. (Es sprechen: Oberbannführer A. Frank u. Leipziger HJ.)
9,30: Sendepause.
10,00: Wetterd.; Wasserstandsmeld.; Wirtschaftsnachr.; Tagesprogramm.
10,15: Sendep. **11,00:** Wirtschaftsnachr.
11,30: Zeit; Wetterdienst.
11,45: Bauernfunk.

12 00: Siehe Stuttgart: **Buntes Wochenende: „Märsche, Tänze und Lieder — hören wir gerne wieder".** Ein buntes Potpourri.
Dazw. **13,00—13,15:** Zeit; Nachrichten; Wetterdienst.
14,00: Zeit; Nachrichten; Börse.
14,15: Sendepause.
14,40: Geist und Leben — Idee und Wirklichkeit (Buchbericht von Dr. Alfred Lehmann).
15,00: Kinderstunde: **Wir lernen zaubern.** Dr. Ilse Obrig und ihre Funkspielkameraden. (Wir brauchen Papier und Bleistift.)
(Lies hierzu Seite 13.)
15,40: Zeit; Wetterdst.; Nachrichten.

16 00: Aus Köln: **Der frohe Samstag - Nachmittag mit NS „Kraft durch Freude".**
18,00: Gegenwartslexikon: Flotation, künstliche Träume, Elektronenmikroskop.
18,15: Ruf der Jugend.
18,25: Mitteldeutscher Kalender: Was uns der September bringt (Dr H. Malberg).

19 00: **Orchesterkonzert.** (Es spielt das Funkorchester unter Leitung von Theodor Blumer.)
(Auch f. Königsbg. ab 19,20—19,40.)
1. Nicolai: Ouv. zu „Die lustigen Weiber von Windsor". 2. Boccherini: Menuett. 3. Grieg: Peer-Gynt-Suite Nr. 1. 4. Puccini: Melodien aus „Madame Butterfly". 5. Joh. Strauß: An der schönen blauen Donau, Walzer. 6. Dvořák: Humoreske. 7. Rich. Wagner: Feierlicher Zug zum Münster aus „Lohengrin". 8. Bizet: Intermezzo, Habanera, Lied des Torero und Zigeunerlied aus „Carmen". 9. Tschaikowsky: Blumen-Walzer a. d. „Nußknacker-Suite". 10. Mascagni: Intermezzo aus „Cavalleria rusticana". 11. Kreutzer: Ouvert. zu „Das Nachtlager von Granada". 12. Lanner: Die Schönbrunner, Walzer.
21,00: „Horch! Da wird's was geben!" (Übertragung vom Bunten Abend, veranstaltet von der Auto-Union, Werk Horch u. d. NS-Gemeinschaft „Kraft durch Freude", Zwickau.)
(Es wirken mit: Elli Glässner, Gerti Dellwikh, Betty Sedlmayr, Heinrich Kohlbrandt, Karl Sydow, Adolf Wagner u. a. und das EmDe-Orch.)
(Übertragung aus Zwickau.)
22,00: Nachrichten; Sport.
22,30—24,00: Tanzmusik zum Wochenende. (Es spielt die Tanzkapelle Erwin Steinbach.)
(Auch für Stuttgart; ab 22,50 für Königsberg; ab 23,00 für Frankfurt.)

Auszüge aus dem in der „MIRAG" abgedruckten Rundfunkprogramm des Reichssenders Leipzig im Jahr 1935

Die Produktion der Volksempfänger

Die „Politischen Geräte" der Nationalsozialisten hatten selbstverständlich auch die Aufgabe, für eine Erhöhung und Stabilisierung der Beschäftigtenzahlen in der Rundfunkindustrie zu sorgen. Neben den 28 Herstellerfirmen, die an der Endfertigung der „Gemeinschafts-Empfänger" beteiligt waren, arbeiteten noch über 50 Betriebe an der Herstellung der Einzelteile. Der Produktionsumfang soll mit ausgewählten Zahlen von 3 Herstellern angedeutet werden: Bei KÖRTING-RADIO (Dr. DIETZ & RITTER) in Leipzig wurden im Jahre 1938 mehr als 22.000 Volksempfänger („VE 301 Wn" und „GW", „DKE 1938", „DAF 1011") gebaut, dazu etwa 42.000 Geradeaus-Empfänger und fast 40.000 Super des normalen Sortiments. Bei Radio H. MENDE & Co. in Dresden waren es im vergleichbaren Zeitraum fast 59.000 VE, bei der STASSFURTER RUNDFUNK-GESELLSCHAFT m.b.H. etwa 20.000 VE. (Die Vergleichszahlen der „übrigen" Radios liegen hier leider nicht vor.) Insgesamt sind bis Kriegsbeginn 5 Millionen Volksempfänger produziert und verkauft worden. Kein Wunder, dass sie auch heute noch nicht zu den Seltenheiten gehören. Im Verlauf der sechs Jahre bis zum Ausbruch des 2. Weltkrieges gelang es der nazistischen Rundfunkpropaganda, mit Hilfe der Volksempfänger die Zahl der angemeldeten Rundfunkteilnehmer auf 12,5 Millionen zu steigern; sie erhöhte sich noch bis 1944 auf über 15 Millionen.

Die Volksempfänger hatten es den Nationalsozialisten ermöglicht, ihren politischen Einfluss auf die Bevölkerung auf das maximal Mögliche auszudehnen, wozu auch die Ablenkung von den Gewalttaten gehörte, die mit der „Gleichschaltung" verbunden waren. Im 2. Weltkrieg erlangte der Volksempfänger dann wie jedes Radio eine andere Bedeutung – weniger für das Abhören von Kriegsberichten als vielmehr zum Empfangen lebenswichtiger Luftlagemeldungen.

Auch beim Kneipenbesuch, wie hier im Ratskeller zu Nauen, war man über Lautsprecher der Nazi-Propaganda ausgesetzt.

Eine immer ausgereifterte Rundfunktechnik – gepaart mit Experimentierfreude – führte in den dreißiger Jahren zu einer Reihe ebenso spitzfindiger wie aufsehenerregender Übertragungsversuche: Mittels eines Übertragungswagens und eines improvisierten funkstudiotechnischen Sendeaufbaues gelang es sogar, eine Sprechverbindung zwischen einem Taucher, einem Junkers-Großflugzeug und einem Fallschirmspringer herzustellen und im Radio auszustrahlen.

rechts oben: Der Fallschirmspringer hatte bei seiner Reportage einen Kurzwellensender umgeschnallt und schilderte original seine Eindrücke während des Falles. Dieser Versuch wurde zum ersten Mal in Europa gemacht und vom Deutschlandsender übertragen.
rechts unten: Im Stationsgebäude der Rot-Kreuz-Station Wannsee war ein provisorisches Studio mit einer transportablen Verstärkeranlage installiert worden.

Werbeseite für den TELEFUNKEN-Super T 766, ein Radio von 1937 mit einer ganz besonderen Neuheit: „...mitten zwischen Lautsprecher und Skala sitzt das Magische Auge. Es sieht für Sie, was Sie hören, geht auf und zu, solange Sie den Skalenzeiger von Sender zu Sender wandern lassen, und bei jedem Sender leuchtet es bei einer bestimmten Stelle hell auf. Wie leicht die Sendereinstellung mit dem Magischen Auge ist!". So kann man es im begleitenden Text des Prospektes lesen.

VOM EINKREISER BIS ZUM SPITZENSUPER

Eine Riesenauswahl an Markenradios

Die Rundfunkempfangstechnik hatte zu Beginn der 30er Jahre schon einen Stand erreicht, der ein genussreiches Hören von Musiksendungen ermöglichte: Die besseren Radios hatten sorgfältig dimensionierte Bandfilter und eine kräftige Endröhre, ein breitbandiger dynamischer Lautsprecher ergab eine klare, ausgeglichene Wiedergabe. Auch der Superhet begann sich durchzusetzen; das Sendernetz war nach und nach dem internationalen Stand angeglichen worden. Die weiteren Verbesserungen konzentrierten sich auf Bedienkomfort und natürlich wurden auch die Gehäuseformen dem Zeitgeschmack angepasst und ständig weiterentwickelt. Trotz höherer Stückzahlen in den Fabriken waren die Radios noch teuer, war die Zahl der Rundfunkteilnehmer mit 4 Mio. noch ziemlich niedrig, vor allem im Vergleich zu England oder den USA. Allerding gab es ein Mehrfaches an Zuhörern, denn oft ging man zum Nachbarn, um Kinderfunk zu hören oder um beim Nachmittags-Kaffee-Konzert am Lautsprecher zusammenzusitzen.

Die Nazi-Parole „Rundfunk in jedes deutsche Haus“ wurde zwar mit dem „Volksempfänger“ (VE) forciert umgesetzt, aber dessen bescheidene Empfangs- und Klangqualität war nicht jedermanns Sache, und es gab genügend „Volksgenossen“, die sich Besseres leisten konnten. Die Entwicklung der anspruchsvolleren Empfangsgeräte, überwiegend im veredelten Holzgehäuse, wurde vom VE kaum beeinträchtigt; das Naziregime hatte bis Kriegsbeginn nichts gegen leistungsfähige Fernempfänger einzuwenden. Da nun in allen Preisklassen fast durchweg der dynamische Lautsprecher eingesetzt wurde, konnten auch die einfachsten Marken-Einkreisempfänger schon recht gut klingen.

Titelseite eines Prospekts von TELEFUNKEN vom August 1934 mit den Radio-Modellen der neuen Saison

Der Super setzt sich durch

Im Jahre 1932 tauchten die ersten Superhet-Empfänger der deutschen Großmarken („SIEMENS 55 WL“, „TELEFUNKEN 650 WL“, „SACHSENWERK 335 W“, „SEIBT Roland 5“ u.a.) auf dem Markt auf, die sich in das normale Preisgefüge einpassten. (Alle vorherigen Super, z. B. der „Mikrohet“ aus Staßfurt, waren noch unverhältnismäßig teuer gewesen.) Trotzdem war 1932 ein schwieriges Jahr: Die Arbeitslosenziffer stieg beständig, die Zahl der Rundfunkteilnehmer nahm vorübergehend sogar ab. Doch die Radiofirmen waren sehr aktiv: Sie brachten 350 (!) neue Gerätemodelle auf den Markt, die Hälfte davon mit eingebautem Lautsprecher; teilweise auch schon mit Kurzwellenbereich. So entstand in dieser Zeit zunächst das Hochformat-Radio, eine gleichermaßen bedienungsfreundliche wie akustisch vorteilhafte Lösung. Nun erschien ein Radio endgültig wie ein Möbelstück und stand im Blickpunkt des Wohnzimmers, es war zum Prestigeobjekt geworden.

Wie die Kristall-Detektor-Geräte waren auch die meisten Röhrenradios der ersten 10 Jahre Geradeausempfänger: Die Empfangsfrequenz wurde ohne Umsetzung selektiert, verstärkt und zur Tonfrequenz demoduliert. Beim Super – Kurzwort für „Superheterodyne-Empfänger“ – wird die Empfangsfrequenz mit einer im Gerät erzeugten, bei Abstimmung mitlaufenden Hilfsfrequenz gemischt. Die entstehende, unveränderliche „Zwischenfrequenz“ (ZF) kann dann mit wesentlich besserer Trennschärfe verstärkt werden.

1932 jedoch betrug der Marktanteil des Supers erst 12 % und man war von dessen Vorzügen durchaus nicht einhellig überzeugt – mehrkreisige Geradeaus-Empfänger hatten zwar große Empfindlichkeit und Trennschärfe (Senderzahl und -leistung hatten ja enorm zugenommen!), aber klangen wegen stark beschnittener Höhen meist unnatürlich dumpf. Das änderte sich rasch. Preiswerte „Sparsuper“ mit 3 Röhren (z. B. „T 332 WLK“) verhalfen dem Super zum Durchbruch, so dass sich 1937 die Stückzahlen im Vergleich zum Geradeaus-Empfänger (Ein- bis Dreikreiser) die Waage hielten. Im letzten Vorkriegsjahr, zum Neuheitentermin „Große Deutsche Rundfunk- und Fernseh-Ausstellung Berlin 1939“, gab es nur noch 14 % an Geräten, die keine Super waren.

Der „Meistersuper T 332 WLK" von TELEFUNKEN von 1934. Er gehört zu den „Sparsupern" und enthält 3 Röhren (die Gleichrichterröhre wird im Allgemeinen nicht mitgezählt). Ein empfindlicher Kurzwellenteil erhöht die Wertigkeit des Gerätes und seine Edelmetallkontakte sind, wie der Sammler heute noch befriedigt feststellt, unverwüstlich. Preis: 284,- RM

Die Gehäuseformen hatten sich im Verlauf der 30er Jahre ebenfalls total gewandelt: Ab 1935 begann sich die Flachform mit Linearskala durchzusetzen, wobei große, übersichtliche Skalen mit vielen Sendernamen eingesetzt wurden. Darauf waren dann (fast) alle europäischen Sender verzeichnet, nur Moskau sucht man vergebens.

oben: Das Innere des „SIEMENS 47a WL" mit dem Original-Werbetext: „Ein breites Filmband, Rollen und Drähte zu einem Stellwerk für den Verkehr mit den Sendern der Welt kunstvoll gefügt: Das ist das Länderband des Aetherzepp".
rechts: Dreikreis-Geradeaus-Empfänger „SIEMENS 47a WL" mit der Länderband-Skala, auch „Aetherzepp" genannt, 1933. Zahlreiche Skalen, nach deutschen Regionen und europäischen Ländern unterteilt, sind auf einem transparenten Band untereinander aufgedruckt, das vom Benutzer beliebig bewegt werden kann. Fremderregter dynamischer Lautsprecher, Mittel- und Langwelle; Preis 265,- RM

Die Spitzensuper – „High-Fidelity" kam über Mittelwelle

Die Einführung des Kondensatormikrofons im Rundfunkbetrieb ab 1932 sowie die Verbesserungen der funkeigenen Schallplattentechnik (das Magnettonband wurde für Musik erst ab 1940/41 konkurrenzfähig), aber auch die neue Sendergeneration hatten eine deutliche Steigerung der Tonqualität des abgestrahlten Signals zur Folge. Die Empfängerkonstrukteure konnten diesen Fortschritt zwar nicht sofort umsetzen, doch es wurde eifrig geforscht und ab 1935 konnte man bei Spitzengeräten, wie dem „KÖRTING Ultramar", beim Abhören des Ortssenders durchaus von einer frühen Form der „High-Fidelity" (Hi-Fi) sprechen. Dieses Schlagwort war aus den USA herübergekommen und wurde von KÖRTING-RADIO in Leipzig zuerst für die Qualität seiner Verstärkeranlagen in Anspruch genommen, sicher auch ein Grund dafür, dass diese Firma bei Beschallungsaufträgen der Nationalsozialisten bevorzugt wurde. Als Hi-Fi-Qualität galt damals eine Breitband-Übertragung von 40 Hz bis mindestens 10.000 Hz, eine hohe, verzerrungsarme Ausgangsleistung (möglichst von einer Gegentakt-Endstufe) und die Wiedergabe über eine Lautsprecherkombination (Hochton- und Tieftonlautsprecher). Dies traf für die Spitzengeräte (mit 5 und mehr Röhren, ohne Gleichrichterröhre gerechnet) des angebotenen Radio-Sortiments, das ab 1936 pro Jahr etwa 300 Typen umfasste,

Luxus-Super „KÖRTING Ultramar SB 7360 W" von 1935. Dieses Radio aus der Produktion von Dr. DIETZ & RITTER in Leipzig-Stötteritz „ist kein bloßer Empfänger, sondern ein Musikinstrument von höchster Anpassungsfähigkeit, ähnlich einer Orgel mit ihren vielen Registern." Er dürfte damals eines der Spitzenprodukte auf dem deutschen Radiomarkt gewesen sein. 9 Röhren, 9 Kreise, Gegentaktendstufe (2x RE 604), Tiefton- und Mittelhochton-Lautsprecher, gewölbte Skala mit 150 Sendernamen und Leuchtstrichzeiger sind nur die wichtigsten technischen Daten. Das Gerät wiegt 30 kg und kostete 580,- RM.

Einmalig in seiner geschwungenen Formgebung ist der Zweikreis-Empfänger „SEIBT 326 W" von 1935, genannt „Sanssouci". Es gab dieses Modell auch als Super und im Bakelit-Gehäuse. Preis: 235,- RM

Bilder vom großen Gau-Parteitag in Leipzig
14.–16. Juli 1933

Sämtliche Übertragungsanlagen innerhalb und außerhalb der Stadt waren ausgerüstet mit

Körting-Maximus-Lautsprechern und Körting-Kraftverstärkern

Der Führer nimmt den vierstündigen Vorbeimarsch auf dem Augustusplatz ab.

Aus der „Leipziger Tageszeitung":

Riesen-Lautsprecheranlage auf dem Aufmarschgelände.

Wie alle Massenaufmärsche unserer Zeit, so steht auch der Leipziger Gauparteitag im Zeichen der Großlautsprecherübertragung. Um einen Begriff von den gewaltigen Dimensionen der Übertragungsanlage zu geben, seien nur einige Zahlen genannt: Es werden 25 Maximus-Großlautsprecher verwendet. Die gesamte Verstärkerleistung beträgt 700 Watt. Zwecks Herstellung der notwendigen Anschlüsse sind etwa 3 Kilometer Kabel verlegt worden. 60 Masten mußten für die Kabelführung und zur Anbringung der Lautsprecher aufgestellt werden. Die verwendeten Maximus-Großlautsprecher und Körting-Kraftverstärker sind Erzeugnisse der Leipziger Firma Dr. Dietz & Ritter (Körting-Radio), die bereits seit Jahren maßgebliche Pionierarbeit auf dem Gebiete der Übertragungstechnik geleistet hat.

Die unübersehbaren Massen von SA und SS am Völkerschlachtdenkmal.

6

Kaum waren die Nazis an der Macht, kamen auch schon die „KÖRTING-Maximus-Lautsprecher" und die „KÖRTING-Kraftverstärker" zum Einsatz, wie zum Beispiel beim Gau-Parteitag im Juli 1933 in Leipzig (vierstündiger Vorbeimarsch auf dem Augustusplatz).

durchaus zu. Großzügige Bandbreitenregelung wie beim „Ultramar" oder die Umschaltmöglichkeit vom Super- zum Geradeausempfang wie beim „BLAUPUNKT 7 W 77" von 1937 (das SIEMENS-Kammermusikgerät III von 1936, Preis 1.500,- RM, war sowieso nur ein Dreikreiser) machten solche Geräte zu wirklich hervorragend klingenden Tonmöbeln. Erstmals waren nun auch die über 4.000 Hz hinausreichenden Obertöne der Musikinstrumente zu vernehmen; man nannte es „plastisches Hören". Selbst heute klingt die Mittelwelle im Sender-Nahbereich über ein solches Gerät wesentlich besser als über einen modernen MW-Receiver oder einen „Weltempfänger", auch wenn die Sendermodulation nicht mehr über 7 kHz hinausgeht. Zu den Raffinessen der Spitzengeräte gehörten aber auch die Drucktasten-Senderwahl, teilweise verbunden mit motorischem Sendersuchlauf, die ab 1937 bei den Groß- und Spitzensupern eingeführt wurden (z. B. KÖRTING „Transmare", BLAUPUNKT „11 W 78", NORA „Dux II"), sowie Spezialitäten in Form der Monoknopf-Einstellung (PHILIPS „D 52") und der Kinoskala (SACHSENWERK). Außenseiter mit Seltenheitswert sind der „INGELEN Geographic 39" mit Leuchtpunkt-Europakarte (1938) und der „Nordmark-Super" (1935) von NEUFELDT & KUHNKE (HAGENUK), bei dem die Sender über eine Telefon-Wählscheibe eingestellt werden. Fortschritte im Lautsprecherbau gehörten ebenso dazu, wie die steife, verzerrungsarme NAWI-Membran von TELEFUNKEN oder die „Keilschnitt-Membran" mit weicher Aufhängung von KÖRTING-RADIO. Die Werbung setzte es in blumige Worte um und versprach einen „farbigen Klang ...als spielten Künstler in Ihrem Heim!"

Besonders charakteristisch für die Dresdener Firma RADIO H. MENDE & CO. im Jahre 1935 waren die nach vorn abgerundeten Modelle, wie hier der Typ „245 W" mit der „abc-Skala", auf der die Sendernamen nach dem Alphabet geordnet sind. Preis: 245,- RM

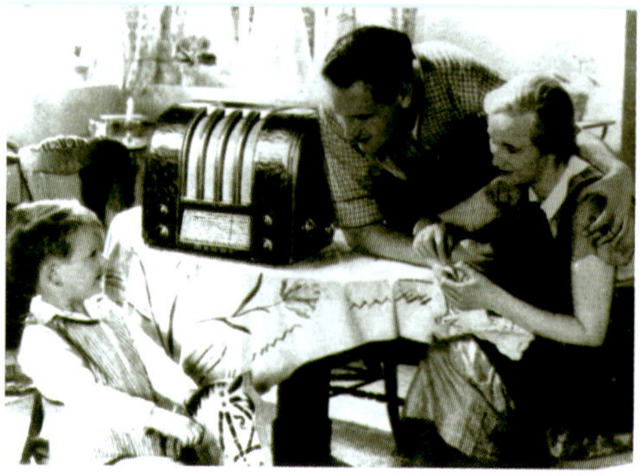

Ein „Bildermäppchen" erzählt uns von der 1935er Radio-Produktion bei MENDE – hier ein kleiner Ausschnitt davon.

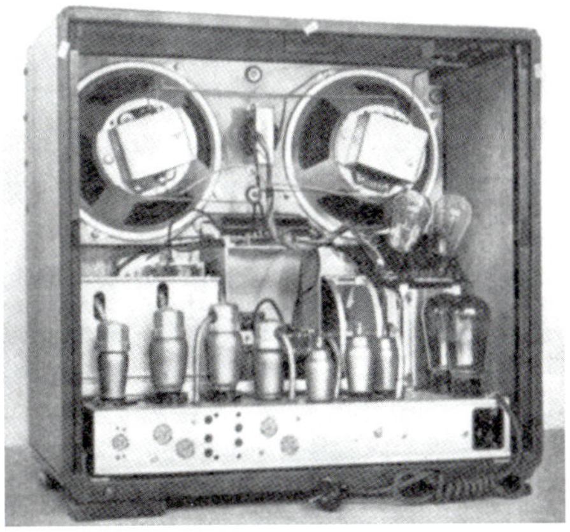

Blick ins Innere des „Ultramar" von 1935
links: Auf der Pariser Weltausstellung 1937 erhielt KÖRTING-RADIO zwei Grand Prix: hier die Präsentation des aktuellen „Ultramar".

Doch auch schaltungstechnische Raffinessen verbesserten die Empfangsqualitäten ständig: gehörrichtige Lautstärkeregelung und Gegenkopplung zur Klangverbesserung, Schnellschwundregelung und automatische Scharfabstimmung (AFC), z. B. beim TELEFUNKEN-Spitzensuper „T 898 WK".
Die großen, luxuriös daherkommenden Heimempfänger der Jahre 1938/39 besaßen ein Optimum an Empfangsleistung, Bedienkomfort und Wiedergabequalität, das auf AM, also vor Einführung des UKW-Rundfunks, später kaum wieder erreicht wurde.

Sichtbare Abstimmung mit dem „Magischen Auge"

Die grundlegenden Probleme des Rundfunkempfängers als Massenprodukt schienen 1932 gelöst – jetzt wurde an Feinheiten gefeilt. Natürlich standen die zahlreichen Herstellerfirmen unter starkem Wettbewerbsdruck – so ist die Vielfalt an gestalterischen und konstruktiven Besonderheiten, mit denen die Radios jedes neuen Jahrgangs aufwarteten, zu erklären. Eine der Zielstellungen aller Firmen war die

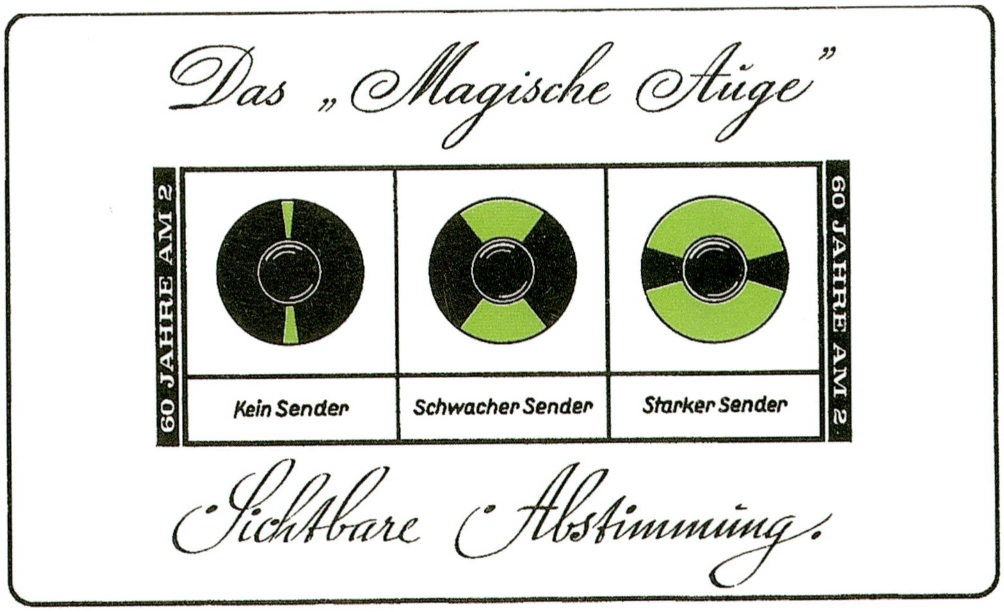

Die Einführung des „Magischen Auges", als „magic eye" aus USA herübergekommen, war 1937 eine große Errungenschaft für den Bedienkomfort höherwertiger Radios – und ein besonders wirksames Werbeargument für die Firmen. Der erste Typ war die AM 2.

Können Sie mir das MAGISCHE AUGE erklären?

Diese Wißbegierde eines technisch interessierten Kunden können Sie am einfachsten so befriedigen, indem Sie den immerhin komplizierten Innenaufbau einer solchen Abstimmanzeigeröhre, vielleicht an Hand einiger Bilder (siehe auch „Telefunken-Sprecher" 1937, Heft 3 S. 90) stufenweise erläutern. Etwa so:

In die Mitte des konischen Leuchtschirmes, der innen mit einer chemischen Masse präpariert ist, die beim Auftreffen von „Elektronen" ein grünes Licht aussendet, setzen wir eine indirekt geheizte Kathode (Bild 1a), wie wir sie in jeder Verstärkerröhre finden. Ihr hauchdünner Oxydüberzug wird von der eingesetzten Heizspirale indirekt erhitzt und beginnt im luftleeren Glaskolben Elektronen auszusenden.

Legen wir an die Kathode die negative und an den Leuchtschirm die positive Spannung einer Stromquelle von mindestens 150 Volt, so beginnt der Leuchtschirm in seiner ganzen Fläche zu leuchten (Bild 1b), weil sich die negativen Elektrizitätsteilchen, die „Elektronen", die die erhitzte Kathode verlassen können, ringsum auf den positiven Leuchtschirm stürzen.

Setzen wir nun zwischen Kathode und Leuchtschirm zwei Metallstäbchen, sogenannte „Stege" (Bild 2a), und verbinden diese zunächst mit der Kathode, so passiert folgendes: Diese Stege, die ja die gleiche Spannung besitzen wie die Kathode, üben auf die Elektronen eine ablenkende

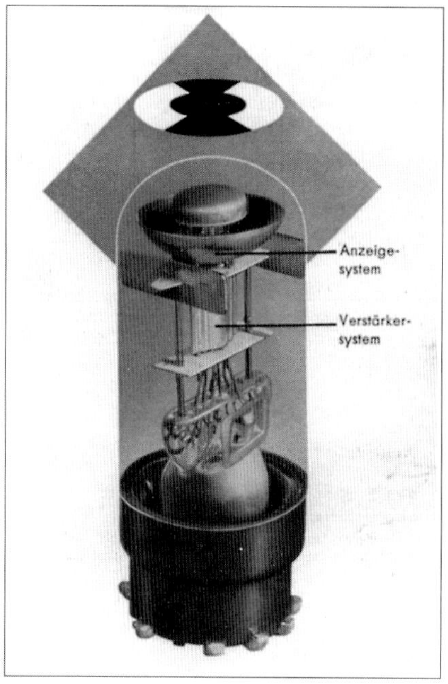

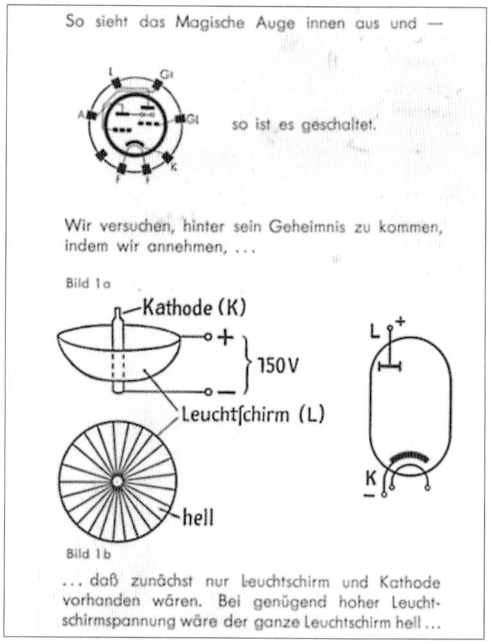

Bedienungsvereinfachung der Radios, um auch Laien, womit unter anderem Hausfrauen (die oft zum Kauf eines Radios drängten) gemeint waren, die Scheu vor der Technik zu nehmen. Schattenzeiger und Glimmstäbe hatten bis 1936 zur Abstimm-Erleichterung beigetragen, doch 1937 sah man erstmals bei den Empfängern der Oberklasse das neue, grün leuchtende „Magische Auge", eine Elektronenröhre mit Leuchtschirm. Der Leuchtwinkel verändert sich in Abhängigkeit von der Senderstärke und -abstimmung und ermöglicht eine bequeme, exakte Einstellung, auch bei zurückgedrehter Lautstärke („Stummabstimmung" genannt). Was Wunder, dass diese neue Errungenschaft für die Werbung weidlich ausgeschlachtet wurde! Nach der einfachen AM 2 folgten ein Jahr später die EFM 11 und kurz danach die EM 11 mit zweigeteiltem Empfindlichkeitsbereich. Diesen Typ findet man bei den Radios bis in die 50er Jahre. Das „zwinkernde Auge", das auch „leuchtendes Kleeblatt" genannt wurde, kann noch heute als Ausdruck hochwertiger Röhrenradios gelten und den Betrachter faszinieren – ob er nun die früheren Jahre erlebt hat oder nicht. Leider verblasst der grüne Schirm des Magischen Auges bei häufiger Benutzung nur allzubald; der Sammler und Restaurator alter „Dampfradios" muss daher stets ein paar der heute selten gewordenen Spezialröhren in Vorrat halten.

Die Radio-Röhren

Die Entwicklung der Rundfunktechnik ist stark an die Fortschritte bei den Elektronenröhren gekoppelt. In den Empfängern der 30er Jahre finden wir, grob gesagt, 3 Generationen von Röhren: solche mit Stiftsockel (RE-Röhren, schon seit Beginn des Rundfunks in Gebrauch), mit Außenkontakt-Sockel (Röhren der A-, C-, K- und V-Serie, ab 1935) und mit Stahlröhren-Sockel (E- und U-Röhren der „Harmonischen Serie" sowie die VCL 11 für den „DKE 1938", ab 1938). Der Aufbau der Röhrensysteme wurde ständig verfeinert, verkleinert und den Erfordernissen des Empfängerbaus angepasst. Die Röhren wurden technologisch weiterentwickelt, ihr Stromverbrauch gesenkt sowie Regel- und Verstärkungseigenschaften verbessert, die Ausgangsleistung erhöht. Insbesondere hat die Einführung der rauscharmen HF-Pentode EF 13 ab 1938 als Vorröhre eine ausgezeichnete Empfindlichkeit auch auf Kurzwelle ermöglicht. Im Gegensatz zu den Entwicklungen im Ausland wurden in Deutschland, vorwiegend aus lizenzpolitischen Gründen, die Röhreneigenschaften sehr hochgezüchtet. Daraus erklärt sich auch der bedeutende Anteil an Reflexempfängern Mitte der 30er Jahre, bei denen einzelne Röhren mehrfach ausgenützt wurden, ein nicht ganz unproblematisches Verfahren, das man bald wieder aufgab.

Ein Spitzengerät von 1937, der „BLAUPUNKT 7 W 77“, glänzte nicht nur mit dem neuen Magischen Auge, sondern wartete auch mit 2 Lautsprechern und mit einem Umschalter von Super- auf klanglich hochwertigeren Geradeaus-Empfang des Ortssenders auf, ein Effekt, dessen Wirksamkeit auch heute noch verblüfft. Besonders imposant ist die klappbare Großskala, hier „verstellbarer Skalentisch“ genannt. Preis: 550,- RM

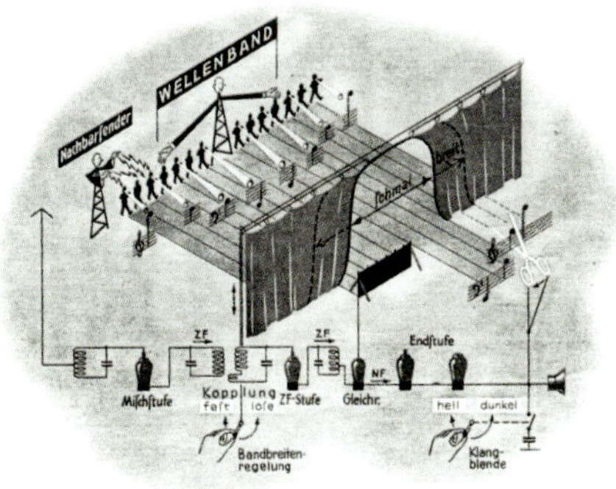

Elegant-gewichtig im Makassar-Ebenholz-Gehäuse kommt 1937 der „TELEFUNKEN T 766 W“ daher, ein Sechskreis-Vierröhren-Super mit Magischem Auge. „Bezaubernde Tonfülle durch den Großlautsprecher und die [geschwungene] Nawi-Form der Membran“ sowie „Zweibandregler mit stetiger Tonblende“ sind nur zwei der vom Hersteller herausgestellten Vorzüge. Preis: 278,- RM

Radios in allen Preisklassen

Wenn man sich mit dem Angebot deutscher Radiofirmen vor dem 2. Weltkrieg auseinandersetzt, so stellt man fest, dass die Zahl der Modelle einen ungeheuren Umfang annahm: Von 1923 bis 1940 sind in Deutschland über 8.000 Radio-Modelle gefertigt worden; zwischen 1930 und 1939 gab es im Durchschnitt etwa 300 neue Modelle pro Jahr! Die Vielzahl an Neuerungen im Laufe dieses Jahrzehnts kann hier nur angedeutet und gestreift werden. Doch soll die Entwicklung des Preisgefüges noch kurz erwähnt werden. Von 1935 bis 1939 fielen die Preise (wie auch schon in den Jahren zuvor) deutlich: Bei Einkreis-Zweiröhren-Empfängern von 160,- auf 125,- RM, bei Zweikreis-Dreiröhren-Empfängern von 230,- auf 155,- RM und beim meistgebauten Vierröhren-Superhet von 325,- auf 210,- RM (Mittelwerte).

Der TELEFUNKEN-Sprecher

HEFT 4 · SEPTEMBER 1938 · JAHRGANG XIII

HAUSMITTEILUNG DER TELEFUNKEN-GESELLSCHAFT FÜR DRAHTLOSE TELEGRAPHIE M. B. H.
Einsendungen erbeten: An den Telefunken-Sprecher, Berlin SW 11, Hallesches Ufer 30 (Telefunkenhaus)

Reichsminister Dr. Goebbels auf der Großen Deutschen Rundfunkausstellung vor den neuen Telefunken-Geräten; ganz rechts Präsident der Reichs-Rundfunkkammer Kriegler; links vorn Direktor Schwab und Dr. Hensel von der Firma Telefunken

Foto Mederer

„Der TELEFUNKEN-Sprecher" vom September 1938 meldet: „Reichsminister Dr. Goebbels auf der Großen Deutschen Rundfunkausstellung vor den neuen Telefunken-Geräten; ganz rechts Präsident der Reichs-Rundfunkkammer Kriegler; links vorn Direktor Schwab und Dr. HenseL von der Firma Telefunken"

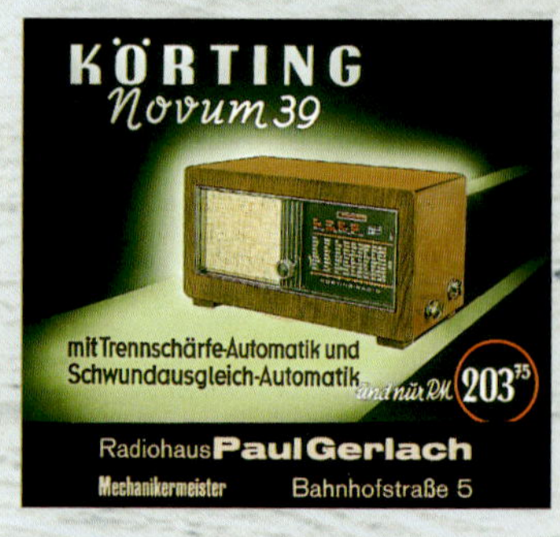

rechts oben: Werbepostkarte von KÖRTING-RADIO: Ihr Spitzenprodukt von 1938 war der „Transmare 39", ein motorgetriebener Drucktasten-Empfänger „mit allen Schikanen". Dieses Modell für stolze 820,- RM galt auch im Gesamtsortiment aller deutschen Radiohersteller als herausragend; es ist der Traum so manchen Radiosammlers.
rechts unten: Preiswert und leistungsstark – der Zweikreis-Empfänger „KÖRTING Novum 39" von 1938, genannt der „Super unter den Geradeausempfängern!" · Diapositiv für die Kinowerbung eines sächsischen Radiohändlers

Die etwa 270 Modelle von 1938, dem „vorletzte(n) Glanzjahr der deutschen Rundfunkindustrie der Vorkriegszeit" (ERB), verteilen sich wie folgt: 24 Einkreiser für 100,- bis 150,- RM, 27 Zweikreiser für 150,- bis 234,- RM und 3 Dreikreiser. Es gibt etwa ein Dutzend Fünfkreis-Super für 164,- bis 234,- RM, 68 Super mit 6 Kreisen für 200,- bis 300,- RM, ca. 100 Super mit 7 Kreisen, 14 mit 8, 6 mit 9 und 4 mit 10 Kreisen. Nahezu die Hälfte der Apparate waren also Superhets der höheren Klasse. Beliebt waren auch Radios mit eingebautem Plattenspieler, die z. B. von BRAUN und TELEFUNKEN angeboten wurden. Die Verbilligung der Empfänger insgesamt war zum einen auf die rationelle Großserienfertigung, teilweise aber auch auf Sparmaßnahmen zurückzuführen, denn in der Funkindustrie war schon Jahre vorher die Rüstungsproduktion angelaufen, und Devisen für Platinkontakte und andere Spezialwerkstoffe wurden den Radioherstellern für zivile Zwecke gestrichen.

Der TELEFUNKEN-Spitzensuper des Jahrgangs 1938/39 hieß „T 898 WK".
Tatsächlich fasziniert „das leuchtende Spiel seiner gläsernen Skalen", die vor der Lautsprecherfront angeordnet sind und durch Flutlicht indirekt beleuchtet werden. Preis: 500,- RM

Ein Blick ins Innere des „INGELEN Geographie", der selten möglich ist: Wir sehen ein „Gewirr" von Glasstäben, die als Lichtleiter das Leuchten der außen umlaufenden Skalenlampe zum gewünschten Punkt auf der Landkarte übertragen – für Mittelwelle weiß, für Langwelle rot.

Ein Radio mit ganz besonderer Skalengestaltung und ein Schmuckstück in jeder Radio-Sammlung: der 1938 erschienene „INGELEN Geographic 39" aus Wien (Ing. LUDWIG NEUMANN). Die Landkartenskala von Europa (in den Grenzen vom Herbst 1938!) enthält die Standorte von 93 Mittelwellen- und 14 Langwellensendern, die beim Einstellen jeweils aufleuchten. Preis: 338,- RM

Der Drucktasten-Super „GRAETZ 51 WT“ von 1939 gefällt durch sein hochglanzpoliertes Nussbaumgehäuse und zeigt die für die letzten Jahre vor dem Krieg dominierende Flachform der mittelpreisigen Radios, bei denen Lautsprecheröffnung und Skala nebeneinander liegen. Preis des mit 8 Senderwahltasten (6x MW, 2x LW) sowie mit Sparschaltung ausgestattenen Apparates: 317,- RM

Lautsprecher-Produktion bei DR. DIETZ & RITTER in Leipzig 1937: „Das laufende Band sichert dem zehntausendsten Körting-Lautsprecher die gleiche Präzision wie dem ersten.“

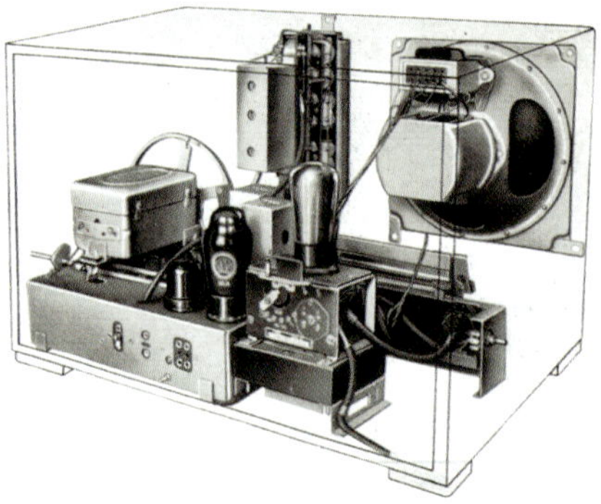

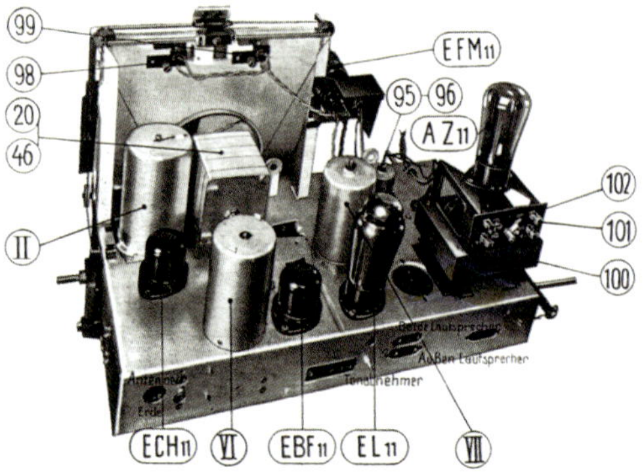

Mitte li.: Chassis-Darstellung für den „MENDE 330 WDK“
Mitte re.: Chassis-Vorderansicht des Tastensupers „GRAETZ 51 WT“ – aus der Serviceanleitung

Das größte und schönste der drei Drucktastengeräte von RADIO H. MENDE & CO., Dresden, des Jahrgangs 1939 ist der „Großsuper 330 WDK“. Preis: 330,- RM

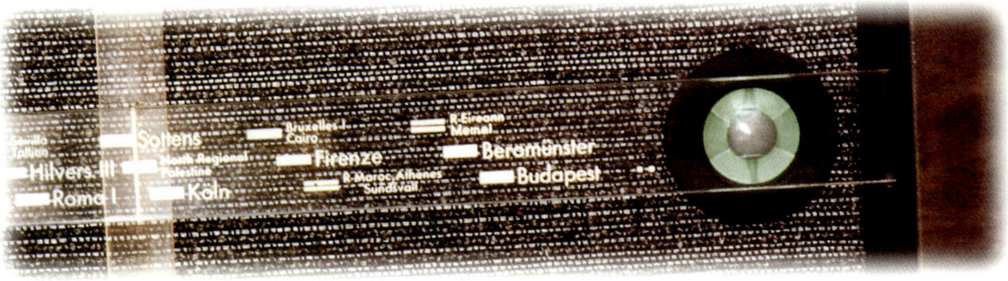

unten: Weiterentwicklung zum Drucktastensuper:
Der „TELEFUNKEN-Spitzensuper D 860 WK" mit Sendertasten und Leuchtbandskala erschien 1939 und ist aus dem „T 898" hervorgegangen;
das neue Magische Auge EM 11 (Bild links) bot jedoch eine bedeutend bessere Einstellhilfe als die EFM 11. Preis: 500,- RM

Der „KÖRTING Amatus 40 WK/D" war die mit Sender-Drucktasten aufgerüstete Variante des „einfachen Amatus". 8 Tasten des „Druckknopfwählers" konnten von jedermann leicht auf Sender im Mittel- oder Langwellenbereich programmiert werden; die Taste „Skala" erlaubte dann die volle Auswahl, besonders für Kurzwellenhörer. Preis des mit einem Dreikreis-Bandfilter ausgestatteten Gerätes: 335,- RM

Radios für unterwegs

Obwohl wir uns bisher mit den „Heim-Radios" beschäftigt haben, wollen wir die Spitzenprodukte der Vorkriegs-Koffergeräte nicht unerwähnt lassen. Schon zu Beginn des „Radio-Zeitalters" wollte auch der Reisende nicht auf Nachrichten und „Musik aus dem Äther" verzichten, doch waren die allerersten tragbaren Empfänger sehr unhandliche Kästen oder nur wenig leistungsfähig. Erst mit der Entwicklung der sparsamen K-Röhren konnte es gelingen, das Preis-Leistungsverhältnis eines tragbaren Batterie-Empfängers, eingebaut in einen Koffer, günstig zu gestalten. Nur wenige Firmen bauten solche Geräte, die als besonderer Luxus anzusehen waren. Zwei Typen sollen hier, stellvertretend für das sowieso kleine Sortiment, etwas näher vorgestellt werden: der „KÖRTING-Tourist" und der „BRAUN BSK 239 D". Beide Geräte sind als 5-Kreis-Super mit fünf Röhren ausgeführt, besitzen eingebaute Rahmenantennen und sind mit einem verhältnismäßig großen dynamischen Lautsprecher bestückt. Das Besondere beim „Tourist" ist die Doppel-Rahmenantenne, für Mittelwelle in der abklappbaren Rückwand und für Langwelle in der Frontplatte untergebracht. Allerdings war sein Gesamtgewicht mit 15,3 kg recht beachtlich: allein 6,2 kg davon entfielen auf Anodenbatterie (120 V) und Heizakku (2 V). Der BRAUN-Koffer war da mit 12,5 kg um einiges leichter, außerdem gab es noch einen Kurzwellenbereich. Neben den beiden genannten Firmen bauten auch BRANDT, NORA, KACO, OWIN und WEGA zeitweilig Kofferradios.

Wegen ihrer universellen Verwandbarkeit wurden Kofferradios damals auch für den Einsatz im „Kraftwagen" empfohlen – was sicher mehr als eine Notlösung anzusehen war. Das spezielle Autoradio der 30er Jahre, von 5 der führenden Radiofirmen gebaut, gehörte ganz offensichtlich zu einer noch höheren Luxusklasse und tritt deshalb nicht allzu häufig in Erscheinung. Nur ganz wenige davon sind bis heute erhalten geblieben.

Weit verbreitet war der schon seit 1937 auf dem Markt befindliche Koffersuper „KÖRTING-Tourist KS 6230 B". Der rückseitige, hochklappbare Deckel enthält die Rahmenantenne für Mittelwelle (im Bild zusätzlich ein geöffneter Deckel). Preis: 256,50 RM

Eines der repräsentativsten und leistungsfähigsten Koffergeräte der Saison 1939 war der „BRAUN-Koffer BSK 239 D". Das Gerät ist mit 5 K-Röhren bestückt, besitzt eine eingebaute Rahmenantenne und hat eine Gegentakt-Endstufe; mit Batterien (Anodenbatterie und Heizakku) wiegt der Koffer 12,5 kg. Das Gehäuse ist mit Leder bezogen; zum Einschalten dient ein Steckschlüssel. Preis: 233,50 RM

Wochen-Programm des Reichssenders Leipzig vom 28. Juli bis 3. August 1935 (31. Woche)

Sonntag, 28. Juli | Montag, 29. Juli | Dienstag, 30. Juli | Mittwoch, 31. Juli | Donnerstag, 1. August | Freitag, 2. August | Sonnabend, 3. Au

Ausschnitt aus einer internen Programmfahne des Reichssenders Leipzig (sog. „Handtuch") von 1935, das sich als Schrankpapier im Original erhalten hat. Die Gesamtbreite des Wocheprogramms betrug 930 mm.

Bitte zu beachten:
Leipzig: Welle 382,2 — Dresden: Welle 233,5
Leipzig: Sendeenergie 150 kW bei 70% Modulation
Dresden: 0,3 kW
Reichssender Leipzig, Markt 8

Wochen-Programm de

Sonntag, 28. Juli

Zeit	Veranstaltung
6,00	Aus Hamburg: **Hafenkonzert** an Bord des Dampfers „New York" der Hamburg-Amerika-Linie I. 1. Glocken vom großen Michel, dem Wahrzeichen der deutschen Seefahrer. — 2. Choral: Ambrosianischer Lobgesang. — II. 1. Zum Städtele hinaus, Marsch von Meißner. — 2. Potpourri aus der Operette „Die lustige Witwe" von Lehar. — 3. Deutschlands Ruhm, Marsch von Schröder. — 4. Hast du gelacht, Intermezzo von Finger. — 5. Dorfschwalben aus Österreich, Walzer von Johann Strauß. — 6. Schleswig-Holstein, Marsch von Kießler. — 7. Liebestraum nach dem Balle von Czibulka. — 8. Laßt den Kopf nicht hängen von Lincke. — 9. Schlesier-Marsch von Kutsch. — 10. Olivera von Wills. — 11. Noch sind die Tage der Rosen von Baumgartner. — 12. Götterfunke, Marsch von Rumohr
8,00	Aus Dresden: **Morgenandacht** Thema: Gemeinschaftsgeist Ansprache: Pfarrer Dr. Just Der Kirchenchor der Hofkirche Dresden Orgel und Leitung: Kantor Paul Walde
8,25	**Zu Johann Sebastian Bachs Todestag (28. Juli 1750)** Bach-Lied aus dem Schemellischen Gesangbuch 1736: „Liebster Herr Jesu", gesungen vom Johanniskirchenchor Leitung: Kantor Willy Stark Anschließend: **Orgelmusik aus der Johanniskirche** gespielt von Kantor Willy Stark 1. Doppelfuge über ein Thema von Legrenzi 2. Partita über den Choral: „O Gott, du frommer Gott" 3. Fantasie und Fuge a-moll
9,00	**Das ewige Reich der Deutschen** Eine Feierstunde
10,00	Aus Köln: Reichssendung: **Deutsche Morgenfeier der HJ**
10,30	**Was wir bringen** (Das Programm der Woche)
11,00	Aus Frankfurt: **Unterhaltungskonzert** der Kapelle Hauck 1. Alte Soldaten, Marsch von Müller 2. Spiel im Schloß, Märchenouvertüre von Karek 3. Pesther Kinder, Walzer von Ziehrer 4. Fabelhaft, Stimmungspotpourri von Schmidt-Hagen 5. Laß uns träumen, langsamer Walzer von Robrecht 6. Santa Lucia, Fantasie für Vibraphon-Solo von Löhr 7. Alhambra-Rheinländer von Lincke Dazwischen: **Großer Preis von Deutschland auf dem Nürburgring** Bericht vom Start, der ersten Runde und vom Stand des Rennens
12,15	Aus Berlin: **Mittagskonzert** Musikzug der SA-Gruppe Berlin-Brandenburg Leitung: Standartenführer Johannes Fuhsel Jungherrs Akkordeon-Melodiker, Kapelle Hans Bund, das Völkner-Duett: Charlotte Töpfer (Sopran), Margit Humbrecht (Alt) Am Flügel: Peter Völkner
Dazwischen 13,00—13,15	Aus Frankfurt: **Großer Preis von Deutschland auf dem Nürburgring** Bericht vom Stand des Rennens
14,00	Zeit und Wetter
14,05	**Deutsches Bauerntum:** Das Hakenkreuz als Heilszeichen nordischer Bauernvölker Walther Tröge
14,30	Aus Frankfurt: **Unterhaltungskonzert** der Kapelle Franz Hauck 1. Deutschlands Heil, Marsch von Baldamus 2. Kleine Lustspielouvertüre von Scheingflug

Montag, 29. Juli

Zeit	Veranstaltung
5,50	Mitteilungen für den Bauer
6,00	Aus Berlin: Choral und Morgenspruch **Funkgymnastik**
6,30	Aus Frankfurt: **Frühkonzert** Ausführung: Musikzug der SA-Standarte R 63 Leitung: Obermusikmeister a. D. Hermann von der Dovenmühle Orchester Frankfurter Berufsmusiker Leitung: Alfred Priedöhl Kapelle Franz Hauck 1. Zum Städtele hinaus, Marsch von Meißner 2. a) Ouvertüre „Die Zaubermühle" von Michieh b) Waldfrieden von W. Hofmeister; 3. a) Lustige Brüder, Marsch von W. Pörschmann; b) Ich hab' einen gelben Kanari, langsamer Walzer von J. Heider 4. Steinmetzmarsch von Bratfisch 5. Traum-Walzer von C. Millöcker 6. Dixie, Foxtrott von A. Rancati 7. Ouvertüre zu „Leichte Kavallerie" von Franz von Suppé 8. Aus der „Hochzeitsmusik" von A. Jensen: a) Reigen; b) Festzug 9. a) Wenn die Geigen klingen, Tango von Fr. Thalhammer; b) Lieber alter Leuchtturm, Foxtrott von J. Kochmann 10. a) Schützen-Defiliermarsch von Lippe; b) Frei weg, Marsch von Latann 11. Das erste Herzklopfen von Richard Eilenberg 12. Nichts ist so schön wie Berlin, langsamer Walzer von H. Rastatt 13. Der Königgrätzer Marsch von Piefke
Dazwischen 7,00—7,10	Nachrichten
8,00	Aus Berlin: **Funkgymnastik**
8,20	Aus Dresden: **Fröhliche Musik am Morgen** Es spielt die Dresdner Solistenvereinigung
9,00	Sendepause
9,50	**Wochenbericht von der Mitteldeutschen Börse**
10,00	Wetter und Wasserstand, Wirtschaftsnachrichten und Tagesprogramm
10,15	Sendepause
11,00	Werbenachrichten der Deutschen Reichspostreklame (außerhalb des Programms des Reichssenders Leipzig)
11,30	Zeit und Wetter
11,45	Für den Bauer
12,00	Aus Hannover: **Schloßkonzert** Das niedersächsische Sinfonieorchester Leitung: Otto Ebel von Sosen Solist: Willy Treffner vom Opernhaus Frankfurt/Main 1. Rosenkavalier-Suite von Richard Strauß: a) Aufzug des Rosenkavaliers und Duett; b) Ochswalzer; c) Arie des Tenors; d) Frühstücksszene; e) Terzett und Schlußduett 2. Ouvertüre zur Operette „Prinz Methusalem" von Joh. Strauß 3. a) Sei mir gegrüßt, holdes Venetia von Joh. Strauß; b) Gondellied von Joh. Strauß 4. Bilder aus dem Süden von Nicodé: Maurisches Tanzlied — Serenade — Provinzalisches Märchen — In der Taberna 5. Ungarischer Marsch, bearbeitet von H. Berlioz 6. Melodien aus der Operette „Wo die Lerche singt" von Franz Leharr 7. a) Wolgalied aus „Der Zarewitsch" von Franz Lehar; b) „Liebste, glaub an mich" aus „Schön ist die Welt" von Franz Leharr 8. Walzer aus der Operette „Wiener Blut" von Joh. Strauß 9. Räuber-Marsch aus der Operette „Das Fürstenkind" von Franz Leharr
Dazwischen 13,00—13,15	Zeit, Wetter und Nachrichten
14,00	Zeit, Nachrichten und Börse
14,15	Vom Deutschlandsender: **Allerlei von Zwei bis Drei**
15,00	Kunstbericht

Ausschnitt aus der oben gezeigten Programmfahne

Auch der 1. Mai wurde von den nationalsozialistischen Machthabern sofort für die Propagierung ihrer Ziele und die „neue Bewegung" in Anspruch genommen. Die Aufnahme vom 1. Mai 1933 zeigt „Betriebsführung" und Belegschaft der Leipziger Groß- und Einzelhandelsfirma RADIO-SCHNORR, die vor dem Hauptgeschäft in der Gerberstraße („Wickenbergs Hof") angetreten ist und kurz vor dem Abmarsch zum Mai-Umzug steht.

Obwohl durch natürlichen Verschleiß und durch Kriegs- und Nachkriegswirren sehr viele alte Radios unwiederbringlich verlorengingen, sind aus der Fülle der damaligen Fertigungsserien doch noch zahlreiche Stücke erhalten geblieben, die heute ein Sammlerherz erfreuen oder in Museen zu bewundern sind und die von der 60 Jahre zurückliegenden Ingenieurkunst und „Werkmannsarbeit" deutscher Rundfunktechniker Zeugnis ablegen. Die einstigen Markenfirmen dachten wohl auch nicht daran, dass ihre damals sorgfältig erarbeiteten Firmenschriften, Kataloge und Reparaturanleitungen noch nach so langer Zeit von großer Wichtigkeit für den Erhalt der alten Geräte sein würden. Und dort, wo einem restaurierenden Sammler die Originale fehlen, kann er auf die Bücher rühriger Funkhistoriker oder auf Original-Nachdrucke zurückgreifen.

Die Mirag
Mitteldeutsche Rundfunkzeitung
Auch der Einzelpreis wird ab 1. Mai herabgesetzt!
Die Mirag kostet von dieser Woche ab pro Heft
30 Pfg.
Dennoch bleibt sie das, was sie bisher war: Die
schönste Familien-Rundfunkzeitschrift Deutschlands!
Mitteldeutsche Rundfunk A.-G.
Leipzig
Der Übertragungs- und Werbewagen der Mitteldeutschen Rundfunk A.-G. (siehe hierzu auch Seite 1).
Nummer 18
Programmwoche vom 3. bis 9. Mai
Preis 30 Pfg.
Leipzig, 2. Mai 1931
VERLAG: VERLAGSANSTALT DES LEIPZIGER MESSAMTS G.M.B.H. LEIPZIG

DAS „HF-MAGNETOPHON" – SO GUT WIE LIVE

Magnetische Schallaufzeichnung im Rundfunk bis 1945

Der Traum der Rundfunktechniker, aber auch der Musiker und Programmverantwortlichen, von einem qualitativ hochwertigen, leicht handhabbaren und dauerhaften Schallspeicher mit langer Laufzeit, wie es heute das analoge oder digitale Tonbandgerät darstellen, konnte in den ersten 20 Jahren des Rundfunkbetriebes noch nicht erfüllt werden. Es bedurfte einer ganzen Anzahl von Erfindungen und Neuerungen, zielstrebiger Forschungs- und Entwicklungsarbeit und dazu einer Portion Überzeugungskraft, um die Neuheiten auf diesem Gebiet einzuführen und durchzusetzen.

Obwohl die Erfindung der mechanischen Schallspeicherung und -reproduktion seit EDISONs Phonographen und BERLINERs Grammophon zu Beginn des Rundfunks schon einige Jahrzehnte zurücklag, und obwohl seit 1900 auch die elektromagnetische Speicherung von Sprache, Lauten und Tönen bekannt war, musste der Rundfunk in den ersten 5 Jahren seines Bestehens völlig ohne „hauseigene" Schallaufzeichnung auskommen. Die bis 1925/26 vorherrschende rein akustische Schallplattenaufnahme und -wiedergabe lag unter der Würde der damaligen Radiomacher, die ja zu dieser Zeit schon mit dem REISZ-Mikrofon arbeiteten! Nachdem dann bei der Schallplattenherstellung ebenfalls Mikrofon und elektrischer Tonschreiber eingeführt waren, mussten noch patentrechtliche Hemmnisse beseitigt werden, ehe ab 1929 die elektrische Wachsplattenaufnahme in den Rundfunkhäusern eingeführt werden konnte, was auch erheblicher Invesitionen bedurfte. Die Tonqualität der Wachsplatte war für den Rundfunk durchaus ausreichend, die Handhabung allerdings umständlich; längere Beiträge mussten kunstvoll durch lückenlose Aneinanderreihung mehrerer Platten realisiert werden. Auch zur Auswahl einzelner Abschnitte gehörte viel Fingerfertigkeit: „Dann heißt es, aus der Mitte einer Wachsplatte auf irgend einen Punkt einer anderen Wachsplatte überzuspringen, ohne daß der Hörer diesen Übergang merken darf ... und das ist bei dem sehr weichen und empfindlichen Wachs und bei Rillen, deren Tiefe nach Zehntel Millimeter gemessen werden, für die Aufnahmetechniker eine harte Schule ..."

Eine variable Programmgestaltung war also nur sehr begrenzt möglich. Und was der zunehmenden Mobilität der Berichterstattung am meisten im Wege stand: Eine Aufnahme „unterwegs", z. B. in bewegten Fahrzeugen, war unmöglich. Doch ist es aus heutiger Sicht bemerkenswert, in welchem Umfang und mit welchem Geschick damals mit dem Wachsplattenverfahren gearbeitet wurde. Im zentralen Schallarchiv der RRG sollen sich bis 1940 etwa 60.000 Schallplatten und 80.000 Tonfolien angesammelt haben. Was der Krieg davon übriggelassen hat, befindet sich heute im DRA Frankfurt. Aus Leipziger Sicht sind natürlich viel zu wenig Musikaufnahmen dabei – Politik hatte Vorrang.

Schon frühzeitig wurde klar, dass für den universellen Rundfunkbetrieb nur ein erschütterungsunempfindliches Schallaufnahme-Verfahren infrage kommen konnte: kein mechanisches, sondern ein elektromagnetisches! Deshalb wurden die Entwicklungen auf diesem Gebiet aufmerksam verfolgt – aber die Qualität eines neuen Verfahrens durfte auch nicht schlechter sein als die der Wachsplatte, die mit der Einführung des Kondensatormikrofons (1932) hinsichtlich Frequenzgang und Störabstand schon an ihrer Grenze angekommen war.

Doch vom ersten Stahldrahtgerät von VALDEMAR POULSEN bis zum hochwertigen „HF-Magnetophon" von AEG und RRG (K 7/ R 22a) war es ein dornenreicher, von viel Rauschen begleiteter Weg.

Das erste bekanntgewordene magnetische Tonaufzeichnungsgerät war V. POULSENs „Telegraphon", dessen Aufzeichnungsträger eine mit Klaviersaitendraht bewickelte Messingwalze war. Die Vorführung 1900 in Paris erregte, obwohl die Lautstärke wegen des Fehlens einer Verstärkeranordnung bescheiden blieb, viel Aufsehen, und tatsächlich ist eine von Kaiser FRANZ JOSEPH besprochene Original-Rolle erhalten geblieben.

Dem Telegraphon vorausgegangen waren die 1888 publizierten Ideen von OBERLIN SMITH, der sich, wie man heute weiß, schon 1878, ein Jahr nach EDISONs Erfindung des Phonographen, mit „einigen möglichen Verbesserungen" dieses Gerätes auf elektromagnetischem Wege befasst hatte,

Der Däne VALDEMAR POULSEN (1869-1942), Erfinder des Löschfunkensenders und Ehrendoktor der Universität Leipzig, erhielt 1898 ein Patent für seinen Stahldraht-Phonographen. Er führte ihn sehr erfolgreich auf der Pariser Weltausstellung von 1900 vor und erhielt dafür einen „Grand Prix".

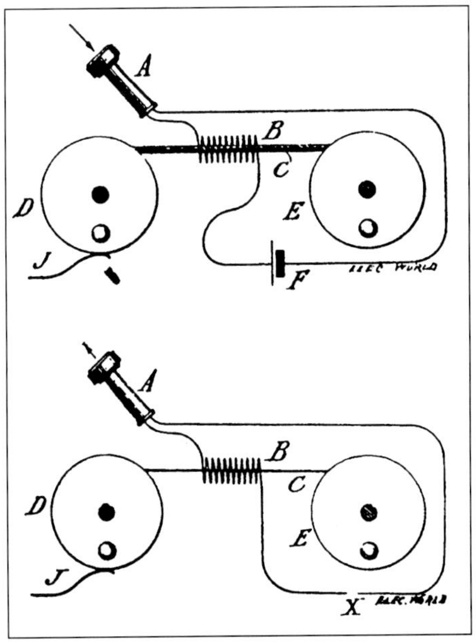

Der erste Vorschlag für eine magnetische Tonaufzeichnung und -wiedergabe kam 1888 von dem Amerikaner OBERLIN SMITH (1840-1926).

Ein Rundfunkreporter mit einer transportablen Magnetophon-Apparatur in der Berliner S-Bahn während der „Deutschen Fußball-Meisterschaft 1942". Seine auf Band gesprochenen Berichte vom Massenverkehr zum Olympiastadion wurden in die Übertragung des Fußballkampfes eingeblendet.

Erprobung einer C.-LORENZ-Stahlband-Maschine bei einer Rundfunkreportage aus einem U-Bahn-Abteil (1934). Links: Dr. VON BRAUNMÜHL (1900-1980), rechts: Obering. KRAEGE

ohne dass praktische Ergebnisse nachweisbar sind. Möglicherweise hat POULSEN von SMITH profitiert; es gab von ihm auch schon Geräte mit Stahlband und -platte.

Knappe 30 Jahre später hatte die Stahlband-Aufzeichnung, von dem Chemiker CURT STILLE (1873-1957) zu einer gewissen Perfektion gebracht, zwar den Rundfunkbetrieb erobert, jedoch nicht gleich in Deutschland, sondern zunächst bei der BBC. Dort hatte der weltweite „Empire-Rundfunk" schon früh die zeitversetzte Ausstrahlung der Sendungen erfordert, wozu eine „Riesen-Maschine" mit einem 6 mm breiten und 3.000 m langen Stahlband aufgestellt wurde. Die Techniker der RRG interessierte indes mehr die Erschütterungs-Unempfindlichkeit dieser Technik, so dass sie schließlich, durch Untersuchungsergebnisse von SCHÜLLER ermutigt, bei der C. LORENZ A.-G. ein für fahrbaren Einsatz geeignetes Aufnahmegerät, die „LORENZ-Stahlton-Bandmaschine", entwickeln ließ. Sie war für Reportagen hervorragend geeignet, doch für das Anlegen eines Archivs schied das schwere, teure, unhandliche – übrigens auch messerscharfe – Stahlband aus. Es war zudem „widerborstig", denn es hatte das Bestreben, bei Nachlassen der Wickelspannung „aufzuschnurren" und konnte dann schwer weiter glatt abgewickelt werden. So blieb dieses Gerät im Versuchsstadium stecken – denn als sich bei der RRG die Stahlbandrollen drehten, war schon etwas Neues in Sicht: das leichte und flexible Tonband!

Stahlton-Bandmaschine nach Dr. S. J. BEGUN, gebaut von der Firma C. LORENZ A.-G. Das 3 mm breite und 0,08 mm dicke Stahlband (Import aus Schweden) lief mit 1,5 m Bandgeschwindigkeit. Für 30 min Spielzeit brauchte man 2.700 m Band mit einem Gewicht von 10 kg! Die Tonqualität war der der Wachsplatte deutlich unterlegen, abgesehen von der schwierigen und umständlichen Handhabung.

Begonnen hatte die Entwicklung des Magnetbandes mit der Idee des Dresdner Ingenieurs FRITZ PFLEUMER, „einem kleinen, eher scheu wirkenden Mann“, der für die Zigarettenindustrie tätig war und sich mit der Herstellung von Goldmundstücken auskannte. Er muss wohl auch so etwas wie ein Radiobastler gewesen sein – jedenfalls experimentierte er mit einem magnetisierbaren Papierband und reichte im Jahre 1928 sein erstes Patent mit dem Titel „Lautschriftträger“ ein. Er war offenbar, wie

Der erste Reportagewagen der Reichs-Rundfunk-Gesellschaft (RRG) mit einer Magnetbandaufzeichnungsanlage, einer LORENZ-Stahlton-Bandmaschine, im Jahre 1936

DEUTSCHES REICH

AUSGEGEBEN AM 26. JUNI 1930

REICHSPATENTAMT

PATENTSCHRIFT

№ 500 900

KLASSE **42g** GRUPPE 17 10/03

P 57028 IX/42g

Tag der Bekanntmachung über die Erteilung des Patents: 5. Juni 1930

Fritz Pfleumer in Dresden

Lautschriftträger

Patentiert im Deutschen Reiche vom 31. Januar 1928 ab

Es ist bereits bekannt, Gespräche, Musikstücke u. dgl. auf elektromagnetischem Wege derart aufzuzeichnen, daß man an einem durch den Sprechstrom erregten Magneten ein Stahlband oder einen Stahldraht vorbeibewegt (W. Poulsens Telegraphon). Die Aufzeichnung erfolgt hierbei durch magnetische Polarisierung des an dem Sprechmagneten vorbeibewegten permanentmagnetisierbaren Bandes. Dieses Verfahren hat den Nachteil, daß die magnetische Koerzitivkraft auf das Verschwinden des Schallbildes hinarbeitet, so daß man gezwungen ist, das Band mit einer derartigen Geschwindigkeit durchzuführen, daß die auf dem Band entstehende Länge der aufgezeichneten Schallwelle höchster Frequenz mindestens gleich lang ist dem Abstand der beiden aufzuzeichnenden Magnetpole. Dies bedingt eine Verschwendung des an sich teuren und schweren Lautschriftmaterials.

Dann gibt es noch Verfahren, bei welchen Pulver aus weichem, nicht permanentmagnetisierbarem Eisen derart auf ein Photophonogramm gestäubt wird, daß es das Schallbild in Form wechselnder Schichtstärke des Eisenpulvers oder wechselnder Fläche des Pulvers bei gleichbleibender Schichtstärke festlegt. Schließlich ist auch eine dünne Schicht permanentmagnetischen Materials elektrolytisch auf eine Unterlage aufgebracht worden. Die meisten dieser Verfahren eignen sich nicht zur Aufnahme oder Wiedergabe von Schallbildern ohne Zwischenverfahren.

Gegenstand der Erfindung ist ein Lautschriftträger, bei welchem auf ein Band oder eine sonstige Unterlage aus beliebigem, vorwiegend biegsamem Werkstoff der zur Aufnahme der Lautschrift dienende permanentmagnetisierbare Werkstoff in außerordentlich feiner Verteilung, d. h. in Pulverform, aufgebracht ist. Dies Pulver wird zweckmäßig durch irgendein außerhalb der Erfindung stehendes Verfahren — etwa Einbettung in eine Schicht aus einem neutralen, zweckmäßig wasserunlöslichen Bindemittel — festhaftend mit der Unterlage verbunden.

Als Unterlage kann man z. B. Bänder aus zähem Papier, wie z. B. Pergament, Pergamyn, Natronzellstoffpapier, oder durch irgendein chemisches Verfahren hergestellten Werkstoff, sogenannte Filme aus Cellulosederivaten, z. B. Acetylcellulose, Celluloid, Viskose u. dgl., verwenden. Auf dieser Unterlage wird z. B. Stahlpulver, das mit einem wasserunlöslichen Bindemittel zu einer Paste angerührt ist, gleichmäßig aufgestrichen. In der fabrikmäßigen Herstellung streicht man natürlich größere Breiten auf maschinellem Wege und schneidet diese erst nachträglich durch Spezialmaschinen zu Spulen der erforderlichen Bandbreite.

Um sofort eine dauernde Aufzeichnung des aufgenommenen Schallbildes ohne irgendwelche Nacharbeit zu erzielen, verwendet man erfindungsgemäß gehärtetes Stahlpulver, das man nach einem besonderen Verfahren erhält, das an sich nicht Gegenstand der Erfindung ist. Die Verwendung solchen Werk-

Das erste, grundlegende Patent DRP 500 900 „Lautschriftträger“, welches der Dresdner Ingenieur FRITZ PFLEUMER (1881-1945) für sein magnetisch beschichtetes Tonband aus Papier bzw. Folie („Film“) erhielt er später in einem Interview mitgeteilt hat, von früheren Überlegungen über die Nachteile des Stahldrahtverfahrens inspiriert worden. Mit seinem Vorschlag, zur Tonaufzeichnung ein mit Stahlpulver beschichtetes flexibles Papier- oder Kunststoffband zu verwenden, ließ sich vor allem ein preiswertes Aufnahmemedium schaffen, das leicht durch Kleben montiert werden konnte. Innerhalb von drei Jahren hatte er eine funktionsfähige Apparatur zur Demonstration seiner Erfindung gebaut, die er zwecks Gewinnung industrieller Interessenten zunächst in verschiedenen Zeitschriftenredaktionen vorführte. Die „Umschau" brachte zum Bericht auch ein Foto von ihm und seiner Apparatur, und im „Dresdner Anzeiger" vom Juli 1931 erschien ein Interview unter der Schlagzeile: „Dresdner Ingenieur hat ‚singendes Papier' erfunden!" PFLEUMER beschreibt dem staunenden Reporter W. N. KUHN seine Erfindung:

FRITZ PFLEUMER mit seinem selbstgebastelten Tonbandgerät. Es arbeitete mit einem mit Stahlpulver beschichteten Pergamynpapier-Band, das eine Dicke von 1/40 mm hatte; die Bandgeschwindigkeit betrug vermutlich 50 cm/s.

„...wie das Farbband einer Schreibmaschine ist ein Papierstreifen links aufgespult. Er gleitet – wiederum ähnlich dem Wege eines Farbbandes – an einem Magneten vorüber und wird von der rechten Scheibe erneut aufgewickelt. Sie zieht ihn an dem Magneten vorbei, spult ihn gleichzeitig links ab. Der Papierstreifen ist das ‚Lautschriftband', aber es hat Mühe gekostet, den rechten Werkstoff als Träger von Metallstaub aufzuspüren." PFLEUMER hatte mit Schmirgelpapier und mit gestrichenem Papier experimentiert, ehe er mit „spiegelglattem Pergamyn-Papier", nach „alter Technik" hergestellt, Erfolg hatte. Sein 25 μm dickes und 16 mm breites Band war mit „gehärtetem Stahlstaub" (Carbonyleisenpulver) beschichtet; die Laufgeschwindigkeit des 300m langen Bandes betrug wahrscheinlich 50 cm/s. Die akustischen Eindrücke von der Vorführung wurden wie folgt geschildert:

„Teilweise kamen die Töne außerordentlich klar wieder, teils machten sich Nebengeräusche noch stark bemerkbar ...". Eigentlich kein Wunder, wenn wir uns vorstellen, wie rauh und unregelmäßig die von Hand beschichteten Papierbänder gewesen sein müssen. Es wird sogar behauptet, anfangs sei das Grundgeräusch stärker als die Nutzmodulation gewesen; ein Band von damals ist leider nicht erhalten geblieben.

Es gelang PFLEUMER, die AEG in Berlin für seine Erfindung zu interessieren, die 1932 auf der Basis seines Grundpatentes einen Vertrag mit ihm abschloss. Die AEG hatte die notwendige Phantasie, um die Tragfähigkeit seiner Erfindung zu erkennen, mittels derer offensichtlich einige Mängel der bisherigen Aufzeichnungsverfahren, insbesondere für den Rundfunkbetrieb, zu vermeiden waren. In den Berliner AEG-Labors wurde sofort die technische und technologische Umsetzung der erfinderischen

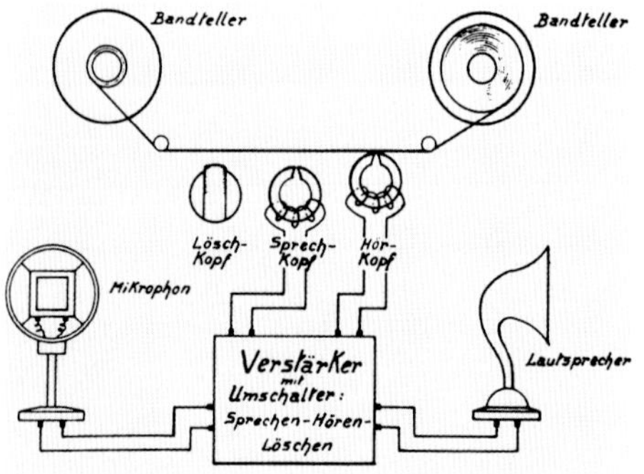

Ein zeitgenössisches Wirkschema des „Magnetophons": Zeichnung vom 15. September 1935

Grundideen in Angriff genommen. Zwei Hauptaufgaben beinhaltete das Verfahren: die Entwicklung stabiler Tonbänder – Papier war zu reißempfindlich – und die Schaffung einfach zu bedienender, zuverlässiger und bandschonender Laufwerke. Zur Bandentwicklung schaltete die AEG mittels guter persönlicher Beziehungen leitender Mitarbeiter die IG FARBEN, Werk Ludwigshafen (später BASF), ein, die schon nach 2 Jahren Ergebnisse vorweisen konnte, die sich „hören" ließen. Auf der Basis eines Grundfilms aus Acethylcellulose, der mit einer Carbonyleisen-Suspension beschichtet war, wurde das „Magnetophonband Typ C" entwickelt, das erste Kunststoff-Tonband überhaupt, zunächst noch „Filmband" genannt. Es war zu dieser Zeit 6 mm breit, davon 5 mm beschichtet. Bei der AEG entstanden indessen im Labor von TH. VOLK die ersten Versuchsmuster eines künftigen Magnetbandgerätes; an den Arbeiten war von Anfang an auch E. SCHÜLLER – nicht nur durch den von ihm 1933 erfundenen bandschonenden Ringkopf – maßgeblich beteiligt. Mitte 1934 war das Ende der reinen Versuchsphase erreicht und von beiden Partnern der Name „Magnetophon" beschlossen. So wollte man denn auch nicht lange zögern, die neue Technik der Öffentlichkeit vorzustellen: für die Funkausstellung 1934 in Berlin standen Gerät und Bänder bereit – doch machte die AEG kurzfristig einen Rückzieher, die Mechanik war noch nicht feinfühlig genug, es gab zu viele Bandrisse. Man begann das einmotorige Laufwerk zu überarbeiten, und auch das Band sollte weiter optimiert werden. Ein neuer Anlauf war für die Leipziger Frühjahresmesse 1935 geplant, doch fühlte man sich immer noch nicht sicher genug. Erst ein Dreimotoren-Laufwerk mit der Bandgeschwindigkeit 1 m/s und der Einsatz des schon erwähnten SCHÜLLERschen Ringkopfes für Aufnahme und Wiedergabe befriedigte alle Beteiligten und ermöglichte nun endlich die öffentliche Präsentation des neuen Magnetophon-Verfahrens.

Am 16. August 1935, mit Beginn der „12. Großen Deutschen Rundfunkausstellung" in Berlin, wurde das „Magnetophon K 1" der AEG, zusammen mit einem magnetisierbaren Kunststoffband der IG Farbenindustrie, dem 6,5 mm breiten „Magnetophonband", als erstes Tonbandgerät der Welt der Öffentlichkeit vorgestellt. Es muss eine Sensation gewesen sein – und war tatsächlich eine ingenieurtechnische Meisterleistung von Technikern und Chemikern gleichermaßen, aber auch das Ergebnis besonderen firmenübergreifenden Teamworks. Die Überlegenheit des Magnetophons zu einem Zeitpunkt, als noch mit Gleichstromlöschung und -vormagnetisierung gearbeitet wurde, lag weniger in einer neuen Klangdimension – dieses „Wunder" geschah erst 6 Jahre später – als vielmehr in den betriebstechnischen Vorzügen: sofortige Verfügbarkeit, leichte Montierbarkeit von Bandteilen, Wiederverwendung des Bandmaterials.

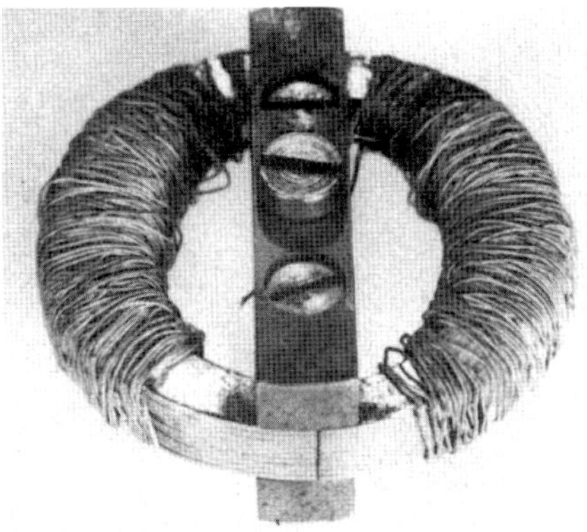

Der erste Ringkern-Magnetkopf, erfunden 1933 von EDUARD SCHÜLLER (1904-1976). Diese Bauform ist im Prinzip bis heute unverändert geblieben.

Dieses Magnetbandgerät der AEG (ohne Typbezeichnung) war einer der ersten für eine öffentliche Vorstellung gebauten Prototypen. Nach neuesten Erkenntnissen handelt es sich hier um ein Modell von Anfang 1935; es könnte daher das für die Leipziger Frühjahrsmesse vorbereitete Gerät sein.

Zur „12. Großen Deutschen Rundfunkausstellung Berlin 1935" wurde von der AEG das „Magnetophon K 1" der staunenden Öffentlichkeit präsentiert. Das hier abgebildete Koffergerät enthält nur das (dreimotorige) Laufwerk; zum Betrieb waren noch ein Verstärker- und ein Lautsprecherkoffer notwendig. Als Variante für stationären Betrieb gab es ein Truhenmodell mit Fernbedienung. Die Geräte waren zunächst nur für Sprachaufzeichnungen geeignet.

Eines der ältesten erhaltenen Magnetophon-Geräte: Eine Maschine K 2 von 1936, mit Mikrofon, Verstärkerkoffer- und Lautsprecherkoffer

Wie das „Magnetophon" auf der Funkausstellung aufgenommen wurde, beschrieb der Leiter der Tonband-Entwicklung, F. MATTHIAS, kurz danach so:

„Das Magnetophongerät erregte auf der Ausstellung größtes Interesse. Die Händler sahen, wie wir verschiedentlich hörten, in dem Gerät den ‚Schlager' der Ausstellung. Sie sahen bedeutende Entwicklungsmöglichkeiten als Diktier- und Reportagegerät, aber auch als Gerät, das geeignet wäre, die Grammophonplatte zu verdrängen. Es wurde mehrfach der Wunsch geäußert, das Magnetophon mit dem Telephon zu kombinieren, ein Zusatzgerät zum Radioapparat zu schaffen, fertig besprochene oder bespielte Filme [d. h. Magnetbänder] zu verkaufen, ein Gerät zu bauen, mit dem man bei Konzerten im Freien künstlichen Nachhall schaffen kann". Der Ausstellungsstand war dicht umlagert – jeder Besucher bekam die Möglichkeit, seine eigene Stimme vom Tonband zu hören, was ja beim ersten Mal stets verblüfft.

Bei aller Euphorie und technischen Phantasie, die das neue System hervorrief, stand noch reichlich Arbeit bevor: Mess- und Prüfmethoden mussten entwickelt werden, um systematisch weitere Verbesserungen zu erreichen, was in den folgenden Jahren nur in kleinen Schritten gelang. Zunächst rauschte das Band wesentlich stärker als die Wachsplatte und die Stahlton-Bandmaschine. Allmähliche Verbesserungen kamen über das Band zustande: Schon im Herbst 1936 wurde die Beschichtung auf Eisenoxid Fe_2O_3 umgestellt, ein feinkörnigeres und empfindlicheres Material als Carbonyleisen. Das „Magnetophon K 2" von 1936 mit der auf 77 cm/s neu festgelegten Bandgeschwindigkeit erreichte 37 dB Dynamik bei einem Frequenzbereich von 50 bis 5.000 Hz, aber der Klirrfaktor war mit 10 % noch recht hoch. Die Versuchsaufnahme eines Konzerts bei der BASF zeigt deutlich, dass die Qualität der Wachsplatte noch nicht erreicht wurde. Dementsprechend begann die Einführung des „Magnetophons" in den Sendebetrieb der deutschen Rundfunkhäuser etwas zögernd erst 1938, und auch nur für Sprachaufzeichnungen. Jedenfalls lernte man den Hauptvorteil des Verfahrens, die auf 20 min „am Stück" erweiterte Spielzeit, schätzen. Beim Reichssender Leipzig (Markt 8) ist, wie ein damaliger Tontechniker dem Autor berichtete, das Magnetophon anfangs für die Aufnahme der „Kinderstunde" mit Dr. ILSE OBRIG eingesetzt worden.

Ein Magnetophon-Gerät von 1938 – das Truhenmodell „FT 3"

Immer noch 3 Koffer und über 100 kg schwer: das „Magnetophon K 4“ (1939), bei der RRG als „R 22“ in Betrieb

Eine weitere Steigerung der Bandqualität wurde 1939 durch Einführung des roten Eisenoxids μ-Fe_2O_3 möglich, ohne dass das schon der Durchbruch gewesen wäre. Hier kam nun der dritte Partner für die Entwicklung ins Spiel: das Labor der Reichs-Rundfunk-Gesellschaft in Berlin. Dort hatten H. J. VON BRAUNMÜHL, W. WEBER und E. SCHÜLLER schon mehrere Jahre lang versucht, dem störenden Rauschen des Tonbandes beizukommen. Ein neues, der Schallplatte überlegenes Verfahren musste sich ja an der inzwischen gestiegenen Rundfunkqualität, vom Studio bis zum Empfänger, orientieren. Man analysierte die magnetischen Eigenschaften des Bandes und versuchte, mit Gegentaktverfahren das Rauschen zu minimieren, doch der vormagnetisierende Gleichstrom machte alles wieder zunichte. Bei diesen Untersuchungen kam W. WEBER ein Zufall zu Hilfe – man kann es auch als „Forscherglück“ bezeichnen –, welcher mit einem Schlag aus dem rauschenden Tonband ein „High-Fidelity Sound Recording System“ machte: die Entdeckung der Hochfrequenz-Vormagnetisierung. Wie „zufällig“ diese Entdeckung auch gewesen sein mag – es gibt unterschiedliche Darstellungen dazu – die intensiven Vorarbeiten erleichterten die Deutung und Optimierung des gefundenen neuen Prinzips der rauschfreien Bandaufzeichnung. Unmittelbar im Anschluss an ihre erste Patentanmeldung des DRP 743 411 „Verfahren zur magnetischen Schallaufzeichnung“ („HF-Patent“) am 28. Juli 1940 begannen VON BRAUNMÜHL und WEBER mit Untersuchungen zur praktischen Nutzanwendung, mit einem überragenden Erfolg, wodurch sich das Magnetophon-Verfahren mit einem Schlag über alle anderen heraushob. Das „HF-Patent“ wurde 1943 erteilt, obwohl in den USA und in Japan Vorerfindungen existierten; ein Fakt, der nur durch die Kriegsumstände erklärt werden kann. Es besteht kein Zweifel daran, dass W. WEBER die anderen Erfindungen zunächst nicht gekannt hat, die sich mit der Anwendung von Hochfrequenz zur Verringerung des Rauschens bei der magnetischen Schallaufzeichnung befassten.

Das Magnetophon-Laufwerk „R 22“ von unten

Das Magnetophon-Laufwerk „R 22“;
es wurde später zum „HF-Magnetophon R 22a“ weiterentwickelt, mit dem auch nach Umrüstung und Erweiterung die Stereo-Versuchsaufnahmen bei der RRG gemacht wurden.

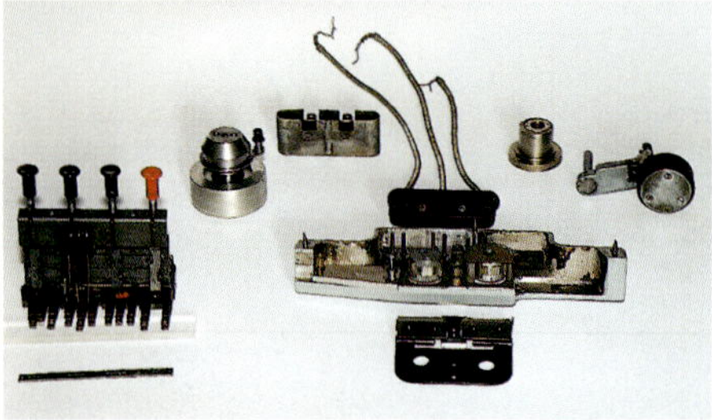

Einige Einzelteile des Magnetophon-Laufwerks R 22a: Tastenschalter, linke Umlenkrolle, Kopfträger mit Abdeckklappe und Kontakt-Anschlussstück, Gummi-Andruckrolle mit exzentrisch verstellbarem Lager.

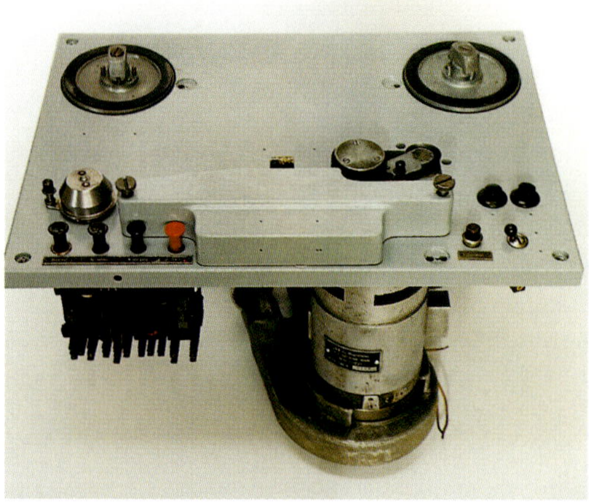

links oben: 3 gewichtige Motoren sorgen für bandschonenden und gleichmäßigen Bandvorschub sowie zügiges Umspulen: vorn der Synchronmotor mit Tonwelle, dahinter die 2 Kommutator-Wickelmotoren links unten: Laufwerk-Grundplatte mit den 3 Motoren, dem Kopfträger und Tastenschalter sowie Umlenk- und Andruckrolle.

Die AEG-Tonbandmaschinen der RRG wurden, soweit sie den Krieg überlebt hatten, noch bis Anfang der 50er Jahre beim Rundfunk in Ost- und Westdeutschland genutzt. Dieses Laufwerk aus dem „Haus des Rundfunks" (Berlin) war später im Dresdner Funkhaus in Betrieb und hat – wenn auch in zerlegtem Zustand – die Jahrzehnte überdauert. und soll wieder rekonstruiert werden

Für das „HF-Magnetophon" konnte man nun erstaunliche Daten vorweisen: Dynamik über 60 dB, Frequenzbereich von 30 bis über 10.000 Hz, Klirrfaktor 3 % – noch nie dagewesene elektroakustische Parameter für einen Schallspeicher. Klar, dass nun dank dieser überragenden Qualität und der vielen betriebsmäßigen Vorteile Rundfunk, Schallplatte und Tonfilm gleichermaßen interessiert waren. Die Erfinder verkauften ihr Patent an die AEG, die am 10. 6. 1941 eine vielbachtete Demonstration im Berliner „UFA-Palast" veranstaltete – „die reine Hi-Fi", wie sich Teilnehmer später erinnern.

Bei der RRG begann man, die Bandmaschinen mit einem HF-Zusatz (Lösch- und Vormagnetisierungsgenerator mit 3x EL 11) zu versehen, aus der „R 22" entstand die „R 22a". Bald wurden im „Haus des Rundfunks" in der Masurenallee die meisten Sendungen und viele Musikproduktionen, Tag und Nacht, auf Band aufgenommen. Dem „Großdeutschen Rundfunk" mit seinem kriegsbedingt eingeführten Einheits-„Reichsprogramm" kam das HF-Magnetophon für einen personalsparenden und zeitvariablen Sendeablauf sehr zustatten; nun waren Bandsendungen nicht mehr von „live" zu unterscheiden. Der Bandbedarf von Rundfunk und Wehrmacht stieg enorm; als ein Brand in Ludwigshafen Mitte 1943 die Bandproduktion lahmlegte, musste die Filmfabrik AGFA WOLFEN einspringen.

Amerikanische Nachrichtenoffiziere, die von England aus oft deutsche Sender abhörten, konnten sich zwar nicht vorstellen, dass im deutschen Nachtprogramm regelmäßig ein großes Orchester aktiv war, hatten aber für die exzellente Tonqualität der Sendungen keine Erklärung. Sofort nach Kriegsende analysierten die Allierten mit größter Neugier die HF-Magnetophone der RRG und klassifizierten sie als „wahre Hi-Fi-Geräte, wie es sie woanders nicht gibt" – eine Erkenntnis, die aus den von der deutschen Wehrmacht erbeuteten „Tonschreibern" (mit Gleichstromvormagnetisierung) nicht zu gewinnen war. Das mittels HF schlagartig verbesserte Magnetophon-Verfahren hatte die RRG-Techniker ermutigt, Versuche mit zweikanaligen stereofonen Aufzeichnungen zu machen, unter Verwendung des schon 1938 entwickelten Zweispurkopfes. Auf einer Labor-Anlage wurden von April 1943 bis 1944 zahlreiche Stereo-Musikaufnahmen hergestellt, von denen die meisten leider verschollen sind.

Magnetbandanlage für Zweikanal-Stereofonie, wie sie bei der RRG 1943/44 für zahlreiche Versuchsaufnahmen, meist im Berliner „Haus des Rundfunks", verwendet wurde

Gegenüberstellung der Gleichstrom- und Hochfrequenz-Verfahren		
Magnetophontyp	K 4	K 7
Bandgeschwindigkeit	77 cm/sek	77 cm/sek
Art der Löschung und Vormagnetisierung	Gleichstrom	Hochfrequenz 44:100 kHz
Vorgang der Löschung	Magnetisierung bis zur Sättigung	Völlige Entmagnetisierung
Band nach Löschung	Verbleib einer konstanten Remanenz	Magnetisierung Null
Aufsprechvorgang	Niederfrequenz vergrößert bezw. verkleinert, ihrer Amplitude entsprechend, das magnetische Feld, ausgehend von einem durch die Vormagnetisierung bestimmten Arbeitspunkt. Die Magnetisierungsänderung bewegt sich in der Mitte des geradlinien Teiles der Grenzhysteresekurve	Niederfrequenz bestimmt lediglich den Arbeitspunkt der HF-Magnetisierung und damit die Größe der verbleibenden Remanenz. Es ergibt sich ein zur Nullachse unsymmetrisch verlaufendes an- und abklingendes Wechselfeld. In den Sprechpausen verschwindet die Magnetisierung völlig.
Dynamik	38 db	60 db
Frequenzumfang ± 2 db	50 ... 5500 Hz	30 ... 10000 Hz
Klirrfaktor (bei der Betriebsdynamik und f = 1000 Hz)	5 — 10 %	2 — 3 %

Dr. WALTER WEBER (1907-1944), der 1940 die HF-Vormagnetisierung entdeckte und dem die wesentlichsten Arbeiten bei der Entwicklung des HF-Magnetophons bei der RRG in den Jahren bis 1944 zuzuschreiben sind.
links oben: Gegenüberstellung der wichtigsten technischen Daten der Magnetophon-Modelle K 4 (mit Gleichstrom-Vormagnetisierung) und K 7 (mit HF-Vormagnetisierung)

Maßgeblichen Anteil an den Versuchsaufnahmen hatte Obering. HELMUT KRÜGER, langjähriger Toningenieur im „Haus des Rundfunks", der unabhängig vom normalen Aufnahmebetrieb die Mikrofonsignale abzweigte und zweispurig stereofon aufnahm.

50 Jahre später wurde im Rahmen einer AES-Tagung in Berlin in Anwesenheit von H. KRÜGER im Großen Sendesaal des SFB dieses Ereignisses gedacht und über die „Odyssee" der erhaltenen bzw. wiederentdeckten Stereo-Aufnahmen berichtet. Von den Bändern wurden Ausschnitte vorgeführt; insgesamt ein für die Anwesenden im Saal und die Zuhörer der Live-Sendung gleichermaßen sehr beeindruckendes Erlebnis.

Die Tonband-Aufnahmegeräte fanden wegen ihrer Erschütterungsunempfindlichkeit beizeiten Eingang in die Rundfunkübertragungs- und Aufnahmewagen, die allerdings dann im Krieg fast nur noch für propagandistische Zwecke eingesetzt wurden.

Ein „Magnetophon-Gerät" in einem Ü-Wagen des Reichs-Rundfunks

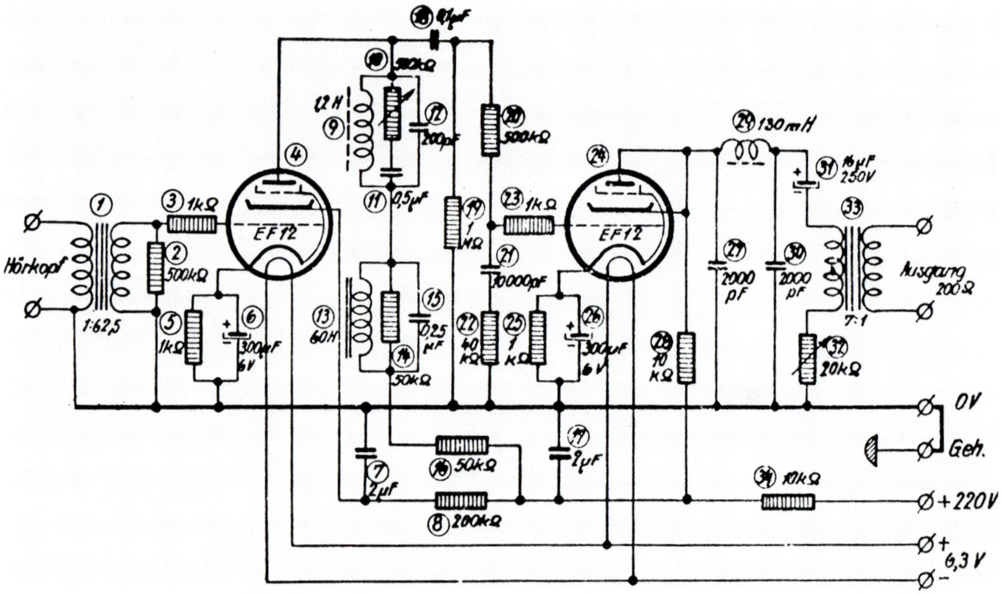

Schaltplan des Magnetophon-Wiedergabeverstärkers V5; verbesserte Version von 1942

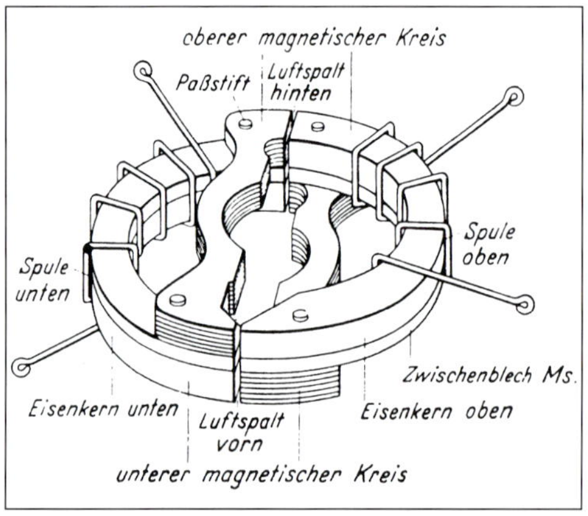

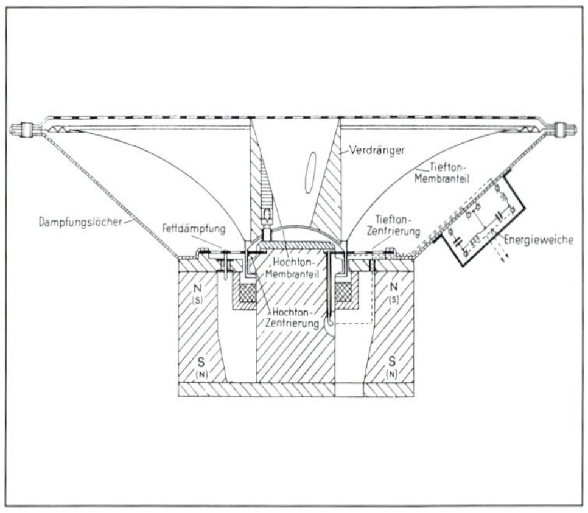

links: Einer der ersten Stereo-Tonköpfe (schematisch), damals noch „Zwillingskopf" genannt, gebaut nach dem Prinzip des SCHÜLLERschen Ringkopfs
rechts: Schnittzeichnung des unten abgebildeten ECKMILLER-Breitband-Lautsprechers O 15a. Der bis 10 kHz weitgehend lineare Frequenzgang wird durch ein koaxiales Hochton-Druckkammersystem erreicht, das über eine Frequenzweiche mit dem Tieftonsystem gekoppelt ist.

Im Jahre 1943 stellte die RRG einen neuen Schallwandler vor: den von Obering. HANS ECKMILLER entwickelten Koaxial-Breitband-Lautsprecher, der als „ECKMILLER-Lautsprecher" (Rundfunkbezeichnung O 15a, Hersteller Fa. KONSKI & KRÜGER, Berlin) in die Audiogeschichte eingegangen ist. Mit ihm konnte, eingebaut in den Lautsprecherschrank O 3a, erstmals der Frequenzbereich des Kondensatormikrofons und des HF-Magnetophons adäquat in Schall umgesetzt werden. „ECKMILLER-Lautsprecher" sind auch für das „Monitoring" der ersten Stereo-Magnetband-Aufzeichnungen 1943/44 eingesetzt worden.

Der Toningenieur Obering. HELMUT KRÜGER (1905-1996), der in den Jahren 1943/44 im „Haus des Rundfunks" in Berlin die ersten stereofonen Magnetband-Aufnahmen der Geschichte machte. 1993, nach 50 Jahren also, wurde er Ehrenmitglied der „Audio Engineering Society" (AES), die in einer Spezialveranstaltung anlässlich ihrer 94. Convention im März 1993 in Berlin dieses Jubiläum ausführlich würdigte; einige der historischen Stereo-Bandaufnahmen wurden in einer Live-Sendung des SFB aus dem großen Sendesaal vorgestellt.

Der RRG-Lautsprecherschrank Typ O 3a wurde seit etwa 1939 in den Funkhäusern eingesetzt und war noch bis Anfang der 50er Jahre in den ost- und westdeutschen Rundfunkstudios anzutreffen. Die Lautsprecherchassis (ein Breitband-Chassis O 7 und ein abschaltbarer Hochtonzusatz) kamen von TELEFUNKEN. Das Foto zeigt den O 3a im Kontrollraum K 1 im MDR, Sender Leipzig, Funkhaus Springerstraße, im Jahre 1946.

Mit der Einführung des HF-Magnetophons wurde das Nachhinken der Lautsprecherqualität in den Studios besonders deutlich. So waren wohl diesbezügliche Entwicklungsarbeiten bei der RRG forciert worden – und hatten 1943 ein äußerst bemerkenswertes Ergebnis vorzuweisen: Mit dem von Oberingenier HANS ECKMILLER geschaffenen „Koaxial-Breitband-Lautsprecher", konnte erstmals ein gleichmäßiger Frequenzgang bis über 10 kHz in einem relativ bereiten Winkelbereich abgestrahlt werden. Damit wurde eine vorher nie gekannte Wiedergabequalität möglich, ein durchsichtiges Klangbild, das in der sicher berauschenden Wiedergabe der Stereo-Aufnahmen, zugleich in einer neuen räumlichen Dimension, gipfelte. Für die Übermittlung eines Stereosignals zum Rundfunkhörer aber fehlten noch jegliche Mittel; umso dankbarer sind wir heute, dass uns solche Tondokumente auf Magnetband erhalten geblieben sind.

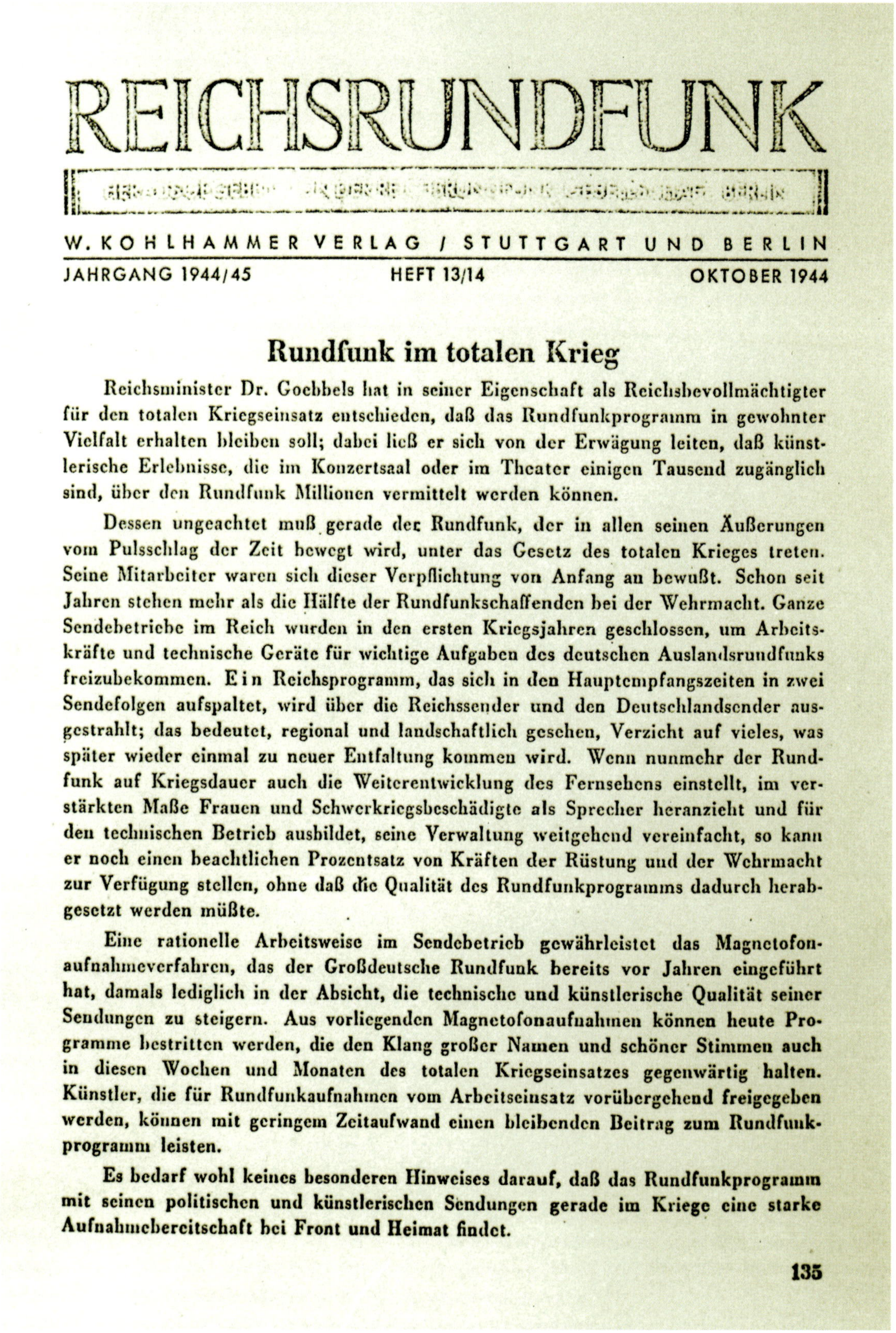

REICHSRUNDFUNK

W. KOHLHAMMER VERLAG / STUTTGART UND BERLIN

JAHRGANG 1944/45 HEFT 13/14 OKTOBER 1944

Rundfunk im totalen Krieg

Reichsminister Dr. Goebbels hat in seiner Eigenschaft als Reichsbevollmächtigter für den totalen Kriegseinsatz entschieden, daß das Rundfunkprogramm in gewohnter Vielfalt erhalten bleiben soll; dabei ließ er sich von der Erwägung leiten, daß künstlerische Erlebnisse, die im Konzertsaal oder im Theater einigen Tausend zugänglich sind, über den Rundfunk Millionen vermittelt werden können.

Dessen ungeachtet muß gerade der Rundfunk, der in allen seinen Äußerungen vom Pulsschlag der Zeit bewegt wird, unter das Gesetz des totalen Krieges treten. Seine Mitarbeiter waren sich dieser Verpflichtung von Anfang an bewußt. Schon seit Jahren stehen mehr als die Hälfte der Rundfunkschaffenden bei der Wehrmacht. Ganze Sendebetriebe im Reich wurden in den ersten Kriegsjahren geschlossen, um Arbeitskräfte und technische Geräte für wichtige Aufgaben des deutschen Auslandsrundfunks freizubekommen. Ein Reichsprogramm, das sich in den Hauptempfangszeiten in zwei Sendefolgen aufspaltet, wird über die Reichssender und den Deutschlandsender ausgestrahlt; das bedeutet, regional und landschaftlich gesehen, Verzicht auf vieles, was später wieder einmal zu neuer Entfaltung kommen wird. Wenn nunmehr der Rundfunk auf Kriegsdauer auch die Weiterentwicklung des Fernsehens einstellt, im verstärkten Maße Frauen und Schwerkriegsbeschädigte als Sprecher heranzieht und für den technischen Betrieb ausbildet, seine Verwaltung weitgehend vereinfacht, so kann er noch einen beachtlichen Prozentsatz von Kräften der Rüstung und der Wehrmacht zur Verfügung stellen, ohne daß die Qualität des Rundfunkprogramms dadurch herabgesetzt werden müßte.

Eine rationelle Arbeitsweise im Sendebetrieb gewährleistet das Magnetofonaufnahmeverfahren, das der Großdeutsche Rundfunk bereits vor Jahren eingeführt hat, damals lediglich in der Absicht, die technische und künstlerische Qualität seiner Sendungen zu steigern. Aus vorliegenden Magnetofonaufnahmen können heute Programme bestritten werden, die den Klang großer Namen und schöner Stimmen auch in diesen Wochen und Monaten des totalen Kriegseinsatzes gegenwärtig halten. Künstler, die für Rundfunkaufnahmen vom Arbeitseinsatz vorübergehend freigegeben werden, können mit geringem Zeitaufwand einen bleibenden Beitrag zum Rundfunkprogramm leisten.

Es bedarf wohl keines besonderen Hinweises darauf, daß das Rundfunkprogramm mit seinen politischen und künstlerischen Sendungen gerade im Kriege eine starke Aufnahmebereitschaft bei Front und Heimat findet.

135

HANS FRITZSCHE skizziert im Oktober 1944 die Aufgaben des „Rundfunks im totalen Krieg“.

DAS RADIO IM KRIEG

Vom Wunschkonzert zur Luftlagemeldung

Am 1. September 1939, als ein fingierter Überfall der SS auf den Breslauer Nebensender Gleiwitz zum Anlass für HITLERs Einmarsch in Polen gemacht wurde, begann mit dem 2. Weltkrieg auch das düsterste Kapitel deutscher Rundfunkgeschichte. Waren noch zur Berliner Funkausstellung im August romantisierende Familienbilder ums heimische Luxus-Radio verbreitet worden, veränderte jetzt die Pflicht zum Dienst an der Waffe und für „Führer und Vaterland" schlagartig das Privatleben. Der Rundfunk „Großdeutschlands" wurde nun mehr als zuvor zu einem der wichtigsten Stützpfeiler der braunen Machthaber und ihrer Eroberungspolitik, zu einer „Waffe im Krieg"; GOEBBELS wachte mit äußerster Aufmerksamkeit über das Programm. Rundfunkhören war ja schon zu „Friedenszeiten" zur staatspolitischen Pflicht eines jeden erklärt worden, die Idee vom massenhaft produzierten Radio für jedermann, dem „Volksempfänger", hatte Früchte getragen und die Hörerzahlen in gewünschter Weise drastisch erhöht.

BDM-Mädchen mit einem Radio von BLAUPUNKT, dem „4 W 29"; Sommer 1939

Erlaubte und verbotene Ätherwellen

Doch jetzt durfte nicht mehr jeder hören, was er wollte. Das Gesetzblatt mit der „Verordnung über außerordentliche Rundfunkmaßnahmen" machte gleich zu Beginn des Krieges deutlich, welche „Gefahr" in den von außen eindringenden Ätherwellen gesehen wurde: Das „absichtliche Abhören" ausländischer Sender wurde streng verboten, und für die Weitergabe abgehörter Nachrichten wurden Zuchthaus- oder Todesstrafe angedroht. Man wollte verhindern, dass „das deutsche Volk den lügnerischen Einflüsterungen der feindlichen Propaganda wehrlos ausgesetzt" wird, und meinte damit insbesondere „diejenigen Volksgenossen", denen „das Verantwortungsbewußtsein" fehlte, „das Abhören ausländischer Sender zu unterlassen".

Pausenlos hatten Zeitungen und Zeitschriften vor dem Abhören ausländischer Sender zu warnen; keiner durfte sich herausreden, er hätte nur Musik hören wollen oder er wäre beim Einstellen des Empfängers in ein deutsches Gespräch gekommen. Die „Wochenschau" zeigte einen Sketch, der sich auf volkstümelnde Weise mit der „Schädlichkeit" des Feindsender-Hörens befasste. Der Dialog des Duos „Tran und Helle" gipfelte in der Beantwortung einer gequält naiv gestellten Frage nach den Empfangsmöglichkeiten der Nachrichten von „London" (BBC): „Ich weiß zwar nicht, wie du London bekommst, aber was du bekommst, wenn du London bekommst, das weiß ich: ...Kittchen!! ...sogar Zuchthaus!!!"

Um jeden radiohörenden deutschen Volksgenossen permanent an das Abhörverbot zu erinnern, wurden von Mitgliedern der NSDAP rote Schildchen mit der Überschrift „Denke daran ..." an die Haushalte verteilt, mit denen jeder Senderabstimmknopf „geschmückt" werden sollte. Unter das Abhörverbot fielen nicht nur die feindlichen Sender, sondern auch die neutraler Staaten, sogar die der „Verbündeten" Italien und Japan. Radio Moskau zu hören war schon des Längeren mehr als unerwünscht.

Im Verlauf des Kriegsgeschehens wurde der Bevölkerung zunehmend deutlicher, wie einseitig und total schönfärberisch der „Großdeutsche Rundfunk" von der Lage an den Fronten und in der Heimat berichtete. Immer häufiger wurden die Warnungen in den Wind geschlagen und, unter Missachtung der angedrohten Strafen, die ausländischen Sender eingestellt. Besonders beliebt waren der Schweizer Sender Radio Beromünster und der „Deutsche Dienst" der BBC, der stündlich Nachrichten über das Kriegsgeschehen brachte. Oft kroch man dabei buchstäblich „unter die Bettdecke", um vor Denunzianten sicher zu sein, mindestens aber saß man im verdunkelten Zimmer, mit dem Ohr dicht am Lautsprecher. Zu empfangen waren die „Feindsender" im Deutschen Reich abends recht gut, denn die BBC betrieb zahlreiche starke Sender im KW-, MW- und LW-Bereich, die auch durch Störsender nicht restlos verdeckt werden konnten; Beromünster mit seiner „langen" Mittelwelle war sowieso europaweit ungestört zu hören. Nun zeigte sich die Kehrseite der Medaille: Die Parole „Rundfunk in jedes deutsche Haus" hatte die Möglichkeit geschaffen, über Ländergrenzen und Kriegsfronten hinweg Informationen zu

Familienidyll mit einem TELEFUNKEN-Drucktastensuper und dem dazu passenden Plattenspielschrank; Sommer 1939

oben : „Erinnerungsschild“ für den Senderabstimmknopf: „Denke daran …“, dass das Abhören ausländischer Sender verboten ist; darunter : Luftschutzkeller (nachgestellt) mit einem Volksempfänger „VE 301 W“ (s. rechts)

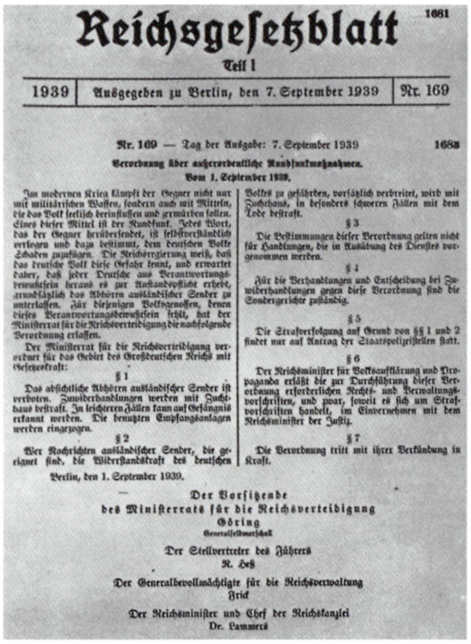

Reichsgesetzblatt 1681

Teil I

1939 | Ausgegeben zu Berlin, den 7. September 1939 | Nr. 169

Nr. 169 — Tag der Ausgabe: 7. September 1939 1683

Verordnung über außerordentliche Rundfunkmaßnahmen.
Vom 1. September 1939.

Im modernen Krieg kämpft der Gegner nicht nur mit militärischen Waffen, sondern auch mit Mitteln, die das Volk seelisch beeinflussen und zermürben sollen. Eines dieser Mittel ist der Rundfunk. Jedes Wort, das der Gegner herübersendet, ist selbstverständlich verlogen und dazu bestimmt, dem deutschen Volke Schaden zuzufügen. Die Reichsregierung weiß, daß das deutsche Volk diese Gefahr kennt, und erwartet daher, daß jeder Deutsche aus Verantwortungsbewußtsein heraus es zur Anstandspflicht erhebt, grundsätzlich das Abhören ausländischer Sender zu unterlassen. Für diejenigen Volksgenossen, denen dieses Verantwortungsbewußtsein fehlt, hat der Ministerrat für die Reichsverteidigung die nachfolgende Verordnung erlassen.

Der Ministerrat für die Reichsverteidigung verordnet für das Gebiet des Großdeutschen Reichs mit Gesetzeskraft:

§ 1

Das absichtliche Abhören ausländischer Sender ist verboten. Zuwiderhandlungen werden mit Zuchthaus bestraft. In leichteren Fällen kann auf Gefängnis erkannt werden. Die benutzten Empfangsanlagen werden eingezogen.

§ 2

Wer Nachrichten ausländischer Sender, die geeignet sind, die Widerstandskraft des deutschen Volkes zu gefährden, vorsätzlich verbreitet, wird mit Zuchthaus, in besonders schweren Fällen mit dem Tode bestraft.

§ 3

Die Bestimmungen dieser Verordnung gelten nicht für Handlungen, die in Ausübung des Dienstes vorgenommen werden.

§ 4

Für die Verhandlungen und Entscheidung bei Zuwiderhandlungen gegen diese Verordnung sind die Sondergerichte zuständig.

§ 5

Die Strafverfolgung auf Grund von §§ 1 und 2 findet nur auf Antrag der Staatspolizeistellen statt.

§ 6

Der Reichsminister für Volksaufklärung und Propaganda erläßt die zur Durchführung dieser Verordnung erforderlichen Rechts- und Verwaltungsvorschriften, und zwar, soweit es sich um Strafvorschriften handelt, im Einvernehmen mit dem Reichsminister der Justiz.

§ 7

Die Verordnung tritt mit ihrer Verkündung in Kraft.

Berlin, den 1. September 1939.

Der Vorsitzende
des Ministerrats für die Reichsverteidigung
Göring
Generalfeldmarschall

Der Stellvertreter des Führers
R. Heß

Der Generalbevollmächtigte für die Reichsverwaltung
Frick

Der Reichsminister und Chef der Reichskanzlei
Dr. Lammers

oben: Das Reichsgesetzblatt vom 7. September 1939 über das Abhörverbot ausländischer Sender
oben rechts: Fernschreiben des Reichsministers für Volksaufklärung und Propaganda vom 1. 9. 1939 mit den zu erwartenden Gesetzesparagraphen zum „Abhörverbot“ ausländischer Rundfunksender an die Intendanten der Reichs-Rundfunkanstalten (Ausschnitt)

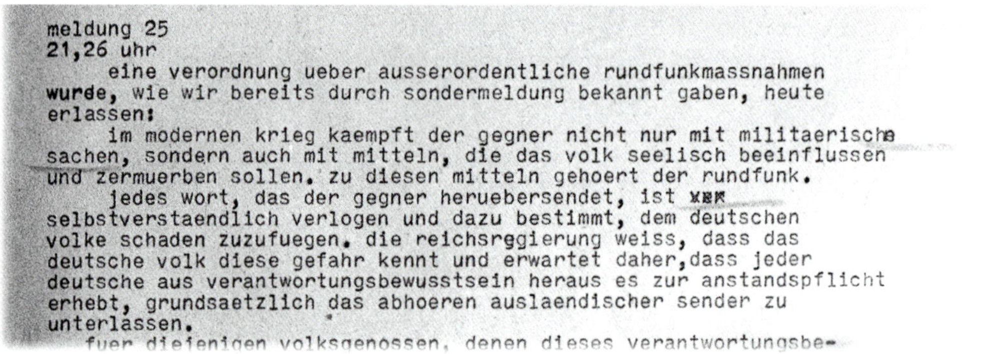

meldung 25
21,26 uhr
eine verordnung ueber ausserordentliche rundfunkmassnahmen wurde, wie wir bereits durch sondermeldung bekannt gaben, heute erlassen:
im modernen krieg kaempft der gegner nicht nur mit militaerische sachen, sondern auch mit mitteln, die das volk seelisch beeinflussen und zermuerben sollen. zu diesen mitteln gehoert der rundfunk.
jedes wort, das der gegner herueberesendet, ist xxx selbstverstaendlich verlogen und dazu bestimmt, dem deutschen volke schaden zuzufuegen. die reichsrggierung weiss, dass das deutsche volk diese gefahr kennt und erwartet daher,dass jeder deutsche aus verantwortungsbewusstsein heraus es zur anstandspflicht erhebt, grundsaetzlich das abhoeren auslaendischer sender zu unterlassen.
fuer diejenigen volksgenossen, denen dieses verantwortungsbe-

bekommen. Und nicht nur mit teuren Markensupern und Spitzengeräten, nein, auch mit dem einfachsten Volksempfänger konnten die „Feindsender hereingeholt“ werden; mit Hilfe von Sperrkreisen und mit ein wenig Fingerspitzengefühl ließ sich auch aus dem Einkreiser passabler Fernempfang herauskitzeln. Zahlreiche Tricks wurden dabei entwickelt; zum Beispiel diente ein Groschen zum Einklemmen der Skalenscheibe des „DKE 1938“, der „Goebbelsschnauze“, um den zu leichtgängigen Abstimmkondensator auf der gewünschten Stelle zu fixieren. War ein Volksempfänger als Zweitgerät vorhanden, so stand er im Wohnzimmer und man hörte mit ihm laut das offizielle „Reichsprogramm“, während im „Hinterstübchen“ der Luxussuper stand, mit dem das Verbotene leise zwar, aber besser empfangen werden konnte.

Die strenge Verfolgung des Abhörverbotes hat zahlreiche Opfer gefordert, denn Menschen, die leichtsinnig oder in angeberischer Art und Weise „Feindmeldungen“ weitergegeben hatten, und auch die, die trotz aller Vorsicht denunziert worden waren, galten als „Verräter“ und mussten dafür büßen. Mitte 1941 wurde in Nürnberg die erste Todesstrafe verhängt; bis 1943 gab es fast 3.500 Verurteilungen.

Von den Reichssendern zum „Reichsprogramm"

Mit Beginn des Krieges veränderte sich schlagartig der Charakter des deutschen Rundfunkprogramms. In den ersten Monaten dominierten die Nachrichten und Sondermeldungen über die errungenen Siege des angeblichen „Blitzkrieges", was außerhalb der regelmäßigen Sendungen des OKW (Oberkommando der Wehrmacht) zu häufigen, willkürlichen Programmunterbrechungen führte. Einen hohen Stellenwert hatten auch die Berichte der Propagandakompanien von der Front. Im Großen und Ganzen jedoch ließ die „Reichssendeleitung" das gewohnte, schon vordem mit Marschmusik und viel NS-Propagandasendungen verbrämte Programmschema zunächst weiterbestehen. Nur hatte sich für den Hörer die Programmauswahl verringert: Die mit ihren leistungsstarken Exklusivwellen weithin gut hörbaren Reichssender produzierten nur zu etwa 60 % Eigenprogramme, der Rest waren gegenseitige Übernahmen oder solche vom Deutschlandsender. Durch Einberufung und Dienstverpflichtung wurde die Zahl der männlichen Rundfunkmitarbeiter immer mehr reduziert, so dass schließlich im Zuge einer „strafferen Programmsteuerung", wie man es nannte, am 9. Juni 1940 ein zentrales, von Berlin ausgehendes „Reichsprogramm" eingeführt wurde, unter dem jetzt alle Reichssender zusammengefasst wurden. Angekündigt und begründet wurde dieses Einheitsprogramm mit hochtrabenden Worten: „Mit stolzer Überraschung erleben wir jetzt fast täglich, daß die Sendefolge plötzlich unterbrochen wird durch einen Trommelwirbel, schmetternde Fanfaren, brausenden Donnerhall, und mit heißem Herzen hören wir eine Sondermeldung ... Aus Gründen der Reichsverteidigung werden einige Sender mit Einbruch der Dunkelheit abgeschaltet ... Je atemberaubender der Rhythmus der Hammerschläge unserer Wehrmacht, um so weniger ist es möglich, in beschaulicher Ruhe und 3 Wochen im voraus ein Programm festzulegen und durchzuführen. Heute sprechen die Taten unserer Wehrmacht, und sie stellen alle menschliche Voraussicht in den Schatten. Auch der Rundfunk muß bestrebt sein, sich dieser Taten würdig zu erweisen, sich auf ein einziges Ziel zu richten: gegenwärtig zu sein, wenn der Augenblick es von ihm fordert. Aus diesem Grunde vereinigen wir von jetzt ab die schöpferische Arbeit der Gemeinschaft a l l e r deutschen Sender ... Lebten ein Beethoven, ein Mozart, ein Richard Wagner noch unter uns: sie selbst würden Geigenbogen oder Dirigentenstab mit heißem Herzen sinken lassen, wenn das Vaterland atemlos anderen, härteren Klängen zu lauschen sich anschickt." Wahrlich der Gipfel der Blasphemie!

Sonntag
17. Dezember 1939

Deutschlandsender 1571 m 150 kW
Berlin 356,7 m 100 kW

6.00 Hamburg: **Hafenkonzert** auf dem Dampfer „Wadai" der Deutschen Afrika-Linien. I. 1. Glocken vom Großen Michel, dem Wahrzeichen der deutschen Seefahrer. 2. Ambrosianischer Lobgesang, von Voigt. 3. Weckruf. II. 1. Barataria-Marsch, v. Komzak. 2. Ouv. zu einem Lustspiel, von Bohm. 3 Venezianisches Gondellied, v. Hoberg. 4. Borussia-Marsch, v. Teike. 5. Donauwellen-Walzer, v. Ivanovici. 6. Regimentskinder, Marsch, v. Fucik. 7. Slawische Rhapsodie Nr. 1, v. Friedemann 8. Matrosentanz aus „Ein Fest an Bord", v. Prager. 9. Beim Morgengrauen, Marsch, v. Gnauck 10. Deutsche Mädels, Walzer, v. Kochmann. 11. Das kleine Hanseatenmädel, Intermezzo, v. Baehre. 12. Das Tor der Welt, Marsch, v. Kutsch
Dazwischen:
7.00 Nachrichten
8.00 Du mußt wissen! (Für den Bauern und Gärtner)
8.10 Hamburg: **... Und setzet ihr nicht das Leben ein** Ein Morgensingen der Hitler-Jugend.
9.00 Politisches Kurzgespräch Anschl.: **Unser Schatzkästlein** Worte und Melodien aus ewigem deutschen Besitz
10.00 Berlin: **Flotte Weisen** Die Kapelle Wilfried Krüger Dazwischen: **Besuch bei Lehmanns**
10.00 Frankfurt: **Meisterkonzert für die Jugend** aus dem großen Saal des Saalbaues, Frankfurt a. M. Werke von Wolfgang Amadeus Mozart. Ausf.: Wilhelm Schütze (Klarinette). Das Große Orchester d. Reichssenders Frankfurt. Ltg.: Otto Frickhoeffer. 1. Konzert für Klarinette und Orchester, Werk 622 2. Sinfonie g-moll, Werk 550
11.00 Klaviermusik
11.15 Leipzig: **24. Sonntagsmusik** Kantate von Johann Sebastian Bach: „Unser Mund sei voll Lachens" (G. A. 110). Anna Maria Augenstein (Sopran), Lotte Wolff-Matthäus (Alt), Paul Reinecke (Tenor), Franz Richard Schmidt (Baß), Heinrich Fleischer (Orgel), Friedbert Sammler (Cembalo) Der Thomanerchor. Das Stadt- und Gewandhausorchester. Leitung: Thomaskantor Prof. D. Dr.

Hamburg 331.9 m 100 kW

6.00 Hafenkonzert Dazwischen:
7.00 Nachrichten
8.00 Hafendienst
8.05 Frostschäden - eine ärztliche Betrachtung
8.15 Zehn Minuten Leibesübungen
8.25 ... und setzet ihr nicht das Leben ein. Ein Morgensingen d. Hitler-Jugend
9.00 Glaube kann nicht untergehen Eine besinnl. Feierstunde v. Max Sidow
9.15 Musik am Sonntagmorgen
10.10 Was bringt die Woche? Konzert, Bühne und Film
10.30 Joh. Brahms II. Sinfonie D-dur Werk 73
11.30 Burgen u. Bauten in deutsch. Gauen
12.30 Nachrichten
12.40 Zwei schöne Ouvertüren (Ind.-Schallplatten) Schubert: Rosamunde Concertgebouw-Orch., Ltg.: Willem Mengelberg / Cherubini: Anakreon. Orch. der Berliner Staatsoper, Ltg.: H. von Karajan
13.00 Leipzig
14.00 Nachrichten
14.10 Kinder, hört zu! Wir bringen: **„Frau Holle im Winterwald"** Ein Märchenspiel
14.40 Vorweihnachtsklänge (Ind.-Schallplatten)
15.25 Still mien Hanne, hööр mi to! Niederdeutsche Tänze v. W. Janssen, Plattdeutsche Lieder von Ludw. Lürmann. Textgestaltung: H. Andresen. Mitw.: Orchest.-Mitglieder d. Reichssend. Hamburg, Ltg.: Walter Girnatis. Helmut Laue (Bariton), D. Slugkist (Sopran), W. Girnatis (am Flügel), H. Langmaack (Sprecher)
16.00 Deutschlands. **Wunschkonzert** Dazwischen:
17.00, 20.00, 22.00, 24.00 Nachrichten

Sender Bremen 395,8 m 758 kHz

Leipzig 382,2 m 120 kW

6.00 Hamburg Dazwischen:
7.00 Nachrichten
8.00 Bald nun ist's heilige Nacht
8.30 Orgelmusik 1. Präludium u. Fuge F-dur, v. Buxtehude. 2. Zwei Choralvorspiele: a) Nun komm der Heiden Heiland, v. Kniller (1700); b) Vom Himmel hoch, da komm ich her, v. Pachelbel. 3. Toccata und Fuge F-dur, v. J. S. Bach
9.00 Wer vieles bringt, wird manchem etwas bringen Weihnachtsouvert., v. O. Nicolai - Striezelmarkt in Dresden, Rundfunkbericht - Volksmusik - Gedichte v. Knut Hamsun mit norweg. Musik - Trio E-dur v. Mozart - Die Greuel von Denshawai, v. B. Shaw - Blasmusik - Heitere Geschichten - Solistenparade der Kapelle Otto Fricke
11.15 24. Sonntagsmusik Kantate von Joh. S. Bach: „Unser Mund sei voll Lachens" (G. A. 110)
12.00 Berlin / Dazw.:
12.30 Nachrichten
13.00 Soldaten - Kameraden Die bunte Stunde unserer Wehrmacht
14.00 Nachr. Anschl.: **Musik nach Tisch**
15.00 Die schöne Magelone
16.00 Deutschlands.: **Wunschkonzert für die Wehrmacht** Dazwischen:
17.00 Nachrichten
19.30 Deutschlands.
20.00 Nachrichten
20.15 Deutschlandsender / Dazw.:
22.00, 24.00 Nachr.

Frankfurt 251 m 25 kW

6.00 Hamburg Dazwischen:
7.00 Nachrichten
8.00 Wir singen den Sonntag ein!
8.40 England ganz von innen gesehen
9.00 Gläubiges deutsches Herz
9.45 Funkstille

Ausschnitt aus einer Programmseite der „Funkwacht" vom Dezember 1939 mit den Programmen von Deutschlandsender und einigen deutschen Reichssendern

Das „Haus des Rundfunks" in Berlin, Masurenallee (Aufnahme aus den 30er Jahren)

oben u. rechts: Einige Studioräume der „Senderaumgruppe Reichsprogramm"

Die Antenne des 1939 in Betrieb genommenen neuen Deutschlandsenders in Herzberg/Elster, der „heute eine besonders große Bedeutung für die Verbindung der Front mit der Heimat" hat – so der Text zum Titelbild der „Funkschau" vom Januar 1940

Das „Reichsprogramm" wurde ab April 1942 in einem eigenständig organisierten Studiokomplex im „Haus des Rundfunks" produziert, zu dem Kontrollraum, Sprechraum, Dienstraum, Vortragsraum und Tonträgerraum, in einer Reihe liegend und mit Sichtverbindung, gehörten. Dem Stand der damaligen Technik entsprechend war der Tonträgerraum mit Einrichtungen zum Abspielen von Wachs- und Schwarzplatten, Schallfolien und „Magnetophonbändern" eingerichtet. Am Sprechertisch saß der „Reichsansager", der im Wesentlichen für den Programmablauf verantwortlich war. „Die Zusammenfassung der für e i n Programm nötigen Sende- und technischen Räume zu einer Raumgruppe ... erweist sich als schnell, anpassungsfähig und zuverlässig und hat sich allen Anforderungen des letzten Jahres gewachsen gezeigt", stellte man im August 1943 befriedigt fest. Zu dieser Zeit waren die eigenen Beiträge der Reichssender schon weit zusammengeschrumpft; bald danach sollten die meisten Funkhäuser, wie auch das Leipziger, dem Bombenkrieg zum Opfer fallen.

Im zentralen Einheitsprogramm dominierte, von heroischen Klängen und Marschmusik abgesehen, eine leichte, unterhaltsame Musik, galt es doch, die Stimmung der Bevölkerung zu heben und ihren Widerstandswillen durch erheiternde Sendungen zu erhalten.

Ab März 1942 führte man ein Alternativprogramm ein, indem der Deutschlandsender nachmittags und abends vorwiegend ernste und klassische Musik ausstrahlte. Am 1. September 1944, nach dem Führererlass über den „totalen Kriegseinsatz", waren von den kulturellen Einrichtungen nur noch Film und Rundfunk übriggeblieben – um „den Soldaten an der Front und der schaffenden Heimat Entspannung [zu] geben und kulturelle Werte [zu] vermitteln". Doch zu diesem Zeitpunkt waren schon viele kulturelle Werte sinnlos vernichtet, Frauen und Kinder waren aus den Großstädten geflüchtet, und alle interessierten sich mehr für die Luftlagemeldungen und das Vorrücken der Alliierten.

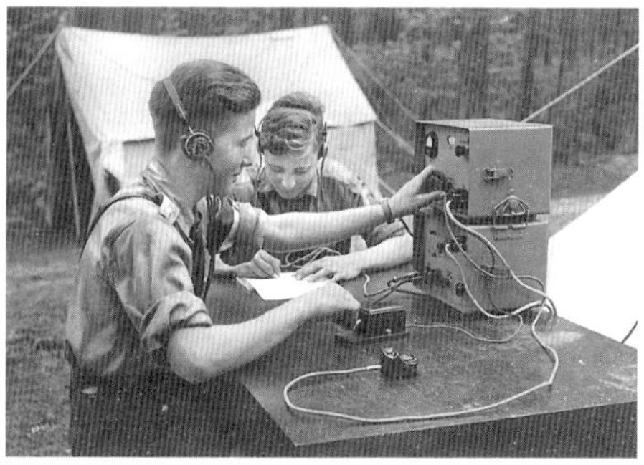

Kriegsvorbereitung an militärischen Funkgeräten: „Nachrichten-Hitler-Jugend – Dienst am Funk-Uebungsgerät" – eine Postkarte der „Reichsjugendführung"

Rundfunk an der Front

Natürlich sollte der Rundfunk eine Brücke schlagen zwischen der Heimat und den Soldaten an der Front – sicher wollten sie Nachrichten hören und auch das „Wunschkonzert für die Wehrmacht". Dazu diente ihnen eine spezielle Art von Rundfunkempfängern, die als „Truppenbetreuungsgeräte" bezeichnet wurden, meist entwickelt aus zivilen, batteriebetriebenen, gut transportablen Radios im Kofferformat (z. B. von NORA und RADIONE). Aber auch Volksempfänger, besonders der DKE, sowie der von PHILIPS 1941 herausgebrachte Kleinsuper „Philetta", genannt „Kommißbrot", wurden, sofern beschaffbar,

Zwei Varianten des Detektorempfängers „Erika" von der Fa. MKB (MAX KRETZSCHMAR, Berlin). Ein sehr bescheiden aufgebautes Gerätchen – es enthält nur eine Spule mit Anzapfungen. „Erika" sollte den Soldaten an die Front geschickt werden; die Gebrauchsanweisung schließt mit den Worten: „Wer mit dem Empfang zufrieden ist, vergesse nicht, den ‚ERIKA'-Detektorempfänger auch seinen Bekannten zum Versand ins Feld oder auch zum Gebrauch in der Heimat bei Wochenende, Wasserfahrten und im Heim zu empfehlen."

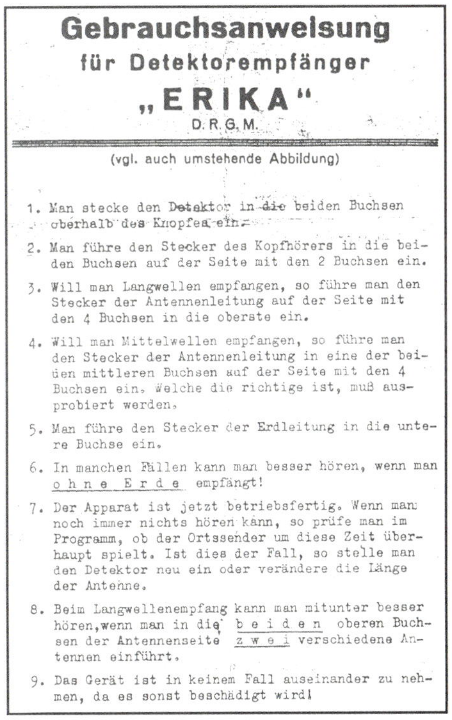

Gebrauchsanweisung
für Detektorempfänger
„ERIKA"
D.R.G.M.

(vgl. auch umstehende Abbildung)

1. Man stecke den Detektor in die beiden Buchsen oberhalb des Knopfes ein.
2. Man führe den Stecker des Kopfhörers in die beiden Buchsen auf der Seite mit den 2 Buchsen ein.
3. Will man Langwellen empfangen, so führe man den Stecker der Antennenleitung auf der Seite mit den 4 Buchsen in die oberste ein.
4. Will man Mittelwellen empfangen, so führe man den Stecker der Antennenleitung in eine der beiden mittleren Buchsen auf der Seite mit den 4 Buchsen ein. Welche die richtige ist, muß ausprobiert werden.
5. Man führe den Stecker der Erdleitung in die untere Buchse ein.
6. In manchen Fällen kann man besser hören, wenn man o h n e E r d e empfängt!
7. Der Apparat ist jetzt betriebsfertig. Wenn man noch immer nichts hören kann, so prüfe man im Programm, ob der Ortssender um diese Zeit überhaupt spielt. Ist dies der Fall, so stelle man den Detektor neu ein oder verändere die Länge der Antenne.
8. Beim Langwellenempfang kann man mitunter besser hören, wenn man in die b e i d e n oberen Buchsen der Antennenseite z w e i verschiedene Antennen einführt.
9. Das Gerät ist in keinem Fall auseinander zu nehmen, da es sonst beschädigt wird!

Ein im Krieg „weitgereister" DKE im Sperrholzkasten. Der Besitzer wurde 1943 von Alexanderskoje nach Detmold abkommandiert, wodurch das Radio nach seiner „Frontbewährung" „heim ins Reich" kam ... Auf der linken Tür sieht man das Foto von der Bautrupp-Unterkunft von 1942 (s. S. 200 oben links).

Bautrupp-Unterkunft der LV Alexanderskoje „4. Advent“ (Ostfront); Dezember 1942. Im Hintergrund ein DKE, der vorher in Warschau in einen Sperrholzkasten eingebaut worden war (s. Bild S. 199 unten)

Rundfunk-Werkstatt NKA 45, vor Leningrad; 1944

Mitgliedsbuch der „Reichsrundfunkkammer“ von HEINZ GOEDECKE, dem Moderator des „Wunschkonzerts für die Wehrmacht“

gerne benutzt. In den besetzten Gebieten der Westfront wurden auch ausländische oder von Deutschland exportierte Kleinsuper erstanden – oder erbeutet, und nach deren Reparatur in den improvisierten Rundfunkwerkstätten konnten wohl „überzählige“ Exemplare abgezweigt werden. Sie gelangten beim Fronturlaub oder gar per Post in die Heimat. Dadurch hat das eine oder andere Radio diese Zeit überdauert, nach einem langen, abenteuerlichen Weg über Moskau, Leningrad oder Paris.

An der „Front“ kam verschiedentlich auch der Detektor wieder zu Ehren: Das für die Soldaten entwickelte Sparmodell „Erika“ hat sicher nicht viel geleistet, doch manchmal bot ein solches oder ähnliches selbstgebasteltes Kästchen die einzige Hörmöglichkeit. Deutsche Kriegsgefangene in den USA haben berichtet, dass sie in Ermangelung eines Detektor-Kristalls sogar mit „Drahtspitze auf Rasierklinge“ empfangen haben …

In der Heimat gab es Radios – vorwiegend Volksempfänger „Marke DKE“ – nur auf Bezugschein zu kaufen, den Bombengeschädigte und Kriegsversehrte bekamen. Die neuen kompakten Kleinsuperhets und die Großgeräte der deutschen Rundfunkindustrie gingen ausschließlich für Devisen in den Export.

links: Fünfkreis-Vierröhren-Superhet „2 B 54 GWK“ von TELEFUNKEN, ein nur 255 mm breiter Export-Kleinsuper von 1942 mit Sparstrom-Röhren der U-Serie: UCH 11, UBF 11, UCL 11, UY 11; Wellenbereiche Kurz-Mittel-Lang; elektrodynamischer Lautsprecher, beleuchtete Vollsichtskala, lautstärkeabhängige Gegenkopplung

rechts: Zwergsuper H 126 U „Philetta“ von PHILIPS (Holland), ein extrem platzsparender Allstrom-Sechskreissuper im Bakelitgehäuse für den Empfang auf Mittel- und Kurzwelle (anderes Modell: Mittel- und Langwelle); enthält 4 der damals neuen 21er Schlüsselröhren. Die „Philetta“ war eine bahnbrechende Entwicklung im Bereich der Kleinstsuper; sie wurde in Lizenz auch von anderen Firmen gebaut.

Einband zum Buch „Wir beginnen das Wunschkonzert für die Wehrmacht" von HEINZ GOEDECKE und WILHELM KRUG aus dem Jahre 1940, das in mehreren Auflagen mit jeweils 100.000 Exemplaren im NIBELUNGEN-Verlag Berlin-Leipzig erschien.

oben: Kofferempfänger „Radione R 2" von der Firma NIKOLAUS VON ELTZ, Wien, geeignet für den Betrieb am Wechselstromnetz und an der Autobatterie. Er wurde mit Kriegsbeginn ebenfalls zum „Truppenbetreuungsempfänger". Hochempfindlicher, rauscharmer „Siebenkreis-Sechs-Röhren-Überlagerungsempfänger" mit 3 Wellenbereichen (K-M-L) und Vollsichtskala; Röhrenbestückung: EF 13, ECH 11, EF 12, EBC 11, EDD 11, EZ 11; Stahlblechgehäuse; Gewicht etwa 10 kg; das abgebildete Gerät hat den Russlandfeldzug überdauert und ist unrestauriert.

Mitte: Koffersuper „122 ABC 06" von PHILIPS (Holland), der „dank seiner sparsamen Röhren der D-21er Serie ein sehr kompaktes Gerät" ist: Gehäusebreite 265 mm, Gewicht betriebsfertig nur 6 kg! Es ist ein fünfkreisiger 4-Röhren-Superhet mit selbsttätiger Umschaltung von Batterie- auf Netzbetrieb; 90-Volt-Normal-Anodenbatterie, 3 Taschenlampenbatterien für die Heizung. Das Gerät im Holzgehäuse mit Speziallackierung empfängt auf Mittelwelle und besitzt eine eingebaute Rahmenantenne.

unten: Truppenbetreuungsempfänger „NORA K 42 N" für Netz- und Batteriebetrieb. Dieses Kofferradio im Holzgehäuse enthält Röhren der Serie D 11 und arbeitet auf Kurz-, Mittel- und Langwelle.

Der Drahtfunk und die Luftlagemeldungen

Am 19. März 1939 wurde die „Drahtfunk-Verordnung" erlassen, die die umfassende Einführung des hochfrequenten Drahtfunks in Deutschland regeln sollte. Es war klar, dass der Rundfunk über Ätherwellen, der von dem störungsfreien Betrieb aufwendiger, im Kriegsfall besonders gefährdeter Sendeanlagen abhängt, durch ein zuverlässiges, nach außen abhörsicheres System per Leitung ergänzt werden sollte. Dafür bot sich nach damaligem Stand der Technik das Telefonnetz an, über das mehrere Trägerfrequenzen im Langwellenbereich genügend dämpfungsarm verteilt werden konnten.

In Bayern gab es bereits seit 1924 einen tonfrequenten Drahtfunk, der anfangs sogar stereofone Opernübertragungen bot; 10 Jahre später errichtete die Deutsche Reichspost die ersten Versuchsnetze

Drahtfunk-Anschaltdose DDa 38.
Nach Anstecken der normalen Rundfunk-Antenne und der „Erde" und dem Herstellen der Verbindung mit dem Radio konnte zwischen „Rundfunk" und „Drahtfunk" umgeschaltet werden.

Welchen Sender darf ich hören?

Für die Bedürfnisse der deutschen Hörerschaft stehen im Gebiet von Großdeutschland einschließlich Protektorat und Generalgouvernement zusammen 73 Sender zur Verfügung. Das Reichsministerium für Volksaufklärung und Propaganda veröffentlicht nachstehend eine Liste aller dieser Sender, die abgehört werden dürfen. Alle in dieser Liste nicht enthaltenen Sender sind Auslandssender, auch wenn sie gelegentlich an das deutsche Rundfunkprogramm angeschlossen sind. Für das Abhören ausländischer Sender gilt nach wie vor — gerade in der jetzigen entscheidenden Phase des Krieges — die vom Ministerrat für die Reichsverteidigung erlassene Verordnung über außerordentliche Rundfunkmaßnahmen vom 1. September 1939, wonach das Abhören der Auslandssender mit Zuchthaus bestraft wird.

Sender mit mittlerer und langer Wellenlänge

Bezeichnung des Senders	Wellenlänge
Deutschlandsender	1571
Sender Bremen II	1339
Reichssender Berlin	356,7
Sender Posen	345,6
Sender Litzmannstadt	224,0
Reichssender Böhmen	269,5
Sender Bremen I	395,8
Reichssender Breslau	315,8
Sender Görlitz	243,7
Sender Troppau	243,7
Sender Kattowitz	249,2
Reichssender Danzig I	304,3
Sender Danzig II	230,2
Reichssender Frankfurt a. M.	251,0
Sender Kassel	251,0
Sender Koblenz	251,0
Sender Trier	251,0
Sender Kaiserslautern	209,9
Reichssender Graz	338,6
Sender Klagenfurt	338,6
Reichssender Hamburg	331,9
Sender Unterweser	225,6
Sender Hannover	225,6
Sender Flensburg	225,6
Sender Magdeburg	225,6
Sender Stettin	225,6
Sender Stolp	225,6
Reichssender Köln	455,9
Reichssender Königsberg I	291,0
Sender Memel	233,5
Sender Königsberg II	222,6
Reichssender Leipzig	382,2
Sender Dresden	204,8
Reichssender München	405,4
Sender Innsbruck	578,0
Sender Nürnberg	578,0
Sender Salzburg	578,0
Reichssender Saarbrücken	240,2
Reichssender Stuttgart	522,6
Sender Bregenz	231,8
Sender Freiburg im Breisgau	231,8
Reichssender Wien	506,8
Sender Linz	236,8

Die 17 Kurzwellensender

Rufzeichen	Wellenlänge
DJA	31,38
DJB	19,74
DJC	49,83
DJD	25,49
DJE	16,89
DJH	16,81
DJJ	41,15
DJL	19,85
DJM	49,35
DJN	31,45
DJP	25,31
DJQ	19,63
DJR	19,56
DJS	13,98
DJW	31,09
DJX	31,01
DJZ	25,42

Sender des Protektorats

Bezeichnung des Senders	Wellenlänge
Sender Prag	470,2
Sender Donau	325,4
Sender Brünn	259,1
Sender Mährisch-Ostrau	222,6

Kurzwellensender Podiebrad

Rufzeichen	Wellenlänge
DHE 4 a	25,34
DHE 2 a	49,92
DHE 5 c	19,79
DHE 5 a	19,70
DHE 5 b	19,58
DHE 2 b	49,75
DZB	29,87

Sender des Generalgouvernements

Bezeichnung des Senders	Wellenlänge
Sender Krakau	293,5
Sender Warschau	216,8

oben: Eine Liste der „erlaubten" Sender wurde von Zeit zu Zeit veröffentlicht – hier ein Beispiel aus dem Jahre 1940.

Merkblatt

für Rundfunkhörer, die zugleich Fernsprechteilnehmer sind, über den behelfsmäßigen Anschluß eines Rundfunkempfängers an das

Drahtfunknetz

Wie bekomme ich Drahtfunk?

Viele Volksgenossen wenden sich in diesen Tagen an die Deutsche Reichspost mit dem Antrag, einen Anschluß an das Drahtfunknetz zu erlangen, damit sie die zur Unterrichtung der Bevölkerung vor und während des Fliegeralarms gesendeten Nachrichten empfangen können. Leider ist es mit Rücksicht auf die kriegsbedingten Schwierigkeiten in der Bereitstellung von Arbeitskräften und Werkstoffen nicht möglich, allen Wünschen zu entsprechen. Vorerst können daher nur dort Drahtfunkanschlüsse eingerichtet werden, wo kriegswichtige Gründe vorliegen.

Da es jedoch erwünscht ist, daß die Nachrichten von einem großen Kreis von Volksgenossen gehört werden, wird im folgenden eine Behelfsschaltung angegeben, die so einfach ist, daß sie bei einiger Geschicklichkeit selbst ausgeführt werden kann.

Notwendig hierzu sind:

1. der Fernsprechapparat,
2. ein Rundfunkempfänger und
3. einige Meter Draht, der selbst beschafft werden muß.

Was ist Drahtfunk?

Bevor wir mit der Schaltung anfangen, noch einige Worte zum Drahtfunk selbst. Der Drahtfunkdienst wird von der Deutschen Reichspost wahrgenommen. Die im Drahtfunk angewendete Technik ähnelt der des drahtlosen Rundfunks mit dem Unterschied, daß die Wellen des Rundfunks durch den Äther verbreitet werden, während im Drahtfunk die Fernsprechleitungen benutzt werden, daher der Name Drahtfunk. Als Empfänger ist in beiden Fällen das gleiche Rundfunkgerät verwendbar. Da der Drahtfunk auf langen Wellen arbeitet, muß der Empfänger einen Langwellenbereich besitzen, d. h. er muß z. B. den Deutschlandsender auf drahtlosem Wege empfangen können.

Drahtfunk und Fernsprecher

Um am Drahtfunk-Empfang teilnehmen zu können, ist es nun notwendig, daß Sie Ihren Empfänger mit dem Fernsprechnetz in Verbindung bringen. Hierbei darf natürlich nicht durch einen weder notwendigen noch statthaften Eingriff in die Fernsprechleitung oder den Fernsprechapparat der Fernsprechdienst gestört werden.

Drahtfunk-Behelfsanschluß

Beachten Sie daher die folgenden Ausführungen sehr genau und vermeiden Sie jedes Experimentieren mit dem Fernsprechapparat oder Ihrer Fernsprechanlage, da Sie hierdurch weder mehr erreichen noch schneller zu einem Erfolg kommen und höchstens Schaden anrichten, für den Sie selbst aufkommen müssen.

Anschluß an das Fernsprechgehäuse (siehe auch Skizze Ausführung A)

Besitzen Sie einen Fernsprechtischapparat, so nehmen Sie zunächst einmal den Hörer ab, damit er nicht beim Hantieren mit dem Apparat versehentlich aus der Gabel gleitet, und legen ihn daneben. Aber bitte nach Schluß der

185 M/0128

Merkblatt (Vorderseite) der Reichspostdirektion Leipzig über die Benutzung des Drahtfunks zum Empfang der Luftlagemeldungen; etwa Anfang 1944

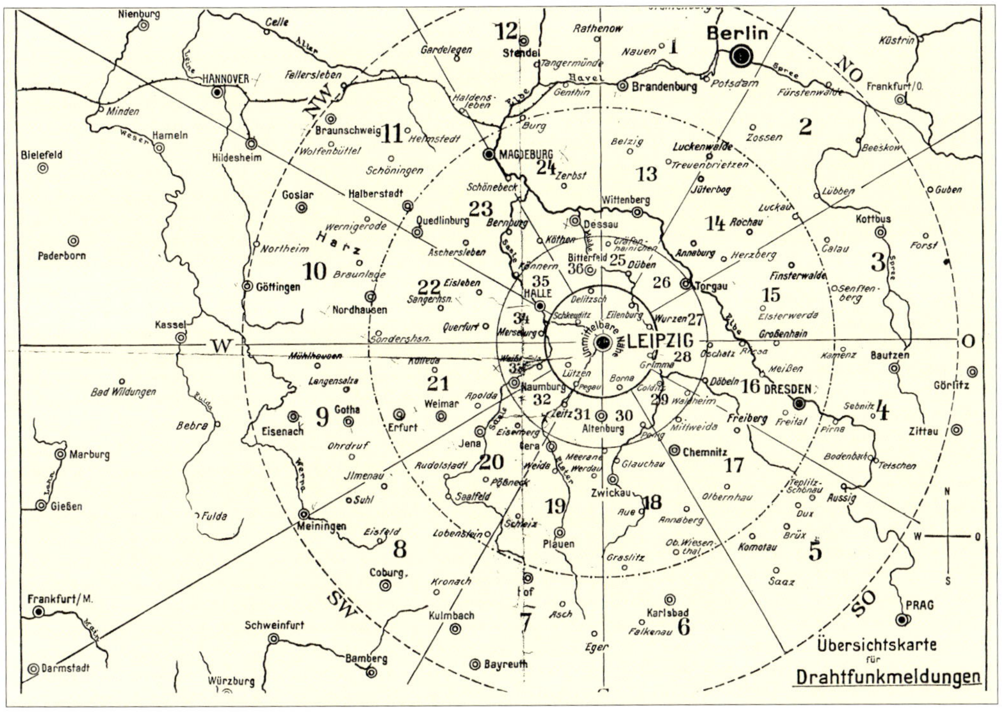

links: Übersichtskarte für Drahtfunkmeldungen für die Region Leipzig, 1944

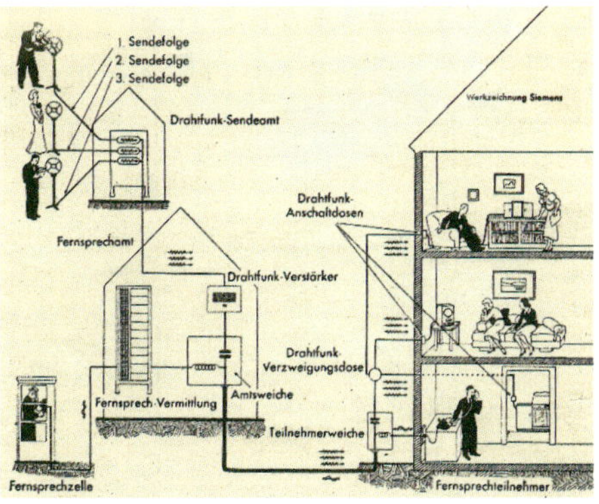

Schematische Darstellung des hochfrequenten Drahtfunks, 1939

für den hochfrequenten Drahtfunk, bei dem die Teilnahme von einer Benutzung des Telefons unabhängig war. Ausreichender Abstand der drei Trägerfrequenzen voneinander sollte auch mit dem Volksempfänger einen störungsfreien, trennscharfen Empfang ermöglichen; die Modulation im Bereich von 30 bis 10.000 Hz berücksichtigte das volle Klangspektrum damaliger Studiotechnik. Das mittels spezieller Drahtfunkverstärker aufbereitete Trägerspektrum – 160, 210 und 249 kHz – wurde über Amtsweichen auf die Fernsprechnetze gegeben. Beim Teilnehmer wurde das Trägergemisch wieder abgezweigt und per Drahtfunk-Anschaltdose dem Rundfunkempfänger zugeführt. Eine weitreichende Einführung erfolgte in Berlin, Hamburg und Düsseldorf, doch erreichte man damit bis zum Ende des Krieges nur 1% der Rundfunkteilnehmer.

Eine besondere Bedeutung erlangte der Drahtfunk für die Übermittlung der Luftlagemeldungen, d. h. bei der Information der Bevölkerung über die „herannahenden feindlichen Bomberverbände", da natürlich in dieser kritischen Phase die örtlichen Mittelwellensender abgeschaltet wurden.

Drahtfunk hat es in den Kriegsjahren auch in Leipzig gegeben. 1944 erschien ein Merkblatt der hiesigen Reichspostdirektion, in dem auch technischen Laien diese Empfangsmöglichkeit erläutert wurde. Dabei wurde dem Ernst der Lage entsprechend seitens der sonst so strengen Post ein behelfsmäßiger Anschluss ausdrücklich erlaubt – wer auch hätte die Anschlüsse legen sollen? Das Merkblatt enthält noch Hinweise zur Drahtfunk-Versorgung der Luftschutzkeller sowie für den Anschluss von „Nichtfernsprechteilnehmern". Zum Schluss war die Einspeisung so großzügig erfolgt, dass auch beim Anschluss an das Gasleitungsnetz guter Empfang gegeben war.

In den Luftlagemeldungen dienten Zahlencodes für die Angabe der Position der herannahenden Bomberverbände, zu deren Identifikation eine spezielle „Drahtfunkkarte" notwendig war. Im fortgeschrittenen Stadium des Krieges wurde diese Karte sogar in der Zeitung abgedruckt und damit für jedermann zugänglich. Die Informationen der örtlichen Luftschutzleitungen wurden, wahrscheinlich ab Anfang 1944, gleichzeitig über ein zusätzliches Netz kleinerer, lokaler „Betreuungssender" der Wehrmacht auf der Frequenz 527 kHz verbreitet, am langwelligen Ende der Mittelwellenskala gelegen und als „Flak-Sender" bezeichnet. Während die Drahtfunksender zwischen den Nachrichten das reguläre Reichsprogramm übertrugen, durften auf 527 kHz nur die Luftlagemeldungen gesendet werden; angekündigt wurden sie durch ein langsames Metronom-Ticken. Um Rundfunkhörer der „normalen" Sender auf bevorstehende Warnmeldungen hinzuweisen, blendete man ab 13. März 1944 ein Kuckuck-Signal ein, abgespielt von einer Schallplatte. Die Bedeutung des Kuckuck-Signals durfte nur per Mundpropaganda, nicht aber offiziell mitgeteilt werden.

FUNKSCHAU

München, 8. Okt. 1939
12. Jahrg. Nr. 40

Einsatz des Rundfunks

Selbst nach dem Kriegsausbruch wurde weiter für den Rundfunkempfang geworben. Jeder „Volksgenosse" sollte mittels großangelegter Werbekampagnien zum Radiohören animiert werden. Auch die Postsendungen waren geeignetes Mittel zum Zweck: Viele Poststempel trugen seit Beginn des Jahres 1939 entsprechende Werbung, wie diese Postkarte vom 14. Juli 1943.

Sendernetz und Sendeschluss

Gerda - Ursula - Marie!

Worte und Musik von Prof. Herms Niel.

Mann an Mann marschieren wir, einerlei, wohin;
irgend in ein Feldquartier. Frisch mit frohem Sinn
singen wir ein schönes Lied von dem Schätzelein.
Herrlich ist es auf der Welt und schön, Soldat zu sein.
Gerda, Gerda, Ursula, Marie,
Gerda, Gerda, Ursula, Marie.

Schöne Mädchen gibt es wohl auf der weiten Welt,
doch von allen, die ich sah, keine mir gefällt.
Eine nur mein Herz regiert ohne Sorg' und Müh',
das ist meine kleine Gerda, Ursula, Marie!
Gerda, Gerda, Ursula, Marie, usw.

Abends, wenn zum Zapfenstreich wird gelockt zur Ruh,
schließt auch du im Kämmerlein beide Augen zu,
und in finstrer Mitternacht schweift dein Blick umher,
ob der Liebste doch nicht wohl bei einer andern wär?
Gerda, Gerda, Ursula, Marie, usw.

Eine andre mag ich nicht, denn ich liebe dich,
Gerda, Ursula, Marie! Schatz, das schwöre ich.
Eine kleine Eifersucht muß auch einmal sein —
dort, wo keine Träne fließt, da schläft die Liebe ein.
Gerda, Gerda, Ursula, Marie, usw.

Zu Propagandazwecken „benutzte" Schlager auf Feldpostkarten der deutschen Wehrmacht, HERMS NIEL (Leiter des Reichsmusikzuges des Reichsarbeitsdienstes) schrieb Hunderte von „zackigen" Soldatenliedern.

Auch während des Krieges wurde in Deutschland das Sendernetz weiter ausgebaut. An den Standorten der Großsender wurden durchstimmbare „Umbausender" installiert; zahlreiche fahrbare Sender auf LKW-Zügen sowie zahlreiche mittlere und kleinere Anlagen für Störzwecke und verschiedene Aufgaben der Wehrmacht kamen hinzu. Bereits am 19. Mai 1939 war der in Herzberg/Elster neu gebaute Deutschlandsender – mit einem 337m hohen Stahlgittermast, damals das höchste Bauwerk Europas – in Betrieb genommen worden; er sendete auf 191 kHz anfangs mit 165 kW und sollte mit 3 parallelgeschalteten Endstufen 500 kW erreichen, was jedoch bis 1945 nicht mehr zur Ausführung kam. Auf die zusätzlichen Rundfunkprogramme, wie Auslandsrundfunk, Soldatensender und Spezialdienste, kann hier leider nicht näher eingegangen werden.

Schatten des Krieges: Der „Großeinsatzwagen des Deutschen Roten Kreuzes" des Reichssenders Berlin wurde am 10. Juni 1941 auf dem Gelände des Reichssenders Berlin (heute SFB) stationiert. Auffällig die Abblendscheinwerfer, die wegen der Verdunklungsvorschriften angebracht sein mussten. Im Hintergrund links ist der Berliner Funkturm zu sehen.

Übertragungswagen des Reichssenders Leipzig

Zu Kriegsbeginn standen dem „Großdeutschen Rundfunk" insgesamt 11 Großsender mit 60 bis 120 kW Leistung sowie 28 Sender kleinerer Leistung zur Verfügung. Da die Sender in den ersten Kriegsjahren von den alliierten Bomberverbänden zur Peilung benutzt wurden, war man gezwungen, durch Gleichwellennetze, zeitweilige und wechselseitige Abschaltungen sowie durch das sogenannte „Doublieren" für Verwirrung zu sorgen – was aber sicher auch die Hörer im Reich verwirrte. Das „Doublieren" bedeutete, dass es in 30 bis 40 km Entfernung von einem Großsender einen zweiten Sender gab, der auf der gleichen Frequenz sendete und damit die Peilung erschwerte; die Gleichwellen-

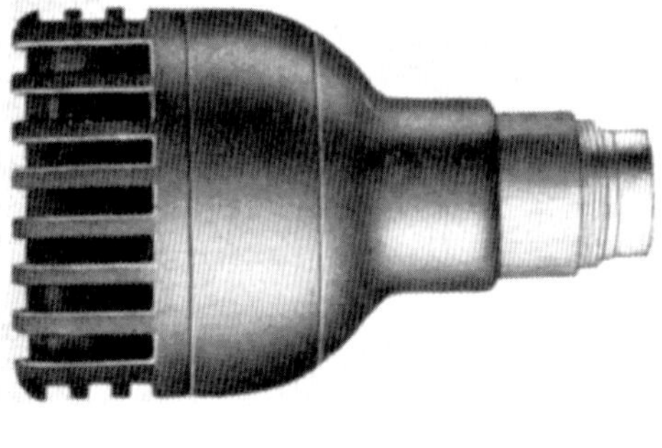

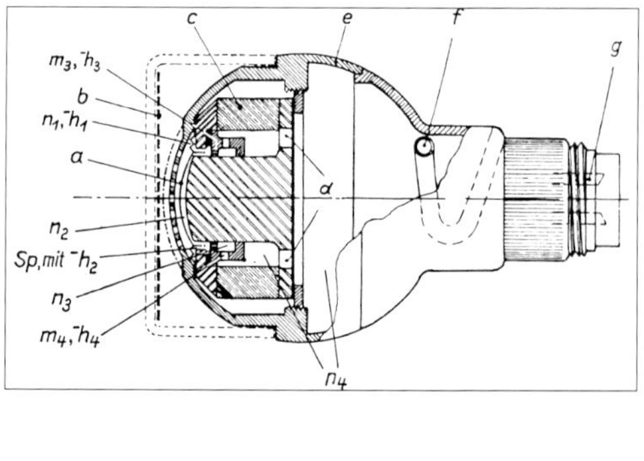

1939 wurde von der RRG und der Firma E. BEYER das dynamische Tauchspulmikrofon M 19 entwickelt. Mit seiner domförmig gewölbten, am Rand geriffelten Alu-Membran wurde es zum Prototyp einer ganzen Reihe späterer Reportermikrofone.

Zusammenschaltungen bewirkten ein Ähnliches, wurden aber erst am Abend vorgenommen. Das ganze „Schaltregime“ änderte sich praktisch aller paar Monate. Breslau zum Beispiel war während der ersten Kriegsjahre Muttersender der Groß-Gleichwelle auf 950 kHz, zu der auch Leipzig gehörte. Danach gab es in den einzelnen Regionen mehrere verschiedene Gleichwellennetze, von denen eines zeitweise auch von Leipzig auf 785 kHz gesteuert wurde.

links: Das modernste Magnetbandgerät der RRG für Reportagezwecke war das „Kleinstübertragungsgerät R 26“ aus dem Jahre 1944. Es wurde auf der Basis des Wiedergabe-Laufwerks „Tonschreiber c“ entwickelt. Durch Anwendung der HF-Vormagnetisierung konnte bei etwa 18 cm/s eine Tonqualität erreicht werden, die in Bezug auf Frequenzumfang (50 bis 5.500 Hz), Rauschfreiheit und Verzerrungsfreiheit einer Schallfolie gleichkam. Die Einheit bestand aus zwei Halbtornistern: Aufnahme-Wiedergabegerät (15 kg) und Batterie- und Zubehörbehälter (23 kg). Röhrenbestückung: 6x EF 12, EBC 11, EF 11; Spieldauer 12 min. Von diesem Modell wurden nur wenige Exemplare gebaut.
rechts: „Funkhorchempfänger Tonschreiber b“ von 1939, eines der speziell für den Kriegseinsatz bei der deutschen Wehrmacht entwickelten Magnetbandgeräte. Mittels eines rotierenden Vierspaltkopfes konnte beim Abspielen ein „Dehnen“ und „Komprimieren“ erreicht werden, um Schnelltelegrafie und Sprachsendungen verlangsamt, aber in originaler Tonlage, abzuhören. Der Laufwerkskoffer war mit 4 Motoren bestückt; die Bandgeschwindigkeit ließ sich, bei korrigierter Tonhöhe, zwischen 9 cm/s und 120 cm/s verändern.

links: Rundfunktechnikerin des Reichssenders Berlin während der Sendung
rechts: Ab 1942 wurden ausnahmslos nur noch Frauen als Rundfunktechnikerinnen ausgebildet.

Veröffentlichungen über Sendezeiten und -frequenzen aus dieser Zeit sind rar; 1943/44 bringen die Tageszeitungen Listen über „die Sender, die gehört werden dürfen“. Bei Annäherung alliierter Bomberverbände mussten die Großsender abgeschaltet werden, was den Hörern durch die Ansage von einer Schallplatte mitgeteilt wurde; die Ansage endet mit den Worten: „…Wir bitten unsere Hörer, ihr Empfangsgerät auf einen anderen deutschen Sender einzustellen.“ Doch ist es wahrscheinlicher, dass die Hörer nun den Drahtfunk-Warndienst oder den „Flak-Sender“ einschalteten.

Mit dem Heranrücken der Fronten gingen immer mehr Sender außer Betrieb – durch Sprengung beim Rückzug der deutschen Truppen, durch Bombardierung oder durch Besetzung. Bei anderen wurde durch Kriegseinwirkung die Stromversorgung unterbrochen, so auch beim Leipziger Sender in Wiederau, der ab 12. April 1945 schweigen musste. 10 Tage später war auch der Berliner Sender Tegel außer Betrieb. Das „Reichsprogramm“ jedoch ging mit notdürftigen Mitteln weiter: Aus dem Bunker des Berliner Funkhauses wurden „erstklassige, künstlerisch hochstehende Musikprogramme“, wie es ein Zeitzeuge formulierte, durchmischt mit Nachrichten und Frontberichten, nach Hamburg übertragen; bis zur Unterbrechung der durch feindliche Linien verlaufenden Modulationsleitung in den letzten Apriltagen. Die Meldung vom angeblichen „Heldentod“ des Führers am 30. April, als Tonaufzeichnung erhalten, konnte nur noch über die Sender in Hamburg und Flensburg verbreitet werden, wo außerdem noch ein fahrbarer Sender auf der Herzberger Langwelle arbeitete. Wieviele mögen dies wirklich gehört haben? Da waren andere Sender wie die BBC sicher weitreichender. Am Schluss war der Sender Flensburg übriggeblieben, und über ihn wurde am 8. Mai 1945 die bedingungslose Kapitulation Hitlerdeutschlands bekanntgegeben. Er sendete noch weiter, bis er auf Protest der Sowjetunion am 13. Mai endgültig seinen Betrieb einstellen musste. Damit war das Kapitel „Nazirundfunk“ kläglich zu Ende gegangen.

Vorderseite eines Feldpostbriefes, August 1942

Der Sender Leipzig wird 1946 unter den Schutz der neuen Leipziger Polizei gestellt.

ZWEITE STUNDE NULL FÜR LEIPZIG

Vom wechselvollen Rollenspiel eines Radiosenders

Das ist schon ein elektrisierendes Gefühl für jeden Chronisten, wenn er in Archiven auf Originaldokumente stößt, die auf ihre Weise unbestechlich bezeugen, dass sich die Geschichte teilweise anders abgespielt hat, als wir bisher aufgrund der Aussagen einschlägiger Publikationen annahmen. Es gilt, die Geschichte der Neugründung des Mitteldeutschen Rundfunks nach 1945 zu korrigieren und in wesentlichen Punkten sogar neu zu schreiben.

Erinnern wir uns: Der Reichssender Leipzig hatte auf Anweisung JOSEPH GOEBBELS' 1942 den eigenen Sendebetrieb eingestellt. Das Funkhaus in Barthels Hof, Markt 8, wurde geschlossen, wie es die Feldpostzeitung des Unternehmens namens „Das leere Haus" überliefert. Bei den Luftangriffen auf Leipzig wurde der Hauptflügel durch Brandbomben getroffen und schwer beschädigt. Das Feuer konnte sich rasch ausbreiten, weil durch die angeordnete Schließung keine Luftschutzvorkehrungen durch Mitarbeiter des Senders mehr getroffen worden waren. Unglücklicherweise fiel die Bombe in den Dachstuhl über dem großen Sendesaal im dritten Stock, der aufgrund seiner speziellen Bauweise weit in den Dachstuhl hineinragte. Sandsäcke auf den Dachstuhlfußboden zu legen, verbot die eigenwillige Bauweise der sperrhölzernen Decke dieses Funkraumes. Im Juni 1945 stellt folgerichtig die Grundstücksverwaltung „Barthels Hof" Leipzig, Markt 8, entsprechende Schadenersatzansprüche:

„dass die erheblichen Bomben-Brandschäden am Grundstück vor allem darauf zurückzuführen sind, dass die leergestellten Geschäftsräume von der damaligen Geschäftsleitung von jedwedem personellen Feuerschutz entblösst worden sind, der grosse Sendesaal durch die umfangreichen hölzernen und textilen Schalleinbauten sowie das in grossen Mengen in den Räumen des IV. Stockwerkes untergebrachte Akten- und Archivmaterial dem Feuer hinreichend Nahrung boten. Es liegt also hier ein exaktes Verschulden der Leitung des Reichssenders Leipzig vor." Einen direkten Rechtsnachfolger des Reichssenders gab es natürlich nicht. Also verrät uns der weitere Verlauf des Schriftverkehrs indirekt auch die einzelnen Etappen, die schließlich bis hin zur Aufnahme des Leipziger Senders in den schon in Dresden (!) wiederbegründeten Mitteldeutschen Rundfunk führen sollten.

Doch es empfiehlt sich, die verschiedenen „Trägerschaften" des Senders einzeln unter die Lupe zu nehmen.

HANS MAHLE als Intendant der Sender in der sowjetisch besetzten Zone bei einer Rede in der Leipziger Kongreßhalle im Jahr 1946

Etappe I: „Radio Leipzig" als „Gegenpol zum Berliner Sender der Russen"

8. Mai 1945. Deutschland hatte bedingungslos kapituliert. Große Teile Mitteldeutschlands mit ihren wichtigsten Industriezentren waren in amerikanischer Hand. Durch anglo-amerikanische Bombenangriffe war auch Leipzig schwer gezeichnet. Fast alle Kulturstätten waren unwiederbringlich verloren. Der Herzschlag der Stadt wurde diktiert von ständigen Energieabschaltungen, weitgehend lahmliegendem Verkehr und nächtlichen Ausgangssperren. Der Lebenswille der Menschen aber blieb ungebrochen. Eine der ersten Amtshandlungen des Stadtregiments bestand noch im Mai 1945 in der Umwandlung des Reichssenders Leipzig in ein „Radio Leipzig". Die Trägerschaft des jungen Unternehmens übernahm das Kulturamt der Stadt. Um einen Sendebetrieb wieder zu ermöglichen, musste vor allem der Sender Wiederau instandgesetzt werden. Insgesamt trug dafür die Stadt Leipzig Aufwendungen in Höhe von 117.905,50 RM. Dazu nahm sie ein Darlehen von 40.000 RM auf.

Zunächst war offenbar an eine Wiederinstandsetzung des zerstörten Funkhauses des früheren Reichssenders gedacht worden, denn per 12. Juni 1945 teilte das Kulturamt der Stadt Leipzig der Grundstücksverwaltung „Barthels Hof" Leipzig, Markt 8, mit, „daß sämtliche Mieträume des Reichssenders Leipzig für Sendezwecke weiterhin benötigt werden". Doch blieben diese Pläne wohl undurchführbar. Zu schlecht war der Bauzustand der einst vom Rundfunk belegten Räume geworden.

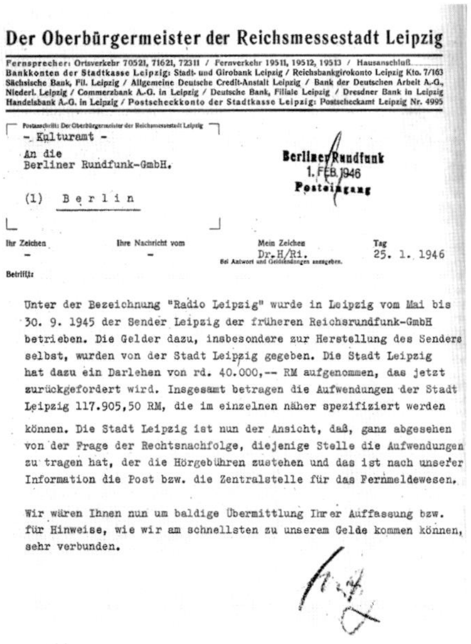

Der Oberbürgermeister der Reichsmessestadt Leipzig

Fernsprecher: Ortsverkehr 70521, 71621, 72311 / Fernverkehr 19511, 19512, 19513 / Hausanschluß ......
Bankkonten der Stadtkasse Leipzig: Stadt- und Girobank Leipzig / Reichsbankgirokonto Leipzig Kto. 7/163
Sächsische Bank, Fil. Leipzig / Allgemeine Deutsche Credit-Anstalt Leipzig / Bank der Deutschen Arbeit A.-G., Niederl. Leipzig / Commerzbank A.-G. in Leipzig / Deutsche Bank, Filiale Leipzig / Dresdner Bank in Leipzig
Handelsbank A.-G. in Leipzig / Postscheckkonto der Stadtkasse Leipzig: Postscheckamt Leipzig Nr. 4995

Postanschrift: Der Oberbürgermeister der Reichsmessestadt Leipzig
- Kulturamt -
An die
Berliner Rundfunk-GmbH.

(1) Berlin

Berliner Rundfunk
1. FEB. 1946
Posteingang

Ihr Zeichen	Ihre Nachricht vom	Mein Zeichen	Tag
-	-	Dr.H/Ri.	25. 1. 1946

Bei Antwort und Geldsendungen angeben.

Betrifft:

Unter der Bezeichnung "Radio Leipzig" wurde in Leipzig vom Mai bis 30. 9. 1945 der Sender Leipzig der früheren Reichsrundfunk-GmbH betrieben. Die Gelder dazu, insbesondere zur Herstellung des Senders selbst, wurden von der Stadt Leipzig gegeben. Die Stadt Leipzig hat dazu ein Darlehen von rd. 40.000,-- RM aufgenommen, das jetzt zurückgefordert wird. Insgesamt betragen die Aufwendungen der Stadt Leipzig 117.905,50 RM, die im einzelnen näher spezifiziert werden können. Die Stadt Leipzig ist nun der Ansicht, daß, ganz abgesehen von der Frage der Rechtsnachfolge, diejenige Stelle die Aufwendungen zu tragen hat, der die Hörgebühren zustehen und das ist nach unserer Information die Post bzw. die Zentralstelle für das Fernmeldewesen.

Wir wären Ihnen nun um baldige Übermittlung Ihrer Auffassung bzw. für Hinweise, wie wir am schnellsten zu unserem Gelde kommen können, sehr verbunden.

Schreiben des Leipziger Kulturdezernenten Dr. HARTIG vom 25. Januar 1946 mit der Erklärung der Sendetätigkeit eines „Radio Leipzig" vom Mai bis 30. September 1945. Interessant ist, dass noch im Januar 1946 alte Briefbögen der „Reichsmessestadt" verwendet wurden.

Herrn

Walter P a r t s c h
Bücherrevisor

(10) L e i p z i g C.1.
Gustav-Adolfstr.38.III.

21.1.46. vD/At. 1.2.46.

Aussenstelle Leipzig
Mieträume Hainstr.3.

Zu Ihrem vorgenannten Schreiben teilen wir Ihnen folgendes mit: Durch Befehl der Sowjetischen Militär-Administration vom 21.12.45. ist der Sender Leipzig mit sofortiger Wirkung der Mitteldeutschen Rundfunk-GmbH. angegliedert und aus unserer Verwaltung herausgelöst worden. Die Mitteldeutsche Rundfunk-GmbH. wird ihrerseits, ebenso wie wir, von der Zentralverwaltung für das Volksbildungswesen betraut.
Wir haben daher Ihr Schreiben vom 21.1.46. mit Anlage dem Sender Leipzig zur unmittelbaren Erledigung zuständigkeitshalber übermittelt.

Hochachtungsvoll

BERLINER RUNDFUNK GMBH.

Schreiben der Berliner Rundfunk GmbH vom 1. Februar 1946

Gründung der Mitteldeutschen Rundfunkgesellschaft

(LND) Am 20. November 1945 ist in Dresden von den mitteldeutschen Ländern der sowjetischen Zone die Mitteldeutsche Rundfunkgesellschaft gegründet worden. Sitz der Gesellschaft ist Dresden. Die Mitteldeutsche Rundfunkgesellschaft hat die Aufgabe, im mitteldeutschen Raume die Versorgung weitester Bevölkerungsschichten mit Rundfunkdarbietungen sicherzustellen.

Artikel der „Volkszeitung für die Provinz Sachsen" vom 30. November 1945

„Grundsätze über die Entwicklung eines neuen Radiosenders Leipzig" von Oberspielleiter Dr. S. SKRAUP vom 2. Juni 1945. Sein Papier trägt interessanterweise den Zusatz „Nur für deutsche Dienststellen"!

Grundsätze über die Einrichtung eines neuen Radiosenders Leipzig

(Alle Rechte vorbehalten)

Die einen neuen Funk betreffenden Fragenkreise sind dreifacher Art.

I. Politisch:

Der neue Sender muß unter dem Zeichen der für Deutschland jetzt maßgebenden neuen demokratischen Ideen stehen und sich dadurch als ein wesentlich politisches Werkzeug ausnehmen zur Ueberwindung aller Tendenzen, wie sie bisher auf den Gebieten des Funks bei uns überall üblich waren.

a) Ein neu einzurichtender Sendebetrieb würde außerhalb der Rücksicht auf ein an sich verständliches Ver- und Ansammlungsverbot stehen, da ja jeder in seinem eignen Hause an den Sendüngen teilnehmen würde.

b) Der eingangs aufgestellte Grundsatz könnte vor allem dadurch erreicht werden, daß man das gesamte Nachrichtenwesen des neuen Senders in engster Arbeitsgemeinschaft mit dem amerikanischen Nachrichtendienst verbindet, sei es daß man ihn von dorther übernimmt, sei es daß man sich von dorther das gesamte Material zuleiten läßt.-Die zumeist vorhandenen Volksempfänger sind ohnehin nicht in der Lage, direkte Amerikanische Sendungen zu empfangen; sie reichen auch nicht einmal zum Empfang von Luxemburg oder Hamburg aus, über die man Amerika hören kann.

c) Es muß der landwirtschaftliche Funk als politische Maßnahme aufgezogen werden, da seine Belehrungen für die Ernährungs- und Versorgungslage zur Zeit als politische Hinweise anzusehen sind.

d) Wie sich die demokratischen Grundsätze im Kulturprogramm des neuen Senders auswirken sollen, darüber siehe unten.- Prinzipiel gilt es jedenfalls in dem hiesigen Gebiet als dem von den Amerikanern am weitesten nach Osten vorgetriebenen Sektor einen entsprechendenrepräsentativen Sender ins Leben zu rufen, auch als Balanze und Gegenpol zu dem mit großem Eifer betriebenen Sender Berlin der Russen. Es ist eindeutig festzustellen, daß die hiesige Bevölkerung aus diesen Prestigegründen auf einen neuen Sendebetrieb wartet. !!

II. K u l t u r p o l i t i s c h :

Es ist stets und grundsätzlich zu bedenken, daß Deutschland 12 Jahre von dem kulturellen Leben der Welt und von seinem auf Frieden eingestellten Weltbürgertum ferngehalten worden ist. Die Idee des Kampfes, wie sie von den Nazi seit Jahren als Lebenszweck gelehrt wurde, ist zu ersetzen durch die Wiederhinführung der Hörer zu friedenmäßigen Zielen und einer Kultur die fern allen Propagandatreibens sich auf die wirklichen Inhalte und Werte eines Geisteslebens besinnt.

a) Der neue Funk muß eine wirkliche Eigenform finden, damit er fern von der bisherigen Nachrichten- und Aktualitätssucht eines diktierenden Propagandaministeriums ein Eigenleben in seiner Totalität führen kann.- Bisher war der Funk ja nur Teil eines allgemeinen öffentlichen Treibens und Nur-Teil eines sogenannten Kulturlebens, in das er eingereiht wurde, o h n e daß man für ihn eigene Ausdrucksformen fand; übernahm man doch einfach die Form des Theater- und Konzertlebens für die ganz anders gearteten Belange des Funks.- Jetzt muß er unter steter Aktivierung und Mitwirkung der Hörerschaft (Vorschlagswesen, Kritik, Versuchssendungen aller Art usw.) seinem eigentlichen Sinn wieder zugeführt werden: In eignen Lebensformen Vorbereitung, bzw. Erläuterung und Vertiefung unserer Geisteskultur zu sein. Diese ist ja ohne Beziehung zu den anders gerichteten ausländischen Kulturen garnicht denkbar. Im Vergleich, aber auch im Verein mit diesen sollen unsere Kulturwerte literarischer und musikalischer Art dem Publikum wieder zuwachsen.

b) Für die Praxis ergibt sich aus dem bisher Gesagten vor allem eine neue besonders behutsam organisierte Sachgebiets-Bearbeitung. Der bisherige Standpunkt der Nazis, demzufolge die Gesinnung alles und der jeweilige Inhalt nur wenig oder garnichts bedeutete, ist grundsätzlich zu verwerfen, und wieder ganz auf den Inhalt und Gehalt der Sendungen zurückzuführen. - Es müssen die einzelnen Arbeitsgebiete so unterteilt werden, daß dort leicht und beweglich jene Publikums-Aktivierung sich auslösen und mitwirksam machen kann, von der oben die Rede war. Es genügt z.B. für das musikalische Arbeitsgebiet nicht mehr (wie früher) lediglich etwa zwischen ernster, Unterhaltungs-, leichter und Tanzmusik zu unterscheiden und eine entspr. Programmgestaltung auszuüben. Nein es müssen hier vorallem nunmehr die Dinge in sich noch vom Standpunkt besonderer Alters- und Berufsklassen bedacht und gelenkt werden, um die oben dargestellten Ideale dauernd, wenn auch unvermerkt, dem Hörerkreise nahezubringen.

„Während die Seitenflügel nicht bombengeschädigt sind, hat das Hauptgebäude durch Luftangriffe stark gelitten. Es fehlt vor allen Dingen das Dach, so daß es hineinregnet. Infolgedessen ist der 3. Stock überhaupt nicht benutzbar. Weiter fehlt in diesem Gebäudeteil jede Lampe; jeder Schalter ist herausgerissen. Infolge Herausreißens von irgendwelchen Armaturen und dergleichen sind die Wände und Decken stark beschädigt. Die Türen schließen schlecht oder gar nicht, so daß auch die Beheizung der Räume sehr in Frage gestellt ist. Das Linoleum ist gewaltsam herausgerissen worden. ...Im 1. und 2. Stock der Seitenflügel hat der Rundfunk die Telefone sämtlich entfernt und die dazugehörigen Leitungen herausgerissen", so heißt es im Bericht des Kulturamtes.

Glücklicherweise war das Archiv des Reichssenders Leipzig – oder zumindest größere Teile davon – unbeschädigt geblieben, weil die Bestände in Schränken im unbeschädigten Seitenflügel des dritten Stocks untergebracht waren. Dieser Standort blieb noch bis mindestens Ende November 1945 erhalten und wurde zur Versorgung mit Tonträgern für den offenbar nur stundenweisen Sendebetrieb genutzt. Gesendet wurde damals aus dem Leipziger Kino „Casino".

Wann die Programmarbeit aufgenommen wurde, ist leider nicht belegt. Allerdings liegen uns Dokumente vor, die erahnen lassen, welche Sendephilosophie man dem „Radio Leipzig" zugedacht hatte. Am 2. Juni 1945 legte der Oberspielleiter Dr. S. SKRAUP seine „Grundsätze über die Einrichtung eines neuen Radiosenders Leipzig", den er als „Balance und Gegenpol zu dem mit großem Eifer betriebenen Sender Berlin der Russen" verstanden wissen wollte, vor.

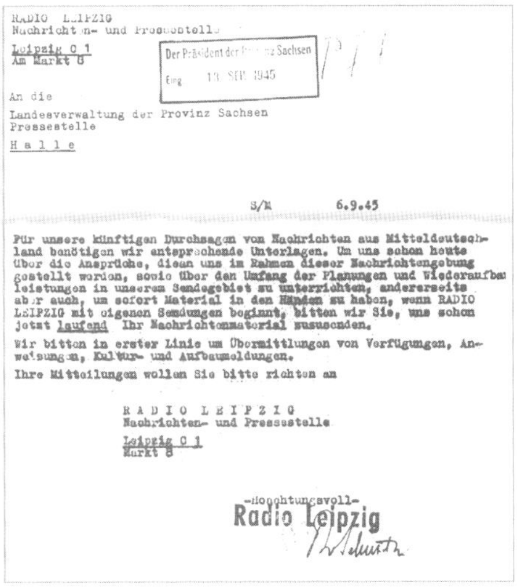

RADIO LEIPZIG
Nachrichten- und Pressestelle

Leipzig C 1
Am Markt 8

Der Präsident der Provinz Sachsen
Eing. 13. SEP. 1945

An die
Landesverwaltung der Provinz Sachsen
Pressestelle
H a l l e

S/M 6.9.45

Für unsere künftigen Durchsagen von Nachrichten aus Mitteldeutschland benötigen wir entsprechende Unterlagen. Um uns schon heute über die Ansprüche, dieuns uns im Rahmen dieser Nachrichtengebung gestellt werden, sowie über den Umfang der Planungen und Wiederaufbauleistungen in unserem Sendegebiet zu unterrichten, andererseits aber auch, um sofort Material in den Händen zu haben, wenn RADIO LEIPZIG mit eigenen Sendungen beginnt, bitten wir Sie, uns schon jetzt laufend Ihr Nachrichtenmaterial zuzusenden.

Wir bitten in erster Linie um Übermittlungen von Verfügungen, Anweisungen, Kultur- und Aufbaumeldungen.

Ihre Mitteilungen wollen Sie bitte richten an

RADIO LEIPZIG
Nachrichten- und Pressestelle

Leipzig C 1
Markt 8

-Hochachtungsvoll-
Radio Leipzig

Brief des Senders „Radio Leipzig" vom 6. September 1945 an die Pressestelle der Landesverwaltung der Provinz Sachsen (heute Bundesland Sachsen-Anhalt)

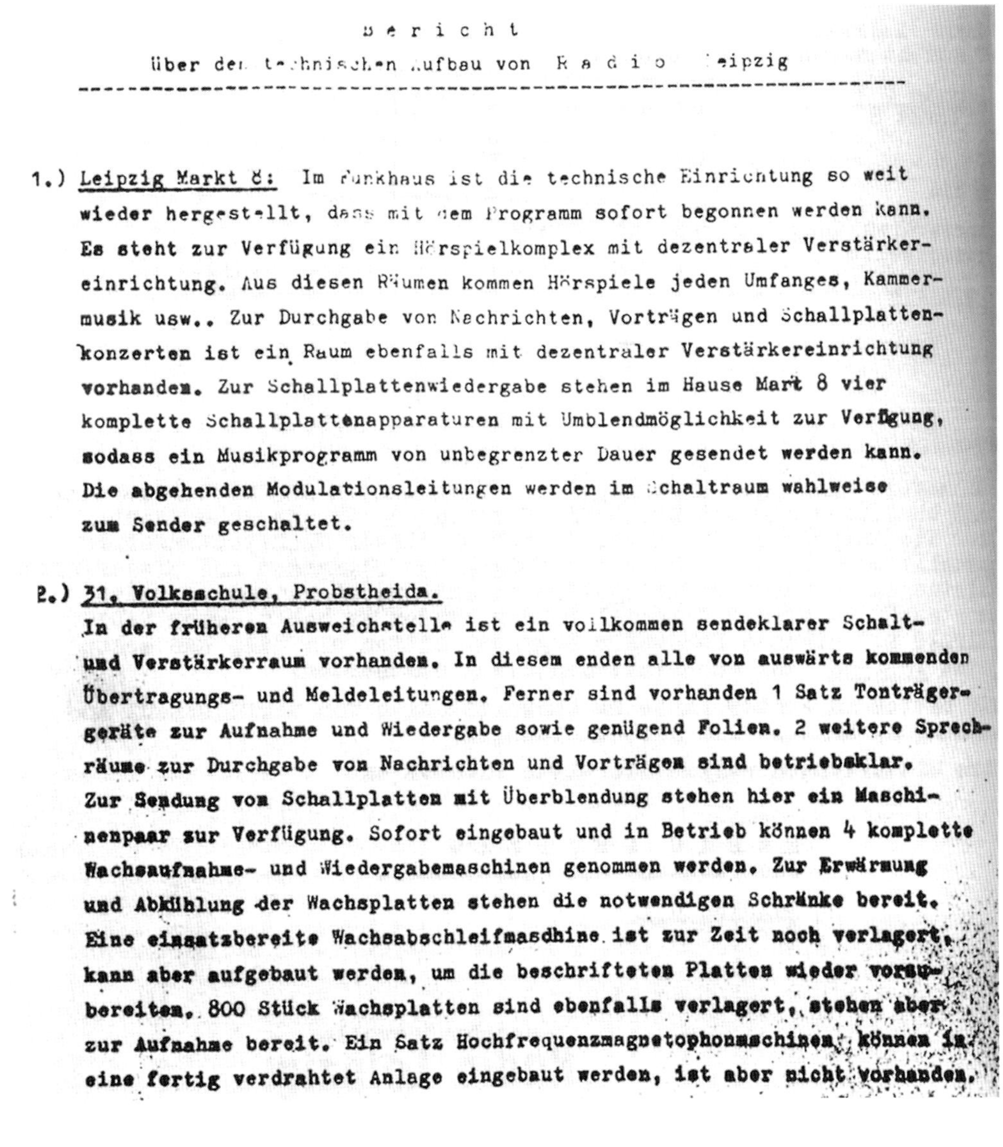

Bericht
über den technischen Aufbau von Radio Leipzig

1.) Leipzig Markt 8: Im Funkhaus ist die technische Einrichtung so weit wieder hergestellt, dass mit dem Programm sofort begonnen werden kann. Es steht zur Verfügung ein Hörspielkomplex mit dezentraler Verstärkereinrichtung. Aus diesen Räumen kommen Hörspiele jeden Umfanges, Kammermusik usw.. Zur Durchgabe von Nachrichten, Vorträgen und Schallplattenkonzerten ist ein Raum ebenfalls mit dezentraler Verstärkereinrichtung vorhanden. Zur Schallplattenwiedergabe stehen im Hause Mart 8 vier komplette Schallplattenapparaturen mit Umblendmöglichkeit zur Verfügung, sodass ein Musikprogramm von unbegrenzter Dauer gesendet werden kann. Die abgehenden Modulationsleitungen werden im Schaltraum wahlweise zum Sender geschaltet.

2.) 31. Volksschule, Probstheida.
In der früheren Ausweichstelle ist ein vollkommen sendeklarer Schalt- und Verstärkerraum vorhanden. In diesem enden alle von auswärts kommenden Übertragungs- und Meldeleitungen. Ferner sind vorhanden 1 Satz Tonträgergeräte zur Aufnahme und Wiedergabe sowie genügend Folien. 2 weitere Sprechräume zur Durchgabe von Nachrichten und Vorträgen sind betriebsklar. Zur Sendung von Schallplatten mit Überblendung stehen hier ein Maschinenpaar zur Verfügung. Sofort eingebaut und in Betrieb können 4 komplette Wachsaufnahme- und Wiedergabemaschinen genommen werden. Zur Erwärmung und Abkühlung der Wachsplatten stehen die notwendigen Schränke bereit. Eine einsatzbereite Wachsabschleifmaschine ist zur Zeit noch verlagert, kann aber aufgebaut werden, um die beschrifteten Platten wieder vorzubereiten. 800 Stück Wachsplatten sind ebenfalls verlagert, stehen aber zur Aufnahme bereit. Ein Satz Hochfrequenzmagnetophonmaschinen können in eine fertig verdrahtet Anlage eingebaut werden, ist aber nicht vorhanden.

Der erste Ü-Wagen des MDR, Sender Leipzig, nach 1945, der „Ü1", bei dem der Reporter nur den Deckel im Dach zu öffnen brauchte ..., Aufnahme von 1949

Auszug aus einem Bericht über den technischen Aufbau von Radio Leipzig
„Industrie-Schallplatten, sowie eine große Anzahl von den Nazis verbotener Platten und ca. 800 Wachsplatten befinden sich noch in einem Ausweichlager des Reichssenders in Mutschen. Dieses Lager ist von den Russen beschlagnahmt, aber angeblich nicht abtransportiert."

Anzeige der Leipiger Versicherung BARMENIA

Noch im Jahr 1945 begannen die Um- und Ausbauarbeiten des ehemaligen BARMENIA-Versicherungsgebäudes zum Funkhaus. Als Baumaterial dienten Ruinentrümmer zerstörter Nachbarhäuser.

Die Auflösung des Senders „Radio Leipzig" wurde von der Berliner Rundfunk GmbH am 23. 9. 1945 verkündet und durchgeführt. Zu diesem Zeitpunkt „existiert bei Radio Leipzig" ein Personalbestand von 150 Personen, inklusive eines Orchesters mit 50 Musikern, welches gleichzeitig als Sinfonieorchester der Gewerkschaften bezeichnet wurde.

Etappe II: Im Griff der KPD

Zu unserem Erstaunen firmierte dieser erste Sender noch bis zum 30. September als „Radio Leipzig", selbst nachdem am 2. und 3. Juli die Rote Armee eingezogen war. Das ist um so bemerkenswerter, da bereits am 8. Juli 1945 nunmehr die Kommunistische Partei Deutschlands (KPD) den Rundfunkstandort Leipzig als Propagandainstrument für ihre politischen Ziele zu nutzen suchte.

Die Genossen der KPD gingen zu jenem Zeitpunkt in ihren Strategien noch davon aus, der Sender Berlin in der Charlottenburger Masurenallee würde bald – wie auch die Verwaltung der ehemaligen Reichshauptstadt – unter eine Viermächteverantwortung gestellt werden. Damit wäre, wie befürchtet wurde, der Partei in Berlin ihr hundertprozentiges Sprachrohr zumindest anteilig verlorengegangen. Mit dem Leipziger Sender besaß die KPD aber ein Instrument, das völlig unabhängig von etwaigen Einmischungen oder Zugriffen der westlichen Alliierten arbeiten und senden konnte.

Inwieweit die KPD programmpolitischen Einfluss auf das Radio Leipzig ausübte, bleibt leider bislang unbeantwortet.

Etappe III: Unter Kontrolle der Sowjets

Erst im Oktober (!) 1945 wurde entsprechend den hier abgedruckten Belegen das Versäumnis beim Leipziger Sender durch die Sowjets korrigiert und das bislang immer noch eigenständig operierende „Radio Leipzig" schleunigst unter Kontrolle und Zensur der Sowjetischen Militär-Administration (SMAD) gestellt: Das geschah durch eine Unterstellung an die Berliner Rundfunk G.m.b.H. Der Leipziger Sender nannte sich nunmehr „Berliner Rundfunk G.m.b.H. – Außenstelle Leipzig", war also damit strukturell dem Berliner Haus des Rundfunks zugeordnet und übernahm – als Relaisstation – komplett das Berliner Programm aus der Masurenallee. Widersprüchlich ist hierzu allerdings die Aussage des späteren „Generalintendanten des demokratischen Rundfunks", HANS MAHLE, der in allen seinen Darstellungen immer vom 1. September 1945 als Geburtsstunde des Leipziger Senders sprach. Für ihn begann die politische Stunde „Null" damit offensichtlich erst ein Vierteljahr nach dem Zusammenbruch Deutschlands. Zu einer Zeit also, da die US-Army aus Leipzig abgezogen war und die Stadt nun schon längst zur Sowjetischen Besatzungszone gehörte.

2. Aus den Besprechungen mit dem Intendanten der Berliner Rundfunk GmbH., Herrn M a h l e , ergab sich, daß von dieser Seite bereits die notwendigen Schritte getan waren, die Sowjetische Administration in Berlin von der politischen Notwendigkeit der baldigen Inbetriebnahme des Leipziger Senders zu überzeugen. Aus Gründen des einheitlichen Vorgehens wurde vereinbart, die weiteren Schritte in dieser Angelegenheit gemeinsam zu unternehmen. Um das erstrebte Ziel zu erreichen, wurde vereinbart, das bisherige fiktive Unternehmen RADIO LEIPZIG, das jeder rechtlichen und finanziellen Grundlage entbehrte, schnellstens aufzulösen, dafür aber eine Außenstelle Leipzig der Berliner Rundfunk GmbH. zu gründen. Es wurde vollste Übereinstimmung darüber erzielt, daß diese Maßnahme eine Übergangslösung darstellt, die solange Gültigkeit haben soll, bis für den Sender Leipzig die Sendegenehmigung erreicht ist, um dann die Mitteldeutsche Rundfunkgesellschaft zu gründen.

Die Berliner Rundfunk GmbH. hat sich bereit erklärt, die Finanzierung der Außenstelle von sich aus bis zur Gründung der Mitteldeutschen Rundfunk GmbH. zu garantieren.

Am 25.9.45 wurde auf einer Betriebsversammlung im Funkhaus die Maßnahme, RADIO LEIPZIG aufzulösen, verkündet und durchgeführt. Die Außenstelle Leipzig der Berliner Rundfunk GmbH. wurde am 1.10.45 offiziell eröffnet.

Anfang November 1945 wurden der „Berliner Rundfunk G.m.b.H. , Außenstelle Leipzig“ die Gebäude der „Leipziger Versicherung BARMENIA“ in der Springerstraße 22-24 in Leipzig-Gohlis zugesprochen. Die Immobilie der „BARMENIA“ war aufgrund einer Verfügung der SMAD und des Oberbürgermeisters beschlagnahmt worden. Als Ersatzquartier sprach die Stadt der BARMENIA pikanterweise den ehemaligen Sitz des Reichssenders Leipzig zu: die Räume in Barthels Hof, Markt 8!

Ohne Zeitverzug begann der Rundfunk mit dem Um- und Ausbau seines neuen Domizils zum Funkhaus „in der Springerstraße“.

Der Haupteingang ins Funkhaus entstand durch die Lückenschließung zwischen den Häusern 22 und 24.

Etappe IV: „Der Mitteldeutschen Rundfunk-GmbH angegliedert“

Inzwischen war am 7. Dezember 1945 in Dresden von den mitteldeutschen Ländern der sowjetischen Zone die Mitteldeutsche Rundfunkgesellschaft mit Sitz in Dresden gegründet worden. Erst am 21. Dezember 1945 wurde der Leipziger Sender per „Befehl der sowjetischen Militär-Administration“ und „mit sofortiger Wirkung der Mitteldeutschen Rundfunk-G.m.b.H. angegliedert“.

Damit war der Sender Leipzig aus der letzten Verwaltung der Berliner Rundfunk G.m.b.H. „herausgelöst“. Mit dem Um- und Neubau der Gebäude in der Springerstraße war es schließlich nur noch eine Frage der Zeit, bis sich Intendanz und Verwaltung des Mitteldeutschen Rundfunks im neuen Funkhaus in Leipzig niederließen.

Das Eingangsportal des Leipziger Funkhauses in der Springerstraße im Jahre 1949

Der „Ü1“, der erste Übertragungswagen des Leipziger Senders nach dem Krieg 1946

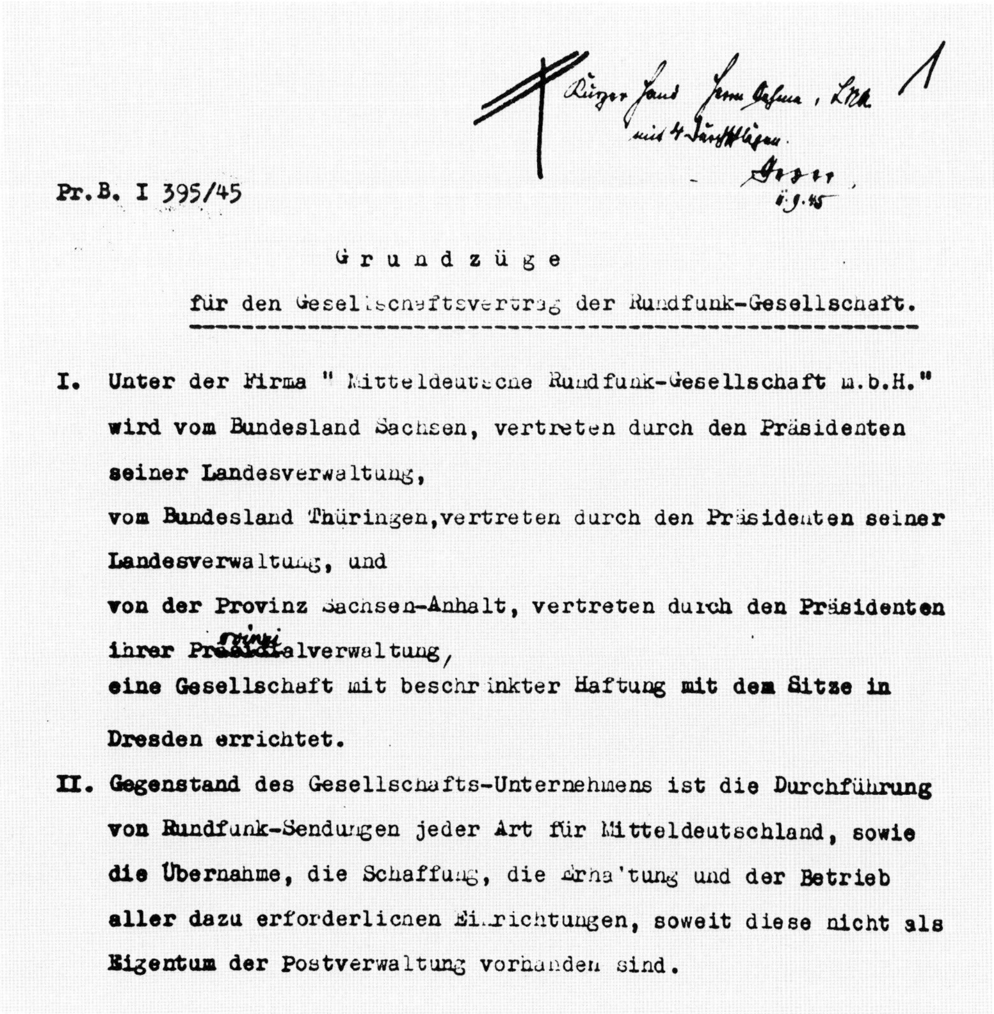

Pr.B. I 395/45

Grundzüge

für den Gesellschaftsvertrag der Rundfunk-Gesellschaft.

I. Unter der Firma " Mitteldeutsche Rundfunk-Gesellschaft m.b.H." wird vom Bundesland Sachsen, vertreten durch den Präsidenten seiner Landesverwaltung, vom Bundesland Thüringen, vertreten durch den Präsidenten seiner Landesverwaltung, und von der Provinz Sachsen-Anhalt, vertreten durch den Präsidenten ihrer Provinzialverwaltung, eine Gesellschaft mit beschränkter Haftung mit dem Sitze in Dresden errichtet.

II. Gegenstand des Gesellschafts-Unternehmens ist die Durchführung von Rundfunk-Sendungen jeder Art für Mitteldeutschland, sowie die Übernahme, die Schaffung, die Erhaltung und der Betrieb aller dazu erforderlichen Einrichtungen, soweit diese nicht als Eigentum der Postverwaltung vorhanden sind.

Notarielle Beglaubigung und nachrichtlicher Vermerk der Gründung einer „Mitteldeutschen Rundfunk G.m.b.H.“, die sich als „getreues Abbild der früheren Mitteldeutschen Rundfunkgesellschaft MIRAG“ verstand.

„Wir bauen den Sozialismus auf!“ …

Der ehemalige Rundfunkmitarbeiter Johannes Lieberwirth erzählt von den Anfängen des Landessenders Dresden nach dem Kriege

Das Funkhaus des Landessenders kurz nach dem Einzug in den Seitenflügel des Deutschen Hygiene-Museums. Das große Fahrzeug in der Mitte – ein „Horch“ – war der erste Übertragungswagen des Dresdner Senders. Noch einige Jahre nach dem Krieg wurde er als Schnellreportagewagen eingesetzt.

Erster Übertragungswagen des Landessenders Dresden im Jahre 1946

Die „Villa Renner“ in der Tiergartenstraße 34 war 1946 das zweite Domizil des Landessenders Dresden.

Was hatten vor 50 Jahren der Landessender Dresden und der „Freischütz“ von CARL MARIA VON WEBER gemeinsam? Das Pausenzeichen des Funkhauses, das die ersten zwei Takte der Arie: „Durch die Wälder, durch die Auen“ verwendete. Witzbolde hatten freilich den lästerlichen Text kreiert „Komm ich heute nicht, komm ich morgen“. Damit aber wurde die Leistung des Senders nicht zutreffend beschrieben. Denn unpünktlich verbreitete er sein Programm nicht. Es geriet nur anfangs zeitweilig in das Gewirr technischer Pannen, die als Unterbrechungen zu spüren waren. Als ich am 2. Juni 1947 meine erste Ansage (der Nachrichten) servierte, hatte die Technik dieses Problem jedoch bewältigt.

Über die Abwicklung des Tagesprogramms wachte, nahezu mütterlich, Sendeleiterin ZIMMERMANN. Es umfasste, vorwiegend mittags und nachmittags, eine Sendezeit von etwa fünf Stunden. Einmal wöchentlich begleiteten wir für den MDR die 5.30 Uhr beginnende Frühmusik. Zeitansagen und verbindende Texte (mitunter „quasselten“ wir wohl zuviel) blieben uns Sprechern zur freien Gestaltung überlassen. Bänder und Schallplatten suchte der Leiter der Musikredaktion, HANS HENDRIK WEHDING, aus, der sich auch als Komponist und Dirigent einen Namen machte.

Das Funkhaus benutzte mit seinen etwa 60 Mitarbeitern den linken Seitenflügel des Deutschen Hygiene-Museums, das als eines der wenigen Gebäude die Zerstörungsangriffe im Februar 1945 überstanden hatte.

Die SMAD hatte die Gründung des Landessenders Dresden am 13. Mai 1945 verfügt, also schon fünf Tage nach Kriegsende. Während der ersten Monate logierte die Sendeanstalt auf der Kesselsdorfer Straße. Am 1. März 1946 verlegte sie ihren Sitz in die „Villa Renner“ auf der Tiergartenstraße, nahe dem Großen Garten. Bald aber erwies sich auch diese Unterkunft als nicht geräumig genug. Neue (und jahrzehntelange) Bleibe wurde ab Oktober 1946 das Deutsche Hygiene-Museum am Lingnerplatz.

Über die ersten Monate des Sendegeschäfts wusste Verwaltungschef KURT HUNGER zu berichten, dass er gemeinsam mit anderen Kollegen Büroeinrichtungen und technisches Material auf Schubkarren und Rucksäcken zur Kesselsdorfer Straße balanciert und gebuckelt habe. Requirierte Utensilien aus ihren Armeebeständen und Bezugsscheine hätten die Russen bereitgestellt. Diesen war daran gelegen, möglichst rasch die von ihnen zensierten Beiträge bei den Einwohnern „an den Mann bringen“ zu lassen.

Meinen Arbeitsvertrag hatte Intendant Dr. ERICH MAUTHNER unterschrieben. Er widmete sich lieber den Lebensfreuden als der ideologischen Orientierung des Programms. Darum kümmerte sich unaufdringlich der sowjetische Kontrolloffizier, Kapitän DEUTSCHMANN. Er war Lehrer von Beruf, sprach Deutsch wie du und ich und erwies sich als ein leutseliger „Aufpasser“. Chefredakteurin war LEA GROSSE, die in den Manuskripten mehr Korrekturen anbrachte als notwendig erschienen. Sie gehörte zu dem Kreis jener „Antifaschisten“, die den Rundfunk in der Sowjetischem Besatzungszone (SBZ) aufbauten. Diese konnten aber nicht auf Fachleute verzichten wie GUIDO REIF, den fähigen Chef der Kulturabteilung, und RICHARD HAHNEWALD, der ideenreich die Unterhaltungsabteilung leitete und bei der Belegschaft beliebt war. Er brachte „Leben in die Bude“, also in das Programm, das während der ersten Monate Nachrichten und Musik, selten einen Bericht anzubieten hatte. Unter seinem Künstlernamen ULLI BUSCH inszenierte er die populäre öffentliche Sendung „Was sich Hörer wünschen“. Dieses im Großen Saal des Hygiene-Museums ins Werk gesetzte Kulturereignis wurde u.a. von Solisten der Staatsoper getragen wie CHRISTEL GOLTZ, INGER KARÉN, HELENA ROTT, ELISABETH REICHELT, KURT BÖHME, JOSEF HERRMANN, WERNER FAULHABER oder ARNO SCHELLENBERG sowie von der Dresdner Philharmonie. Vor allem diente es einer Such- und Grußaktion für die deutschen Kriegsgefangenen in der Sowjetunion. Diese Sendung, die ich anzusagen hatte, konnte tatsächlich in vielen russischen Lagern verfolgt werden mit dem Ergebnis, dass nach langen Jahren die ersten Lebenszeichen von dort die Angehörigen daheim erreichten. Sie musste allerdings Ende 1948 eingestellt werden, weil der Kreml erklärte, dass sich keine deutschen Kriegsgefangenen mehr in der Sowjetunion aufhielten.

Das bedeutete zugleich den Anfang vom Ende HAHNEWALDs als Abteilungsleiter. Schon kurz darauf wurde er nämlich in einem inquisitorischen Spießrutenlaufen während einer Belegschaftsversammlung der „Verunglimpfung" der „deutsch-sowjetischen Freundschaft" geziehen, wegen des „unpolitischen" Inhalts seiner Sendungen gerügt und gezwungen, sein Entlassungsgesuch einzureichen.

Das geschah 1949, im Jahr der Gründung der DDR, der SED-Chef WALTER ULBRICHT bald die Verkündigung folgen ließ, dass im Lande nunmehr der Sozialismus aufgebaut werde. Linientreue Organisatoren entwickelten ein bürokratisches System nach dem Prinzip „Friedensliebe ist im Osten angesiedelt, Kriegstreiberei im Westen". Die Wortsendungen sollten die „Schwerpunkte" enthalten: „Kampf um den Frieden und die Einheit Deutschlands, Sowjetunion, Volksdemokratien, Fünfjahresplan, Kultur". Jeder Beitrag war der „Abteilung für Plankontrolle" vor der Sendung zu präsentieren. In vierfacher Ausfertigung mussten Dauer, Mitwirkende, Art, Inhalt und Schwerpunkte der Reportagen und Manuskripte angegeben werden, eine zeitraubende Belastung der Redakteure. Ich begann schon Ende 1949, zusätzlich Reportagen für den Zeitfunk, insbesondere für die Sportredaktion zu liefern. Diese besetzte ein Kollege, der wie ich dem Dresdner Kreuzchor angehört hatte. Den o. a. Berichten fehlten freilich Angaben über jene „Nebentätigkeit", der wir Reporter auf den mitunter mehrtägigen Fahrten durch das Land nachgingen. Die Rationierung der Lebensmittel bedurfte der individuellen Ergänzung. Aufnahmen bei LPGs, in Geflügelhöfen oder Molkereien schlossen nicht nur mit den besprochenen Tonbändern ab, sondern auch mit dem Empfang von Lebensmitteln, für die trotz der Enge im Ü-Wagen stets ein Stauplatz gefunden wurde. Manches Mittagessen in der Funkhaus-Kantine konnte damit angereichert werden.

1950 schufen wir die Sendung „Was sagen Sie dazu?", die sich mit dem unerfreulichen Verhalten einiger Zeitgenossen und Betriebe beschäftigte. Diese Aufgabe wurde mir neben dem Sportfunk zugewiesen, dessen Redaktion ich 1950 übernahm.

In dem kleinen Dresdner Sendebetrieb zu arbeiten, erlaubte eine vielseitige Betätigung. Ich durfte mich auch als Regieassistent, Regisseur von Hörfolgen und -spielen „tummeln" sowie als Produzent öffentlicher Veranstaltungen. So konnten zusätzliche fachliche Kenntnisse und Erfahrungen gesammelt werden. Insofern ließ uns Chefredakteur WILLI FORNER freien Lauf. Er war ein Altkommunist und beschlagener Journalist, dem LEA GROSSE ihren Platz geräumt hatte.

Der Chef der Unterhaltungsabteilung RICHARD HAHNEWALD, alias ULLI BUSCH, im Studiogespräch mit THEO LINGEN

Mit dem Mikrofon unterwegs:
Der Sportredakteur HANNES LIEBERWIRTH während einer Reportage anlässlich einer Bergrettungsübung in der Sächsischen Schweiz im Jahre 1951

Aus der Chronik des Mitteldeutschen Rundfunks – Landessender Dresden:
Die Sprecher des Landessenders Dresden: HANS GÜNTHER KADEN, LIESELOTTE LORENZ und JOHANNES (HANNES) LIEBERWIRTH (v.l.n.r.)

Während der „18.00-Uhr-Nachrichten" für das Land Sachsen mit dem Nachrichtensprecher JOHANNES LIEBERWIRTH

Kündigungsschreiben der Personalstelle des Mitteldeutschen Rundfunks, Landessender Dresden aufgrund der Vorgabe des Staatlichen Rundfunkkomitees der DDR in Berlin vom 10. September 1952

MITTELDEUTSCHER RUNDFUNK
LANDESSENDER DRESDEN
DRESDEN – A.1 – LINGNERPLATZ 1

FERNRUF: SAMMEL-NR. 52261
DRAHTWORT: FUNK DRESDEN
BANK: DEUTSCHE NOTENBANK
KONTO-NUMMER 1134360

An den
Kollegen
Hannes Lieberwirth
im Hause

TAG: 10.9.1952
stg.

ZEICHEN

Werter Kollege Lieberwirth!

Die Bildung des Staatlichen Rundfunkkomitees der Deutschen Demokratischen Republik erfordert einschneidende Maßnahmen für den gesamten Demokratischen Rundfunk. Sie bringt für den Landessender Dresden eine Reihe von organisatorischen und personellen Veränderungen mit sich.
Aus diesem Grunde kündigen wir das mit Ihnen bestehende Arbeitsverhältnis mit Zustimmung der Betriebsgewerkschaftsleitung zum 30.9.1952.

BGL:

Mitteldeutscher Rundfunk
Landessender Dresden
Personalstelle

Haupteingang zum Dresdner Hygienemuseum

Aktennotiz zur Begründung der Entlassung des Sportredakteurs und Sportreporters JOHANNES LIEBERWIRTH aus dem Dienst des Senders Dresden, anlässlich der „Bildung des Staatlichen Rundfunkkomitees der DDR" am 29. August 1952

Auszugsweise Niederschrift der Unterredung, die am 29.8.52 anläßlich der mündlichen Entlassung des Kollegen Lieberwirth zwischen diesem und den Kollegen Nowak, Herzog, Steiger, Lentzsch im Intendanz-Zimmer stattgefunden hat

Kollege Nowak erklärte u.a.:

"Du weißt, Hannes, wir bauen den Sozialismus auf und befinden uns auf dem Weg zur Volksdemokratie. Wir brauchen dazu, besonders im Rundfunk, Menschen, die den Marxismus-Leninismus beherrschen. Und prüfe Dich selbst eingehend, ob Du zu denen gehörst."

Kollegin Steiger, als Vertreterin der Personalabteilung, fügte hinzu:

"Außerdem fallen Sie, Kollege Lieberwirth, unter Befehl 2 (Britische oder amerikanische Kriegsgefangenschaft)."

Sinngemäß, ja.
Nowak
Leiter des Studios Dresden
Sinngemäß, ja
Steiger
Personal-Sachbearbeiterin

Mitteldeutscher Rundfunk
Landessender Dresden

links: ULLI BUSCH mit dem Tonmeister GERHARD PROBST im Studio des Funkhauses Tiergartenstraße
rechts: HANS HENDRIK WEHDING am Flügel mit dem Leiter des Tanzorchesters des Mitteldeutschen Rundfunks, HANS BUSCH

Anders als in der Technik, an deren Spitze ohne Unterbrechung der findige und geschätzte Ingenieur GERHARD PROBST stand (er avancierte später zum Postminister), drehte sich in der Intendanz das Besetzungskarussell ohne Unterlass. Während der fünf Jahre meiner Zugehörigkeit zum Sender begegnete ich der gleichen Anzahl an Intendanten. Auf Dr. MAUTHNER folgte ERHARD REICHARDT, Schwiegersohn des sächsischen Ministerpräsidenten OTTO BUCHWITZ, danach kam der doktrinäre Genosse BERGNER, der jeglichen Frohsinn vermied, was ihn aber nicht hinderte, denselben von den Redakteuren mit der Bemerkung einzufordern: „Wir müssen mehr Humor produzieren!" Wegen Unfähigkeit wurde er nach kurzer Frist in einen VEB „abgestellt". Nach ihm kam FRITZ WASNER, der sich jedoch ebenfalls nicht lange halten konnte.

Die Intendanten-Rotation endete vorläufig mit der Bestallung des Junghauers NOWAK, 23 Jahre alt, der zeitweilig als „Volkskorrespondent" kurze Berichte geliefert hatte. Vom Radio-Betrieb hatte er soviel Ahnung wie ein Streifenpolizist vom Spitzenklöppeln. Sein Auftrag bezog sich denn auch mehr auf die ideologische Kontrolle von Personal und Programm. Er und der Vorsitzende der SED-Betriebsgruppe bestimmten schließlich, wer die Voraussetzungen erfüllte, um in einem sozialistischen Medium mitzuwirken, denn mit der Bildung des „Staatlichen Rundfunkkomitees der DDR" im September 1952 magerte der Landessender Dresden zu einem Bezirksstudio mit etwa 20 Mitarbeitern ab, dem sich drei weitere in Chemnitz, Cottbus und Görlitz zugesellten, was freilich den propagierten Sparmaßnahmen widersprach.

Der Sprecherraum des Landessenders Dresden

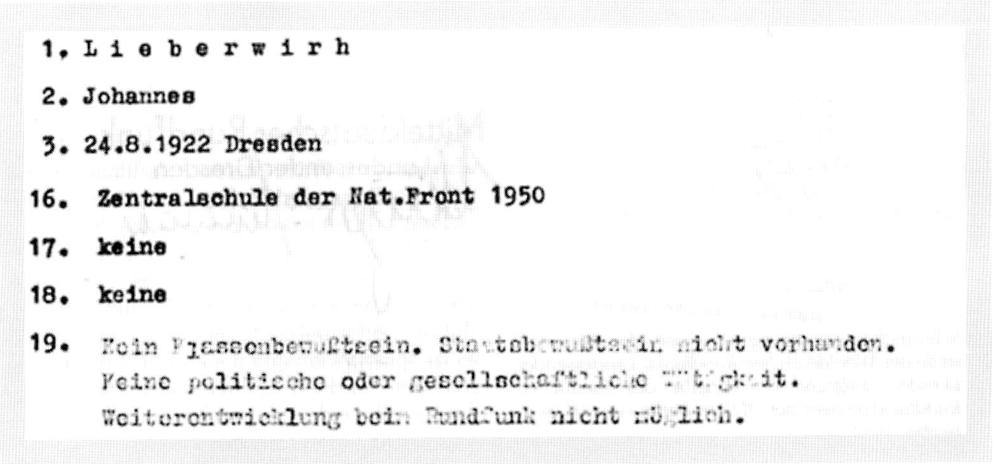

1. Lieberwirh

2. Johannes

3. 24.8.1922 Dresden

16. Zentralschule der Nat.Front 1950

17. keine

18. keine

19. Kein Klassenbewußtsein. Staatsbewußtsein nicht vorhanden. Keine politische oder gesellschaftliche Tätigkeit. Weiterentwicklung beim Rundfunk nicht möglich.

Gesinnungseinschätzung des Rundfunk-Mitarbeiters JOHANNES LIEBERWIRTH aus den vertraulichen Personalakten des Staatlichen Rundfunkkomitees der DDR

Durch das Sieb der Selektion fiel auch ich. Allerdings begnügte ich mich nicht mit dem offiziellen Entlassungsgrund der „Reorganisation" des Rundfunks. Meiner Forderung, den wahren Anlass zu erfahren, entsprachen NOWAK und der SED-Funktionär nach einigem Zögern. Und so geriet ich in den Besitz der schriftlich bestätigten Vorhaltung, den Marxismus-Leninismus nicht zu beherrschen, mit Verwandten in Westdeutschland zu korrespondieren und viele Jahre in westlicher (britischer) Kriegsgefangenschaft verbracht zu haben. Diese „Mängel" also gaben den Ausschlag für meinen unfreiwilligen Abschied vom Landessender Dresden, dem ich dennoch für meinen Berufsweg vieles verdanke.

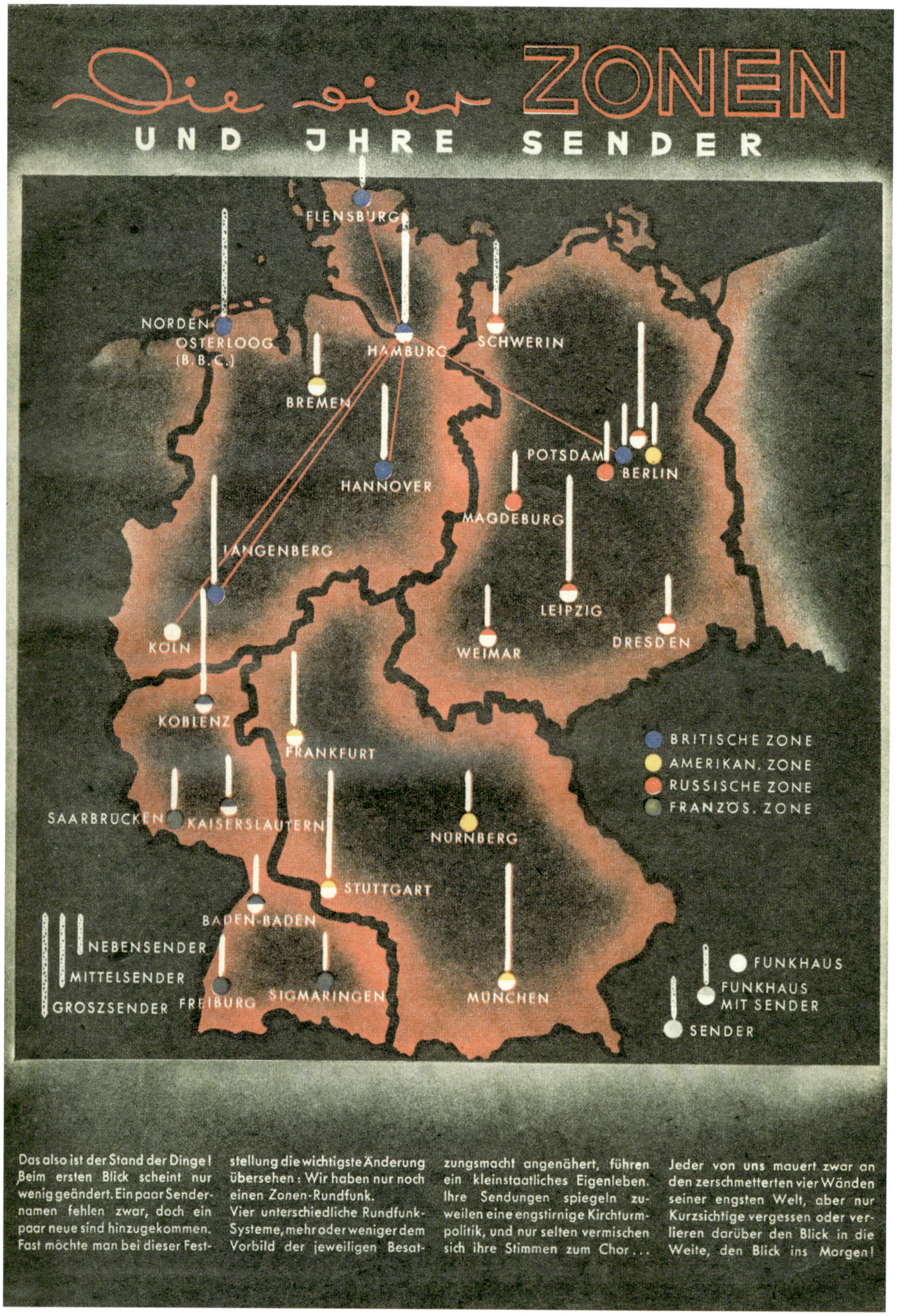

Das also ist der Stand der Dinge! Beim ersten Blick scheint nur wenig geändert. Ein paar Sendernamen fehlen zwar, doch ein paar neue sind hinzugekommen. Fast möchte man bei dieser Feststellung die wichtigste Änderung übersehen: Wir haben nur noch einen Zonen-Rundfunk.

Vier unterschiedliche Rundfunk-Systeme, mehr oder weniger dem Vorbild der jeweiligen Besatzungsmacht angenähert, führen ein kleinstaatliches Eigenleben. Ihre Sendungen spiegeln zuweilen eine engstirnige Kirchturmpolitik, und nur selten vermischen sich ihre Stimmen zum Chor … Jeder von uns mauert zwar an den zerschmetterten vier Wänden seiner engsten Welt, aber nur Kurzsichtige vergessen oder verlieren darüber den Blick in die Weite, den Blick ins Morgen!

Aus der ersten Nummer der Programm-Zeitschrift „Hör zu!" vom Dezember 1946

DETEKTOR-APPARATE UND NOTRADIOS

Rundfunkempfang in den ersten Nachkriegsjahren

Wenige Wochen nach dem Zusammenbruch des Naziregimes, am 5. Juni 1945, hatten die Alliierten jeden deutschen Sendebetrieb untersagt – die Militäradministrationen der 4 Besatzungszonen übernahmen die Rundfunkhoheit. Der Berliner Rundfunk (mit dem Sender Tegel auf 841 kHz) begann mit Sondergenehmigung seine Sendungen schon am 13. Mai, doch dem Leipziger Strahler in Wiederau (785 kHz) wurde es erst ab 1. September erlaubt, in den Äther zu gehen: zugleich mit dem Programm des Berliner Rundfunks. Der Sender Dresden durfte ab 1. Dezember senden (564 kHz). In den westlichen Besatzungszonen waren die Rundfunkhäuser von den Militärregierungen übernommen worden, und auch dort gingen nach und nach wieder die früheren größeren und kleineren Sender in Betrieb. Der Wiederaufbau des Rundfunks als aktuellstes Informationsmedium wurde überall stark gefördert, da Zeitungen noch fehlten und die Bevölkerung aktuell informiert werden sollte. Das Radio übermittelte wichtige Anordnungen der Besatzungsmacht, gab Mitteilungen über die Lebensmittel-Zuteilungen und brachte auch ein wenig Unterhaltung und Ablenkung vom schweren Nachkriegsalltag. Für das mitteldeutsche Sendegebiet ging im Juni 1946 als zweiter Sender in der Sowjetischen Besatzungszone der „Mitteldeutsche Rundfunk, Sender Leipzig“ auf Sendung. Zusätzlich zu den Sendeanlagen in Leipzig (Wiederau) und Dresden wurden weitere in den drei Ländern Sachsen, Thüringen und Sachsen-Anhalt errichtet.

Das Radiohören nach Kriegsende war aus verschiedenen Gründen zunächst schwierig geworden: Es wurden Bestimmungen erlassen, wonach die Besatzungsmächte die Wertgegenstände der Deutschen beanspruchten, wozu auch die Radios zählten. In der Sowjetischen Besatzungszone wurden, wie aus den sächsischen Orten Oschatz, Eilenburg und Nerchau überliefert ist, zuerst von den Amerikanern und später von der russischen Besatzungsmacht die Radios „einkassiert“. In Berlin, bis 3. Juli 1945 unter alleiniger Befehlsgewalt der Roten Armee, mussten ebenfalls die Radios abgeliefert werden. Wer clever und mutig genug war, versteckte seinen Super im Kohlenkeller oder im Heu – dort überdauerte er dann oft die nächsten Jahre – und gab die kleine „Goebbelsschnauze“ ab.

In Leipzig war das Radio-Problem zunächst durch den Befehl Nr. 7 des Militärkommandanten der Stadt vom 13. August 1945 geregelt und der besagte: Meldepflicht für alle Rundfunkempfänger! Im zuständigen Postamt sollten „Marke, Zahl der Röhren und Type des Apparates“ angegeben werden. Bei Unterlassung wurde mit Beschlagnahmung gedroht. Es lässt sich heute leider nicht mehr feststellen, in welchem Umfang diesem Befehl nachgekommen wurde oder nicht. Inzwischen war auch der Leipziger Sender wieder im Äther, der das antifaschistische Berliner Programm übertrug, und das sollte natürlich gehört werden! Doch war immer noch nicht allen Personen die Benutzung von Radios erlaubt: Am 27. September 1945 erging von zentraler Stelle, der SMAD in Berlin, der Befehl Nr. 78. Danach brauchte jeder zum Radio-Empfang eine „Bewilligung“, die für Geräte mit „ein bis drei Lampen“ (d. h. Röhren) allen Personen, außer ehemaligen NSDAP-Mitgliedern, in Aussicht gestellt wurde; für größere Empfänger war eine Bewilligung nur für Personen in leitender Funktion möglich! Der Verkauf von Radios und Einzelteilen durfte nur an Personen erfolgen, die eine solche Bewilligung vorweisen konnten. Auch dieser Befehl enthielt die Aufforderung, bis 1. 11. 1945 alle Radioempfänger bei der Bevölkerung festzustellen und zu registrieren!

Was geschah mit den vielen beschlagnahmten Radios? Aus Berlin wird berichtet, dass sich die Geräte in Tanzsälen, Fabrikräumen oder Schuppen aufgetürmt haben sollen. In Leipzig waren – woher sie kamen, weiß man heute nicht mehr – beschlagnahmte Radios in einem Ladengeschäft in der Nähe der Otto-Schill-Straße bis an die Decke gestapelt. Russische Offiziere suchten sich ab und zu eines davon aus, das dann in der Werkstatt der nahegelegenen TELEFUNKEN-Filiale repariert werden musste. Von einer späteren Rückgabe der konfiszierten Geräte an die Eigentümer ist nichts bekannt; nur einzelne privilegierte Antifaschisten erhielten auf besondere Bescheinigung ein Gerät aus dieser „Sammlung“. Die von den Besatzungsmächten erlassenen Einschränkungen des freien Rundfunkempfangs wurden bald gelockert, denn man wollte mit dem Rundfunk „die politische Information ... ermöglichen“ und außerdem „die Anzahl der Rundfunkabonnenten erhöhen“. Deswegen war auf Befehl Nr. 132 der SMAD ab April 1946 „der persönliche Gebrauch von Radio-Empfangsgeräten (ohne Begrenzung

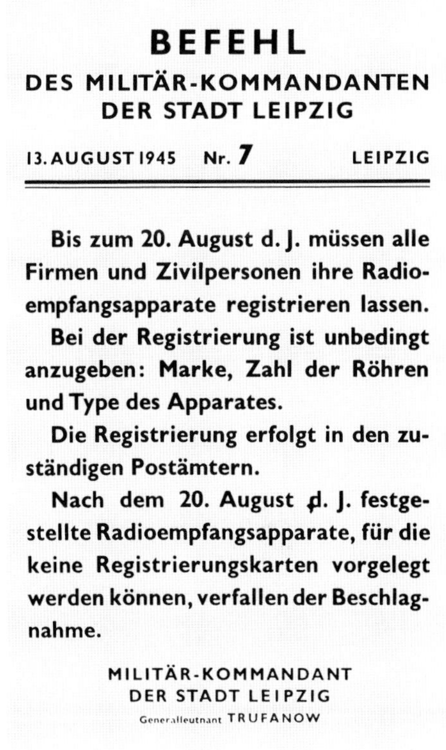

BEFEHL

DES MILITÄR-KOMMANDANTEN DER STADT LEIPZIG

13. AUGUST 1945 Nr. 7 LEIPZIG

Bis zum 20. August d. J. müssen alle Firmen und Zivilpersonen ihre Radioempfangsapparate registrieren lassen.

Bei der Registrierung ist unbedingt anzugeben: Marke, Zahl der Röhren und Type des Apparates.

Die Registrierung erfolgt in den zuständigen Postämtern.

Nach dem 20. August d. J. festgestellte Radioempfangsapparate, für die keine Registrierungskarten vorgelegt werden können, verfallen der Beschlagnahme.

MILITÄR-KOMMANDANT
DER STADT LEIPZIG
Generalleutnant TRUFANOW

Während in den kleineren Städten Rundfunkgeräte und andere Wertsachen abgegeben werden mussten, bestand in Leipzig durch den Befehl Nr. 7 des Leipziger Militärkommandanten nur eine Meldepflicht.

Einer der ersten Übertragungswagen des MDR nach dem Krieg war der „Ü 1“ (1947/48), hier im Bild mit dem Kraftfahrer WILLY WADEWITZ und den „Wagenbegleitern“ KURT FRANKE und HEINZ HOPF (Reporter und Techniker)

Karte der Sender des MDR Leipzig, Stand November 1949

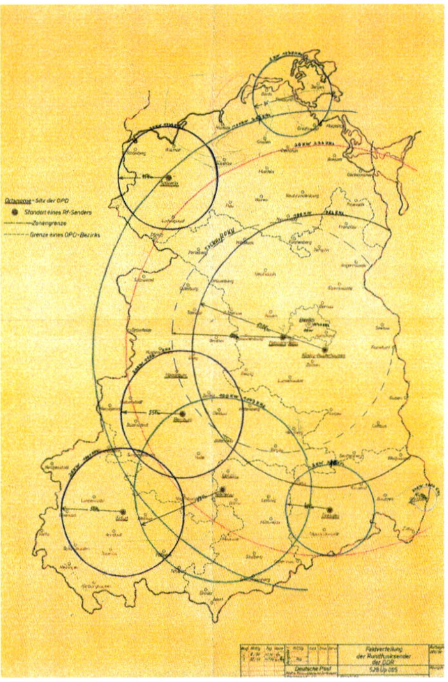

Darstellung der Senderstärken in der DDR, Zeichnung vom 9. Februar 1950

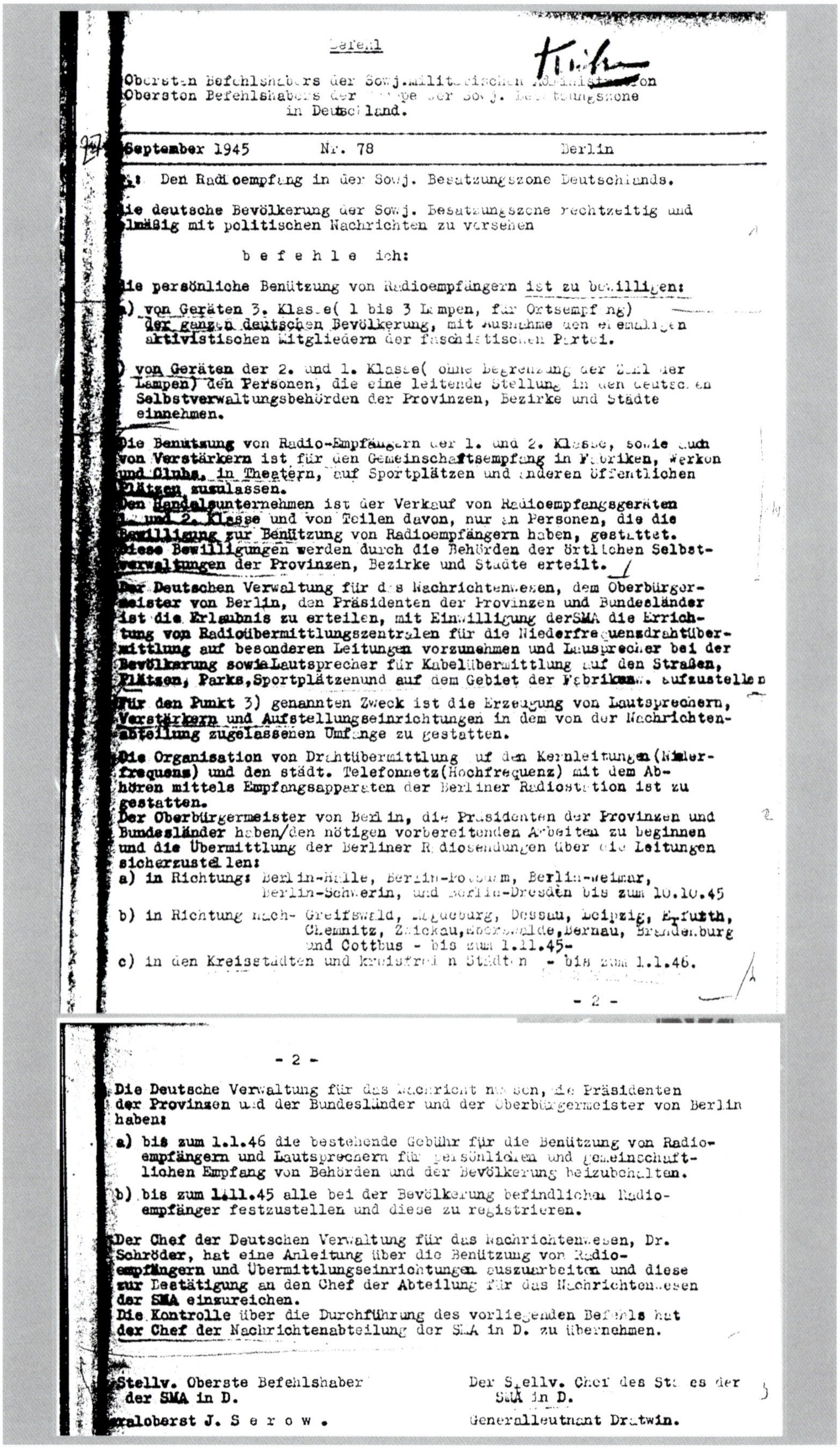

Befehl

Obersten Befehlshabers der Sowj.militärischen Administration
Obersten Befehlshabers der Truppe der Sowj. Besatzungszone
in Deutschland.

27. September 1945 Nr. 78 Berlin

Betr.: Den Radioempfang in der Sowj. Besatzungszone Deutschlands.

Um die deutsche Bevölkerung der Sowj. Besatzungszone rechtzeitig und regelmäßig mit politischen Nachrichten zu versehen

b e f e h l e ich:

1. Die persönliche Benützung von Radioempfängern ist zu bewilligen:

a) von Geräten 3. Klasse(1 bis 3 Lampen, für Ortsempfang) der ganzen deutschen Bevölkerung, mit Ausnahme den ehemaligen aktivistischen Mitgliedern der faschistischen Partei.

b) von Geräten der 2. und 1. Klasse(ohne Begrenzung der Zahl der Lampen) den Personen, die eine leitende Stellung in den deutschen Selbstverwaltungsbehörden der Provinzen, Bezirke und Städte einnehmen.

2. Die Benutzung von Radio-Empfängern der 1. und 2. Klasse, sowie auch von Verstärkern ist für den Gemeinschaftsempfang in Fabriken, Werken und Clubs, in Theatern, auf Sportplätzen und anderen öffentlichen Plätzen zuzulassen.
Den Handelsunternehmen ist der Verkauf von Radioempfangsgeräten 1. und 2. Klasse und von Teilen davon, nur an Personen, die die Bewilligung zur Benützung von Radioempfängern haben, gestattet.
Diese Bewilligungen werden durch die Behörden der örtlichen Selbstverwaltungen der Provinzen, Bezirke und Städte erteilt.

3. Der Deutschen Verwaltung für das Nachrichtenwesen, dem Oberbürgermeister von Berlin, den Präsidenten der Provinzen und Bundesländer ist die Erlaubnis zu erteilen, mit Einwilligung derSMA die Errichtung von Radioübermittlungszentralen für die Niederfrequenzdrahtübermittlung auf besonderen Leitungen vorzunehmen und Lautsprecher bei der Bevölkerung sowieLautsprecher für Kabelübermittlung auf den Straßen, Plätzen, Parks,Sportplätzenund auf dem Gebiet der Fabriken usw. aufzustellen

4. Für den Punkt 3) genannten Zweck ist die Erzeugung von Lautsprechern, Verstärkern und Aufstellungseinrichtungen in dem von der Nachrichtenabteilung zugelassenen Umfange zu gestatten.

5. Die Organisation von Drahtübermittlung auf den Kernleitungen(Niederfrequenz) und den städt. Telefonnetz(Hochfrequenz) mit dem Abhören mittels Empfangsapparaten der Berliner Radiostation ist zu gestatten.
Der Oberbürgermeister von Berlin, die Präsidenten der Provinzen und Bundesländer haben/den nötigen vorbereitenden Arbeiten zu beginnen und die Übermittlung der Berliner Radiosendungen über die Leitungen sicherzustellen:

a) in Richtung: Berlin-Halle, Berlin-Potsdam, Berlin-Weimar, Berlin-Schwerin, und Berlin-Dresden bis zum 10.10.45

b) in Richtung nach- Greifswald, Magdeburg, Dessau, Leipzig, Erfurth, Chemnitz, Zwickau,Eberswalde,Bernau, Brandenburg und Cottbus - bis zum 1.11.45-

c) in den Kreisstädten und kreisfreien Städten - bis zum 1.1.46.

- 2 -

- 2 -

6. Die Deutsche Verwaltung für das Nachrichtenwesen, die Präsidenten der Provinzen und der Bundesländer und der Oberbürgermeister von Berlin haben:

a) bis zum 1.1.46 die bestehende Gebühr für die Benützung von Radioempfängern und Lautsprechern für persönlichen und gemeinschaftlichen Empfang von Behörden und der Bevölkerung beizubehalten.

b) bis zum 1.11.45 alle bei der Bevölkerung befindlichen Radioempfänger festzustellen und diese zu registrieren.

7. Der Chef der Deutschen Verwaltung für das Nachrichtenwesen, Dr. Schröder, hat eine Anleitung über die Benützung von Radioempfängern und Übermittlungseinrichtungen auszuarbeiten und diese zur Bestätigung an den Chef der Abteilung für das Nachrichtenwesen der SMA einzureichen.

8. Die Kontrolle über die Durchführung des vorliegenden Befehls hat der Chef der Nachrichtenabteilung der SMA in D. zu übernehmen.

Stellv. Oberste Befehlshaber der SMA in D.
Generaloberst J. S e r o w .

Der Stellv. Chef des Stabes der SMA in D.
Generalleutnant Dratwin.

Befehl Nr. 78 der Obersten Sowjetischen Militär-Administration in Deutschland (SMAD), welcher die Registrierung aller Radio-Empfänger und die Notwendigkeit einer „Bewilligung" zum Radio-Empfang beinhaltete

2. WELT-RADIO K

Kurzwellen-Bereich

Allgemein: Je länger die Wellen werden, desto mehr verhalten sie sich wie normale Rundfunkwellen, d. h. bei kürzeren Wellen ist Tages- und Sommerempfang, bei längeren Wellen ist Nacht- und Winterempfang günstiger! – KW-Rundfunkstationen senden nicht ständig, sondern arbeiten jeweils mit Wellenwechsel. – Der Empfang von KW-Sendern kann zeitweise sehr gut, zeitweise sehr schlecht sein. – Ursache: verschiedenartige Reflexion an Höhenschichten. – KW-Sender in weniger als 50 km Entfernung sind praktisch immer zu hören. – **Unter 10 m Wellenlänge:** Nur für optische Sicht, also geringe Entfernungen (z. B. für Fernsehzwecke). – **10 m Band:** Brauchbar, wenn die ganze Strecke im Tageslicht liegt. Im Winter meist unbrauchbar. Guter Empfang bei mehr als 2500 km Entfernung.

13 m Band

Wenn Strecke im Tageslicht, guter Empfang bei mehr als 2500 km Entfernung, vorwiegend vormittags. Nachmittags: Amerika-Empfang.

Wellenlänge m	Frequenz kHz	Leistung kW	
12,80	23470		*Moskau*
87	300		*Moskau*
13,76	21800		*Moskau*
82	700	50	*Daventry GB*
87	630	35	*Bound Brook USA*
88	620		*Paris*
90	590		*Shenectady USA*
92	550	25	*Daventry GB*
93	540	40	*Pittsburg USA*
94	530	50	*Daventry GB*
94	520	50	*Wayne USA*
95	500		*Shenectady USA*
97	470	50	*Daventry GB*
98	460		*Scituate USA*
14,50	20690		*Bandoeng Java, Nd.-Indien*

16 m Band

Wenn Strecke im Tageslicht, guter Empfang bei mehr als 2500 km Entfernung. – Nachm.: Amerika-Empfang.

Wellenlänge m	Frequenz kHz	Leistung kW
15,0[illegible]		

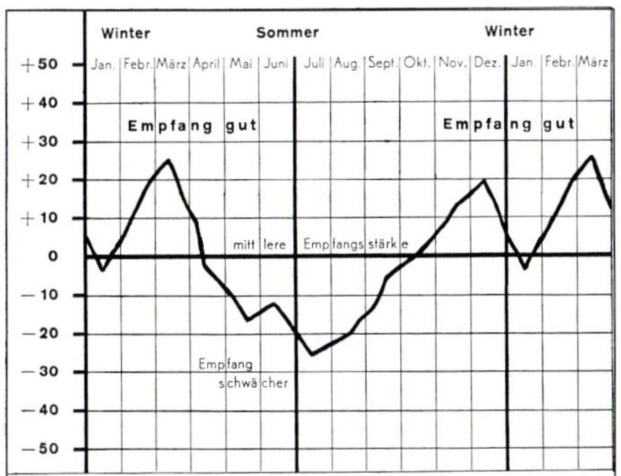

Jahresverlauf der durchschnittlichen Radioempfangs-Lautstärke (mittlerer Wellenbereich)
— Der Radioempfang ist im Winter besser, im Sommer schlechter —

Wellenlänge m	Frequenz kHz	Leistung kW	
307,1	977	100	*West-Regional, Lisnagarvey, Lisburn (Nord-Irland), England (II) (Home Service)*
308	971		*Leningrad, UdSSR*
309,9	968	25	*Grenoble, Agen, Frankr. I - France (Toulouse-Reg.)*
309,9	968	5	*Rom (Mte. Mario), Italien II (Sendergr. Blau)*
312,8	959	20	*II Nancy, Poste-Parisien, Frankreich III (Regional)*
315,8	950	120	*Moskau*
315,8	950	3	• *Nürnberg*
315,8	950		*Paris (Privatsender: Amateure und Künstler)*
315,8	950	10	*Polen*
318,8	941	10	*Göteborg, Schweden*
318,8	941	30	*Algier, Frz. Nordafrika*
321,9	932	15	*Brüssel II, Belgien II (fläm.)*
325,4	922	10	*Brünn (Dobrochau), Mähr.-Ostrau, Tschecho-Slawakei*
328,6	913	100	*Toulouse I-Radio, Frankr. I-National, France*
331,9	904	100	• *Hamburg, Köln (Langenberg), Nordwestd. Rundf.*
335,2	895	20	*Lyon I, Limoges, Frankr. I -*

Anekdoten. 23.00 Nachrichten, Wetter. 23.15 Sendeschluß.

MITTELDEUTSCHER RUNDFUNK

6.00 Kurznachrichten, Wetter. 6.10 Morgenmusik. 7.00 Mitteldeutsche Nachrichten und Wetter. 7.30 Orgelmusik. 8.00 Kleines Konzert. 8.15 Evangelische Morgenfeier. 9.00 Anruf des Lebens. 10.00 Nachrichten. 10.15 Musik am Sonntagvormittag. 11.00 Hörerbriefe. 11.30 Schöne Melodien. 12.00 Volksmusikstunde. 13.00 Nachrichten und Wetter. 13.15 Mittagskonzert. 13.45 Zeitungsschau aus Berlin. 14.15 Interview der Woche. 14.30 Tanzmusik. 15.00 Fahrt ins Kinderland. 15.30 Solistenmusik. 16.00 Frohsinn ist Trumpf. 18.00 Wir stellen zur Diskussion. 18.20 Berühmte Werke großer Meister. 19.00 Buntes Filmmagazin. 19.45 Zwischenmusik. 20.00 Nachrichten und Wetter. 20.10 Kommentar des Tages. 20.20 Was ihr wollt. 22.00 Nachrichten und Wetter. 22.15 Sportrundschau. 0.00 Kurznachrichten, Sendeschluß.

MÜNCHEN

18.00 Der Bürgermeister spricht: Dr. Karl Scharnagl, München. 18.15 Musikali-

Programmseite aus der „Hör zu!" vom Sonntag, dem 26. Januar 1947, welches auch das Programm des MDR enthielt

Broschüre mit umfangreichen Sendertabellen; 1947

links unten: Der Radioempfang auf Mittelwelle schwankt über das Jahr gesehen, beträchtlich. Diagramm aus obiger Broschüre

der Röhrenzahl) der gesamten deutschen Bevölkerung" wieder erlaubt worden. Ebenso durften Lautsprecher und Einzelteile, sofern vorhanden, wieder verkauft werden. Doch viele Radiogeräte waren zerstört, die erhalten gebliebenen standen defekt im Schrank, es gab keine Röhren und andere Ersatzteile, und schließlich die häufigen Stromsperren!

Man muss heute schlussfolgern, dass offenbar die Benutzung des (röhrenlosen) Detektor-Empfängers – jedenfalls von Seiten der sowjetischen Besatzungsmacht – zu keiner Zeit verboten war!

Der Detektor-Apparat kommt zurück

Not macht erfinderisch – und wenn es die Wiederentdeckung einer längst veralteten Technik, der Rundfunkempfang mit dem Detektor, ist. „Zu einer Zeit, als es noch keine Röhren gab, war er der Empfänger schlechthin. In wirtschaftlichen Notjahren wurde er das Gerät des Arbeitslosen oder des jungen Bastlers, das neben seiner Billigkeit und Unabhängigkeit von äußeren Stromquellen eine unerreichte Klangreinheit aufwies", schreibt H. G. MENDE im Jahre 1947.

Er nennt drei Gründe für die Wiederentdeckung des Detektors: „1. Die durch wirtschaftliche Kriegsmaßnahmen eingeleitete und durch Kriegsschäden verschlimmerte Röhrenverknappung ... 2. Der Mangel an neuen Geräten, der noch lange Zeit bemerkbar sein wird ... 3. Die behördlicherseits als unerläßlich bezeichneten bzw. aus wirtschaftlichen Gründen freiwillig übernommenen Stromsparmaßnahmen." Bis sich aus den Trümmern des Zusammenbruchs und nach der Demontage eine neue Industrie entwickeln konnte, war Improvisationstalent gefragt, von den Radiofirmen und dem, was von ihnen übriggeblieben war – und von den Bastlern. Beide wussten sich die Überbleibsel der Kriegsfertigung zunutze zu machen, durch Ausschlachten von Militärgerät oder durch „Entdecken" von Reservelagern der ehemaligen Wehrmacht, eine ab und zu ergiebige Quelle, wie berichtet wird.

Detektor-Empfänger waren ob ihrer Anspruchslosigkeit in dieser Zeit oft mehr wert als das modernste Vorkriegsradio. Da man mit wenigen Teilen auskam, war es kein Wunder, dass sich zahlreiche Kleinfirmen, aber auch die einst Großen der Radiobranche, zuallererst mit der Herstellung von Detektor-Apparaten befassten – neben anderen nützlichen Dingen des dringenden Bedarfs in der Trümmerzeit. Eine solche Renaissance des Detektors hätten sich die Rundfunktechniker der 30er Jahre sicher nicht träumen lassen. Andererseits – knapp 25 Jahre nach Einführung des Rundfunks – konnten nun die Nachgeborenen das „Wunder" der „Musik aus dem Äther", das mit dem Stochern auf dem Kristall Wirklichkeit wurde, nachempfinden. So erging es auch dem Autor, der das kratzende Geräusch der vibrierenden Drahtspirale auf dem Pyrit-Stückchen seines Kristall-Detektors zuerst als fernes Krähen eines Hahnes deutete, ehe die richtige Abstimmung und Einstellung dann wirklichen Radioempfang brachte. Swingmusik der Orchester von KURT HENKELS oder WERNER MÜLLER ist neben anderem in bleibender Erinnerung ...(im Vogtland konnten MDR und RIAS im Detektor gehört werden). Das damalige Kästchen ist leider längst nicht mehr vorhanden, doch gelingt es dem Sammler mit Glück ab und zu auch heute noch, diesen oder jenen „Kristall-Empfänger" aus der Nachkriegszeit zu ergattern, den freundliche Zeitgenossen vor dem Wegwerfen bewahrt haben. Die letzten, in den 50er Jahren fabrizierten Detektorempfänger waren dann auch mehr zum Stochern – sie hatten eine Golddraht-Germaniumdiode eingebaut.

Eines der damals zahlreichen Anleitungshefte für den Bau von Detektor-Empfängern, Mai 1946

Ein Aufsteck-Detektor einfachster Bauart von der Firma ERI (E. RICHTER, Berlin) aus der frühen Nachkriegszeit

Solche Bastelanleitungen waren sehr begehrt; Mai 1946

rechts: Ein selbstgebastelter Detektor-Empfänger im Mini-Format: Die Abstimmung erfolgt durch Abtasten der Anzapfungen einer Spule, dem einzigen Inhalt dieses originellen Kästchens. Zusammen mit dem aufgesteckten Kristall-Detektor kann damit in Leipzig MDR info einwandfrei empfangen werden.

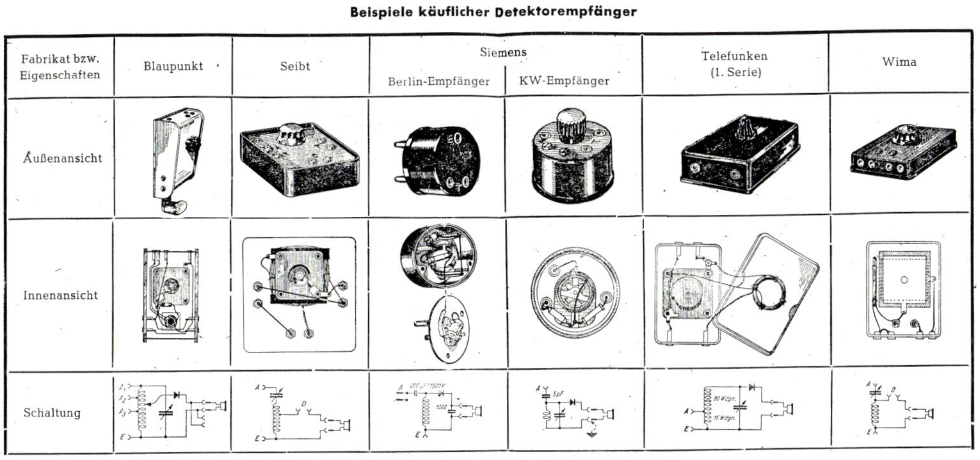

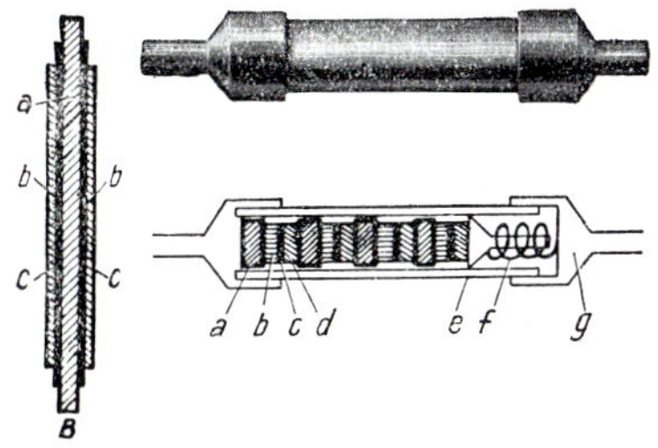

Aufbau und Kennlinie eines Sirutors (festeingestellter Kupferoxydul-Gleichrichter von SIEMENS), den es seit den 30er Jahren gibt
links: Einige der 1947 handelsüblichen Detektorempfänger mit Aufbau und Schaltplan

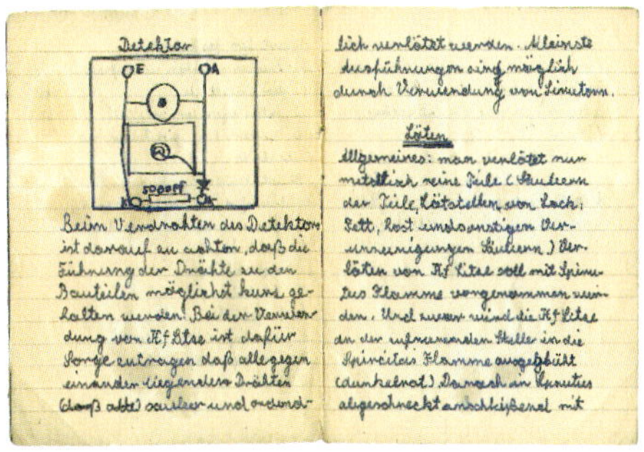

Aus dem Notizheft eines Detektor-Bastlers

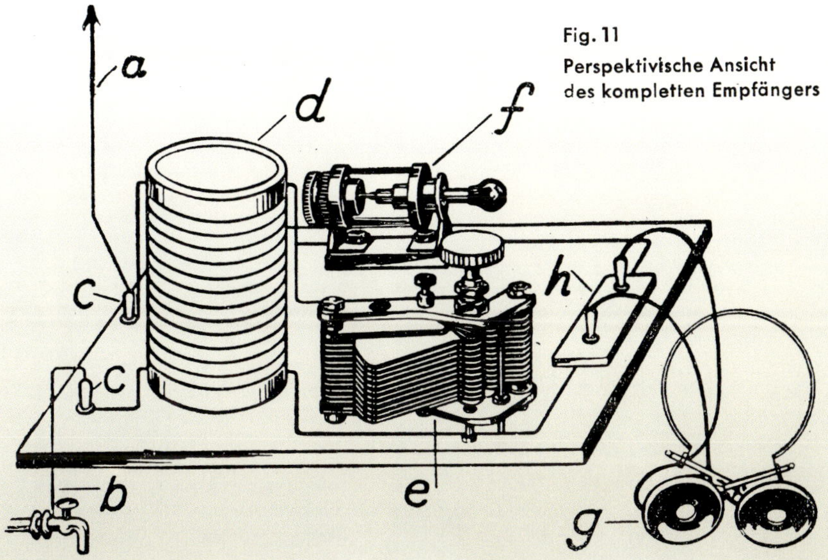

Bauplan eines Detektor-Empfängers

Der Steckdosen-Detektor der SIEMENS & HALSKE AG Berlin, in einem Bakelitgehäuse von 54 mm Ø, war zum Betrieb an einer normalen Steckdose vorgesehen, um das „Lichtnetz" als Antenne auszunutzen. Er wurde schon Ende 1945 für die Berliner Frequenz 841 kHz hergestellt („Berlin-Stecker").

links: Eine kleine Spule, ein Sirutor und ein Blockkondensator – hinzu kommt ein (hier nicht sichtbarer) 200-pF-Kondensator zu einem der beiden Steckerstifte – mehr ist es nicht. Preis: 16,50 (RM)

oben: Auch die Firma BLAUPUNKT brachte einen einfachen Detektor heraus; er benutzte mangels Drehkos einen veränderlichen Folienwickelkondensator zur Abstimmung. Preis laut Aufschrift: 27,65 RM
darunter: Das Innere und die Bodenplatte des BLAUPUNKT-Detektors

Funkschau

Sonderdruck

3

Zeitgemäßer Detektorempfang

Berechnung, Bau und Messung von Detektorempfängern

Von

Ingenieur Herbert G. Mende

Mit 55 Bildern im Text
und auf einer großen Empfängertabelle

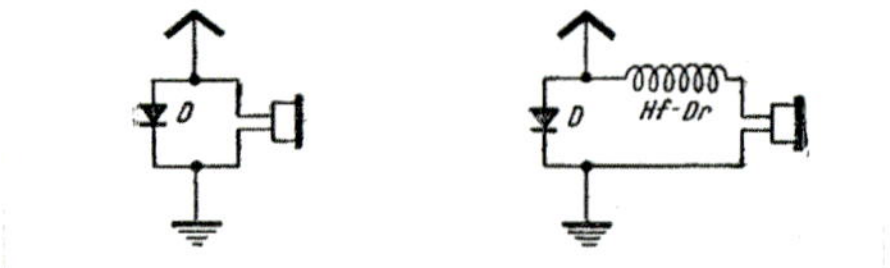

Bild 12. Einfachste Detektorschaltung ohne Spule und Kondensator.

Bild 13. Einfache Detektorschaltung mit Hf-Drossel.

Unumgänglich notwendig ist Draht, den man sich von (auch „verbrannten") Spulen, Drosseln und Transformatoren abwickeln kann, ferner möglichst auch ein Kopfhörer. Für den Fall, daß außer einem Taschenmesser oder einer Schere kein Werkzeug zur Verfügung steht, werden noch eine Schachtel Reißzwecken und einige Blechabfälle (von Taschenlampenbatterien oder Konservendosen) sowie ein paar Büroklammern benötigt.

Broschüre „Zeitgemäßer Detektorempfang", Funkschau-Sonderdruck Nr. 3, 1947

Das erste Rundfunk-Erzeugnis nach dem Krieg von TELEFUNKEN in Berlin war dieser Detektor-Empfänger im Bakelit-Gehäuse. Als Besonderheit besitzt er als Gleichrichter eine offene Golddraht-Diode!

Die Notzeit-Radios

Nach den ersten Aufräumungsarbeiten in den Fabriken wurden die Materialreste auf Verwendbarkeit überprüft, um daraus dringend benötigte Gebrauchsgegenstände zu produzieren. Dazu zählten auch Radio-Apparate. Die empfindlichsten Engpässe jener Zeit lagen in der Beschaffung von Magneten für die Lautsprecher, Kupferdrähten und Litzen sowie Elektrolytkondensatoren. Erschwert wurde die Produktion noch durch das Fehlen von Werkzeugen und Vorrichtungen sowie durch die Tatsache, dass mit Maschinen gearbeitet werden musste, die buchstäblich aus dem Schutt ausgegraben worden waren. Doch auch die Transportschwierigkeiten und die Energieknappheit ließen zunächst nur bescheidene Produkte zu. Das spiegelt sich in den ersten Radiomodellen ab 1945, z. B. von BLAUPUNKT und TELEFUNKEN in Berlin, SACHSENWERK und MENDE in Dresden oder KÖRTING-RADIO in Leipzig, deutlich wider.

Eines der heute als „Notradios" bezeichneten Modelle, die mit Wehrmachtsteilen, insbesondere mit der Röhre „P 2000", aufgebaut wurden. Skala und Skalenrad waren offenbar Zulieferteile, denn sie tauchen auch bei anderen, meist nur in kleinen Stückzahlen handwerklich angefertigten Radios auf. Das Chassis besteht aus Sperrholz.

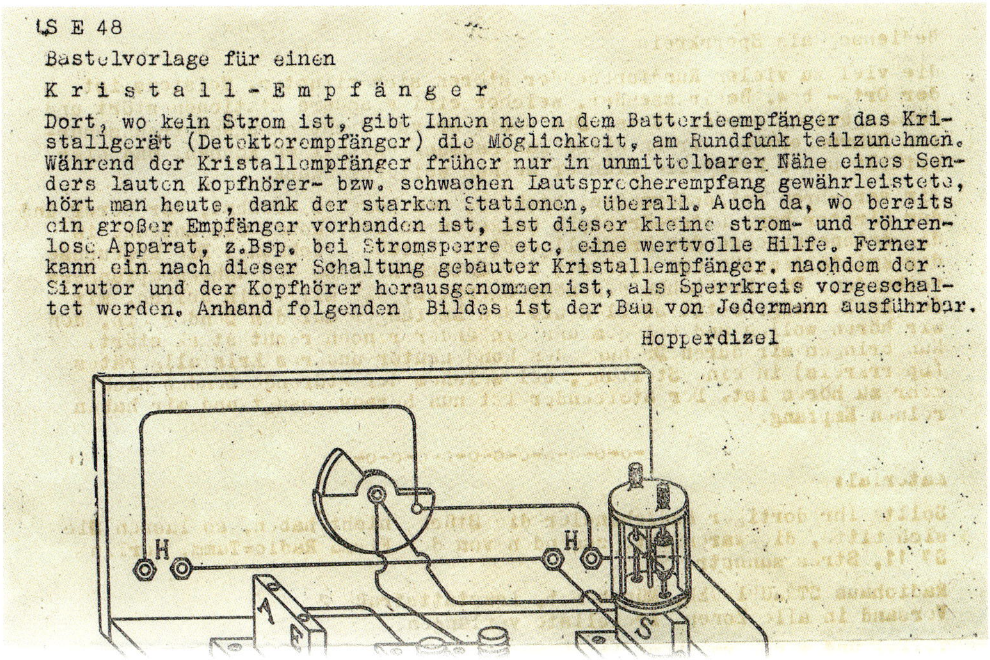

LS E 48

Bastelvorlage für einen

Kristall-Empfänger

Dort, wo kein Strom ist, gibt Ihnen neben dem Batterieempfänger das Kristallgerät (Detektorempfänger) die Möglichkeit, am Rundfunk teilzunehmen. Während der Kristallempfänger früher nur in unmittelbarer Nähe eines Senders lauten Kopfhörer- bzw. schwachen Lautsprecherempfang gewährleistete, hört man heute, dank der starken Stationen, überall. Auch da, wo bereits ein großer Empfänger vorhanden ist, ist dieser kleine strom- und röhrenlose Apparat, z.Bsp. bei Stromsperre etc, eine wertvolle Hilfe. Ferner kann ein nach dieser Schaltung gebauter Kristallempfänger, nachdem der Sirutor und der Kopfhörer herausgenommen ist, als Sperrkreis vorgeschaltet werden. Anhand folgenden Bildes ist der Bau von Jedermann ausführbar.

Hopperdizel

Der „Radiobauplan-Macher" ADOLF HOPPERDIZEL in München verschickte seine Bastelvorlagen für einen „Kristall-Empfänger" gegen Rückporto auch nach Sachsen! Allerdings war 1948 die Beschaffung der Einzelteile nicht ganz leicht, weshalb der Ratschlag gegeben wurde: „Sollte Ihr dortiger Radiohändler die Stücke nicht haben, so lassen Sie sich bitte die Warenliste zusenden von ..."

Ersatzlösungen für Stiftröhren

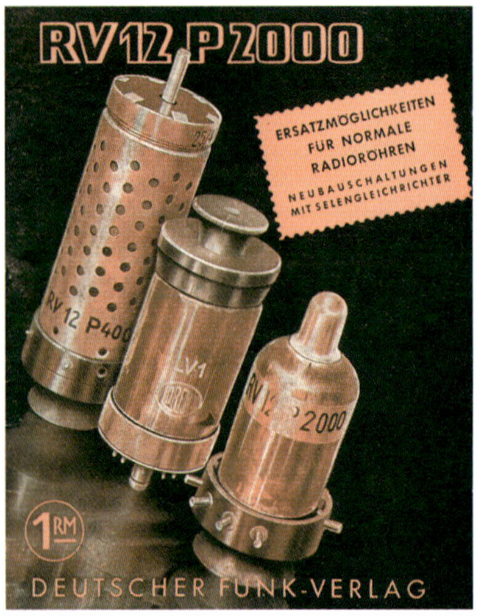

Die „P 2000" galt in den ersten Nachkriegsjahren als „Universalröhre". Sie wurde in den verschiedensten Anordnungen und Kombinationen als Ersatz für nicht lieferbare „Normal"-Röhren verwendet, besonders auch für die DKE-Röhre VCL11.

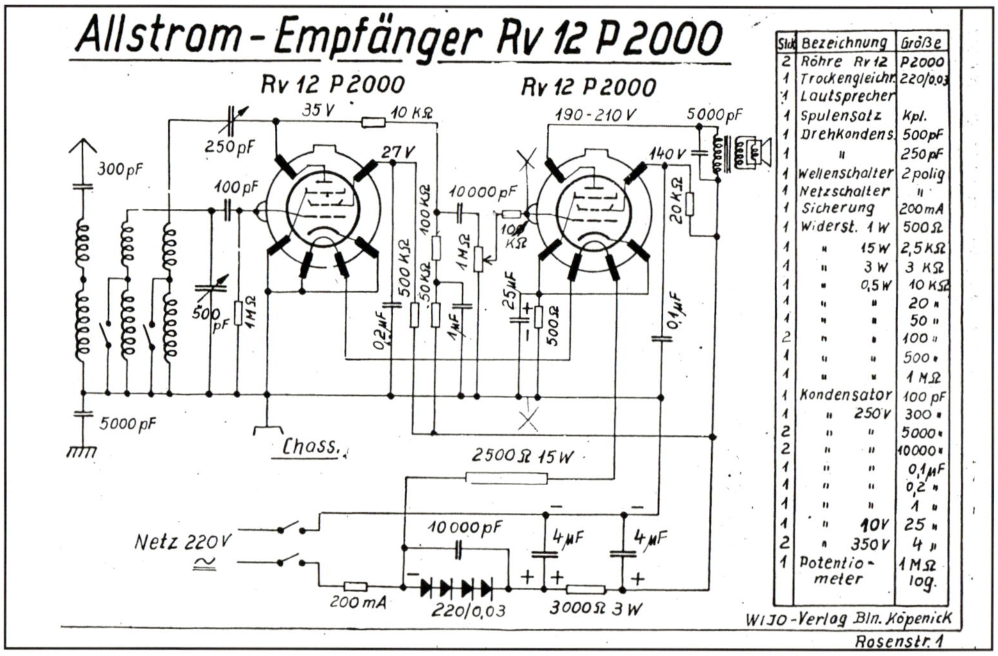

Ein Lautsprecher mit Radio-Rückwand – so könnte man diesen Kleinempfänger von BLAUPUNKT „LV 16" aus dem Jahre 1946 nennen. Das Empfangsteil ist mit 2 Röhren RV 12 P 2000 bestückt und auf der Papprückwand montiert; es ist für 220 V Allstrom ausgelegt.
Als Heiz-Vorwiderstand dient ein MP-Kondensator, der Stromverbrauch des Gerätchens liegt bei nur 5 W. Trotz des gedrängten, einfachen Aufbaus soll es ein rechter „Schreihals" gewesen sein, wie die frühere Besitzerin berichtete. Und auch heute noch kann man sagen: „spielt gut...".

Die Wehrmachtröhre RV 12 P 2000 in verschiedenen Varianten aus der Kriegs- und Nachkriegszeit

Glücklicherweise waren 1945 Wehrmachtröhren RV 12 P 2000 aus Lagerbeständen reichlich vorhanden und sind später, sogar bis in die 60er Jahre, neben moderneren Röhren wieder produziert worden. Um eine gerechte Verteilung sicherzustellen wurden Radios zunächst nur gegen Bezugsschein abgegeben. Bezugsberechtigt waren vor allem politisch und rassisch Verfolgte, Blinde und Heime des Roten Kreuzes.

„Notradios" wurden aber auch von vielen kleinen Firmen und Handwerksbetrieben hergestellt, mit recht variabler Röhrenbestückung und oft nur in geringen Stückzahlen. Beispielsweise wurde noch bis 1950 in Oelsnitz/Vogtl. ein „Einkreiser mit P 2000" in Kleinserie gebaut, der auf Vorbestellung für 211,- DM gekauft werden konnte.

In dieser Notzeit waren die Bastler im Vorteil, denn sie konnten mit den selbstgebauten Radios ihre Ernährungslage verbessern, indem sie auf Tauschfahrt oder auf den Schwarzmarkt gingen. Allerdings wurden auch Serienprodukte der Spezialfirmen anfangs oft zu Kompensationsgeschäften eingesetzt, um rare Materialien zu bekommen. Und dann waren ja auch noch die Reparationslieferungen, die absoluten Vorrang hatten.

Verbrauchte Radioröhren

mit denen der Radioapparat verzerrt und leise spielt, werden wieder brauchbar hergestellt!

Garantie für deren Haltbarkeit wird gewährt

Viele Dankschreiben!

Kurze Lieferzeit / Niedr. Preise

Johannes Kobisch, Leipzig O 5

Zweinaundorf. Str. 31 - Radioröhren-Instandsetzung - Geschz. 14-16 30 Uhr

Er war jahrzehntelang ein Experte für das Regenerieren von Radio- und Fernsehröhren: JOHANNES KOBISCH in Leipzig.

Der Empfänger „T 1345 GWK" mit 2 WM-Röhren RV 12 P 2000, die „Reiseschreibmaschine", war das erste Nachkriegs-Röhrenradio von TELEFUNKEN und wurde von 1945 bis 1947 gebaut: ein Einkreisempfänger für Kurz-Mittel-Langwelle, mit DKE-Spulensatz und elektrodynamischem Lautsprecher. An der Rückseite ist eine mehrere Meter lange Wurfantenne aufgewickelt.

In den Jahren 1947/48 lief sowohl in den Westzonen als auch in der SBZ die Röhrenproduktion wieder an: Außer der „P 2000“ wurden A-Röhren, Stiftröhren und Stahlröhren der Harmonischen Serie, in der SBZ mit Glaskolben, neu aufgelegt. Damit war dann der Weg zu einem preiswerten „Standardsuper“ mit Kurz-, Mittel- und Langwelle schon etwas geebnet. Doch erst einmal gab es Einkreiser wie Sand am Meer! Auf der Leipziger Frühjahrsmesse 1947 wimmelte es von Firmen mit diesen Radios – „es wurde von 20, 40 und noch mehr neuen Firmen lustig drauflosgebaut, meist sogar ohne Berücksichtigung der Erkenntnisse der letzten 20 Jahre“, schreibt OTTO KAPPELMAYER in der „Funk-Technik“ 5/47. Doch insgesamt gesehen war der Eindruck positiv: „Die Apparate waren besser und schöner, als man nach dem Stand der Produktionsmittel, insbesondere des Maschinenparks, hätte schließen dürfen.“ (ebend.)

Ein gefälliges Kleinradio Marke „Eigenbau“ vom Ende der 40er Jahre ist dieser Einkreisempfänger, bestückt mit 2 Stahlröhren EF 12. Die Skala ist „handgemalt“ und wird von hinten beleuchtet; das Gerät hat einen Luftdrehko und einen DKE-Lautsprecher und empfängt auf Kurz-, Mittel- und Langwelle.

Die Firma OPTA-RADIO, Werk Leipzig, war in L.-Stötteritz (Melscher Straße) beheimatet. Von dort kam 1947 der „Zwerg-Super Opta 3516 GW“, ein Sechskreissuper mit U-Röhren-Bestückung.

Das SACHSENWERK RADEBERG, nach 1945 zunächst ein SAG-Betrieb (Sowjetische Aktien-Gesellschaft), baute 1946 ein Kleinradio vom Typ „463 W“ mit den Röhren AF 7, AL 4 und RGN 1064 und zweifach unterteiltem Mittel- und Langwellenbereich. Zur Siebung wurden Kondensatoren von Bomben-Zündeinrichtungen aus der ehemaligen Kriegsfertigung verwendet.

Röhren-Ersatz und Ersatz-Röhren

Damals war der Bedarf an Röhren enorm hoch – und dementsprechend waren sie knapp. Man wollte neue Radios damit bauen, und in den vorhandenen Radios fehlten Röhren: Sie waren zerbrochen, gestohlen, defekt. Also galt es, Ausweichlösungen zu finden, um Ersatz zu schaffen. Zunächst wurde alles versucht, verbrauchte Exemplare durch „Regenerieren" wieder brauchbar zu machen. Dieses Verfahren war in diesen Jahren zu einer besonderen „Wissenschaft" entwickelt worden, von der der Sammler noch heute profitiert, wenn es um nicht mehr beschaffbare Uralt-Röhren für seine guten alten Stücke geht. Andererseits gab es Abhilfe durch Einsatz von Wehrmachtröhren: Ein breites Sortiment ermöglichte die Nachbildung unterschiedlicher Betriebsdaten, mit Widerständen wurde nachgeholfen. Wie es aussah, war egal – Hauptsache, der Adapter passte ins Gerät und erfüllte einigermaßen die ursprüngliche Funktion! Viele Umbauanleitungen und erhaltene Aufbauten zeugen noch heute von der Vielfalt und Originalität dieser Austausch- oder „Adapterröhren"; was Wunder, dass auch hier die „Universalröhre" RV 12 P 2000 an der Spitze der Ersatzlösungen lag. Sie hatte aber auch Qualitäten, die sie sogar für UKW-Schaltungen und als Mikrofontriode in Kondensatormikrofonen geeignet machten.

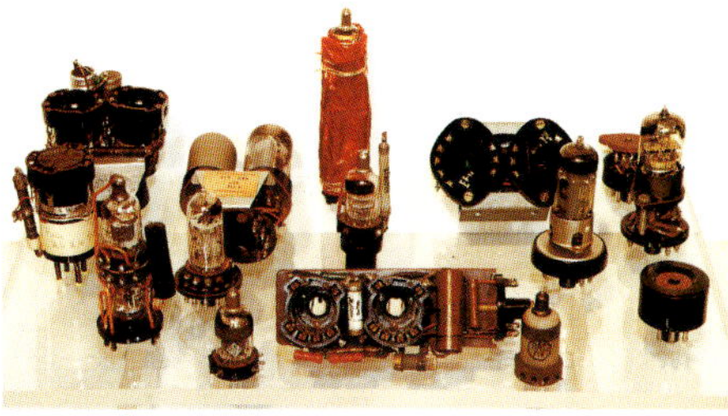

Adaptierte WM-Röhren, geeignet zum Ersatz verschiedener Standardtypen

Die Firma KÖRTING-RADIO in Leipzig-Stötteritz (Eichstädtstraße) baute, da sie nicht demontiert worden war, schon 1946 wieder einfache Radios – die waren auch zu Tauschzwecken wichtige Artikel! In diesem Einkreisempfänger Typ „E 1246 W" finden sich WM-Teile und die „alten" Volksempfänger-Röhren REN 904, RES 164 und RGN 354. Wegen seiner kuriosen Skala erhielt er schon zu Zeiten seiner Herstellung den Spitznamen „Mondschein-Serenade".

Zahlreiche „Notradios" aus der Nachkriegszeit zeugen noch heute vom Einfallsreichtum und der Erfindungsgabe einstiger Rundfunk-Experten, und die eingesetzten WM-Röhren und MP-Kondensatoren sind „nicht totzukriegen". Oft wurden die Skalen von Hand gezeichnet, und stolz nahm man auch Sender auf, die nur bei ganz besonders günstigen Bedingungen gehört werden konnten. Allerdings galt zu dieser Zeit noch der alte Vorkriegs-Wellenplan von Luzern, der viele Exklusivwellen hatte und bei dem der Sender Budapest am Ende der Skala lag – nach Beromünster. Später, nach Einführung des Kopenhagener Wellenplans im März 1950, war es umgekehrt; für Deutschland hatten sich die Empfangsbedingungen auf Mittelwelle drastisch verschlechtert.

Der erste große Nachkriegsübertragungswagen des Senders Leipzig steht 1947 vor der wieder instandgesetzten Kongresshalle des Leipziger Zoos, um das Konzert des Rundfunk-Sinfonieorchesters Leipzig zu den Hörern in Mitteldeutschland zu bringen.

RADIOHÖREN VOR UND NACH DEM KOPENHAGENER WELLENPLAN

Einheitssuper und Einkreiser von R-F-T

Der RFT-Einheitssuper

Zur Leipziger Frühjahrsmesse 1949 konnten die Besucher in Halle VII der Technischen Messe ein breites Angebot an Rundfunkempfängern bewundern. Die Geräte, so stellte die Zeitschrift „Funk-Technik" (Heft 7/1949) befriedigt fest, hatten fast alle „den Anschluß an den Stand der Technik" gefunden, worin sie sich deutlich von der Messe des Vorjahres unterschieden. „Wieweit die Preise einschlagen und Liefermöglichkeiten vorhanden sind und wie die leidige Rohstoffknappheit auf die Dauer überwunden werden kann, bleibt dahingestellt." Denn „normal" war zu dieser Nachkriegszeit, als längst nicht alle Trümmer weggeräumt und die Lebensmittelrationen knapp waren, noch gar nichts. Doch der überall vorhandene optimistische Aufbauwille war besonders zur Messezeit und auch beim Radioangebot zu spüren: Außer der Qualität hatte „auch die Vielseitigkeit der einzelnen Typen zumindest den Stand von 1936 erreicht" (ebenda). Doch der „Schlager der Technischen Messe" war der erste „RFT-Einheitssuper", das Modell „Stern 4 U 61", dessen niedriger Preis von 250 DM („Ost") von keinem anderen Empfänger auf der Messe erreicht werden konnte. Wie war es nun zu diesem Einheitssuper gekommen?

Zur Bündelung der Kräfte und zum sparsamen Einsatz der wenigen zur Verfügung stehenden Materialien war in der Sowjetischen Besatzungszone (SBZ) Anfang 1947 der „Zonen-Rundfunk-Ausschuß" gegründet worden. An seiner ersten Tagung am 21. Januar 1947 im „Haus der Zentralverwaltungen" in Berlin nahmen Vertreter der SMAD, der Deutschen Zentralverwaltung der Industrie (DVZI) und weiterer Zentralverwaltungen, der Länder- und Provinzialregierungen, des FDGB sowie Vertreter der namhaftesten Radiofirmen der SBZ teil. Das Arbeitsziel dieses Ausschusses sollte die Produktionssteigerung von Rundfunkröhren, die Qualitätssteigerung der derzeitigen Fabrikation von Rundfunkgeräten und schließlich die Schaffung eines Standard-Rundfunkgerätes sein, „welches der kommenden Kaufkraft der breitesten Volksschichten Rechnung trägt und qualitativ wesentlich über dem technisch veralteten Volksempfänger stehen muß." Der Ausschuss kam 1947 und 1948 mehrmals zusammen, denn die Radiofirmen – allen voran MENDE (Dresden), KÖRTING-RADIO (Leipzig), GRAETZ (Rochlitz) und IMPERIAL (Staßfurt) – waren aufgerufen, geeignete Geräte zu entwickeln und vorzustellen, die der Forderung nach einem preiswerten, aber dennoch leistungsfähigen Einheitsgerät für eine Massenfertigung entsprechen sollten. Kritische Bauelemente, wie zum Beispiel Röhren, Drehkondensatoren und Elektrolytkondensatoren, erfuhren dabei eine besondere Behandlung, vor

Hochfrequenztechnik

RUNDFUNKEMPFÄNGER • ELEKTRONIK • MESSGERÄTE
VERSTÄRKER • SCHUL- UND BETRIEBSFUNKANLAGEN • EINZELTEILE

Die Rundfunktechnik war in diesem Jahre wiederum in der Halle VII auf dem Gelände der Technischen Messe untergebracht. Sie vermittelte dem Besucher u. a. ein geschlossenes Bild über den Stand der Empfängerfabrikation in der Ostzone. Qualität ist nunmehr wieder eine Selbstverständlichkeit geworden. Alle ausgestellten Empfänger zeigten in bezug auf ihren Aufbau eine fabrikmäßige Fertigung. Besonders angenehm fiel auf, daß die Gehäuse fast durchweg eine schöne, geschmackvolle äußere Form und Linienführung aufweisen, die vielfach durch eine in Farbe oder Muster entsprechend gehaltene Lautsprecherbespannung wirkungsvoll unterstützt wird. Edelholzgehäuse sind nicht mehr selten. Die Zweiteilung der Frontplatte in Lautsprecherbespannung und Skala ist fast ganz aufgegeben worden. Die Stoffbespannung erstreckt sich meist über die gesamte Frontplatte, die Skala ist langgestreckt unten oder oben bzw. als Kreisskala in der Mitte der Frontseite angeordnet. Glasskalen werden allenthalben bevorzugt. Sie sind durchweg sehr klar und deutlich be- [illegible]

Schachtisch usw. Wenn auch diese Tonmöbel zumeist Sonderanfertigungen sind, die nur auf Bestellung geliefert werden, so wurden sie doch von den Messebesuchern stark beachtet.

In der Übersicht auf Seite 184 findet der Leser eine lückenlose Zusammenstellung der in Halle VII gezeigten Empfänger, nach Firmennamen in alphabetischer Reihenfolge geordnet. Im einzelnen ist hierzu noch folgendes zu sagen:

Auszug aus einem Bericht der Zeitschrift „Funk-Technik" von der Leipziger Frühjahrsmesse 1949

Der RFT-Super „Stern 4 U 61" war der erste „Einheitssuper" in der SBZ. Röhrenbestückung: UCH 11, UBF 11, UCL 11, UY 11; 6-Kreis-Super für Kurz-, Mittel- und Langwelle; fremderregter dynamischer Lautsprecher; geeignet für 220 V Gleich- oder Wechselspannung. Der Verkaufspreis lag bei 250,- DM („Ost"). Das Holzgehäuse stammt von dem Architekten GREIL; das Gerät bekam wegen der rechts und links eingelegten hellen Streifen damals den Spitznamen „Brille mit Matrosenkragen".

Die „Funk-Technik" brachte eine komplette Übersicht der in Leipzig 1949 gezeigen Rundfunkgeräte – hier zwei Auszüge.

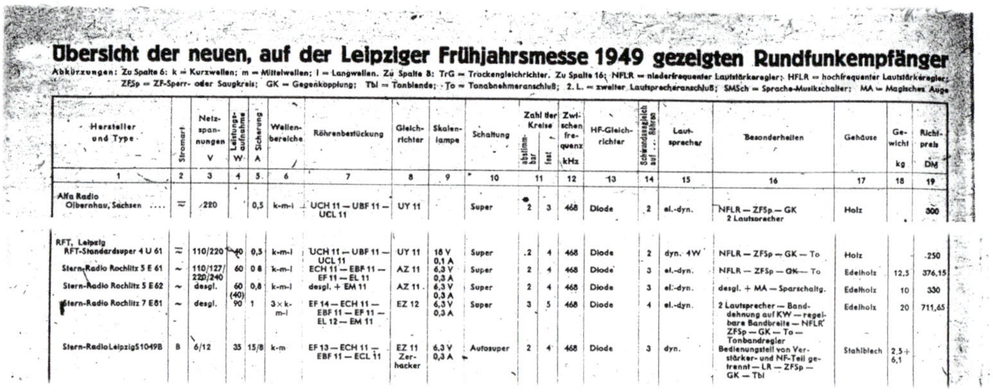

Übersicht der neuen, auf der Leipziger Frühjahrsmesse 1949 gezeigten Rundfunkempfänger

Abkürzungen: Zu Spalte 6: k = Kurzwellen; m = Mittelwellen; l = Langwellen. Zu Spalte 8: TrG = Trockengleichrichter. Zu Spalte 16: NFLR = niederfrequenter Lautstärkeregler; HFLR = hochfrequenter Lautstärkeregler; ZFSp = ZF-Sperr- oder Saugkreis; GK = Gegenkopplung; Tbl = Tonblende; To = Tonabnehmeranschluß; 2. L. = zweiter Lautsprecheranschluß; SMSch = Sprache-Musikschalter; MA = Magisches Auge

Hersteller und Type	Stromart	Netzspannungen V	Leistungsaufnahme W	Sicherung A	Wellenbereiche	Röhrenbestückung	Gleichrichter	Skalenlampe	Schaltung	Zahl der Kreise abstimmbar	Zahl der Kreise fest	Zwischenfrequenz kHz	HF-Gleichrichter	Schwundausgleich auf ... Röhren	Lautsprecher	Besonderheiten	Gehäuse	Gewicht kg	Richtpreis DM
1	2	3	4	5	6	7	8	9	10	11		12	13	14	15	16	17	18	19
Alfa Radio Olbernhau, Sachsen	≂	220		0,5	k-m-l	UCH 11 — UBF 11 — UCL 11	UY 11		Super	2	3	468	Diode	2	el.-dyn.	NFLR — ZFSp — GK 2 Lautsprecher	Holz		300
RFT, Leipzig RFT-Standardsuper 4 U 61	≂	110/220	40	0,5	k-m-l	UCH 11 — UBF 11 — UCL 11	UY 11	18 V 0,1 A	Super	2	4	468	Diode	2	dyn. 4W	NFLR — ZFSp — GK — To	Holz		250
Stern-Radio Rochlitz 5 E 61	~	110/127/220/240	60	0,8	k-m-l	ECH 11 — EBF 11 — EF 11 — EL 11	AZ 11	6,3 V 0,3 A	Super	2	4	468	Diode	3	el.-dyn.	NFLR — ZFSp — GK — To	Edelholz	12,5	376,15
Stern-Radio Rochlitz 5 E 62	~	desgl.	60 (40)	0,8	k-m-l	desgl. + EM 11	AZ 11	6,3 V 0,3 A	Super	2	4	468	Diode	3	el.-dyn.	desgl. + MA — Sparschaltg.	Edelholz	10	330
Stern-Radio Rochlitz 7 E 81	~	desgl.	90	1	3 × k-m-l	EF 14 — ECH 11 — EBF 11 — EF 11 — EL 12 — EM 11	EZ 12	6,3 V 0,3 A	Super	3	5	468	Diode	4	el.-dyn.	2 Lautsprecher — Banddehnung auf KW — regelbare Bandbreite — NFLR ZFSp — GK — To — Tonbandregler	Edelholz	20	711,65
Stern-Radio Leipzig S 1049 B	B	6/12	35	15/8	k-m	EF 13 — ECH 11 — EBF 11 — ECL 11	EZ 11 Zerhacker	6,3 V 0,3 A	Autosuper	2	4	468	Diode	3	dyn.	Bedienungsteil von Verstärker- und NF-Teil getrennt — LR — ZFSp — GK — Tbl	Stahlblech	2,5 + 6,1	

allem wenn es um die nicht ohne weiteres verfügbaren Rohstoffe dafür ging; die SMAD sagte sogar Kontingentzuweisungen zu. Bereits auf der 2. Tagung des Zonen-Rundfunk-Ausschusses am 12. Juni 1947, an der 87 (!) Personen teilnahmen, wurden von 16 Firmen insgesamt 14 Super und 7 Einkreiser vorgestellt, die meisten auch schon als Muster, vorwiegend bestückt mit den U-Röhren der „Harmonischen Serie".

Zwischen den zentralen Tagungen gab es regionale Aktivitäten: So hatten sich beispielsweise am 24. April 1947 die sächsischen Radiofirmen getroffen, um einen einheitlichen Länderstandpunkt für das künftige Einheitsgerät zu finden und einzubringen. Man beschloss, sich auf je einen Einheitssuper und einen „einfachsten" Einkreis-Empfänger zu konzentrieren, „da bei der heutigen Lage der Rundfunkfirmen und bei dem Lohnniveau der Käufer auf den Einkreiser nicht verzichtet werden kann, obwohl er leistungsmäßig nur für den Ortsempfang geeignet ist". Im Großen und Ganzen bestimmten MENDE-RADIO und KÖRTING-RADIO mit ihren günstigen Entwicklungsergebnissen die weitere Linie, und im November 1947 wurde in Berlin der „Entschluß gefaßt, daß für ein Einheitsgerät endgültig der 4-Rohr-Super infrage kommt". Auch technische Mindestforderungen für Empfindlichkeit, Trennschärfe und Gehäusegröße legte man fest. Auf der 4. Arbeitstagung, einen Monat später, wurde festgestellt, bei den – übrigens im „Technisch-Physikalischen Institut Jena" geprüften – Mustergeräten „seien die von Körting-Radio, Mende-Radio und Funkwerk Erfurt die besten gewesen" und diese

Eine pfiffige Idee für die Skalengestaltung kam von der kleinen Firma WERNER NIEMANN & CO., Halle/S, die 1949 den Siebenkreis-Super „Sonata 557 GW" mit den Bereichen Lang, Mittel und 2x Kurz herausbrachte. Die Flutlichtskala enthält auf Mittelwelle nicht weniger als 79 Sendernamen, unter denen auch AFN und RIAS nicht fehlen –ganz im Gegensatz zu den RFT-Einheitssupern.

Labormuster des Empfängers „S 1347 W“, der bei KÖRTING-RADIO entwickelt wurde und nach der Enteignung als „S 1348 W“ unter dem Logo „R-F-T FUNKWERK LEIPZIG VEB“ auf dem Markt erschien. Dieses Gerät ist als „Urvater“ des RFT-Einheitssupers anzusehen; das Mustergerät befindet sich im Besitz des Entwicklers und wurde erst vor kurzem „wiederentdeckt“.

Firmen werden „gemeinsam beauftragt, die endgültige Konstruktion des Einheitsgerätes fertigzustellen“. Der VEB STERN-RADIO ROCHLITZ war am Einheitssuper nicht beteiligt, da dort vorwiegend Großsuper für Reparation und Export gefertigt werden mussten.

Wenn sich auch dem Funkhistoriker die Entstehung des „Einheitssupers“ der SBZ anhand der nicht ganz vollständigen Aktenlage und wegen der lückenhaften Erinnerung von Zeitzeugen nur schwer erschließt, muss man heute schlussfolgern, dass von KÖRTING-RADIO (ab April 1948 VEB FUNKWERK LEIPZIG) die wesentliche Grundkonstruktion eingebracht wurde. Das erste Serienprodukt mit Namen „RFT-Einheitssuper“, der Typ „Stern 4 U 61“, ähnelt doch sehr dem ein Jahr früher vorgestellten KÖRTING-Super „S 1348 W“, bis auf die Art der Skala und den Skalenantrieb: erst Uhrenskala, dann Linearskala. Produziert wurde der Einheitssuper vom VEB STERN-RADIO LEIPZIG (vormals OPTA-RADIO, Werk Leipzig); dieser Betrieb war wegen der von der SMAD beanstandeten Messgeräte 1949 nicht ausgelastet und es wurde deshalb beschlossen, „den Schwerpunkt auf Rundfunkgeräte zu legen“! Neben dem ersten Modell gab es bald danach einen weiteren „Einheitssuper“, den mit E-Röhren der Harmonischen Serie bestückten „4 E 62 W“ mit der ursprünglichen Uhrzeigerskala, den VEB STERN-RADIO STASSFURT produzierte. 1950 folgte die Weiterentwicklung des Allstrom-Einheitssupers zum „4 U 62“, der in Staßfurt und im VEB FUNKWERK DRESDEN gefertigt wurde.

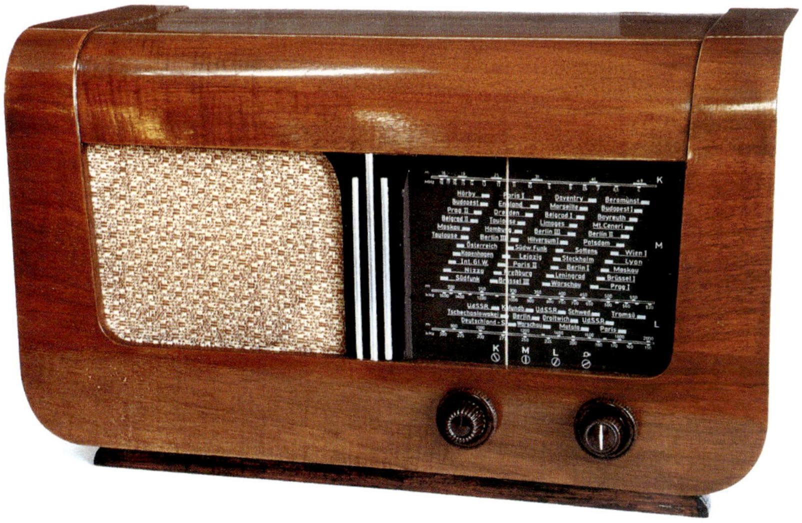

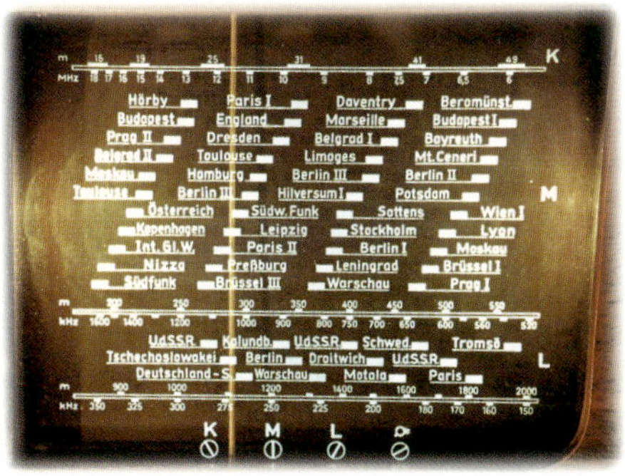

Die Weiterentwicklung des Einheitssupers, der Typ „4 U 62 (T)“, wurde 1950 im VEB STERN-RADIO STASSFURT gefertigt und kostete 245,- DM.

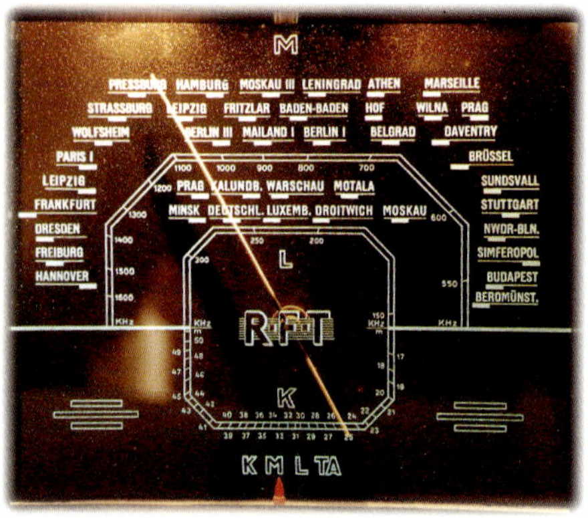

Diese Variante „4 E 62 W" (für Wechselstrom) des Einheitssupers, mit 3 Knöpfen und Uhrzeiger-Flutlichtskala, taucht schon auf der Leipziger Messe von 1949 auf. Das hier gezeigte Gerät ist ab 1950 in Staßfurt gefertigt worden; es hat einen Messing-Drehko und Friktionsantrieb.

Nach Bildung der HV R-F-T (Hauptverwaltung Radio- und Fernmeldetechnik) im Frühjahr 1948 mit Sitz in Leipzig war kurz darauf in Leipzig-Stötteritz die „ENKO" gegründet worden, die RFT-Entwicklungs- und Konstruktionszentrale. In diesem bis 1951 bestehenden Entwicklungsbüro, zu der auch Mitarbeiter vom FUNKWERK LEIPZIG gekommen waren, wurde im Labor für Rundfunkgeräte die Weiterentwicklung des Einheitssupers und die Entwicklung weiterer Radiomodelle für RFT betrieben. Leiter der ENKO und damit der gesamten RFT-Entwicklung dieser Jahre war Dr. HANS FRÜHAUF, der vordem als Chefingenieur des GRAETZ-Nachfolgebetriebes VEB STERN-RADIO ROCHLITZ die dortige Rundfunkgerätefertigung aufgebaut hatte und der nach 1950 als Professor an die Technische Hochschule Dresden berufen wurde.

Bei der Produktionsüberleitung des Einheitssupers muss es – was Wunder – erhebliche Schwierigkeiten und Verzögerungen gegeben haben. Der parteitreue Betriebschronist hob in seinem Rückblick von 1988 natürlich mehr die politische Seite hervor – der Kalte Krieg war schon im Gange –, wenn er schrieb: „Unzureichende Materialdeckung führte dazu, daß die Produktion von Rundfunkgeräten ‚RFT-Super' und der Baugruppen für die Nachrichtentechnik nicht gesichert werden konnte. Dieses Material, das noch größtenteils von Firmen der BRD bezogen wurde, stand deshalb nicht mehr in ausreichendem Maße zur Verfügung, weil die imperialistischen Machthaber die Lieferungen an unsere volkseigene Industrie rigoros einschränkten und nach der Gründung der DDR zum Teil ganz einstellten. Damit nicht genug, der RIAS, damaliges Sprachrohr der Revanchisten, diffamierte den neuen Rundfunkempfänger ‚Standard-Super' und damit die Arbeit unserer Kollegen..."

Der „Standard-Superhet" der britischen Zone

Einer der von zahlreichen Firmen in der Britischen Besatzungszone gebauten „Standard-Super": der Typ „Standard P" von BLAUPUNKT. Er ist mit U-Röhren des TELEFUNKEN-Röhrenwerkes Berlin bestückt; seine Skala trägt das Datum 24.4.47.

Die Ausgangslage in der Britischen Besatzungszone war eine etwas andere als in der SBZ: es gab dort, abgesehen zunächst von Berlin, so gut wie keine traditionelle Rundfunkindustrie. Deshalb erging seitens der britischen Militärverwaltung die Auflage an die Firmen TELEFUNKEN und LORENZ, in Hannover einen billigen 4-Röhren-Super zu entwickeln und dessen Massenfertigung vorzubereiten. Dieser „Standard-Super" wurde ab Frühjahr 1947 als Gemeinschaftserzeugnis von 10 Firmen in der britischen Zone gebaut, später auch von den Firmen BLAUPUNKT, SIEMENS und HELIOWATT (NORA) im britischen Sektor von Berlin. Während der Standard-Super ursprünglich und hauptsächlich mit den von VALVO Hamburg gelieferten Außenkontaktröhren ECH 4, ECH 4, EBL 1, AZ 1 (für Wechselstrom) oder später auch mit UCH 5, UCH 5, UBL 3, UY 3 (für Allstrom) bestückt wurde, konnte man in Berlin die dort von TELEFUNKEN gebauten Stahlröhren der U-11- und E-11-Serien einsetzen.

Alle Standard-Super „West" erschienen im einheitlichen Bakelitgehäuse; die Skalen und verschiedene Einbauteile weichen von Fabrikat zu Fabrikat voneinander ab. Nach der Währungsreform sank das Interesse an diesem Bakelit-Super, das Chassis wurde deshalb mit verschiedenen Holzgehäusen aufgewertet. Doch nach dem Start von UKW gab es, anders als in der DDR, für einen einfachen AM-Super keinen Bedarf mehr.

Der RFT-Einkreiser „1 U 11"

Billig, aber „leistungsfähiger als der Volksempfänger" – das war das Motto für den Entwurf und die Entwicklung eines Ende der 40er Jahre noch recht aktuellen Einkreis-Empfängers. Nachdem beschlossen worden war, die V-Röhren, insbesondere die in den Westzonen kreierte VEL 11 (Nachfolgeröhre für den DKE-Typ VCL 11), „wegen des hohen Ausschusses in der russischen Zone überhaupt nicht herzustellen", musste eine neue U-Röhre geschaffen werden. Seitens des TELEFUNKEN-Röhrenwerkes in Erfurt, dem späteren VEB FUNKWERK ERFURT, war zunächst von einer UEL 11 gesprochen worden. Jedoch verließ man bald das Konzept einer Röhre mit obenliegendem Gitteranschluss und entwickelte die neuartige UEL 51, eine Verbundröhre mit zwei Tetrodensystemen und mit einem 10-poligen Stahlröhrensockel. Auf diese Röhre ohne Gitterkappe wurde bei der ENKO die Entwicklung des billigen RFT-Einkreisempfängers ausgerichtet. Der dort tätige findige Entwickler entwarf eine Schaltung, deren Besonderheit nicht nur die Permeabilitätsabstimmung mit selbsttätiger Umschaltung auf Kurz-Mittel-Lang war – ein Eisenkern wird in einer Spule verschoben –, sondern auch ein Spezial-Drehkondensator für eine kombinierte HF-seitige Lautstärkeregelung und Rückkopplung, die verstimmungsunabhängig arbeitete. Auf der Leipziger Frühjahrsmesse 1950 wurde dieser RFT-Einkreiser „1 U 11" der Öffentlichkeit vorgestellt, der dabei offenbar, wie die „Funk-Technik" in ihrem sonst recht kritischen Bericht feststellt, „besondere Beachtung gefunden hat". Die heimische Fachpresse drückte es so aus: „Die Exponate mußten den Beschauer von der Leistungsfähigkeit der sozialistischen Wirtschaft beeindrucken." Die Fertigung des neuen Einkreisers lief noch im gleichen Jahr im VEB FUNKWERK LEIPZIG in der Eichstädtstraße an.

Eine Reportage in der MDR-Programmzeitschrift „Der Rundfunk" berichtete Anfang 1951 von der inzwischen auch im VEB PHONETIKA BERLIN (später STERN-RADIO BERLIN) eingerichteten „Produktionsstätte dieses leistungsfähigen Radioapparates, der für DM 96.- über die Betriebe zum Verkauf gelangt". Das damals in der Rundfunkzeitung veranstaltete Preisausschreiben „Gut informiert – wird prämiiert" lockte auch mit dem Gewinn eines solchen Einkreisers – und bei dieser Gelegenheit wurde der Entwickler vorgestellt, der den „1 U 11" „erfunden" hatte: Ing. WERNER LEBE, Laborleiter für Rundfunkgeräte im ENKO LEIPZIG. Welch ein Glücksfall, dass der Autor erst kürzlich erneut mit Herrn LEBE zusammentreffen konnte, um authentische Informationen von der vor 50 Jahren stattgefundenen „Geburt" des RFT-Einkreisers zu erhalten. Zum Beispiel hatte dem Entwickler zunächst ein störender Brummton des Gerätes zu schaffen gemacht. Der Streit mit dem Erfurter Röhrenhersteller, der es auf die Schaltung schieben wollte, endete schließlich damit, dass die UEL 51 mit einem zusätzlichen Abschirmring versehen werden musste. Auch das hochglänzende Pressstoffgehäuse (Bakelit) war ein Novum bei ostdeutschen Nachkriegsradios. Nach der Erinnerung des Entwicklers war damals allerdings nicht nur die Bereitstellung der Pressmasse, sondern auch die Herstellung des Presswerkzeuges schwierig. Und da Holzgehäuse gleichfalls Mangelware waren – insbesondere solche mit Edelholzfurnieren – wurde der in den Folgejahren weiterentwickelte Einheitssuper ebenfalls mit einem „formschönen Preßstoffgehäuse" ausgestattet, was dem Preis zugute kam und offenbar den Geschmack zahlreicher Käufer traf.

Für ein Preisrätsel der MDR-Programmzeitschrift „Der Rundfunk" (Heft 1/1950) interviewte der Reporter den Entwickler des „1 U 11", Ing. W. LEBE aus Leipzig.

Die Aufschrift „EAK" bei diesen beiden Radios steht für „ELEKTRO-APPARATE-FABRIK KÖPPELSDORF/THÜR.", aus der 1952 der VEB STERN-RADIO SONNEBERG hervorging. Von hier kamen auch in den Folgejahren immer wieder schön gestaltete und leistungsfähige Rundfunkgeräte; diese beiden Modelle vom „Zwergsuper 64/50 GW" von 1950 sind Vierröhren-Sechskreissuper mit MW, LW und 4 Kurzwellenbereichen.

Der EAK-Großsuper „97/51 WS“ war einer der ostdeutschen Spitzenempfänger des Jahrgangs 1951/52. 9 Kreise, 7 Röhren und der sogenannte „GÖRLER-Spulenrevolver“ verliehen dem Gerät ausgezeichnete Empfangseigenschaften. „Ein gediegenes, hochglanzpoliertes Gehäuse mit heller Birke und Nußbaum furniert wird auch den Ansprüchen nach einem geschmackvollen Möbelstück gerecht“, schrieb der Hersteller in seinem Prospekt. Die elegante Flutlichtskala war damals „in“ und unterstrich mit ihrem Erscheinungsbild, zusammen mit dem Magischen Auge, die Leistungsfähigkeit dieses Radios.

VEB Stern-Radio Rochlitz

9 E 91

1952 · DM 850,-

Schaltung:	Superhet
Röhren:	9 (6SH7/D, ECH 11, 6SH7/D, 6H6, 6E5, EBF 11, EL 12, AZ 12)
Kreise:	9
Wellenbereiche:	UKW 87 – 102 MHz, KW I 5,8 – 8 MHz, KW II 9,3 – 12,2 MHz, KW III 14,8 – 19,1 MHz, MW 530 – 1600 kHz, LW 150 – 350 kHz
Lautsprecher:	Breitbandlautsprecherkombination
Betriebsspannung:	110 – 240 Volt umschaltbar, Wechselstrom
Gehäuse:	Edelholz
Skala:	geeichte Flutlichtskala
Abstimmung:	Seilantrieb mit Schwungrad
Gewicht:	26 kg
Abmessung:	Breite 68,5 cm Höhe 46,5 cm Tiefe 38,5 cm

Der VEB STERN-RADIO ROCHLITZ baute vorzugsweise große Radios als Reparationsleistung und für den Export. 1951 war der Typ „9 E 91“ ein echtes Flaggschiff der RFT: Neunröhren-Neunkreissuper für LW, MW, 3x KW und UKW! Neuartig war der Schiebetastenschalter für die Wellen-Umschaltung.

Der „Ehra-Wechselstrom-Super 852 W“ kam 1952 als eines der letzten Geräte von der kleinen Firma EHRA aus Werdau/Sa.. Sie hatte 1949 begonnen, Radios zu bauen.

Technische Messe Leipzig 1950

RUNDFUNKEMPFÄNGER OHNE BESONDERHEITEN

Die Schau von Rundfunkgeräten auf der Frühjahrsmesse in Halle VII hinterließ einen etwas zwiespältigen Eindruck. Der unbefangene Beobachter war durchaus beeindruckt von dem ehrlichen Bemühen der Konstrukteure aller Vereinigungen und Privatfirmen, aus der Lage das Beste zu machen, aber er konnte ebenso genau erkennen, daß die Verhältnisse stärker sind als die Anstrengungen. Materialschwierigkeiten spielen nämlich noch immer eine beherrschende Rolle, daher konnte noch längst nicht jener Standard der Fertigung erreicht werden, der beispielsweise für eine erfolgreiche Exportkampagne nun einmal verlangt werden muß. Sagen wir es noch deutlicher: die Rundfunkgeräte der ostdeutschen Gebiete entsprechen mit wenigen Ausnahmen dem westdeutschen Stand vom Jahre 1947/48 und halten keinen Vergleich mit ausländischen Spitzengeräten aus. Als der größte Engpaß auf dem Wege zur Qualität ist der Mangel an hochwertigen Lautsprechern mit hohem Wirkungsgrad zu nennen. Es fehlt einfach an modernem Spezial-Stahl, so daß fast alle Empfänger elektrodynamische Lautsprecher enthalten. Die direkte Folge dieses Mangels ist ein wenig befriedigender Klang der Geräte — das gilt gleichermaßen für einfache Geradeausempfänger und für die sonst recht geschickt gebauten Truhen, bei denen die Wiedergabe kaum befriedigen konnte, und dies trotz — oder vielleicht wegen — der bevorzugten Baßwiedergabe. Weitere Schwierigkeiten kommen von der Röhrenseite her, doch scheint sich hier, nicht zuletzt durch die Lieferungen von Oberspree, langsam eine längst fällige Änderung anzubahnen.

Bei der Gestaltung der Gehäuse ist mancher gute Gedanke in die Tat umgesetzt worden . . . aber auch hier fehlt es am Material, d. h. zu sehr hochwertigen Gehäusen gehört nun einmal Edelholz. Dies stand aber offenbar nur in seltenen Fällen zur Verfügung.

Nachstehend sollen die wichtigsten Modelle einzeln besprochen werden, wobei wir keinen Anspruch auf Vollständigkeit erheben.

R F T: Entsprechend der wirtschaftlichen Struktur auf dem Sektor Radio und Fernmeldetechnik in der sowjetischen Besatzungszone liegt der Schwerpunkt der Empfängerentwicklung bei den VVB „Radio- und Fernmeldetechnik" (RFT), deren technische Oberleitung Dr. Frühauf hat. Hier stehen offenbar auch die größten Mittel zur Verfügung, so daß es allein schon aus diesem Grund für die restlichen Privatfirmen schwer ist, Gleichwertiges entgegenzustellen.

Besondere Beachtung fand der neue Einkreiser 1 U 11 im Preßstoffgehäuse mit Permeabilitätsabstimmung. Das Gerät wird ab Werk DM 96,— kosten — ein Preis, der unter Beachtung des Preisniveaus eine angenehme Überraschung ist. Der Empfänger besitzt neben einem Trockengleichrichter die neuentwickelte Röhre UEL 51, eine Doppeltetrode mit einem neuen 10poligen Stiftsockel ohne Gitterkappe. Es ist eine Allstromröhre mit 100 mA Heizstrom und 60 Volt Heizspannung, Ovalkatode und bifilar gewickeltem Heizfaden. Man legte besonderen Wert auf gute Entkopplung beider Systeme. Weitere Daten sind zur Zeit noch nicht bekannt. Das Modell 1 U 11 wird voraussichtlich erst im dritten Quartal 1950 ausgeliefert werden; es besitzt neben Mittel- und Langwellen- noch ein Kurzwellenband.

Aus dem vorjährigen Standardsuper ist das Modell Stern 4 U 62 entwickelt worden, diesmal im Preßstoffgehäuse und mit den Röhren UCH 11, UBF 11, UCL 11 und UY 11. Der Richtpreis wird DM 245,— betragen.

Neue Wege zeigt das Exportmodell Stern 8 E 81. Neben dem wirklich geschmackvollen, polierten Edelholzgehäuse besticht die sehr große, durch Tastdruck ausfahrbare Skala, die die Eichung von Mittel- und Langwellen sowie von fünf gespreizten KW-Rundfunkbändern trägt. Daneben ist als achter Wellenbereich die durchgehende Kurzwelle 16 ... 51 m vorgesehen. Eine Gegentaktendstufe mit 2 × EL 11 führt dem 30-cm-Lautsprecher im Maximum 10 Watt Sprech-

1 U 11, ein Einkreis-Allstrom-Empfänger, bestückt mit der neuen Röhre UEL 51

Der 9-Kreis-6-Röhrensuper der Firma Alfa-Radio mit einer Flüssigkeitssäule als Abstimmanzeige. Der drehbare Sockel vom Vorjahr wurde beibehalten

In der Mitte des Bildes ist deutlich die Permeabilitätsabstimmung erkennbar. Sämtliche Einzelteile sind auf der Schallwand montiert

Alle drei Minuten

verläßt ein Einkreisempfänger des volkseigenen Betriebs „Phonetika" das Fließband. Mit einer Betriebsreportage geben wir unseren Lesern einen kurzen Bericht aus der Produktionsstätte dieses leistungsfähigen Radioapparates, der für DM 96.– über die Betriebe zum Verkauf gelangt.

Eine Bohrmaschine bearbeitet die Preßstoff-Schallwand (Bild oben links). Auf dem Fließband ordnen Frauenhände alle für zwei Einkreisempfänger notwendigen Einzelteile. Die Geschwindigkeit des ständig zwischen den gegenüberliegenden Arbeitsplätzen laufenden Bandes ist regelbar, so daß alle darauf befindlichen Teile im Griffbereich der entsprechenden Arbeitsplätze bleiben (oben rechts). Bevor man die Schallwand mit sämtlichen an ihr befestigten Einzelteilen und Schaltelementen in das Preßstoffgehäuse einschraubt, erfolgt eine elektrische Zwischenprüfung, insbesondere der Lötstellen (Bild unten links). Wurden während einer 48stündigen ununterbrochenen Betriebsüberwachung des Gerätes keine Fehler festgestellt, ist nach Anschrauben der Rückwand der Empfänger versandfähig (Bild unten rechts). – Die Teilnehmer an unserem großen Preisausschreiben haben die Möglichkeit, auch dieses hochwertige Gerät zu gewinnen.

Reportage von der Produktion des RFT-Einkreisers „1 U 11" im VEB PHONETIKA BERLIN

Die „Funk-Technik" berichtete auch 1950 ausführlich von den Neuigkeiten auf der Leipziger Messe.

Die Verbundröhre „UEL 51" ist das Herz des RFT-Einkreiser „1 U 11" (Foto von der Leipziger Herbstmesse 1950)

Der RFT-Einkreisempfänger „1 U 11" aus dem VEB FUNKWERK LEIPZIG. Er kostete 96,- DM und fand dadurch und dank der bald in Berlin (VEB PHONETIKA bzw. STERN-RADIO) aufgebauten rationalisierten Massenproduktion weiteste Verbreitung. Die kombinierte Lautstärke-Rückkopplungs-Einstellung arbeitet angenehm weich und funktioniert ausgezeichnet über alle 3 Wellenbereiche. Hinter der Mitte der Skala sitzt eine Glimmlampe zur Anzeige des Betriebszustandes.

Außer dem „RFT-Einheitssuper" und dem „RFT-Einkreiser" gab es zu dieser Zeit in der SBZ/DDR eine ganze Reihe weiterer gut gestalteter, leistungsfähiger Radios von kleineren und größeren Firmen, die allerdings auf den ersten Nachkriegsmessen nicht alle vertreten waren. So konnte der Käufer ab 1950 im Prinzip aus einer breiten Modellpalette auswählen – wenn er das Geld dazu hatte und die Geräte im Laden vorrätig waren …

Die Misere des Wellenplans von Kopenhagen

„Oybin W" ist der Name dieses Radios von 1950 aus dem VEB FUNKWERK ZITTAU-OLBERSDORF, einem früheren Verlagerungsbetrieb von SEIBT. Wir finden hier 4 gespreizte Kurzwellenbereiche sowie Mittel- und Langwelle; bestückt ist das Gerät mit A-Röhren.

Der „Kopenhagener Wellenplan" von 1948 ist als ein insbesondere für Deutschland äußerst nachteiliges Ereignis der Nachkriegs-Funktechnik in die Geschichte eingegangen. Nach Beendigung des 2. Weltkrieges hatte im Prinzip der Luzerner Wellenverteilungsplan von 1933 weiterhin gegolten, nach dem Deutschland neun günstige und einige weniger günstige Frequenzen besaß. Doch das sollte sich ab 1950 gravierend ändern.

Im Oktober 1947 hatte die Internationale Funkverwaltungskonferenz in Atlantic City getagt, die eine Erweiterung des MW-Bereichs auf 525 bis 1.605 kHz beschlossen hatte. Nun war eine Neuverteilung der Lang- und Mittelwellenfrequenzen in der europäischen Region dringend erforderlich geworden, um damit gleichzeitig das nach dem Krieg entstandene Wellenchaos zu entwirren. Über 360 Sender wollten auf 139 verfügbaren Kanälen der Mittel- und Langwelle untergebracht werden! Die diesbezügliche europäische Rundfunkkonferenz fand von Juni bis September 1948 in Kopenhagen statt. Doch Deutschland als Verlierer des 2. Weltkrieges war auf dieser Konferenz weder als Ganzes noch in Form der vier Besatzungszonen vertreten – und selbst die Alliierten hatten unterschiedliches Stimmrecht. Der Rundfunkpionier WERNER NESTEL hat es später so formuliert: „Damals herrschte noch ganz die Stimmung der Sieger zu den Besiegten; Deutschland war völlig disqualifiziert, kein deutscher Vertreter durfte mit nach Kopenhagen. Die vier Besatzungsmächte hatten je einen Offizier dorthin entsandt, der die deutschen Interessen wahrnehmen sollte."

Doch man stritt sich über deren Kompetenz so lange, bis festgestellt wurde, die Vertretung Deutschlands auf der Konferenz sei ungeklärt. Schon im Vorfeld wollte man Deutschland als „technisches Minimum" nur ein einziges Mittelwellenprogramm zugestehen, doch die eigenen Interessen der Besatzungsmächte ließen diese Variante nicht zu. Da in den einzelnen Besatzungszonen teilweise schon mehr als ein Rundfunkprogramm existierte – in der amerikanischen 4 und in der sowjetischen 2 – gab es einen Kompromiss, nämlich allen 4 Zonen insgesamt 8, jedoch von anderen Sendern mitbenutzte MW-Frequenzen zuzuteilen. Unglücklicherweise lagen sie alle im ungünstigen, höherfrequenten Bereich, teilweise sogar oberhalb von 1.500 kHz. Die Leistung der deutschen Sender wurde auf 70 kW beschränkt.

Der Kopenhagener Wellenplan trat am 15. März 1950 in Kraft. Die Folgen waren für Europa schwerwiegend, für Deutschland katastrophal: Nur ein Bruchteil der bisherigen Hörer konnte noch erreicht werden. In den Westzonen teilten die Alliierten eigenmächtig zusätzliche, nicht genehmigte Frequenzen aus; in der SBZ mussten außer Dresden alle Landessender (Potsdam, Schwerin, Halle und Weimar) bis zur Umstellung auf Gemeinschaftswelle monatelang schweigen, und eine genehmigte Langwelle gab es für ganz Deutschland nicht. Zusätzliche Störungen kamen von Sendern, die sich nicht an den Wellenplan gebunden fühlten und die nicht einmal das Frequenzraster einhielten, was unerträgliche Pfeif- und Heultöne zur Folge hatte.

Die Misere bestand landauf-landab, und mühevoll war die Umgewöhnung an die neuen Frequenzen, die Empfängerskalen stimmten ja nicht mehr, und die über 1.500 kHz angesiedelten Sender waren mit den alten Geräten ohne Neuabgleich nicht zu empfangen. „Wenn wir jetzt wehmütig die nun unwiderruflich veraltete Skaleneichung unseres Empfängers betrachten, fragen wir uns: Wird es uns bald gelingen, an dieser Stelle wieder eine Glasscheibe zu besitzen, die uns eben so sicher und präzise den Weg durch die verwirrende Vielfalt des Äthers weist, wie wir es früher von ihr gewohnt waren?", war Ende März 1950 im Leitartikel der „Funk-Technik" zu lesen. Nun, neue Skalen gab es bald; selbst für Vorkriegsradios wurden Ersatzskalen mit der neuen Einteilung angefertigt (allein in Leipzig von zwei Firmen), doch besser hören konnte man damit auch nicht.

Besonders deutlich wurde die Mittelwellen-Kalamität im Winter: „Guter Fernempfang gehört in den Abendstunden zu den wenigen Glückszufällen des Daseins. Jetzt aber, mitten in der ‚besten Empfangsperiode des Jahres', darf man höchstens noch RIAS-Berlin, Leipzig und den Rheinsender (Wolfsheim) des Südwestfunks als fernempfangsbrauchbar bezeichnen. Fragen wir nicht nach München, Frankfurt, Stuttgart, Langenberg, Hamburg. Nichts als Pfeifen, Telegrafiestörungen, Wellensalat, selektive Verzerrungen und wie diese Mißtöne heißen mögen, die man dem geduldigen Rundfunkhörer an Stelle verständlicher Worte und klarer Musik anbietet", schrieb KARL TETZNER in der „Funk-Technik" (H. 21/1950).

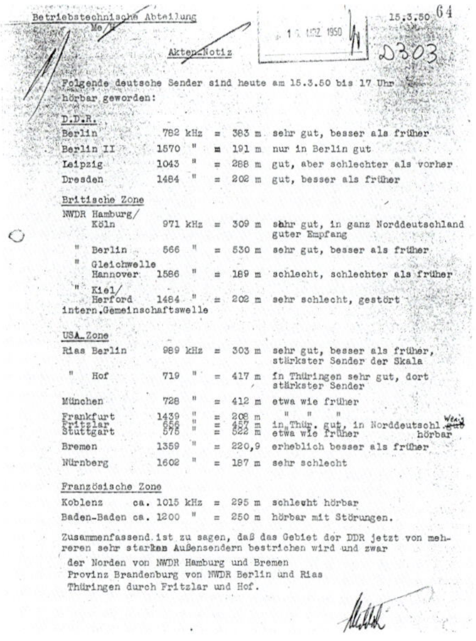

Betriebstechnische Abteilung 15.3.50 64
Me/
1 . MRZ 1950
Akten-Notiz D303

Folgende deutsche Sender sind heute am 15.3.50 bis 17 Uhr hörbar geworden:

D.D.R.

Berlin	782	kHz	=	383 m	sehr gut, besser als früher
Berlin II	1570	"	=	191 m	nur in Berlin gut
Leipzig	1043	"	=	288 m	gut, aber schlechter als vorher
Dresden	1484	"	=	202 m	gut, besser als früher

Britische Zone

NWDR Hamburg/ Köln	971	kHz	=	309 m	sehr gut, in ganz Norddeutschland guter Empfang
" Berlin	566	"	=	530 m	sehr gut, besser als früher
" Gleichwelle Hannover	1586	"	=	189 m	schlecht, schlechter als früher
" Kiel/ Herford	1484	"	=	202 m	sehr schlecht, gestört

intern.Gemeinschaftswelle

USA Zone

Rias Berlin	989	kHz	=	303 m	sehr gut, besser als früher, stärkster Sender der Skala
" Hof	719	"	=	417 m	in Thüringen sehr gut, dort stärkster Sender
München	728	"	=	412 m	etwa wie früher
Frankfurt	1439	"	=	208 m	" " "
Fritzlar	656	"	=	457 m	in Thür. gut, in Norddeutschl. wenig hörbar
Stuttgart	575	"	=	522 m	etwa wie früher
Bremen	1359	"	=	220,9	erheblich besser als früher
Nürnberg	1602	"	=	187 m	sehr schlecht

Französische Zone

Koblenz	ca. 1015	kHz	=	295 m	schlecht hörbar
Baden-Baden	ca. 1200	"	=	250 m	hörbar mit Störungen.

Zusammenfassend ist zu sagen, daß das Gebiet der DDR jetzt von mehreren sehr starken Außensendern bestrichen wird und zwar
der Norden von NWDR Hamburg und Bremen
Provinz Brandenburg von NWDR Berlin und Rias
Thüringen durch Fritzlar und Hof.

Bericht einer „Betriebstechnischen Abteilung" (?) in der DDR über die Hörbarkeit der deutschen Sender und des RIAS unmittelbar nach dem Inkrafttreten des Kopenhagener Wellenplans

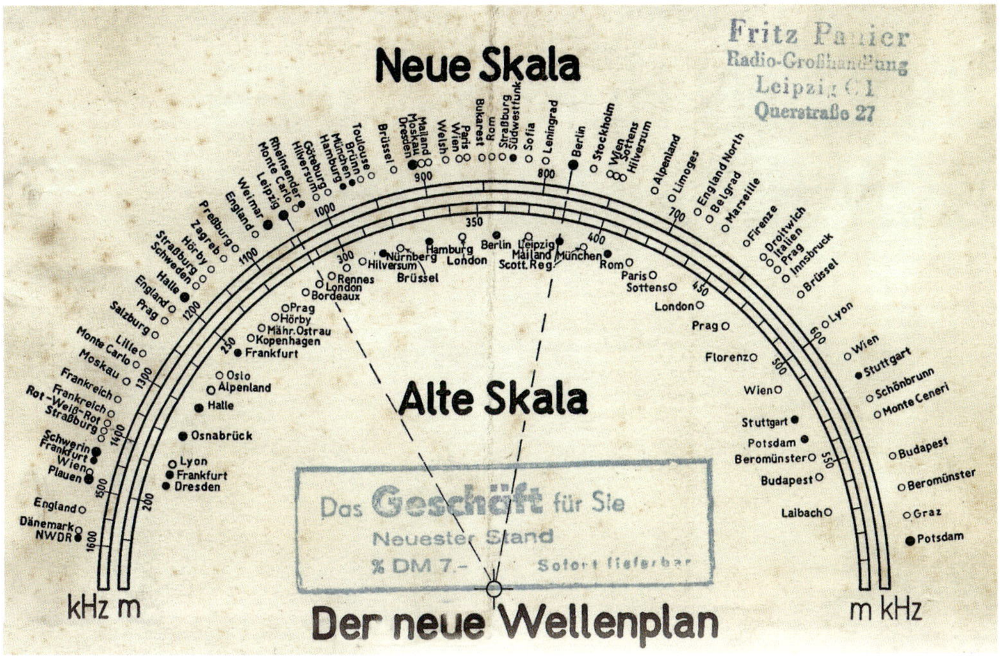

RUNDFUNK AUF NEUEN WELLEN

Die Generalintendanz des Rundfunks in der Deutschen Demokratischen Republik gibt bekannt: Entsprechend den auf der internationalen Kopenhagener Wellenkonferenz von 1948 zugewiesenen Frequenzen sendet der Rundfunk in der Deutschen Demokratischen Republik ab 15. März 1950, zwei Uhr, auf folgenden Wellen: Berliner Rundfunk: 782 Kilohertz gleich 383,1 Meter (auf der bisherigen Mittelwellenskala nahe Leipzig) und 1570 Kilohertz gleich 191,1 Meter. – Deutschlandsender: Vorläufig nur auf den Kurzwellen 7150 Kilohertz gleich 41,96 Meter und 6115 Kilohertz gleich 49,06 Meter. – Leipzig: 1043 Kilohertz gleich 287,5 Meter (auf der bisherigen Mittelwellenskala nahe Rennes) und Kurzwelle 30,83 Meter. – Dresden: 1484 Kilohertz gleich 202,1 Meter (auf der bisherigen Mittelwellenskala nahe Dresden). Die Landessender Potsdam, Schwerin, Halle und Weimar bleiben bis zur Umstellung auf die internationale Gleichwelle 202,1 Meter abgeschaltet.

Die Generalintendanz bittet alle Hörer um Nachsicht, wenn sich in der ersten Zeit beim Empfang Schwierigkeiten ergeben. Sie ist bemüht, diese so schnell als möglich zu beseitigen und bittet deshalb alle Hörer, ihre Empfangsbeobachtungen an die obengenannten Sender oder die Generalintendanz des Rundfunks, Berlin W 8, Thälmannplatz 8 bis 9, mitzuteilen.

In der DDR traten durch eine Festlegung der Generalintendanz des Rundfunks schon ab 17. März 1950 einschneidende Programmänderungen in Kraft. Da der Deutschlandsender keine Langwelle mehr benutzen durfte – eine neue Frequenz konnte erst später durch das Entgegenkommen anderer Wellenbesitzer erreicht werden – und die sowjetische Besatzungsmacht ihre Truppen ausreichend mit „Radio Moskau" versorgen wollte, musste außer dem Berliner Rundfunk auch der „Mitteldeutsche Rundfunk, Sender Leipzig" regelmäßig Sendungen des Deutschlandsenders übernehmen – und Leipzig noch zusätzlich im Abendprogramm von 19 Uhr bis 20.30 Uhr eine „Sendung in russischer Sprache"! Doch das stieß sehr bald auf den Protest der Hörer; selbst Ausschüsse der „Nationalen Front" und Ortsleitungen der SED beschwerten sich darüber. In einem streng vertraulichen Schreiben (der Generalintendanz?) an die sowjetische Kontrollkommission beklagte man sich, dass die Hörer nun „gezwungen seien, abends 19 Uhr auf den Rias umzuschalten", und dass „die Wirkung der Rias-Propaganda fühlbar wird". Es werde von seiten der Hörer „mehrfach der Vermutung Ausdruck gegeben, dass in der Leitung des Senders Leipzig amerikanische Agenten sitzen müssen, die die Massen der Hörer dem Rias zutreiben wollen..."! Die neue Wellen-Situation wurde in der DDR zum Politikum, denn die Empfangsmöglichkeiten für den „Deutschen Demokratischen Rundfunk" hatten sich nicht nur für den Osten, sondern auch im Westen drastisch verschlechtert, und es bestand somit keine Möglichkeit mehr, „ ... die Massen unserer westdeutschen Hörer anzusprechen …

Infolge Zuteilung einer kürzeren Welle zum Sender Leipzig sowie Verminderung der kW-Leistung, haben sich auch seine Empfangsbedingungen abends in Westdeutschland wesentlich verschlechtert. Während der Sender Leipzig früher in Bayern, Baden, Württemberg und Hessen abends glänzend empfangen wurde und z.B., wie von württembergischer Regierungsseite festgestellt wurde, in Nordbayern mehr ständige Hörer hatte als der Sender München, ist er heute schwächer zu empfangen und stark überlagert. Wie die Hörerpost übereinstimmend ergibt, ist ein einwandfreier Empfang künstlerischer Sendungen des Senders Leipzig in Westdeutschland heute im allgemeinen nicht mehr möglich." Das Schreiben des Generalintendanten HANS MAHLE an die SMAD vom 2. Mai 1950 schließt mit der dringenden Bitte um Zuteilung neuer Frequenzen, die Genehmigung höherer (früherer) Sendeleistungen für Berlin und Leipzig sowie einer besseren Welle für den Sender Dresden und den Deutschlandsender. Zwar wurden daraufhin gewisse Verbesserungen erreicht, auch durch Errichtung mehrerer regionaler Sendeanlagen, doch scheint es in der ebenso jungen Bundesrepublik nicht viel besser, stellenweise sogar schlechter gewesen zu sein. AFN hatte dort Vorrang …Erst der Ausbau des neu erschlossenen Ultrakurz-wellenbereichs (UKW) in den Folgejahren brachte den entscheidenden Durchbruch bei der Rundfunkversorgung – im Westen wie im Osten.

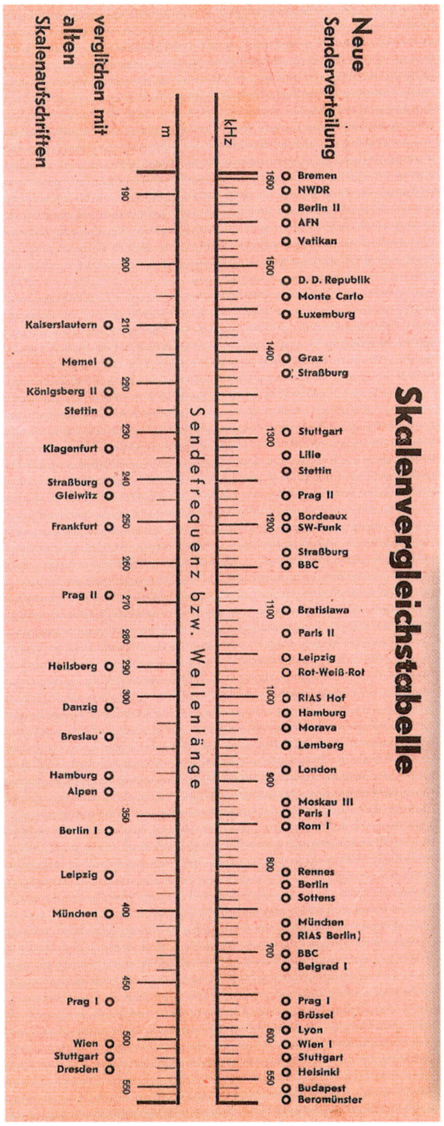

DEM NATÜRLICHEN HÖREN NÄHER
UKW RUNDFUNKGERÄTE

UKW – DIE WELLE DER FREUDE

Von der Mittelwellen-Misere zur High-Fidelity im Radio

Fast unglaublich, dass es schon 50 Jahre her ist, seit die klangliche Revolution „UKW-Technik" im Rundfunk einzog, und fast unglaublich erschien damals die akustische „Erleuchtung", die das erste UKW-Hörerlebnis ermöglichte. Tatsächlich hat auch der Autor, zunächst noch mit dem Detektor und dem Einkreiser experimentierend, die ersten UKW-Klänge bei einem bastelnden Rundfunkmechanikermeister in so deutlicher Erinnerung, dass er noch heute davon schwärmen möchte.

Im folgenden Beitrag soll ein kleiner Einblick in die Anfänge des UKW-Zeitalters vermittelt werden, das eine völlig neue Technik mit sich brachte – für Studios, Sender und Empfänger – und bei dem auch die Hörer erst lernen mussten, mit den neuen Wiedergabequalitäten richtig umzugehen.

Schon 1948 waren die Folgen der neuen Mittel- und Langwellenverteilung von Kopenhagen – gültig ab 15. März 1950 – absehbar, weshalb findige Rundfunktechniker der 3 Westzonen (aus Post, Rundfunkanstalten und Funkfirmen) sich beizeiten nach einer Ersatzlösung umgesehen hatten.

Nach einigem Hin und Her – als Alternativen wurden der Drahtfunk oder ein Gleichwellen-Rundfunk mit Kleinstsendern erwogen – hatte man sich für die Erschließung eines neuen Frequenzbereichs entschlossen, der sowohl einen Ausweg aus der Wellenknappheit versprach, als auch gemäß der aus Vorversuchen in Deutschland und den USA vorliegenden Erkenntnisse eine bedeutende Verbesserung der Tonqualität des Rundfunks versprach: die Meterwellen im Bereich um 100 MHz – eben UKW.

ABRAHAM ESAU, Jena,
„der bekannte Gelehrte und Kurzwellenforscher"

Ein wenig Vorgeschichte

Schon im Jahre 1925 begann Prof. ABRAHAM ESAU (1884-1955) vom Technisch-physikalischen Institut der Universität Jena, sich mit den „kürzeren Kurzwellen" zu befassen und ihre Eigenschaften mittels selbstgebauter Sender und Empfänger zu studieren. Als sich im Januar 1926 bei ihm die deutschen Kurzwellenamateure versammelten, hatte „Herr Prof. Esau auch die Liebenswürdigkeit, den Versammlungsteilnehmern Einblick in seine Arbeiten auf dem Gebiete der kurzen Wellen zu geben, und führte einen Sender für die Welle 3,20 m [etwa 94 MHz] vor mit der erstaunlichen Leistung von 1/2 bis 3/4 kW...", berichtete damals die „Radio-Umschau".

Auch bei Reichweitenmessungen mit einem Sender auf dem Brocken im Jahre 1928 wirkte A. ESAU mit – wichtige Vorarbeiten, auf die sein Mitarbeiter LOTHAR ROHDE später als einer der Initiatoren des UKW-Rundfunks in Deutschland und Erbauer von UKW-Sendern zurückgreifen konnte. Er hat auch von einer Live-Reportage berichtet, die 1931 von Jena aus drahtlos zum Leipziger Funkhaus gesendet worden ist.

Bei all diesen Versuchen arbeitete man mit Amplitudenmodulation (AM) – Voraussetzung für den Siegeszug des UKW-Rundfunks mit wirklicher Hi-Fi-Qualität war jedoch die Anwendung der Breitband-Frequenzmodulation (FM)! In den USA gab es einen solchen UKW-Rundfunk schon seit 10 Jahren, initiiert von EDWIN HOWARD ARMSTRONG (1890 – 1954), der bereits 1927 herausgefunden hatte, dass sich die bei AM oft verheerend auswirkenden atmosphärischen Störungen (besonders von Gewittern) mit einer FM-Übertragung fast völlig unterdrücken ließen. ARMSTRONG, einer der großen Funkpioniere und „größter amerikanischer Erfinder nach Edison" genannt, veröffentlichte 1936 eine grundlegende Arbeit über Breitband-FM im Meterwellenbereich. Er nahm 1939 in der Nähe von New York mit dem selbst finanzierten 50-kW-Sender „Alpine W2XMW" auf 44 MHz den Betrieb mit 15 kHz Tonfrequenzbandbreite auf. Er erfasste also erstmals den gesamten menschlichen Hörbereich und eröffnete damit das wahre High-Fidelity-Zeitalter – trotz vieler Widrigkeiten auf dem Patentsektor und im zähen Kampf gegen die etablierte Industrie. Mit ARMSTRONGs Verfahren konnten also alle klanglichen Feinheiten, wie Obertöne der Instrumente und Zischlaute der Sprache, unverfälscht drahtlos übertragen werden.

Eine sehr vielseitige Erfinderpersönlichkeit und Begründer des klanglich hochwertigen UKW-FM-Rundfunks: EDWIN HOWARD ARMSTRONG (1890-1954).
Er war ab 1934 Professor an der Columbia-Universität in New York.

Der Start des UKW-Rundfunks

Der erste UKW-Sender von Leipzig war in der 12. Etage des Versicherungshochhauses am damaligen Karl-Marx-Platz (heute Augustusplatz) untergebracht; er ging am 1. Mai 1953 mit 250 W Leistung offiziell in Betrieb. Die Sendeantenne bestand zunächst aus 4 gekreuzten Faltdipolen an der Spitze eines 24 m hohen Stahlgittermastes, der in 20 m Höhe abgespannt war. Die Modulationszuführung erfolgte per Leitung vom nahegelegenen Verstärkeramt der Post. Am 25. 8. 1953 wurde die Leistung auf 1 kW erhöht; erst 4 Jahre später konnte mit 10 kW gesendet werden.

In Deutschland waren die UKW-Versuche zwischen 1930 und 1935 auf das Fernsehen ausgerichtet; danach wurden die Meterwellen in militärischen Projekten angewandt. Nach 1945 konnte auf all den bis dahin gewonnenen Erkenntnissen aufgebaut werden, und bereits 1947 ist auf der weltweiten Funkverwaltungskonferenz in Atlantic City der Bereich von 87,5 bis 100 MHz (Band II genannt und später auf 104 bzw. 108 MHz ausgedehnt) für den Hörrundfunk fixiert worden. Doch trotz allem war die Einführung eines neuen Frequenzbereiches u n d eines neuen Modulationsverfahrens für den öffentlichen Rundfunk ein Wagnis sondersgleichen – gerade in der frühen Nachkriegszeit. Keines der vorhandenen Radiogeräte würde UKW-Sendungen empfangen können! Doch die Optimisten hatten weitsichtig gehandelt – stellvertretend für viele soll nur Dr. WERNER NESTEL vom NWDR genannt werden – und innerhalb weniger Jahre die Voraussetzungen auf der Sender-, Programm-, Studio- und Empfängerseite geschaffen, um dem neuen UKW-Rundfunk zum Erfolg zu verhelfen.

Die ersten deutschen UKW-Sender starteten im Jahr 1949: mit Versuchsanlagen in München-Ismaning (BR) am 28. Februar und in Hannover (NWDR) am 1. März. Die gewählten Standorte boten die Voraussetzung zur Systemerprobung auf breiter Ebene, z. B. bei RHODE & SCHWARZ für die Senderseite und bei TELEFUNKEN für die Empfänger. Natürlich wurde von beiden Sendern zuerst das jeweilige Mittelwellenprogramm übertragen, doch strebten die Initiatoren als zusätzlichen Anreiz für die Hörer nach einem zweiten, mehr unterhaltenden Programm: Bereits ab 30. April 1950 gab es beim NWDR „UKW Nord – die Welle der Freude" – der Begriff für das neue Ultrakurzwellenprogramm stammt von „Hör zu!"-Redakteur EDUARD RHEIN; der BR und weitere zogen mit ihren zweiten Programmen bald nach. Das Sendernetz in der Bundesrepublik wurde sehr zügig aufgebaut, so dass 1953 schon 100 UKW-Sender in Betrieb waren und die „Funk-Technik" insgesamt den „UKW-Funk technisch und konstruktiv vollendet" nannte. Zu der Zeit hatte etwa ein Drittel aller westdeutschen Rundfunkteilnehmer UKW-Empfangsmöglichkeiten.

In der DDR ging es längst nicht so rasch vorwärts. Zwar hatte Generalintendant H. MAHLE im Juni 1950 in einem Schreiben an die sowjetische Kontrollkommission von einem mit der Post abgestimmten Plan zum Aufbau eines UKW-Sendernetzes gesprochen, doch die Realisierung sollte sich über einen längeren Zeitraum hinziehen als gedacht. Die „Beschlußvorschläge für das Politbüro" vom 2. Oktober 1951 „zur Verbesserung der Rundfunkversorgung" ergaben einen so hohen Investitionsbedarf, dass auch hier die Termine – man wollte die Gesamtversorgung der DDR mit UKW bis Ende 1953 (!) sicherstellen, wozu zehn 10-kW-Sender und die Fertigung eines „billigen Massen-Empfängers" gehören sollten – als utopisch erscheinen mussten. Zunächst gab es ab 15. Oktober 1950 den ersten 100-W-Versuchssender im Gebäude des Ministeriums für Post- und Fernmeldewesen Berlin (Mauerstraße) auf 92,5 MHz, der bald verstärkt wurde. Im Mai 1951 ging ein 250-W-Sender auf dem Brocken in Betrieb.

In Leipzig wurde mit dem „Kampfziel 1. Mai" am Morgen des 1. 5. 1953 der erste UKW-Strahler, 250 W stark, Frequenz 88,0 MHz, offiziell eingeschaltet, allerdings nicht mit einem Leipziger Programm, sondern mit „Berlin I", einem der 3 DDR-Zentral-Programme. Extra dafür (und für das spätere Fernsehen) war auf dem Versicherungshochhaus am damaligen Karl-Marx-Platz (heute wieder das „Europahaus" am Augustusplatz) die „Betriebsstelle Hochhaus" des der Post unterstehenden Funkamtes Leipzig eingerichtet worden. Im Juni folgte ein Sender auf dem Großen Inselsberg (Thüringer Wald); Dresden bekam seinen ersten UKW-Sender erst 1954.

Bezeichnend für die politische Bedeutung, die man seitens der Führung auch dem neuen UKW-Rundfunk beimaß, ist der (anonyme) Bericht „Leipzig hat einen UKW-Sender" in der Zeitschrift „Deutsche Funk-Technik" (Nr. 6/1953): „Gleich ihren großen Brüdern, den leistungsstarken Sendern im Mittel- und Langwellenbereich, haben die UKW-Sender die Aufgabe, vom Aufbau des Sozialismus in der Deutschen Demokratischen Republik zu berichten..."

Die „Röhrenstraße" der DDR-Röhrenwerke auf der Leipziger Frühjahrsmesse 1955

Doch man liest zwischen den Zeilen auch den Nachholbedarf gegenüber der BRD, der sogar breiteste Kreise aktivieren sollte: „Bastler und Amateure erhalten gleichzeitig durch den nunmehr planmäßig erfolgenden Ausbau des UKW-Funks in der Deutschen Demokratischen Republik neue Anregungen, sich mit der Technik des Ultrakurzwellenrundfunks zu befassen und durch ihre Tätigkeit mit dazu beizutragen, die Ultrakurzwelle zu popularisieren." Andererseits war zunächst UKW nur als Ergänzung gedacht: „Wenn im Planjahr 1953 eine wesentliche Verbesserung der Rundfunkversorgung durch die Errichtung neuer UKW-Sender vorgesehen ist, so war der Grundgedanke hierzu, unserer Bevölkerung in jedem Wohngebiet grundsätzlich den Empfang von 3 Programmen zu ermöglichen. Bei der Benutzung eines mit einem UKW-Teil ausgerüsteten Durchschnittsempfängers können also der Ortssender, das Programm des Senders Berlin II auf Langwelle und der bezirklich hörbare UKW-Sender empfangen werden." (ebenda)

Da sich die Ultrakurzwellen prinzipiell geradlinig ausbreiten wie Lichtwellen, ging die Sendernetzplanung anfangs von einem Versorgungsradius von etwa 50 bis 100 km aus, je nach Standort; Überschneidungen gab es noch nicht. Mit der Verbreitung der Ultrakurzwelle in ganz Europa war jedoch bald eine Wellenverteilung nötig, die erstmals 1952 in Stockholm erfolgte. Dort wurde auch das lange Zeit gültige Kanalraster von 300 kHz festgelegt.

Die UKW-Empfänger

Für die Hörer ergab sich bei UKW eine ähnliche Situation wie 1924: ein schwacher Lokalsender mit geringem Aktionsradius. Aber es genügte jetzt kein einfacher „Detektor" mehr zum Hören; man brauchte eine ganz neue Art von Radio dafür. Die Rundfunkindustrie bemühte sich beizeiten, Empfänger für UKW herauszubringen; es gab sogar ein Preisausschreiben westdeutscher Rundfunkanstalten für die Entwicklung von UKW-Zusatz- und AM/FM-Komplettgeräten. Zwar waren anfangs hauptsächlich UKW-Vorsatzgeräte im Angebot, doch begann man schon 1950/51 damit, kombinierte AM/FM-Super zu bauen, die UKW-Empfang ermöglichten. Auch die Bastler befassten sich nun mit UKW. Leider waren die Röhren der „Harmonischen Serie" (ECH 11 usw.) nicht besonders „UKW-freudig", so dass die Empfindlichkeit nur für Ortsempfang ausreichte. Auch die Klangqualität kam noch nicht voll zur Geltung: Sogenannte „Flankendemodulation" erschwerte die Bedienung, die Lautsprecher waren nicht breitbandig genug. Doch ein Anfang war gemacht – und, was damals ebenfalls wichtig war, man konnte mit neuen Radios auch den MW-Bereich oberhalb von 1.500 kHz empfangen, in dem ja nun zwei der wenigen, Deutschland zugeteilten Mittelwellen lagen. Im „Wirtschaftswunderland" waren 1952 bereits 80 % der Empfänger mit UKW-Teil ausgerüstet, in der DDR dauerte es etwas länger. Jedenfalls erlebte die Radioindustrie in diesen Jahren einen überaus starken Aufschwung.

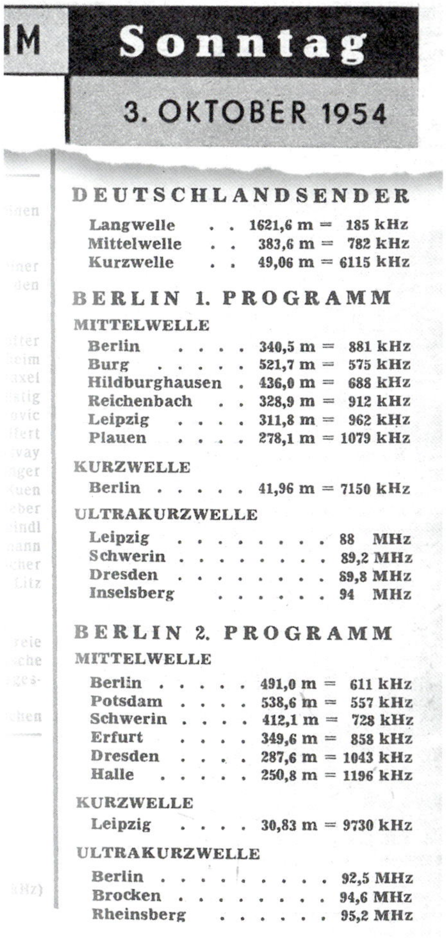

IM **Sonntag**

3. OKTOBER 1954

DEUTSCHLANDSENDER

Langwelle	1621,6 m =	185 kHz
Mittelwelle	383,6 m =	782 kHz
Kurzwelle	49,06 m =	6115 kHz

BERLIN 1. PROGRAMM

MITTELWELLE

Berlin	340,5 m =	881 kHz
Burg	521,7 m =	575 kHz
Hildburghausen	436,0 m =	688 kHz
Reichenbach	328,9 m =	912 kHz
Leipzig	311,8 m =	962 kHz
Plauen	278,1 m =	1079 kHz

KURZWELLE

Berlin	41,96 m =	7150 kHz

ULTRAKURZWELLE

Leipzig	88 MHz
Schwerin	89,2 MHz
Dresden	89,8 MHz
Inselsberg	94 MHz

BERLIN 2. PROGRAMM

MITTELWELLE

Berlin	491,0 m =	611 kHz
Potsdam	538,6 m =	557 kHz
Schwerin	412,1 m =	728 kHz
Erfurt	349,6 m =	858 kHz
Dresden	287,6 m =	1043 kHz
Halle	250,8 m =	1196 kHz

KURZWELLE

Leipzig	30,83 m =	9730 kHz

ULTRAKURZWELLE

Berlin	92,5 MHz
Brocken	94,6 MHz
Rheinsberg	95,2 MHz

Übersicht der Sender des DDR-Rundfunks im Herbst 1954; zu diesem Zeitpunkt waren erst 7 UKW-Sender in Betrieb.

RFT 4-Röhren, 6-Kreis-Super

Stern 4 U 65

Der „RFT-Super Stern 4 U 65" vom VEB STERN-RADIO ROCHLITZ war der erste preiswerte Empfänger (325,- DM) mit organisch eingebautem UKW-Bereich – und eines der ersten Radios mit Drucktasten in der DDR. Er kam sowohl mit Pressstoff- (Bakelit-) als auch mit Holzgehäuse heraus. Der Drucktasten-Wellenschalter arbeitet mit Tasten aus Bakelit, die Kontaktstücke tragen und damit direkt die Umschaltung über darauf schleifende, versilberte Stahlfedern vornehmen. Die UKW-Empfindlichkeit dieses Radios, bestückt mit UCH 11, UBF 11 und UEL 51, war fast 3 Zehnerpotenzen (!) niedriger als bei späteren 11-Kreis-Supern mit Miniaturröhren; einfache Flankengleichrichtung und der verwendete fremderregte Lautsprecher ließen kein rechtes „UKW-Klangerlebnis" zu.

Der erste kombinierte AM/FM-Empfänger aus dem VEB FUNKWERK DRESDEN und schon weitgehend mit Miniaturröhren bestückt: der UKW-Super „Zwinger" aus der Serie „Dresden". Es gab ihn in mehreren Varianten; der hier gezeigte „Zwinger 3" ist die Wechselstrom-Ausführung mit Magischem Auge EM 11. Das Gerät hat für AM (K-M-L) 6 und für FM (UKW) 11 Kreise; die UKW-Empfindlichkeit liegt bei 20 µV. „Das Gerät wurde für eine naturgetreue Übertragung, insbesondere bei UKW-Sendungen entwickelt", hebt die Beschreibung hervor. Für einen guten Klang, insbesondere für bessere Höhenwiedergabe, sorgen dabei der „neuartige" Breitbandlautsprecher (mit Hochtonkegel und Kupferkurzschlussring auf dem Polkern) sowie eine fest eingestellte Bass- und Höhenanhebung, die zudem mit einem Regler veränderbar ist. Der „Zwinger 3" kostete 469,- DM.

Nicht jeder, der die „Welle der Freude" zu Hause haben wollte, konnte und wollte sich ein neues Radio kaufen. Viele der Vorkriegsradios waren ja inzwischen mit neuen Röhren wieder „aufgemöbelt" worden, gute neue AM-Radios waren gekauft worden, also war man bestrebt, sein vorhandenes Gerät für UKW nachzurüsten. UKW-Zusatzgeräte gab es als Einbauchassis (Stromversorgung und Bedienung über das Empfangsgerät) oder als Komplett-Geräte mit Netzanschluss und eigener Skala.

Der VEB FUNKWERK DRESDEN kam 1953 mit diesem Einbauchassis auf den Markt, das mit einer ECH 81 bestückt ist und „für guten Empfang" eine Empfindlichkeit von 50 bis 100 µV haben soll.

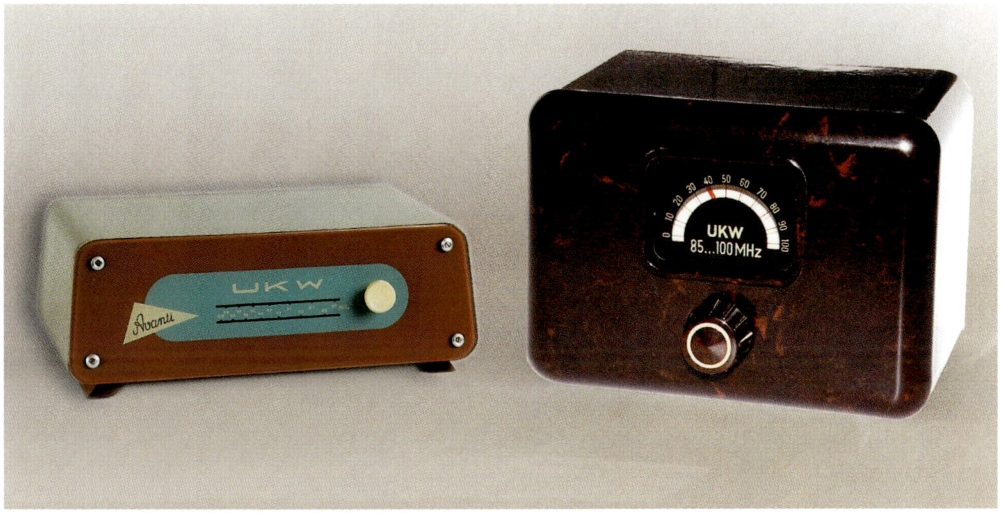

links: UKW-Vorsatzsuper „Avanti UVG 116 B/W" von der PGH ELEKTRONIK STADTRODA (Thür.)
rechts: Das UKW-Zusatzgerät Typ 1182.2 vom VEB FUNKWERK DRESDEN enthält in einem kleinen Pressstoffgehäuse das „Pendler-Chassis" mit der ECH 81 und ist für direkten Wechselstromnetzanschluss geeignet. Der Ausgang musste mit den Tonabnehmerbuchsen eines Rundfunkgerätes verbunden werden. Der Preis dieses „Mini-Tuners" lag bei etwa 70,- DM. Preiswert, aber bescheiden in der Leistung waren diese „Pendelrückkopplungsempfänger", die auf der Erfindung der „Superregenerativ-Schaltung" von ARMSTRONG aus dem Jahre 1921 basierten und den „Einstieg" in den UKW-Empfang mit älteren Radios ermöglichen sollten. Obwohl der Hersteller behauptete, die (bei diesem Gerätetyp unvermeidliche) Störstrahlung „genügt den in der Hochfrequenzverordnung der DDR festgelegten Bedingungen", wurde das Gerät, da technisch überholt, bald vom Markt genommen. Es brachte damals auch nur in unmittelbarer Nähe zum UKW-Sender passablen Empfang.

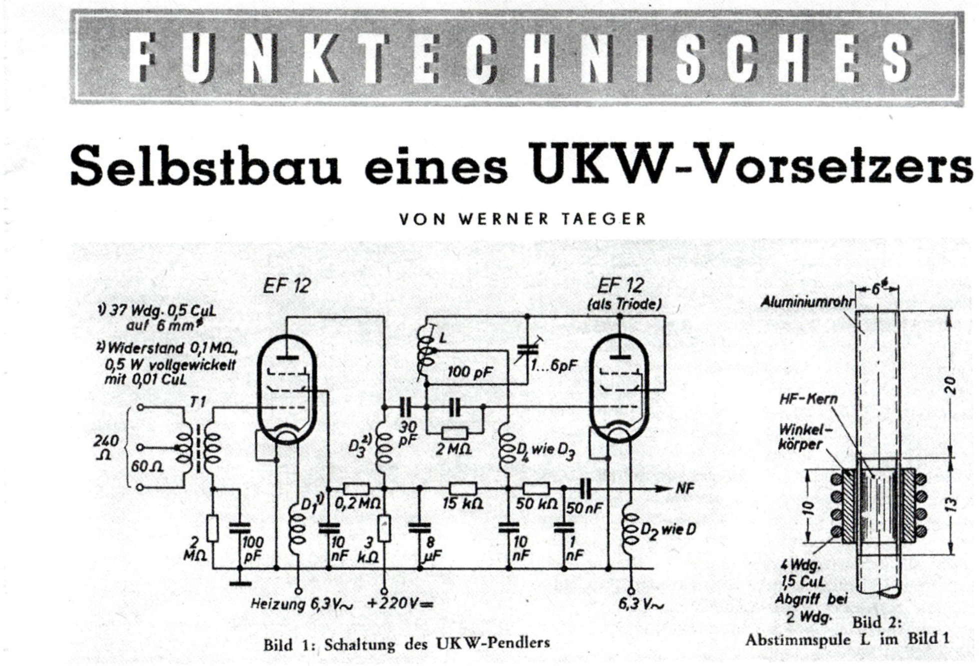
FUNKTECHNISCHES

Selbstbau eines UKW-Vorsetzers

VON WERNER TAEGER

Bild 1: Schaltung des UKW-Pendlers

Bild 2: Abstimmspule L im Bild 1

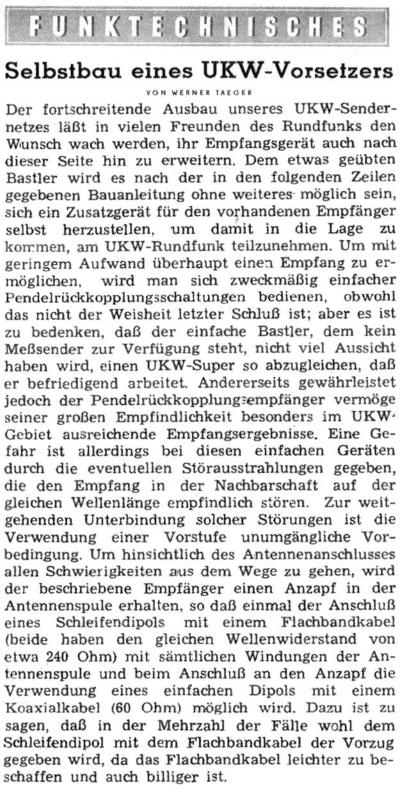
FUNKTECHNISCHES

Selbstbau eines UKW-Vorsetzers

VON WERNER TAEGER

Der fortschreitende Ausbau unseres UKW-Sendernetzes läßt in vielen Freunden des Rundfunks den Wunsch wach werden, ihr Empfangsgerät auch nach dieser Seite hin zu erweitern. Dem etwas geübten Bastler wird es nach der in den folgenden Zeilen gegebenen Bauanleitung ohne weiteres möglich sein, sich ein Zusatzgerät für den vorhandenen Empfänger selbst herzustellen, um damit in die Lage zu kommen, am UKW-Rundfunk teilzunehmen. Um mit geringem Aufwand überhaupt einen Empfang zu ermöglichen, wird man sich zweckmäßig einfacher Pendelrückkopplungsschaltungen bedienen, obwohl das nicht der Weisheit letzter Schluß ist; aber es ist zu bedenken, daß der einfache Bastler, dem kein Meßsender zur Verfügung steht, nicht viel Aussicht haben wird, einen UKW-Super so abzugleichen, daß er befriedigend arbeitet. Andererseits gewährleistet jedoch der Pendelrückkopplungsempfänger vermöge seiner großen Empfindlichkeit besonders im UKW-Gebiet ausreichende Empfangsergebnisse. Eine Gefahr ist allerdings bei diesen einfachen Geräten durch die eventuellen Störausstrahlungen gegeben, die den Empfang in der Nachbarschaft auf der gleichen Wellenlänge empfindlich stören. Zur weitgehenden Unterbindung solcher Störungen ist die Verwendung einer Vorstufe unumgängliche Vorbedingung. Um hinsichtlich des Antennenanschlusses allen Schwierigkeiten aus dem Wege zu gehen, wird der beschriebene Empfänger einen Anzapf in der Antennenspule erhalten, so daß einmal der Anschluß eines Schleifendipols mit einem Flachbandkabel (beide haben den gleichen Wellenwiderstand von etwa 240 Ohm) mit sämtlichen Windungen der Antennenspule und beim Anschluß an den Anzapf die Verwendung eines einfachen Dipols mit einem Koaxialkabel (60 Ohm) möglich wird. Dazu ist zu sagen, daß in der Mehrzahl der Fälle wohl dem Schleifendipol mit dem Flachbandkabel der Vorzug gegeben wird, da das Flachbandkabel leichter zu beschaffen und auch billiger ist.

Auszug aus der Bastelanleitung für einen „UKW-Vorsetzer", einem Pendel-„Audiuon"

Der UKW-Vorsatzsuper „UKW V2-S" vom VEB (K) ELEKTRONIK PLAUEN (Vogtl.) im Schildpatt-Design – und sein älterer „Bruder", der Vierkreis-Super „Freundschaft 34 GW/B" für MW und KW

Zwei der leistungsfähigsten UKW-Vorsatzgeräte aus der Mitte der 50er Jahre: der 12-Kreis-Super „Favorit U 6/12 GW" vom VEB TECHNISCH-PHYSIKALISCHE WERKSTÄTTEN THALHEIM (Erzgeb.) und der 11-Kreis-Super „UKV 841 Filius" aus dem VEB SACHSENWERK RADEBERG. Im Eingang noch mit der ECC 81 bestückt, wurden Empfindlichkeiten um 3 μV erreicht. „UKW-Favorit U 6/12 macht jedes ältere Rundfunkgerät, das noch keinen oder nur einen schwach ausgebildeten UKW-Teil besitzt, zum hochwertigsten modernen UKW-Empfänger. Es ist kein kostspieliger und im Erfolg unsicherer Umbau Ihres guten alten Rundfunkgerätes erforderlich...", heißt es im Prospekt.

Die beiden hier gezeigten Geräte wurden als „Massenbedarfsgüter" gefertigt, sozusagen „am Rande" der Investitionsgüterproduktion dieser Firmen; sie kosteten um 200 DM. Diese und andere ähnliche UKW-Vorsatzgeräte (von denen es in Ost und West zahlreiche Modelle gab) waren wegen ihrer ausgezeichneten Empfindlichkeit und Trennschärfe damals unter den UKW-Wellenjägern sehr beliebt: Die meisten der deutschen UKW-Sender standen ja anfangs in der BRD oder in West-Berlin...

Bedienungs-Anleitung
für das
UKW-Vorsatzgerät „Filius"

Der Anschluß ist äußerst einfach und kann von jedem Nichtfachmann vorgenommen werden. Das Netzkabel des Rundfunkgerätes wird in die Netzanschlußbuchsen des „FILIUS" gesteckt, das NF-Ausgangskabel vom „FILIUS" in die Tonabnehmerbuchsen des Rundfunkgerätes. Damit sind beide Geräte betriebsfertig verbunden und können — nach Einführung des FILIUS-Netzkabels in die Steckdosen — eingeschaltet werden (vgl. Schema umseitig).

Der „FILIUS" trägt auf seiner Vorderplatte zwei Drehknöpfe. Der linke dient als Ein-Aus-Schalter, mit dem rechten Drehknopf wird die Abstimmung durchgeführt, d. h. es wird damit die Wahl der erreichbaren UKW-Sender vorgenommen. Die Leuchtskala ist ein in MHz bedrucktes Skalenblatt. Die entsprechenden UKW-Sender sind aus der Rundfunkprogramm-Zeitschrift zu entnehmen.

Zu beachten ist, daß die Netzspannung des Gerätes richtig eingestellt ist. Sie wird an dem kleinen Fenster auf der Geräterückwand angezeigt. Falls eine andere Netzspannung benötigt wird, ist eine Umschaltung mit Hilfe eines Lötkolbens vorzunehmen. Hierbei ist noch zu beachten, daß die richtige Sicherung eingesetzt ist, d. h. bei 220 V 0,5 A und bei 110 V 0,8 A.

Bei Neuerstellung einer UKW-Antenne wird man vorteilhaft ein 300 Ohm-Flachbandkabel verwenden. Dort aber, wo ein Koaxialkabel 70 Ohm vorhanden ist, wird unser Zwischenstecker benutzt. Er ist über den Koaxialstecker zu schieben und in das mit 70 Ohm bezeichnete Antennenbuchsenpaar einzuführen (Koaxialstecker in die untere Buchse, Zwischenstecker in die mittlere Buchse). Im

UKV 841-4

Sendebereich Berlin-Stadtmitte kann eine evtl. vorhandene Fernseh-Antenne mit zum UKW-Empfang benutzt werden.

Die Empfindlichkeit des „FILIUS" ist sehr groß, wodurch in vielen Fällen bereits mit einer normalen Rundfunkantenne der UKW-Ortssender empfangen werden kann. Jedoch kommt erst bei Einsatz einer UKW-Hochantenne die große Leistung des „FILIUS" voll zur Geltung.

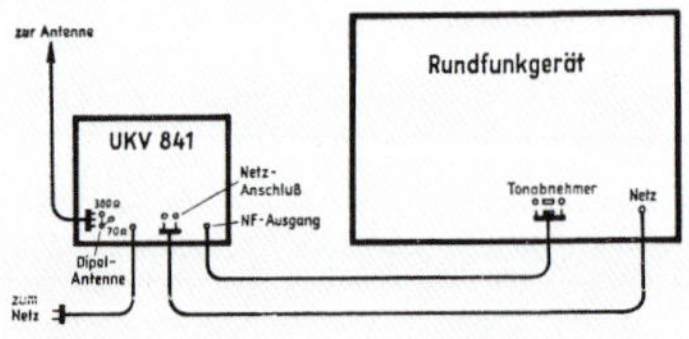

Technische Daten

Röhrenbestückung:	1 x ECC 81, 3 x EF 80, 1 x EAA 91
Anzahl der Kreise:	11 FM, davon 2 veränderbare
Frequenzbereich:	87 - 100 MHz
Zwischenfrequenz:	10,7 MHz
Empfindlichkeit:	ca. 5 μV bei 26 db Rauschabstand
Stromart:	Wechselstrom 50 Hz
Netzspannung:	110/220 V
Leistungsaufnahme:	ca. 30 VA

Änderungen, insbesondere solche, die durch den technischen Fortschritt bedingt sind, vorbehalten.

VEB Sachsenwerk RADEBERG

III-9-187 Jt 282 55 5 20C00

Schon mit einer Doppelröhre ließen sich einfache „UKW-Pendler" aufbauen – auch eine Erfindung von ARMSTRONG, doch ihre Schaltung brachte die Eigenart starker Störstrahlung mit sich, und deshalb verschwanden sie bald wieder vom Markt. Der Durchbruch beim UKW-Empfänger wurde erst mit dem durchgängigen Einsatz der Miniaturröhren (Rimlock- oder Gnom-Röhren waren nur ein Zwischenspiel), der FM-Super-Schaltung und mit dem störbegrenzenden Ratio-Detektor möglich. Schon die besseren, heute als „UKW-Tuner" zu bezeichnenden Vorsatzgeräte waren als 9- bis 12-Kreis-Super aufgebaut und boten ausgezeichneten UKW-Empfang nicht nur des Ortssenders, sondern auch schwächer einfallender bzw. weiter entfernter Sender, eine gute Dipolantenne – auch neu bei UKW – vorausgesetzt. Man erinnert sich heute ein wenig wehmütig daran, dass in der Frühzeit des UKW-Rundfunks, als die Sendernetze erst im Aufbau begriffen waren, einwandfreier Fernempfang über mehr als 150 km häufig möglich war. Der Reiz eines störungsfreien, extrem klaren und deutlichen Hörgenusses und eines zusätzlichen Programms verleitete doch so manchen, ganz enormen Aufwand zu treiben, um „auf der Höhe der Zeit" zu sein. Es gab plötzlich wieder so etwas wie eine Radio-Sensation! Auf dem Lande jedenfalls wurde von den Nachbarn das Zauberwort „UKW" mit viel Ehrfurcht, aber auch Anerkennung registriert und bestaunt. So warb UKW für sich selbst.

Mitte der 50er Jahre hatte in der DDR jede der damals noch zahlreichen Radiofirmen nur Modelle mit „integriertem" UKW-Bereich, genannt AM/FM-Super, im Angebot: etwa 25 Grundmodelle, neben den mehr als 15 verschiedenen Vorsatz- und Einbaugeräten, die noch ein paar Jahre parallel liefen. UKW-Empfang wurde allmählich zur Selbstverständlichkeit, wenn auch die Hörer des Leipziger Regionalprogramms noch bis 1962 warten mussten. Jedenfalls hatte es der Begriff „Welle der Freude" auf den Punkt gebracht: Das Hören eines UKW-Programms sollte ein freudiges Ereignis im Vergleich zur „alten" Mittelwelle sein, ein Hörvergnügen – und das wurde es auch! Die technischen Parameter waren schon zu Beginn anspruchsvoll genug fixiert worden: Tonfrequenzbandbreite 30 bis 15.000 Hz, Klirrfaktor ‹1%, Störabstand 60 dB, um nur die wichtigsten zu nennen.

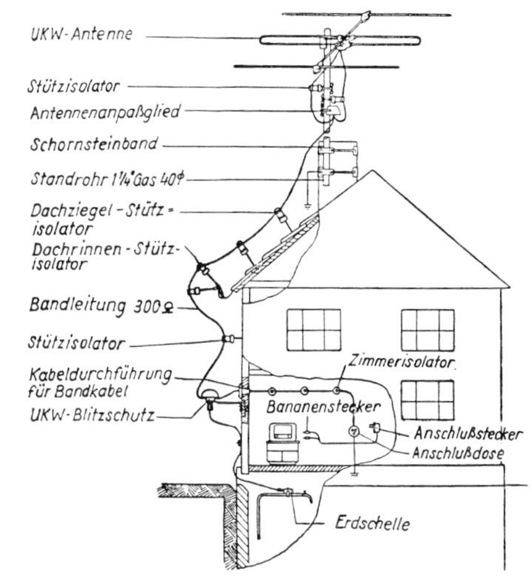

Beispiel für den Aufbau einer vorschriftsmäßigen UKW-Antennen-Anlage, wie es vom VEB FERNMELDEWERK BAD BLANKENBURG angegeben wurde

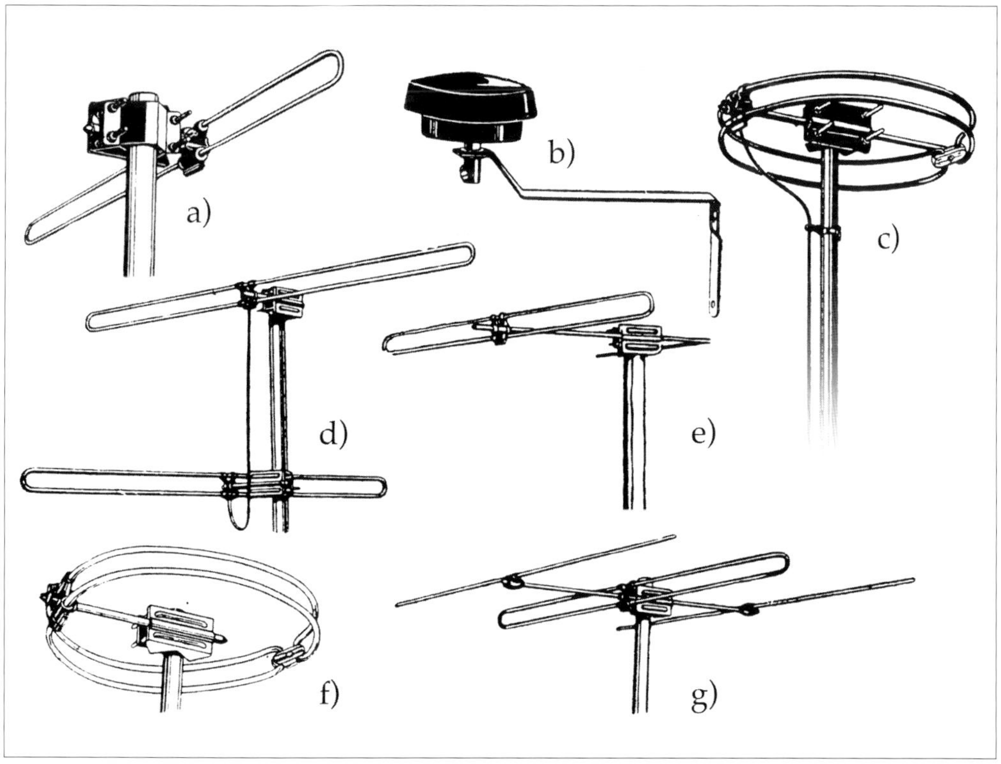

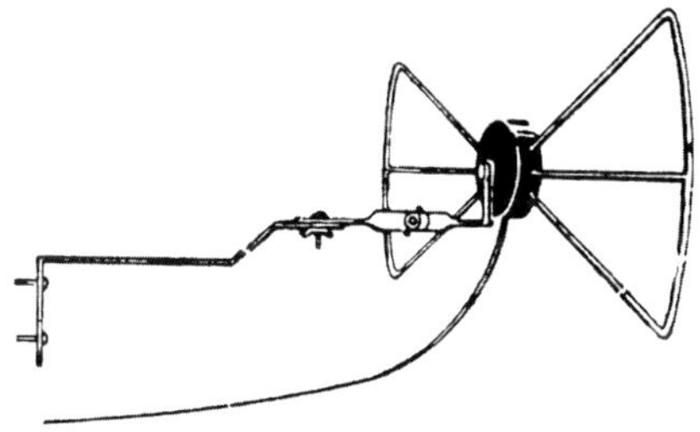

In NESPERs Antennenbuch entdeckt: die „Triangel-Breitbandantenne" (!) von einer Firma C. NOVAK. „Durch einen Mittelsteg soll die Leistungsaufnahme um etwa 50 % zu erhöhen sein" – mehr ist darüber leider nicht zu erfahren. Und wo wurde eine solche Antenne je gesehen?

UKW-Antennen aus dem VEB FERN-MELDEWERK BAD BLANKENBURG (Fa. HELIOGEN): Schleifen-Dipole in gestreckter und runder Bauform:
a) Einfache UKW-Antenne (Faltdipol);
b) UKW-Blitzschutz;
c) Ringdipol;
d) Kreuzdipol;
e) UKW-Antenne mit Reflektor;
f) Ringdipol;
g) UKW-Antenne mit Reflektor und Direktor

Damit gab es erstmals einen Qualitätsmaßstab, der sich an physikalisch messbaren Grenzwerten des menschlichen Hörens orientierte und der sinngemäß in die spätere Hi-Fi-Norm übernommen wurde. Dabei waren anfangs auf der Studio- wie auf der Empfängerseite durchaus noch nicht alle Qualitätsparameter einzuhalten. Die Schallwandler mussten weiterentwickelt werden, ebenso die

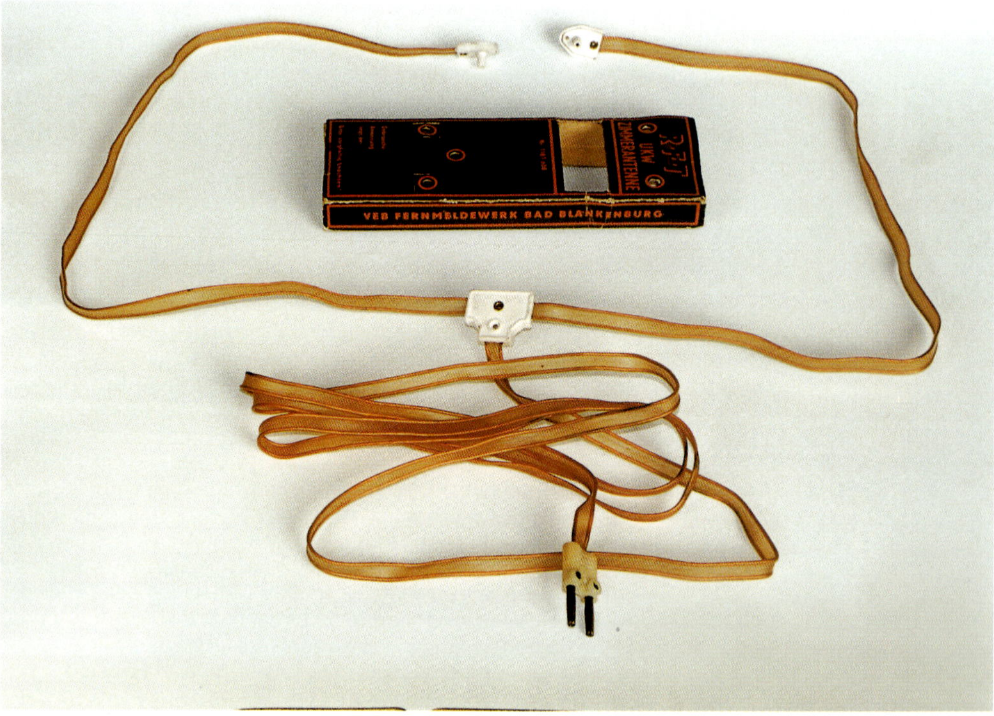

Zwei Zimmerantennen für UKW-Empfang aus dem Angebot des VEB FERNMELDEWERK BAD BLANKENBURG (Thür.), 1954

Aufzeichnungs- und Übertragungstechnik. Noch jahrelang waren die Modulationsleitungen ein Problem, die so manchem UKW-Sender einen etwas gepressten Klang, auch mit Telefon- oder Trägerfrequenz-Geräuschen untermalt, verliehen. Doch einzelne, auf kurzem Wege modulierte Sender (z. B. in Berlin) erzielten bald unter den UKW-Freaks einen sagenhaften Ruf für ihre glasklare UKW-Qualität, die bei günstiger Wetterlage auch in Leipzig hörbar wurde. Dies ist heute leider fast nicht mehr möglich, denn störungsfreier Fernempfang und unverfälschte Klangqualität auf UKW sind rar geworden.

„3-D" – Vorstufe der Stereofonie

Mitte der 50er Jahre hatte sich die Rundfunkempfangstechnik auf UKW soweit etabliert, dass sich die Weiterentwicklungen vor allem mit der Steigerung der Klangqualität befassten. Ausgefeilte Verstärkerschaltungen, Höhen- und Tiefenregler, Klangregister, hauptsächlich aber weiterentwickelte Breitband- und Hochtonlautsprecher und deren ausgeklügelter Einbau führten zu einer deutlichen Steigerung der Wiedergabequalität der neuen UKW-Radios, vor allem was die gleichmäßigere Abstrahlung des gesamten Frequenzbereiches betraf – die „3-D"-Technik hielt Einzug. Andererseits behielten die AM-Bereiche (K-M-L) weiterhin ihre Daseinsberechtigung, denn besonders in der DDR war die Mittelwelle für eine vollständige Rundfunkversorgung noch unerlässlich. Deshalb sei an dieser Stelle ein Abschnitt den Maßnahmen gewidmet, mit denen man sich in den 50er Jahren um Empfangsverbesserungen in den AM-Bereichen bemühte.

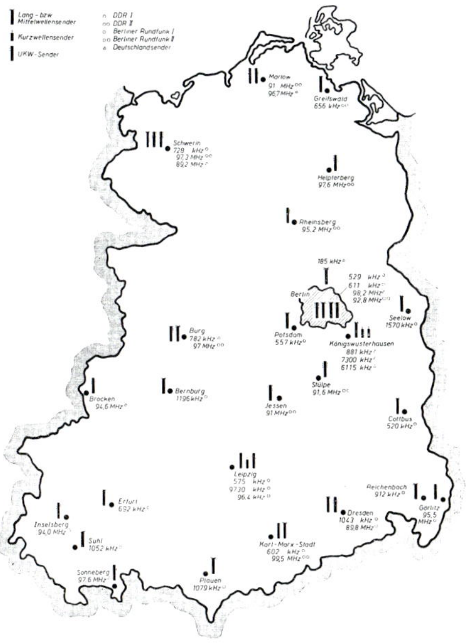

Karte des Rundfunksendernetzes der DDR, Stand vom 31. 7. 1959

Richtantennen für Kurz-, Mittel- und Langwelle (AM)

Wie der Leser schon weiß, führten die Auswirkungen des seit 1950 gültigen Kopenhagener Wellenplans auf Mittel- und Langwelle zu einer drastischen Verschlechterung der Hörbarkeit aller deutschen Sender; andererseits aber nahm die Zahl der Sender in Europa ständig zu. Viele Sendekanäle waren doppelt und dreifach besetzt, oftmals wurde die Frequenz nicht genau genug eingehalten – was bei der Mehrzahl der Sender nach Einbruch der Dunkelheit und besonders im Winter zu den schlimmsten Überlagerungen führte. Auf der Suche nach Mitteln, dem Wellenchaos zu begegnen, erinnerte sich die Funkindustrie der in den Anfangsjahren des Rundfunks recht beliebten Rahmenantenne. Sie ermöglicht durch ihre scharfe Richtwirkung das Ausblenden eines störenden Senders auf gleicher oder benachbarter Frequenz, wenn er quer zum Nutzsender einfällt, und erhöht damit die Trennschärfe des Empfängers. Es wurden zwei Arten von AM-Richtantennen angeboten: eine „modernisierte" Rahmenantenne, bestehend aus einer großen Luftspule mit wenigen Drahtwindungen, und die auf keramischer Basis aus Metalloxyden hergestellte Ferritstab-Antenne, bei der nur eine kleine Spule notwendig ist. Beide Systeme kamen, ergänzt durch einen abstimmbaren Verstärker (meist mit der Röhre EF 85), als Einbau- oder Zusatzgeräte mit eigenem Netzanschluss auf den Markt; sie waren in beiden Teilen Deutschlands gebräuchlich. Von diesen „Peilantennen", wie sie genannt wurden, konnte man zwar keine Wunder erwarten, doch sie halfen, wenigstens ein paar der gewünschten Sender aus dem „brodelnden Äthermeer" herauszufischen.

Während die Drahtschleifen-Antenne bald wieder vom Markt verschwand, wurde die drehbare Ferritantenne, von außen bedienbar, ab 1952 zum organischen Bestandteil von Rundfunkempfängern mit AM-Bereichen und das trotz der aufkommenden UKW-Technik. Allerdings geschah die Einführung bei R-F-T und den anderen DDR-Radiofirmen später als im westlichen Teil Deutschlands, nicht etwa wegen fehlenden Ferrits – es gab ihn bei der HESCHO in Hermsdorf schon längst – sondern vielmehr wegen „sicherheitstechnischer Bedenken" der Staatsmacht gegen eine allgemein verfügbare Peilantenne, die auch zum Ausblenden von Störsendern geeignet sein könnte.

Erst 1956 entspannte sich die Lage, was in der Zeitschrift „Radio und Fernsehen" in ihrem Bericht von der Leipziger Herbstmesse so zu lesen war: „Der jahrelange Eiertanz um die Ferritantenne ist beendet, sie ist daher in einigen Geräten bereits vertreten und in einigen weiteren vorgesehen ... Man soll sich vom Ferritstab nicht allzuviel versprechen; die westdeutschen Erfahrungen zeigen aber, daß seine Wirksamkeit zum Herabsetzen der Störungen in mehrfach belegten Kanälen des vergewaltigten MW-Bereiches nicht zu verachten ist."

Als erster DDR-Heimempfänger mit Ferritantenne kam das Modell „Dominante WF" heraus. Bei Koffer- und Taschenradios ist die Ferritantenne bis heute anzutreffen. Sie hat den zusätzlichen Vorteil, auf elektrische Funkenstörungen so gut wie nicht anzusprechen.

Das Ausblenden von gegen den RIAS eingesetzten Störsendern, die ab 1952 betrieben wurden und die teils mit Wobbeltönen, teils mit einem heimischen Rundfunkprogramm moduliert waren, gelang mit einer drehbaren Rahmen- oder Ferritantenne nicht in jedem Falle. Der Erfolg war sehr von

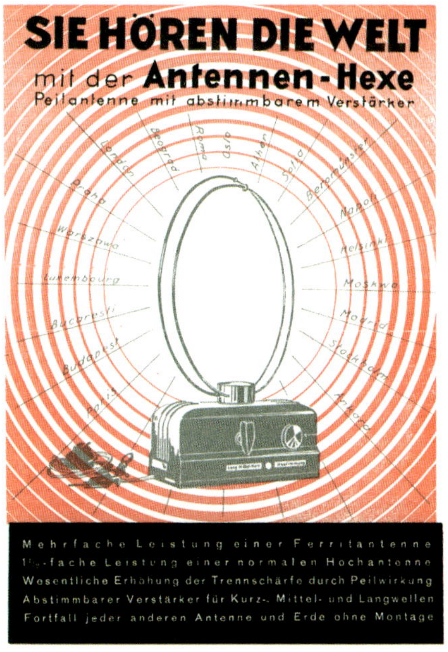

Prospekt von RADIO-SCHNAUDER, Leipzig S3, von 1959

Schnappschuss vom Ausstellungsstand der Hersteller der „Antennenhexe“ auf der Leipziger Messe (1957) mit den beiden Chefs (links H. SCHNAUDER)

den örtlichen Bedingungen abhängig, denn nach und nach wurde das Netz der Störsender so weit ausgebaut, dass jede der RIAS-Frequenzen (Berlin und Hof) aus mehreren Richtungen „bestrahlt“ wurde und damit fast immer eine Störung übrigblieb, die nicht ausgeblendet werden konnte. Erst 1978 hatte dann dieser Spuk mit den MW-Störsendern ein Ende; es gab ja vom RIAS längst auch gut hörbare UKW-Frequenzen.

„Antennenhexe“ hieß die Rahmen-Peilantenne für die Wellenbereiche Kurz, Mittel und Lang, die die Leipziger Firma RADIO-SCHNAUDER entwickelt hatte. „Sie hören die Welt“ war der Werbeslogan, dazu wurde die „11/2-fache Leistung einer normalen Hochantenne“ und eine „wesentliche Erhöhung der Trennschärfe durch Peilwirkung“ versprochen. Mit dem eingebauten Drehkondensator wurde auf den Sender abgestimmt und so das Maximum der Verstärkung eingestellt. Die Fachzeitschrift „Radio und Fernsehen“ bescheinigte 1958 dem Gerätchen nach einem Test „vor allem auf dem Mittelwellengebiet gute Empfangsergebnisse“. An welchem Ort die Tests erfolgten und mit welchen Sendern, wird leider nicht mitgeteilt. Wie ein Zeitzeuge berichtet, konnte vom Hersteller das Ausblenden eines RIAS-Störsenders mit oder ohne Erfolg vorgeführt werden, je nach der „Nasenspitze“ des Kunden… Der Preis der „Antennenhexe“ lag bei 105 DM. Eine drehbare Ferrit-Antenne als Vorsatzgerät, ausgelegt für Mittelwelle, war der Typ „Selektor 58 W“ von GERUFON-RADIO WALTER VELTEN KG in Quedlinburg aus dem Jahr 1957. Für das Drehen und das Abstimmen ist an den Stirnseiten je ein Drehknopf vorhanden. Der Ferritstab ist 160 mm lang; der Blechring verhindert kapazitive Einstreuungen, die die Richtwirkung stören würden.

UKW – ein Rundfunk für Fans

Um den Gedanken des UKW-Rundfunks zu fördern, wurde der Einbau von Zusatzgeräten in ältere Radioapparate nachdrücklich empfohlen. Die „UKW-Vorsetzer" wurden von zahlreichen kleineren und größeren Radiofirmen produziert, es gab aber auch in den Fachzeitschriften für die Bastler immer wieder ausführliche Bauanleitungen für besonders empfindliche, trennscharfe und rauscharme UKW-Zusatzgeräte. Trotz des voranschreitenden Ausbaus der UKW-Sendernetze und trotz des überragenden Klangvorteils gegenüber der Mittelwelle konnte sich die deutsche Radio-Industrie zunächst nicht dazu entschließen, reine UKW-Rundfunkempfänger, also mit Verzicht auf die AM-Bereiche K-M-L, auf den Markt zu bringen – mit einer Ausnahme: der 1945 gegründeten Privatfirma „REMA – FABRIK FÜR RUNDFUNK, ELEKTROTECHNIK UND MECHANIK, WOLFRAM & CO." in Stollberg/Sa..

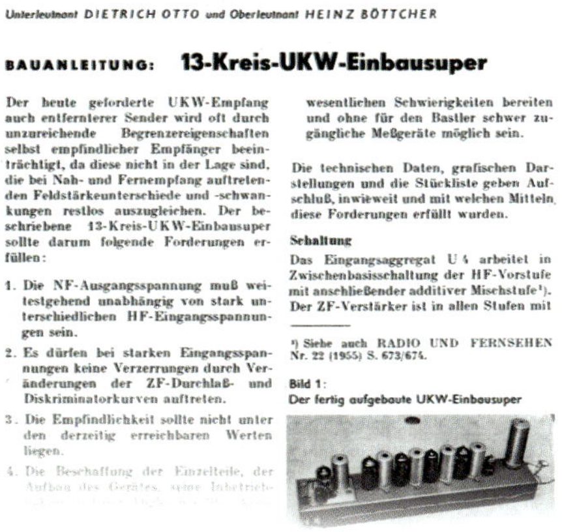
Unterleutnant DIETRICH OTTO und Oberleutnant HEINZ BÖTTCHER

BAUANLEITUNG: 13-Kreis-UKW-Einbausuper

Der heute geforderte UKW-Empfang auch entfernterer Sender wird oft durch unzureichende Begrenzereigenschaften selbst empfindlicher Empfänger beeinträchtigt, da diese nicht in der Lage sind, die bei Nah- und Fernempfang auftretenden Feldstärkeunterschiede und -schwankungen restlos auszugleichen. Der beschriebene 13-Kreis-UKW-Einbausuper sollte darum folgende Forderungen erfüllen:

1. Die NF-Ausgangsspannung muß weitestgehend unabhängig von stark unterschiedlichen HF-Eingangsspannungen sein.
2. Es dürfen bei starken Eingangsspannungen keine Verzerrungen durch Veränderungen der ZF-Durchlaß- und Diskriminatorkurven auftreten.
3. Die Empfindlichkeit sollte nicht unter den derzeitig erreichbaren Werten liegen.
4. Die Beschaffung der Einzelteile, der Aufbau des Gerätes, seine Inbetrieb-

wesentlichen Schwierigkeiten bereiten und ohne für den Bastler schwer zugängliche Meßgeräte möglich sein.

Die technischen Daten, grafischen Darstellungen und die Stückliste geben Aufschluß, inwieweit und mit welchen Mitteln diese Forderungen erfüllt wurden.

Schaltung

Das Eingangsaggregat U 4 arbeitet in Zwischenbasisschaltung der HF-Vorstufe mit anschließender additiver Mischstufe[1]). Der ZF-Verstärker ist in allen Stufen mit

[1]) Siehe auch RADIO UND FERNSEHEN Nr. 22 (1955) S. 673/674.

Bild 1: Der fertig aufgebaute UKW-Einbausuper

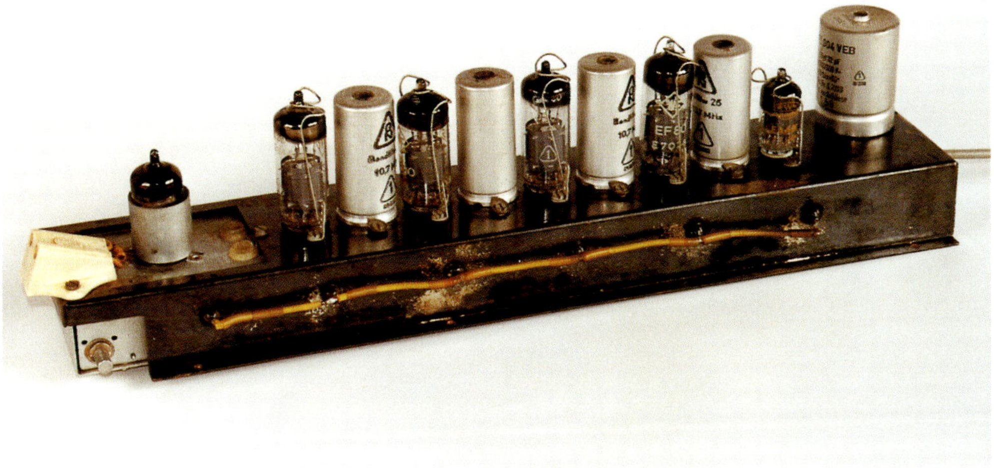

Ein UKW-Einbausuper, gebaut nach einer Bauanleitung in der Fachzeitschrift „Radio und Fernsehen" von 1958. Mit 4 ZF-Stufen und 13 Kreisen ist er recht aufwendig konzipiert; verwendet wurden ein „UKW-Eingangsaggregat U 4" (Tuner) und 4 Miniatur-Bandfilter, beide von der Firma GUSTAV NEUMANN KG, Creuzburg-Werra (Thür.). Sie lieferte über Jahrzehnte hinweg begehrte und bewährte HF-Bauteile für Bastler und Gerätehersteller. Das ursprünglich zwecks optimaler HF-Bedingungen versilberte Chassis hat nach 40 Jahren etwas „Patina" angesetzt.

FUNKTECHNISCHES

Folge 25/1956

UKW-Einbauempfänger zum Selbstbau

VON GERHARD GRÄFE

Das hier beschriebene UKW-Gerät wird vom Verfasser in größerer Stückzahl aus Abfallblechen und aus im Handel erhältlichen Teilen hergestellt. Bei der Konstruktion ist auf universelle Einbaumöglichkeit geachtet worden; so kann z. B. der Abstimmhebel auf beiden Seiten des Chassis montiert werden. Es sollte nach Möglichkeit versucht werden, das Gerät direkt am Drehko zu befestigen. Das kann mit einem kräftigen Winkel, der an der Bodenplatte des UKW-Gerätes angebracht ist, geschehen. Auf diese Weise wird verhindert, daß der meist schwingfrei, in Gummi gelagerte Drehko durch die Zugfeder belastet wird. Das Antriebseil, am besten eignet sich Stahlseil, wird einmal um die Drehkoachse geschlungen und am Skalenrad durch eine Drahtschlinge in dessen Speichen befestigt. Über Seilrollen wird das Seil bis zum Abstimmhebel geführt und dort durch die Bohrung, in die die Zugfeder eingehängt ist, gesteckt und mit Hilfe der Schraube auf passende Länge untergeklemmt.

sein. Um auf jeden Fall einen einwandfreien Anschluß zu erzielen, ist ein versilberter Draht von etwa 1 mm Φ auf beiden Seiten der Fassung zu erden. Der Draht wird so gebogen, daß die meisten der Kontaktfedern und der Rohrniet einwandfrei anzulöten sind. Verwendet man Hohlnieten zum Befestigen der Röhrenfassungen, so wird der Erddraht in diese gesteckt und durch einwandfreie Lötstellen am Chassis befestigt.
Die hier gezeigte Schaltung hat den Vorteil, daß der Oszillator ohne große Versuche und langwieriges Probieren zum einwandfreien Schwingen zu bringen ist. Die induktive Abstimmung trägt durch ihr günstiges L/C-Verhältnis zu größerer Verstärkung bei; auch die Frequenzkonstanz des Gerätes ist gut. Die kapazitive Ankopplung des Oszillators an den Zwischenkreis erfolgt über zwei Kondensatoren von je 8 pF, deren Temperaturkoeffizient dem in der Stückliste angegebenen entsprechen muß, weil sonst „der Sender wegläuft". Auch der Gitterkondensator 10 pF,

Bild 1:
Ansicht des betriebsfertigen UKW-Einbauempfängers

Heizleitung. Sie führt von der Anschlußleiste zur Röhre EAA 91, dort ist sie über etwa 1 bis 5 nF an Masse gelegt. Über die EF 85 wird die Heizleitung zur ersten ZF-Verstärkerröhre EF 80, wo ebenfalls ein Kondensator von 5 nF nach Masse führt, weiter zur Vorröhre EF 80 (am Abschirmblech entlang) und zur EC 92 verlegt. Die Leitung liegt zwischen den einzelnen Röhren auf dem Chassis auf oder ist in die Ecken des Chassis verlegt. Die Heizkontakte der 1. und 2. ZF-Verstärkerröhre, die an Masse zu legen sind, werden nicht wie üblich mit dem Rohrniet der Fassungen, sondern mit dem Abschirmblech verbunden. Die Bodenplatte, die auch zur Abschirmung dient, kann zur Befestigung des Gerätes benutzt werden.

ZF-Verstärker und Radiodetektor

Zwischen die Stufen des ZF-Verstärkers wurden Abschirmbleche eingefügt, weil dadurch alle zufälligen Verkopplungen, die unter Umständen zu einer Schwingneigung führen können, mit Sicherheit zu vermeiden sind. Die Abschirmbleche sind am Chassis festgelötet. Die Rohrniete der Röhrenfassungen lötet man an den Abschirmblechen an und hat dadurch eine sichere Chassisverbindung.
Die Kondensatoren 3 nF und 5 nF werden am Niet der Röhrenfassungen geerdet. Das kalte Ende der Gitterkreise der Bandfilter ist jeweils mit dem geerdeten Katodenkontakt zu verbinden.
Beide ZF-Verstärkerröhren arbeiten wegen der hohen Schirmgitterwiderstände als Begrenzer, so daß ein niedriger Anodenstrom fließt und die kritischen Katodenkombinationen entfallen können.

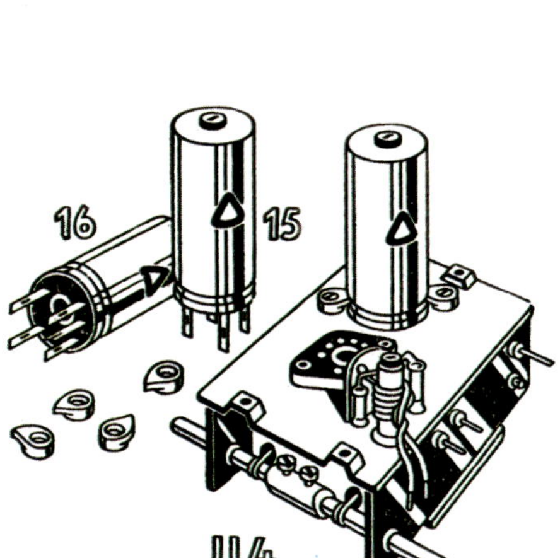

Ein UKW-Einbausuper von der PGH ELEKTRONIK STADTRODA (vormals R-A-G, Rundfunk-Arbeitsgemeinschaft der Handwerksbetriebe WALTER ARNDT, Gera, und GERHARD RAU, Stadtroda). Die Zwischenfrequenz-Bandfilter stammen vom VEB KERAMISCHE WERKE HERMSDORF/THÜR. („HESCHO").

Ein weiteres UKW-Teil für Einbauzwecke: der „Vorsatzsuper 55" von REMA STOLLBERG/Sa. aus dem Jahr 1955. Dieses Einbauchassis galt in Fachkreisen als besonders leistungsfähig; sein prinzipieller Aufbau wurde auch im Komplettgerät „Tenor" verwendet.

Blick ins Innere des „Tenor" von REMA. Bei diesem Exemplar sind zur Steigerung der Empfindlichkeit ein UKW-Antennenverstärker sowie ein „Diodenanschluss" zum Anschluss eines Tonbandgerätes nachträglich eingebaut worden.

Eine gewisse „Pioniertat" war die Schaffung des UKW-Gerätes „Tenor", den die Firma REMA, Fabrik für Rundfunk, Elektrotechnik und Mechanik, WOLFRAM & CO., Stollberg/Sa., im Jahre 1955 auf den Markt brachte. Es ist ein „9-Kreis-FM-Super zum ausschließlichen Empfang im UKW-Bereich von 86 bis 101 MHz". Als weitere Besonderheiten werden genannt: Breitbandlautsprecher, Pentodenbegrenzer, Ratio-Detektor, eingebauter Gehäusedipol, 4 Watt Sprechleistung. Dieser Empfänger, mit der „guten alten EM 11" als Magischem Auge, kostete 342,50 DM. Der Hörer brauchte zum Einstellen der DDR-Sender keine Sendertabelle – alle verfügbaren Stationen sind auf der Skala verzeichnet.

Der „Tenor II“ von REMA war ebenfalls ein reines UKW-Radio, jedoch gegenüber seinem Vorgänger auf 13 Kreise erweitert und zusätzlich mit zwei elektrostatischen Hochton-Lautsprechern eigener Entwicklung ausgestattet. Empfangsleistung und Klang wurden im Test als „etwas Besonderes“ herausgestellt, denn man konnte mit diesem Gerät Mängel der Sendermodulation deutlich feststellen.
Der Preis betrug 498 DM.

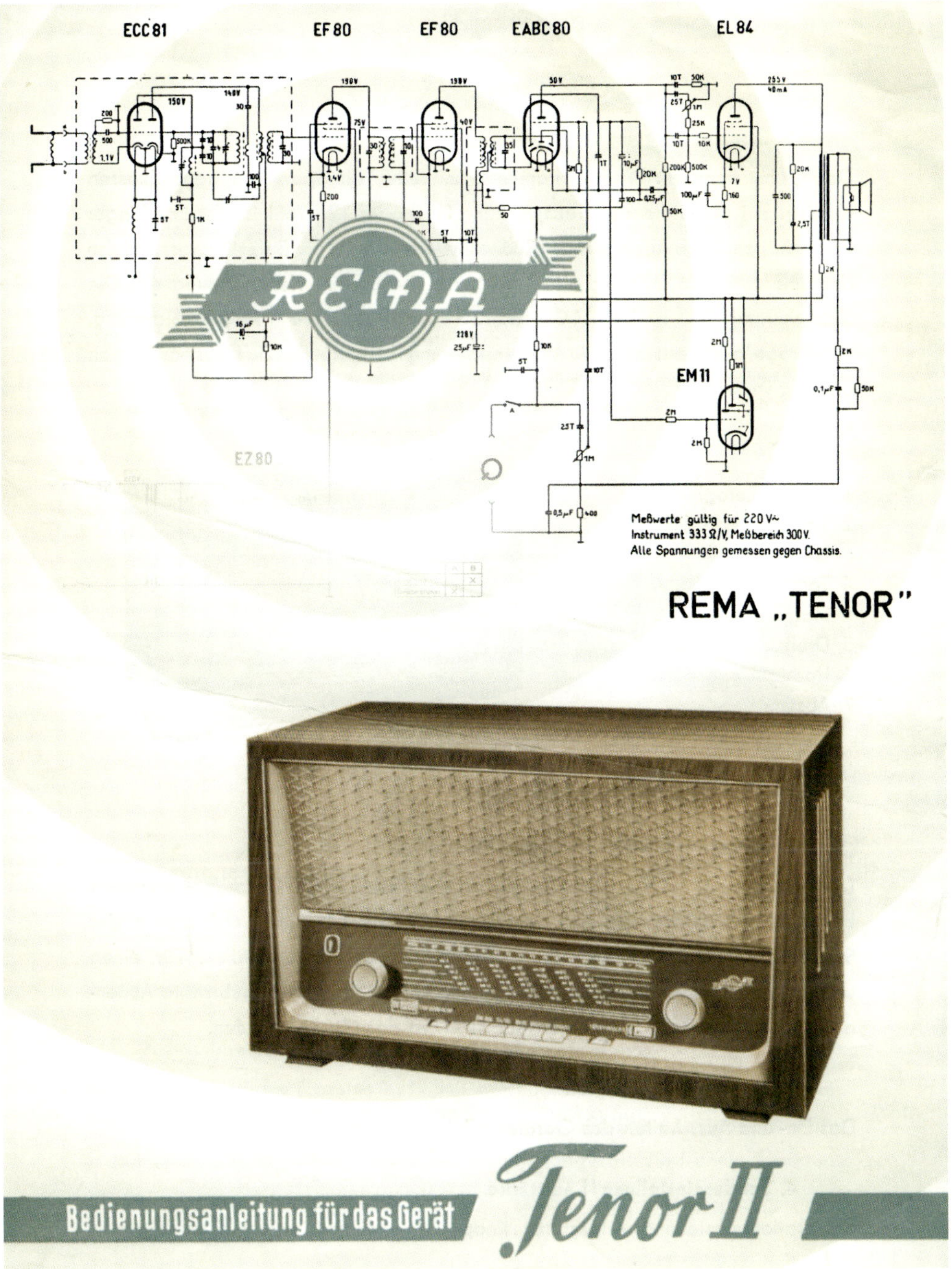

Mit ihren Modellen „Tenor“ und „Tenor II“ bot sie zwei hervorragende UKW-Radios an und war damit eigentlich der Zeit schon ein Stück voraus. Obwohl damals ein wirtschaftliches Wagnis, fand dieser Gerätetyp doch großes Interesse bei einer Käuferschicht, die sich begeistert und kompromisslos dem neuen UKW-Klang zuwandte. Die Einsparung der AM-Bereiche gab der Firma REMA die Möglichkeit, relativ preisgünstig ihre leistungsfähigen, fernempfangstüchtigen, klang- und formschönen Spezial-Empfänger zu bauen. Die genannten zwei Modelle können heute als Radio-Besonderheiten ihrer Zeit gelten. Ebenfalls von REMA kam dann etwas später auch das einzige röhrenbestückte Kofferradio der DDR mit UKW-Bereich, der „Trabant UKW“. In diesem Zusammenhang soll noch erwähnt werden, dass die amerikanischen, auf ARMSTRONG zurückgehenden Grundsatzpatente für die FM-UKW-Technik in der DDR kostenlos mitbenutzt werden konnten, da sie hier nicht angemeldet waren; Lizenzgebühren fielen nur beim Export an, und das waren 50 Pfennig je Gerät.

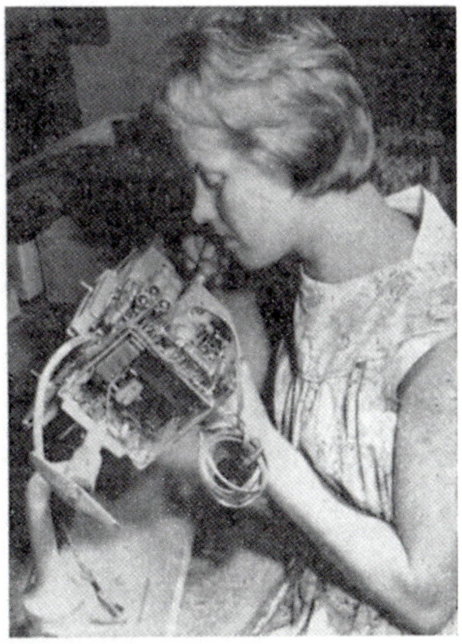

Bild 4: Ein Schaltplatz der „Trabant-UKW“-Taktfertigung

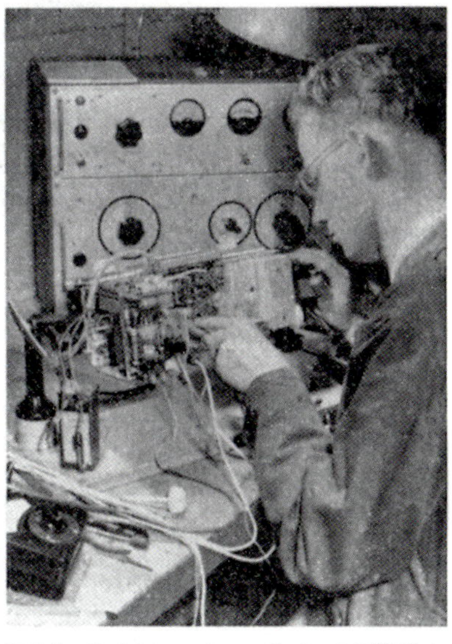

Bild 5: Abgleichen eines „Trabant-UKW“ im Prüffeld

Zwei Fotos aus einer Reportage mit dem Titel „REMA – eine Privatfirma in der Deutschen Demokratischen Republik“

UKW-Klang hören wollte gelernt sein

Voll im Trend einer modernen Linienführung: das Rundfunkgerät „Berolina“ vom VEB STERN-RADIO BERLIN

Das neue Klangerlebnis „UKW“ kam nicht von vornherein bei allen Hörern so richtig an. Was uns schon lange als „normaler Radioklang“ vertraut ist, war damals für viele durchaus keine Selbstverständlichkeit. Die Hörer waren von der Mittelwelle ein weiches, ja dunkles Klangbild gewöhnt, denn Töne oberhalb von 4.500 Hz gab es hier fast nicht, und zur Unterdrückung von atmosphärischen Störungen war meist noch zusätzlich die Tonblende auf „dunkel“ gestellt. EDUARD RHEIN, der ja für UKW den Begriff von der „Welle der Freude“ geprägt hatte, stellte dazu etwas drastisch fest: „Man sollte annehmen, der Käufer eines Rundfunkempfängers freut sich darüber, daß die Technik unablässig bemüht bleibt, Originaldarbietung und Lautsprecherwiedergabe einander so gut wie möglich anzugleichen. Aber weit gefehlt! Er hat im Laufe der Zeit gewisse ‚Rauschgifte‘ der Wiedergabetechnik kennengelernt und ist vorläufig ebensowenig bereit, auf sie zu verzichten, wie etwa auf Kaffee, Tabak oder Alkohol. Diese Rauschgifte der Wiedergabetechnik sind die tiefen Töne ...“ (aus „Wunder der Wellen“, 1954). Beim UKW-Empfang erschien nun plötzlich die Wiedergabe hoher und höchster Töne ungewohnt stark, ja sogar scharf und schrill, die Klangbalance war verschoben. Mögen dafür manchmal auch technisch bedingte Gründe auf der Sende- und Empfängerseite eine Rolle gespielt haben – die Hörer mussten erst lernen, den besseren Klang auch bewusst als realistischer wahrzunehmen und zu schätzen.

Um das bis an die Hörgrenze erweiterte Frequenzspektrum des UKW-Rundfunks möglichst gleichmäßig abstrahlen zu können, wurden die Radios nicht nur mit neuentwickelten Breitband- und Hochtonlautsprechern ausgerüstet, sondern auch zum Teil recht aufwendige Schaltungen mit Höhen- und Tiefenreglern, oft mit „Baß“ und „Sopran“ beschriftet, eingebaut. Befriedigt, aber zugleich auch kritisch stellte ein Bericht von der Leipziger Frühjahrsmesse 1956 über die neuen DDR-Radios fest: „...das Äußere, der technische Aufwand und die Leistung der gezeigten Apparate bilden eine harmonische Einheit ...wem es gelang, aus dem dichten Strom der ‚Sehleute‘ in den ruhigen Hafen einer Vorführkabine zu entkommen, der konnte die Gewißheit mitnehmen, daß in diesem Fall tatsächlich fast alles ‚akustisches Gold‘ war, was in Mahagoni, Birke und goldschimmernden Zierleisten glänzte. Die bumsenden Tiefen müssen ihre bisherige Alleinherrschaft nun endgültig mit den durchsichtigen Höhen teilen, und die an vielen Geräten vorhandene getrennte Klangregelung für hohe und tiefe Frequenzen verlockte Aussteller und Besucher, die gewagtesten Frequenzgänge einzustellen – eine Übung, die mitunter auf die Nerven ging, aber doch eindringlich demonstrierte, wozu die Technik in der Lage ist“ („Radio und Fernsehen“, Nr. 7/1956). Vorbildlich waren da Bedienungsanleitungen und Mitteilungen an den Handel zu nennen, wie sie beispielsweise dem Gerät „Dominante“ als „Tips zum ‚richtigen Hören‘ “ mitgegeben wurden: „...denn es zeigt sich immer wieder, daß gerade die neuen UKW-Hörer noch nicht so recht die Klangregelmöglichkeit ausnutzen und infolge der Gewöhnung an die bisherige Mittelwellenqualität eine originalverfälschte Wiedergabe bevorzugen. Generell sei gesagt, daß sich der Hörer an das ihm neue, aber originalgetreue Klangbild erst gewöhnen muß. Ein Hinweis auf die Instrumente, wie Schlagzeug, Triangel usw., die jetzt erst in ihrem gesamten Frequenzumfang hörbar sind, verdeutlicht dem Kunden diesen Vorteil der bedeutend besseren Wiedergabe bei UKW.“

Der Radio-Lampentisch von 1955, bestückt mit einem UKW-Super „Weimar“ vom VEB STERN-RADIO SONNEBERG, machte das Lesen mit Begleitmusik zum Vergnügen.

Raumklang – bei einer Mono-Übertragung

Ein Studio im Hamburger Funkhaus des NWDR mit dem Breitband-Kugellautsprecher nach HARZ und KÖSTERS im Jahr 1955

Trotz aller Perfektion des mit dem frequenzmodulierten UKW-Rundfunk erreichbaren Klangniveaus konnte aber ein Mangel zunächst noch nicht beseitigt werden: die einkanalige, punktförmige Wiedergabe. Sie wirkt ja so, als käme der Schall aus einem Loch in der Wand, hinter der das originale Klanggeschehen abläuft. Ein Lautsprecher allein kann keine Informationen über die tatsächliche Ausdehnung der Schallquelle, über die Richtungsverteilung der Instrumente etc. vermitteln. Ja, noch weniger: Ein einzelner Breitbandlautsprecher mittlerer Größe, wie er in Tischradios eingebaut wurde, hat eine ziemlich abfallende Klangcharakteristik, was die Abstrahlung der hohen und höchsten Tonfrequenzen betrifft. Das heißt nichts anderes, als dass nur in der Mittelachse, direkt vor dem Lautsprecher, die Balance zwischen

Tiefen- und Höhenwiedergabe optimal ist. Auch ein in die Membran konzentrisch eingeklebter Hochtonkegel, den man als preisgünstige Sofortlösung einführte, änderte daran wenig. Das Klangbild war stets abhängig von der Hörposition und wirkte seitlich dumpfer als direkt vor dem Radio.

Mit dieser physikalisch bedingten Unzulänglichkeit waren die Techniker auch schon auf der Studioseite konfrontiert worden. Bereits 1951 hatten sich H. HARZ und H. KÖSTERS bei der Zentraltechnik des Nordwestdeutschen Rundfunks (NWDR) in Hamburg damit befasst, optimale Studiolautsprecher für die Belange der UKW-Technik zu schaffen. Nach deren Vorstellungen entstand ein Kugellautsprecher, der in dem vom Rundfunk künftig zu übertragenden Frequenzbereich (man einigte sich damals auf 30 bis 15.000 Hz) allseitig breit und gleichmäßig abstrahlte. Das Klangbild löste sich vom Lautsprecher und wurde gewissermaßen „räumlich“, das „Loch in der Wand“ verschwand. Mit diesen Abhörlautsprechern arbeitete man bei den westdeutschen Rundfunkanstalten bis zum Ende des „Mono-Zeitalters“. In der Tonstudiotechnik des DDR-Rundfunks beschritt man diesen Weg nicht, sondern entwickelte den von H. ECKMILLER Anfang der 40er Jahre geschaffenen, relativ präsenten Koaxial-Lautsprecher zum Typ O 17 bzw. O 18 weiter (L. KEIBS, D. ORTH, vgl. S. 284). Die damit ausgestatteten Studio-Abhörschränke Z 130 und Z 131 konnten dank ihrer hervorragenden Klangqualität und definierten Richtwirkung auch nach Einführung der Stereofonie weiterverwendet werden.

Im Jahre 1960 erfolgte eine bedeutende Modernisierung von Studio- und Aufnahmeräumen im Funkhaus in der Springerstraße.

Der „3-D-Raumklang“

Bei der Entwicklung des NWDR-Kugellautsprechers hatte man auch untersucht, wie die Abstrahlcharakteristik eines Heim-Rundfunkempfängers verbessert werden könnte. So wurden schon 1952 beim NWDR erste Experimente an Radios mit vorn und an den Seiten zusätzlich eingebauten Hochtonlautsprechern durchgeführt, deren klangverbessernde Wirkung man als „lohnend“ bezeichnete. Die bei diesen Versuchen gewonnenen Erkenntnisse wurden von der Rundfunkindustrie aufgegriffen mit dem Ziel, auf der Empfangsseite mit vertretbarem Aufwand eine plastisch wirkende, quasi „pseudostereofone“ Wiedergabe zu erreichen. Ab 1954/55 ist dann der „3-D-Raumklang“ mit zusätzlichen

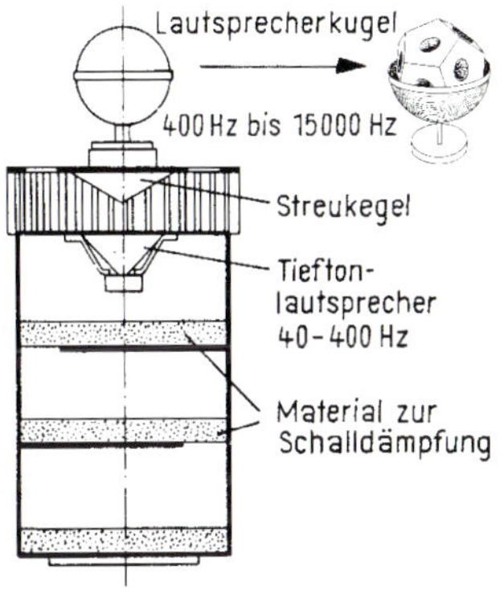

Aufbau des kugelförmig abstrahlenden Monitorlautsprechers des NWDR

Regieraum im Funkhaus Springerstraße

Die im Jahre 1960 neugebaute Hörspiel-Regie im Funkhaus Leipzig; im Hintergrund steht ein Lautsprecherschrank (Abhörmonitor) Z 130.

Einen „Mittelsuper von internationalem Format" nannte der VEB FUNKWERK DRESDEN 1958 seinen neuen 8/12-Kreis-AM/FM-Empfänger „Dominante W 101". Die „vorzügliche technische Ausstattung" bestand aus getrennter AM/FM-Abstimmung (Duplex-Antrieb), Ferrit-Peilantenne für MW und LW, fünfteiligem Klangregister (Regler, Bass, Orchester, Sprache, Jazz) und Gehäuse-Antenne. Die drei Lautsprecher – vorn ein 6-W-Breitband-Ovaltyp, seitlich je ein 1,5-W-Hochtontyp – sorgten für den „3-D-Orchesterklang". Röhrenbestückung: ECC 85, ECH 81, EF 89 (2x), EABC 80, EL 84, EM 80, EZ 80; Preis 625 DM.
rechts: Blick ins Innere der „Dominante W 101" mit der drehbaren Ferritantenne

Seiten- oder Eckenlautsprechern in den Radios serienmäßig eingeführt worden: Dadurch konnte der horizontale Abstrahlwinkel der hohen Tonfrequenzen bis über 180 hinaus vergrößert werden. Für die letzte Brillanz des UKW-Klangs sorgte ein elektrostatischer Hochtonlautsprecher, der neben dem Hauptlautsprecher auf der Frontseite der Schallwand angebracht wurde. Es handelte sich um eine einfache, aber recht wirkungsvolle Konstruktion: Nach einem 1937 von SELL angegebenen Prinzip bilden eine gold- oder aluminiumbedampfte Folie und eine feste, gelochte Gegenelektrode einen „tönenden Kondensator", der, in handlichen Abmessungen gebaut, eine verstärkte Abstrahlung der höchsten Oktave des Tonfrequenzspektrums ermöglichte. Er gab damit dem Klang das letzte i-Tüpfelchen an Höhenwiedergabe, hat aber manchmal auch Mängel einer Sendung unangenehm hervorgehoben.

Die Firma GERUFON-RADIO WALTER VELTEN KG, Radiogerätefabrik Quedlinburg, brachte von 1954 bis 1962 immer wieder besonders anspruchsvolle und ansprechende Rundfunkgeräte heraus. Im Bild das Modell „Ultra-Exquisit 57 W" von 1957 mit „klingenden Ecken", in denen sich zwei „Raumklang"-Lautsprecher befinden. Auf der Schallwand vorn sitzt außer dem Hauptlautsprecher noch ein elektrostatischer Typ, Bauart REMA. Mit dem kleinen Tastensatz können die Klangarten „Sprache", „Jazz", „Solo" und „Baß" gewählt werden. Außerdem lassen sich die 3 Hochtonlautsprecher abschalten, um die Natürlichkeit und Verständlichkeit bei Sprachsendungen zu verbessern; gleichzeitig kann damit die Wirkung des 3-D-Effekts demonstriert werden. Das Gerät mit „Duplex-Schwungrad-Automatantrieb" hat 11 Röhren und kostete 825 DM.

Die klangliche „Aufrüstung" machte zwar die Tischempfänger größer und schwerer, jedoch wurde „3-D" schnell zum allgemeinen Kennzeichen moderner Rundfunkempfangstechnik. Dieser Pseudo- „Raumklang", vereinzelt noch unterstützt durch Einrichtungen für künstlichen Nachhall, war in West und Ost fast 10 Jahre lang unverzichtbarer Standard bei anspruchsvollen Rundfunkempfängern. Es erscheint heute kurios, dass es sogar einen „3-D-Baukasten" (Fa. LORENZ) gegeben hat; in der Anleitung zum Einbau der mitgelieferten Zusatzlautsprecher hieß es: „Die Seitenwände [des Radios] brauchen nur sauber in Schlitzform oder mit einem rechteckigen Ausschnitt durchbrochen zu werden ...".

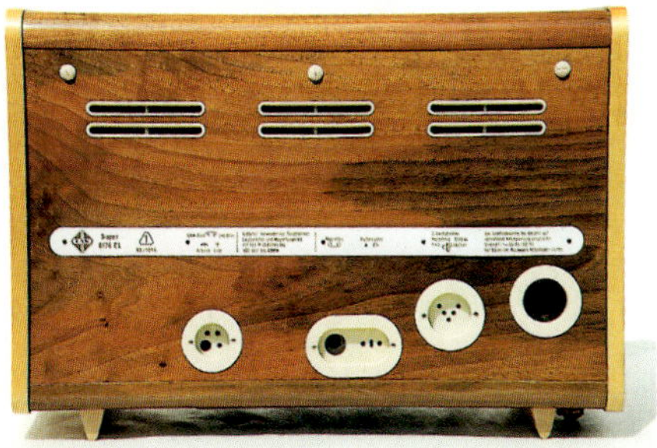

Auch die Rückseite der „Undine II" konnte sich „sehen lassen", wenn das Gerät frei im Raum aufgestellt wurde.

Vertreter einer „Neuen Linie" in der Formgestaltung von DDR-Radios kamen 1956/57 vom SACHSENWERK NIEDERSEDLITZ und vom VEB ELEKTRO-APPARATE-WERKE „J. W. STALIN", Berlin-Treptow (EAW). Besonders gelungen war das Modell „Undine II" aus dem Jahr 1956. Für den „3-D-Raumklang" sorgen 4 Lautsprecher: drei permanentdynamische und ein elektrostatischer, genannt „Goldblatt-Diskant-Strahler", der frontal angeordnet ist. Dieser 8-Röhren-Super hat 6 AM- und 11 FM-Kreise und kostete 730 DM.

Die Wirkung der seitlich angeordneten Raumklang-Lautsprecher war für den Rundfunkhörer ziemlich stark von der Aufstellung des Empfängers im Wohnraum abhängig. Am günstigsten war der Effekt bei der Platzierung des Gerätes in einer Zimmerecke, wobei die Raumwände durch Reflexion zu einer Verbreiterung der Schallabstrahlung beitrugen.

UKW einst und jetzt

Der frequenzmodulierte UKW-Rundfunk ermöglichte einen Qualitätssprung beim Rundfunkempfang sondersgleichen und schuf überhaupt erst die Voraussetzung für die spätere Hi-Fi- und Stereo-Qualität bei der Musikwiedergabe im Wohnraum. Die enorme zur Verfügung stehende Bandbreite im 3-m-Band zwischen 87,5 und 108 MHz ließ am Anfang eine flächendeckende Versorgung mit 3 bis 4 Hörfunkprogramm-Ketten in Deutschland problemlos erscheinen. Durch das duale Rundfunksystem änderte sich die Lage immer mehr zuungunsten eines störungsfreien Empfangs der bis dahin empfangbaren, auch weiter entfernten Sender. Schon 1959 (!) sah der bekannte Fachautor WALTER CONRAD voraus, was heute längst Wirklichkeit geworden ist, als er schrieb: „Entgegen mancher düsteren Prophezeihung verbreitete sich der Ultrakurzwellenrundfunk sehr rasch ... Innerhalb kürzester Zeit entstand in vielen Ländern ein Netz von UKW-Stationen, und schon heute hört man ab und an warnende Stimmen, die für den UKW-Bereich die gleiche ‚Drängelei' voraussagen, die im Mittelwellenbereich seit Jahren so unliebsam in Erscheinung tritt." Von einer Verschlechterung der Tonqualität vieler UKW-Sender konnte er noch nichts ahnen, da er die heute eingesetzten „Effektgeräte"

Der VEB STERN-RADIO SONNEBERG trat kurze Zeit mit dem Markennamen „Sonra" auf und brachte in seiner „Erfurt"-Reihe 1958 den Allstromsuper „Erfurt II GWU 3D" zum Preis von 665 DM heraus. Die Bedienungsanleitung enthielt eine besondere Passage mit der Überschrift „Was man vom UKW-Empfang wissen muß (FM)", in der es unter anderem hieß: „In Sendernähe ist bis zu Entfernungen von 20 bis 30 km – je nach örtlichen Verhältnissen – der eingebaute Gehäusedipol ausreichend ... Allerdings ist bei Entfernungen über 10 km unter besonderen Umständen bereits der Aufstellungsort im Zimmer (Ofenrohrnähe u. a. m.) und die Richtung des Gerätes zum Sender von Einfluß ...". In diesen UKW-Aufbaujahren kam es auch vor, dass mangels vorliegender Erfahrungen auftretende Tonverzerrungen dem Gerät angelastet wurden, obwohl sie tatsächlich von der ungünstigen Lage der Antenne (Mehrwegeempfang in gebirgigem oder stark bebautem Gelände) herrührten.

Eine elegante Erscheinung von 1956: der „AM-FM-Superhet ‚Berolina W' mit Raumtonwiedergabe", von dem man stolz behauptete: „Mit Hilfe des Hoch- und Tieftonreglers ist es möglich, jedes gewünschte Klangbild einzustellen." Die eingebauten 3 Lautsprecher „vermitteln den Eindruck des räumlichen Hörens", versprach man dem erwartungsvollen Käufer, der 610 DM für dieses Radio mit 6 AM- und 11 FM-Kreisen bezahlen musste. Neu war, wie bei anderen Modellen auch, dass das Gerät nicht mehr mit dem Lautstärkeregler, sondern mittels der inzwischen eingeführten Drucktasten ein- und ausgeschaltet wurde.

Die drehbare Ferritantenne im Innern des „Rossini 5801"

Immer größer und schwerer wurden die 3-D-Radios Ende der 50er Jahre: hier der Wechselstrom-Großsuper „Rossini Typ 5801" vom VEB(K) ELEKTRO-AKUSTIK HARTMANNSDORF von 1958, 735 mm breit und fast 25 kg schwer. 13 Röhren und 8/13 Kreise verdeutlichen den hohen technischen Aufwand: das UKW-Empfangsteil ist auf einem separaten Chassis aufgebaut, eine Gegentakt-Endstufe in Ultralinearschaltung speist einen Tieftonlautsprecher (vorn) und je einen Breitband- und Hochtonlautsprecher an den Seiten (3-D-Anordnung). Die AM-Bandbreite ist regelbar, die Ferritantenne drehbar; der Duplex-Antrieb (AM/FM) wird magnetisch geschaltet. Die UKW-Empfindlichkeit ist mit 1,6 μV (26 dB Rauschabstand, 120 kHz Bandbreite) angegeben. Der Test einer Fachredaktion bescheinigte 1959 dem Gerät einen „hervorragenden Klang" und erwähnte auch „das formschöne eckige Gehäuse aus Birnbaum- und Ahornholz, das ganz dem heutigen Formempfinden entspricht". Der Preis lag bei 830 DM.

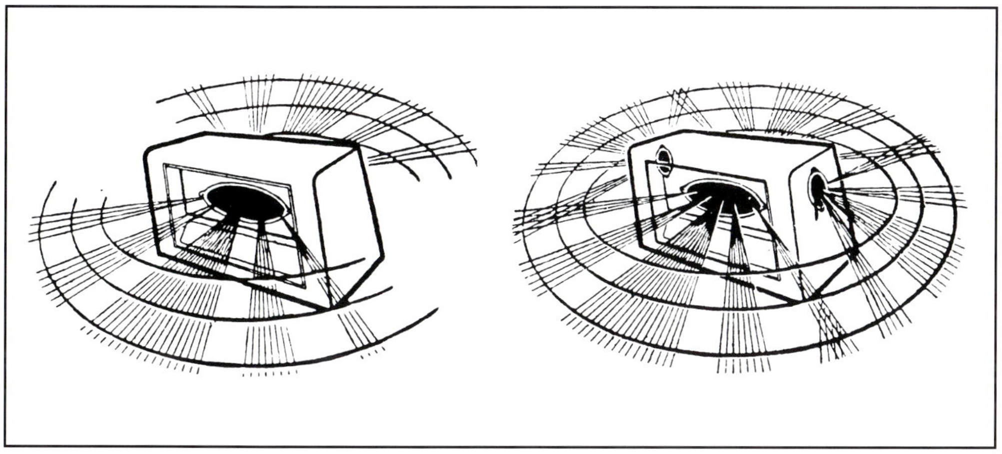

Gegenüberstellung der Schallabstrahlung eines Radios mit nur einem Lautsprecher und eines solchen mit einem 3-D-Raumklangsystem

noch nicht kannte, die bei zahlreichen Programmen zur „Verschlimmbesserung" des Sprach- und Musiksignals mit dem Ergebnis eines komprimierten, aggressiven Klanges eingesetzt werden. Anspruchsvolle Radiohörer zu Hause haben, wenn auch nur zum Teil, die Möglichkeit, dem Dilemma der Überbelegung des UKW-Bandes mit besseren (drehbaren) Empfangs-Richtantennen und trennschärferen (teureren) Empfängern zu begegnen – gegen die sich breit machende Klangmisere ist leider kein Kraut gewachsen. Ohne auf diese Thematik näher einzugehen, kann hier befriedigt festgestellt werden, dass die Hörer von MDR KULTUR solchen Klangmanipulationen nicht ausgesetzt sind; es wird grundsätzlich mit der maximalen Dynamik gesendet, die auf UKW möglich und sinnvoll ist. Doch so etwas kann heute schon fast als Ausnahme gelten, denn einst brachte UKW durchweg Studioqualität ins Haus und hat damit schon lange vor ihrer Einführung „fast wie CD" geklungen …

Der VEB STERN-RADIO ROCHLITZ glänzte mit aufwendigen Prospekten für seine Radios, wie hier für den tatsächlich sehr leistungsfähigen 3-D-Spitzensuper „Beethoven" aus dem Jahre 1956. Der Werbetext geriet allerdings sehr schwülstig: „Mit Beethoven verbinden wir unlösbar die Vorstellung synfonischer Polyphonie, orchestraler Höchstleistung sowie Beherrschung letzter Feinheiten der Klangtechnik. Und wie einst der große Meister, so interpretiert sein heutiger Namensträger … eine geradezu klassische Musikalität. Er zieht, wie man so sagt, alle Register der Radiotonik vermittels einer vorzüglichen technischen Ausstattung … ‚Beethoven ist eine ganz ungebändigte Persönlichkeit', urteilte Goethe über seinen großen Zeitgenossen … dieser Tischempfänger ist eine ausgereifte Persönlichkeit par excellence, weil er der hohen Kunst seines Vorbildes in allem entspricht, weil er sie wie jener unnachahmlich zu meistern versteht." Eine geschmackliche Entgleisung, über die sich sogar die Fachzeitschrift „Radio und Fernsehen" mokierte.

Drei elektrostatische Hochtonlautsprecher aus DDR-Produktion, wie sie zu Beginn des UKW-Zeitalters bei verschiedenen 3-D-Radios eingebaut wurden.
Das rechteckige, gewölbte Modell ist der „Goldblatt-Diskant-Strahler" vom VEB EAW BERLIN-TREPTOW, die beiden anderen kommen von REMA in Stollberg/Sa. (schwarzes Modell, es kostete 5,20 DM) und von N. FLOHR aus Oberlungwitz/Sa..
Auch die Firma J. WETZEL in Leipzig baute Hochtöner nach diesem Prinzip.

Vier einfachere, aber durchaus formschöne Radios im Holzgehäuse vom VEB STERN-RADIO SONNEBERG, allesamt mit UKW-Teil, wenn auch dem Erscheinungsjahr entsprechend mit unterschiedlicher Empfangsleistung: der „Schwarzburg UKW" von 1953 für 306 DM und der „Naumburg UKW" von 1954 für 307,50 DM, beide mit mehreren Kurzwellenbereichen, sowie der „Sekretär" von 1958 für 330 DM und der „Sekretär 4" von 1960, der „begehrte, elegante Mittelsuper", im Export auch als „Roulette" bezeichnet, für 365 DM

Unter den angebotenen Zusatzlautsprechern, mit denen bei einfacheren Radios ein (gewisser) „Raumklangeffekt“ erzeugt werden konnte, ist dieses Modell des „Raumtonstrahlers“ im Blechgehäuse vom VEB TONMECHANIK BERLIN-WEISSENSEE wohl als besonders originell anzusehen. Der Strahler konnte auch an die Wand gehängt werden; der dreipolige Lautsprecherstecker (alter Bauart) dient als Größenvergleich.

Das einzige Röhren-Kofferradio aus DDR-Produktion mit UKW-Teil: der „Trabant UKW“ von REMA in Stollberg/Sa., ein 7/14-Kreis-AM/FM-Super für Batterie- und Wechselstromnetzbetrieb, der zur Leipziger Frühjahrsmesse 1959 erstmals vorgestellt wurde. Die UKW-Antenne besteht aus zwei ausziehbaren Stahlbändern, da Teleskopstäbe zu der Zeit noch nicht verfügbar waren; das Gerät hat Tonabnehmer- und Lautsprecheranschluss und arbeitet bei Netzbetrieb mit einer stärkeren Endröhre.
Das Innere des „Trabant UKW“ lässt den Raumbedarf für Anodenbatterie (90 V), Heizakku (1,2 V) und zwei Monozellen erkennen. Allerdings kommt das große Gehäuse (390 mm breit) dem Klang sehr zugute.

Die UKW-Technik verhalf den Radios nicht nur zu „neuen Tönen“, sondern auch zu neuer Eleganz. Ob in konventioneller oder moderner Formgebung, die Empfänger der 50er Jahre können als Höhepunkte in der Entwicklungsgeschichte der klassischen Röhren-Radios angesehen werden. Bei allen klanglichen Fortschritten konnte jedoch die 3-D-Technik, das sei nochmals betont, eines nicht bieten: die echte Raumtonwiedergabe, also die Vermittlung der räumlichen Atmosphäre des Ursprungsraumes. Der Ton „schwebte“ nur diffus, ohne konkrete Lokalisations- oder Bewegungsinformation der übertragenen Schallquellen – es blieb eben „mono“. Die „echte“ Stereofonie, mit zwei getrennten Kanälen für „rechts“ und „links“, begann ab 1958 in die Wohnstuben Einzug zu halten – zunächst mittels der Stereo-Schallplatte. Nun war der Rundfunk an der Reihe, nachzuziehen …

Plakat von 1890 als Werbung für das „Théâtrophone", mit dem auf telefonischem Wege Opern- oder Theatervorstellungen in die Wohnung eines Abonnenten übertragen werden konnten – eine frühe Form des Drahtfunks!

STEREOFONIE IM RADIO: DER „KONZERTSAAL IM HEIM"

Die Anfänge der Rundfunk-Stereofonie

Die stereofone Wiedergabe von Rundfunkprogrammen, Schallplatten, CDs und Kassetten, das Musikhören „in Stereo", ist für uns seit langem eine Selbstverständlichkeit und nichts Besonderes mehr. Doch in den ersten vier Jahrzehnten des Rundfunks war an eine solche Verfeinerung des übermittelten Klangbildes noch nicht zu denken. Als nach der Einführung der UKW-Technik schließlich ein richtiges „Hi-Fi-Radio" entstanden war, konnte man auch an die Verwirklichung des Traumes von der echten Raumklang-Wiedergabe per Lautsprecher denken. Die prinzipiellen Grundlagen für den späteren Stereo-Rundfunk waren von E. H. ARMSTRONG gelegt worden, der schon 1934 mehrere Programme gleichzeitig mit einem UKW-Sender übertragen konnte. Dennoch mussten bei der Aufnahme-, Sende- und Empfangstechnik noch viele Fragen geklärt, neue Lösungen gefunden und das ganze System optimiert werden, ehe man an Stereofonie denken konnte. Doch ganz im Gegensatz zur Entwicklung des Farbfernsehens mit seinem Normen-Wirrwarr konnte die Rundfunk-Stereofonie, auf einem einzigen Normenvorschlag aufbauend, international einheitlich und erfolgreich realisiert werden.

Die allererste Stereo-Übertragung fand 1881 in Paris statt: Nach einem Patent von CLÉMENT ADER waren in der Oper Mikrofone installiert, die zu einer 5 Meilen entfernten Halle der „Ersten Internationalen Elektrischen Ausstellung" führten. Dort konnten die erstaunten Besucher mit Telefonhörern das akustische Geschehen mitverfolgen – man soll Schlange gestanden haben! Initiator dieser „Théâtrophone" genannten Attraktion war TIVADAR PUSKÁS, ein ungarischer Radiopionier, der solche Musikübertragungen auch in Budapest demonstrierte.

Stereo-Akustik – viel älter als der Rundfunk

Blicken wir kurz zurück: Schon 20 Jahre nach der grundlegenden Erfindung von PHILIPP REIS zur elektroakustischen Schallübertragung, als an Funk oder gar Rundfunk noch nicht zu denken war, gab es – anlässlich der „Ersten Internationalen Elektr(otechn)ischen Aussstellung" von Paris im Jahre 1881 – telefonische Musikübertragungen, die man als „stereo-akustisch" bezeichnete. Zwei Gruppen von Kohlemikrofonen waren links und rechts auf der Bühne des Großen Opernhauses angebracht und über eine Doppelleitung mit der Ausstellung verbunden, wo das Programm mit Kopfhörern abgehört werden konnte. Die noch junge Erfindung des Telefons bot erstmalig einem großen Personenkreis das unerhörte technische Wunder, einer Darbietung folgen zu können, ohne dabei zu sein!

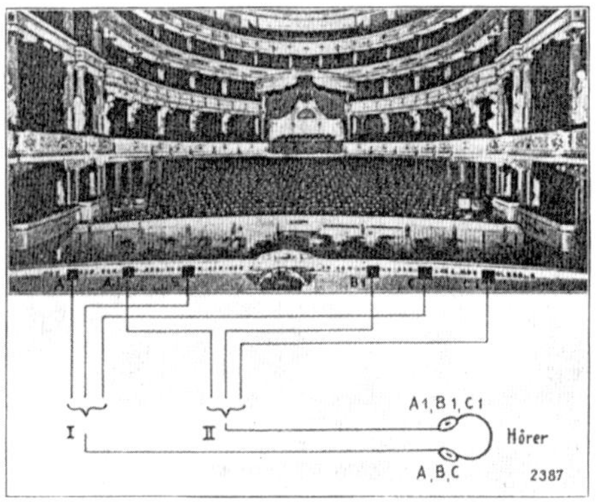

Schema einer „stereophonischen Opernübertragung" in Berlin; man war begeistert und „... überrascht von der Wirkung: der Schall scheint unvergleichlich voller, in allen Einzelheiten schärfer umrissen und klarer gegliedert, und vor allem heben sich die einzelnen Stimmen gegeneinander und vom Chor oder Orchester so gegenständlich, so ‚räumlich' ab, daß man glaubt, die einzelnen Schauspieler bewegen sich ..."

Ähnliche Versuche wie in Paris wurden von der Deutschen Reichspost 1912 in Berlin angestellt – mit Übertragungen aus Oper und Philharmonie. In München führte man 1924 regelmäßige, zweikanalige Telefon-Übertragungen aus der Staatsoper ein, wofür in der Stadt extra eine „Hörstube" eingerichtet wurde. Dort konnte bald auch das Radioprogramm empfangen werden; sicher für viele eine günstige Gelegenheit, das neue „Radio-Wunder" kennenzulernen. Obwohl man in der ersten Zeit nur einfachste Mikrofone und Kopfhörer zur Verfügung hatte, ergaben die in Paris und anderswo durchgeführten Experimente schon recht eindrucksvolle Höreffekte; nur war zu dieser Zeit an eine allgemeine praktische Einführung noch nicht zu denken.

Zwei Kanäle für zwei Ohren

Die Möglichkeit des stereoakustischen Hörens verdanken wir unserem hochempfindlichen Hörorgan. So wie der Mensch mit seinen zwei Augen plastisch sehen kann und durch die Parallaxe Entfernungen wahrnimmt, ermöglichen ihm seine zwei Ohren die akustische Orientierung im Raum: die Lokalisation von Schallquellen und das Erkennen der Ausdehnung komplexer Schallereignisse in Breite und Tiefe. Ursache dafür sind Laufzeit- und Intensitätsunterschiede der auf beide Ohren einwirkenden Schallreize. Der Mensch hat damit auch die Fähigkeit, sich auf einzelne Schallquellen zu konzentrieren; durch dieses „intelligente Hören" kann er z. B. bei einer Orchesterdarbietung ein bestimmtes Instrument „herausfiltern". Diese Möglichkeit besteht bei einer monofonen Rundfunkübertragung nicht, da hierbei unterschiedliche Schallreize wie in einem Trichter aufgefangen und letztlich zu nur einem Lautsprecher geleitet werden.

Das Ideal einer akustischen „Raumtransformation" schien zunächst in einer sehr großen Zahl von Kanälen zu bestehen: Jeder einzelnen Schallquelle im Aufnahmeraum wird ein Mikrofon zugeordnet, das zu einem Lautsprecher im Wiedergaberaum führt; dass dies auf drahtlosem Wege nicht realisierbar sein würde, war klar. Glücklicherweise hatte sich bei Versuchen herausgestellt, dass bereits mit dem Minimum von zwei Kanälen, die man im Allgemeinen als L (links) und R (rechts) bezeichnet, ein räumlich ausgedehntes Schallereignis (ein Orchester, ein Chor, eine Sprechergruppe) richtungsgetreu und plastisch übertragen werden kann, wenn man Aufnahmemikrofone und Wiedergabelautsprecher in geeigneter Weise anordnet. Für die stereofone Wiedergabe in Wohnräumen, die „raumbezogene Zweikanal-Stereofonie", hat sich das „Stereodreieck" als zweckmäßig erwiesen: Die beiden Lautsprecher für L und R, aufgestellt in einem Basisabstand von etwa 3 m, bilden mit dem Zuhörer ein gleichschenkliges, möglichst sogar gleichseitiges Dreieck. Entsprechend der von einem Stereomikrofon aufgenommenen Pegel- und Laufzeitunterschiede entsteht infolge der „Summenlokalisation" vor dem Zuhörer ein stereofones „Klangpanorama", ein gewisses Abbild des Aufnahmeraumes und eine Art von Illusion vom „Konzertsaal im Heim". Mit diesem Slogan wurde in den Anfangsjahren der Stereofonie über die Maßen geworben – besser traf da schon die Behauptung zu, „Stereo" habe „den Radioklang von seiner Enge befreit". Allerdings: ein Ersatz für das originale Konzerterlebnis sollte und wollte die Stereofonie nicht sein – und doch brachte sie die ungeahnte Möglichkeit mit sich, Musik über Lautsprecher viel besser durchhörbar zu machen. Zusätzlich entstand eine ganz neue Art stereofoner „Lautsprecherkunst" mit Klang- und Hörbildern, die ursächlich in der Natur nicht existieren.

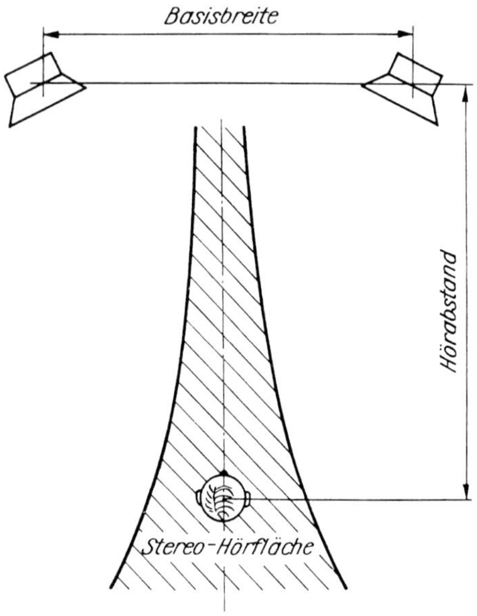

Schematische Darstellung der Stereo-Hörfläche, innerhalb der eine ausreichende Mittenlokalisation gegeben ist (vereinfacht nach KUHL/ZOSEL, 1956)

Stereofone Rundfunkversuche

Ausführlich wird über Versuche mit zwei Rundfunksendern berichtet, die 1924/25 in Berlin stattfanden: „Gegenwärtig werden die Abendkonzerte des Berliner Voxhauses stereoakustisch übertragen", schrieb die „Radio-Umschau" im November 1925. „Das eine Mikrophon ist dabei mit dem Königswusterhausener Sender verbunden." Benutzte ein Rundfunkteilnehmer also zwei Empfänger – einen für Welle 505 m (Berlin) und einen zweiten für Welle 1.300 m (Königs Wusterhausen), so konnte er einen gewissen räumlichen Effekt der Schallwiedergabe wahrnehmen, auch wenn Phasen- und Klanggleichheit der beiden Kanäle noch nicht zu erreichen waren. Trotzdem: „Alle bisherigen Versuche

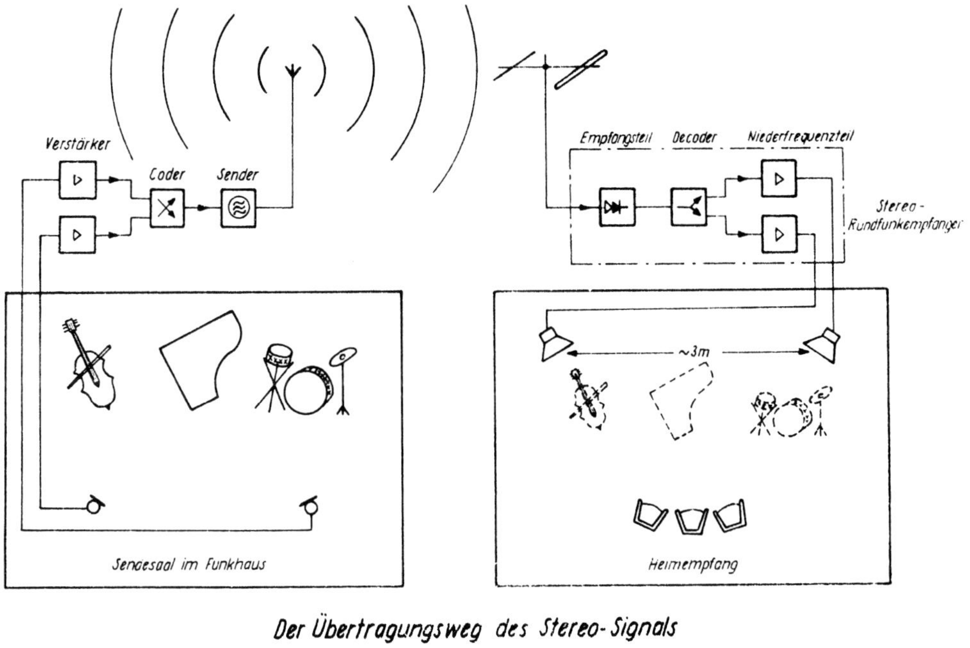

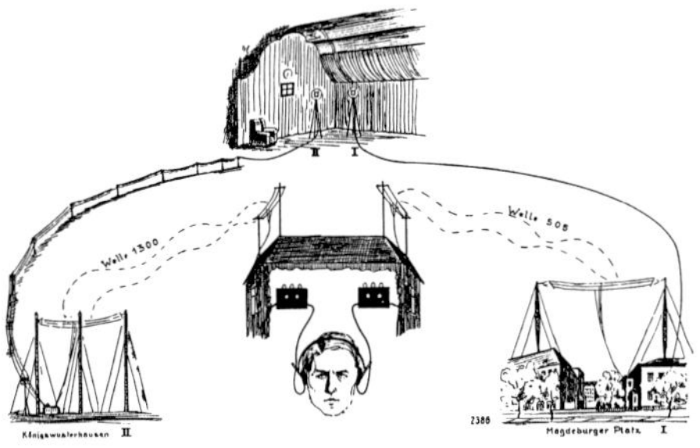

Stereoversuche mit zwei Rundfunksendern fanden 1925 in Berlin statt. Ein allgemeiner „Plastischer Rundfunk" würde, so prophezeite L. KAPELLER in der Wochenschrift „Funk", „dem letzten Ziel des Rundfunks, ein ‚Kulturfaktor' zu sein, gewiß näher kommen, als alle anderen erprobten technischen Neuerungen"!

haben gezeigt, dass eine diotische [d. h. zweikanalige] Übertragung der monotischen [d. h. einkanaligen, monofonen] an Klangfülle und -farbe überlegen ist, aber die wesentlich höheren Unkosten erschweren vorläufig noch den stereoakustischen Empfang." (ebenda) In den Folgejahren maß man wohl dieser Sache keine besondere Bedeutung bei – außer, dass A. D. BLUMLEIN 1931/32 die erste kompatible stereofone Schallplatte realisierte, womit er ebenfalls der Zeit noch weit voraus war. Fast 40 Jahre sollten noch bis zur allgemeinen Einführung des stereofonen Rundfunks vergehen.

Stereosendungen – kompatibel über UKW

Infolge der Wellenknappheit und wegen erheblicher Kosten hätte ein Zwei-Sender-Verfahren als ein reguläres, universelles Stereo-Rundfunksendesystem zur Übertragung von zwei unabhängigen Kanälen keine Chance gehabt. Dies konnte vielmehr nur eine experimentelle Übergangsphase sein. Ab 1950 wurden in den Niederlanden, später bei der BBC London und ab 1958 auch in (West-)Berlin derartige Versuche durchgeführt, die zu wichtigen Erkenntnissen auf der Aufnahme- und Wiedergabeseite

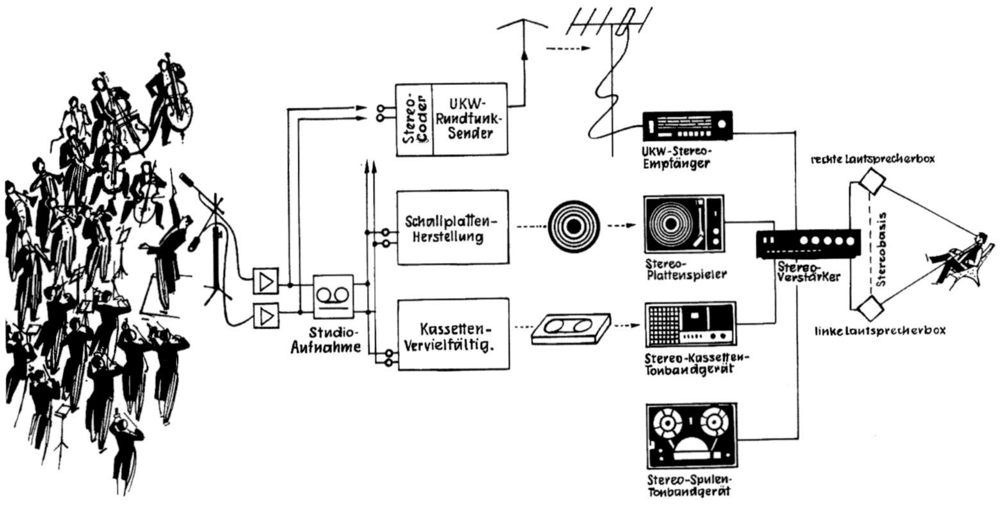

Schema einer Heim-Stereoanlage zur Information der Besucher der RFT-Stereo-Demonstrationen, die während der Leipziger Frühjahrsmesse 1973 in der „Alten Börse" stattfanden (vgl. S. 271).

Im September 1964, anlässlich der Ausstellung „Deutschland ist hier – 15 Jahre DDR", begannen die regelmäßigen öffentlichen Versuchssendungen im Programm der „Berliner Welle" auf 99,7 MHz, dienstags und donnerstags von 18.20 Uhr bis 19.00 Uhr.
In einer dazu vom RFZ herausgegebenen Mitteilung wurde der Übertragungsweg des Stereo-Signals schematisch dargestellt.

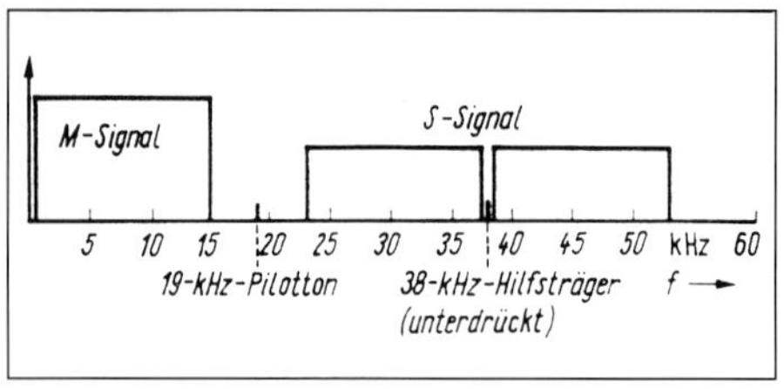

Das Gesamtspektrum des Multiplexsignals (30 Hz bis 53 kHz)

führten. Von Vorteil war, dass die Sendungen mit schon existierenden Empfängern gehört werden konnten; Testsignale ermöglichten die Einstellung definierter Wiedergabeparameter. Endgültig konnte nur ein Übertragungsprinzip in Betracht kommen, das mit e i n e m Sender auskommt. Aus der Sicht des Hörers waren dazu zwei Bedingungen zu erfüllen: 1. Alle bisherigen Rundfunkgeräte sollten in der Lage sein, das Programm in gewohnter monofoner Qualität zu empfangen – das System musste „kompatibel", d. h. verträglich mit der bisherigen Technik, sein. 2. Mit einem Stereo-Empfänger sollten außer den Stereo-Sendungen auch bisherige, einkanalige Sendungen empfangbar sein. Kurz gesagt: Mono-Hörer, sicher noch eine Weile in der Überzahl, durften nicht benachteiligt werden. Hier konnte nur ein Trick weiterhelfen: die Verschlüsselung der beiden Kanäle!

Das Pilotton-Verfahren

In ausgiebigen Vorversuchen mit etwa 20 Varianten war zunächst geprüft worden, inwieweit die zu stellenden Kompatibilitäts- und Qualitätsforderungen zu erfüllen waren; auch durfte der Aufwand auf der Empfangsseite nicht zu hoch werden. Schließlich wurde im Juni 1961 in den USA von der Senderaufsichtsbehörde FCC die Ausstrahlung von Stereo-Rundfunksendungen nach einem Verfahren genehmigt, das aus Vorschlägen der ZENITH RADIO CORPORATION und der GENERAL ELECTRIC COMPANY entwickelt worden war und das seitdem als „FCC-Verfahren" oder „Pilotton-Verfahren" bezeichnet wird. Es wurde auf Empfehlung der UER (Europäische Rundfunkunion) und der OIRT (Osteuropäische Rundfunk-Organisation) auch in Europa eingeführt und 1966 in Genf von der europäischen Fernmeldebehörde CCIR genormt.

Das Pilotton-Verfahren funktioniert nach folgendem Prinzip: Aus den Signalen L und R wird das Summensignal M gebildet, welches dem bisherigen Monosignal (30 bis 15.000 Hz) entspricht. Außerdem wird ein Differenzsignal S = L – R gebildet, das die Richtungsinformation enthält und mit dem ein Hilfsträger (38 kHz) amplitudenmoduliert wird; nach Einfügung eines Pilottons (19 kHz) wird dieses Frequenzgemisch „im Huckepack" dem Summensignal hinzugefügt. Das den Sender modulierende Gesamtspektrum wird als „Multiplexsignal" (MPX) bezeichnet. Die Pegel sind so bemessen, dass Hörer ohne Stereogerät keinen Unterschied zur gewohnten Mono-Technik bemerken; zur Rückgewinnung der Stereo-Signale L und R ist ein HF-Stereo-Decoder notwendig. Leider hat das Verfahren einen Nachteil: Der Hörer muss beim Stereoempfang mit einer deutlichen Verringerung der Senderreichweite rechnen, denn bei zu schwachem Antennensignal entsteht ein zusätzliches, zudem unangenehm „räumlich" wirkendes Rauschen. Die Empfänger-Beschreibungen empfehlen für diesen Fall, auf „mono" umzuschalten oder – die Antennenanlage zu verbessern!

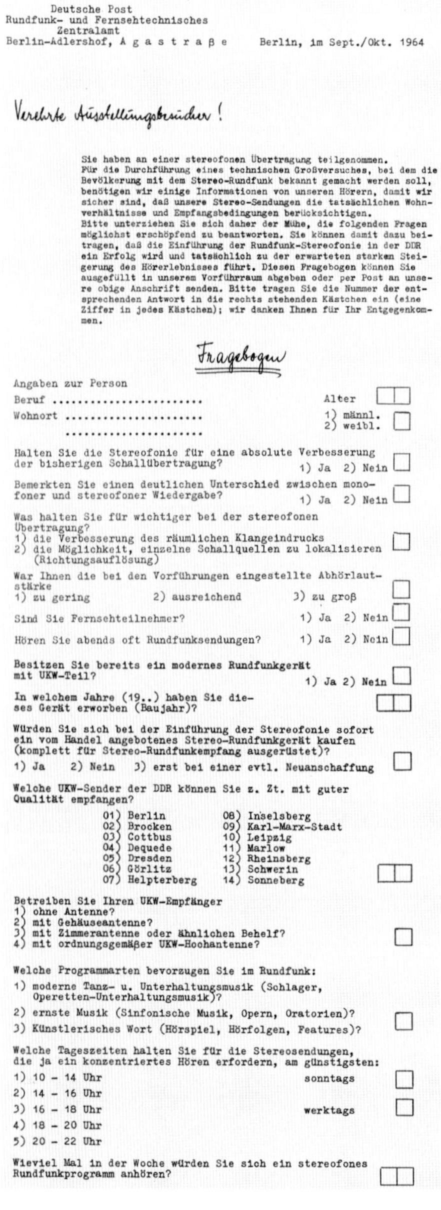

Deutsche Post
Rundfunk- und Fernsehtechnisches
Zentralamt
Berlin-Adlershof, A g a s t r a ß e

Berlin, im Sept./Okt. 1964

Verehrte Ausstellungsbesucher!

Sie haben an einer stereofonen Übertragung teilgenommen.
Für die Durchführung eines technischen Großversuches, bei dem die Bevölkerung mit dem Stereo-Rundfunk bekannt gemacht werden soll, benötigen wir einige Informationen von unseren Hörern, damit wir sicher sind, daß unsere Stereo-Sendungen die tatsächlichen Wohnverhältnisse und Empfangsbedingungen berücksichtigen.
Bitte unterziehen Sie sich daher der Mühe, die folgenden Fragen möglichst erschöpfend zu beantworten. Sie können damit dazu beitragen, daß die Einführung der Rundfunk-Stereofonie in der DDR ein Erfolg wird und tatsächlich zu der erwarteten starken Steigerung des Hörerlebnisses führt. Diesen Fragebogen können Sie ausgefüllt in unserem Vorführraum abgeben oder per Post an unsere obige Anschrift senden. Bitte tragen Sie die Nummer der entsprechenden Antwort in die rechts stehenden Kästchen ein (eine Ziffer in jedes Kästchen); wir danken Ihnen für Ihr Entgegenkommen.

Fragebogen

Angaben zur Person
Beruf .... Alter
Wohnort .... 1) männl. 2) weibl.
....

Halten Sie die Stereofonie für eine absolute Verbesserung der bisherigen Schallübertragung? 1) Ja 2) Nein

Bemerkten Sie einen deutlichen Unterschied zwischen monofoner und stereofoner Wiedergabe? 1) Ja 2) Nein

Was halten Sie für wichtiger bei der stereofonen Übertragung?
1) die Verbesserung des räumlichen Klangeindrucks
2) die Möglichkeit, einzelne Schallquellen zu lokalisieren (Richtungsauflösung)

War Ihnen die bei den Vorführungen eingestellte Abhörlautstärke
1) zu gering 2) ausreichend 3) zu groß

Sind Sie Fernsehteilnehmer? 1) Ja 2) Nein

Hören Sie abends oft Rundfunksendungen? 1) Ja 2) Nein

Besitzen Sie bereits ein modernes Rundfunkgerät mit UKW-Teil? 1) Ja 2) Nein

In welchem Jahre (19..) haben Sie dieses Gerät erworben (Baujahr)?

Würden Sie sich bei der Einführung der Stereofonie sofort ein vom Handel angebotenes Stereo-Rundfunkgerät kaufen (komplett für Stereo-Rundfunkempfang ausgerüstet)?
1) Ja 2) Nein 3) erst bei einer evtl. Neuanschaffung

Welche UKW-Sender der DDR können Sie z. Zt. mit guter Qualität empfangen?
01) Berlin 08) Inselsberg
02) Brocken 09) Karl-Marx-Stadt
03) Cottbus 10) Leipzig
04) Dequede 11) Marlow
05) Dresden 12) Rheinsberg
06) Görlitz 13) Schwerin
07) Helpterberg 14) Sonneberg

Betreiben Sie Ihren UKW-Empfänger
1) ohne Antenne?
2) mit Gehäuseantenne?
3) mit Zimmerantenne oder ähnlichen Behelf?
4) mit ordnungsgemäßer UKW-Hochantenne?

Welche Programmarten bevorzugen Sie im Rundfunk:
1) moderne Tanz- u. Unterhaltungsmusik (Schlager, Operetten-Unterhaltungsmusik)?
2) ernste Musik (Sinfonische Musik, Opern, Oratorien)?
3) Künstlerisches Wort (Hörspiel, Hörfolgen, Features)?

Welche Tageszeiten halten Sie für die Stereosendungen, die ja ein konzentriertes Hören erfordern, am günstigsten:
1) 10 – 14 Uhr sonntags
2) 14 – 16 Uhr
3) 16 – 18 Uhr werktags
4) 18 – 20 Uhr
5) 20 – 22 Uhr

Wieviel Mal in der Woche würden Sie sich ein stereofones Rundfunkprogramm anhören?

Hi-Fi und Stereo ergänzen sich

Schon in den 30er Jahren hat man eine Rundfunk- oder Schallplattenwiedergabe, bei der dem Stand der Technik entsprechend ein breites Frequenzband verzerrungs- und störgeräuscharm und weitgehend linear übertragen wurde, mit „High-Fidelity" („hohe Wiedergabetreue") umschrieben. Doch erst mit Einführung der Langspielplatte (1948) und des frequenzmodulierten UKW-Rundfunks (1949) wurde ein Qualitätsniveau erreicht, das es erlaubte, technische Werte für die Wiedergabequalität festzulegen, die sich an den Grenzen des menschlichen Hörvermögens orientieren. Nach und nach wurden diese Grenzwerte in Normen fixiert, und der Begriff „Hi-Fi" fand Eingang in die Geräteklassierung und -werbung. Weil aber eine Wiedergabe beim Zuhörer grundsätzlich nicht besser sein kann als im Aufnahmestudio, wurde Hi-Fi-Qualität auch mit „Heimstudio-Qualität" bezeichnet. Die Stereofonie perfektionierte diese Übertragungsqualität durch den Raumklang, und so wurde schließlich „Hi-Fi-Stereofonie" ab Mitte der 60er Jahre zum Ausdruck höchster Qualität bei der Musikwiedergabe im Heim. Übrigens streben die Elektroakustiker weniger nach einer „naturgetreuen", sondern eher nach einer „natürlichen" Klangwiedergabe, die sich an einer gewissen „Hörerwartung" orientiert und wofür – außer den ausübenden Künstlern – die Tonmeister und Toningenieure im Aufnahmeraum die Voraussetzungen schaffen.

Rundfunk-Stereofonie in Deutschland

Im Oktober 1958 wurde das „Zauberwort STEREO", räumlich-verhallt von einer Demonstrations-Schallplatte zu hören, erstmals der Öffentlichkeit offeriert. Die moderne Stereo-Schallplatte hielt Einzug in die Wohnstuben und ermöglichte mit NF-Stereofonie erstmals ein echtes Raumklang-Erlebnis, eine unerhört plastische, durchsichtige Musikwiedergabe. Nun konnten Rundfunkanstalten und -industrie nicht länger zurückstehen; beide begannen mit verstärkten Aktivitäten auf diesem Gebiet, anfangs sogar zusammen mit Schallplatten-Firmen.

Vorreiter für den Stereo-Rundfunk in Deutschland war der „Sender Freies Berlin" (SFB), der an frühe Stereo-Aufnahmen im „Haus des Rundfunks" (1943) anknüpfen konnte. Er strahlte seit dem 26. Dezember 1958 über seine zwei UKW-Sender (die zeitweise sogar bis Leipzig reichten) Experimentalsendungen aus. Während der Funkausstellung 1961, am 28. August, fand beim SFB die erste Stereo-Direktsendung eines Sinfoniekonzerts statt, mit ISTVAN KERTESZ und VAN CLIBURN.

Mit diesen Versuchen wurde beim Rundfunkhörer, der inzwischen die Stereo-Schallplatte kennengelernt hatte, die Neugier geweckt. Mit Hilfe zweier UKW-Radios, waren sie auch noch so verschieden, konnte er einen ersten Eindruck vom Raumklang via Rundfunk gewinnen – er soll „verblüffend" gewesen sein! Am 30. August 1963, zur „Großen Deutschen Funkausstellung 1963 Berlin", war es dann soweit, dass der SFB als erster deutscher Sender mit der Ausstrahlung von kompatiblen Stereo-Sendungen nach dem Pilotton-Verfahren beginnen konnte – ein Höhepunkt im Jahr des 40-jährigen Rundfunkjubiläums!

Die Eröffnungsfeier der „Großen Deutschen Funkausstellung 1963 Berlin" am 30. August wurde als erste offizielle Live-Sendung in HF-Stereofonie vom SFB übertragen. Das Radio-Symphonie-Orchester Berlin spielte unter der Leitung von WOLFGANG SAWALLISCH.

Die breite Einführung der HF-Stereofonie verlief in der BRD recht zögerlich, denn es bedurfte eines enormen Aufwandes zur Umrüstung der Studios und Sender, gegen den sich viele sträubten. Erst nach 5 Jahren hatte jede Landesrundfunkanstalt ein UKW-Sendernetz stereotüchtig ausgebaut. Andererseits drängte die Rundfunkindustrie auf die Einführung der neuen Technik, des erwarteten Umsatzes wegen – „endlich mal was wirklich Neues!" – und man begrüßte die Aufwertung des Hörfunks gegenüber dem aufstrebenden Fernsehen.

In der DDR wurde 1958 nach erstmaliger Vorstellung von Stereo-Schallplattengeräten auf der Leipziger Herbstmesse konstatiert, dass „Stereofonie in kürzester Frist zu einer echten kulturellen Errungenschaft werden" solle. Aber es hatte auch maßgebliche Kreise gegeben, die die Stereofonie als Spielerei, ja als „Hobby" einzelner „Technikbesessener" abqualifizieren wollten. Anlässlich einer Stereo-Demonstration 1959 wurde betont, „daß der Deutsche Demokratische Rundfunk nicht beabsichtige, das derzeitige Stereoverfahren zu übernehmen". Nun – in der DDR musste man sich wohl oder übel an der internationalen Entwicklung orientieren, um nicht zu sehr ins Hintertreffen zu geraten, und es gab genügend anerkannte Fachleute, die sich für die Durchsetzung der Stereotechnik engagierten.

Hinweis zur Einstellung von Stereo-Rundfunk-
Empfangsanlagen

Während der Leipziger Messe wird zu Beginn des täglichen Stereo-Versuchsprogramms, d.h. jeweils von 10.11 bis 10.15 Uhr, ein Meßsignalprogramm über den UKW-Sender 93,85 MHz (Radio DDR II) ausgestrahlt, nach welchem die Aussteller ihre Stereoempfängsanlagen abgleichen können.

Im Anschluß daran wird von 10.15 bis 11.55 Uhr
und von 15.3o bis 18.oo Uhr
ein Stereo-Musikprogramm gesendet.

Für die Meßsignale ist folgendes Programm vorgesehen:

A: Prüfung der Seitenrichtigkeit

Kanal I (links) 400 Hz/ + 6 dB
Dauer: 10 Sekunden
Kanal II (rechts) 1000 Hz/ + 6 dB
10 Sekunden

B: Messung von Pegel, Übersprechen, Klirrfaktor usw.

Kanal I 1000 Hz/ + 6 dB
Dauer: 60 Sekunden
Kanal II 1000 Hz/ + 6 dB
Dauer: 60 Sekunden

C: Kurze Überprüfung beider Kanäle bei Doppelmodulation

Kanal I 400 Hz/ + 6 dB
Kanal II 1000 Hz/ + 6 dB) gleichzeitig
Dauer: 10 Sekunden

D: Prüfung der Phasenlage

Kanal I
Kanal II) je 1000 Hz, gleichphasig + 6 dB
Dauer: 20 Sekunden

Kanal I
Kanal II) je 400 Hz/ + 6 dB, gegenphasig (richtige Phasenlage ergibt Auslöschung des Summen- bzw. Monosignals)
Dauer: 10 Sekunden

E: Messung des Störpegels

Kanal I und II kurzgeschlossen
Dauer: 30 Sekunden

F: Prüfung der Phasenrichtigkeit des Decoders

Kanal I
Kanal II) je 1000 Hz/ + 6 dB gegenphasig (maximaler Ausgangspegel am Decoder ist ein Kriterium für richtige Einstellung der Pilotphase)
Dauer: 50 Sekunden

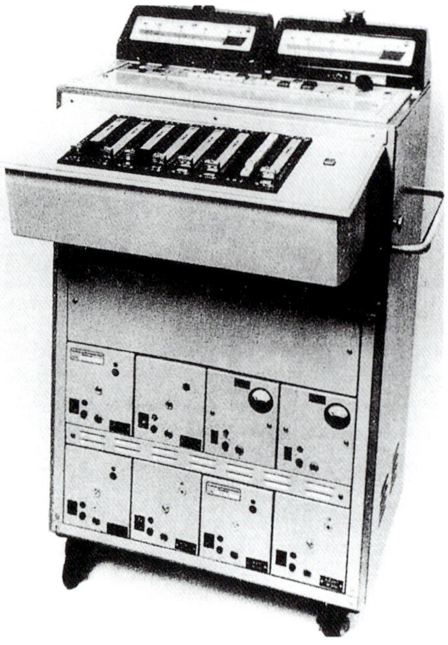

Im ersten „Stereo-Sonderstudio" des Leipziger Funkhauses (Regieraum 6) stand diese 1963 vom RFZ gebaute, noch röhrenbestückte Versuchs-Regieanlage: zwei Paar Mono-Regler für zwei Bandmaschinen (R 29), ein Regler für die Ansage, dazu zwei Lichtmarken-Aussteuerungsmesser J 25 für die beiden Stereo-Kanäle.

Die Vorarbeiten für Stereo-Sendungen des DDR-Rundfunks hatte das „Rundfunk- und Fernsehtechnische Zentralamt der Deutschen Post" (RFZ) geleistet, unter Mitwirkung des zu RFT gehörenden „Zentrallaboratoriums für Rundfunk- und Fernsehempfangstechnik Dresden" (ZRF), das auch die ersten Sender-Coder und Empfangs-Decoder entwickelte. Ab September 1963 wurden über die „Berliner Welle" (Sender Berlin-Köpenick) regelmäßige Experimental-Sendungen nach dem Pilotton-Verfahren ausgestrahlt – 30 min pro Woche – und am 15. September 1964 begann der reguläre Stereo-Versuchsbetrieb, nachdem zusammen mit der Studiotechnik Rundfunk und dem Staatlichen Rundfunkkomitee die betriebstechnologischen Voraussetzungen geschaffen worden waren.

Auf vielfachen Wunsch bringen wir nachstehend zum A und Aufkleben eine Tabelle jener UKW-Sender unserer die Stereofonie-Sendungen abstrahlen (Stand: Ende 1970)

1. Vom Programm Radio DDR/IUP über die UKW-Sender

Schwerin	III	89,2 MHz	Kanal 7
Dequede	III	89,4 MHz	Kanal 8
Berlin	III	95,8 MHz	Kanal 29
Leipzig	III	88,45 MHz	Kanal 5
Dresden	III	95,4 MHz	Kanal 28

2. Vom Programm Radio DDR II über die UKW-Sender

Schwerin	IV	92,75 MHz	Kanal 19
Dequede	IV	94,9 MHz	Kanal 26
Berlin	IV	99,7 MHz	Kanal 42
Leipzig	IV	93,85 MHz	Kanal 23
Dresden	IV	92,25 MHz	Kanal 17
K-M-Stadt	IV	92,85 MHz	Kanal 19

3. Vom Programm Berliner Rundfunk über den UKW-Sender

Berlin	II	91,4 MHz	Kanal 15

Die Programmzeitschrift „FF – Funk und Fernsehen" veröffentlichte 1970 diese Tabelle der UKW-Sender, die Stereo-Sendungen abstrahlen. Zu Beginn jeder Sendung wurde ein Testband abgespielt, bei dem die richtige Aufstellung und Einstellung einer Stereoanlage erläutert wurde. Der Sprecher beendete seine Hinweise mit dem Satz: „Nun wünsche ich Ihnen einen guten Empfang bei unserem folgenden Stereo-Programm!"
rechts: Aus der Programmzeitschrift „FF Funk und Fernsehen der DDR" von 1969

Sa 9. August

RADIO DDR

I. PROGRAMM
Information · Unterhaltung

4.00 Deutsche Nationalhymne
4.05 Nachrichten
4.10 AUFSTEHN MIT MUSIK
Dazwischen:
4.30, 5.00, 5.30 Nachrichten
4.55 und 5.55 Frühgymnastik

6.00 Das Radio-DDR-Morgenmagazin
Mit Siegfried Leyda
6.00—8.00
Halbstündlich Nachrichten

8.40 Aus dem Butzemannhaus
Alle Fröschlein lernen schwimmen.
Der kleine Pfennig schaut dabei zu und lernt, wie wichtig und gesund das Schwimmen ist.
9.00 Nachrichten

9.05 Aus den Musikstudios von Radio DDR
Dazwischen:
10.00 Nachrichten

11.00 PÄDAGOGISCHE SPRECHSTUNDE
der Redaktion Frauenfunk
Leitung: Dr. Willy Walther

STEREO

11.30 MUSIK LIEGT IN DER LUFT
Dazwischen:
11.50 Wasserstandsmeldungen
12.00 Nachrichten
13.00 Nachrichten
13.10 HEUT FLIEG' ICH AUS . . .
Ein musikalischer Trip ins Wochenende mit Operettenmelodien von Carl Michael Ziehrer, Carl Millöcker, Theo Mackeben, Paul Lincke, Franz Lehár und Emmerich Kálmán
14.00 Nachrichten

Samstagnachmittag mit Radio DDR:
14.05 Auf alle Fälle: Unterhaltungswelle
Musik, Musik, Spielereien und Plaudereien in bunter Folge . . .
. . . serviert von der Unterhaltungsredaktion.

18.00 DER RADIO-DDR-TONBANDDIENST
bietet an:
1. Klassische Klaviermusik: Beethoven: Sonate pathétique
2. Untern Linden, untern Linden — Altberliner Evergreens

18.30 Mit dem Sportmikrofon unterwegs
18.55 . . . der Sandmann ist da!
19.00 DIE TAGESÜBERSICHT DER NACHRICHTENREDAKTION
Kommentar des Tages und Berichte aus dem Zeitgeschehen

Dazwischen: 22.00 Nachrichten, Sportergebnisse

24.00 Das Resümee
0.05 NACHTPROGRAMM
SEEMANN, DICH GRÜSST DEINE HEIMAT
Vom Sender Rostock eine Gruß- und Wunschsendung für Seeleute und ihre Angehörigen
Dazwischen:
1.30 Nachrichten

II. PROGRAMM
Probleme · Meinungen

10.00 Nachrichten
10.10 DU UND DEIN STUDIUM
31. Folge: Studium — Kultur — Persönlichkeit
10.30 VOR, AUF UND HINTER DER BÜHNE
Rätselrunde mit Reiner Süß
Gestaltung: Otto Zengel
11.30 DER LENINISMUS HEUTE
Die Dialektik im ökonomischen System des Sozialismus (Wiederholung)
12.00 Nachrichten
12.05 Band läuft
Tanzmusik
13.00 Nachrichten
13.10 Kammerorchesterkonzert
1. Christoph Willibald Gluck: Sinfonie G-Dur für Streichorchester — Thüringisches Kammerorchester, Leitung: Friedemann Bätzel; 2. Johann Adolf Hasse: Reiß mir das Herz aus der Brust, Arie der Scintilla aus dem Singspiel „List wider List" — Hannelore Diehn, Sopran; Rundfunk - Kammerorchester Leipzig, Leitung: Herbert Kegel; 3. Giuseppe Tartini: Konzert Nr. 58 F-Dur — Collegium musicum Leipzig, Leitung: Heinz Rögner; 4. Henry Purcell: Trompeten-Sonate — Solist: Franz Witecki, Kammerorchester Berlin, Leitung: Arnold Goldsbrough; 5. Joseph Haydn: Sinfonie Nr. 43 Es-Dur — Thüringisches Kammerorchester Weimar, Leitung: Friedemann Bätzel
14.00 Wissenschaft — aktuell
Ein Wochenüberblick der Nachrichtenredaktion
14.10 Die kleine Hörspielstunde
Ursendung:
„ZWEI ÄRZTE"
Manuskript: Fritz Göhler
Regie: Fritz Göhler
Ein Hörspiel für die Jugend
15.00 Vorschau auf das Programm der kommenden Woche

15.10 Hommage à Mozart
Lyrik und Prosa um Leben und Werk des Komponisten von
Johannes Bobrowski
Louis Fürnberg
Franz Grillparzer
Hermann Hesse
Hugo von Hofmannsthal
Karl Kraus
Eduard Mörike
Eine literarisch-musikalische Sendung von Hermann Börner

16.30 STUDENTENSTUDIO
(Übernahme einer Sendung des Berliner Rundfunks)
17.00 HEITERE MUSE UNSERER ZEIT
Unterhaltungsmusik in der DDR
Siegfried Stöckigt: Concerto ritmico
Redaktion:
Ingrid-Maria Nauck
17.30 Bei uns erschienen
Betrachtung zum Buchangebot 1969
Nordische Literatur im Hinstorff-Verlag Rostock
18.00 DIE TAGESÜBERSICHT DER NACHRICHTENREDAKTION
18.10 Kommentar des Tages
18.15 DU UND DEIN STUDIUM
30. Folge:
Studium und Liebe
(Wiederholung)

STEREO

18.35 Intermezzo in Stereo

19.00
Nicht nur eine Akte...
Aus der Praxis der sozialistischen Rechtspflege
Am Mikrofon: Udo Krause

STEREO
19.30
Radio DDR zu Gast bei der Komischen Oper ►
Ein musikalisches Feuilleton von Dieter Boeck über das berühmte Berliner Operninstitut

22.00 Nachrichten
22.10 DIE ERSTE STUNDE
22.10 ARNO HOLZ: „DAFNIS"
Ein lyrisches Porträt aus dem 17. Jahrhundert
Es spricht: Otto Mellies
Manuskript und Regie:
Edgar Kaufmann
Ab 23.05 siehe I. Programm

DEUTSCHLANDS

4.00 Deutsche Nationalhymne
4.05 Nachrichten, Wetterber.
4.10 Musik für Frühaufsteher
Dazwischen:
4.30, 5.00, 5.30
Nachrichten, Wetterbericht
6.00—8.00 MIT SCHWUNG UND GUTER LAUNE INS WOCHENEND
Frühprogramm des Deutschlandsenders
Dazwischen:
6.00, 6.30, 7.00
Nachrichten, Wetterbericht
6.15 Für junge Leute
7.55 Programmvorschau
8.00 Nachrichten, Wetterber.
DDR-Presseschau
8.10 Im bunten Wechsel

9.00
Wer ist wer?
Der Jugendfunk bei Zeitgenossen
PROF. DR. HABIL. WALTER FRIEDRICH
Leiter des Zentralinstituts für Jugendforschung
Gesprächsleitung:
Edita Rinke

9.30 Ensembles aus Jugoslawien, der Ukrainischen SSR, Polen und Ungarn musizieren
10.00 Nachrichten, Wetterber.

10.10
Zeitfunk am Vormittag

10.30 Melodie und Rhythmus
11.00 AUS DEM ARBEITERLEBEN
11.30 Bekannt und beliebt
1. Antonín Dvořák: Zwei Slawische Tänze C-Dur und c-Moll; 2. Antonín Dvořák:

Aus d… Natur" manch' grünen Sommer Aus d… „Peer … scher B… ziehn, königst… Tanz, … lied
12.00 Nac…
12.10 DIE WOCHE… MIT DE… SIEGFR…
Mit dem … der We… Ich we… nicht w… Laß d… Slow-Sh… kin, … Spiel … Glück u… der Ope… Hochzei… langsam… well); B… Kleine … mann); sen au… sen v… Piccadil… Musical… bury" 'nem k… Marsch-… Musical (F. Loe… du an … Ich tr… Augen, samer Liebesli… (Schneid… tal rea… trott (… strom,

13.00 Junge Leute – …
Das Hörmagazin des Deutschlandsen…
Sprecher: Hans-Joachim Thi…

15.00 Nachrichten
15.05
. . . und wieder ist Samstag!
Heute im Programm:
15.05 HEITERE MUSE AUS MEISTERHAND
Leopold Stokowsky dirigiert sein Sinfonieorchester
Fantasie über das Ballett „Giselle" (Adam); Aufforderung zum Tanz (Weber); Aus dem Ballett „Die Sylphiden" (Chopin): a) Prélude A-Dur, b) Valse Ges-Dur, c) Mazurka C-Dur, d) Grande Valse brillante Es-Dur; Valse lente und Pizzicato aus dem Ballett „Sylvia" (Delibes); Tanz der Schwanenkönigin und Tanz der kleinen Schwäne aus dem Ballett „Schwanensee" (Tschaikowski); Blumenwalzer aus der „Nußknackersuite" (Tschaikowski)

16.00 SOM… TANZM…
Intern…
Nachrich… Berichte… dem W…
17.35 Volk…
Mit dem …
Mit ein… Bonner … Klaus …
18.30 Deu… Rhythm… Schlage…
19.00 Nach…
19.10 Kom…
19.15 Neu…

19.30 Sommerliche Abendmusi…
1. Carl Stamitz: Echo-Sinfonie Es-Dur — … Leipzig, Leitung: Robert Satanowski;
2. Joseph Haydn: Cassation Es-Dur für … horn mit Orchester — Hans-Werner Wä… Beyer, Englischhorn; Kammerorchester B… mut Koch;
3. Wolfgang Amadeus Mozart: Divertim… — Rundfunk-Kammerorchester Leipzig, Le…
4. Johann Christoph Vogel: Konzertant… Erwin Kretzschmar, Fagott; Fritz Schneid… Sinfonieorchester Leipzig, Leitung: Rolf …

20.30 Die ganze Welt ist voll M…
Ouvertüre zur „Tänzerischen Suite" (… Nachtigall aus dem Tonfilm „Die schw… (Grothe); Granada, spanische Fantasie (… Rhapsodie (Wal-Berg); Aus dem Musica… gers): a) Out of my dreams, b) People … love; Manhattan, aus der Suite „3 Vi… Mame, aus dem gleichnamigen Musica… aus dem Musical „Funny girl" (Styne… dem Concertino 64 für Piano, Rhythmus… ster (Hattwig); Mylord, Chanson (Monnot… you look to night, Bounce aus dem M… (Kern); Be my love, Moderatofox (Cohn… Bossa-Nova (Bonfa); C'est magnifique, … Musical „Can-Can" (Porter)

Regionalprogramme

LEIPZIG: 6.10 Ultrakurzweiliger Wochenausklang (Dazwischen: 6.30 Regionalnachrichten 6.45 Hörerservice 6.55 Pfiffikus 7.00 Nachrichten 7.30 Drei Bezirke in dieser Woche 7.45 Hörerservice) 8.00 Nachrichten 8.05 Den ersten Gruß schickt man am Morgen 8.30 Das UKW-Funkforum, Gespräche mit Abgeordneten 9.00 Regionalnachrichten 9.07—10.00 Unsere Straße
DRESDEN: 6.10 Dresden sagt guten Morgen — mit flotten Rhythmen, Tagesinformationen und der Sportvorschau 8.00 Nachrichten 8.05 Wochenfeuilleton 9.00 Ein Gruß, ein Danke-
Thüringer Nachrichten 6.45 Sportvorschau 7.00 Nachrichten 7.10 Programminformationen 7.30 Kurznachrichten, Kommentar 7.45 Programmvorschau auf das Wochenende) 8.00 Nachrichten 8.05—10.00 Thüringer Wochenendspaziergang
SCHWERIN/NEUBRANDENBURG: 6.10 Musikalischer Wochenendauftakt 8.00 Wochenspiegel 8.05 Glückwünsche und Musik 9.00 Regionalnachrichten 9.05 Schlag auf Schlag — Schlager auf Schlager 9.30 Uns Hüsung — gestern, heute und morgen
ROSTOCK: 6.00—10.00 Die Radio-DDR-Ferienwelle — ein Programm für Urlauber und Touristen

Erste Mehrkanal-Versuchsanlage des RFZ für das Funkhaus Nalepastraße

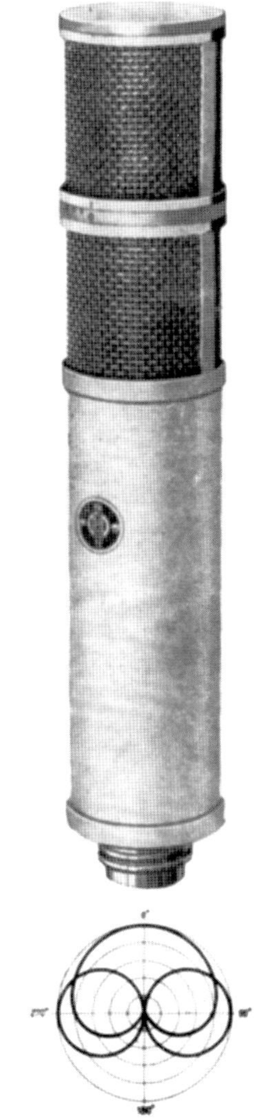

Das „Kondensator-Zweikanal-Mikrofon ZUM 64", Rundfunkbezeichnung „M 101", entwickelte das RFZ der Deutschen Post zusammen mit der Firma GEORG NEUMANN & CO. in Gefell/Vogtl. (heute MICROTECH GEFELL GMBH) für die Stereo-Aufnahmetechnik des DDR-Rundfunks. Dieses „Stereo-Koinzidenz-Mikrofon" enthält zwei Doppelmembran-Kapseln M 7, die gegeneinander verdrehbar sind und in der Richtcharakteristik umgeschaltet werden können. Als Verstärker dienen zwei Röhren EC 760.

Nach Einrichtung eines ersten Experimental-Mehrkanal-Regieraumes im Funkhaus Nalepastraße wurde ein kleines, transportables Stereo-Regiepult gebaut, das am 6. März 1965, während des Jubiläums „800 Jahre Leipziger Messe", erstmals im Funkhaus Springerstraße in einem Stereo-Sonderstudio zum Einsatz kam. Ein eigens dafür umgerüsteter UKW-Sender versorgte die auf der Messe ausgestellten Stereo-Rundfunkempfänger täglich mit einem Test- und Musikprogramm – private Stereo-Radios wird es kaum gegeben haben. Jedenfalls ist mit diesem „Großversuch im Raum Leipzig" das Stereo-Zeitalter in Mitteldeutschland eröffnet worden, wenn auch die Versuchssendungen nach der Messe wieder eingestellt wurden. Erst ein Jahr später, am 6. März 1966, begann im Funkhaus Leipzig ein reguläres Stereo-Versuchsprogramm, das über 2 UKW-Frequenzen von Radio DDR II (Leipzig/Wiederau auf 93,85 MHz, Modulation über Kabel; Dresden/Radebeul auf 92,25 MHz, Ballempfang aus Leipzig) gesendet wurde. Im ersten Jahr betrug der Stereo-Anteil aus dem Leipziger Funkhaus im Durchschnitt knapp 7,5 Stunden pro Monat!

links: Die Design-Entwicklung für die Rundfunk-, Fernseh- und Phonogeräte des Industriezweiges Rundfunk und Fernsehen geschah im „Zentralen Gestaltungsbüro" von RFT in Leipzig. (1977)
rechts: Ein Blick in das elektroakustische Labor des ZRF Dresden (1979)

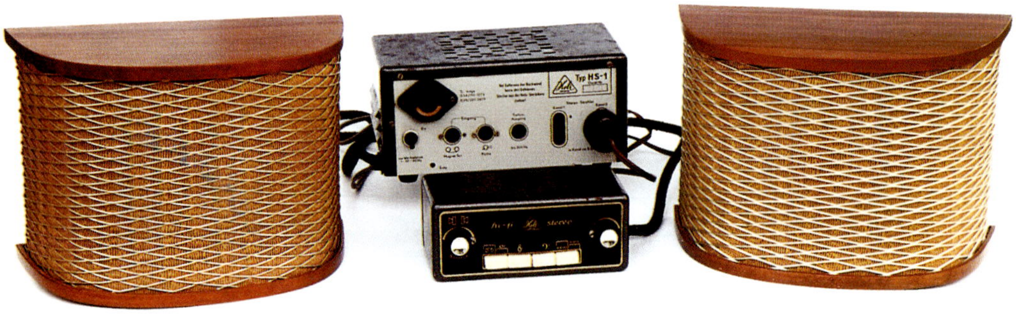

Der „Hi-Fi-Stereo-Zusatzverstärker HS-1", 1959 von HELI-RADIO GERÄTEBAU HEMPEL KG., Limbach-Oberfrohna, auf den Markt gebracht, ermöglichte erstmals jedermann eine Stereo-Wiedergabe in den eigenen vier Wänden, wenn auch zunächst nur von Schallplatte oder Tonband. Diese Anlage arbeitete so ähnlich wie eine heutige Subwoofer-Satelliten-Kombination: Die mitgelieferten „Stereo-Strahler" wurden vom HS-1 gespeist, zur Tiefenwiedergabe musste das vorhandene Rundfunkgerät oder eine Musiktruhe verwendet werden. Der HS-1 ist mit zwei Röhren ECL 82 bestückt und liefert 2 Watt Leistung je Kanal.

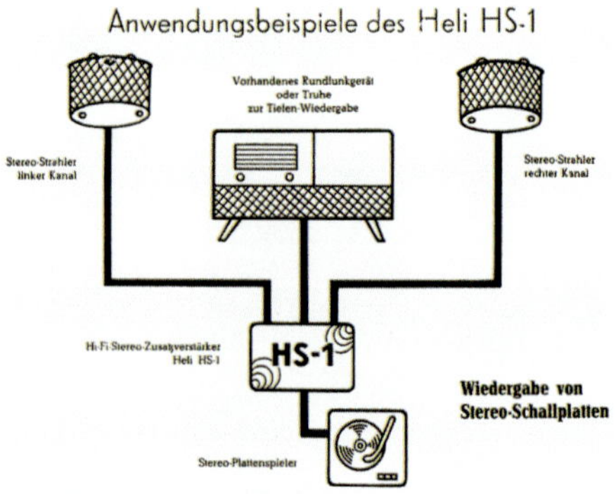

Aus heutiger Sicht verwunderlich ist eine 1960 gestellte Prognose, dass „der Prozentsatz der für Stereofonie geeigneten Sendungen ziemlich klein" sei – man kam bei einer Wochenanalyse auf 25 % stereowürdiger Programmanteile: Hauptsächlich klassische Musik und Hörspiele, aber auch effektvolle Tanzmusik hielt man für geeignet. Es wurde davon ausgegangen, dass Stereo-Programme zum Zuhören da sein sollten und nicht zur Berieselung oder als „Rasiermusik"! Ein Fragebogen von einer öffentlichen Stereo-Demonstration von 1964 endet bezeichnenderweise mit der Frage: „Wieviel mal in der Woche würden Sie sich ein stereofones Rundfunkprogramm anhören?"! Nun, die Prognose stimmte nicht – 1968 wurden etwa 50% aller Aufnahmen in Stereo produziert, und 4 Mio. Haushalte in der DDR hatten die Möglichkeit, mindestens ein (DDR-) Stereoprogramm, mit 30 Sendestunden pro Woche, zu empfangen. Es war einmal das Ideal der Rundfunk-Protagonisten, den Hörer mit der Stereofonie wieder mehr zum konzentrierten Zuhören zu bewegen. Heute, da die Euphorie des „Klangwunders Stereo" längst verflogen ist und die Medien uns mit Surround-Sound überfluten, eine wohl – leider – seltener geübte Praxis. Dabei sind inzwischen die Lautsprecher klanglich viel perfekter als vor 35 Jahren, als man noch mit einfachen Breitband- und Hochtonlautsprechern in einer bassreflex-ähnlichen Box zufrieden sein musste.

Das Nonplusultra eines Rundfunkempfängers von 1960: der Großsuper „Stradivari 4 Automatic" aus dem VEB STERN-RADIO ROCHLITZ. „Er vereinigt große Empfangsleistung, Klangschönheit und hohen Bedienungskomfort. Das Besondere dieses Gerätes ist die elektrische Motor-Automatic für Senderwahl und Scharfabstimmung", heißt es in der Bedienungsanleitung. Ein zweiter Motor steuert die Lautstärkeeinstellung – und beides lässt sich über die drahtgebundene Fernbedienung „vom Sessel aus" bedienen. Das Gerät ist ein 9/11-Kreis-Super mit 14 Röhren und 5 Dioden, besitzt außer UKW, Mittel- und Langwelle (mit drehbarer Ferritantenne) noch 3 gespreizte Kurzwellen; es enthält einen Stereo-Verstärker für Schallplattenwiedergabe, jedoch nur eine Lautsprecherkombination. Deshalb musste für Stereo-Wiedergabe noch eine Lautsprecherbox, die vom gleichen Hersteller lieferbar war, angeschlossen werden. Das stolze Radio von 80 cm Breite kostete 1.095 Mark.

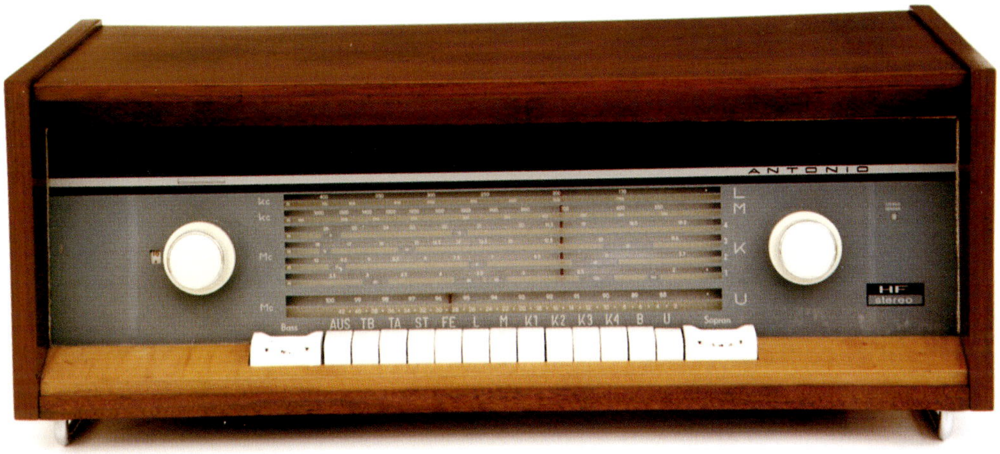

Mit der „HF-Stereo-Anlage ‚Antonio'" vom VEB GOLDPFEIL RUNDFUNK-GERÄTEWERK HARTMANNSDORF bei Karl-Marx-Stadt war erstmals der Heimempfang von Stereo-Sendungen nach dem Pilotton-Verfahren möglich. Dieses Steuergerät von 1963 ist eine Weiterentwicklung des „Rossini 6002" (nur NF-Stereo) mit erhöhter Empfindlichkeit, aber ohne Klangregister; der HF-Stereo-Decoder Typ „St D 4" ist eingebaut. Die komplette Anlage kostete einschließlich Boxen je nach Gehäuseausführung 1.350 bis 1.420 M.

Die ersten Stereo-Musikaufnahmen beim DDR-Rundfunk wurden 1960 mit einer vom VEB DEUTSCHE SCHALLPLATTEN geliehenen Import-Anlage gemacht. Ab 1962 stand eine labormäßige Regieeinheit des RFZ zur Verfügung, die 1965 durch ein weiteres Regiepult (mit Ge-Transistoren) ergänzt wurde. Die noch im Aufbau befindliche Technik verlangte viel Improvisationstalent – trotzdem entstanden damals schon technisch und künstlerisch hochstehende Stereo-Produktionen. Dazu zählen unvergessliche Live-Aufnahmen – mancher Leser mag sich noch an das legendäre Gastspiel von L. ARMSTRONG im März 1965 erinnern, das mit dem ersten Stereo-Übertragungswagen Ü 33 aufgezeichnet und der Nachwelt als ein herausragendes Beispiel für Pionierleistungen dieser Stereo-Epoche bewahrt wurde. Die erste Leipziger Original-Sendung in Stereo dürfte die Aufführung des Requiems von A. DVORAK mit dem Rundfunk-Sinfonie-Orchester und dem Rundfunkchor Leipzig unter H. KEGEL am 10. Mai 1966 in der Leipziger Kongreßhalle gewesen sein, aufgenommen mit dem Ü 34. Als Mikrofone wurden anfangs die bewährten Mono-Typen M 14 und M 94 paarweise eingesetzt; ab 1966 war das in Zusammenarbeit mit der Firma G. NEUMANN & CO., Gefell/Vogtl., geschaffene Stereo-Kondensatormikrofon M 101 verfügbar.

Die Stereo-Boxen für den „Antonio" fallen durch ihre Stahlrohr-Beine aus dem Rahmen; sie wollten damit auch äußerlich die neue Hörqualität anzeigen und die stereogerechte Aufstellung unterstützen. Die akustische Wiedergabe ist aus heutiger Sicht eher bescheiden zu nennen: Ein Breitband-Ovallautsprecher (6 W) und ein Konus-Hochtöner (1,5 W) sind in ein bassreflex-ähnliches Gehäuse eingebaut.

Der HF-Stereo-Großsuper „Rossini G 6010" von GOLDPFEIL war 1967 eines der letzten röhrenbestückten Radios, bei denen beide Stereo-Lautsprecher eingebaut waren. Das Gerät hat eine abstimmbare AM-Vorstufe; zwei Gegentakt-Endstufen (4x EL 95) liefern je 7 Watt Ausgangsleistung an die Lautsprecherpaare (je 1x L 2659 PBO und LP 554). Als Variante gab es das Steuergerät „G 6011", für den die Boxen TR 75 und TR 76 der Firma GERHARD REISSMANN, Dresden, empfohlen wurden.

Stereo-Rundfunk

Im Konzertsaal können Sie feststellen, daß in der Regel die Violinen links, die Holzbläser in der Mitte und die Kontra-Bässe rechts ihren Platz haben. Diese Ortungsmöglichkeit geht bei einer normalen monauralen elektroakustischen Wiedergabe vollkommen verloren. Der Solist wirkt hier immer ebenso breit wie das begleitende Orchester. Eine Abhilfe bringt die stereofone Wiedergabe. Das Musikstück wird über zwei getrennte Mikrofone gleichzeitig aufgenommen. Beide Aufzeichnungen werden von Ihrer Stereo-Anlage „Antonio" getrennt verstärkt und durch zwei getrennte Lautsprechergruppen abgestrahlt. Sie haben nun das Konzert-Podium, die Opernbühne in Ihrem Heim. Sie hören die Darbietungen des Künstlers so plastisch und transparent, als wären Sie bei der Aufführung zugegen.
Mit der von Ihnen erstandenen Anlage ist der Empfang von Stereo-UKW-Rundfunk-Programmen nach dem modifizierten FCC-Verfahren möglich.
Das Einstellen des Senders erfolgt wie bei einem herkömmlichen UKW-Rundfunkgerät. Drücken Sie hierauf noch die Stereo-Taste, so gibt Ihnen das Gerät das Rundfunk-Programm stereofon wieder, sofern vom Sender ein Stereo-Programm abgestrahlt wird. Gleichzeitig ist die automatische Scharfabstimmung durch Drücken der B-Taste einzuschalten, da sonst durch geringe Abstimmfehler ein Verwaschen des Stereo-Effektes auftritt.
Sollte der Sender auf monofones Programm zurückschalten, so ist die Stereo-Taste wieder herauszunehmen.
Das Programm wird dann zwar auch noch über beide Lautsprechergruppen abgestrahlt, aber der eigentliche räumliche Stereo-Eindruck fehlt.
Der einwandfreie Stereo-Rundfunk-Empfang ist allerdings nur bei genügend stark einfallenden Sendern, die also stereo-hörwürdig sind, möglich. Bei schwächeren Sendern ist es jedoch günstiger, nur monofon zu hören (Stereo-Taste herausnehmen).
Eine gute Antennen-Anlage ist gerade bei Stereo-Empfang ausschlaggebend für die Empfangsqualität.

Aus der Bedienungsanleitung zum Stereo-Empfänger „Antonio"

Der erste HF-Stereo-Decoder für die DDR-Rundfunkindustrie, der Typ „St D 4"; eine Entwicklung aus dem 1960 gegründeten „Zentrallaboratorium für Rundfunk- und Fernsehempfangstechnik Dresden" (ZRF), das für die Rundfunkbetriebe Forschungsaufgaben, Grundlagenuntersuchungen und Prototyp-Entwicklungen durchführte; Hersteller war die PGH TONFUNK ERMSLEBEN (Harz). Dieser Decoder, mit Ge-Transistoren bestückt, arbeitet nach dem Schalterprinzip und hat eine automatische Mono-Stereo-Umschaltung. Er war von vornherein für den Einsatz in Röhren-Radios konzipiert.

Die wissenschaftlich-technische Entwicklung bei hochwertigen Konsumgütern – in unserer Branche z. B. Farbfernsehempfänger und Stereo-Rundfunkgeräte – und der ständig wachsende Ausstattungsgrad der Haushalte in unserer Republik mit elektronischen Heimgeräten stellen an den RFT-Fachhandel und RFT-Service erhöhte Anforderungen. Nahezu 100 moderne Fachfilialen, 50 leistungsstarke RFT-Werkstätten und ein weitreichendes Netz von 1250 RFT-Vertragswerkstätten garantieren überall in der DDR einen rationellen Einkauf und einen qualitätsgerechten Reparatur-Service.
Unsere Verpflichtung lautet: Zufriedene Kunden beim Einkauf durch Beratung, Bedienung und eine ansprechende Verkaufsatmosphäre; zufriedene Kunden auch nach dem Kauf eines Gerätes, weil wir die Fachleute für einen qualitätsgerechten Reparatur-Service haben.

information

RFT

Das sollten Sie bedenken:

Stereofonie stellt einige Ansprüche!

Darüber sollte man sich von vornherein im klaren sein: Stereofonie ist kein Ersatz für Musiksaal und große Oper, sondern deren dauernder Nachklang. Stereofonie – ob nun per Stereo-Heimsuper oder Plattenspieler – stellt die gleichen hohen Ansprüche an uns wie ein Konzert, eine Opernaufführung, eine Estrade, ein Schauspiel: Einstimmung, Aufmerksamkeit und Aufgeschlossenheit, Muse, Freude am Kunsterleben. Sie entläßt uns auch keineswegs aus ihren Forderungen, obgleich wir unser Anrecht über zwei Kanäle daheim absolvieren, was nicht heißen sollte, daß man dabei ein Zopfmuster stricken oder sonst etwas „Lohnendes" verrichten könnte. Tschaikowski, Verdi, Brecht bei sich daheim für sich allein zu haben, das ist ein Ziel, dem täglich mehr Menschen zustreben.

Übrigens, Stereofonie ist durchaus keine Angelegenheit der älteren Generation, sondern im wachsenden Maß Wunsch und Anspruch der Jugend, der die Stereofonie immer mehr akustische Darbietungsformen erschließt.

Es gibt noch keinen „Stereo-Knigge", deshalb im folgenden drei Anmerkungen: Stereofonie um jeden Preis, das wäre eine allerdings abwegige Folgerung, denn dazu gehört eine Geräteausstattung und Zuhörer, die sich beide verstehen müssen, um eine Einheit zu bilden. Bei den Geräten selbst bleiben heute keine Wünsche mehr offen, aber bei uns selbst? Weiß jeder von uns genau, ob er wirklich stereotüchtig, d. h. stereoveranlagt ist? Bloße Repräsentationslust (Motto: Auch wir haben jetzt unser Hausorchester) ist da kein Argument. Ein anderes wesentliches Moment: Stereofonie braucht ihre Tageszeit, die nicht bei jedem von uns die gleiche ist. Daraus ergibt sich sofort als weitere Überlegung: Müssen wir den lieben Nachbarn und Hausfreunden unbedingt den Feierabend mit dem Wagner'schen Sängerwettstreit oder dem Verdi'schen Siegesmarsch in Stereo oder gar HiFi würzen? Mit der Stereofonie sollten wir doch lieber unter uns bleiben, wenn wir unser Gerät einstellen. Wilhelm Busch's diesbezüglicher Vierzeiler ist noch heute aktuell. Denn Stereofonie ist eine Art häusliches „Kulturzentrum".

Ein Schaufenster der seinerzeit sehr bekannten und traditionsreichen Leipziger Firma SACHSENFUNK in der Nikolaistraße; im Vordergrund sind – außer dem „Messemännchen" und einigen Mikrofonen – auch Stereo-Empfänger von REMA und GOLDPFEIL zu sehen (etwa 1968).

Blick in den Saal der Alten Börse, eingerichtet als „RFT-Stereo-Salon“, während eines Einführungsvortrags zur Stereofonie, Herbstmesse 1972. Die Stühle waren entsprechend der Form der Stereo-Hörfläche angeordnet.

Die Alte Börse am Leipziger Naschmarkt mit ihrem traditionsreichen Rundfunk-Aufnahmesaal aus Zeiten der MIRAG war von 1972 bis 1974 während der Leipziger Messen als Demonstrationszentrum für Stereo-Empfangsanlagen des Industriezweiges Rundfunk und Fernsehen der DDR eingerichtet.

Ende der 70er Jahre war das „RFT-Stereo-Zentrum“ im „Handelshof“ mit moderner Vorführtechnik ausgestattet; es war zu jeder Messe ein Publikumsmagnet. Die Kopfhörer dienten zur Demonstration der Kunstkopf-Stereofonie, die damals – sie wurde 1973 vom RIAS eingeführt – beim Rundfunkhörer mit Hörspielen und Dokumentationen eine gewisse Beliebtheit errang, heute aber kaum noch gesendet wird.

Der Stereo-Empfang

Der Receiver „REMA toccata" erhielt zur Frühjahrsmesse 1976 eine Goldmedaille des Leipziger Messeamtes.

Bei der Einführung der Rundfunk-Stereofonie bestand die Forderung darin, dem Mono-Hörer ein vollwertiges Klangbild in der „alten" Technik zu liefern – anders als bei der Stereo-Schallplatte, bei der man mit übertriebenen „Ping-Pong"-Effekten und stark in Links und Rechts aufgeteilten Instrumentengruppen arbeitete. Das führte zum gefürchteten „Loch in der Mitte" (der Stereo-Hörzone), was bei Mono einen unbefriedigenden Klang ergeben hätte.

Im Gegensatz dazu achteten die Toningenieure des Rundfunks, wie noch heute versichert wird, peinlich darauf, dass alle Stereoaufnahmen kompatibel waren und in Mono gut klangen. Somit hatten die Rundfunkhörer mit ihrem „alten" UKW-Gerät keine Qualitätseinbußen zu erleiden. Heute ist allerdings die Kompatibilität weniger wichtig geworden …

Zur Rückgewinnung der Stereosignale im Empfänger dient eine spezielle Baugruppe, der HF-Stereo-Decoder. Mit Hilfe des Pilottons wird der Hilfsträger regeneriert; ein damit gesteuerter elektronischer Umschalter erzeugt aus dem MPX-Signal die Signale L und R, die getrennt verstärkt und über zwei Lautsprecher abgestrahlt werden. Der Decoder wurde anfangs sowohl mit Röhren (nur in der BRD) als auch mit Transistoren aufgebaut. Später trat an deren Stelle ein kleiner Schaltkreis, und heute ist die komplette Empfängerschaltung auf einem Chip integriert, ein fast unendliches Verkleinerungsverhältnis.

Die Stereo-Decoder für die RFT-Geräte wurden im ZRF Dresden entwickelt; das erste Modell „St D 4", ein Steckmodul mit Germanium-Transistoren, fand erstmals Einsatz in der „HF-Stereo-Anlage ‚Antonio' " des VEB GOLDPFEIL HARTMANNSDORF.

Dieser Großsuper mit seinen zwei Lautsprecherboxen wurde zur Leipziger Herbstmesse 1963 der Öffentlichkeit vorgestellt und ist auch für die ersten Stereo-Demonstrationen des RFZ Berlin im August 1963 (Pressevorführung) und Dezember 1964 (Fachtagung „Elektroakustik" der KDT) mit Sondersendungen der „Berliner Welle" benutzt worden.

Mit der Stereofonie hat sich ein Kreis geschlossen: Empfangsgerät und Lautsprecher sind wieder getrennt, wie in den Anfangsjahren des Radios – doch das hat jetzt einen unvergleichlichen Klang. Bei RFT bemühten sich die Radiohersteller gemeinsam mit Lautsprecherspezialisten von RFZ, ZRF und VEB ELEKTROAKUSTIK LEIPZIG um den „wahren Hi-Fi-Klang" ihrer Stereogeräte, die bald dem Trend folgend aus Einzelkomponenten bestanden; die „Kompaktbox" trat ihren Siegeszug an.

Nach vielen Schritten der Verbesserung des Lautsprecherklangs wurden Anfang der 80er Jahre von den Leipziger Elektroakustikern, die auf der Tradition von KÖRTING-RADIO und VEB FUNKWERK Leipzig aufbauten, mit der Dreiwegebox „Corona" neue Maßstäbe in der Wiedergabequalität von Hi-Fi-Stereo-Heimanlagen gesetzt.

Zu den beliebtesten und besten Stereo-Empfängern (Receivern) gehörte vor 25 Jahren das Modell „REMA toccata 940 hifi" vom VEB RUNDFUNKTECHNIK REMA Stollberg/Sa. Es hat einen vierfach abgestimmten Diodentuner, 5 Programm-Sensoren für UKW und gibt 2x 25 W an die 20-l-Kompaktboxen ab. Preis ohne Boxen: 1.950,- M

Die Hi-Fi-Stereo-Anlage „HSV 920“ vom VEB FUNKWERK ZITTAU stand bei ihrem Erscheinen 1972 im Mittelpunkt der RFT-Messeofferte bei Rundfunkgeräten und fand auch in der Alten Börse zu den Stereo-Demonstrationen besonderes Interesse. Die in Leipzig im VEB ELEKTROAKUSTIK entwickelten 20-l-Kompaktboxen enthalten eine Hochton-Tiefton-Kombination und erfüllten damals erstmals alle Parameter der noch jungen Hi-Fi-Norm. Der Tuner geht auf eine Entwicklung von REMA zurück. Zusammen mit dem Plattenspieler „Opal 216 HiFi“ ergab sich der nicht gerade bescheidene Preis von 2.265,- M!

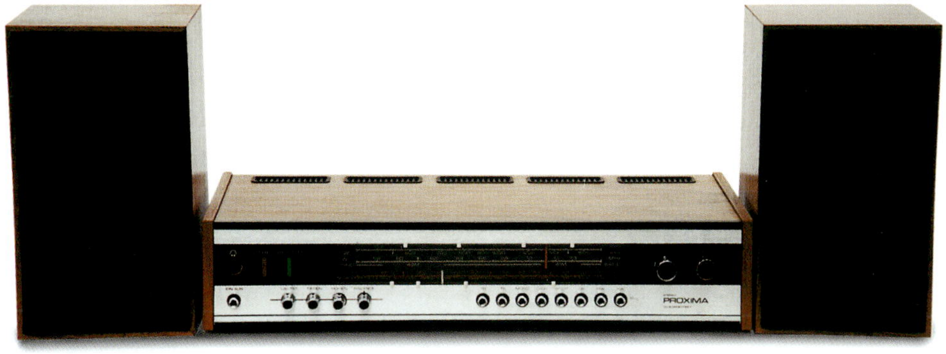

Der VEB STERN-RADIO SONNEBERG war auf Mittelklasse-Stereogeräte spezialisiert und brachte 1975 die Anlage „Proxima 401 Quadro-Effekt“ heraus. Man konnte zusätzlich zwei sogenannte „Quadrosound-Boxen“ anschließen, die, hinter dem Zuhörer angeordnet, einen Pseudo-Quadro-Rundumklang simulieren sollten – ein Vorläufer des „Surround-Sounds“ von heute.

Eine neuartige Gestaltungslösung eines Kombinationsgerätes aus Rundfunkempfänger und Plattenspieler war 1977 die Anlage „stereo-set 4000“ aus der Konsumgüterproduktion des VEB KOMBINAT ROBOTRON, BETRIEB ROBOTRON-ELEKTRONIK DRESDEN. Die Boxen waren aus dem standardisierten Sortiment (Impedanz 4 Ω) der DDR-Hersteller frei wählbar; hier ist das Gerät mit Kugelboxen vom Typ B 7121 vom VEB STATRON FÜRSTENWALDE komplettiert. Der Preis für das Gerät lag bei 1.090,- M, die Boxen kosteten je 125,- M.

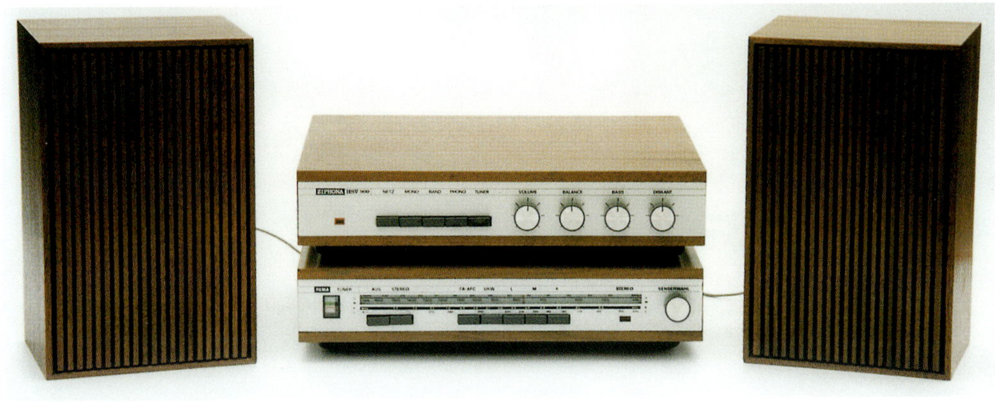

„Das Gerät ‚Ziphona HSV 900‘ ist ein volltransistorisierter Heim-Stereo-Verstärker der gehobenen Mittelklasse“. „Seine ausgereifte Konstruktion“ erlaubt „eine äußerst vielseitige Anwendung in elektroakustischen Heimanlagen.“ Der Verstärker (2 x 6 Watt) ist mit Silizium- und Germaniumtransistoren bestückt, die Lautsprecher-Kompaktboxen weisen „bei einem Volumen von nur 5 Litern eine erstaunlich gute Wiedergabe der Bässe auf.“ So die Bedienungsanleitung zum Gerät, das außer mit dem hier gezeigten „REMA Tuner 830“ auch noch mit einem „Ziphona“-Plattenspieler günstig zu komplettieren war. Hergestellt wurde die kleine Heimanlage ab 1969 vom VEB FUNKWERK ZITTAU.

Das „HF-Stereo-Steuergerät ‚RK 5 sensit' " der Marke HELIRADIO – GERÄTEBAU HEMPEL KG., Limbach-Oberfrohna – wurde 1972 vorgestellt und als ein „Spitzengerät der Hi-Fi-Klasse" bezeichnet. Es erfüllte tatsächlich sehr hohe Ansprüche eines Stereo-Rundfunk-Freundes: Es hat 4 Festsendertasten, automatischen elektronischen Sendersuchlauf bei UKW, AM-Vorstufe und 2 x 25 Watt Ausgangsleistung. Für dieses Steuergerät (der Begriff „Receiver" war noch nicht gebräuchlich) empfahl HELIRADIO die Kugelbox „K 20 sensit", eine geschlossene Box mit eingebautem passivem Entzerrer. Preis für diese Stereo-Anlage: 1470,- M für das Gerät, 242,- M je Box. Die Gestaltung der HELI-Geräte stammt von C. DIETEL und L. RUDOLPH, die seit 1960 für die eigenständige, moderne Linie dieser Firma verantwortlich zeichneten.

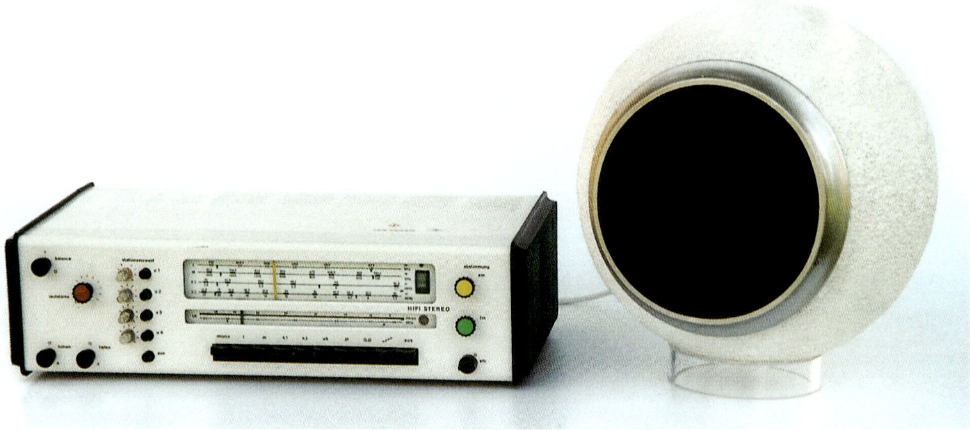

Ein typisches Stereo-Empfangsgerät der Mittelklasse vom Beginn der 70er Jahre und in bewährter „REMA"-Qualität: „Arioso 730", bestehend aus Steuergerät und zwei 6-l-Kompaktboxen („Buchboxen"). Diese Stereo-Anlage ist die kleinere Schwester des ebenfalls sehr beliebten Typs „REMA Adagio 830"; beide Geräte unterscheiden sich hauptsächlich in der UKW-Eingangsschaltung (Standard-Tuner mit 3- bzw. 4-Gang-Drehko), der Ausgangsleistung und den Lautsprechern, die beim „Adagio" größer sind. Obwohl die Verkleinerung der Boxen, ermöglicht durch neue Speziallautsprecher, der Unterbringung in den Regalwänden der Wohnzimmer entgegenkam, blieb das klangliche Ergebnis meist weit hinter der elektrischen Leistungsfähigkeit der jeweiligen Empfänger zurück. Die komplette Anlage kostete 1.170,- M.

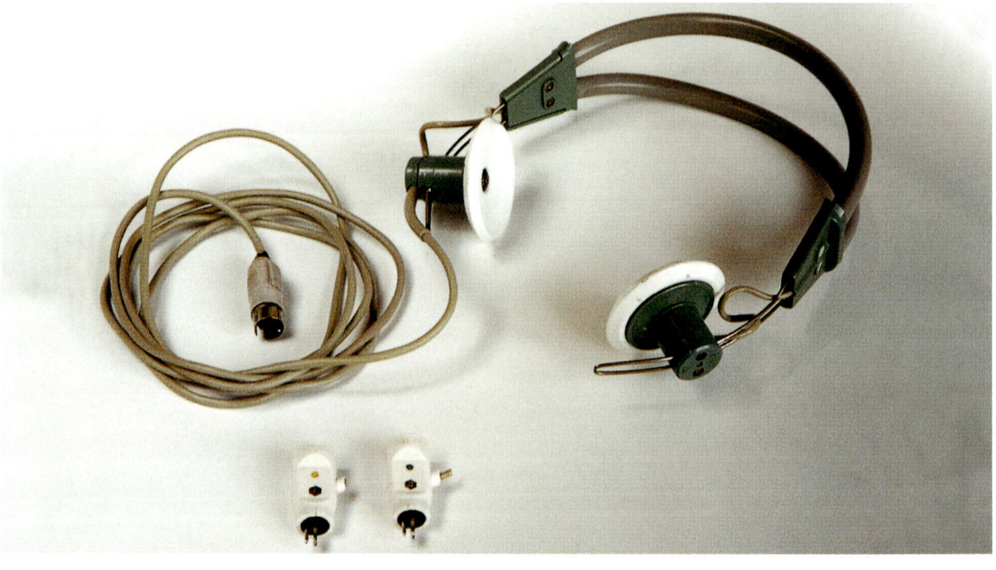

Der „DK 66", System „STEIN", war der erste dynamische Stereo-Kopfhörer der DDR, hergestellt ab 1966 von der PGH FUNKTECHNIK LEIPZIG.; Impedanz 400 Ohm, Übertragungsbereich 20 Hz bis 15 kHz. Mit zwei „Spezial-Buchsensteckern" (vorn im Bild) konnte der Kopfhörer zwischen Gerät und Lautsprecherboxen gesteckt werden; bei Mono war Parallel- oder Reihenschaltung der Einzelsysteme möglich. Später brauchte man zum Anschluss einen „Würfelstecker", der hier nachträglich angebaut wurde.

Die Kugelboxen „K 20 sensit“ sind geschlossene Boxen mit eingebautem passivem Entzerrer.

Das Spritzen der Kugelgehäuse für die HELI-Boxen, die der Globus-Herstellung „abgeguckt“ waren: Die Rohkörper wurden in einer Kartonagenfabrik in Wurzen/Sa. aus Pappsegmenten hergestellt.

MAXIMUS P
Körting
Radio
Riesenlautstärke
aus eigener Kraft
ohne Fremderregung

VOM „KÖRTING-MAXIMUS" ZUR „CASCADA" LAUTSPRECHER-TRADITIONEN IN LEIPZIG

Noch immer ist es schwierig, komplexe elektrische Tonsignale in Schall umzuwandeln oder, anders gesagt: Es ist leichter, aus Musikschall ein elektrisches Signal zu erzeugen als umgekehrt; der Schallwandler „Lautsprecher" ist nach wie vor das schwächste Glied in der Kette einer elektroakustischen Übertragung, wie es auch der Rundfunk ist. Bei allen Fortschritten, die die Rundfunktechnik in den zurückliegenden 75 Jahren ihres Bestehens erreicht hat, sind der idealen Schallreproduktion, wie sie sich ein anspruchsvoller Zuhörer wünscht, immer noch bestimmte Grenzen gesetzt, denen nur zum Teil durch hohen technischen (und finanziellen), aber auch raumakustischen Aufwand begegnet werden kann. Und doch, der heute erreichte Stand ermöglicht es uns, aus dem fast unübersehbaren Spektrum an Lautsprecherboxen durchaus sehr gute „herauszufischen", die noch erschwinglich und im normalen Wohnzimmer unterzubringen sind – eine seriöse fachliche Beratung vorausgesetzt. Im Gegensatz zu den preisgünstigen Gehäuselautsprechern der 30er Jahre sollte man heute etwa die Hälfte des Etats für eine neue Rundfunk-Stereoanlage den Lautsprechern zubilligen! Aber aufgepasst – die Qualitäten heutiger Lautsprecher sind ein weites Feld und nicht direkt mit dem Preis verknüpft, und es gibt viele Tricks der Verkäufer, den Kunden zu täuschen. Auf ein Probehören zu Hause sollte man deshalb nicht verzichten.

Körting Radio

Ab 1933 führten Dr. DIETZ & RITTER dieses Logo für ihre Erzeugnisse: hauptsächlich Radios, Lautsprecher und Verstärkeranlagen.

FERNSPRECHER: SAMMELNUMMER 64066.
DRAHTANSCHRIFT: WIDERSTAND
POSTSCHECKKONTO: LEIPZIG Nr. 22988

BANK-KONTO: DRESDNER BANK IN LEIPZIG DEPOSITENKASSE J
BAHNSTATION: LEIPZIG-STÖTTERITZ

CODES: BENTLEY'S, ABC 6th EDITION UNIVERSAL TRADE, RUD. MOSSE

VERKAUFSNIEDERLASSUNG: BERLIN SW. 11, ANHALTERSTR. 7

Dr. DIETZ & RITTER G.m.b.H.
Transformatoren-Fabrik LEIPZIG O 27
ALLEINIGE HERSTELLER DER „KÖRTING" RADIO-ERZEUGNISSE

Excello

Firma
Radio-Industrie, G.m.b.H.,
Filiale

Augsburg

Karolinenstr. D 67.

Ihre Zeichen	Ihre Nachricht vom	Unsere Zeichen	Leipzig O 27, den Eichstädtstr. 9-11
K./F.	27.2.33.	13/45.	3.3.1933.

Betr.: Überblender.

Im April 1925 wurde in Leipzig-Stötteritz die Firma „Dr. DIETZ & RITTER G.m.b.H., Fabrik für Radio-Erzeugnisse und Transformatoren" gegründet. Ihre Markennamen waren zunächst „Körting" und „Excello".

Lautsprecher aus Leipzig

Wie andernorts auch, begann in Leipzig die Lautsprecherherstellung gleichzeitig mit der Entwicklung des Radios. Beispiele aus den Anfangsjahren sind die kleinen Firmen E. BREITENBORN („Lion", „Elion") und ASCH & SCHMOLL („Tonofox"), die mit besonderen Konstruktionen oder Formen zum großen Angebot der Funkindustrie beitrugen; aber auch die Pianofabrik HUPFELD und die POLYPHON-Werke brachten Lautsprecher heraus. Ein Markstein der Lautsprecherentwicklung in Deutschland überhaupt und in Leipzig im Besonderen war die 1925 erfolgte Gründung der Firma „Dr. DIETZ & RITTER G.m.b.H. Leipzig O 27" (DR), die zwar zunächst mit der Herstellung von Transformatoren begann, aber bereits 1928 ins Lautsprechergeschäft einstieg. DR war eine der ersten Firmen, die sich konsequent dem dynamischen Prinzip zuwandte; die stets vorauslaufende technische Entwicklung in den USA wurde durch Besuche von Dr. DIETZ und anhand von Fachzeitschriften aufmerksam beobachtet.

„Formant P" heißt dieser Hochton-Trichterlautsprecher von KÖRTING, bei seinem Erscheinen im Jahr 1933 eine innovative Konstruktion mit Metall-Kalottenmembran, Druckkammer und Trichtertonführung. Mit diesem Lautsprecher (160 mm hoch, 2.500 bis 10.000 Hz,) konnten anspruchsvolle Beschallungsanlagen klarer und brillanter gemacht werden.

Eines der größten Lautsprechersysteme von Dr. DIETZ & RITTER in Leipzig: der „Körting Excello Maximus II W" von 1932. Das angebaute Netzteil liefert die Gleichspannung für die Feldspule, die ein starkes Magnetfeld im Luftspalt erzeugt: mit 220 V bei 120 mA. Dieser mit 20 Watt belastbare und fast 20 kg schwere Lautsprecher befindet sich hier auf dem Deckel der zugehörigen Original-Transportkiste; er wurde vorzugsweise für die Beschallung von Massenveranstaltungen eingesetzt. Sein Wirkungsgrad ist „um 400 % verbessert", ließ der Hersteller verlauten – jedenfalls ist er so hoch, dass man damit ohne weiteres lautstarken Detektorempfang haben könnte. Für eine gute Tiefenabstrahlung wurde eine Schallwand von 1,5 m x 1,5 m empfohlen, was die ganze Einheit noch unhandlicher machte, als sie ohnehin schon war…
Der Lautsprecher hat einen Durchmesser von 340 mm.

Die DR-Excello-Großlautsprecher „Maximus" und „Titan" setzten damals Maßstäbe, und die KÖRTING-Radios waren durch Lautsprecher mit der im eigenen Hause gefertigten „Keilschnitt-Membran" tatsächlich besonders klangschön, „als spielten Künstler in Ihrem Heim".

Im Jahre 1939 hatte die Qualität der Rundfunkübertragung in Deutschland auf Mittelwelle einen bemerkenswerten Stand erreicht: obere Grenzfrequenz 10 bis 12 kHz, Klirrfaktor unter 1 %; Exklusivwellen ermöglichten einen störungsarmen Empfang auch fernerer Stationen. Rundfunkempfänger mit getrennten Hochton- und Tieftonlautsprechern und leistungsfähigen Gegentakt-Endstufen klangen hervorragend.

Die weiteren Fortschritte verdankt die Rundfunktechnik im Wesentlichen der frequenzmodulierten Ultrakurzwelle (UKW) und der Stereofonie. Die UKW-Technik mit ihrer gleichmäßigen, störungsfreien Übertragung aller hörbaren Frequenzen bis 15 kHz ließ sofort auch die Mängel vorhandener Lautsprecher deutlich werden und lieferte wesentliche Impulse für die Entwicklung verbesserter Schallwandler. Man widmete der Schallführung, d. h. dem Zusammenwirken von Lautsprecherchassis und Gehäuse, erhöhte

Chassis Nr. 340

WUFA

60 Pole

Absolut vollwertiger Ersatz für elektro-dynamische Lautsprecher.

Fabelhafter Wirkungsgrad.

6 Anschlußmöglichkeiten.

380 m/m

Nr340

180 m/m

Lassen Sie sich das Chassis vorführen und Sie werden begeisterter „Wufa"-Hörer.

Wurzener Metallwaren-Fabrik
Wurzen i. Sa.

Anzeige in der „Mirag" von 1931

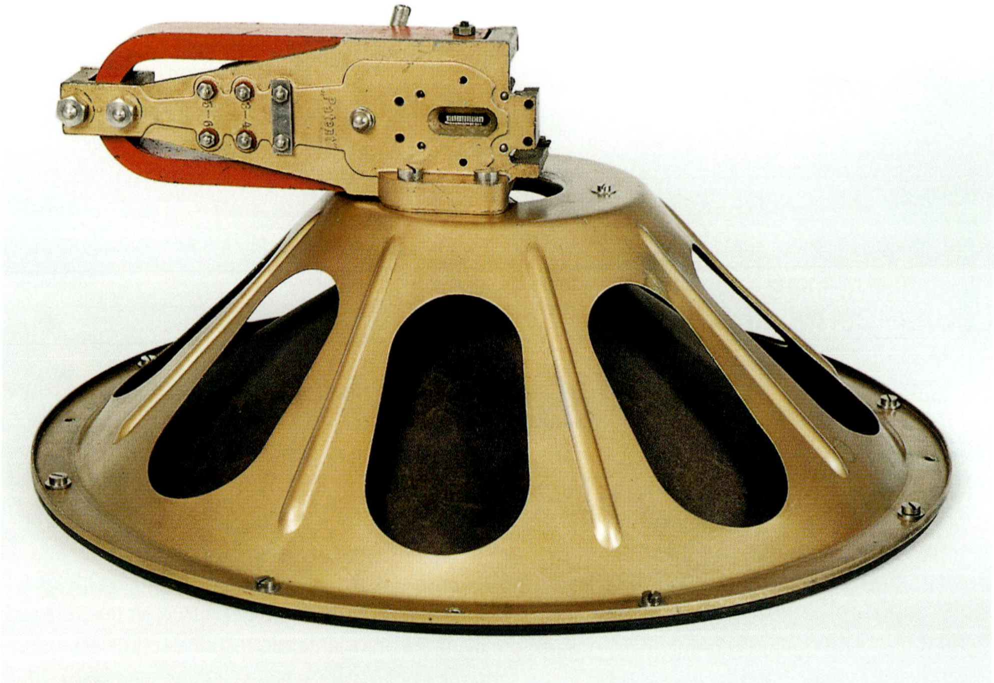

Eine interessante Lautsprecherkonstruktion kam 1931 von der Firma WUFA (WURZENER METALLWAREN-FABRIK, Wurzen i. Sa.): ein elektromagnetisches Vierpol-System, bei dem die Polschuhe aus 60 Schichten bestehen und das mit einem Hebel optimal justiert werden kann. Man wollte damit dem noch jungen dynamischen Lautsprecher Paroli bieten. Anzapfungen der Erregerspule ergeben 6 Anschlussmöglichkeiten. Dieser Lautsprecher mit 380 mm Durchmesser war ursprünglich auf einer 75x75 cm großen Schallwand montiert. WUFA baute auch kleinere Ausführungen und komplette Gehäuselautsprecher.

Der „Heimlautsprecher ‚Club II' mit Permanentmagnet" von KÖRTING-RADIO in Leipzig. Der Hersteller betonte, der „Club" sei „unabhängig vom Lichtnetz" und „so einfach anzuschließen wie ein magnetischer Lautsprecher", und versprach eine „glockenreine, naturwahre Wiedergabe von Musik und Sprache". Der eingebaute Anpassungstrafo ermöglichte den Anschluss an Radios mit unterschiedlichen Endröhren. Der „Club II" im Edelholz-Gehäuse kostete 66 RM.

Aufmerksamkeit, um die Tiefenwiedergabe zu verbessern, was mittels sorgfältig dimensionierter Bassreflex- und Kompaktboxen auch gelang. In der 70er Jahren kamen die ersten „Buchboxen" (bookshelf) auf den Markt, die zumindest das Platzproblem bei Stereowiedergabe lösen halfen und die etwas größer klangen als sie waren. Ein weiterer Fortschritt wurde mit der allgemeinen Einführung des Kalotten-Lautsprechers erreicht, der für eine breitere und gleichmäßigere Abstrahlung der mittleren und hohen Tonfrequenzen sorgte.

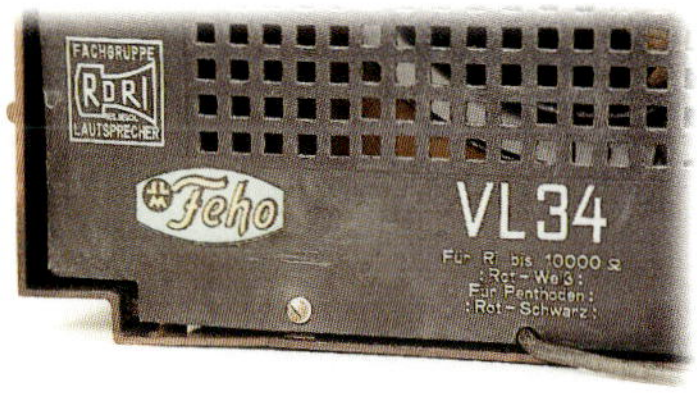

Ein preiswerter Lautsprecher im Bakelitgehäuse: der „Volkslautsprecher" VL 34 aus dem Jahre 1934. Er gehört wie die Volksempfänger zu den „Gemeinschaftserzeugnissen"; dieses Exemplar stammt von der Firma „FEHO" (FISCHER & HARTMANN) in Leipzig. Preis: 25 RM (darüber ein Ausschnitt der Rückwand mit Firmenlogo und Typbezeichnung)

Der Freischwingerlautsprecher Typ G. Fr. 341 (hier von FEHO), wie er in den VL 34 eingebaut, aber auch für 12 RM als „Bastlerbedarf" verkauft wurde

Für die „Riesen-Lautsprecher" wie den „Maximus P", wurden besonders starke Dauermagnetsysteme entwickelt, die zur damaligen Zeit allerdings noch sehr schwer und auch teuer waren. 1938 wurde die Tragfähigkeit eines solchen Magneten demonstriert; die Herren sind Lautsprecher-Entwickler von KÖRTING-RADIO.

Elektrodynamische Lautsprecherchassis für Zweitlautsprecher im Gehäuse erhielten etwa ab 1932 leistungsfähige Dauermagnete zur Felderregung, um den Anschluss an das Radiogerät zu vereinfachen. Im Bild das KÖRTING-Modell „Domikron P" mit Doppel-Bügelsystem; zu erkennen ist auch die mit Versteifungsrillen versehene Membran.

Doch blenden wir noch einmal zurück: Nach der Enteignung von OSWALD RITTERs Firma „KÖRTING-RADIO" (Dr. DIETZ war Anfang der 40er Jahre verstorben) im April 1948 – entsprechend dem Volksentscheid in Sachsen – wurde an gleicher Stelle im Leipziger Osten im Nachfolgebetrieb VEB FUNKWERK LEIPZIG (FWL) die Lautsprechertradition fortgesetzt. Eine leistungsfähige Forschung, Entwicklung und Produktion wurde auf- und ausgebaut, um die wieder aufblühende Rundfunk-, Phono- und später auch Fernsehindustrie ausreichend mit Lautsprechern zu versorgen, nicht zu vergessen die Kinos und die Übertragungsanlagen. Im Jahre 1963 war im FWL ein hoher Mechanisierungsgrad in der Produktion erreicht, und es gab auch Projekte für eine Automatisierung, was jedoch nicht verhindern konnte, dass das FWL 1964 der Umstrukturierung zur Nachrichtentechnik zum Opfer fiel und im VEB FERNMELDEWERK LEIPZIG aufging. Entwicklung und Produktion der elektroakustischen Wandler, wozu auch Mikrofone und Schallplatten-Abtastsysteme (Tonabnehmer) gehörten, wurden ausgegliedert und dem Betrieb VEB (K) ELEKTROGERÄTEBAU (EGB), beheimatet in Leipzig-Leutzsch, zugeschlagen. 1965 wurde daraus der VEB ELEKTROAKUSTIK LEIPZIG (EAL), der über 15 Jahre lang als eigenständiger Betrieb existierte und in diesem Zeitraum mit seiner leistungsfähigen Forschungs- und Entwicklungsabteilung den technischen Fortschritt bei den Schallwandlern für die Unterhaltungselektronik der DDR mitbestimmte. So wurden denn auch zahlreiche Auftragsentwicklungen als Lautsprecher-Applikationen bearbeitet und das Know-How im Boxenbau auch an andere Betriebe verkauft. Rückblickend darf dabei nicht vergessen werden, unter welchen Schwierigkeiten und Einschränkungen gearbeitet werden musste: ständig abnehmende Mittel für hochwertige Messgeräte (die Prüftechnik musste weitgehend selbst entwickelt und gebaut werden) sowie für westdeutsche und westeuropäische Fachzeitschriften und Bücher; nur wenige Vergleichsmuster; Genehmigungen

Auch FEHO baute Großlautsprecher: hier eine Werbeanzeige aus den 30er Jahren

Im VEB FUNKWERK LEIPZIG, dem 1948 entstandenen Nachfolgebetrieb von KÖRTING-RADIO, wurden zunächst noch über einige Jahre die bewährten Vorkriegstypen weitergebaut: hier der Typ L 2950 GGB von 1950, ein fremderregter Breitbandlautsprecher, der für Großsuper und Musikschränke vorgesehen war.

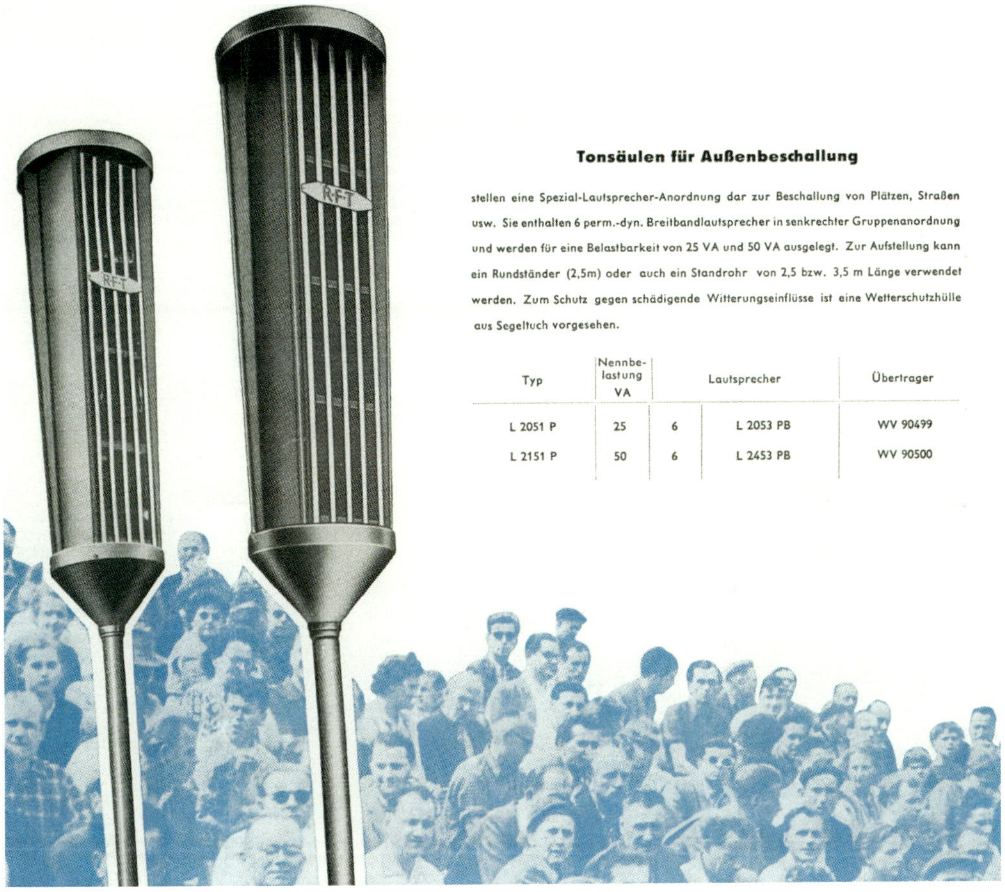

Sie gehörten über lange Jahre zum Stadtbild: die Tonsäulen aus dem Leipziger FUNKWERK.

links: Lautsprecherprospekt des VEB FUNKWERK LEIPZIG von 1956. Es vermittelt uns ein Wiedersehen mit der Rhythmusgruppe des „Rundfunktanzorchesters Leipzig, Leitung KURT HENKELS": WERNER SCHIRMER, „FIPS" FLEISCHER und WOLFGANG BALZEREIT (v.l.n.r.).

rechts: „Dem hohen Stand der Rundfunktechnik und dem laufenden Ausbau des UKW-Rundfunks Rechnung tragend, haben wir einen neuen Hochton-Lautsprecher in unser Fertigungsprogramm aufgenommen". Doch auch Standard- und Breitbandtypen wurden von dem zunächst noch kleinen, kommunal verwalteten Betrieb VEB (K) ELEKTROGERÄTEBAU in Leipzig-Leutzsch gefertigt, darunter leistungsfähige Breitband- und Hochtontypen, die z. B. auch in die 3-D-Großsuper „Beethoven" und „Stradivari 3" aus dem VEB STERN-RADIO ROCHLITZ/Sa. eingebaut wurden.

links: Im Jahre 1960 gab es in der DDR vier größere Lautsprecherhersteller: VEB FUNKWERK LEIPZIG, VEB (K) EGB LEIPZIG, VEB STERN-RADIO BERLIN und VEB (K) ELEKTRO-PHYSIKALISCHE WERKSTÄTTEN in Neuruppin. Sie stellten 27 Typen von 66 bis 300 mm Ø und von 0,1 bis 12,5 VA Belastbarkeit her. Bereits ein Jahr später waren es nur noch die beiden Leipziger Betriebe, die Lautsprecher für universelle Anwendung in großen Stückzahlen produzierten. Erst viel später änderte sich das Bild wieder …

rechts: Der Stand des VEB FUNKWERK LEIPZIG auf der Leipziger Frühjahrsmesse 1959. Eine besondere Attraktion war die Demonstration eines neuen Kopfkissenlautsprechers, der aus Gründen der Desinfizierbarkeit wasserdicht sein musste und deshalb auch im Aquarium musizieren konnte!

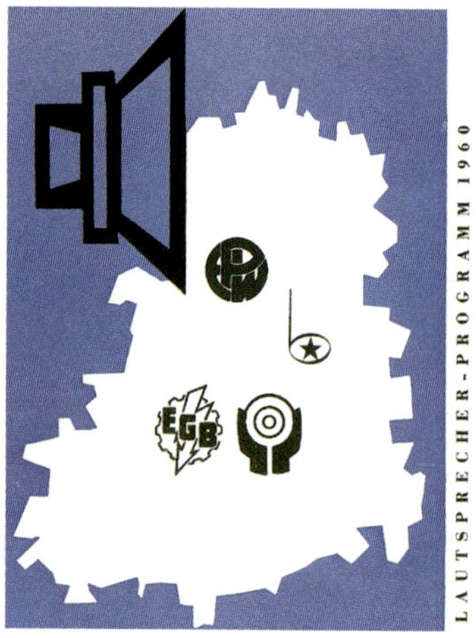

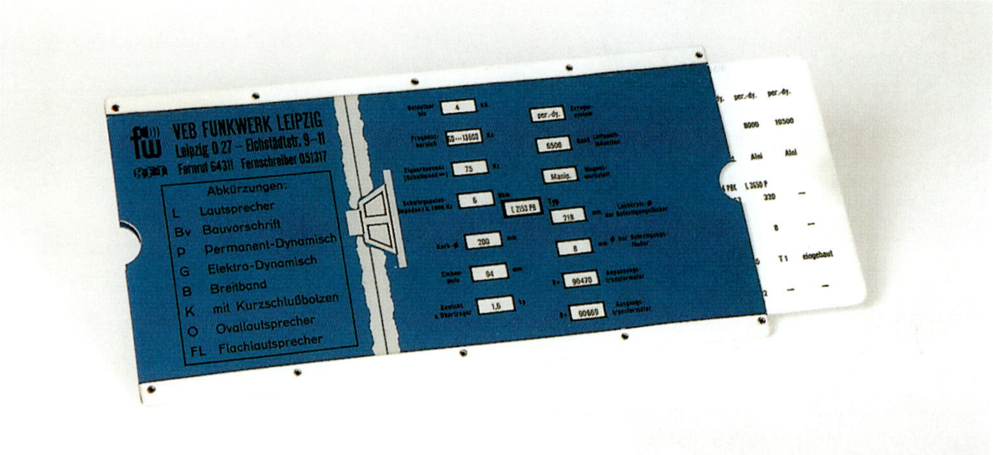

Praktisch für damalige Lautsprecheranwender: ein Rechenschieber, auf dem man alle wichtigen Daten der vom FWL lieferbaren Lautsprecherchassis leicht ablesen konnte; die Rückseite enthält die Daten der geeigneten Anpassungs- und Ausgangsübertrager.

für den Besuch der Funkaustellungen o. ä. erhielten meist nur höhere Leitungskader, die ihre Informationen wegen geringerer fachlicher Kompetenz nur unzureichend weitergeben konnten. Die Mitarbeit in den Norm-Ausschüssen von DIN und IEC war nach 1961 auch nicht mehr möglich. Es mag heute als Kuriosum gelten und war doch von Bedeutung: Einige (oder auch viele?) „kapitalistische" (englischsprachige) Fachzeitschriften wie „Audio" (USA) und „Wireless World" (UK) wurden in den 70er Jahren in Moskau faksimiliert nachgedruckt und auf diese Weise auch den DDR-Fachleuten zugänglich gemacht. Andererseits wurde „von oben" stets das „Weltniveau" gefordert, und das ASMW („Amt für Standardisierung, Meßwesen und Warenprüfung") achtete peinlich darauf, dass ein neues Erzeugnis entsprechend einem „Weltstandsvergleich internationaler Spitzenerzeugnisse" möglichst alle Bestwerte gleichzeitig erreichte – das machte nicht nur den Entwicklern das Leben schwer, sondern auch den Konstrukteuren, die noch dazu selbst dafür zu sorgen hatten, dass die notwendigen Materialien lieferbar waren (!), bis hin zu (eigentlich) standardisierten Schrauben und Muttern …

links: „KURS GERÄTEBAU KURT SCHMIDT, Leipzig C 1" war eine kleine Firma, die 1957 diesen mit 1,5 W belastbaren Tischlautsprecher im lackierten Bakelitgehäuse herausbrachte. Auch das Lautsprecherchassis mit 105 mm Ø kam von „KURS"; dieser Markenname wurde von der späteren „PGH ‚FUNKTECHNIK' " beibehalten. Das linke Modell besitzt einen Lautstärkeregler.

rechts: Der Kopfkissenlautsprecher L 2256 PKK aus dem FWL besitzt eine Kunststoffmembran; er wurde später bei der Firma ING. R. LAUSCH K.-G. in Leipzig-Leutzsch gefertigt.

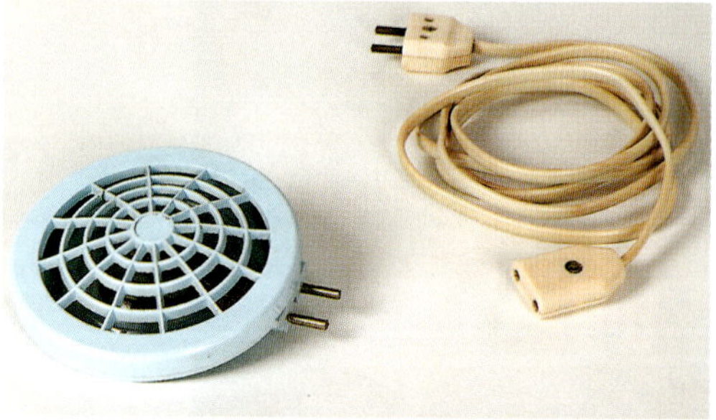

Einbaulautsprecher – für jeden Verwendungszweck

In den Rundfunk-Pionierjahren und auch kurz nach dem 2. Weltkrieg bauten viele Radiofirmen – und nicht nur die großen – ihre Lautsprecher noch selbst; außer KÖRTING-RADIO zum Beispiel MENDE, SACHSENWERK und STASSFURT/IMPERIAL, aber auch eine so kleine Firma wie die Elektromechanischen Werkstätten ANTELMANN K.-G., Cranzahl/Erzgeb.. Doch in den 60er Jahren setzte in der DDR, nicht zuletzt wegen stets fehlender Produktionskapazitäten und der dadurch forcierten Umstrukturierung der Betriebe, eine weitgehende Spezialisierung auch bei Lautsprechern ein. Da der relativ kleine Betrieb EAL auf Dauer dem ständig steigenden Bedarf an Einbaulautsprechern nicht gewachsen war, wurde er 1980 dem inzwischen zum Großbetrieb gewordenen VEB RFT FERNMELDEWERK LEIPZIG angeschlossen, der natürlich weit mehr Potenzen für die Erweiterung der Fertigung hatte. In den Folgejahren entstand eine teilautomatisierte Lautsprecherfertigung („Linear-Transfer-System") mit Prüfrobotern, auf die man damals sehr stolz war. Insgesamt gesehen war jedoch die Produktion noch über viele Betriebsteile verstreut; außerdem wurden Lautsprecher-Fertigungsstrecken in anderen, z. T. branchenfremden Betrieben aufgebaut, so in Kölleda, Karl-Marx-Stadt (Chemnitz) und Zwickau. Im Jahre 1988 war der Bedarf so weit gestiegen, dass etwa 3 Mio Stück Einbaulautsprecher produziert wurden, in 80 verschiedenen Typen und Varianten für alle Anwendungsgebiete. Ergänzend kamen Importe aus Polen („tonsil") und der Tschechoslowakei („Tesla").

links: Teilansicht des Leipziger FUNKWERKs in der Eichstädtstraße. In diesem Gebäude war bis in die 20er Jahre die „Graphische Kunstanstalt Dr. TRENKLER & CO" zu Hause, ehe 1925 Dr. DIETZ & RITTER ihre Firma gründeten, die sie später KÖRTING-RADIO nannten.

rechts und oben: Lautsprechermontage im FWL, Betriebsteil Fritz-Austel-Straße (heute Bornaische Straße). Hier war vordem die 1928 gegründete Firma „FEHO" ansässig, die 1952 nach Remscheid/Westf. übersiedelte.

Fließbandfertigung von Lautsprechern im FWL im Jahre 1963. Im Vordergrund die Membraneinheiten mit Schwingspule und Zentriermembran

Schematischer Aufbau und Einbauweise des unten abgebildeten koaxialen Zweiwege-Lautsprechers [Lautsprecherkombination 148 TH (O 17 a)], Kernstück des Abhör-Standards in den DDR-Tonstudios

rechts: Vergleich zwischen Bassreflex- und Kompaktbox - beide haben nebeneinander ihre Daseinsberechtigung, vorausgesetzt, sie sind „gut gemacht". Die Tieftonwiedergabe einer Bassreflexbox ist nur dann besser, wenn das Lautsprecherchassis dafür geeignet ist.

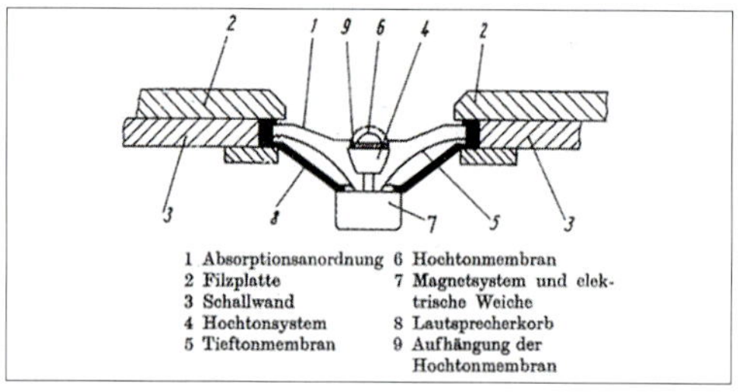

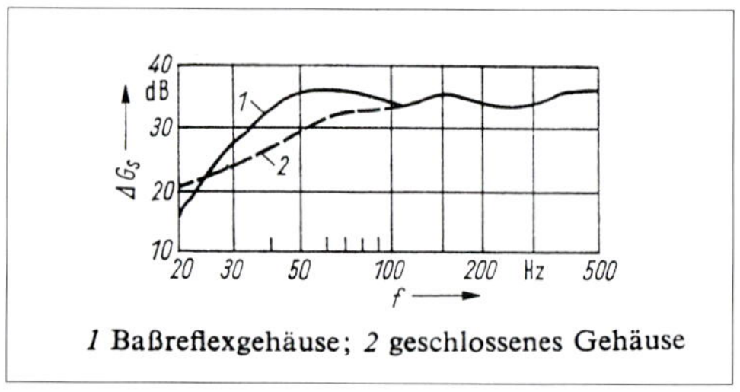

Blick in einen Musterraum von RFT mit dem Gesamtsortiment an Lautsprecherboxen für Stereo-Heimanlagen; Ende der 70er Jahre.

Die Fertigung von Membranen, Zentriermembranen, Kalotten und Hochtonkegeln, sehr sensible Teile eines Lautsprechers, lag seit Jahrzehnten beim VEB HARTPAPPEN- UND FASERGUSSWERK POLENZ (HFP) b. Neustadt/Sa., einem Spezialbetrieb, der schon 1903 in der „Kartonagen-Zeitung" als Fa. A. M. THEILE verzeichnet war und der 1932 mit der Membranfertigung begonnen hatte. Auch das HFP hat mit viel Engagement in Entwicklung und Produktion zum erfolgreichen Lautsprecherbau in der DDR beigetragen. Gleiches gilt sinngemäß für den VEB KERAMISCHE WERKE HERMSDORF/Thür., der seit den frühen 50er Jahren ständig verbesserte Dauermagnetsysteme aus Ferrit („Maniperm") lieferte. Noch so manche andere Zulieferfirma wäre hier zu nennen.

Die Unterhaltungselektronik hatte in der DDR „für die bedarfsgerechte Versorgung der Bevölkerung mit hochwertigen Konsumgütern" einen hohen Stellenwert, was sich auch stets in den aufwendig gestalteten Messeauftritten der meist zur „VVB Rundfunk und Fernsehen" gehörenden Rundfunkbetriebe im Messehaus „Handelshof" (vordem im „Städtischen Kaufhaus") widerspiegelte. Besonderes Interesse der Besucher erregten stets auch die Neuheiten bei Lautsprecherboxen, und die Vorführungen waren dicht umlagert. Als ein „Highlight" aus Leipziger Entwicklung und Produktion kann die 1981 herausgebrachte Hi-Fi-Dreiwege-Kompakbox B 9271 „Corona" gelten, die deshalb noch etwas näher vorgestellt werden soll.

Die in den Abhörschränken des DDR-Rundfunks eingesetzten Studiolautsprecher wie O 16 (L. KEIBS), O 17a / 148 TH (D. ORTH) waren aus dem ECKMILLER-Lautsprecher entstanden (vgl. S. 192). Der O 17a ging 1963 beim FWL in Serie; die hier gezeigte letzte Variante O 18 / TH 315 wurde von der Fa. W. SCHULZ in Berlin produziert. Die über den gesamten Frequenzbereich gleichmäßige Abstrahlcharakteristik ergibt bei Stereofonie eine hervorragende Abbildungs- und Lokalisationsschärfe, die mit üblichen Mehrwegeboxen nicht zu erreichen ist. Für diese Aufnahme wurde wegen der besseren Erkennbarkeit des Aufbaus die aus akustischen Gründen notwendige Filzabdeckung entfernt.

Auch in Rötha bei Leipzig wurden einst Lautsprecher gebaut: im VEB ELEKTROTECHNISCHE WERKSTÄTTEN RÖTHA (ELTEWE), ein Betrieb, der Ende der 60er Jahre zum VEB ELEKTROAKUSTIK LEIPZIG kam. Druckkammerlautsprecher, Tonsäulen und kleine Gehäuselautsprecher gehörten zum Hauptsortiment. In den 80er Jahren wurden dann auch Großlautsprecher für PA-Anlagen und die Musikelektronik gebaut. Im Bild die Rundband-Montage für den 50-VA-Typ L 3701

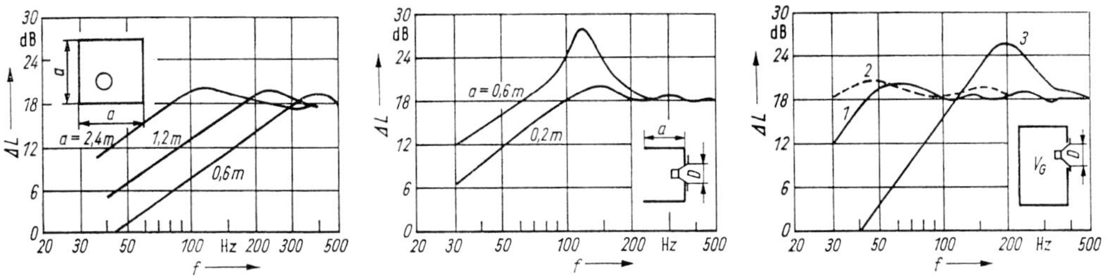

Gegenüberstellung der typischen Frequenzgänge von Schallwand, offener Box (Radio mit eingebautem Lautsprecher) und geschlossener Box. Kurve 1 und 2 bedeuten unterschiedliche Volumina, 3 entspricht 1 mit anderem Lautsprecher

Die Hi-Fi-Dreiwegebox B 9271 „Corona" war eine RFT-Neuheit der Leipziger Herbstmesse 1981; zu diesem Zeitpunkt war der Lautsprecherhersteller VEB ELEKTROAKUSTIK LEIPZIG schon dem VEB RFT FERNMELDEWERK LEIPZIG „einverleibt" worden. Die „Corona" galt als Spitzenerzeugnis im Boxenangebot, besaß sie doch erstmals für die Mitten- und Hochtonwiedergabe je einen Kalottenlautsprecher sowie eine Schutzschaltung gegen Überlastung, sogar mit optischer Vorwarnung über eine LED. Die aus Lochblech bestehende Blende, leicht abnehmbar, ist ohne Einfluss auf die akustischen Eigenschaften, was bei anderen Boxen durchaus nicht immer so ist. Die B 9271 hat einen Frequenzgang von 40 bis 20.000 Hz nach Hi-Fi-Standard, eine Höchstbelastbarkeit von 75 VA und eine Kennempfindlichkeit (Schalldruck bei 1 W in 1 m Abstand) von 83 dB. Die Masse der Box mit 12 l Brutto-Innenvolumen beträgt 8 kg; die Box kostete 495 M.

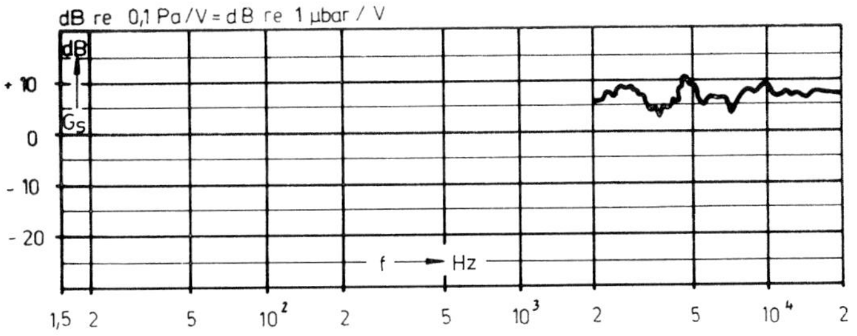

Hi-Fi-Hochtonlautsprecher L 9811

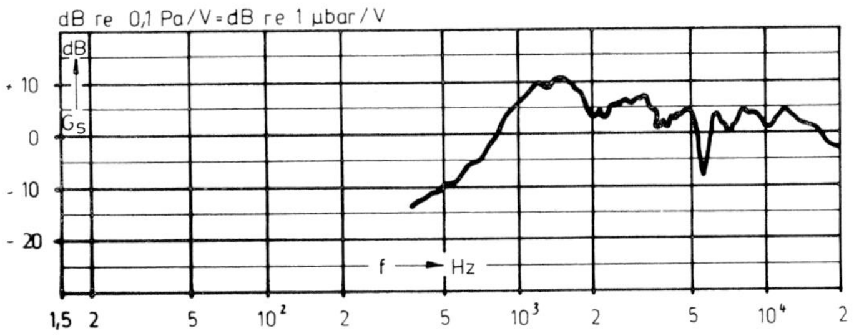

Hi-Fi-Mitteltonlautsprecher L 9821

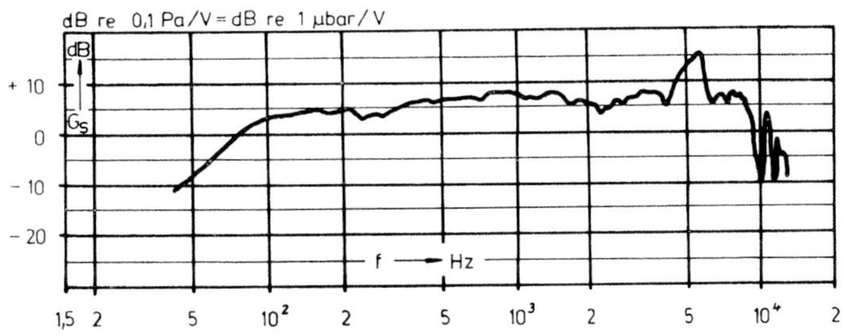

Hi-Fi-Tieftonlautsprecher L 2621

Die Frequenzgänge der 3 Lautsprecherchassis, die speziell für die „Corona" entwickelt wurden

Auf die Schallführung kommt es an

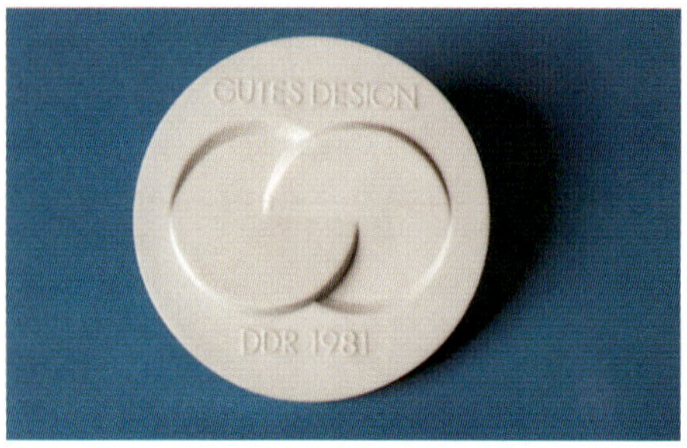

Gestalterisch herausragenden Produkten wurde von Staats wegen, d. h. vom „Amt für industrielle Formgestaltung" in Berlin(Ost), die Auszeichnung „Gutes Design" verliehen, so auch der in schwarz oder metallic-alu lieferbaren „Corona".

Mit dem Aufkommen des elektrodynamischen, tief abgestimmten Lautsprechers gewann auch die Art seines Einbaus an Bedeutung, galt es doch, den „akustischen Kurzschluss" zu verhindern, der die Abstrahlung tiefer Tonfrequenzen begrenzt. Man erkannte bald, dass ein Lautsprecher-„Kasten" dafür eigentlich nicht ausreicht – es wurden Schallwände verwendet, die natürlich in Wohnräumen weniger gut zu platzieren waren. Größere Radiogehäuse gestatteten dann in Verbindung mit elektrischer Korrektur eine gewisse Verbesserung, doch erst die geschlossene Box konnte den physikalisch bedingten Tiefenverlust vermeiden. Diese „Kompaktbox" geht auf die in den 60er Jahren in England geborene Idee zurück, ein Lautsprecherchassis mit schwerer Membran, aber weicher Aufhängung (Sicke, Scharnier) in ein luftdicht geschlossenes Gehäuse einzubauen. Da nun das eingeschlossene Volumen durch seine „Luftfeder" die Grundresonanz der Membran bestimmt, sprach man von „acoustic suspension" und erreichte erstmals auch für kleine Gehäuse eine tiefreichende Wiedergabe. Kehrseite des Prinzips: geringerer Wirkungsgrad, was mehr Verstärkerleistung und höhere thermische Belastbarkeit der Chassis erfordert. Das Bassreflex-Prinzip arbeitet dagegen mit einer definierten Resonanzöffnung im Gehäuse und verstärkt auf diese Weise die Tiefenwiedergabe – beide Boxenkonstruktionen werden gleichermaßen angewandt. Die Wiedergabequalität insgesamt wurde durch Kombination von mehreren, auf einzelne Frequenzbereiche spezialisierte Lautsprecher – eine Erkenntnis aus den 30er Jahren – immer mehr verfeinert.

Die „Corona" setzt Maßstäbe

Die bei EAL entwickelte Dreiwegebox „Corona" hatte zum Ziel, schon mit einem Volumen von 12 l „echte" Hi-Fi-Qualität zu erreichen, was vordem nur mit 20 l möglich war (z. B. B 9351, erste Box mit Kalotten-Hochtöner): durch 3 optimierte, spezialisierte Lautsprecherchassis und eine sorgfältig dimensionierte Frequenzweiche, kombiniert mit einer Schutzschaltung. Das Ergebnis war eine bis dahin bei dieser Größe nicht gekannte Klangqualität und eine Belastbarkeit, die allen verfügbaren Stereo-Verstärkern überlegen war.

An der Entwicklung und der Messepräsentation der „Corona" war damals auch der Autor beteiligt

Titelseite der Bedienungsanleitung für die „Corona"

rechts: Beliebte Stereo-Heimboxen der 80er Jahre aus Leipzig waren „Capella", „Merkur", „Carina" – und die Bassreflexbox „Cascada", „... die Box, die keine Wagner-Oper fürchtet!", wie es im Prospekt hieß. Gemeint war die deutlich bessere Basswiedergabe dieser Standbox, im Vergleich zu früheren, kleineren Modellen. Das Spitzenmodell der im VEB RFT NACHRICHTENELEKTRONIK LEIPZIG „ALBERT NORDEN" entwickelten und produzierten Heimboxen wurde mit einer aufwendigen, Computer- und Hörtest-optimierten Frequenzweiche ausgerüstet; der Hi-Fi-gerechte Übertragungsbereich beträgt 35 bis 22.000 Hz, die Kennempfindlichkeit 87 dB und die Höchstbelastbarkeit 80 VA; Masse 12 kg, Preis um 500 M

RFT-Lautsprecherboxen waren bereits in den 70er Jahren für den Kunden weitgehend „frei wählbar", d. h. er konnte sie für seine Empfangsanlage aus einem Sortiment verschiedener Preis- und Qualitätsklassen und auch verschiedener Hersteller auswählen. Beliebt und begehrt bei den Stereo-Fans waren die recht modern gestalteten Leipziger Modelle „Merkur", „Carina" und „Cascada", doch natürlich war NEL mit Boxen nicht allein: Gerade im mitteldeutschen Raum existierten zahlreiche Rundfunkbetriebe, die für ihre Stereogeräte passende Boxen herstellten. Sie sollen hier kurz erwähnt werden: VEB RUNDFUNKTECHNIK REMA, Stollberg/Sa., VEB STERN-RADIO SONNEBERG sowie VEB FUNKWERK KÖLLEDA/Thür. und VEB FERNMELDEWERK ARNSTADT; nicht zuletzt auch der VEB GERÄTEBAU LIMBACH (HELI-RADIO), Limbach-Oberfrohna, der teilweise Lautsprecher von der Fa. SCHULZ, Berlin, einsetzte. Außerdem soll der VEB STATRON FÜRSTENWALDE (b. Berlin) nicht vergessen werden, der – als eine gewisse Konkurrenz zum Leipziger Sortiment und mit z. T. geschickterer Werbung – ebenfalls zum RFT-Boxensortiment beitrug und später mit seinen beliebten, im VEB MUSIKELEKTRONIK GEITHAIN entwickelten Bassreflexboxen (z. B. BR 25/26 und BR 50, mit eigenen Lautsprecherchassis) auf dem Markt war. Sie alle fertigten über Jahrzehnte hinweg Lautsprecherboxen verschiedenster Größe und Güte für den Stereo-Musikfreund.

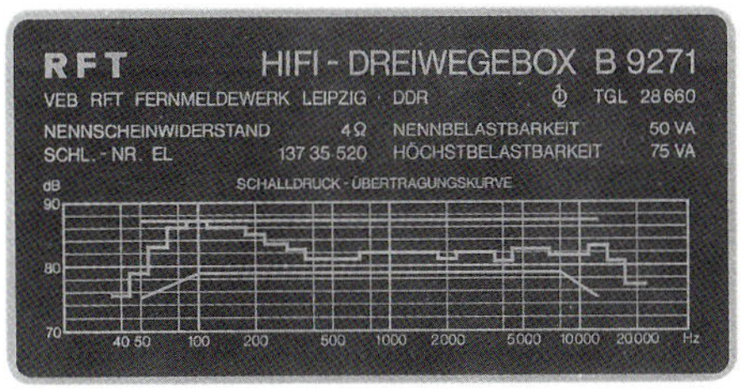

Das aufwendige Typschild der „Corona" mit der Übertragungskurve, aufgenommen mit Terzrauschen, sollte die Wertigkeit der Box unterstreichen: Alu-Blech mit Ätzdruck.

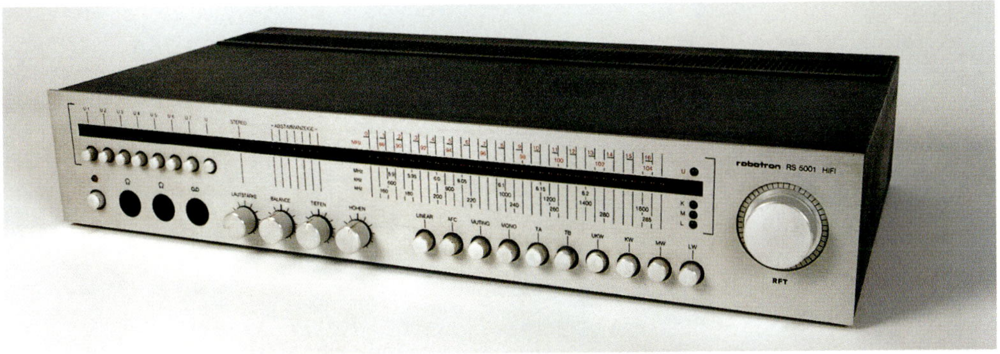

Neu zur Leipziger Frühjahrsmesse 1981 war das „Stereo-Steuergerät RS 5001" aus dem VEB KOMBINAT ROBOTRON, Werk Sömmerda/Thür., für das der Prospekt „Klangschönheit, technische Perfektion und eine moderne Formgestaltung" versprach: Es lag auf der gleichen gestalterischen Linie wie die Box „Corona". Ein vierfach abgestimmter Dual-Gate-Mosfet-Tuner gewährleistete hervorragende UKW-Empfindlichkeit; gewöhnungsbedürftig war allerdings die aus 34 LEDs bestehende Skala. Der Receiver hat 7 Senderspeicher für UKW und gibt 2x 25 W Sinus-Ausgangsleistung ab. Der Preis lag im oberen Bereich der Hi-Fi-Geräte: 1.950,- M, selbstverständlich ohne Boxen.

Das Ohr entscheidet

So wichtig auch physikalische Grundlagen und objektive Messungen sind, bei Lautsprechern muss das Ohr entscheiden. Deshalb wurden von den Leipziger Lautsprecher-Entwicklern viel Mühe und Sorgfalt auf ein ausgeklügeltes Hörtestverfahren, unter Anwendung der IEC 581-7, verwendet; musikerfahrene und „technische" Ohren waren gleichermaßen gefragt, wenn es im direkten A-B-Vergleich (entsprechend der DIN-Norm „Paarvergleich") darum ging, ob der Prototyp einer neuen Box nun voluminöser, weicher, transparenter oder tiefenbetonter als das Vergleichsmuster klang. Zum „Training" kam beim RFZ regelmäßig eine Abhörgruppe zusammen, die Rundfunk-Neuaufnahmen unter strengen Studiobedingungen kritisch unter die akustische Lupe nahm und damit den Maßstab für das vom Schallspeicher – erst Band, später CD – zu erwartende Klangniveau bildete. Der Abhörstandard des Rundfunks ging ja von vornherein von einem definierten Punktstrahler aus, der im Koaxial-Lautsprecher O 17 bzw. O 18 weitgehend verwirklicht war. Im Gegensatz dazu haben die mit mehreren Lautsprechern bestückten Heimboxen den prinzipiellen Mangel einer schlechteren Ortungsschärfe und Phasenstabilität, was von kritischen Zuhörern durchaus als störend und unbefriedigend empfunden wird – fälschlicherweise wird oft eine „räumlich" klingende Box als positiv hingestellt. Selbst die „inline"-Anordnung der Systeme bei den Dreiwegeboxen „Carina" und „Cascada" konnte hier noch nicht optimal sein. Längst gab es auf dem Weltmarkt erschwingliche und „handliche" Heimboxen mit Koaxial-Breitbandsystem. Um diesem Klangideal näher zu kommen, wurde auch bei NEL, dem 1984 aus dem Fernmeldewerk Leipzig hervorgegangenen VEB RFT NACHRICHTENELEKTRONIK LEIPZIG, an einer Koaxialbox für anspruchsvolle Musikfreunde gearbeitet. Die ersten Muster entstanden 1988/89, und die Box wurde „Saturn" getauft; zu einer Serienfertigung kam es allerdings nicht mehr.
Zahlreiche Lautsprecherboxen von RFT dürften heute noch, mit modernerer Empfangstechnik kombiniert, in Benutzung sein; das hier behandelte Kapitel „Lautsprecher" ist aber mittlerweile auch zu einem Teil der mitteldeutschen Rundfunkgeschichte geworden.

Der kleinste Einbaulautsprecher aus Leipziger Produktion war der Typ L 1001, ein 11 mm flacher „Mini" mit 45 mm Ø, der mit seiner Folienmembran immerhin den Bereich von 150 bis 9.000 Hz abstrahlen konnte und damit den DDR-Taschenradios ab 1983/84 einen sehr guten Klang verlieh. Die letzte Kreation auf diesem Gebiet, aber nicht mehr in Serie gegangen: das Stereo-Uhrenradio SRC 900 aus dem VEB HALBLEITERWERK FRANKFURT/ODER, das sogar mit einer „Stereo-Wide"-Schaltung aufwarten konnte.

Plakat von Sachsenradio

WIE SICH DIE KULTUR IN SACHSEN NICHT ABSCHALTEN LIESS …

„Hier ist Sachsen III – Kultur"

Abenteuerlich war er schon zu nennen, der Programmstart des dritten Programmes von SACHSEN RADIO, auch genannt „SACHSEN 3 – KULTUR". Programmideen gab es reichlich, und erstmals seit Jahrzehnten übten sich die Journalisten im freien Wort. Doch was nützte das größte Engagement, wenn die Frequenzen immer noch vorrangig zur Ausstrahlung der zentralen Berliner Sender dienten. Hier mussten neue Zuordnungen her, ohne Antrag und ohne Bürokratie. Im Gerangel um die alten DDR-Frequenzen galt das Motto, „wer zuerst kommt, der sendet!". Es war eine Zeit partisanenhafter Zustände. Die wöchentlichen Redaktionskonferenzen mit dem Landesrundfunkdirektor MANFRED MÜLLER mutierten zusehends zur Strategieschmiede.

Quasi in Nacht- und Nebelaktionen entwickelte binnen weniger Februartage und -nächte eine handvoll eingeweihter Redakteure klammheimlich ein Programmschema für einen Kultursender. Nur wenige Tage blieben Zeit dazu, denn für „MÜHLFENZELs Einrichtung" in Berlin war die Abschaltung der vorausgegangenen sächsischen Jugendwelle beschlossene Sache. Retten konnte die Frequenzen nur ein Sender, der sich als Kulturauftrag verstanden wissen wollte: ein eigenständiger sächsischer Kulturkanal. Mit hochmotivierten Redakteuren und Programmsprechern – unter ihnen die beliebten Moderatoren MARIA DAHMS, BARBARA FRIEDERICI, KLAUS ZIPPEL und GÜNTHER BOHRMANN an Bord – ging allen Berliner Erwartungen trotzend der sächsische Kulturkanal als letzter der drei SACHSEN-RADIO-Programme am 1. März 1991 genau um 19.00 Uhr auf Sendung. Dafür wurden die sächsischen Frequenzen, auf denen die Post jahrzehntelang Radio DDR I (1990 umbenannt in „Radio aktuell") aus Berlin ausstrahlte, genutzt. Während Berlin noch eine Vorschau auf sein Abendprogramm brachte, wurden wenige Sekunden vor der Aufschaltung des Leipziger Funkhauses in der Springerstraße die Berliner Übertragungsleitungen mitten im Wort gekappt und abgeschaltet. Punkt 19.00 Uhr folgten dann erstmals die Senderkennung von SACHSEN 3 und die Nachrichten aus Leipzig. Gefüllt mit Wortsendungen und Aufzeichnungen aus dem Konzertsaal stand dem Kulturkanal eine tägliche Sendezeit von 19.00 Uhr bis 2.00 Uhr nachts zur Verfügung.

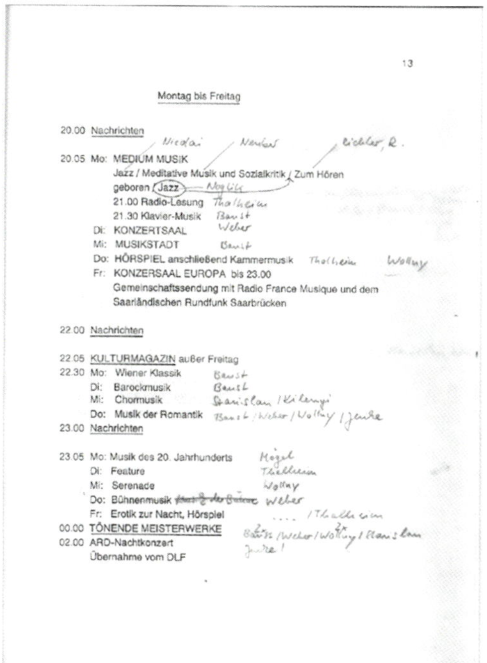

13

Montag bis Freitag

20.00 Nachrichten

20.05 Mo: MEDIUM MUSIK
Jazz / Meditative Musik und Sozialkritik / Zum Hören geboren / Jazz
21.00 Radio-Lesung
21.30 Klavier-Musik
Di: KONZERTSAAL
Mi: MUSIKSTADT
Do: HÖRSPIEL anschließend Kammermusik
Fr: KONZERSAAL EUROPA bis 23.00
Gemeinschaftssendung mit Radio France Musique und dem Saarländischen Rundfunk Saarbrücken

22.00 Nachrichten

22.05 KULTURMAGAZIN außer Freitag
22.30 Mo: Wiener Klassik
Di: Barockmusik
Mi: Chormusik
Do: Musik der Romantik
23.00 Nachrichten

23.05 Mo: Musik des 20. Jahrhunderts
Di: Feature
Mi: Serenade
Do: Bühnenmusik
Fr: Erotik zur Nacht, Hörspiel
00.00 TÖNENDE MEISTERWERKE
02.00 ARD-Nachtkonzert
Übernahme vom DLF

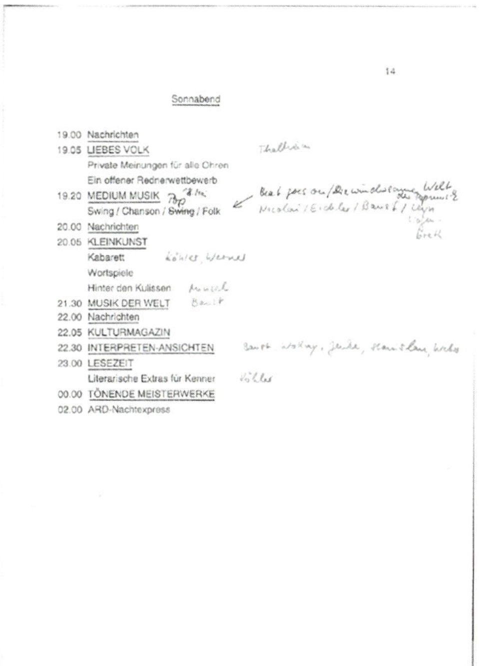

14

Sonnabend

19.00 Nachrichten
19.05 LIEBES VOLK
Private Meinungen für alle Ohren
Ein offener Rednerwettbewerb
19.20 MEDIUM MUSIK
Swing / Chanson / Swing / Folk
20.00 Nachrichten
20.05 KLEINKUNST
Kabarett
Wortspiele
Hinter den Kulissen
21.30 MUSIK DER WELT
22.00 Nachrichten
22.05 KULTURMAGAZIN
22.30 INTERPRETEN-ANSICHTEN
23.00 LESEZEIT
Literarische Extras für Kenner
00.00 TÖNENDE MEISTERWERKE
02.00 ARD-Nachtexpress

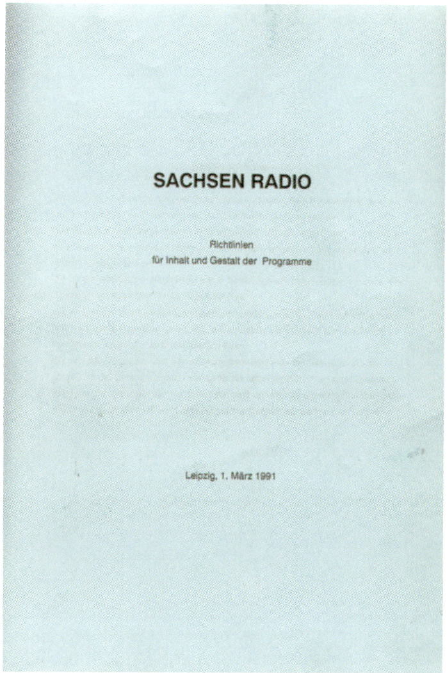

SACHSEN RADIO

Richtlinien
für Inhalt und Gestalt der Programme

Leipzig, 1. März 1991

Rundfunkinterne Druckschrift vom 1. März 1991

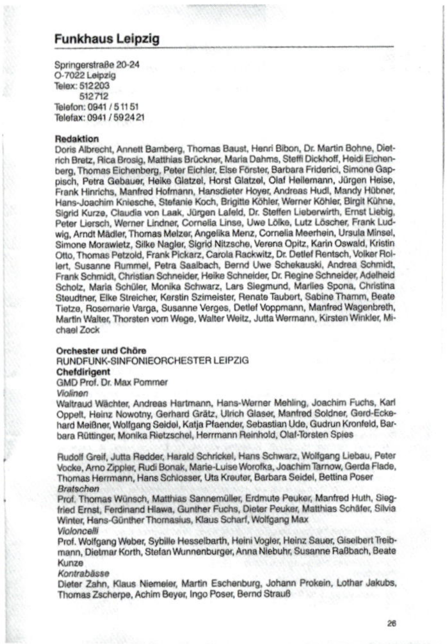

Funkhaus Leipzig

Springerstraße 20-24
O-7022 Leipzig
Telex: 512203
512712
Telefon: 0941 / 5 11 51
Telefax: 0941 / 59 24 21

Redaktion
Doris Albrecht, Annett Bamberg, Thomas Baust, Henri Bibon, Dr. Martin Bohne, Dietrich Bretz, Rica Brosig, Matthias Brückner, Maria Dahms, Steffi Dickhoff, Heidi Eichenberg, Thomas Eichenberg, Peter Eichler, Else Förster, Barbara Friderici, Simone Gappisch, Petra Gebauer, Heike Glatzel, Horst Glatzel, Olaf Hellemann, Jürgen Heise, Frank Hinrichs, Manfred Hofmann, Hansdieter Hoyer, Andreas Hudl, Mandy Hübner, Hans-Joachim Kniesche, Stefanie Koch, Brigitte Köhler, Werner Köhler, Birgit Kühne, Sigrid Kurze, Claudia von Laak, Jürgen Lafeld, Dr. Steffen Lieberwirth, Ernst Liebig, Peter Liersch, Werner Lindner, Cornelia Linse, Uwe Lölke, Lutz Löscher, Frank Ludwig, Arndt Mädler, Thomas Melzer, Angelika Menz, Cornelia Meerhein, Ursula Minsel, Simone Morawietz, Silke Nagler, Sigrid Nitzsche, Verena Opitz, Karin Oswald, Kristin Otto, Thomas Petzold, Frank Pickarz, Carola Rackwitz, Dr. Detlef Rentsch, Volker Rollert, Susanne Rummel, Petra Saalbach, Bernd Uwe Schekauski, Andrea Schmidt, Frank Schmidt, Christian Schneider, Heike Schneider, Dr. Regine Schneider, Adelheid Scholz, Maria Schüler, Monika Schwarz, Lars Siegmund, Marlies Spona, Christina Steudtner, Elke Streicher, Kerstin Szimeister, Renate Taubert, Sabine Thamm, Beate Tietze, Rosemarie Varga, Susanne Verges, Detlef Voppmann, Manfred Wagenbreth, Martin Walter, Thorsten vom Wege, Walter Weitz, Jutta Wermann, Kirsten Winkler, Michael Zock

Orchester und Chöre
RUNDFUNK-SINFONIEORCHESTER LEIPZIG
Chefdirigent
GMD Prof. Dr. Max Pommer
Violinen
Waltraud Wächter, Andreas Hartmann, Hans-Werner Mehling, Joachim Fuchs, Karl Oppelt, Heinz Nowotny, Gerhard Grätz, Ulrich Glaser, Manfred Soldner, Gerd-Eckehard Meißner, Wolfgang Seidel, Katja Pfaender, Sebastian Ude, Gudrun Kronfeld, Barbara Rüttinger, Monika Rietzschel, Herrmann Reinhold, Olaf-Torsten Spies

Rudolf Greif, Jutta Redder, Harald Schrickel, Hans Schwarz, Wolfgang Liebau, Peter Vocke, Arno Zippler, Rudi Bonak, Marie-Luise Worofka, Joachim Tarnow, Gerda Flade, Thomas Herrmann, Hans Schlosser, Uta Kreuter, Barbara Seidel, Bettina Poser
Bratschen
Prof. Thomas Wünsch, Matthias Sannemüller, Erdmute Peuker, Manfred Huth, Siegfried Ernst, Ferdinand Hlawa, Gunther Fuchs, Dieter Peuker, Matthias Schäfer, Silvia Winter, Hans-Günther Thomasius, Klaus Scharf, Wolfgang Max
Violoncelli
Prof. Wolfgang Weber, Sybille Hesselbarth, Heini Vogler, Heinz Sauer, Giselbert Treibmann, Dietmar Korth, Stefan Wunnenburger, Anna Niebuhr, Susanne Raßbach, Beate Kunze
Kontrabässe
Dieter Zahn, Klaus Niemeier, Martin Eschenburg, Johann Prokein, Lothar Jakubs, Thomas Zscherpe, Achim Beyer, Ingo Poser, Bernd Strauß

26

Auszug aus dem Programmschema von SACHSEN RADIO; SACHSEN 3 war vom 1. März 1991 bis zur Programmeinstellung am 31. Dezember 1991, um 23.59 Uhr, der Kulturkanal des Freistaates Sachsen. Damit hörte SACHSEN RADIO laut Artikel 36 des Einigungsvertrages auf zu existieren. Die Versorgung übernahm ab dem 1. Januar 1992 das Programm MDR KULTUR.

Bestandsgarantien besaß die junge Kulturwelle natürlich keine. Wie gerufen kam da MANFRED MÜLLERs Idee, mit dem Saarländischen Rundfunk und Radio France als dessen Auslandspartner fest zu kooperieren. In „grenzüberschreitender Gemeinschaftsarbeit" veranstaltete SACHSEN RADIO mit Radio France Musique und dem Saarländischem Rundfunk jeden Freitag von 20.05 Uhr bis 23.00 Uhr den „Konzertsaal Europa". Das waren „zweisprachig moderierte Sendungen mit Live-Konzert-Übertragungen aus Paris, Saarbrücken, Leipzig, Dresden und Chemnitz", wie es in den „Richtlinien für Inhalt und Gestalt der Programme für SACHSEN RADIO" vom 1. März festgelegt wurde. SACHSEN 3 wurde ab sofort auch zum „hauseigenen Stammplatz" für das Leipziger Rundfunk-Sinfonieorchester und den Rundfunkchor.

Medienpolitisches Gewicht bekam das „Dritte Programm" also Dank seiner Grundversorgung, die zwingend dem Hörerauftrag an den öffentlich-rechtlichen Rundfunk entsprach. Ein genialer Schachzug, der SACHSEN 3 trotz vieler Abschaltungsängste die Existenz bis zum Sendestart von MDR KULTUR sicherte. Für den Landesrundfunkdirektor MANFRED MÜLLER hatte der eigenmächtige Programmstart des dritten SACHSEN-RADIO-Programms verheerende Konsequenzen.

Blick auf das ehemalige NVA-Gästehaus, Springerstraße 22, das 1990 zum Aufbau weiterer SACHSEN-RADIO-Programme diente.

Per 19. April 1991 wurde MÜLLER als Direktor von SACHSEN RADIO auf Veranlassung des Rundfunk-beauftragten MÜHLFENZL vom amtierenden Rundfunk-Intendanten CHRISTOPH SINGELNSTEIN fristlos entlassen. Die Kündigung erreichte den Landesrundfunk-Direktor per Fax. Der Kündigungsgrund: Müller habe wiederholt die zentrale Verfügungsgewalt der „Einrichtung" in Frage gestellt. So hatte er beispielsweise entgegen deren Vorgaben ein drittes Hörfunkprogramm eingerichtet.

Für drei zeitgleich vorproduzierende und sendende Programme aber war in der Springerstraße nicht genug Kapazität an technischen Betriebsräumen vorhanden. Neue Studios mussten in Windeseile errichtet werden. Doch vorab hatte man sich mit Provisorien zufriedenzugeben. Als Senderegie richtete man auf dem Hof der Springerstraße den großen Ü-Wagen FZ 34 des ehemaligen Senders Leipzig her. Das Sendestudio wurde im dritten Stock eines Nebenhauses des Funkhauses Springerstraße installiert. Über Kameras und Monitore hatten Senderegie und Moderator miteinander Kontakt. Die technischen Kabel wurden über einen Balkon hinunter zum Ü-Wagen geführt. Das neue Sendestudio war sehr bescheiden. Schwere Decken an den Wänden und eine gepolsterte Tür ergaben eine einigermaßen vertretbare Akustik. Es war mehr zu erahnen, dass hier bis zum Ende der DDR die Gäste des Wehrbezirkskommandos residiert hatten. Die nunmehr verwaisten Räume kamen dem neuen Programm wie gerufen und selbst die notwenigen Brandmauerdurchbrüche zum Funkhaus waren in Windeseile bewerkstelligt.

Der Übertragungswagen FZ 34 des ehemaligen Senders Leipzig, welcher zur provisorischen Heimstatt der Senderegie umgebaut wurde

Programmnot war von Anfang an nicht zu befürchten, denn die Redakteure des Dritten konnten auf das Schallarchiv des Senders Leipzig und seine Bestände zurückgreifen. Ergänzt wurden diese Einspielungen, Produktionen und Mitschnitte vor allem durch Aufnahmen, die mit Interpreten aus Mitteldeutschland zu DDR-Zeiten produziert worden waren und die zum Schallarchiv der DDR-Sender in der Nalepastraße gehörten.

Und selbst im Leipziger Funkhaus fand sich noch spannendstes Sendematerial: In einem sogenannten „Giftschrank" – einem Panzerschrank im Funkhauskeller – wurde „gesperrtes" Sendematerial „verwahrt". Das waren in der Regel Aufnahmen mit Künstlern, die zu DDR-Zeiten politisch in Ungnade gefallen waren, die in den Westen gegangen waren oder Ausreiseanträge gestellt hatten, oder auch Werke, die nicht mehr ins politische Konzept der DDR-Obersten gepasst hatten, wie beispielsweise die „Neuen deutschen Volkslieder" von HANNS EISLER oder die gesungene Fassung der DDR-Nationalhymne. Jedenfalls entstanden atemberaubende Sendungen größten Zuspruchs dank dieser gleichermaßen ungeahnten wie ungewöhnlichen Repertoire-Schätze.

Die provisorische Verlegung der technischen Kabel über die Balkone eines Nebenhauses des Funkhauses; ein auf dem Innenhof des Funkhauses stationierter LKW-Anhänger diente als Sendevorbereitungsraum und Zwischenarchiv. Auch er war mit Redaktionsräumen und Sendesaal per Leitung verbunden. Die Balkons wurden 1992 vollständig verglast, um weitere Archiv- und Redaktionsräume zu gewinnen.

Was wäre ein Rundfunkprogramm ohne gute Mannschaft? Also wurden quasi auf Zuruf und per Handschlag neben den Rundfunk-Klangkörpern auch die ohnehin in Leipzig stationierten Mitarbeiter der bis dato unter Berliner Verwaltung stehenden „Musikproduktion" dem sächsischen Kultursender angeschlossen. Das waren immerhin 10 Tonmeister und die Besatzungen von zwei Übertragungswagen vom Typ W 50 samt notwendiger Begleitfahrzeuge. Konzertmitschnitte oder Live-Übertragungen aus dem Sendegebiet waren somit ohne eine langwierige Vorbereitungsphase möglich.

Teile des „übernommenen Equipments" vom ehemaligen Sender Leipzig, hier ein W 50 als Ü-Wagen, mit Begleitfahrzeug

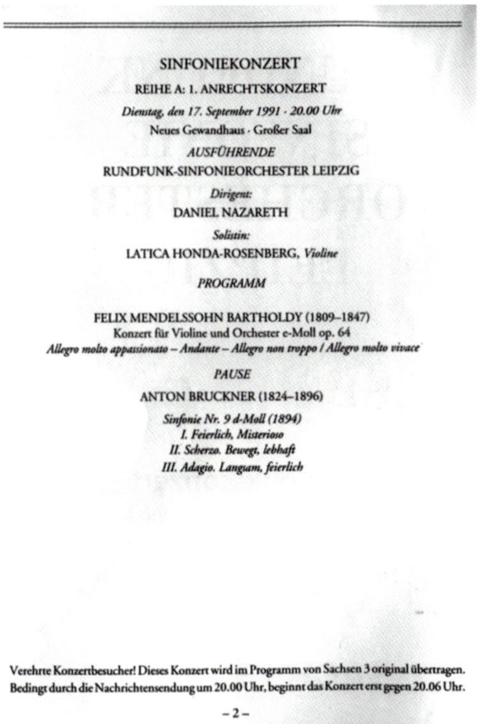

SINFONIEKONZERT
REIHE A: 1. ANRECHTSKONZERT
Dienstag, den 17. September 1991 · 20.00 Uhr
Neues Gewandhaus · Großer Saal
AUSFÜHRENDE
RUNDFUNK-SINFONIEORCHESTER LEIPZIG
Dirigent:
DANIEL NAZARETH
Solistin:
LATICA HONDA-ROSENBERG, *Violine*
PROGRAMM
FELIX MENDELSSOHN BARTHOLDY (1809–1847)
Konzert für Violine und Orchester e-Moll op. 64
Allegro molto appassionato – Andante – Allegro non troppo / Allegro molto vivace
PAUSE
ANTON BRUCKNER (1824–1896)
Sinfonie Nr. 9 d-Moll (1894)
I. Feierlich, Misterioso
II. Scherzo. Bewegt, lebhaft
III. Adagio. Langsam, feierlich

Verehrte Konzertbesucher! Dieses Konzert wird im Programm von Sachsen 3 original übertragen. Bedingt durch die Nachrichtensendung um 20.00 Uhr, beginnt das Konzert erst gegen 20.06 Uhr.

– 2 –

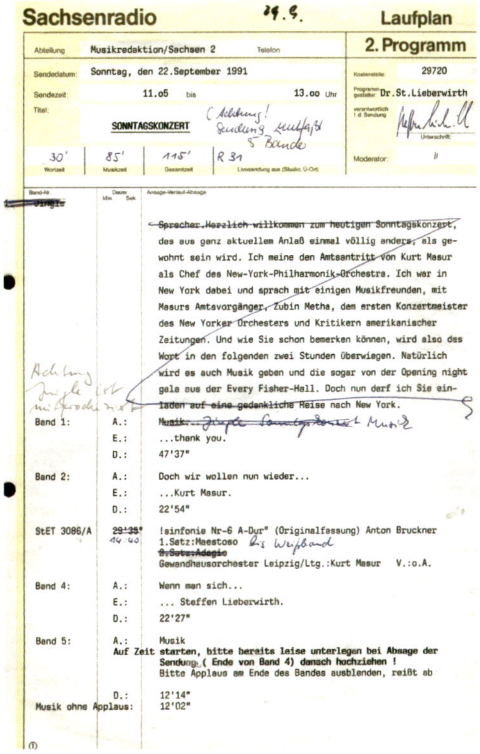

Sachsenradio 29.9. Laufplan
2. Programm
Abteilung: Musikredaktion/Sachsen 2 Telefon
Sendedatum: Sonntag, den 22.September 1991 Kostenstelle: 29720
Sendezeit: 11.o5 bis 13.oo Uhr Programmgestalter: Dr.St.Lieberwirth
Titel: SONNTAGSKONZERT verantwortlich f. d. Sendung: Unterschrift
30' Wortzeit | 85' Musikzeit | 115' Gesamtzeit | R 31 Livesendung aus (Studio, Ü-Ort) Moderator: "

Band-Nr. | Dauer Min Sek | Ansage-Verlauf-Absage
~~1. Jingle~~

~~Sprecher. Herzlich willkommen zum heutigen Sonntagskonzert, das aus ganz aktuellem Anlaß einmal völlig anders, als gewohnt sein wird. Ich meine den Amtsantritt von Kurt Masur als Chef des New-York-Philharmonik-Orchestra. Ich war in New York dabei und sprach mit einigen Musikfreunden, mit Masurs Amtsvorgänger, Zubin Metha, dem ersten Konzertmeister des New Yorker Orchesters und Kritikern amerikanischer Zeitungen. Und wie Sie schon bemerken können, wird also das Wort in den folgenden zwei Stunden überwiegen. Natürlich wird es auch Musik geben und die sogar von der Opening night gala aus der Every Fisher-Hall. Doch nun darf ich Sie einladen auf eine gedankliche Reise nach New York.~~

Band 1: A.: ~~Musik..~~ Musik
E.: ...thank you.
D.: 47'37"

Band 2: A.: Doch wir wollen nun wieder...
E.: ...Kurt Masur.
D.: 22'54"

StET 3086/A ~~29'35"~~ 14:40 !sinfonie Nr-6 A-Dur" (Originalfassung) Anton Bruckner
1.Satz:Maestoso
~~2.Satz:Adagio~~
Gewandhausorchester Leipzig/Ltg.:Kurt Masur V.:o.A.

Band 4: A.: Wenn man sich...
E.: ... Steffen Lieberwirth.
D.: 22'27"

Band 5: A.: Musik
Auf Zeit starten, bitte bereits leise unterlegen bei Absage der Sendung (Ende von Band 4) danach hochziehen !
Bitte Applaus am Ende des Bandes ausblenden, reißt ab
D.: 12'14"
Musik ohne Applaus: 12'02"

links: Programmheft des 1. Anrechtskonzertes des Rundfunk-Sinfonieorchesters Leipzig, welches als Live-Übertragung im SACHSEN RADIO gesendet wurde
rechts: Laufplan einer Sendung von SACHSEN 2

Neben den musikalischen Angeboten standen hochkarätige Wortsendungen wie Hörspiel, Feature, Literatur, die Magazinsendungen „Aufgefallen" und die Kirchenfunksendung „O Gott" zur Verfügung. Derartige Sendeaufgaben setzen eigentlich eine gediegene schöpferische Entwicklungsphase voraus. Doch die sollte eine Wunschvorstellung bleiben. Zu schnelllebig und unberechenbar verging diese Zeit: Kaum hatten sich die Programme inhaltlich und organisatorisch stabilisiert, drohte MÜHLFENZELs Kündigungswelle, die alle Mitarbeiter betreffen sollte. Gekündigt wurde zum 31. Dezember 1991. Ausgesprochen wurden die Kündigungen von unten nach oben. Der jeweilige Dienstvorgesetzte kündigte seinen ihm unterstellten Mitarbeitern und erhielt daraufhin selber sein Kündigungsschreiben.

Sächsische Zeitung 14. 2. 91

Auf „Crash-Kurs" oder „behutsames Umgehen"?

Kontroverse um Struktur für Mitteldeutschen Rundfunk

Über die künftige Struktur des geplanten Mitteldeutschen Rundfunks (MDR) ist es in Sachsen zu einer scharfen Kontroverse gekommen. CDU-Fraktionschef Herbert Goliasch sprach sich am Dienstag in einem dpa-Gespräch für einen „Crash-Kurs" gegen den gegenwärtig im Freistaat bestehenden Rundfunk aus. Sachsenradio und auch dem sächsischen Fernsehen werde es „ans Leder" gehen, prophezeite der Unionspolitiker. Die Bildung des MDR als Dreiländeranstalt Sachsens, Sachsen-Anhalts und Thüringens habe „unter anderem den Vorteil, daß alle Stellen neu ausgeschrieben werden könnten". Dies laufe auf Abwicklung hinaus, so Goliasch.

Sachsens Regierungssprecher Michael Kinze meinte zu den Äußerungen des CDU-Fraktionschefs, im Kabinett sei über Personalfragen „überhaupt noch nicht gesprochen" worden. Zwar sei es der Fraktion unbenommen, die politische Meinungsbildung voranzutreiben. Es gebe jedoch im Kabinett keine Entscheidung, die auf eine Tendenz im Sinne Goliaschs hinauslaufe. Die Staatsregierung wolle „keine Überrumpelungsstrategie" gegenüber Sachsenradio und Sachsen-TV, sondern zuvor ausführliche Gespräche mit den Sendeanstalten führen.

Der Vorsitzende der SPD-Landtagsfraktion, Karl-Heinz Kunckel, sprach sich für ein „behutsames Umgehen" bei der Neuordnung des Rundfunks aus. Die Bemühungen der Rundfunkanstalten in Sachsen, neue Programme anzubieten, müßten anerkannt werden. Pauschale Urteile lehne seine Fraktion ab, sagte Kunckel. Zu der sich abzeichnenden Gründung des MDR betonte er, aus seiner Sicht sollte eine Konstruktion gefunden werden, die später den Weg zu einem eigenständigen sächsischen Rundfunk nicht verbaue. Was in Bremen und dem Saarland gelinge, das dürfte auch in Sachsen möglich sein, so Kunckel zur dpa.

Sachsens Landesrundfunkdirektor Manfred Müller wies die CDU-Forderung nach „Abwicklung" als „unverschämt" zurück. Das Verlangen Goliaschs führe zu einer großen Verunsicherung der über 800 Mitarbeiter von Sachsenradio. Müller verwies auf die Leistungen von Sachsenradio. Die Mitarbeiter hätten es in 100 Tagen geschafft, drei Programme auf die Beine zu stellen. Die Anerkennung dieser Leistung sei anscheinend bei den anderen ARD-Anstalten größer als bei der sächsischen CDU-Fraktion. Die Forderung nach einer Neuausschreibung aller Stellen für den geplanten Mitteldeutschen Rundfunk zeugt nach Meinung des Landesrundfunkdirektors „von einer gewissen Borniertheit".

Der ehemalige DDR-Medienminister Gottfried Müller (CDU) äußerte ebenfalls Bedenken gegen eine völlige „Abwicklung" der Sender im Süden der ehemaligen DDR. Der heutige Thüringer Landtagspräsident forderte, „sich mit Ernst dem Erbe zu stellen". Die Arbeit der Rundfunkjournalisten nach der Wende sei „gebührend zu berücksichtigen". Er kenne eine Reihe von Mitarbeitern, die trotz einer belasteten Vergangenheit seit dem November 1989 Beiträge zur Demokratisierung geleistet hätten. Müller ist Mitglied des Rundfunk-Beirates.

Der Direktor des Thüringer Rundfunks, Hilmar Süß, hofft auf eine Thüringer Länderentscheidung. Eine „generelle Abwicklung" könne er sich nicht vorstellen. Unterdessen hielt ein Sprecher der CDU-Landtagsfraktion an der Grundsatzentscheidung fest, über Struktur, Personalbesetzung und den Standort des Rundfunks in Thüringen grundlegend neu zu entscheiden. Bis Ende März will die CDU die Verhandlungen für den Staatsvertrag mit Sachsen und Sachsen-Anhalt abgeschlossen haben. Die CDU plant, alle Gremien eines Mitteldeutschen Rundfunks im Verhältnis vier zu drei zu drei zwischen Sachsen, Sachsen-Anhalt und Thüringen zu besetzen. Damit soll den beiden kleineren Ländern die Möglichkeit zum Veto gegen sächsische Entscheidungen gegeben werden.

Pressemitteilung der „Sächsischen Zeitung" zu dem vom CDU-Fraktionschef HERBERT GOLIASCH geforderten „Crash-Kurs" gegen das Rundfunkwesen der neuen Länder

Vorausgegangen war eine scharfe Forderung des CDU-Fraktionschefs HERBERT GOLIASCH (1999 wird GOLIASCH eine Zusammenarbeit mit dem MfS vorgeworfen): In einem dpa-Gespräch forderte er einen „Crash-Kurs" gegen den gegenwärtig im Freistaat bestehenden Rundfunk. SACHSEN RADIO werde es „ans Leder" gehen. Dies laufe auf „Abwicklung" aller Rundfunkmitarbeiter hinaus. Nach GOLIASCHs Auffassung sollte also „tabula rasa" im Rundfunkwesen der neuen Länder gemacht werden. „Es gibt einen klaren Schnitt, alle Stellen werden neu ausgeschrieben. Es wäre unerträglich, wenn die Propagandisten und Schreibtischtäter von gestern wieder Platz fänden", so die Meinung des CDU-Politikers in der „Sächsischen Zeitung".

Zu diesem Zeitpunkt hatte die „Einrichtung" in Berlin bereits alle Rundfunkangestellten auf ihre politische Vergangenheit hin bei der GAUCK-Behörde per Fragebogen durchleuchten lassen. Diese Überprüfung sollte „insbesondere auch dazu dienen, unbegründeten Verdächtigungen entgegenzutreten und bei den Hörern und Zuschauern Vertrauen zu schaffen und zu festigen", so RUDOLF MÜHLFENZL.

Gefragt wurde neben allgemeinen Angaben zur Person beispielsweise nach staatlichen Auszeichnungen, nach staatlichen Anerkennungen und Erlaubnissen, nach allen bisherigen Tätigkeiten und dem Grund des Ausscheidens, nach der Zusammenarbeit mit der Staatssicherheit sowie nach der Mitgliedschaft oder den Funktionen in der SED. Nicht wahrheitsgemäße Angaben sollten zur fristlosen Kündigung führen.

Der Rundfunkbeauftragte 14. 2. 1991

An alle Mitarbeiter der Einrichtung gemäß Artikel 36 des Einigungsvertrages

Dienstanweisung 08

Wie in allen Körperschaften des öffentlichen Rechts ist eine Überprüfung der Mitarbeiter der Einrichtung nach rechtsstaatlichen Grundsätzen durchzuführen. Der Personalstrukturausschuß des Rundfunkbeirates und die Personalräte haben zugestimmt.

Diese Überprüfung dient insbesondere auch dazu, unbegründeten Verdächtigungen entgegenzutreten und bei den Hörern und Zuschauern Vertrauen zu schaffen und zu festigen.

Der beiliegende Fragebogen ist allen Mitarbeitern der Einrichtung, den Tochterunternehmen wie Telecommerz, Radio Marketing, Sara sowie den Betriebsteilen in den Ländern (Landesstudios und Landesdirektionen) und den Mitarbeitern der Studiotechnik in der 8. Kalenderwoche 1991 zuzuleiten.

Der Fragebogen ist ausgefüllt und unterschrieben in einem verschlossenen Umschlag den Intendanten Hörfunk und Fernsehen zuzuleiten. Abgabetermin für Mitarbeiter in Berlin ist der 28.2.1991. Mitarbeiter außerhalb Berlins sind gebeten, die Fragebögen bis 28.2.1991 bei den Landesdirektionen abzugeben. Diese sind verpflichtet, die verschlossenen Umschläge sofort an die Intendanten weiterzuleiten.

Der Fragebogen wird als Teil der Personalakte in einem Umschlag verschlossen aufbewahrt und darf nur vom Rundfunkbeauftragten oder einer von ihm ermächtigten Person geöffnet werden. Die Auswertung erfolgt nicht schematisch, sondern nur nach sorgfältiger Prüfung des Einzelfalls. Über die Grundsätze der Auswertung verständigt sich der Rundfunkbeauftragte mit dem Personalstrukturausschuß des Rundfunkbeirates. Dem Mitarbeiter ist Gelegenheit zur Stellungnahme zu geben. Die Belange des Datenschutzes werden gewahrt.

Nicht wahrheitsgemäße Angaben können zur **fristlosen Kündigung** führen.

Rudolf Mühlfenzl

links: Dienstanweisung aus Berlin, „alle Mitarbeiter per Fragebogen bei der Gauck-Behörde, auf ihre politische Vergangenheit hin, durchleuchten zu lassen"

Der Rundfunkbeauftragte

Personalfragebogen

Beantworten Sie bitte sämtliche Fragen in lesbarer Schrift (ggf. Druckschrift). Daten geben Sie bitte mit Tag, Monat und Jahr an. Sollte eine Frage auf Sie nicht zutreffen, ist das Wort "entfällt" einzusetzen. Etwaige Zweifel bei der Beantwortung der Fragen können Sie bei der Intendanz klären. Aus dem von Ihnen ausgefüllten Personalfragebogen können Sie keine Ansprüche herleiten.
Wir weisen darauf hin, daß bei Antworten, die einer Bewertung unterliegen, stets die Gesamtumstände des persönlichen Werdegangs berücksichtigt werden.

Zutreffendes bitte ankreuzen!
Bei nicht ausreichendem Platz bitte weitere Angaben auf besonderem Blatt beifügen und unterschreiben!

rechts: Das Deckblatt des entsprechenden Fragebogens

14. Sind Sie für das frühere Ministerium für Staatssicherheit/für das Amt für Nationale Sicherheit oder für eine der Untergliederungen dieser Ämter oder vergleichbare Institutionen tätig gewesen oder ausgebildet worden?
☐ ja ☒ nein
Falls ja, in welcher Weise/Funktion? entfällt
von entfällt bis zum entfällt

Haben Sie regelmäßig oder gelegentlich aus der Spezifik Ihrer Aufgaben innerhalb Ihrer dienstlichen Verpflichtungen Informationen an das Ministerium für Staatssicherheit/Amt für Nationale Sicherheit gegeben?
☐ ja ☒ nein entfällt

Haben Sie finanzielle Zuwendungen von einer der genannten Stellen erhalten?
☐ ja ☒ nein entfällt

Haben Sie eine Verpflichtungserklärung zur Zusammenarbeit mit einer der genannten Stellen unterschrieben?
☐ ja ☒ nein
Falls ja, nähere Angaben: entfällt

Haben Sie Ihren Wehrdienst bei einer der genannten Stellen abgeleistet?
☐ ja ☒ nein entfällt
Falls ja, nähere Angaben über Zeitraum, Funktion, örtlichen Einsatz, Aufgaben: entfällt

15. Haben Sie vor dem 9. November 1989 eine Funktion in der SED ☐, in einer anderen Blockpartei ☐ in Massenorganisationen/gesellschaftlichen Organisationen ☒ oder eine sonstige herausgehobene Funktion im System der ehemaligen DDR ☐ ausgeübt?
☐ nein
Falls ja, welche Funktionen haben Sie innegehabt (mit Zeiträumen)?
FDGB Mitglied der Konfliktkommission des Gewandhauses 1982 – 1989
Ich habe zu keinem Zeitpunkt einer Partei angehört.

Ich versichere nach bestem Wissen und Gewissen, vorstehende Angaben vollständig und wahrheitsgemäß gemacht zu haben. Es ist mir bekannt, daß falsche Angaben die Auflösung des Dienstverhältnisses nach sich ziehen können.

Mir ist bekannt, daß ich jede Änderung der angegebenen Verhältnisse unaufgefordert meiner Personalstelle mitzuteilen habe.

Leipzig, den 8. 3. 91 Vor[redacted]

Auszüge aus einem Fragebogen zur politischen Vergangenheit der Rundfunk-Mitarbeiter

Dennoch: Gekündigt wurden alle und gekündigt war schnell. Gekündigt wurden auch all jene Mitarbeiter, die aus „mangelnder politischer Bereitschaft“ vom DDR-Rundfunk seinerzeit nicht angestellt worden waren oder deren Beschäftigungsverhältnis erst nach Gründung von SACHSEN RADIO begonnen hatte. Niemand wusste wie seine Zukunft aussehen würde. Also wurden Urlaubspläne oder Reisen abgesagt. Nervös wartete eine entlassene Belegschaft auf die Stellen-Neuausschreibung des geplanten Mitteldeutschen Rundfunks. Allerdings ließen derartige Aushänge monatelang auf sich warten: Logisch, denn zunächst mussten die neuen Strukturen der zukünftigen Sendeanstalt bestätigt sein und daraus die erforderlichen Planstellen abgeleitet werden. „Der MDR soll“, so hieß es am 14. Februar 1991 aus den Staatskanzleien und Unionsfraktionen anlässlich der Unterzeichnung des „Entwurfs für den Mitteldeutschen Rundfunk (MDR)“ durch die Ministerpräsidenten Sachsens, Thüringens und Sachsen-Anhalts, „eine Neugründung werden. Bisheriges Rundfunkpersonal, ob aus Redaktionen, Verwaltung oder Technik, kann zwar prinzipiell weiterbeschäftigt werden, doch soll jeder Einzelne nochmals genau auf seine politische Vergangenheit hin durchleuchtet werden. Für die Führungsebene rechnet man aber damit, daß Fachleute aus den westlichen öffentlich-rechtlichen Anstalten ‚importiert‘ werden müssen“. („Süddeutsche Zeitung“ vom 14. Februar 1991)

DER RUNDFUNKBEAUFTRAGTE
RUDOLF MÜHLFENZL

[redacted]

Sehr geehrt[redacted]

Gemäß Artikel 36 des Einigungsvertrages ist die Einrichtung (Hörfunk und Fernsehen) zum 31.12.1991 aufgelöst. Damit enden auch sämtliche Arbeitsverhältnisse. Die Veranstaltung von Hörfunk- und Fernsehsendungen wird künftig durch unabhängige Rundfunkanstalten der Länder wahrgenommen.

Hiermit kündige ich das zwischen Ihnen und uns bestehende Arbeitsverhältnis zum 31.12.1991, vorsorglich auch zum nächstzulässigen Termin.

Eine Weiterbeschäftigung über diesen Zeitpunkt hinaus ist wegen des Wegfalls der Einrichtung aus den oben genannten Gründen nicht möglich. Auf die Stellenausschreibung des Mitteldeutschen Rundfunks sowie auf unser Weiterbildungs- und Umschulungsprogramm darf ich Sie hinweisen.

Ich bitte Sie, bis zum Ablauf der Kündigungsfrist den Ihnen zustehenden Jahresurlaub abzunehmen. Über Ansprüche aus der Tarifvereinbarung über Sozialleistungen werden Sie auf Wunsch durch unsere Personalabteilung informiert.

Mit dem Dank für Ihre Tätigkeit verbinde ich meine guten Wünsche für Ihre Zukunft.

Mit freundlichen Grüßen

Rudolf Mühlfenzl

Berlin, den 23.9.1991

Kündigungsschreiben durch den Rundfunkbeauftragten RUDOLF MÜHLFENZL

Süddeutsche Zeitung 14. 2. 91

Sachsen, Sachsen-Anhalt und Thüringen in der Dreiländeranstalt vereint

Heute unterzeichnen die Ministerpräsidenten den Entwurf für den Mitteldeutschen Rundfunk (MDR)

Die Gründung des „Mitteldeutschen Rundfunks“ (MDR) als Dreiländeranstalt für Sachsen, Sachsen-Anhalt und Thüringen ist beschlossene Sache. Am heutigen Donnerstag werden die zuständigen Ministerpräsidenten beim Treffen der ostdeutschen Länderchefs in Dresden ihre Unterschrift unter den ausgehandelten Entwurf ihrer Staatskanzleichefs setzen.

Die neue, öffentlich-rechtliche Rundfunkanstalt, die Mitglied in der ARD werden soll, soll nach Ansicht des sächsischen Ministerpräsidenten Kurt Biedenkopf um- [...] Landesfunkhäuser nach dem Vorbild des NDR eingerichtet werden, wahrscheinlich in den Landeshauptstädten von Sachsen, Sachsen-Anhalt und Thüringen. Sie sollen im Hörfunk über die erste UKW-Kette getrennte Regionalprogramme für die Mitgliedsländer veranstalten, auf den Frequenzen des früheren Programms DDR II. Vorläufer solcher Angebote sind im letzten Jahr bereits entstanden: Jeweils ein Regionalprogramm des Thüringischen Rundfunks und von Radio Sachsen-Anhalt, zwei Angebote sowie ein drittes, stundenweises [...] eigenständige, regionale Länderprogramme in der Vorabendzeit gestalten. Außerdem sollen Beiträge für das ARD-Gesamtprogramm beigesteuert werden. Die Installierung eines eigenen Dritten wird die wohl schwierigste Aufgabe für den MDR werden, denn aus dem auf Berlin zentrierten DFF sind kaum produktionstechnische oder personelle Vorläufereinrichtungen vorhanden, auf denen aufgebaut werden könnte. In den letzten Monaten sind zwar Studios zur Regionalberichterstattung entstanden, doch sind dies provisorische Ein- [...]

Bericht der „Süddeutschen Zeitung“ vom 14. Februar 1991 über den Beschluss zur Gründung des MDR

Mittwoch, 12. September 1990 — Süddeutsche Zeitung

Vom Sachsen-Radio zum Sächsischen Rundfunk

Wie der BR im künftigen Bundesland bei der Neugestaltung der Programme mitwirkt

Zügig vorangehen soll es mit dem Aufbau der Hörfunkangebote im künftigen Bundesland Sachsen. Zusätzlich zum bereits bestehenden Programm Sachsen 1 ist für den 3. Oktober, den Tag des Beitritts der DDR zur Bundesrepublik, die Inbetriebnahme der Radiokanäle Sachsen 2 und Sachsen 3 geplant. Nach Angaben des Direktors Manfred Müller vom Sachsen-Radio, das von den drei noch zum staatlichen Rundfunk der DDR gehörenden Sendern in Leipzig, Dresden und Chemnitz gestaltet wird, ist das erste Programm ab Oktober als „Magazinwelle“ konzipiert, während das zweite Programm viele Wortbeiträge zum „intensiven Zuhören“ enthalten soll und das dritte Programm „ganz konsequent für die Hörer bis 30 Jahre“ gedacht ist. Möglich macht die Programmausweitung dem vor zweieinhalb Monaten als neuem Direktor eingesetzten Müller zufolge vor allem auch der Bayerische Rundfunk (BR) mit seinem Angebot an das Sachsen-Radio, Sendungen des BR zu übernehmen. Die vertraglich vereinbarte Kooperation zwischen dem BR und Sachsen-Radio umfaßt auch finanzielle Hilfen. Die Werbetochter des BR hat dem Sachsen-Radio ein Darlehen von fünf Millionen Mark gewährt, das mit Werbeaufträgen verrechnet wird, die der BR über seine Werbetochter für die neuen Hörfunkprogramme in Sachsen akquiriert.

Das Sachsen-Radio soll nach der Verabschiedung eines sächsischen Mediengesetzes durch den künftigen Landtag in eine öffentlich-rechtliche Anstalt mit dem Namen Sächsischer Rundfunk übergeführt werden. Insgesamt vier Hörfunkprogramme analog den Angeboten des Bayerischen Rundfunks (B 1 für die ältere Generation, B 2 Wort, B 3 für die jüngere Generation und B 4 Klassik) und ein eigenes drittes Fernsehprogramm soll der Sächsische Rundfunk als Mitglied der ARD baldmöglichst nach seiner Gründung veranstalten. So sehen es die Planungen des Technischen Direktors, Frank Müller-Römer vom BR vor, der in Sachsen als offizieller Berater der dortigen Behörden bei der Neugestaltung der Rundfunklandschaft mitwirkt (die SZ berichtete). Beim Fernsehen will Müller-Römer die ersten beiden Senderketten in Sachsen für das erste Programm der ARD einschließlich eines sächsischen Vorabendangebots von 17.30 Uhr bis 20 Uhr und für das dritte Programm des künftigen Sächsischen Rundfunks reserviert wissen. Die dritte, erst im Entstehen begriffene Senderkette könnte dann laut Müller-Römers Planspielen für die sächsischen Behörden an das ZDF gehen.

Streit mit dem ZDF ist bei der Absicht des BR-Direktors vorprogrammiert, dem Zweiten Deutschen Fernsehen in Sachsen vorerst nur zehn Prozent der Rundfunkgebühren zu gewähren, anstatt der in der Bundesrepublik bislang üblichen 30 Prozent. Kein Platz ist im Konzept von Müller-Römer für die Idee, den Bürgerrechtsbewegungen in den Ballungsräumen Dresden, Chemnitz und Leipzig lokale Fernseh- und Hörfunksender zu überlassen, wie es in einem Papier des noch staatlich organisierten TV-Landessenders Sachsen vorgeschlagen wird. In den ersten Entwürfen für sein endgültiges Konzept von Ende Juli hatte Müller-Römer unter dem Stichwort „Strategie und Taktik“ auch erwogen, seine Absichten über die sächsische CDU voranzutreiben, während andere Parteien nicht genannt waren.

Klaus Ott

Pressekommentar der „Süddeutschen Zeitung“ zur Entwicklung des Rundfunks in den neuen Ländern, insbesondere in Sachsen

Drei Länder unter einem (Funk-)Dach?

Überlegungen von Uwe Grüning, Vorsitzender des Rundfunkbeirates

Seit dem 0. Januar 1991 ist der Schriftsteller und sächsische CDU-Abgeordnete Uwe Grüning Vorsitzender des neuen Rundfunkbeirates und steht somit jenem Gremium aus „18 anerkannten Persönlichkeiten des öffentlichen Lebens" vor, von dem nicht nur die verbliebenen Mitarbeiter in den ehemaligen DDR-Funkhäusern einiges erwarten. Wir sprachen mit dem frischgebackenen Beiratsvorsitzenden:

● **Als 1990 im Berliner Union Verlag Ihr Geschichtenband „Der Weg nach Leiningen" erschien, hatten Sie sich schon in die praktische Politik gestürzt. Weshalb dieser Entschluß?**

Ich fand, gemessen an der Zahl derer, die im Herbst '89 aktiv die Wende in der DDR herbeiführten, gab es schon damals zu wenige Menschen, die nicht nur fähig, sondern auch bereit gewesen wären, sich nun parlamentarisch für die Realisierung ihrer Ansprüche zu engagieren. Deswegen habe ich mich nach langem Zögern entschlossen, der CDU beizutreten und mich um ein Volkskammermandat beworben.

● **Gemeinsam mit Ihnen sitzen noch die Schriftsteller Benedikt Dyrlich und Ingo Zimmermann im Sächsischen Landesparlament. Stehen damit die Chancen für die Literatur künftig zwischen Leipzig und Dresden, Bautzen und Falkenstein besonders günstig?**

Das wird sich erst noch erweisen. Gegenwärtig haben wir, gemeinsam mit allen Parlamentariern, ganz andere Probleme zu lösen. Im Kulturbereich geht es zunächst um die finanziell mögliche und ideell notwendige Sicherung und Erhaltung von Kulturgütern und Institutionen, bemühen wir uns um die Realisierung einer von Kurt Biedenkopf angeregten Kulturstiftung, um die Einrichung eines „slawischen Zentrums" im Land Sachsen, das ja eine große sorbische Volksgruppe beheimatet und zugleich die ČSFR und Polen zu Nachbarn hat.

● **Ist angesichts dessen Ihre Mitwirkung im Rundfunkbeirat nicht eher Last als Lust?**

Natürlich mußte ich meine Tagesarbeit nun noch einmal neu ordnen. Aber ich habe diese zusätzliche Herausforderung gern angenommen.

● **Mit welchen Vorstellungen zur Neuordnung des Hör- und Fernsehfunks gehen Sie ans Werk?**

Mein Modell ist im Süden eine Drei-Länder-Anstalt unter Mitwirkung von Sachsen, Thüringen und Sachsen-Anhalt und Vergleichbares im Norden. Der zeitliche Rahmen hierfür ist durch den Einigungsvertrag vorgegeben. Bis zum 31. Dezember müssen wir möglichst erfolgreich sein. Mit anderen Worten, wir sind gehalten, bis zur parlamentarischen Sommerpause unsere Arbeit so weit vorangebracht zu haben, daß die künftige Mediengesetzgebung in den fünf neuen Bundesländern und Berlin bis zum Jahresende in die Tat umgesetzt werden kann. Wenn wir das schaffen, haben wir viel vermocht.

● **Bedeutet das, wie vielerorts befürchtet, die weitere Reduzierung vorhandener Hörfunk- und Fernseheinrichtungen?**

Derzeit unterstehen alle Studios in den Regionen noch den Berliner Zentralen. Das muß strukturell anders werden. Allerdings kann ich einer Auflösung der früheren Bezirkssender nicht zustimmen. Denn ich plädiere dafür, daß die zu schaffende öffentlich-rechtliche Rundfunk-Landschaft auch eine sehr sorgfältige regionale Berichterstattung möglich machen muß. Das heißt, Regionalstudios sind auch künftig sehr wichtig, und ihre personelle und technische Ausstattung muß dem jeweiligen Programmauftrag angemessen sein.

Für die von mir erwähnte Drei-Länder-Anstalt im Süden würde mein Modell so aussehen: Es gibt drei gemeinsame UKW-Programme und jeweils eines für jedes daran beteiligte Land, in welchem dann zugleich die regionale Berichterstattung ihre Heimstatt hat. Auf keinen Fall darf es passieren, daß anstelle von Berlin nun Leipzig mit seinem großen Funkhaus die Berichterstattung für Dresden oder Erfurt dominiert. Das widerspräche auch der neu zu errichtenden föderalen Struktur.

● **Herrscht über Ihr Modell inzwischen im Beirat schon Konsens?**

Wir sitzen seit kaum zwei Wochen beeinander und sind in den Diskussionen noch am Anfang. In jedem Fall kann ich sagen, daß es keine festgefahrenen Positionen gibt und Abstimmungen über zu treffende Entscheidungen nicht von vornherein fixiert sind. Jeder von uns hört auf Argumente des anderen und läßt sich davon leiten, nicht von der Stimme eines oder seines „Herren".

● **Vorläufig also keine Zeit für Literatur?**

Nun, ganz habe ich die Literatur noch nicht aufgegeben. Einige Essays sind entstanden, und in jeder freien Minute, oftmals auch im Zug nach Dresden oder Berlin, bereite ich mich auf ein Buch vor, das schon 1987 zwischen dem Reclam-Verlag und mir verabredet wurde: eine Fontane-Biographie. Doch Vorrang hat nun natürlich die parlamentarische Arbeit im Landtag und im Rundfunkrat. Denn nicht am politischen Wollen werde ich gemessen, sondern am Ergebnis.

Das Gespräch führte Michael Hinze

Tribüne, 1.2.91, S. 15

Vorstellungen von UWE GRÜNING, dem Vorsitzenden des 1991 neugegründeten Rundfunkbeirates zur Neustrukturierung des ehemaligen DDR-Rundfunks und seiner Einrichtungen, mit dem Ziel der Errichtung einer Dreiländeranstalt, des Mitteldeutschen Rundfunks

In solcher Situation war Lethargie fehl am Platz. Tragfähige Vorschläge zur Bildung eines neuen Kulturkanals waren für die Mitarbeiter die beste Referenz zur Übernahme in die neue Rundfunkanstalt. Zunächst aber waren konzeptionelle Überlegungen gefragt. Könnte das Programm von SACHSEN 3 die Keimzelle für einen sächsisch-anhaltinisch-thüringischen Drei-Länder-Kulturkanal bilden?

Die Redakteure von THÜRINGEN RADIO und RADIO SACHSEN-ANHALT waren zunächst gegenüber den sächsischen Denkanstößen vorsichtig verhalten. Sie hatten Sorge, dass sie nun nicht mehr von der Berliner Zentralgewalt, sondern von den Leipzigern vereinnahmt würden. Vertrauen zu gewinnen braucht Zeit, aber die war nur allzu knapp bemessen.

Hilfreich waren da erste Arbeitstreffen in den Funkhäusern der Kollegen aus Weimar und Halle, in deren gewohnter Umgebung also. Und begleitet von einigen Hoffnungen wurde am 10. Juli 1991 die erste Programm-Konzeption für einen gemeinsamen Kulturkanal – damals noch MDR 3 genannt – von KLAUS DYLUS, dem Musikchef von THÜRINGEN RADIO, dem Musikchef von RADIO SACHSEN-ANHALT, HORST MAKRINUS und dem Hauptabteilungsleiter Kultur von SACHSEN RADIO, Dr. STEFFEN LIEBERWIRTH erarbeitet und dem Gründungsintendanten des Mitteldeutschen Rundfunks als Vorschlag zugeleitet.

MONTAG BIS FREITAG

SACHSEN 3

- 20.00 Nachrichten
- 20.05 Mo Medium Musik, Di Konzertsaal, Mi Musikstadt, Do Hörspiel, Fr Konzertsaal Europa
- 21.00 Mo Radiolesung
- 22.00 Nachrichten (außer Fr)
- 22.05 Aufgefallen. Kulturmagazin (Fr: ab 22.30)
- 22.30 Mo Wiener Klassik, Di Barockmusik, Mi Chormusik, Do Romantik
- 23.00 Mo Musik des 20. Jahrhunderts, Di Feature, Mi Serenade, Do Bühnenmusik, Fr Hörspiel
- 23.00 Tönende Meisterwerke
- 02.00 ARD-Nachtkonzert vom Deutschlandfunk

SONNABEND

SACHSEN 3

- 19.00 Nachrichten
- 19.05 Swing/Chanson/Folk
- 20.00 Nachrichten
- 20.05 Kleinkunst – Kabarett, Wortspiele, Hinter den Kulissen
- 21.30 Musik der Welt
- 22.00 Nachrichten
- 22.05 Kulturmagazin
- 22.30 Interpreten-Profile
- 23.00 Lesezeit – Literarische Extras für Kenner
- 00.00 Tönende Meisterwerke
- 02.00 ARD-Nachtexpress

SONNTAG

SACHSEN 3

- 19.00 Nachrichten
- 19.05 Oh Gott
- 19.30 Berühmte Orgelwerke
- 20.00 Nachrichten
- 20.05 Hörspiel – anschließend Intermezzo
- 22.00 Nachrichten
- 22.05 Aufgefallen
- 22.30 Konzert vor Mitternacht
- 00.00 Tönende Meisterwerke
- 02.00 ARD-Nachtexpress

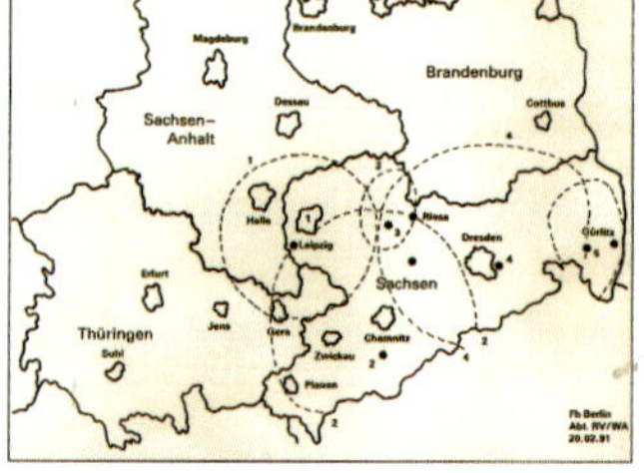

Frequenzkarte von SACHSEN 3-Kultur mit Programmbroschüre

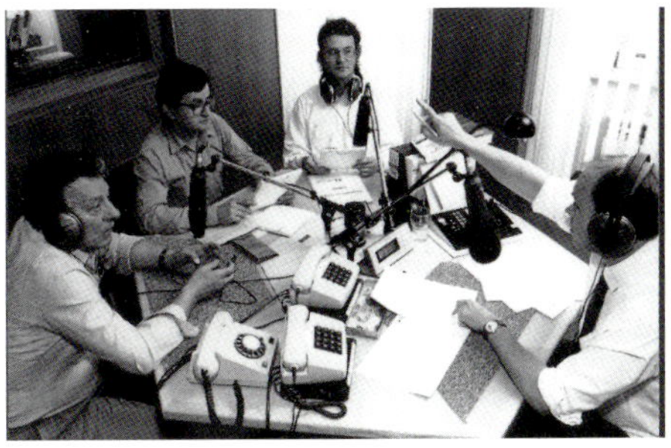

Schon beim Sender Leipzig gab es jeweils zwischen 11.00 Uhr und 13.00 Uhr die wöchentliche Musik-Magazin-Sendung „Sonntagskonzert".
Präsentiert wurde die Sendung wechselweise von Dr. DETLEF RENTSCH und Dr. STEFFEN LIEBERWIRTH. Bis 1992 lief sie auf den Programmen SACHSEN II und III. Seit 1996 ist die beliebte Sendung jeden Sonnabend zu hören und seitdem heißt sie „TRIANGEL – Das Musikjournal".
Foto: Dr. STEFFEN LIEBERWIRTH (rechts) als Moderator im Studio-Gespräch mit dem Leipziger Schauspieler FRIEDHELM EBERLE, dem Redakteur für Alte Musik, THOMAS BAUST, und dem Gewandhausorganisten MICHAEL SCHÖNHEIT (v. r. n. l.), 1992

links: Haupteingang des Rundfunkgebäudes in der Springerstraße in Leipzig im November 1990

Danach sollte MDR 3 als Kultur- und Bildungskanal angelegt werden:

„Das Programm soll tiefschürfend sowie reflektierend sein und dabei viele Hintergrundinformationen anbieten. Angesprochen wird dadurch der gebildete anspruchsvolle Hörer, gleich welcher Altersgruppe. Dem Charakter nach greift das 3. Programm den Geist des klassischen traditionellen Radios auf und ist damit in seiner Ansprechhaltung seriös. Es ist ein Programm zum bewussten und genussvollen Radiohören. Durch lange durchgehende Sendeinhalte ist es betont ruhig. Wort- und Musikanteile stehen ausgewogen nebeneinander. Das musikalische Angebot bedient alle anspruchsvollen musikalischen Genres von der mittelalterlichen Musik über das zeitgenössische Schaffen bis hin zu Folk, Jazz und außereuropäischer Musik. Das Lied hat seinen Platz, genau wie die große Oper. Gleichzeitig könnten die rundfunkeigenen Klangkörper (Rundfunk-Sinfonieorchester, Rundfunkchor Leipzig und Radio-Philharmonie Leipzig) mit festen Sendeplätzen bedacht werden. Neben diesem breitgefächerten Musikangebot stehen feste tieflotende Wortsendungen, die das Hörspiel, das literarische Wort sowie die Kulturpolitik ebenso umfassen wie die Bildung, Wissenschaft und Kirchenfunk. Das Programm des MDR 3 gibt den Ideen des sich vereinigenden Europas sowie der europäischen Regionen mit spezifischen Sendeformen Raum und fördert die Integration ausländischer Mitbürger. Eine spezielle Achse ist der aktuellen politischen Entwicklung vorbehalten. Als Alternative zu DS Kultur berücksichtigt der MDR stärker sein eigenes Sendegebiet, ohne jedoch die Kultur Deutschlands, Europas und der Welt zu vernachlässigen". (Auszug aus der Präambel des Entwurfs zu einem 3. Programm des Mitteldeutschen Rundfunks)

Waren diese Gedanken im Sommer des Jahres 1991 noch vage Visionen und Utopien eines kleinen, vom Rundfunk besessenen Redakteur-Häufleins, so nahmen sie im Herbst und Winter 1991 mehr und mehr professionelle Gestalt an. Bewährte Sendungen wurden verfeinert, neue Ideen geboren. „Alte" Mitarbeiter aus Ost und „neue" aus West stritten um ein und dasselbe und schließlich gemeinsame Produkt: Um ein ebenso anhörbares wie kritisches Radioprogramm. Als Ergebnis dieses gemeinsamen „Reifeprozesses" konnten die Thüringer, Anhaltiner und Sachsen am 1. Januar 1992 genau um Mitternacht von Eisenach bis Boizenburg und von Görlitz bis Plauen die Stationsansage hören:

„Hier ist der Mitteldeutsche Rundfunk" ... mit seinem 24-Stunden-Vollprogramm MDR KULTUR – dem ZuhörRadio.

Empfang im Neuen Rathaus Leipzig anlässlich des MDR-Sendestarts am 1. Januar 1992; Gewandhauskapellmeister Prof. KURT MASUR gratuliert dem Intendanten des MDR, Prof. Dr. UDO REITER

Sendestart am 1. Januar 1992; live beim MDR-Hörfunk

Blick durch das Glasdach der neuen MDR-Hörfunkzentrale in Halle, deren Einweihung am 25. September 1999 erfolgte

DREI LÄNDER - EIN SENDER

Auf dem Weg zu einem neuen Mitteldeutschen Rundfunk

Erinnern wir uns: Am Anfang ging es nicht um D-Mark und (Wieder-)Vereinigung, am Anfang skandierten die Leipziger „Wir bleiben hier", am Anfang ging es um Redefreiheit, Demonstrationsfreiheit, Pressefreiheit. Noch ehe in Berlin die Mauer fiel, noch ehe HONECKER stürzte, KRENZ hinweggefegt wurde und die Zeit über MODROW hinwegging, mahnte am 18. 9. 1989 der Intendant des (Ost-)Berliner BRECHT-Theaters, WEKWERTH: „Beschönigende Berichte dienen nicht der Beruhigung der Öffentlichkeit und der Ruhe, sondern erzeugen in Wahrheit Unruhe." STEPHAN HERMLIN kritisierte öffentlich die Loslösung der Medien der alten DDR von der Realität.

Knechtung durch und Dienerschaft für das alte Regime hatten zum vollständigen Verlust der Glaubwürdigkeit der Massenmedien geführt. Was Wunder, dass sie den Erosionsprozess des real existierenden Sozialismus nicht aufhalten konnten. Wenn es eine Erneuerung der Gesellschaft geben konnte, musste sie im Dialog gesucht werden, und der war ohne befreite Medien undenkbar.

Viel von der folgenden Übergangszeit bliebe aufzuarbeiten, das meiste ist jetzt schon der Vergessenheit anheimgefallen. An einige Stationen auf dem Weg zu einer föderalen, öffentlich-rechtlichen Rundfunkordnung, an einige Stationen auf dem Weg zum neuen MDR soll hier erinnert werden.

Sendestart des MDR-Fernsehens am 1. Januar 1992 vor der Leipziger Nikolaikirche mit den Moderatoren VICTORIA HERRMANN und WOLFGANG KENNTEMICH

Vom Staatsfunk zur Einrichtung

Am 20. 12. 1989 konstituiert sich eine Regierungskommission der DDR zur Ausarbeitung eines Mediengesetzes. Mit Beschluss des Ministerrates vom 21. 12. werden das „Staatliche Komitee für Rundfunk" und das „Staatliche Komitee für Fernsehen" – seit dem 15. 9. 1968 für die zentrale Lenkung der elektronischen Massenmedien verantwortlich – umbenannt. Als juristische Personen treten die Rechtsnachfolge an: das „Fernsehen der DDR" und der „Rundfunk der DDR", jeweils mit einem vom Ministerratsvorsitzenden eingesetzten Generalintendanten an der Spitze und mit einem funktionslosen „Fernsehrat- bzw. Medienbeirat" daneben.

Am 5. 2. 1990 fasst die Volkskammer einen Beschluss „über die Gewährleistung der Meinungs-, Informations- und Medienfreiheit". Er erklärt Rundfunk und Fernsehen zu unabhängigen öffentlichen Einrichtungen, die nicht der Regierung unterstehen, und zu Volkseigentum und schreibt ihre Umwandlung in öffentlich-rechtliche Anstalten vor. Die beiden Generalintendanten sollen noch immer vom Ministerpräsidenten berufen werden und es sollen „gesellschaftliche Räte" gebildet werden. Sie bedürfen aber bereits der Bestätigung durch den neu geschaffenen „Medienkontrollrat", dem Vertreter der am „Runden Tisch" beteiligten Parteien und Vereinigungen, der Volkskammerfraktionen, der Kirchen und der jüdischen Gemeinde angehören.

Den folgenden Bemühungen um eine Mediengesetzgebung unter dem Medienminister Dr. GOTTFRIED MÜLLER ist kein durchgreifender Erfolg beschieden. Zwar will MÜLLER die zentralistischen Strukturen der elektronischen Medien beseitigen und die Rundfunkhoheit den neu zu bildenden Ländern übertragen; das unter seiner Leitung erarbeitete „Rundfunküberleitungsgesetz" stößt aber praktisch überall auf harsche Kritik wegen „unerbittlicher Staatsnähe" auch der vorgesehenen neuen Rundfunkstrukturen und muss gründlich überarbeitet werden.

Erst am 13. 9. kann die Volkskammer das Rundfunküberleitungsgesetz verabschieden, das nur bis zum 2. 10. 1990 in Kraft sein wird. Es sieht die Zusammenfassung von Rundfunk und Fernsehen der DDR in einer gemeinschaftlichen, staatsunabhängigen, rechtsfähigen Einrichtung der neuen Bundesländer vor, die bis spätestens 31. 12. 1991 weitergeführt werden soll. An ihrer Spitze soll ein auf Vorschlag des Ministerpräsidenten von der Volkskammer gewählter Rundfunkbeauftragter unter der Aufsicht eines Rundfunkbeirats stehen, dessen Mitglieder von den Landtagen der neuen Länder und der Stadtverordnetenversammlung von Berlin gewählt werden. Der Einigungsvertrag übernimmt dieses Gesetz nicht, sondern ersetzt es durch seinen Artikel 36, der allerdings in den Grundzügen mit dem Überleitungsgesetz übereinstimmt.

„Die Einrichtung" entsteht, an ihre Spitze tritt der Rundfunkbeauftragte RUDOLF MÜHLFENZL, versehen mit dem Auftrag zur Liquidation der zentralistischen Struktur, mehr und mehr jedoch bestrebt, überzuleiten, zu überführen, zu erhalten. Am Ende aber haben auch die im Laufe des Jahres 1990 gebildeten Landessender für Hörfunk und Fernsehen – sämtlich Bestandteil der Einrichtung – keine Dauer. Die Länder machen von ihrer Rundfunkkompetenz Gebrauch, sie schaffen neue Strukturen.

Die föderale Alternative: Landesrundfunkanstalten

Im Süden hat schon im September 1990, noch ehe ein Landtag gebildet ist, die „Initiative Sächsisches Landesmediengesetz" auf ihrer dritten Plenartagung drei Gesetzentwürfe vorgelegt: ein Pressegesetz, ein Gesetz für den privaten Rundfunk und ein Gesetz über den öffentlich-rechtlichen Rundfunk, das die Schaffung eines „Sächsischen Rundfunks" vorsieht. Auch in den übrigen neuen Bundesländern wird über die künftigen Strukturen nachgedacht. Überall gibt es Überlegungen zur Bildung eigener öffentlich-rechtlicher Rundfunkanstalten, wird die Errichtung eines staatsunabhängigen, föderalen Rundfunks unter gesellschaftlicher Kontrolle als unverzichtbar angesehen. Aus dem Westen dringen – nicht ganz uneigennützig – mahnende Worte, den föderalen Aspekt nicht zu sehr zu betonen, sondern „lebensfähige Einheiten" als Mehrländeranstalten zu schaffen. Einen Augenblick scheint es, als könne die ganze jahrzehntealte und stets unbewältigte Strukturdebatte der ARD neu geführt werden. Dann aber konzentriert sich die Diskussion wieder auf die neuen Bundesländer.

DO, 14. 2. 1991

Landesidentität als Triebkraft für Länderrundfunk

In den neuen Bundesländern formieren sich der Mitteldeutsche Rundfunk und eine nordostdeutsche Anstalt

Der Nebel hat sich gelichtet und gibt erste Konturen der Rundfunklandschaft in den neuen Ländern frei. Zwei neue Dreiländeranstalten werden entstehen: im Süden der Mitteldeutsche Rundfunk von Sachsen, Sachsen-Anhalt und Thüringen, im Norden ein Norddeutscher Rundfunk aus Berlin, Brandenburg und Mecklenburg-Vorpommern. Ein ganzes Bündel von Faktoren hat zu dieser Lösung geführt, drei von ihnen dürften den größten Einfluß gespielt haben.

Da ist einmal das parteipolitische Moment. Bei einer Runde im Kanzleramt Ende Januar haben sich die CDU-Ministerpräsidenten der neuen Länder unter den Augen des Parteivorsitzenden Helmut Kohl — der Kanzler darf ja nicht die ländergebundene Rundfunkpolitik an sich reißen — auf den Zuschnitt der Verbundsender verständigt. Dem „schwarzen" Trio im Süden steht im Norden das rot-schwarze Pari gegenüber. Das läßt sich aus CDU-Sicht sehen, damit läßt sich Einfluß sichern.

Die Altlasten und ihr Abwickler

Der Rundfunkbeauftragte der Bundesregierung für Ostdeutschland, Rudolf Mühlfenzl, steht damit vor immer schwierigeren Aufgaben. Gemäß Paragraph 36 des Einigungsvertrages gehen Hörfunk und Fernsehen der ehemaligen DDR in die Hoheit der neugebildeten Länder über und werden in diesem Prozeß bis Ende 1991 als zentrale Einrichtung aufgelöst. Die Länder sträuben sich gegen diese „Altlasten". Sie wollen aus Berlin Gebührengeld, vielleicht noch technische Hilfe, wie sie Rudolf Mühlfenzl mitgeteilt haben.

Der bayrische Medienprofi aber weiß, daß ein solch ehrgeiziges Ziel wie zum Beispiel der Sendestart des Mitteldeutschen Rundfunks am 1. Juli nur bei Rückgriff auf die vorhandene Infrastruktur zu bewerkstelligen ist. Mit diesem Pfund wird der Rundfunkbeauftragte in den kommenden Wochen und Monaten mächtig wuchern müssen, um der grassierenden Existenzangst in seiner Einrichtung entgegenwirken zu können.

rechts: Kommentar in der „Leipziger Volkszeitung" vom 23. April 1991 zur Neustrukturierung der Rundfunklandschaft in den neuen Bundesländern

ARD wartet auf Partner aus den neuen Ländern

Sachsen-Anhalts Landtag hat in Magdeburg als erstes Parlament der neuen Bundesländer ein Gesetz über den privaten Rundfunk verabschiedet. Für den Entwurf der Regierung stimmten die Abgeordneten der Koalitionsparteien CDU und FDP, während SPD, Bündnis 90/Grüne und PDS überwiegend dagegen votierten.

Ein Stopp für einen „Schnellstart" privater Anbieter setzte der Landtag mit der Annahme eines Entschließungsantrages der SPD, wonach Entscheidungen über die Vergabe von Frequenzen und Lizenzen nicht getroffen werden dürfen, „bevor die Grundversorgung durch den öffentlich-rechtlichen Rundfunk gesetzlich geregelt und praktisch abgesichert ist".

Im Gesetz, das sofort in Kraft tritt, wird ausgeführt, daß der „flächendeckenden Grundversorgung durch die öffentlich-rechtlichen Rundfunkanstalten, der Schaffung eines vielfältigen Programmangebots privater Rundfunkveranstalter sowie der Förderung des publizistischen Wettbewerbs Rechnung zu tragen" ist. Übertragungsmöglichkeiten seien vorrangig den öffentlich-rechtlichen Anstalten einzuräumen. Das Gesetz verpflichtet die Anstalten zu Wahrheit, landesweiter Verbreitung sowie zur strikten Trennung von Nachricht und Kommentar. Werbung ist auf einen Anteil von 20 Prozent der Sendezeit zu beschränken. In der Versammlung des zu bildenden Rundfunkausschusses sind Regierung und Landtagsparteien nach ihrer Stärke im Parlament sowie Kirchen, Arbeitnehmer, Arbeitgeber und Verbände vertreten.

Ministerpräsident Gerd Gies (CDU) sagte in der Debatte zum geplanten gemeinsamen Mitteldeutschen Rundfunk (MDR) mit Sachsen und Thüringen, er müsse spätestens am 1. Janur 1992 seine Arbeit aufnehmen. Neben der Zentrale werde der MDR nach den Vorstellungen der drei Länderchefs auch in jedem Land ein Landesfunkhaus haben. Gies zufolge muß der Staatsvertrag über den MDR noch vor der Sommerpause von den Länderparlamenten verabschiedet werden. Er erwarte nicht, daß die privaten Anbieter in der Lage sind, „wesentlich vor Ende des Jahres mit privat veranstalteten Sendungen" zu beginnen. Die Opposition hatte der Regierung vorgeworfen, den Privaten einen zeitlichen Vorsprung verschaffen zu wollen.

*

Die ARD warte „fast schon ein bißchen ungeduldig" auf Partner aus den neuen Bundesländern, auf die Beiträge neuer ARD-Anstalten zum Programm und auf neue Mediengesetze. Dies erklärte ARD-Vorsitzender und WDR-Intendant Friedrich Nowottny beim Korrespondentenwechsel im ARD-Studio Ostdeutschland in Berlin. Gleichzeitig wertete er derzeitige medienpolitische Entscheidungen als Signal dafür, daß in und mit den neuen Bundesländern handlungs- und leistungsfähige Anstalten entstünden, die in naher Zukunft wichtiger Partner der ARD sein werden.

Große Bedeutung sprach Nowottny der Berichterstattung über das Zusammenwachsen Deutschlands zu. Auf die staatliche Einheit müsse nun die Herstellung der inneren Einheit folgen. „Diesen Prozeß kritisch und umsichtig zu begleiten, bleibt wichtig." Bei allem Engagement in der Sache und für die Menschen gelte es jedoch, auch journalistische Distanz und Objektivität zu wahren.

LVZ 23.4.91, S.12

Im Nordosten scheitern Überlegungen für eine Drei-Länder-Anstalt von Berlin, Brandenburg und Mecklenburg-Vorpommern im Schweriner Landtag. Während Mecklenburg-Vorpommern sich zum NDR hin orientiert und Berlin das SFB-Gesetz auf das gesamte Stadtgebiet ausgedehnt hat, beschließt Brandenburg im Herbst 1991 ein Landesrundfunkgesetz, eine eigene Landesrundfunkanstalt, die eng mit dem SFB kooperieren soll.

Ein Sender für drei Länder

Die Ministerpräsidenten von Sachsen, Thüringen und Sachsen-Anhalt einigen sich schon Anfang 1991 auf ein Eckwertepapier für eine gemeinsame Landesrundfunkanstalt ihrer drei Länder, den Mitteldeutschen Rundfunk. Am 30. 5. 1991 können in Erfurt die Ministerpräsidenten BIEDENKOPF, DUCHÀC und GIES den „Staatsvertrag über den Mitteldeutschen Rundfunk (MDR)“ unterzeichnen. Am 19. 6. wird der Staatsvertrag vom Thüringer Landtag ratifiziert, zwei Tage später stimmen auch die Parlamente in Magdeburg und Dresden zu. Am 1. 7. 1991 tritt der Staatsvertrag in Kraft.

Der neue Schriftzug „Mitteldeutscher Rundfunk“ und das MDR-Logo werden Ende Dezember 1991 kurz vor dem Sendestart am Leipziger Funkhaus in der Springerstraße montiert.

18. 2. 91

Leipziger Volkszeitung

Ministerpräsidenten einigten sich in Dresden auf das Modell eines Mitteldeutschen Rundfunks

Erste Konturen einer neuen Medienlandschaft

Was in den offiziellen Verlautbarungen über die vorwöchige Dresdener Konferenz der ostdeutschen Ministerpräsidenten, vornehmlich über die von Sachsen, Sachsen-Anhalt und Thüringen vereinbarte Gründung einer Drei-Länder-Rundfunkanstalt, angenehm einträchtig klang, ist anscheinend erst nach harten Debatten erreicht worden. Der anhaltinische Regierungssprecher Michael Gentsch jedenfalls redete von einem „sehr zähen Verlauf“ und nannte als einen, wenn nicht gar d e n Grund dafür, daß ein jedes der drei Länder für sich „einen maximalen Anteil herausschlagen“ wollte.

Ein Konsens wurde erreicht, und der sieht - offenkundig nach dem bewährten Modell des Norddeutschen Rundfunks – etwa so aus: Sitz der Drei-Länder-Anstalt mit dem voraussichtlichen Namen Mitteldeutscher Rundfunk (MDR) wird Leipzig sein. Halle beansprucht ein Viertel dieses überregionalen Bereichs, Produktionskapazitäten eingeschlossen. Landesrundfunkhäuser wird es in den Hauptstädten der drei Länder geben, in Dresden, Magdeburg und Erfurt, in Thüringen überdies den Standort der Werbe GmbH des Mitteldeutschen Rundfunks.

Diese materielle Basis soll im Hörfunk drei eigene Regionalprogramme ermöglichen, zu denen sich gemeinsam veranstaltete Programme gesellen, allesamt auf UKW. Da ist an einen vorwiegend für junge Hörer bestimmten Sender gedacht und an einen Kultur- und Klassik-Kanal, sowie – über Mittelwelle – ein vertiefendes Wort-Programm, das Übertragungen aus Politik und Sport einschließt. Der Hörfunk wird aber auch die sorbische Minderheit gebührend berücksichtigen.

Im Fernsehbereich wird jedes Land – wiederum analog der Alt-BRD – Regionalprogramme haben, die in der Vorabendzeit im ARD-Verbund gesendet werden, und es wird Beiträge für das Gemeinschaftsprogramm produzieren. Daneben will sich der Mitteldeutsche Rundfunk ein drittes Fernsehprogramm leisten.

Dieses Unterfangen ist durchgerechnet. Knapp 11 Millionen Hörer und Seher sind die potentiellen Konsumenten, womit der Bereich des künftigen MDR etwa der Einflußsphäre von Bayerischem Rundfunk oder Norddeutschem Rundfunk entspricht. Doch ihnen gegenüber ist die Zahl der Gebührenbefreiungen weitaus höher, was durchaus Einfluß auf das notwendige Finanzeinkommen hat. Das dürfte überhaupt Dreh- und Angelpunkt der neuen Anstalt werden: Eine mehrstellige Anschubsumme tut not, denn die momentane materielle Beschaffenheit der Sender und Studios genügt weder Know how noch Programmauftrag. Von mindestens 500 Millionen Mark Investitionen ist die Rede, die allein Leipzig für sein zu schaffendes MDR-Zentrum benötigt.

In Dresden wurde das Signal für den Mitteldeutschen Rundfunk auf Grün gestellt, was die Politiker einschließt, die nunmehr und zudem schnell für unerläßliche gesetzliche Grundlagen Sorge zu tragen haben. Auch für das duale System, denn die interessierten Privaten stehen nicht minder einsteigbereit auf dem Bahnsteig als die öffentlich-rechtlichen Veranstalter. Spätestens am 1. Januar muß der Zug sein Ziel erreicht haben, die nagelneue Medienlandschaft Ost...

Hans-Dieter Tok

Bericht der „Leipziger Volkszeitung“ vom 14. Februar 1992 zum Treffen der Ministerpräsidenten BIEDENKOPF, DUCHÀC und GIES zur Abstimmung über grundlegende Fragen und Daten zur Gründung des Mitteldeutschen Rundfunks

Es ist die Stunde Null und mit dem MDR entsteht eine klassische öffentlich-rechtliche Rundfunkanstalt als Mehrländeranstalt. Das Beispiel hat der NDR geliefert. Die zentrale Gesamtverantwortung ist dem Intendanten übertragen, dem die plural besetzten Aufsichtsgremien Rundfunkrat und Verwaltungsrat zur Seite stehen. In jedem der Staatsvertragsländer wird ein Landesfunkhaus errichtet, dessen Direktor nicht ohne Zustimmung der Vertreter gesellschaftlicher Gruppen aus diesem Lande im Rundfunkrat berufen werden kann. Der jeweilige Landesfunkhausdirektor verantwortet – unbeschadet der Gesamtverantwortung des Intendanten – die Landesprogramme.

Noch aber gibt es keine Landesprogramme, keine Landesfunkhäuser, keine Direktoren, keinen Intendanten. Der MDR mit Sitz in Leipzig ist eine Idee, ein Konzept, ein Staatsvertrag. Staatsverträge senden nicht. Bis zum geplanten Programmstart sind noch sechs Monate Zeit. Nur sechs Monate! Die im Staatsvertrag vorgesehene Institution eines Rundfunkbeirats, der bis zum ersten Zusammentritt des Rundfunkrats die Aufgaben von Rundfunkrat und Verwaltungsrat wahrnehmen soll, löst politischen Streit aus, weil die Mitglieder dieses Gründungsgremiums von den Landtagsparlamenten gewählt werden und drei von ihnen aus den Parlamenten kommen dürfen. Aber Eile ist geboten, wenn das ehrgeizige, vom Einigungsvertrag gesetzte Ziel erreicht werden soll: Beginn der Sendungen am 1. 1. 1992.

Zu Gast beim ersten MDR Kultur-Café am 19. Januar 1992: HANS JOACHIM KUHLENKAMPF, HENNING VENSKE und PETER SODAN (v. l.)

Pionierzeit

Bereits in seiner konstituierenden Sitzung am 7. 7. 1991 wählt der Rundfunkbeirat einstimmig den bisherigen Hörfunkdirektor des BR, den 47-jährigen Dr. UDO REITER, zum ersten Intendanten des MDR. Bei der nächsten Sitzung, am 19. 8., werden die vom Intendanten vorgeschlagenen acht Direktoren vom Rundfunkbeirat gewählt. Der MDR hat jetzt elf Mitarbeiter, es gibt ein Intendantenbüro in der Leipziger Springerstraße: mit zwei Zimmern. Die Aufnahme in die ARD ist beantragt.

Jetzt muss alles gleichzeitig geschehen. Wie sollen die Programme aussehen? Wie viele Programme müssen wir, können wir machen? Gibt es Frequenzen und Sender, um sie zu verbreiten? Können die nötigen Leitungen geschaltet, notfalls bis zum Programmstart noch verlegt werden? Woher bekommen wir die etwa 1.500 Mitarbeiter, die wir für den Anfang benötigen? Woher nehmen wir Wohnungen,

Der neue MDR-Intendant Prof. Dr. UDO REITER blendet zum Sendestart der neuen Rundfunkanstalt am 1. Januar 1992 das Fernsehen auf.

Wahl des MDR-Rundfunkrates und des MDR-Intendanten in Leipzig im November 1991; der neugewählte MDR- Intendant Prof. Dr. UDO REITER, der Ministerpräsident Sachsens Dr. KURT BIEDENKOPF und Dr. HELMUTH NEUPERT, Rundfunkreferent der Sächsischen Staatskanzlei (v. l.)

Büros, Telefone, Schreibtische? Wer kann in sechs Wochen die technischen Einrichtungen für die Studios liefern?

Erste Direktorensitzung. Zwei Fragen an den Intendanten: „Wie geht es jetzt weiter? Was steht uns zur Verfügung?" Die Antworten verlangen Eigenverantwortung und Initiative: „Machen Sie 'mal!" und „Was Sie brauchen." Jeder fängt irgendwo an, berichtet in der nächsten Sitzung, kurze Abstimmung untereinander. Entscheidungen, die sonst über Wochen und Monate vorbereitet werden, fallen in Minuten.

Allmählich werden Strukturen erkennbar. Irgendwann stehen ein paar Eckwerte des Neujahrsprogramms. Vom Berg der Probleme ist ein Stäubchen abgetragen. Es gibt noch keine objektiven Anzeichen dafür, dass wir es schaffen können. Nur an der Stimmung ist schon abzulesen: Wir werden es schaffen. Im November entscheidet die ARD über den Aufnahmeantrag des MDR. Die Kollegen dort helfen schon jetzt.

Eine neue Stimme im Äther

Mit dem 1. 1. 1992 wird der MDR also seine Sendungen aufnehmen. Mit drei, später vier Hörfunkprogrammen, einem eigenen Dritten Fernsehprogramm und den Vorabendsendungen im Ersten Fernsehprogramm wird sein Sendegebiet versorgt. Mit einem Anteil von anfangs fünf und später elf Prozent an den Gemeinschaftsprogrammen der ARD, dem Ersten Deutschen Fernsehen wie dem Satellitenprogramm EINS PLUS, wird der MDR eine hörbare Stimme im Konzert des Landesrundfunkanstalten bilden.

mdr
MITTELDEUTSCHER RUNDFUNK

Sendestart:

„Prosit Deutschland - Hier ist der MDR"

Die ersten Sendeminuten beim Mitteldeutschen Rundfunk - „Mittendrin" war live dabei

Zeitung für die Mitarbeiter des MDR Januar 1992 – Nr. 1

oben: Mittelgroßer Übertragungungwagen des MDR vor der Semperoper in Dresden
rechts: Aufmacher der ersten Mitarbeiterzeitschrift des MDR im Januar 1992

links: Das neue MDR Landesfunkhaus Sachsen in Dresden; 1999
rechts: Das im Bau befindliche MDR-Hauptgebäude hinter dem ebenfalls vom MDR genutzten „Alten Schlachthof" in der Kantstraße in Leipzig; 1999

links: Das MDR Landesfunkhaus Thüringen in Erfurt; 1999
rechts: Das MDR Landesfunkhaus Sachsen-Anhalt in Magdeburg; 1999

Die neue MDR Hörfunkzentrale in Halle; 1999

Symbolische Schlüsselübergabe anlässlich der Einweihung der neuen MDR Hörfunkzentrale in Halle am 25. September 1999

Aus den Landesfunkhäusern in Dresden, Erfurt und Magdeburg werden jeweils eigenständige (UKW-) Hörfunkprogramme für die drei Länder kommen. Gemeinsam ist ihnen der Name „mdr 1"; unterscheiden werden sie sich in den Titeln „RADIO SACHSEN", „RADIO THÜRINGEN" und „RADIO SACHSEN-ANHALT" sowie in der landesspezifischen Themenwahl und Gestaltung. Kein Provinzradio soll dabei entstehen, sondern ein buntes Kaleidoskop von Themen – aus aller Welt ebenso wie aus dem Land. Von Politik und Kultur, von Kunst und Kommerz, von Menschen und Mächten, von fern und nah wird hier zu berichten, zu beraten und zu unterhalten sein.

Aus dem Funkhaus kommen daneben, als (UKW-)Hörfunkprogramme für alle drei Länder, die Programme „mdr life" als locker-informatives Begleitprogramm durch den Tag, zugleich die Servicewelle des MDR, und „MDR KULTUR" als das klassische Kulturprogramm, in dem die gewachsene traditionsreiche Musik-, Literatur- und Kunstszene des Sendegebiets ebenso ihr Forum findet wie die großen Kulturereignisse aus aller Welt, Oper und Konzert ebenso wie Hörspiel und Kabarett, die klassische Bildung ebenso wie Themen aus Technik und Wissenschaft. Mit dem MW-Programm „mdr info", einem Kanal für Nachrichten, Korrespondentenberichte, Hintergrundmaterial und Features rundet sich dann das Bild eines modernen, in seiner Vielfalt spezifischen Radioangebots.

Das eigenständige Dritte Fernsehprogramm, „mdr-Fernsehen", wird als Vollprogramm geplant. Sicher, zu Beginn wird der MDR eng mit anderen Landesrundfunkanstalten zusammenarbeiten und eine Reihe von Beiträgen übernehmen oder aus dem gemeinsamen Programm-Pool der Dritten Fernsehprogramme beziehen. Nur ein eher geringer Teil des Programms kann vom Start weg selbst produziert werden. Ist die Mannschaft aber einmal komplett und eingespielt, kann der Anteil der Eigenproduktionen gesteigert werden, der MDR seinerseits dem Programm-Pool zuliefern und anderen als Partner für Produktionsvorhaben zur Seite stehen, wie sie vor allem die kleineren Rundfunkanstalten allein vielfach nicht mehr bewältigen können.

Das Regiepult des großen Übertragungswagens Ü 10

„Schlange stehen" vor der neuen Hörfunkzentrale in Halle

Ein Nachwort

Mit diesem Artikel des ersten Juristischen Direktors des neuen MDR – verfasst im Gründungsjahr der Rundfunkanstalt 1991 – endet dieses Buch zur Rundfunkgeschichte Mitteldeutschlands. Und wenn wir heute rückblickend die Fotos von damals betrachten, so wird uns bewusst, wie schnell die technische Entwicklung gerade in unserem Medium vorangeeilt ist. Ein neues Medienzeitalter hat auch für die zentralen Hörfunkwellen mit ihrem Umzug in das moderne digitale Funkhaus nach Halle begonnen. Doch trotz High-tech-Sendeabläufen wollen wir gleichermaßen auch an Traditionellem und Bewährtem festhalten. Denken wir beispielsweise nur an die Übertragungen von Konzerten unserer drei Länder oder nehmen wir die Hörspieltradition, die ebenfalls in den Anfangsjahren des Rundfunks begründet wurde. Das ist der Anspruch, mit dem wir ein großes Erbe annehmen möchten und dies lebendig ins neue Jahrtausend führen wollen.

Bleiglas-Fenster mit allegorischer Darstellung der „modernen Radio-Technik". Dieses Fenster soll sich im Gebäude des ersten Leipziger Elektrizitätswerkes in der Eutrizscher Straße befunden haben, in einem Holzrahmen gefasst und indirekt beleuchtet. Es gehörte vermutlich zu einem vierteiligen Ensemble, das die Möglichkeiten der Nutzung der Elektrizität symbolisieren sollte. Das 65 cm x 90 cm große Fenster befindet sich heute im Besitz eines niederländischen Sammlers.

Kurze Chronik des Rundfunks in Mitteldeutschland

1919
Einführung des drahtlosen „Wirtschaftsrundspruchs", der zunächst telegrafisch, d. h. mittels Morsezeichen, Presse- und Wirtschaftsnachrichten von der „Hauptfunkstelle der Reichs-Telegraphen-Verwaltung Königs Wusterhausen" auf Langwelle 3.500 m (85,7 kHz) und 2.700 m (111 kHz) ausstrahlt; er kann von zugelassenen Behörden mit Spezialempfängern deutschlandweit empfangen werden.

Zur Leipziger Herbstmesse Vorführung einer „Versuchsanlage für drahtlose Telephonie" der Firma TELEFUNKEN zwischen den Messehäusern „Städtisches Kaufhaus" und „Handelshof".

1920
Regelmäßige Experimentalsendungen der LORENZ-„Versuchsfunkstelle" Eberswalde mit Sprach- und Musikprogrammen; Einsatz eines Röhren-Senders mit Telephonie-Drossel in Verbindung mit dem Kathodophon.

Ab Mitte des Jahres sendet Königs Wusterhausen über die vorhandenen Lichtbogen- und Röhrensender auf Langwelle tägliche Probesendungen mit Sprache und Grammophonmusik.

Am 20. November ist Sendebeginn des ersten regulären Unterhaltungs-Rundfunksenders der Welt, der Station KDKA in Pittsburgh (USA).

Am 22. Dezember bringt Königs Wusterhausen das erste „Instrumentalkonzert" mit Geige, Harmonium und Chorgesang. „Akteure" waren die diensthabenden Telegrafenbeamten!

1021
Zur Leipziger Frühjahrsmesse Vorführung einer Anlage der Firma Dr. ERICH HUTH, mit der ein künftiger „Nachrichtendienst mit Drahtlos-Telephonie" demonstriert wurde.

1922
Im April Umstellung des telegrafischen „Wirtschaftsrundspruchs" auf einen „radio-telephonischen Dienst", also auf nunmehr gesprochene Presse- und Börsenmeldungen. Er wurde auch „Drahtloser Fernsprecher" genannt.

Im November Beginn der regelmäßigen Sendungen der englischen B.B.C. aus London; inzwischen gibt es auch erste Musiksendungen über den Eiffelturm-Sender in Paris.

1923
Am 29. Oktober, 8 Uhr abends, Geburtsstunde des regelmäßigen Rundfunkprogramms in Deutschland: Die „Sendestelle Berlin, Voxhaus" beginnt mit der Ausstrahlung ihres Programms, das nun „Unterhaltungsrundfunk" genannt wird.

Bei der Eröffnung des Unterhaltungsrundfunks ist es nur zugelassenen Herstellern erlaubt, Empfänger in den Handel zu bringen. Diese sind von der Reichs-Telegraphen-Verwaltung (RTV) plombiert und nur für den Empfang auf „kurzen" Wellen von 250 bis 700 m Wellenlänge (entspricht 1.200 bis 429 kHz im Mittelwellenbereich) eingerichtet. Röhrenempfänger sind teuer und benötigen Akkus und Batterien; preiswerter und einfach im Aufbau ist der Detektorempfänger, er wird von vielen Bastlern zusammengebaut. Zahllose Rundfunkteilnehmer hören ohne notwendige amtliche Erlaubnis, sie sind Schwarzhörer, sogen. „Zaungäste".

1924
Am 22. Januar Gründung der „Mitteldeutschen Rundfunk-A.-G.", der MIRAG (Aktienkapital 80.000 Goldmark), die sofort bei der Reichs-Telegraphen-Verwaltung eine Sendelizenz beantragt. Vorstand der MIRAG ist Dr. ERWIN JAEGER, der im Jahr zuvor die „Leipziger Radio-Vereinigung e. V." gegründet hatte.

Am 1. März 1924 Nachmittag feierliche Eröffnung des Sendebetriebs der MIRAG mit dem im Johannishospital aufgebauten „Meßamtssender der Reichs-Telegraphen-Verwaltung", einem 250-W-Röhrensender der Firma C. LORENZ A.-G., auf Welle 452 m. Verwaltung und Senderäume der MIRAG befinden sich in der Alten Waage, Markt 4, und in der Alten Börse am Naschmarkt. Zahlreiche Außen-Studios in Leipzig und im mitteldeutschen Sendebezirk, genannt „Besprechungsstellen", unterstützen den Programmbetrieb.

Im April wird die Teilnehmergebühr von 60 Goldmark im Jahr auf 2 Mark im Monat gesenkt. Die „Audion-Versuchserlaubnis" für das Radiohören mit Röhrengeräten erfordert eine Prüfung, die Zahl der Bastler-Vereine nimmt enorm zu. Die Inbetriebnahme der deutschen Bezirkssender im Verlaufe des Jahres gibt dem „Radiowesen" einen großen Auftrieb, viele möchten die „Musik aus dem Äther" in ihr Haus holen. Das volkstümliche Wiedergabeinstrument ist der Kopfhörer – Trichterlautsprecher klingen recht bescheiden.
Am 1. Juli gibt es in Deutschland knapp 100.000 angemeldete Rundfunkhörer.

1925
Im September entfallen die RTV-Stempelung der Geräte und die Audionversuchserlaubnis – der Selbstbau von Empfangsgeräten aller Art ist nun nicht mehr behindert und erlebt einen großen Aufschwung.

1926
Am 17. Juni Einweihung des ersten „Großsenders" für Leipzig, einer 1,7-kW-Sendeanlage mit zwei 105 m hohen Stahltürmen auf dem damaligen „Ausstellungsgelände" (heute „Alte Messe"). Der „Detektor-Empfangskreis" vergrößert sich deutlich.

Mit dem preiswerten und bald weitverbreiteten „Orts- und Bezirks-Empfänger" mit drei Röhren und Lautsprecher wird das Radio für weite Kreise attraktiv und erschwinglich. Der „LOEWE-Ortsempfänger O.E. 333" mit der legendären Dreifachröhre „3 NF" kann als der erste „Volksempfänger" gelten. Elektromagnetische Membran-Lautsprecher klingen jetzt schon sehr „musikalisch".

1928
Am 16. August Umzug der MIRAG von der Alten Waage in das Haus Markt 8 (Barthels Hof), das nun als „MIRAG-Haus" bezeichnet wird.

Mittlerweile gibt es recht brauchbare Netzempfänger, mit den neuen Schirmgitterröhren und mit einfacherer Bedienung – „weg von den Batterien" ist ein überzeugender Werbeslogan. Erste, noch teure dynamische Lautsprecher künden von der möglichen bedeutenden Klangverbesserung.

1929
Das MIRAG-Jubiläum „5 Jahre Rundfunk in Mitteldeutschland" wird mit einer großen Ausstellung und zahlreichen Veranstaltungen feierlich begangen.

1930
Langsam wachsen Empfangsgerät und Lautsprecher zusammen. Ein- und Mehrkreisempfänger sind die Regel; Superhets sucht man, außer bei Geräten aus Staßfurt, noch vergebens.

1932
Am 28. Oktober Eröffnung des MW-Großsenders Leipzig in Wiederau, errichtet auf der grundwasserreichen „Pegauer Flur"; mit einer Sendeleistung von 120 kW stärkster Sender in Deutschland.

Alle deutschen Großfirmen kommen jetzt mit Superhets auf den Markt; die Hälfte aller Radios haben eingebauten Lautsprecher. Einführung der automatischen Schwundregelung und des Kurzwellenbereichs. Die Inbetriebnahme zahlreicher europäischer Großsender stellt erhöhte Anforderungen an die Trennschärfe, die zu einem Werbeargument für neue Empfängermodelle wird.

1933
„Gleichschaltung" des deutschen Rundfunks durch die nationalsozialistische Regierung, die sich sofort unter der Parole „Rundfunk in jedes deutsche Haus" dieses Mediums als Machtinstrument bedient. Zur Unterstützung der politischen Volksbeeinflussung und Verbreitung ihrer Propaganda wird ein billiger „Volksempfänger", ein Zweiröhren-Geradeausempfänger mit Freischwingerlautsprecher, entwickelt und allen 28 Radiofirmen zur Herstellung befohlen. Das erste Modell „VE 301 W" und weitere Typen tragen wesentlich zur Steigerung der Rundfunkteilnehmerzahlen bei.

1934
Aus der selbständigen Rundfunkgesellschaft MIRAG wird im März befehlsgemäß der vom Reichspropagandaministerium gesteuerte „Reichssender Leipzig", mit all den schwerwiegenden und tragischen Folgen für den Intendanten und die Mitarbeiter.

5 Mio. angemeldete Rundfunkteilnehmer gibt es jetzt in Deutschland.

1935
Die Radios erscheinen zunehmend im Querformat – links der Lautsprecher, rechts die mit zahlreichen Sendernamen versehene Skala. Weitere Verbesserung des inzwischen weitverbreiteten dynamischen Lautsprechers; Spitzengeräte haben Hochton- und Tieftonsystem. Schon jetzt wird die Rundfunkindustrie in die Aufrüstung einbezogen.

1937
Die Empfänger werden leistungsfähiger und preiswerter, insbesondere die 6-Kreis-Superhets. Das neue „Magische Auge" erlaubt eine leichte, sinnfällige Sendereinstellung, es wird die „besseren" Radios bis zum Ende der Röhren-Ära begleiten. Selbstprogrammierbare Sendertasten ermöglichen einfachen Programmwechsel, Spitzengeräte haben Motorabstimmung und Suchlauf.

1939
Zur Funkausstellung gibt es wiederum rund 300 neue Empfängermodelle – Radios mit 2 bis 13 Röhren mit Preisen zwischen 35 und 1.500 RM! Die AM-Rundfunkübertragung auf Mittelwelle hat ihren technischen Höchststand erreicht: Spitzen-Empfänger mit Gegentakt-Endstufe bieten in Stellung „Breitband" dem Stand der Studiotechnik entsprechend „Hi-Fi auf Mittelwelle" im Bereich von 40 Hz bis 12 kHz. Die billige „Goebbelsschnauze" („DKE 1938") muss sich mit einer „besseren Telefonqualität" begnügen.

Deutschland hat bei Kriegsbeginn 12 Mio. Rundfunkteilnehmer; das Abhören ausländischer Sender ist ab 1. September bei Strafe verboten.

1940
Starke Einschränkung des Eigenprogramms des Reichssenders Leipzig infolge kriegsbedingter Reduzierung des Mitarbeiterstabes; nur wenige Beiträge als Zuspielungen zu dem im Juni eingeführten zentralen „Reichsprogramm".

Während des Krieges sind Radios im Inland Mangelware, sie gibt es nur für die „Truppe" und den Export; Volksempfänger werden auf Bezugsschein an Kriegsgeschädigte abgegeben. Die Industrieproduktion ist fast völlig auf Wehrmachts-Funkgeräte umgestellt;

1943/44
Alliierter Bombenterror verursacht starke Schäden am Leipziger Funkhaus (Markt 8); der provisorische Sendebetrieb wird aus einem Not-Studio in der 31. Volksschule in Probstheida fortgeführt.

Die Sendeanlage in Wiederau arbeitet bis zur Unterbrechung der Stromversorgung am 12. April 1945.

1945
Wenige Wochen nach Kriegsende entsteht als Interim „Radio Leipzig", genehmigt zunächst als Stadtfunk für Bekanntmachungen der Militär-Administration. Im September wird „Radio Leipzig" zur Außenstelle des „Berliner Rundfunks", mit einem kleinen „Fenster" für wichtige lokale Meldungen; ab 2. September ist damit der Leipziger Großsender auf Mittelwelle wieder „in der Luft".

Am 20. November Gründung des neuen „Mitteldeutschen Rundfunks", der am 7. Dezember über den Landessender Dresden, an den der Leipziger Sender angeschlossen ist, seine Sendungen aufnimmt.
Im Dezember wird der Rundfunk in der Sowjetischen Besatzungszone der neu gegründeten „Zentralverwaltung für Volksbildung" unterstellt.

Der im Krieg nicht mehr vollendete Wiederauer Kurzwellensender kann im 30-m-Band erstmalig seinen Betrieb aufnehmen.

Das Radio ist nach dem Ende des schrecklichen Krieges zum wichtigsten Informationsmittel geworden, doch sind viele Geräte zerstört oder nicht reparierbar; verschiedentlich werden Radios von den Besatzungsmächten eingesammelt oder registriert. Dadurch „Wiedergeburt" des „guten alten" Detektors, mit dem man auch bei Stromsperre hören kann – und Basteln ist wieder groß angesagt. Aus Wehrmachtsteilen zusammengebaute Radios sind wertvolle Tauschobjekte.

1946
Der Landessender Weimar erhält per 1. Januar die Genehmigung für sein Eigenprogramm.

Am 3. Juni ist Programmbeginn für die neue Sendeanstalt „Mitteldeutscher Rundfunk, Sender Leipzig". Er startet im neu eingerichteten Funkhaus in der Springerstraße das 2. Vollprogramm in der Sowjetischen Besatzungszone (neben dem „Berliner Rundfunk"); im September sendet man täglich bereits 12 Stunden. Einbezogen werden die Landessender Dresden und Weimar, später auch Halle.

1947
Am 2. September Einweihung des neu gebauten Großen Sendesaals im Funkhaus Leipzig.

1949
Am 1. März wird das Jubiläum „25 Jahre Mitteldeutscher Rundfunk" in einem Festakt begangen.

Langsam erholt sich auch die Radioindustrie – mit der angelaufenen Röhrenproduktion können wieder AM-Standardsuper „in Vorkriegsqualität" gebaut werden.

1950
Mit dem Inkrafttreten des Kopenhagener Wellenplans im März wird Deutschland auf Lang- und Mittelwelle stark benachteiligt – Grund für die 1949 begonnene Nutzung des UKW-Bereichs und den zielstrebigen Ausbau eines neuen Sendernetzes. UKW wird als „Welle der Freude" bezeichnet – erstmals ist eine störungsfreie Radio-Übertragung des vollen menschlichen Hörbereichs von 30 bis 15.000 Hz möglich; „High Fidelity" hat eine neue Dimension erhalten. Empfangsmöglichkeiten sind anfangs nur mit UKW-Vorsatz- oder -Einbaugeräten gegeben.

1952
Reorganisierung und Zentralisierung des DDR-Rundfunks durch Bildung des „Staatlichen Komitees für Rundfunk beim Ministerrat der DDR". Im Funkhaus Berlin (Nalepastraße) werden ab 14. September für die gesamte DDR die Ganztags-Programme Berlin I, II und III produziert. Das Leipziger Funkhaus wird zum „Bezirksstudio" für Zuarbeiten degradiert. Die wichtigsten Klangkörper und ein erheblicher Teil der Hörspiel- und Musikproduktion verbleiben allerdings in Leipzig.

Jetzt werden leistungsfähige, formschöne Heimradios im Holzgehäuse und mit integriertem UKW-Bereich angeboten. Die Ferritantenne ermöglicht, drehbar angeordnet, bei MW und LW das Ausblenden störender Sender.

1953
Im Mai wird der erste Leipziger UKW-Sender mit 250 W Leistung, Standort „Europa-Hochhaus" am Augustusplatz, eingeschaltet.

Im August gibt es erste Eigensendungen von 30 min Dauer aus Leipzig und den anderen Bezirksstudios.

1955
In den Jahren bis zur Einführung der Stereofonie wird den Radios mittels mehrerer, auch seitlich angeordneter Lautsprecher eine verbesserte räumliche Schallabstrahlung verliehen, die man „3-D-Technik" nennt – eine Art von „Pseudo-Stereofonie".

1956
Einführung eines mehrstündigen Regionalprogramms von „Radio DDR, Sender Leipzig", zunächst nur über Mittelwelle hörbar.

1957
Der Transistor, 1948 erfunden, hält stufenweise Einzug in die Radios; erste Transistor-Taschenempfänger verblüffen durch geringes Gewicht und sparsamen Batteriebetrieb. In der DDR ist 1959 der „Stern 1" teiltransistorisiert und „Sternchen" der erste Taschensuper mit Transistoren.

1960
Mit dem Aufkommen der Stereo-Langspielplatte erhalten Spitzen-Radios einen zweikanaligen NF-Verstärker und zwei Lautsprecher; ein neues, echt räumliches Klangerlebnis hält Einzug ins Wohnzimmer und ebnet auch dem Rundfunk den Weg zur Stereofonie.

1963
In Deutschland Einführung der (monokompatiblen) HF-Stereofonie nach dem aus den USA stammenden Pilotton-Multiplex-Verfahren. Erstes deutsches Stereo-Rundfunkkonzert vom „Sender Freies Berlin" (SFB) während der Berliner Funkausstellung; DDR-Stereosendungen auf der „Berliner Welle" beginnen am 15. September. Wegen des hohen Aufwandes auf der Studio- und Senderseite setzt sich die Rundfunk-Stereofonie nur zögernd durch.

1964
Der erste Empfänger für HF-Stereofonie in der DDR ist der Typ „Antonio 6401" vom VEB GOLDPFEIL RUNDFUNKGERÄTEWERK HARTMANNSDORF/Sa.; er besteht aus Steuergerät und zwei Standboxen. Dieses Radio ist noch mit Röhren bestückt, nur der Stereo-Decoder arbeitet mit Transistoren.

1965
Beginn der UKW-Stereo-Versuchsprogramme aus dem Leipziger Funkhaus während der Leipziger Frühjahrsmesse. Die Konzerte des Leipziger Rundfunk-Sinfonieorchesters werden nun zunehmend in Stereotechnik übertragen – eine wesentliche Bereicherung für den anspruchsvollen musikliebenden Rundfunkhörer.

1968
Das Regionalprogramm des Senders Leipzig sendet wochentags von 4 Uhr bis 10 Uhr.

1969
Die Transistoren haben mittlerweile alle Stufen des Rundfunkempfängers erobert; die Stereotechnik führt zu einer endgültigen Trennung von Empfangsteil, jetzt „Receiver" genannt, und Lautsprecherboxen.

1971
Im Frühjahr ist Start der Leipziger „Messewelle", einem eigenständigen 12-Stunden-Programm, das nun zu jeder Frühjahrs- und Herbstmesse produziert wird. Es läuft über einen besonderen Mittelwellensender und wird später auch auf UKW und ab 1980 in Stereo gesendet.

Ein großer Durchbruch bei der im Wohnraum realisierbaren Klangqualität gelingt mit der Einführung der „Kompaktbox", die auch im relativ kleinen Gehäuse noch Frequenzen unterhalb von 100 Hz abstrahlen kann.

1973
Zur Berliner Funkausstellung wird von RIAS Berlin erstmals eine Sendung in kopfbezogener Stereofonie, auch Kunstkopf-Stereofonie genannt, ausgestrahlt.

1977
Im Juli Einführung des Sonderprogramms „Sportfestwelle".

1980
Kapazitätsdioden ermöglichen jetzt viel eleganter als früher automatische Scharfabstimmung (AFC) und „Festsendertasten". Allmählich ziehen integrierte Schaltungen in die Rundfunkempfänger ein.

1986
Im Januar beginnt das Leipziger Nachmittagsprogramm von 17 Uhr bis 19 Uhr.

1987
Mit der Programmerweiterung am Vormittag bis 13 Uhr beträgt die tägliche Sendezeit aus Leipzig – bis auf Samstag und Sonntag – jetzt 11 Stunden.

1988
Bei den ersten UKW-Sendern wird das Radio-Daten-System RDS eingeführt. Es bietet dem Hörer die Anzeige von Sendernamen, Programmart, Alternativfrequenzen und Begleittexten.

1989
Am 9. Oktober wird im Nachmittagsprogramm des Leipziger Senders und über den Stadtfunk der „Appell der Sechs" verlesen, ein Aufruf von sechs Persönlichkeiten des öffentlichen Lebens der Stadt Leipzig an die Teilnehmer der Montagsdemonstration und an die Ordnungskräfte, in dem beschworen wird, auf allen Seiten Besonnenheit und Verzicht auf Gewalt zu wahren.

Der 9. November bringt auch die Wende für den Rundfunk im Osten Deutschlands.

Auf der Internationalen Funkausstellung in Berlin erfolgt die Vorstellung des „Digitalen Satelliten-Radios" (DSR), „Radio in CD-Qualität" genannt. Das datenreduktionsfreie DSR-Verfahren wird ab 1990 mit 16 Stereo-Programmen gestartet und ist, vergleichbar mit der Einführung der CD (1983), eine „akustische Erleuchtung" für den anspruchsvollen, klangbewussten Rundfunkhörer. Doch nach weniger als 10 Jahren, im Januar 1999, wird es damit schon wieder vorbei sein …

1990/91
Am 1. Juli 1990 geht SACHSEN-RADIO mit dem neuen Landesprogramm „SACHSEN 1" auf Sendung; zwei weitere Programme folgen im Oktober.

Bis Ende 1991 erfolgt die endgültige „Abwicklung" des als „Einrichtung" bezeichneten DDR-Rundfunks.

1992
Am 1. Januar ist Sendestart des MITTELDEUTSCHEN RUNDFUNKs, der ARD-Dreiländeranstalt für Thüringen, Sachsen und Sachsen-Anhalt. Es ist der dritte MDR in seiner 75-jährigen Geschichte, und er sendet nun rund um die Uhr sieben Hörfunkprogramme und ein Fernsehprogramm.

1995
Zur IFA wird das satellitengestützte Rundfunksystem ADR – „Astra Digital Radio" – eingeführt. Heute sind mittels ADR schon über 80 europäische Hörfunkprogramme empfangbar; auch MDR KULTUR, MDR INFO, MDR SPUTNIK und MDR LIFE können auf diese Weise europaweit gehört werden. Die Tonqualität von DSR wird damit allerdings nicht erreicht.

Für das 1986 begonnene Eureka-Projekt DAB – „Digital Audio Broadcasting" – werden zur IFA '95 die ersten Pilotprogramme eröffnet. DAB ermöglicht besonders im Auto eine störungsfreie, CD-nahe Tonqualität, sowie Bild- und Datenübertragung.

1996
Auch in Mitteldeutschland werden DAB-Projekte gestartet, an denen der MDR bis Ende 1998 beteiligt ist. Wie es damit weitergeht und ob damit einmal die UKW-Technik abgelöst werden kann, ist derzeit noch völlig offen.

1999
Heute sind auf Lang-, Mittel- und Kurzwelle, auf UKW und per ADR und DAB, sowie inzwischen auch über DVB (Digital Video Broadcasting) und DVB-T, eine Vielzahl von Rundfunkprogrammen – analoge und digitale nebeneinander – „im Äther". Auch mit Radios vergangener Epochen kann man heute noch etwas hören – doch wie wird es in ein paar Jahren aussehen? Erst zu Beginn diesen Jahres musste das perfekte digitale Rundfunksendeverfahren DSR zugunsten „dringend" benötigter Fernsehkanäle und ohne klangliche Alternative abtreten – es wurde de facto „ersatzlos gestrichen". Ein trauriges Beispiel dafür, dass sogar ganz moderne Rundfunkempfänger plötzlich endgültig verstummen können und von einem Tag zum anderen zu Elektronikschrott werden.

Man muss auch betrübt feststellen, dass es heute nicht mehr möglich erscheint, echte Studioqualität bis zum Radiohörer zu transportieren. Dabei hatten einst die UKW-Technik und später dann das DSR-Verfahren „akustische Lichtblicke" geliefert …

Die Medienwende in Fakten und Zahlen

1989

9.10.
Über den Sender Leipzig und den Stadtfunk verliest Gewandhauskapellmeister Prof. KURT MASUR einen Appell sechs führender Persönlichkeiten der Stadt, der die 50.000 Teilnehmer der Leipziger Montagsdemonstration und die Sicherheitskräfte zur Besonnenheit und zum direkten Dialog auffordert. Der Appell ist die erste direkte Äußerung im DDR-Hörfunk zur innenpolitischen Krise.

19.10.
Im DDR-Fernsehen findet erstmals eine Live-Sendung mit Politikern, Wissenschaftlern und Journalisten im Dialog mit Bürgern statt. Unter dem Titel „Donnerstag-Gespräch" wird die Diskussionsrunde künftig alle zwei Wochen direkt gesendet.

29.10.
In Abänderung seines Abendprogramms strahlt Radio DDR 2 den zweieinhalbstündigen Mitschnitt einer Protestaktion von Künstlern gegen die Gewalttätigkeiten der Polizei am 7. und 8. 10. aus.

30.10.
Die „Aktuelle Kamera", Nachrichtensendung des DDR-Fernsehens, präsentiert sich in neuer Form. Der „Schwarze Kanal", in dem KARL EDUARD VON SCHNITZLER fast 30 Jahre lang gegen die Bundesrepublik agitierte, wird abgesetzt.

4.11.
Etwa 500.000 DDR-Bürger nehmen an einer Demonstration für Presse-, Meinungs- und Informationsfreiheit auf dem Berliner Alexanderplatz teil, die vom Berliner Rundfunk und Radio DDR 1 direkt übertragen wird.

11.11.
Auf einer außerordentlichen Sitzung des Staatlichen Komitees für Rundfunk verabschieden die Mitglieder eine Erklärung, in der sie die Verantwortung für die Tätigkeit des Rundfunks der DDR in der Vergangenheit übernehmen, und treten geschlossen zurück.

28.11.
Die Belegschaft von Jugendradio DT 64 wählt eine neue Leitung. Intendant wird DIETMAR RINGEL. Die offizielle Berufung Ringels durch Generalintendant MANFRED KLEIN erfolgt im Dezember.

30.11.
Mit Wirkung vom 30.11. löst der Ministerrat der DDR das Staatliche Komitee für Rundfunk und das Staatliche Komitee für Fernsehen auf.
Bis Ende November 1989 waren Hörfunk und Fernsehen in der DDR zwei selbständige staatliche Einrichtungen. Der Hörfunk - im damaligen Sprachgebrauch: Rundfunk - unterstand dem Staatlichen Komitee für Rundfunk, das Fernsehen dem Staatlichen Komitee für Fernsehen beim Ministerrat der DDR.
Entsprechend dem geltenden Prinzip des demokratischen Zentralismus und der Führungsrolle der SED waren beide Komitees an das Presseamt beim Vorsitzenden des Ministerrats und an das Poiltbüro der Staatspartei - hier insbesondere an die Abteilung für Agitation und Propaganda - angebunden.
Der Rundfunk umfasste als zentralistische Institution rund 200 Verantwortungsbereiche für die Programmgestaltung und erforderliche Nebenleistungen. Im Hörfunk waren rund 3.700 Mitarbeiter - darunter die Mitglieder der zentralen Klangkörper in Berlin und Leipzig -, im Fernsehen rund 7.500 Mitarbeiter tätig. Hinzu kamen 1.000 (Hörfunk) bzw. 2.500 (Fernsehen) Postbedienstete für die Studiotechnik.
Die Finanzierung des Rundfunks erfolgte über Gebühren - für den Hörfunk 2,00 M sowie 8,00 M für das Fernsehen - und Zuschüsse aus dem Staatshaushalt. Die staatlichen Zuwendungen machten beim Hörfunk rund die Hälfte, beim Fernsehen rund ein Viertel des Etats aus. Für den Hörfunk waren Ende 1987 6.758.500 Teilnehmer gemeldet, für das Fernsehen 6.199.300.
Hörfunkprogramme:
Der Rundfunk der DDR strahlte fünf landesweite Programme und zwölf Regionalprogramme auf Bezirksebene aus, außerdem ein Programm für die Minderheit der Sorben und einen Auslandsdienst.
Radio DDR 1: Das Informations- und Unterhaltungsprogramm bot neben täglich drei aktuellen Sendungen von 10 bis 20 Minuten Länge, Nachrichten und Wirtschaftsinformationen, Hörspiele, Kinderfunk und gesellschaftspolitische Reihen. Schlager, Volks- und Blasmusik sowie Operetten bildeten den musikalischen Rahmen. Das Sendevolumen betrug 24 Stunden pro Tag.
Radio DDR 2: Das Kultur- und Bildungsprogramm war von 13.00 Uhr bis 4.00 Uhr auf Sendung. Sein Spektrum umfasste aktuelle Kulturberichterstattung, Literatur und Hörspiel, Wissenschaft und Bildung sowie alle Bereiche der klassischen Musik.
Berliner Rundfunk: Das Unterhaltungsprogramm aus der „Hauptstadt" war rund um die Uhr in der gesamten DDR zu hören. Neben Gesellschafts- und Kulturinformationen gab es Ratgebersendungen und Sportinformationen.
Das Musikangebot setzte sich aus Pop und Schlagern, Liedern, Folk und Jazz zusammen.
Jugendradio DT 64: Informationen aus den Bereichen Jugend, Schule, Freizeit, Beruf und Kultur, umrahmt von Pop und Oldies, Rock und Funk, sendete das Jugendprogramm täglich von 4.00 Uhr früh bis 24.00 Uhr.
Stimme der DDR: Für die DDR und die Nachbarstaaten strahlte das Programm Informationen - neben Nachrichten u.a. täglich vier aktuelle Sendungen von jeweils 30 Minuten - und Unterhaltungssendungen über Länder sowie Ratespiele aus. Die musikalische Bandbreite reichte von Schlager und Pop bis hin zu Kinder- und Tanzmusik.
Die Regionalprogramme wurden über die Frequenzen von Radio DDR 2 in der Zeit von 4.00 bzw. 5.00 Uhr bis 13.00 Uhr ausgestrahlt. Zwölf Sender bzw. Studios waren für die einzelnen Bezirke zuständig: Sender Rostock, Sender Schwerin, Sender Neubrandenburg, Sender Potsdam, Sender Frankfurt/Oder, Sender Cottbus, Sender Leipzig mit den Sendern Halle und Magdeburg, Sender Dresden, Sender Karl-Marx-Stadt (Chemnitz), Sender Weimar mit den Studios Gera und Suhl. Der Sender Rostock richtete im Sommer zusätzlich ganztägig die „Ferienwelle Rostock" auf UKW bzw. MW ein. Für die sorbischen Bürger wurde in der Ober- und Niederlausitz täglich ein mehrstündiges Programm in sorbischer Sprache verbreitet.
Radio Berlin International (RBI): Der Auslandsdienst des DDR-Rundfunks sendete täglich Informationsprogramme in elf Sprachen über KW und MW für Europa, Nahost, Asien, Afrika und Amerika.
Fernsehprogramme:
Zwei Fernsehprogramme produzierte das DDR-Fernsehen in Berlin-Adlershof. Beide hatten grundsätzlich die gleiche Programmfunktion (Information, Unterhaltung, Kultur und Bildung). Ihre Programmschemata waren aber so aufeinander abgestimmt, dass die Zuschauer Wahlmöglichkeiten hatten. Das Hauptprogramm im ersten Fernsehen begann nach der „Aktuellen Kamera" um 20.00 Uhr mit einem Filmangebot. Das zweite Programm brachte zu Beginn seiner Hauptsendezeit um 19.00 Uhr Unterhaltung bzw. Filme. Regionale oder auch Fensterprogramme gab es nicht. Das Sendevolumen des DDR-Fernsehens betrug 1988 rund 23 Stunden pro Tag.

1.12.
Ministerpräsident HANS MODROW beruft MANFRED KLEIN, bisher Chefredakteur der Hauptabteilung Nachrichten, zum Generalintendanten des DDR-Rundfunks. Neuer Generalintendant des DDR-Fernsehens wird HANS BENTZIEN.

20.12.
Beim Justizministerium der DDR wird eine Mediengesetzgebungskommission angesiedelt.

21.12.
Auf Beschluss des Ministerrats heißen die Nachfolgeeinrichtungen der aufgelösten Staatlichen Komitees ab sofort Rundfunk der DDR bzw. Fernsehen der DDR und werden von je einem Generalintendanten geleitet.

1990

12.1.
Im Rundfunk der DDR konstituiert sich ein Hörfunkrat, in den die am „Runden Tisch" beteiligten Parteien und Bürgerbewegungen ihre Vertreter delegieren. Das Gremium berät die Generalintendanz in personellen, programmpolitischen und finanziellen Fragen.

24.1.
Der Hörfunkrat legt den Entwurf eines „Vorläufigen Statuts für den Rundfunk der DDR" vor, der „bis zum Abschluß der Umgestaltung des Rundfunks der DDR zu einer öffentlich-rechtlichen Anstalt" gelten soll.

5.2.
Die Volkskammer der DDR verabschiedet einen „Beschluß über die Gewährleistung der Meinungs-, Informations- und Medienfreiheit". Das in der Vorlage der Mediengesetzgebungskommission vorgesehene Verbot der Werbung in elektronischen Medien wird nicht übernommen. Auf Vorschlag des „Runden Tischs" bildet die Volkskammer einen Medienkontrollrat, dem die Generalintendanten von Rundfunk und Fernsehen sowie der Generaldirektor der Nachrichtenagentur ADN berichtspflichtig sind.
12.2.
Die Stimme der DDR trägt wieder den Namen Deutschlandsender.
13.2.
Auf der Grundlage des Volkskammerbeschlusses vom 5.2. konstituiert sich der Medienkontrollrat der DDR.
22.2.
Als erstes Hörfunkprogramm - noch vor Verabschiedung des Werbekonzepts durch den Medienkontrollrat - bringt der Berliner Rundfunk genehmigte Werbesendungen, und zwar zur Leipziger Messe.
7.3.
Der Medienkontrollrat verabschiedet eine Werbekonzeption für das DDR-Fernsehen, die vom zuständigen Generalintendanten entwickelt worden ist. Danach kann jedes DDR-Programm täglich insgesamt 30 Minuten Werbung ausstrahlen. Erlaubt sind Werbesendungen am Sonntag, Werbeblöcke nach 20.00 Uhr und Sponsorwerbung. Unterbrecher-, Schleich- und Tabakwerbung werden ausdrücklich verboten, ebenso die Werbung für „ökologisch unverträgliche Produkte".
14.3.
Der Ministerrat der DDR billigt eine Beschlussvorlage des Fernseh-Generalintendanten HANS BENTZIEN zu statuarischen Grundsatzregelungen. Laut Vorlage heißt das Fernsehen der DDR ab sofort wieder Deutscher Fernsehfunk (DFF), strebt den Status einer unabhängigen, öffentlich-rechtlichen Anstalt an und möchte steuerbefreit und konkursunfähig werden.
Weiterhin bestätigt der Ministerrat das „Vorläufige Statut des Rundfunks der DDR" als Arbeitsgrundlage. Danach ist der Rundfunk der DDR eine unabhängige öffentliche Einrichtung, die nicht der Regierung untersteht, deren Finanzierung aber bis zur Umgestaltung in eine öffentlich-rechtliche Anstalt vom Staat garantiert wird.
19.3.
KLAUS OLIZEG, bisher Redaktionsleiter, wird amtierender Intendant des Deutschlandsenders. Der Medienkontrollrat stimmt dem Werbekonzept des DDR-Rundfunks zu, das einen Werbeanteil von einem Prozent der täglichen Gesamtsendezeit des Hörfunks vorsieht. Die Spots dürfen täglich außer sonntags bis 19.00 Uhr ausgestrahlt werden. Werbung für Tabak und Alkohol ist untersagt.
24.3.
Der DFF und die französische Werbegruppe „Information et Publicité" (IP) unterzeichnen einen Vertrag, der die europaweite Vermarktung des DDR-Werbefernsehens durch IP regelt.
Die vom Medienkontrollrat am 7.3. bestätigte Werbekonzeption für das Fernsehen ist Bestandteil der Vereinbarung
1.4.
Nach den ersten freien Wahlen zur Volkskammer der DDR am 18.3. richtet die Regierungskoalition ein neues Ministerium für Medienpolitik unter Minister Dr. GOTTFRIED MÜLLER (CDU) ein. „Weil umschalten nervt ... ", strukturiert Jugendradio DT 64 sein Programm um und ist nun 24 Stunden täglich auf Sendung.
2.4.
Unter dem neuen Namen „DDR 1 - Radio aktuell" bietet Radio DDR 1 mehr Politik und Service.
5.4.
Der DFF wird gleichberechtigter Partner im Satellitenprogramm 3sat. In Ost-Berlin unterzeichnen Vertreter von ZDF, ORF, SRG und DFF den Vertrag, der den DFF u.a. zur Lieferung der Sendungen „Bilder aus Deutschland" und „Kulturtermin" verpflichtet. Außerdem soll das DDR-Fernsehen einmal monatlich einen „Jugendabend" für das gemeinsame Programm inszenieren.
17.4.
Nachdem die neue Werbekonzeption am 7.3. den Medienkontrollrat passiert hat, strahlen die DDR-Fernsehprogramme nun Werbung aus.
24.4.
Die Rundfunk-Generalintendanz verabschiedet einen „Entwurf für eine Programmreform des Hörfunks der DDR". In dem Konzept wird die Auflösung der zentralistischen Hörfunkstrukturen und die Bildung leistungsstarker Landesrundfunkanstalten gefordert.
25.4.
Der aus 13 Mitgliedern bestehende Volkskammerausschuss „Presse und Medien" konstituiert sich. Er soll vor allem die Entwürfe der Mediengesetzgebungskommission beraten und gemeinsam mit dem Medienkontrollrat die Einhaltung der „Meinungs-, Informations- und Medienfreiheit" in der DDR überwachen.
1.5.
Die Ferienwelle Rostock, das „zweite" Programm von Radio Mecklenburg-Vorpommern, ist von nun an ganzjährig auf Sendung - und nicht wie bisher nur von Mai bis September.
6.5.
Unter dem neuen Namen „Antenne Brandenburg" meldet sich der bisherige Bezirkssender Potsdam mit einem 20-stündigen Hörfunkprogramm, das auch über die Sender Cottbus und Frankfurt/Oder verbreitet wird.
31.5.
Ministerpräsident LOTHAR DE MAIZIÈRE beruft GERO HAMMER, bislang Theaterintendant in Potsdam, zum neuen Generalintendanten für Fernsehen und Rundfunk der DDR. Die Ernennung bedarf laut „Medienbeschluss" der Volkskammer vom 5.2. der Zustimmung des Medienkontrollrats.
13.6.
Der Medienkontrollrat stimmt der Berufung von GERO HAMMER zum neuen Generalintendanten für Fernsehen und Hörfunk nicht zu. Das Ministerium für Medienpolitik schlägt daraufhin keinen neuen Kandidaten für eine gemeinsame Intendanz vor.
Der Generalintendant für das Fernsehen HANS BENTZIEN wird offiziell abberufen und MICHAEL ALBRECHT, Intendant des ersten Fernsehprogramms, kommissarisch mit der Leitung betraut. Hörfunk-Generalintendant bleibt vorläufig MANFRED KLEIN.
16.6.
DS-Kultur, hervorgegangen aus einer Fusion von Radio DDR 2 und Deutschlandsender, beginnt mit der Ausstrahlung eines neuen Kulturprogramms auf den vorherigen Frequenzen des Deutschlandsenders. Damit stehen die bisher von Radio DDR 2 genutzten Frequenzen voll für den Aufbau von regionalen Programmen zur Verfügung.
18.6.
Die Hörfunk-Generalintendanz beschließt die Bildung von Landesrundfunkdirektionen und beruft Landesdirektoren. Künftig sollen fünf Direktionen regionale Hörfunkprogramme veranstalten:
- Radio Mecklenburg-Vorpommern mit den Sendern Rostock, Schwerin und Neubrandenburg;
- Antenne Brandenburg mit den Sendern Potsdam, Cottbus und Frankfurt/Oder;
- Radio Sachsen-Anhalt mit den Sender Halle und Magdeburg;
- Sachsen Radio mit den Sendern Leipzig, Chemnitz und Dresden;
- Thüringer Rundfunk mit den Sendern Weimar, Gera und Suhl.

19.6.
Die Landesrundfunkdirektion Mecklenburg-Vorpommern startet zwei Landesprogramme, RMV 1 und RMV 2, bisher Ferienwelle Rostock.
22.6.
Rundfunkgeneralintendant MANFRED KLEIN kündigt Massenentlassungen an. Im Haushalt des DDR-Rundfunks fehlen für das zweite Halbjahr 1990 rund 31 Mio. DM. Die Pläne zur Kündigung vor allem der Klangkörper werden nach massiven Protesten in der DDR-Öffentlichkeit zurückgenommen.
27.6.
Der Medienkontrollrat billigt eine überarbeitete Fassung des DFF-Statuts. Danach wird es künftig für beide DDR-Fernsehprogramme nur noch einen Intendanten geben, und die Position des Generalintendanten entfällt. Gleichzeitig sollen fünf „Direktoren der Landessender" eingesetzt werden. Sitz des DFF bleibt Berlin-Adlershof, er gliedert sich jedoch weiter in die Landessender, die ein „Recht auf Selbstverwaltung" haben. Neben Intendanten, Landesdirektoren und Direktoren für die verschiedenen Bereiche sieht das Statut einen Fernsehrat als Aufsichtsgremium vor. Modell dafür ist der Rundfunkrat von RB.

10.6.
MÜHLFENZL ernennt sechs Regionalbeauftragte - Mitarbeiter seines Beraterstabs -, die die technische und personelle Reorganisation der bestehenden Betriebsteile der „Einrichtung" koordinieren sollen: für Sachsen RONALD FROHNE, für Thüringen DONALD MCLOUGHLIN, für Sachsen-Anhalt ROLAND TICHY, für Mecklenburg-Vorpommern MATTHIAS GEHLER, für Brandenburg ROLF MARKNER und für Gesamtberlin HELMUT HAUNREITER.
GÜNTER GAUS, Vertreter des Landes Brandenburg im Rundfunkbeirat, erklärt seinen Rücktritt. Der Beirat habe keinerlei wirkungsvolle Einflussmöglichkeiten und sei in seiner Existenz praktisch überholt, seit sich die Landesregierungen in den neuen Bundesländern konstituiert haben.
12.6.
Die brandenburgische Landesregierung bringt ein Vorschaltgesetz über die Planung und Gründung einer öffentlich-rechtlichen Rundfunkanstalt für Brandenburg in den Landtag ein.
13.6.
Der Rundfunkbeirat einigt sich auf den Abbau von fast 2.000 Mitarbeitern bis 30.9.1991. Damit werden weitere 1.115 DFF-Mitarbeiter sowie 859 Hörfunkmitarbeiter ihren Arbeitsplatz verlieren. Die Entlassungswelle fällt allerdings deutlich niedriger aus als Anfang des Jahres geplant.
19.6.
Das Kabinett von Mecklenburg-Vorpommern stimmt gegen die Stimmen der FDP-Minister für die Errichtung einer Nordostdeutschen Rundfunkanstalt (NORA).
20.6.
Der sächsische Landtag stimmt einem Privatrundfunkgesetz zu, das am 1.7. in Kraft tritt.
26.6.
Der Ministerpräsident von Mecklenburg-Vorpommern, ALFRED GOMOLKA, rückt vom Projekt einer gemeinsamen Rundfunkanstalt mit Brandenburg und Berlin (NORA) ab. Zuvor hatten SPD, FDP und LL/PDS eine Zusammenarbeit mit Berlin und Brandenburg abgelehnt und ein Zusammengehen mit den drei Vertragsländern des NDR vorgeschlagen.
Der Landtag von Brandenburg verabschiedet das Vorschaltgesetz zur Neuordnung des Rundfunks und stimmt der Ernennung eines „Gründungsbeauftragten"zu, der mit dem früheren WDR-Intendanten FRIEDRICH WILHELM V. SELL bereits berufen wurde. Ihm zur Seite gestellt wird der bisherige Chefredakteur für Politik und Zeitgeschehen beim DFF, ALFRED ROESLER-KLEINT.
1.7.
Seit dem 1.7. wird auch in den neuen Bundesländern die Fernsehnutzung kontinuierlich gemessen. Die GfK hat dafür im Auftrag der Arbeitsgemeinschaft Fernsehforschung (AGF) ein Panel mit 1.100 privaten Haushalten errichtet
2.7.
Der Ministerpräsident von Mecklenburg-Vorpommern, ALFRED GOMOLKA, distanziert sich endgültig von dem Plan einer Nordostdeutschen Rundfunkanstalt.
3.7.
Der Landtag von Mecklenburg-Vorpommern verabschiedet ein Privatfunkgesetz, das am 15.7. in Kraft tritt. Darin wird die Zuteilung von Frequenzen für privaten Hörfunk und für zwei landesweite private Fernsehprogramme geregelt.
Das Berliner Arbeitsgericht erklärt die Kündigung des stellvertretenden Intendanten des Funkhauses Berlin, JÖRG HILDEBRANDT, am 17.5. durch den Rundfunkbeauftragten Mühlfenzl für rechtswidrig. HILDEBRANDT könne nicht gekündigt, sondern müsse laut Einigungsvertrag abberufen werden.
MÜHLFENZL beruft daraufhin HILDEBRANDT am 4.7. mit Wirkung zum 5.8. ab. Ob MÜHLFENZL zu einer Abberufung berechtigt ist, soll im weiteren Verlauf des Rechtsstreits geklärt werden.
Am 16.9. erklärt das Arbeitsgericht die Abberufung HILDEBRANDTS für wirkungslos. Gleichzeitig erklärt das Gericht die Kündigung für unwirksam, da der Personalrat an der Entscheidung nicht beteiligt wurde.
4.7.
Die Ministerpräsidenten der Länder beschließen, die Radioprogramme RIAS 1, DS-Kultur und Deutschlandfunk (Deutsches Programm) in einer neuen, nicht rechtsfähigen ARD/ZDF-Gemeinschaftseinrichtung mit Sitz in Köln zusammenzufassen. Diese Einrichtung soll ab 1992 drei werbefreie nationale Hörfunkprogramme betreiben:
- Deutschlandfunk als Informationsprogramm mit Sitz in Köln,
- RIAS 1 als Informationsprogramm mit Sitz in Berlin,
- DS-Kultur als Kulturprogramm mit Sitz in Berlin.

7.7.
Der Rundfunkbeirat des MDR tritt zu seiner konstituierenden Sitzung zusammen. Er setzt sich, entsprechend den politischen Verhältnissen der beteiligten Länder, aus vier CDU-, zwei FDP- und drei SPD-Vertretern zusammen und wählt DIETER BAUERFEIND (CDU) zum Vorsitzenden. Dessen Stellvertreter wird ALBRECHT BÖRNER (FDP). Der Beirat amtiert bis zur Konstituierung des ordentlichen Rundfunkrats, die bis zum 1.11.1991 erfolgen soll, und wählt nach § 45 des MDR-Staatsvertrags den Gründungsintendanten.
Auf dieser Sitzung wird UDO REITER, Hörfunkdirektor des BR, in diese Position gewählt.
12.7.
Der Landtag von Thüringen verabschiedet ein Thüringisches Privatrundfunkgesetz, das am 24.7. in Kraft tritt. Geplant ist darin ein landesweiter privater Rundfunk mit subregionalen Fensterprogrammen.
31.7.
Der Gründungsintendant des MDR, UDO REITER, beantragt die Aufnahme der Anstalt in die ARD zum 1.1.1992.
19.8.
Der Rundfunkbeirat des MDR bestätigt die Personalvorschläge des Gründungsintendanten UDO REITER für die acht Direktorenposten der Anstalt:
- Fernsehdirektor wird HENNING RÖHL, bis vor kurzem Chefredakteur von ARD-Aktuell;
- Hörfunkdirektorin KAROLA SOMMEREY, die bei RB die gleiche Position innehatte.
- Die Verwaltungsdirektion übernimmt ROLF MARKNER, der zum Stab des Rundfunkbeauftragten gehört.
- Die jetzige Chefredakteurin Fernsehen beim NDR ULRIKE WOLF geht als Direktorin des Landesfunkhauses nach Dresden. In Magedeburg wird diesen Posten künftig der stellvertretende Direktor des Landesfunkhauses Hamburg des NDR, RALF RECK, übernehmen. KURT MORNEWEG, bis zu seiner Berufung zum Thüringer Gründungsbeauftragten für den MDR Leiter des HR-Studios Kassel, wird Direktor des Landesfunkhauses Erfurt.
- RIAS-Justitiar THOMAS R. NISSEN wechselt in der gleichen Funktion zum MDR.
- Betriebsdirektor wird PETER KOCKS vom Landessender Sachsen.
Der Rundfunkbeirat beschließt die Gründung einer Werbetochter, die Mitteldeutsche Rundfunkwerbung GmbH, mit Sitz in Erfurt. Zu deren Geschäftsführer wird ROLF MARKNER berufen.
Der Landessender Brandenburg (Fernsehen), der immer noch von Adlershof aus betrieben wird, benennt sich um in „Antenne Brandenburg".
31.8.
Die Ministerpräsidenten der 16 Bundesländer unterzeichnen den Staatsvertrag über den Rundfunk im vereinten Deutschland, der sechs Einzelstaatsverträge umfasst.
11.9.
Mecklenburg-Vorpommern will nach einem entsprechenden Beschluss der Landesregierung vom 11.9. dem NDR-Staatsvertrag beitreten.
12.9.
Als erster der 16 Landtage ratifiziert die Bremische Bürgerschaft den Staatsvertrag über den Rundfunk im vereinten Deutschland; der saarländische Landtag folgt am 2.10. Die Ratifizierung in den übrigen Landesparlamenten steht noch aus.
17./18.9.
Die Intendanten der ARD erzielen auf ihrer Arbeitssitzung in Bremen grundsätzliches Einvernehmen über den Beitritt des MDR zur ARD zum 1.1.1992. Der Beitritt bedarf noch der Zustimmung der ARD-Hauptversammlung.
25.9.
Der brandenburgische Landtag verabschiedet das Gesetz über den Rundfunk Brandenburg. Die künftige öffentlich-rechtliche Anstalt, die zum 1.1.1992 den Sendebetrieb aufnehmen wird, soll eng mit dem SFB zusammenarbeiten.
31.12.
Sachsen Radio stellt seine Sendetätigkeit ein.

1.1.1992
Der Mitteldeutsche Rundfunk beginnt seinen Sendebetrieb

(Übernahme aus dem ARD-Jahrbuch 1991
Hrsg.: ARD)

Stichwortverzeichnis

Personenverzeichnis

Literatur- und Bildquellenverzeichnis

Bücher und Zeitschriftenaufsätze

ABELE, GÜNTER F.	Historische Radios - Eine Chronik in Wort und Bild (5 Bände)	Füsslin Verlag Stuttgart, 1996 und 1998	
BERGER, KNUT	Hallo! Hallo! Hier Eberswalde!	Museum in der Adler-Apotheke, Stadt Eberswalde Heimatkundliche Beiträge Heft 4, 1998	
BRAUNMÜHL, H.-J.	Das Magnetophon	Sonderdruck aus dem Handbuch des deutschen Rundfunks 1939/1940	189 Mitte
BRUCH, WALTER	Von der Tonwalze zur Bildplatte - 2. Teil: Tonbandaufzeichnung	Sonderheft Nr. 12 der Funkschau, Franzis-Verlag, München, 1983	183 2x, 184 unt., 185, 186 Mitte, 187 ob., 189 ob., 205 ob. r.
BURKOWITZ, PETER	Die Welt des Klangs	stereoplay 1995	
BÜSCHER, G.	Die kleine Radio-Fibel	Schneider Verlag Berlin, 1947	
DELVENDAHL, EDGAR	Der Mitteldeutsche Rundfunk	Schriftenreihe des Ratsverkehrsamtes Leipzig, Nr. 5, 1927	18 Mitte, 36
DEUTSCHE TELEKOM AG	Chronik der Funksendestellen Wiederau, Brocken u. a.	Technischer Betrieb Rundfunk, Leipzig	95 ob., 104 ob. 5x, 240 ob.
DIEFENBACH, WERNER W.	Praxis der Rundfunk-Stereofonie	Verlag für Radio-Foto-Kinotechnik GmbH, Berlin-Borsigwalde, 1965	
DITTMAR, ILSE	Eine Jugend in Leipzig - und die Jahre danach	Verlag im Wissenschaftszentrum Leipzig 1994	86f
DRA	100 Jahre Hertz'sche Wellen	Faltblatt, 1987	
DRA	Chronik der Studiotechnik Rundfunk	Entwicklung der Technik des [DDR-]Rundfunks bis 1967	
ENGEL, FRIEDRICH KARL	Magnetic Tape from the Early Days to the Present	Journal of the A.E.S, Vol. 36, No. 7/8, July/Aug. 1988	
ERB, ERNST	Radios von gestern	M+K Computer Verlag AG, CH-6000 Luzern 15, Switzerland, 1. Auflage 1989	
ERB, ERNST	Radiokatalog Band 1	M+K Computer Verlag AG, CH-6000 Luzern 15, Switzerland, 1. Auflage 1998	
FASOLD, WOLFGANG; KRAAK, WOLFGANG; SCHIRMER, WERNER (Hrsg.)	Taschenbuch Akustik, 2 Bände	VEB Verlag Technik Berlin, 1984	284 r. ob. r., 285 ob.
FITZE, WALTHER H.	Handbuch des Rundfunk-Teilnehmers	Verlag Rothgiesser & Diesing, Berlin, 1924	
FÜTTERER, KURT und DIRK; NIELINGER, CHRISTIAN	Radio-Legenden - StrÜmungen und Wellen	1. Auflage 1995, Eigenverlag Fütterer, 46569 Hünxe	
FÜRST, ARTHUR	Im Bannkreis von Nauen	Deutsche Verlags-Anstalt Stuttgart u. Berlin 1924	15 ob. r.
GERHARDT, PAUL	Vom Deutschen Rundfunk	RRG Berlin, 1932	100 unt.
GOEBEL, GERHART	Staatssekretär a. D. Dr.-Ing. E. h. Hans Bredow und der deutsche Funk	Archiv für das Post- und Fernmeldewesen, Bonn, Nr 3, Juni 1955	
GOEBEL, GERHART	Der Deutsche Rundfunk bis zum Inkrafttreten des Kopenhagener Wellenplans	Sonderdruck aus dem „Archiv für das Post- und Fernmeldewesen", Frankfurt/M., Nr. 6, August 1950	14 ob. 2x, 141 unt. Mitte
GOEDECKE, HEINZ; KRUG, WILHELM	Wir beginnen das Wunschkonzert für die Wehrmacht	Nibelungen-Verlag Berlin-Leipzig, 3. Auflage 1941	201 ob. r.
GÖÖCK, ROLAND	Die großen Erfindungen - Schall, Bild, Optik	Sigloch Edition Künzelsau, Männedorf, Salzburg, 1985	186 l., 187 unt.
GÖÖCK, ROLAND	Die großen Erfindungen - Nachrichtentechnik/Elektronik,	Sigloch Edition Künzelsau, 1988	260, 261
GÖÖCK, ROLAND	Die großen Erfindungen - Radio/Fernsehen/Computer	Sigloch Edition Künzelsau, 1989	
GÜNTHER, HANNS	Radiotechnik	Francksche Verlagshandlung Stuttgart 1921	
GÜNTHER, HANNS	Das Radiobuch	Franckh's Techn. Verlag Stuttgart 1924	9 ob.
GÜNTHER, HANNS	Pioniere der Radiotechnik	Kosmos-Verlag Stuttgart, 1926 - Reprint W. Herbst Verlag, 1987	10 l. 3x
GÜNTHER, HANNS; FUCHS	Der praktische Radioamateur	Francksche Verlagshandlung, Stuttgart 1923	
GÜTTINGER, H.	Schallaufzeichnung auf Platten	Deutsch-Literarisches Institut J. Schneider, Berlin 1941	
HAAF, OSKAR	Beim Gongschlag ..., Band 1: Meine Leidenschaft war der Rundfunk	Günter-Olzog-Verlag München, 1983	
HÄFNER, A.	H. Hertz - Eine Funkgeschichte	Katalog des Deutschen Postmuseums Frankf./M. 1991	10 ob. r.
HERMANN, SIEGFRIED; KNIESTEDT, JOACHIM	Der deutsche Rundfunk - Faszination einer technischen Entwicklung	R. von Decker's Verlag, G. Schenk, Heidelberg, in Zusammenarbeit mit der Telekom; 1994	260 ob., 267 ob.
HERRMANN, J.	Radiotechnik	Sammlung Gäschen Nr. 888, 1924	61 unt.
HOEG, WOLFGANG; STEINKE, GERHARD	Stereofonie-Grundlagen	VEB Verlag Technik Berlin, 1972	262 unt.
HOESSTEE, L. A.	Bleiglasfenster „Der Rundfunk" aus Leipzig	Radio Historisch Tijdschrift der „Nederlandse Vereniging voor de Historie van de Radio", Mai 1998	302
HOLTSCHMIDT, DIETER	Volksempfänger; Geschichte und Technik der Gemeinschaftsgeräte	Eigenverlag, Hagen 1981	
KAPPELMAYER, OTTO	Mit meinem Radio auf Du und Du	Verkehrsverlagsgesell. (August Scherl GmbH.), Berlin 1934	66 ob. 2x, 67 ob. l.
KAPPELMAYER, OTTO	Mikrophone	Deutsch-Literarisches Institut J. Schneider Berlin-Tempelhof, 1938	135 unt., 138 unt. r., 142 Mitte ob., unt. r.

KAPPELMAYER, OTTO	Radio im Heim	Aug. Scherl G.m.b.H. Berlin, 1926	
KLAWITTER, GERD (Hrsg.)	100 Jahre Funktechnik in Deutschland	Wissenschaft und Technik Verlag Berlin, 1997	
KLUTH, H.	Rundfunk für Jedermann	P. J. Oestergaard Verlag Berlin, 1925	
KÖRTING-RADIO	40 Jahre KÖRTING-RADIO	Eigenverlag Grassau 1965	67 unt.
LÄSSIG, UWE; WAUER, THOMAS	Ratgeber für Hi-Fi-Freunde	VEB Verlag Technik Berlin, 1988	264 ob.
LEHMBECK, TH.	Der Radio-Praktiker	Verlag Richard Carl Schmidt & Co., Berlin, 1925	
LEHMANN, W.	Die Rundfunktechnik	Heinrich Killinger, Verlagsgesellschaft m.b.H., Nordhausen am Harz, o. J. (etwa 1930)	
LEHMANN, W.	Radio, Lehrbuch der Drahtlosen Telegraphie	A. Klöppel Glockenverlag Eisleben, 1924	
LEONHARDT, J.-F. (Hrsg.)	Programmgeschichte des Hörfunks in der Weimarer Republik	dtv München, 1997 (2 Bände) siehe unter DRA	
LERG, W. B.	Die Entstehung des Rundfunks in Deutschland	Verlag Josef Knecht, Frankfurt am Main, 1965	
MENDE, HERBERT G.	Zeitgemäßer Detektorempfang	Funkschau-Sonderdruck Nr. 3, 1947	221 ob. l., 222
MORGENROTH, OTTO	UKW - Hervorragender technischer Fortschritt	VEB Wilhelm Knapp Verlag, Halle (Saale), 1957	257 ob. l.
MORGENROTH, OTTO	Alles hört auf UKW	VEB Fachbuchverlag Leipzig, 1960	
NEL (Hrsg.)	Geschichte des VEB RFT Nachrichtenelektronik Leipzig (NEL), Teil 1 und Teil 2	Betriebspublikation Leipzig 1989	283 5x, 284 unt.
NESPER, EUGEN	Der Radio-Amateur - „Broadcasting"	Verlag Julius Springer Berlin, 1924	
NESPER, EUGEN	Lautsprecher	Verlag Julius Springer Berlin, 1925	62 l. 2x, 64
NESPER, EUGEN	Wege zum Detektor-Lautsprecher	Deutscher Funkverlag G.m.b.H. Berlin, 1946	221 ob. r., Mitte
NESPER, EUGEN	Die Hauptsache: Eine gute Rundfunk-Fernseh-Antenne	VEB Wilhelm Knapp Verlag, Halle (Saale), 1956	245 unt. 2x
NEUMANN, GEORG	Elektroakustisches Taschenbuch	VDI-Verlag Berlin, 1940	
NOAK, Dr.; HENNING, H.	Radio-Kalender 1928	Dr. Nienhaus & Meinecke, 1927; Leipzig, Magdeburg, Dresden	
OEHME, URSULA (Hrsg.)	Alltag in Ruinen - Leipzig 1945 - 1949	DZA Verlag für Kultur und Wissenschaft, 1995	
PFAU, ERNST	Zauberwort Stereo	EHAPA-Verlag GmbH Stetten, 1967	
PÖSNIKER, ALBERT	Die technischen Anlagen der Senderaumgruppe „Reichsprogramm"	Reichsrundfunk 1943/44, H. 5, Aug. 1943	198 ob. l., r. 2x
PÜTZ, JEAN	Hi-Fi, Ultraschall und Lärm	Verlagsgesellschaft Schulfernsehen Köln, 1973	
REICHARDT, WALTER	Grundlagen der Elektroakustik	Akademische Verlagsgesellschaft Geest & Portig K.-G. Leipzig, 1960	204 unt. 2x
RHEIN, EDUARD	Wunder der Wellen	Deutscher Verlag Berlin, 1935	252
C. W. RICE und E. W. KELLOGG	US-Patent für einen neuen „trichterlosen" Tauchspulen-Lautsprecher, Sept. 1925		66 unt.
RICHTER, HEINZ (Hrsg.)	Fortschritte der Funktechnik und ihrer Grenzgebiete, Bd. 7 u. 8	Franckh'sche Verlagshandlung Stuttgart, 1950	191 l. 2x, 192 Mitte l.
RIEDEL, HEIDE	60 Jahre Radio - Von der Rarität zum Massenmedium	Deutsches Rundfunk-Museum Berlin, 1983	196 l. unt.
RINDFLEISCH, HANS	Technik im Rundfunk	Mensing GmbH Norderstedt, 1985	184 l., 252 unt.
ROGGISCH, MICHAEL	Aufsätze über „Gemeinschaftsgeräte"	Funkgeschichte - Zeitschrift der „Gesellschaft der Freunde der Geschichte des Funkwesens e. V." (GFGF), Hefte 94 bis 97 (1994)	
RPD LEIPZIG	Merkblatt Drahtfunk, 1944		202 r.
RRG BERLIN	Rundfunkjahrbuch 1929	Union Deutsche Verlagsgesellschaft Berlin, 1929	9 unt.
RRG BERLIN	Rundfunkjahrbuch 1930	Union Deutsche Verlagsgesellschaft Berlin, 1930	
RRG BERLIN	Rundfunk-Jahrbuch 1932	Union Deutsche Verlagsgesellschaft Berlin, 1932	
SCHNEIDER, REINHARD	Die UKW-Story	3-R-Verlag Berlin, 1989	239 unt.
SCHNEIDER, REINHARD	Hinter den Kulissen des Rundfunks	Buchendorfer Verlag München, 1994	
SCHILLING, FERDINAND	Plaudereien unter der Antenne	Union Deutsche Verlagsgesellschaft Berlin, 1937	141 unt.
STEHMANN, OTTO PAUL	Geschichte und Bedeutung der Leipziger Sender	Diss. 1939, Verlag M. Dittert & Co., Dresden A 16	
STEINKE, GERHARD	25 Thesen zur Schallwiedergabe	RFZ-Mitteilungen Nr. 8/1967	
STOCKHUSEN, E. W.	Vom ältesten zum neusten VE-Gerät	Verlag Hachmeister & Thal Leipzig, Lehrmeister-Bücherei	
TELEFUNKEN	25 Jahre Telefunken	Festschrift der Telefunken-Gesellschaft 1903-1928	12
TELEFUNKEN	50 Jahre Telefunken	Festschrift der Telefunken-Gesellschaft 1903-1953	14 unt.
TELEFUNKEN	90 Jahre Fortschritte in der Sendertechnik	Telefunken Berlin, 1993	13 unt.
THIELE, HEINZ K. (Hrsg.)	50 Jahre Stereo-Magnetbandtechnik - Die Entwicklung der Audio-Technologie in Berlin und den USA von den Anfängen bis 1943	94th AES Convention Berlin 1993	
THIELE, HEINZ	Ein Pionier der Magnettontechnik: Fritz Pfleumer	Radio Fernsehen Elektronik 1993, Heft 1 bis 5	
		Verlag Technik GmbH, Berlin	190 unt., 191 ob. r., 205 ob. l.
WAGENFÜHR, KURT	Welt-Rundfunk-Atlas	Weidmannsche Buchhandlung Berlin, 1936	
WEBER, WALTER	Von der Wachsplatte zum Kleinstmagnetophon	Sonderdruck aus „Reichsrundfunk" 1943/44, H. 5.8.1943	
WEBERS, J.	Tonstudiotechnik	Franzis-Verlag München, 1968	253 Mitte
WEIHER, S. v.	Männer der Funktechnik	VDE-Verlag GmbH, Berlin und Offenbach, 1983	
WINCKEL, FRITZ W.	Taschenbuch für Rundfunkhörer	Verlag G. Paul Müller, Wittenberg, 1931	149 l., 150 r. ob.
o. V.	Kennrufe der Rundfunksender - der unentbehrliche Führer beim Fernempfang	Verlag Rothgiesser & Diesing, Berlin (1930)	47 unt.
o. V.	Als der Rundfunk sprechen lernte - 50 Jahre Isophon	Jubiläumsschrift, Berlin 1979	163 ob. l.

Weitere Zeitschriften

Beiträge zur Geschichte des Rundfunks	Schriftenreihe der DDR-Rundfunks	218 ob. l.
Der Deutsche Rundfunk, 1924 ff		15 ob. l., 18 ob.
Der Radio-Händler		170 l.
Der Rundfunk	Programmzeitschrift des Mitteldeutschen Rundfunks, Sender Leipzig	235 ob. r., 237 ob. r.
Der Rundfunk-Händler		
Deutsche Funk-Technik		
Die Dresdner Mirag (1925)		30 Mitte
Die Mirag / Mirag		24, 25 l., 50, 51, 52, 53, 74, 77, 82, 84, 90, 92, 93, 100, 101 ob., 131 unt., 134, 137 2x, 147, 149 r., 152, 160 2x, 161, 162 unt., 163, 166, 182, 188 ob., 239 ob., 278 l., 299
Die Umschau		
Electronic Sound		61 Mitte, 67 ob. r.
FF Funk und Fernsehen der DDR		266 unt. l. u. r.
Funk		226 ob., 263 ob., r.
Funkschau		61 ob., 198 Mitte
Funkwacht		195 2x, 197 ob.
Funkgeschichte	Zeitschrift der GFGF e.V.	139 unt.
Funk-Technik		229 ob., 230 ob., 235 ob. l.
Hör mit mir		156 ob. l.
Hör zu!		216, 219
Kleeblatt-Radio	Zeitschr. des „Fördervereins des Rundfunkmuseums der Stadt Fürth e.V."	
Mitteilungen der IG „Geschichte der Rundfunktechnik" am Technischen Museum Dresden		
Mitteldeutsche Monatshefte		50 ob., 129 r., 145 ob., 151 unt.
Neue Funkstunde		202 ob.
Radio und Fernsehen		247 ob., 251 r. 2x
Radio Fernsehen Elektronik		
Radio-Mentor		192 Mitte r.
Radio-Rundschau		17 ob. u. unt., 19 unt. r., 65 unt., 136 r.
RFT-Mitteilungen der Nachrichten- und Meßtechnik		284 r. ob. l.
Tatkraft 1938		162 ob.
Telegraphen- und Fernsprechtechnik 1933		85 unt.
Unser Rundfunk		241 ob.
Zeitschrift des Vereins Deutscher Ingenieure 1932		96 r.

Firmenschriften

Der Philips-Kunde 1963		265 Mitte
Körting-Mitteilungen		172 ob. l., 173 ob. 2x, 178 l., 280 ob. l.
Der Telefunken-Sprecher		174, 176 l.

Weitere Publikationen

Bastelhefte	Deutscher Funkverlag G.m.b.H. Berlin	
Fridericiana Karlsruhe, Heinrich Hertz	Zeitschrift der Universität Karlsruhe, Heft 41, 1988	
Funk-Almanach	Offizieller Ausstellungs-Katalog zur „Großen Deutschen Funk-Ausstellung", Verlag Rothgiesser & Diesing, Berlin, 1924	26 unt.
Funk-Almanach 1927		67 ob., 70 l.
Funkensprünge, 100 Jahre Radiowellen, Heft 1/88	Baden-Württemberg	
Handbuch des deutschen Rundfunkhandels, Katalogblätter und Postkarten	1. Jahrgang 1936/37 bis 4. Jahrgang 1939/40, Deutsches Rundfunk-Museum Berlin/ Archiv-Verlag Braunschweig (Nachdruck)	15 unt., 196 l. Mitte, 234 Mitte
Katalog der „Radio-Quelle" Leipzig, 1927		72
Katalog der Funk-Ausstellung Berlin 1933	Verlag August Scherl GmbH Berlin	
4 Bände	Wilhelm Limpert-Verlag, Berlin SW 68	
Mirag-Kalender 1931		125 unt.
Prospekt „Kleine Technik-Ausstellung des NDR"	NDR Hamburg, 1994	
Radio-Katalog „VOX-Haus" 1926/27		62 l.
Radio Kultur, „Kein Knistern, Kein Rauschen – 50 Jahre Stereo-Magnetbandtechnik	Das SFB-Programm-Magazin, März 1993	193 r.
Ullsteins Rundfunkführer 1925	Verlag Ullstein Berlin, 1925	

Weitere Quellen für Fotos, Abbildungen und Dokumente

DRA - Deutsches Rundfunkarchiv Frankfurt und Berlin	19 l. ob., 22 ob., 32, 33 ob. l., 37 unt. r., 39 2x, 41 ob. l., 42 ob. 2x, 43 unt. u. ob. r., 46 r., 48 ob. r., 49 ob. u. unt., 51 unt. r., 52 ob. l. u. unt r., 56 unt., 59 2x, 60, 68 ob. r., 71 l., 73, 75, 76 3x, 78 4x, 79 3x, 80 l. u. unt 3x, 81 6x, 82 r., 83, 84 unt., 85 5x, 99 unt., 105 ob. r., 108, 109 3x, 110, 111, 112, 113, 114, 115, 116, 116/117, 117, 118, 119 l. u. unt., 120, 121, 122, 125 ob. 2x, 126, 127, 128, 133, 135 ob., 138 ob. r. u. unt. l., 142 ob. l. u. unt. l., 143 ob. 2x, 145 unt., 146, 147 ob., 148 ob., 153 ob. 2x, 154, 155, 156 ob. r., unt. 3x, 167, 184 ob., 189 unt., 191 unt r., 192 ob., 194, 196 r. unt., 197 unt., 200 Mitte, 203 ob. r., 204 ob. r., 205 Mitte 2x, 206, 207, 208, 209 l., 210 unt. 2x, 211 ob. r., 212 Mitte, 215 Mitte, 218 unt. l. u. r., 228, 236 unt.
Museum für Post und Kommunikation Berlin	40 l. 2x, 41 unt., 97 unt., 102 Mitte u. unt. 2x, 103 2x, 253 2x
Museum für Verkehr und Technik Berlin	13 ob.
Archiv der Fa. EMTEC Magnetics, Ludwigshafen	188 Mitte
Staatsarchiv Dresden	211 unt l.
Sächsische Landesbibliothek Dresden	48 unt.
Stadtmuseum Weimar	50 unt. 2x
Archiv der Wartburgstiftung Eisenach	53 ob. 2x, 54 2x, 55 3x
Theater Sondershausen	58 2x
Stadtarchiv Halle	56 ob. u. l.
Staatsarchiv Magdeburg	209 ob.
Stadtarchiv Magdeburg	57 unt. r.
Amtsgericht Magdeburg	57 l. u. ob. r.
Stadtgeschichtliches Museum Leipzig	34 2x, 35 2x, 37 2x, 51 ob., 217 ob.
Sächsisches Staatsarchiv Leipzig	
Stadtarchiv Leipzig	17 Mitte, 21 ob. 2x, 209 unt. r
Sächsisches Wirtschaftsarchiv e. V., Leipzig	
Bacharchiv Leipzig	130, 131 ob.
Sammlung Johannes Lieberwirth	212 ob. u. unt., 213 unt. l., 214 ob. u. r. 2x, 215 ob. 2x u. unt.
Sammlung Steffen Lieberwirth	51 unt.
Archiv Thomas Schinköth	210 ob.
Archiv MDR/Triangel	52 unt. l., 289, 290 ob. l., 291 l. 2x, 292, 293, 294, 298, 300 Mitte
Fotos MDR/Gerhard Hopf	6, 11, 22 2x, 31 ob., 68 ob., 70 unt., 139 ob., 140, 141 ob. 2x, 163 unt., 170 2x, 171 unt., 175 unt., 177, 178 2x., 179 Mitte, 180 3x, 201 ob. u. unt., 278 3x, 279, 281 ob. r., 282 Mitte u. unt., 284 Mitte, 285 Mitte, 286 unt., 287, 291 unt., 295 r. 3x, 296, 299 ob. u. Mitte, 300 l. 2x, Mitte unt., r. 2x
Fotos MDR/Angelika Hillert	158 l., 159 5x, 160 ob. u. unt., 164 unt., 196 ob. r., 203 unt. r.
Fotos MDR/Mahmoud Dabdoub	301 4x
Fotos MDR/Matthias Koch	299 unt., 300 Mitte ob.
Design Grumbach	288
Foto Wolfgang Kluge	297
Fotos Klaus P. Keunecke/Sachverständigengutachten	290 Mitte u. unt., 291 ob., 295 l.
Fotos Archiv Heinz Schütze, Dresden	45, 47 ob., 49 Mitte
Foto Höhne-Pohl/Dresdner Bilderdienst	213 unt. r.
Foto Atlantis Dresden	213 ob.
Foto Sammlung St. Gurzo	214 unt.
Fotos A. Liebich/Archiv Pfau	43 Mitte, 171 ob. 2x
Fotos G. Seidel/Archiv Pfau	64 unt., 68 unt.
Fotos G. Zimmer/Archiv Pfau	235 unt. r., 240 unt., 252 ob.
Fotos und Zeichnungen privat	86 2x, 87 Mitte, 89, 123 unt.
Fotos Hagen Pfau	8, 23, 31 unt., 63 5x, 64 ob., 65, 70 ob., 100 Mitte, 104 3x, 105 2x, 106 2x, 107, 136 2x, 161 ob. r., 172, 175 ob. 2x, 179 ob., 190 ob. 5x, 192 unt., 199, 200 unt. 2x, 201 Mitte, 220, 221, 222, 223, 224, 225, 226, 227, 229, 230, 231, 232, 233, 234 ob. u. unt., 235, 236 241, 242, 243, 244, 246, 248, 249, 250, 254, 255, 256, 257, 258, 259, 268, 269, 270, 273 3x, 275 ob., 277
Sonstige Fotos und Dokumente Archiv Pfau	16, 18 unt., 19 ob. r. u. unt. l., 20, 21 unt., 25, 26, 27, 28, 29, 30 ob. u. unt., 33 r. 2x, 38, 40, 41 Mitte r., 42 unt., 44, 46 ob., 67 unt., 69, 70 l., 71 r. 2x, 80 ob. r., 87 ob., 88, 90 unt. 2x, 91, 93, 94, 96 ob., 97 r. 2x, 98, 99 ob. 2x, 100 l. u. unt., 101 unt., 102 ob. 2x, 106 ob. 2x, 119 ob. r., 125 unt., 132, 138 ob. l., 139 unt. r., 143 unt., 144 ob. 3x, 150 unt., 153 unt. 2x, 161 l. 2x, 169, 170 l. u. ob. r., 172 unt. 3x, 173 unt., 175 ob. r., 176, 178 Mitte 3x, 179 ob. r., 181, 182, 193 unt. l., 200 ob. 2x, 202 r., 203 ob. l., 204 l. 2x, 205 r., 216, 217 unt., 219, 220 2x, 221 Mitte r., 222 l., 223 unt. 3x, 224 Mitte 2x, 237 2x, 238, 247 unt., 248 ob., 252 Mitte, 257 r., 263 l. 2x, 264, 265 r., 267 unt. 2x, 270 3x, 271, 272, 273 ob., 275 unt., 276, 277 l., 280 ob. r., 281 3x, 282 ob. 2x, 284 l., 286 3x, 318

Bedingt durch das gewählte Layout dieses Buches wurde bei einigen Originaldokumenten eine Formatanpassung vorgenommen.
Die auf Seite 136 gezeigten Mikrofone befinden sich im Besitz des Museums für Post und Kommunikation, Berlin und waren Leihgaben zur Ausstellung „70 Jahre Rundfunk in Leipzig" im Jahre 1994; die auf Seite 200 abgebildete Magnetophon-Truhe gehört dem Deutschen Rundfunk-Museum Berlin und wurde während der AES-Tagung 1993 in Berlin fotografiert.
Alle übrigen in Originalfotos gezeigten historischen Rundfunk- und Phonogeräte nebst Zubehör, mit Ausnahme des Empfängers S 1347 W (S. 231 oben), stammen aus der RADIO-NOSTALGIE-SAMMLUNG von Hagen und Hanna Pfau, Leipzig, Mitglieder der GFGF e. V.
Nachdrucke historischer Radio-Literatur (Kataloge, Bücher, Prospekte etc.) sind zu beziehen von der Fachbuchhandlung Hein & Sohn, Elisabethstr. 16 B, 06847 Dessau oder vom Verlag Historischer Techniklitertur Freundlieb, PF 2025, 45678 Herten.

Der Autor

Hanna und Hagen Pfau anläßlich der Röhrenausstellung im März 1999

Hagen Pfau, geb. 1936 in Leipzig, ist Diplom-Ingenieur und studierte Elektroakustik und Hochfrequenztechnik an der Hochschule für Elektrotechnik (heute TU) Ilmenau/Thür.. Er war seit 1960 über 30 Jahre lang im VEB FUNKWERK LEIPZIG und seinen Nachfolgebetrieben VEB ELEKTROAKUSTIK, RFT-NEL und EAL GmbH im Bereich Forschung und Entwicklung elektroakustischer Wandler (Lautsprecher, Mikrofone, Tonabnehmer) tätig.
Hatte er bereits in seiner Schulzeit Gefallen am Radiobasteln gefunden, war für ihn zunächst die Hi-Fi-Stereo-Wiedergabe von Musik wichtig, bis ihn 1983, anläßlich einer nostalgischen Radioausstellung im Stadtmuseum Weimar, das Sammelfieber für alte Radios erfaßte und die Beschäftigung mit der Rundfunkgeschichte für ihn und seine Ehefrau Hanna zum alles beherrschenden Hobby wurde. Nach dem Motto „Sammeln – Dokumentieren – Restaurieren – Ausstellen" haben beide eine umfangreiche „Radio-Nostalgie-Sammlung" von Rundfunk- und Phonogeräten mit dem zugehörigen Bild-, Text- und Tonmaterial zusammengetragen und in zahlreichen Ausstellungen und im Fernsehen präsentiert. Aus diesem „historischen Fundus" konnte der Autor schöpfen, denn seit der Beendung seiner Berufstätigkeit 1992 hat er sich auch besonders mit der Erforschung der Geschichte des Rundfunks in Leipzig und Mitteldeutschland befaßt. Hagen Pfau ist aktives Mitglied der „Gesellschaft der Freunde der Geschichte des Funkwesens e.V." (GFGF), wie es auch seine Ehefrau Hanna war, die im April 2000, kurz nach Erscheinen der Erstausgabe der „Radio-Geschichte(n)", nach schwerer Krankheit verstorben ist. Hanna Pfau hatte bedeutenden Anteil am Entstehen dieses Buches, weshalb ihr auch an dieser Stelle besonders dankbar gedacht sei. Sie und der Autor haben immerhin fast zwei Drittel der über 75jährigen Rundfunkgeschichte gemeinsam und bewußt miterlebt.
Hagen Pfau wurde für das Buch „Radio-Geschichte(n)" im Oktober 2000 der „Förderpreis der GFGF" und im November 2001 der „Sonderpreis 2001 der Informationstechnischen Gesellschaft im VDE (ITG)" verliehen.

Weitere Autoren

Dank

Deutsches Rundfunkarchiv Frankfurt/Main und Berlin
Stadtgeschichtliches Museum Leipzig
Stadtarchiv Leipzig
Kulturamt der Stadt Leipzig
Museum für Post und Kommunikation Berlin
Deutsche Telekom AG, Technischer Betrieb Rundfunk, Leipzig
Sächsisches Staatsarchiv Leipzig
Deutsche Bücherei Leipzig
Sächsisches Wirtschaftsarchiv e.V. Leipzig
EMTEC Magnetics, Ludwigshafen
Concept-Verlag Leipzig

Günter F. Abele, Stuttgart
Dr. Herbert Börner, Ilmenau
Conrad Keilitz, Leipzig
Alfred Donner, Markkleeberg
Erich Dünnebier, Leipzig
Leo A. M. Hoesstee, NL-Haaksbergen
Heinz Hopf, Marburg
Friedrich Karl Engel, Weinheim
Edgar Fischer, Bitterfeld
Helga Klotsche, Leipzig
Werner Lebe, Taucha
Bernd-Andres Möller, Chemnitz
Werner Müller, Leipzig
Winfried Müller, Berlin
Helmut Natschinsky, Borna
Karl Opperskalski, Ramsen
Helga Scharfenberg, Werder
Hans-Jürgen Schnauder, Langen
Norbert Schneider, Berlin
Heinz Schütze, Dresden
Conrad-H. v. Sengbusch, Hamburg
Hans Zeidler, Erdmannsdorf

Autor und Herausgeber danken auch all den nicht namentlich genannten Mitgliedern der GFGF und weiteren Personen, die Informationen, Erinnerungen und Sachzeugen zu diesen „Radio-Geschichte(n)“ beigesteuert haben.